中财传媒版 2025年资产评估师职业资格全国统一考试辅导系列丛书

资产评估基础精讲精练

资产评估师职业资格考试辅导用书编写组　编

U0823467

中国财经出版传媒集团
中国财政经济出版社

图书在版编目（CIP）数据

资产评估基础精讲精练 / 资产评估师职业资格考试辅导用书编写组编 . -- 北京：中国财政经济出版社，2025. 4. --（中财传媒版 2025 年资产评估师职业资格全国统一考试辅导系列丛书）. -- ISBN 978 - 7 - 5223 - 3873 - 6

Ⅰ. F20

中国国家版本馆 CIP 数据核字第 2025UB5468 号

责任编辑：闫 娟

资产评估基础精讲精练

ZICHAN PINGGU JICHU JINGJIANG JINGLIAN

中国财政经济出版社 出版

URL：http：//www. cfeph. cn

E - mail：cfeph@ cfeph. cn

社址：北京市海淀区阜成路甲 28 号 邮政编码：100142

营销中心电话：010 - 88191522

天猫网店：中国财政经济出版社旗舰店

网址：https：//zgczjjcbs. tmall. com

涿州汇美亿浓印刷有限公司印刷 各地新华书店经销

成品尺寸：185mm × 260mm 16 开 23. 25 印张 675 000 字

2025 年 4 月第 1 版 2025 年 4 月河北第 1 次印刷

定价：59. 00 元

ISBN 978 - 7 - 5223 - 3873 - 6

（图书出现印装问题，本社负责调换，电话：010 - 88190548）

本社质量投诉电话：010 - 88190744

打击盗版举报热线：010 - 88191661 QQ：2242791300

前　　言

为了帮助广大考生全面理解2025年资产评估师考试大纲和考试教材规定的内容，在有限的复习时间内掌握教材的重难点知识，中国财经出版传媒集团组织常年从事资产评估教学科研和考前辅导的名师、专家，编写本套“中财传媒版2025年资产评估师职业资格全国统一考试辅导系列丛书”。

该辅导丛书涵盖了2025年考试4个科目，即“资产评估基础”“资产评估相关知识”“资产评估实务（一）”“资产评估实务（二）”。

该辅导丛书紧扣考试大纲和考试教材，系统梳理考试重点难点，对教材变化分析总结，对重要知识点加以解析，辅以大量经典习题讲解。每章均集中安排了具有代表性和针对性练习题供考生练习，学练结合，帮助考生巩固掌握教材精髓。附有两套全真模拟试题，助力考生赢得考试。

资产评估师职业资格全国统一考试是我国选拔评估师人才、促进评估师人才成长的重要方式。希望广大考生在认真学习教材内容的基础上，结合本系列丛书正确理解和全面掌握应试知识点内容，顺利通过考试！

由于编者水平有限，加之编写时间仓促，书中错漏之处在所难免，恳请广大读者不吝指正。

Contents

目录

第一章　资产评估概述

考试大纲

第一章	考试目的	考查考生对资产评估及其原则和特点的理解程度，以及对我国资产评估发展状况的了解情况。
资产评估概述	考试内容及要求	
	掌握的内容（★★★）	1. 资产评估及资产。
		2. 资产评估的经济技术原则。
	熟悉的内容（★★）	1. 资产评估的特点。
		2. 资产评估的工作原则。
	了解的内容（★）	1. 我国资产评估行业发展历史及特点。
		2. 我国资产评估在市场经济中的地位和作用。

考情分析

本章主要介绍资产及资产评估的概念，突出资产评估专业服务的特点，辨析资产评估的原则，总结我国资产评估行业的发展历史和特点，对我国资产评估在市场经济中的地位和作用进行说明，重点考查考生对资产评估及其原则和特点的理解程度，以及对我国资产评估发展状况的了解情况。

本章对资产、资产评估、资产评估的特点、资产评估的原则、我国资产评估行业的发展历史等有多处修改，内容更加合理和完善。从学习备考的角度看，本章知识点相对简单，题型多为客观题；在综合题中，可能体现资产评估经济技术原则和工作原则的相关要求。

教材主要变化

1. 对资产评估和资产基本概念的理解重新修订部分文字表述。

2. 对我国资产评估行业发展情况有关数据进行更新。

3. 对资产评估的特点完善文字表述。

4. 重新修订资产评估经济技术原则的内容。

考点精讲及典型例题解析

【知识点1】资产评估及资产（★★★）

（一）资产评估

资产评估属于价值判断的范畴，价值判断是经济建设和社会管理中不可回避的问题。资产评估的概念可以从一般认知、专业服务和法律规定三个维度进行表述（见图1－1），《资产评估法》所指的资产评估除了规定资产评估是一种价值评定、估算行为外，还规定了资产评估的主体、客体、服务的法律性质、内容及成果（见图1－2）。

【例1－1】（多项选择题）根据《资产评估法》，资产评估的客体是指资产评估的对象。下列选项中可以成为资产评估客体的是（　　）。

A. 城市拆迁中的房屋补偿

B. 企业合并中商誉的价值

C. 作为出资的机器设备

D. 投资决策分析中预测的收益年限

E. 企业并购中被合并企业的价值

【答案】 ABCE

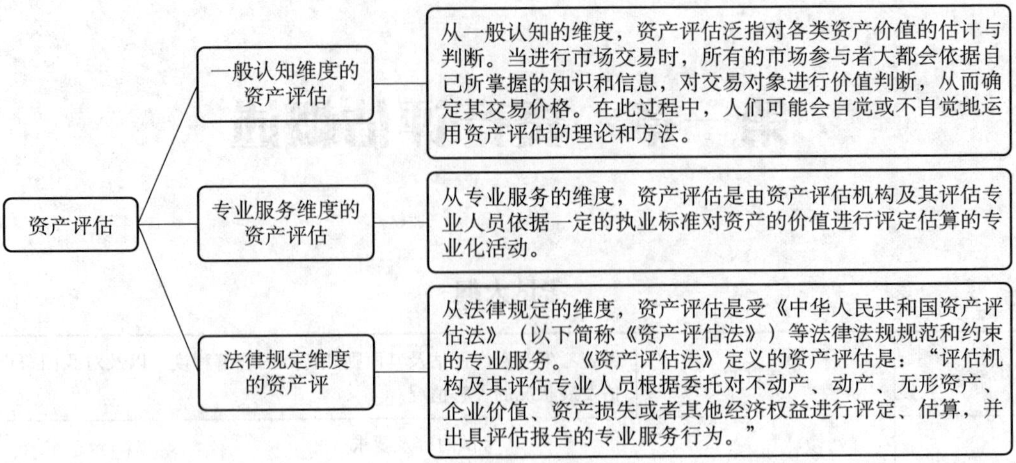

图 1-1　资产评估的概念

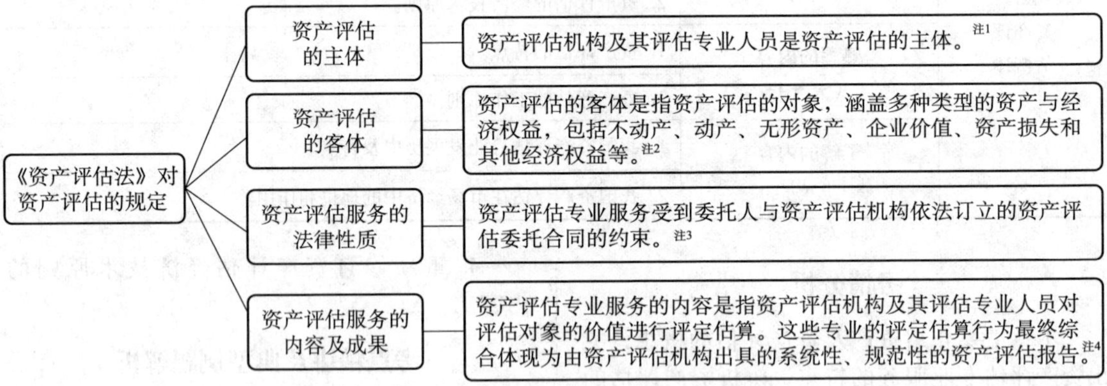

图 1-2　《资产评估法》强调的内容

【注 1】资产评估机构是指依法设立、从事资产评估活动的专业组织。评估专业人员包括评估师和其他具有评估专业知识及实践经验的评估从业人员。评估师是指通过评估师资格考试的评估专业人员。

【注 2】土地、房屋建筑物和在建工程等属于不动产；产成品、原材料和机器设备等属于动产；专利权、著作权和商誉等属于无形资产；企业价值包括企业整体价值、股东全部权益价值和股东部分权益价值；资产损失是指因某些外部原因，如房屋拆迁、环境及侵权损害等，对资产造成的价值贬损；其他经济权益是指未涵盖在前述分类中，符合法律法规要求，资产权利人拥有的可以用货币计量的经济权益。

【注 3】这种约束既包括对资产评估服务行为本身的约束，也包括对资产评估业务委托和受托双方当事人的约束。

【注 4】资产评估报告的格式与内容应当符合法律、行政法规及资产评估准则的要求，它是资产评估机构及其评估专业人员针对评估对象发表专家意见的载体和履行评估合同的劳动成果。

【解析】根据《资产评估法》，资产评估的客体是指资产评估的对象，包括不动产、动产、无形资产、企业价值、资产损失或者其他经济权益等。选项 A 属于资产损失，选项 B 属于无形资产，选项 C 属于动产，选项 E 属于企业价值，均可以作为资产评估的对象。

【例 1-2】（多项选择题）下列选项中，属于不动产的是（　　）。

A. 固定安装的机器设备

B. 国家所有的土地

C. 废弃的房屋建筑物

D. 尚未摊销的商誉

E. 在建的水利工程

【答案】BCE

【解析】土地、房屋建筑物和在建工程等属于不动产；产成品、原材料和机器设备等属于动产；专利权、著作权和商誉等属于无形资产。

（二）资产

在资产评估中，资产是指由特定主体拥有或控制的、预期能够给该主体带来经济利益的经济资源（见图1－3）。

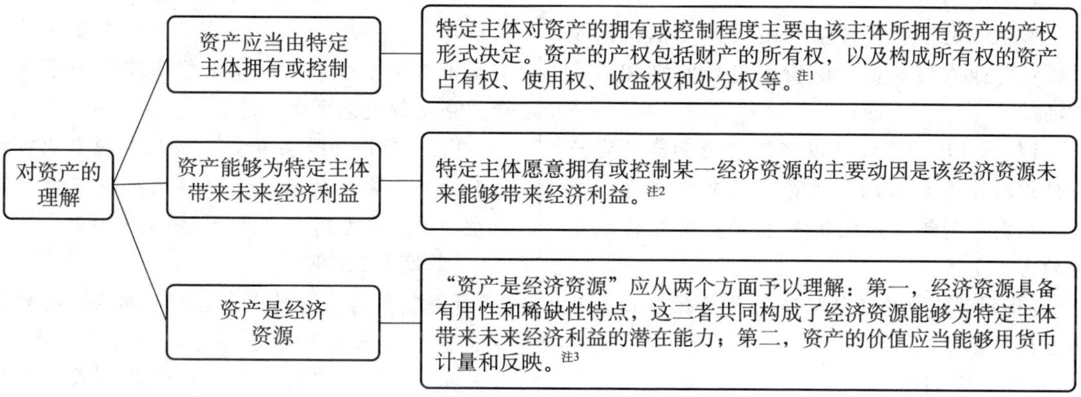

图1－3　资产的内涵

【注1】依法获得财产权利是特定主体能够拥有或控制相关资产的前提条件。这意味着，无论是自然人、法人还是其他类型的组织，要想对某项资产行使权利，首先必须确保已经通过合法途径获得了该资产的相应权利。对资产的拥有或控制，并不总是意味着必须拥有其完整的所有权。实际上，在很多情况下，特定主体可以通过合法程序，仅获得资产的部分权利，如占有权、使用权、收益权等，从而实现对资产的有效控制。这些权利虽然不等同于所有权，但同样具有经济价值和法律效力，能够为特定主体带来相应的利益。从更广泛意义上讲，资产不仅仅是一种物质形态的存在，更是一种权利的表现。除了所有权这一核心权利外，资产的占有权、使用权、收益权和处分权等，都是资产的重要组成部分。这些权利可以单独存在，也可以组合存在，共同构成了资产的完整权利体系。

【注2】这种未来经济利益可以表现为两个方面：一是使用资产给特定主体带来的利益；二是通过资产产权的变动给特定主体带来的利益。因此，一项经济资源可以作为特定主体的资产予以确认的前提条件是该经济资源具有使用价值和交换价值。资产价值的大小取决于其未来获取经济利益的能力。资产评估就是通过适当的方法来量化这种能力、反映资产的价值。

【注3】“资产是经济资源”这一表述隐含着资产价值需具备可货币化的特性。这意味着资产能为特定主体带来的效用或经济利益必须是能够明确量化，并以货币形式进行表示的。唯有如此，资产及其价值才能在资产评估过程中被准确识别、计量和报告，从而为特定主体作出相关决策提供有力支持。

【例1－3】（单项选择题）在资产评估中，资产是特定主体拥有或控制的、预期能够给该主体带来经济利益的经济资源。下列理解，错误的是（　　）。

A. 对资产的拥有或控制，并不总是意味着必须拥有其完整的所有权

B. 即使是同样的资产载体，资产产权类型不同，也可能表现出不同的经济价值

C. 资产评估是通过适当的方法量化资产能够带来未来经济利益的能力，反映资产的价值

D. 经济资源的有用性意味着对于该经济资源存在需求，从而具有交换价值

【答案】D

【解析】经济资源具备有用性和稀缺性特点。有用性意味着经济资源能够发挥某种效用，从而具有使用价值，满足人们的某种需求或愿望。而稀缺性则意味着该经济资源并非无限可得，存在供需关系，因而具有交换价值。这二者共同构成了经济资源能够为特定主体带来未来经济利益的潜在能力。

【知识点2】资产评估的特点（★★）

（一）公正性

公正性是指资产评估应当维护社会公共利益和各方当事人的合法权益，而不能片面维护某一方的利益，否则必然会损害公共利益或其他相关当事人的权益。

【提示】资产评估的公正性主要表现在两个方面：一是资产评估必须按照法定的准则进行，具有公允的行为和业务规范，这是实现公正性的技术保证；二是执业的资产评估机构及其评估专业人员应当与资产评估业务及相关当事人

没有利害关系，是相对独立的第三方，这是实现公正性的独立性保障。

（二）鉴证性

鉴证性是指资产评估是由资产评估机构及其评估专业人员对资产的价值进行鉴别和举证的活动。

【提示1】 资产评估以经济理论和专项资产价值识别技术为基础，对资产及其价值进行分辨、识别和判断，并提供关于资产及其价值结论的有力支撑。

【提示2】 资产评估从事的是价值鉴证，而不是权属鉴证。

（三）咨询性

咨询性是指资产评估结论是为资产业务提供专业化估价意见，资产评估机构及其评估专业人只对结论本身合乎职业规范要求负责，而不对资产业务定价决策负责。资产评估结论通常可作为交易定价或其他经济行为的价值参考，但最终的成交价取决于当事人的决策动机、谈判地位和谈判技巧等因素。

【提示】 我国《资产评估基本准则》第二十八条明确规定："资产评估报告使用人应当正确理解评估结论。评估结论不等同于评估对象可实现价格，评估结论不应当被认为是对评估对象可实现价格的保证。"

（四）专业性

专业性是指资产评估是由专业人员从事的专业技术判断活动，这就要求从事资产评估的机构应由一定数量和不同类型的专家及专业人员组成。

【提示】 资产评估专业性特点，一方面，资产评估机构形成专业化分工，使得评估活动专业化；另一方面，资产评估机构及其评估人员对资产价值的估计判断，也应建立在专业技术知识和经验的基础之上。

【例1-4】（多项选择题）资产评估的特点包括（　　）。

A. 资产评估应当维护社会公共利益，资产评估报告应当以适当的方式向社会公开，接受社会监督

B. 资产评估应当维护社会公共利益和各方当事人的合法权益，而不能片面维护某一方的利益

C. 资产评估是由资产评估机构及其评估专业人员对资产的价值进行鉴别和举证的活动

D. 资产评估结论是为资产业务提供专业化估价意见，资产评估机构及其评估专业人员只对结论本身合乎职业规范要求负责，而不对资产业务定价决策负责

E. 资产评估是由专业人员从事的专业技术判断活动，要求从事资产评估的机构应由一定数量和不同类型的专家及专业人员组成

【答案】 BCDE

【解析】 资产评估以其客观、真实、有效的专业服务，保障市场经济运行的规范、有序、公平和公正。一般来讲，资产评估具有公正性（选项B）、鉴证性（选项C）、咨询性（选项D）和专业性（选项E）特点。

【例1-5】（单项选择题）资产评估结论是为资产业务提供专业化估价意见。这体现了资产评估具有（　　）。

A. 依据法律、法规、准则进行价值判断的专业属性

B. 维护社会公共利益和各方当事人合法权益的公正属性

C. 为交易定价或其他经济行为提供价值参考的咨询属性

D. 对资产的价值进行鉴别和举证的鉴证属性

【答案】 C

【解析】 咨询性是指资产评估结论是为资产业务提供专业化估价意见，资产评估机构及其评估专业人只对结论本身合乎职业规范要求负责，而不对资产业务定价决策负责。

【知识点3】资产评估工作原则（★★）

资产评估工作原则是指评估机构及其评估专业人员在执业过程中应遵循的基本原则，主要包括独立、客观、公正原则。

【提示1】《资产评估法》第四条要求"评估机构及其评估专业人员开展资产评估业务应当遵守法律、行政法规和评估准则，遵循独立、客观、公正的原则"。《资产评估基本准则》也在"基本遵循"部分对前述资产评估机构及其评估专业人员应当遵循的工作原则加以强调。

【提示2】 独立、客观、公正既是资产评估

机构及其资产评估专业人员开展资产评估业务应当遵守的工作原则，也是对其从事资产评估工作的职业道德要求。

【例1－6】（多项选择题）下列属于资产评估工作原则的是（　　）。

A. 独立原则　　B. 公正原则

C. 贡献原则　　D. 客观原则

E. 替代原则

【答案】 ABD

【解析】 资产评估工作原则主要包括独立、客观、公正原则。贡献原则和替代原则属于资产评估经济技术原则。

【知识点4】资产评估经济技术原则（★★★）

资产评估经济技术原则，是指在开展资产评估业务过程中的一些技术规范和业务准则，为资产评估专业人员在执行资产评估业务过程中的专业判断提供技术依据。

具体内容参见表1－1。

表1－1　资产评估经济技术原则的具体内容

资产评估经济技术原则	具体内容
供求原则	供求原则是指资产的价值受到市场中供求关系的影响。即：在其他条件不变的前提下，资产的价格会随着需求的增长而上升，随着供给的增加而下降。供求规律对商品价格形成的作用同样适用于资产价值的评估。注1
替代原则	替代原则是指价格最低的同质商品对其他同质商品具有替代性，即相同效能的资产，最低价格的资产需求最大。注2
预期收益原则	在资产评估过程中，资产的价值不是取决于过去的生产成本或销售价格，而是应当基于对资产未来收益的预期决定。预期收益原则是资产评估专业人员判断资产价值的一个最基本的依据。
贡献原则	某一资产或资产某一构成部分的价值，取决于它对所在资产组合或完整资产整体价值的贡献，或者根据缺少该要素对整体价值的影响程度来确定。注3
最高最佳使用原则	该原则依据价值理论原理，强调商品在交换时，应以最佳用途及最佳利用方式实现其价值。注4
评估时点原则	市场是不断变化的，资产的价值会随着市场条件的变化而变化，因此，在资产评估时，需要假定市场条件固定在某一时点，所有取价标准均基于该时点的价值标准，这一时点就是评估基准日。它为资产评估提供了一个时间基准，资产评估值就是评估基准日的资产价值。合理选取评估基准日，既是为了资产评估得以操作，同时又能保证资产评估结论的准确性和可比性，经得起市场检验。

【注1】供求原则要求评估人员在评估过程中充分考虑市场中的供求关系，从而更准确地评估资产的价值。遵循供求原则得出的评估结果更符合市场实际情况，因此更容易被市场接受和认可。供求原则强调在评估资产价值时，应找到供给与需求之间的平衡点，即均衡价格。这个价格是市场中买卖双方都能接受的价格，也是评估资产价值的重要参考。由于均衡价格是供给和需求共同作用的结果，在均衡价格下，生产费用和资产效用是影响价格的两个均等因素，因此，资产评估既需要考虑资产的购建成本，又需要考虑资产的效用。

【注2】替代原则要求评估专业人员在评估过程中充分考虑市场中类似资产的替代效应，从购买者的角度进行分析，即评估值应反映资产潜在购买者愿意支付的价格。正确运用替代原则是资产评估公正性的重要保证。

【注3】这里的贡献可以是直接的，例如增加整体资产组合的收益；也可以是间接的，例如降低整体资产组合的风险。可见，贡献原则强调一项资产的价值不仅仅取决于它本身的特性，还取决于它如何与其他资产相互作用。贡献原则主要适用于确定构成整体资产的各组成要素资产的贡献，或者当整体资产缺少该要素时将发生的损失。当缺少某一资产时，如果整体资产的价值会显著下降，那么该资产的价值就应该被相应地估计。

【注4】由于资产的使用会受到市场条件的制约，因此，其最佳用途的确定一般需要考虑以下几个因素：①确定该用途法律上是否许可，必须考虑该项资产使用的法律限制；②确定该用途技术上是否可能，必须是市场参与者认为合理的用途；③确定该用途财务上是否可行，必须考虑在法律上允许且技术上可能的情况下，使用该资产可以产生足够的收益或现金流量，从而在补偿资产用于该用途所发生的成本后，仍然能够满足市场参与者所要求的投资回报。

【例1-7】（多项选择题）由于资产的使用会受到市场条件的制约，因此，其最佳用途的确定一般需要考虑的因素包括（　　）。

A. 管理上是否便利

B. 法律上是否许可

C. 技术上是否可能

D. 财务上是否可行

E. 使用上是否高效

【答案】BCD

【解析】由于资产的使用会受到市场条件的制约，因此，其最佳用途的确定一般需要考虑以下几个因素：①确定该用途法律上是否许可；②确定该用途技术上是否可能；③确定该用途财务上是否可行。

【例1-8】（多项选择题）下列选项中，属于资产评估经济技术原则的是（　　）。

A. 贡献原则

B. 预期收益原则

C. 替代原则

D. 供求原则

E. 公正原则

【答案】ABCD

【解析】资产评估经济技术原则包括：供求原则、替代原则、预期收益原则、贡献原则、最高最佳使用原则、评估时点原则；独立、客观、公正原则是资产评估工作原则。

【例1-9】（单项选择题）某被评估机器设备的交易价格，受其他同类型具有相同使用价值和质量的机器设备的价格所牵制。将这一现象引入到资产评估中，体现的资产评估经济技术原则是（　　）。

A. 替代原则

B. 最高最佳使用原则

C. 预期收益原则

D. 供求原则

【答案】A

【解析】在同一市场上，具有相同使用价值和质量的商品，应有大致相同的交换价格。价格最低的同质商品对其他同质商品具有替代性。

【例1-10】（单项选择题）资产评估专业人员判断资产价值的一个最基本的依据是（　　）。

A. 最高最佳使用原则

B. 贡献原则

C. 评估时点原则

D. 预期收益原则

【答案】D

【解析】在资产评估过程中，资产的价值不是取决于过去的生产成本或销售价格，而是应当基于其对未来收益的预期决定。预期收益原则是资产评估专业人员判断资产价值的一个最基本的依据。

【例1-11】（单项选择题）资产评估值就是（　　）的资产价值。

A. 评估开始日

B. 评估结束日

C. 评估基准日

D. 评估报告日

【答案】C

【解析】市场是不断变化的，资产的价值会随着市场条件的变化而变化，因此，在资产评估时，需要假定市场条件固定在某一时点，所有取价标准均基于该时点的价值标准，这一时点就是评估基准日。它为资产评估提供了一个时间基准，资产评估值就是评估基准日的资产价值。

【知识点5】我国资产评估行业发展历史及特点（★）

（一）我国资产评估行业发展历史

我国资产评估行业三十多年发展历史中的重要标志，参见图1-4。

【例1-12】（单项选择题）我国资产评估产生的原因是（　　）。

A. 为了建立健全社会主义市场经济体制

B. 为了在经济体制改革中保护国有资产权益

C. 为了增强市场经济中资本市场的流动性

D. 为了促进多种经济成分协调健康发展

【答案】B

【解析】1978年12月，党的十一届三中全会做出对国家经济管理体制和国有企业经营管理方式进行改革的重大决策，作为国有资产管理的必备程序和保护国有资产权益的专业手段，资产评估应运而生。

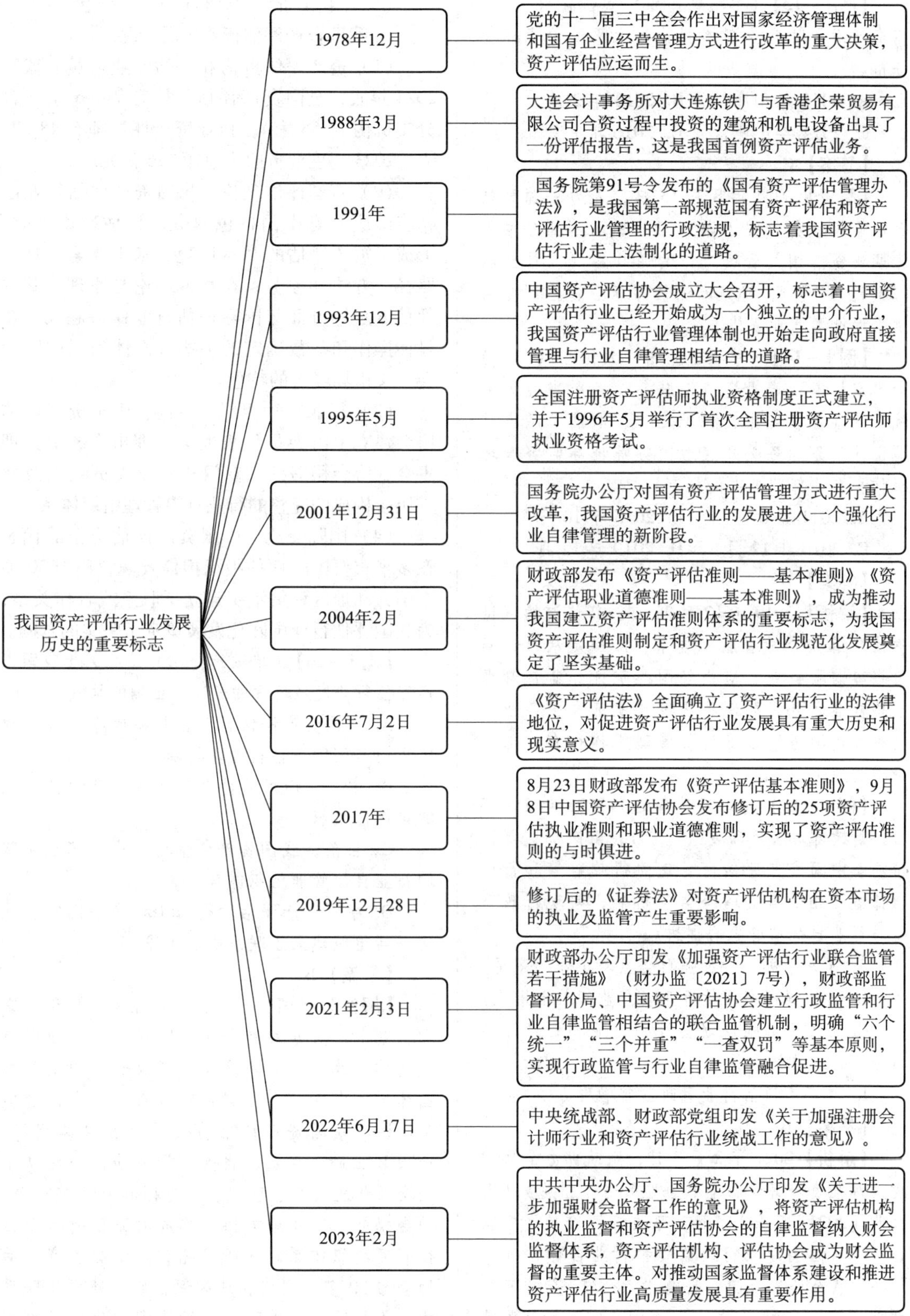

图1－4 我国资产评估行业发展历史的重要标志

【例1-13】（单项选择题）我国在（　　）将资产评估师职业资格调整为水平评价类职业资格。

A. 2011年8月　　B. 2013年2月

C. 2014年8月　　D. 2016年7月

【答案】C

【解析】2014年8月13日，人力资源和社会保障部印发《关于做好国务院取消部分准入类职业资格相关后续工作的通知》（人社部函〔2014〕44号），将资产评估师职业资格调整为水平评价类职业资格。

【例1-14】（单项选择题）我国在（　　）除规定从事证券投资咨询服务业务应当经国务院证券监督管理机构核准之外，取消了从事其他证券服务业务必须经过国务院证券监督管理机构和有关部门批准的规定。

A. 2011年8月　　B. 2015年10月

C. 2016年12月　　D. 2019年12月

【答案】D

【解析】2019年12月28日，新修订的《证券法》落实"放管服"要求，除规定从事证券投资咨询服务业务应当经国务院证券监督管理机构核准之外，取消了从事其他证券服务业务必须经过国务院证券监督管理机构和有关部门批准的规定。

【例1-15】（单项选择题）2021年2月3日，财政部办公厅印发（　　），财政部监督评价局、中国资产评估协会建立行政监管和行业自律监管相结合的联合监管机制，实现行政监管与行业自律监管融合促进。

A.《关于进一步加强财会监督工作的意见》

B.《加强资产评估行业联合监管若干措施》

C.《关于加强注册会计师行业和资产评估行业统战工作的意见》

D.《资产评估行业财政监督管理办法》

【答案】B

【解析】2021年2月3日，财政部办公厅印发《加强资产评估行业联合监管若干措施》（财办监〔2021〕7号），财政部监督评价局、中国资产评估协会建立行政监管和行业自律监管相结合的联合监管机制，明确"六个统一""三个并重""一查双罚"等基本原则，实现行政监管与行业自律监管融合促进。

（二）我国资产评估行业的发展特点

1. 我国资产评估行业发展情况。

（1）资产评估机构和评估专业人员。截至2024年底，全国资产评估机构有7 476家（含分支机构1 453家），执业资产评估师有48 372人。2023年度业务收入总额326亿元。

（2）资产评估理论。我国资产评估行业已初步形成具有中国特色的资产评估理论框架，形成了资产评估的基本原理、基本要素、具体路径、方法和参数；在基本理论与原理、基本评估方法等方面与国际评估行业保持趋同，在具体操作和参数确定的某些方面体现了中国社会主义市场经济的特色。

（3）行业自律组织。目前，中国资产评估协会建立了由会员代表大会、理事会、常务理事会、协会秘书处、专门和专业委员会以及地方协会构成的完整的行业自律管理组织体系。

（4）国际交流。中国资产评估协会的代表在多个重要国际评估组织担任要职，还与50多个国家和地区评估组织建立了联系或合作关系，为我国评估行业国际化发展奠定了坚实的基础。

【例1-16】（单项选择题）下列关于我国资产评估行业发展情况的表述，正确的是（　　）。

A. 我国资产评估行业在具体操作和参数确定方面与国际评估行业保持趋同

B. 中国资产评估协会是我国资产评估行业的自律性组织

C. 目前，我国资产评估协会尚未建立完整的行业自律管理组织体系

D. 中国资产评估协会与100多个国家和地区评估组织建立了联系或合作关系

【答案】B

【解析】我国资产评估行业在基本理论与原理、基本评估方法等方面与国际评估行业保持趋同和一致，在具体操作和参数确定的某些方面体现了中国社会主义市场经济的特色，选项A错误。我国资产评估协会是行业自律组织，选项B正确。目前，我国资产评估协会建立了由会员代表大会、理事会、专门和专业委员会、协会秘书处以及地方协会构成的完整的行业自律管理组织体系，选项C错误。中国资产评估协会与50多个国家和地区评估组织建立了联系或合作关系，为我国评估行业国际化发展奠定了坚实的基础，选项D错误。

2. 我国资产评估行业发展特点。

（1）改革开放催生了我国资产评估行业。我国资产评估行业源自改革开放，并直接服务于对外开放、国企改制等改革的重点领域。

（2）服务国有企业成为资产评估行业发展壮大的基础。我国资产评估行业将国有企业作为主要服务对象一直延续至今，也正是政府在发展初期赋予评估机构国有资产评估这一法定业务，才使得评估行业区别于其他中介行业，具备了较高的发展起点。

（3）产权市场的形成促进了资产评估行业的发展。产权市场主要是指产权（特别是非证券化的资本）的公开拍卖和交易市场。产权市场进行的产权流动和重组行为，是资产评估行业存在的基础。

（4）金融市场的建立加快了资产评估行业的发展。货币市场对资产评估的需求不断增加，尤其是抵押贷款评估和不良金融债权评估。资本市场的建立也加快了资产评估行业的发展。

（5）政府主导模式推动资产评估行业规范化发展。三十多年的发展表明，我国资产评估行业属于政府主导模式。政府主导行业规范发展的模式仍将在一定时期内存在，并将进一步推动资产评估行业走向规范化发展。

【例 1-17】（单项选择题）30 多年来，我国资产评估行业将（　　）作为主要服务对象一直延续至今，具备较高的发展起点。

A. 外商投资企业　　B. 中外合资企业

C. 国有企业　　D. 上市公司

【答案】C

【解析】国有企业改革是经济体制改革的中心环节。资产评估作为加强国有资产管理、维护国有资产权益的重要手段应运而生。我国资产评估行业将国有企业作为主要服务对象一直延续至今。也正是政府在发展初期赋予评估机构从事国有资产评估这一法定业务，才使得评估行业区别于其他中介行业，具备了较高的发展起点。

【知识点 6】我国资产评估在市场经济中的地位和作用（★）

（一）我国资产评估在市场经济中的地位

1. 资产评估是市场经济中不可或缺的专业服务行业。

资产一般不能简单地按原值或账面价值进行交易。资产评估的目的在于促进交易各方当事人的合理决策，为资产交易双方理性确定资产交易价格、保障产权有序流转提供价值尺度。

2. 资产评估是现代专业服务业的重要组成部分。

资产评估行业具备典型的现代服务业特征，具有技术密集、知识密集、高附加值、低资源消耗、低环境污染、高产业带动力等现代高端服务业特点，是专业服务业的重要组成部分。

3. 资产评估是我国经济体制改革逐步深化的重要专业支撑力量。

30 多年来，我国资产评估行业植根于经济体制改革，成为改革向纵深推进的专业支撑力量。一是在巩固和发展公有制经济与鼓励、支持和引导非公有制经济发展中大显身手。二是在经济体制改革及相关重点领域，如财税体制、金融体制、林权管理体制和文化体制等改革领域中，资产评估发挥了重要作用。三是为更好发挥政府作用提供有效专业服务供给。

（二）资产评估在市场经济中的作用

1. 资产评估对促进市场资源优化配置有引导作用。

评估专业人员对资产的时点价值进行合理评估，为交易双方提供合理的价值信息，以引导经济资源向价值最大化方向流动，防止“劣币驱逐良币”现象的产生。

2. 资产评估对服务资本市场发展有保障作用。

我国资产评估行业在推进上市公司并购重组、促进融资功能提升、提高资本市场信息披露质量方面发挥了至关重要的作用。资产评估已经成为支持上市公司并购重组交易定价的核心环节，成为促进上市公司融资功能提升的重要手段，有效提升了上市公司的信息披露质量。

3. 资产评估对规范经济秩序有促进作用。

产权交易的本质是等价交换，而资产评估的职能就是为交易主体实现公平交易提供公允的价值尺度。在产权交易过程中，资产评估机构的介入，既抑制了交易主体的非理性行为，也为政府强力监管提供了“数据库”。

4. 资产评估对维护各类资产权利主体的合法权益有积极作用。

资产评估作为一种制度设计，目的在于维护投资者（包括潜在的投资者）与经营者、债权人与债务人及其他利害关系人的共同权益并实现权益均衡。

5. 资产评估对维护公共利益和对外开放环境下的国家利益有重要作用。

资产评估是公众利益的维护者。资产评估通过促进市场资源的优化配置，为政府增收节支、企业提高经济效益、全社会增加经济总量作出了重要贡献；资产评估通过完善经济秩序，保障了纳税人的合法权益；林权评估、碳排放交易评估等相关业务，有助于加快建设资源节约型和环境友好型社会；资产评估通过进入司法鉴证业务领域，已逐步在防治贪污腐败、实现司法公正方面发挥越来越突出的作用。

资产评估是对外开放条件下国家利益的维护者。从“引进来”看，避免了中方资产低估和外方资产高估的情况。从“走出去”看，在跨国并购和投资中做好专业服务，有力地支持了我国企业在全球范围内开展资源配置和价值链组合，提高了国家竞争力。

【例1－18】（多项选择题）资产评估在服务资本市场发展中的保障作用有（　　）。

A. 资产评估已经成为支持上市公司重组并购交易定价的核心环节

B. 资产评估已成为促进上市公司融资功能提升的重要手段

C. 资产评估有利于市场稳定

D. 资产评估有效提升了上市公司的信息披露质量

E. 资产评估促进了资源优化配置

【答案】 ABD

【解析】 我国资产评估行业与我国资本市场几乎同时起步，资产评估已成为保障资本市场良性运行不可或缺的专业服务行业，在推进上市公司并购重组、促进融资功能提升、提高资本市场信息披露质量方面发挥了至关重要的作用。资产评估已经成为支持上市公司并购重组交易定价的核心环节，成为提高上市公司融资能力的重要手段，并有效提升了上市公司的信息披露质量。

【例1－19】（多项选择题）资产评估在维护公众利益方面的作用有（　　）。

A. 资产评估通过促进市场资源的优化配置，为政府增收节支、企业提高经济效益、全社会增加经济总量作出了重要贡献，从而改善了社会公众的整体福祉

B. 资产评估通过完善经济秩序，保障了纳税人的合法权益

C. 林权评估、碳排放交易评估等相关业务，有助于消除外部不经济

D. 资产评估通过进入司法鉴证业务领域，已逐步在防治贪污腐败、实现司法公正方面发挥越来越突出的作用

E. 资产评估为交易双方提供合理的价值信息，以引导经济资源向价值最大化方向流动，防止“劣币驱逐良币”现象的产生

【答案】 ABCD

【解析】 资产评估是公众利益的维护者。首先，资产评估通过促进市场资源的优化配置，为政府增收节支、企业提高经济效益、全社会增加经济总量作出了重要贡献，从而改善了社会公众的整体福祉。其次，资产评估通过完善经济秩序，保障了纳税人的合法权益。再次，林权评估、碳排放交易评估等相关业务，有助于消除外部不经济，加快建设资源节约型和环境友好型社会。最后，资产评估通过进入司法鉴证业务领域，已逐步在防治贪污腐败、实现司法公正方面发挥越来越突出的作用。选项A、选项B、选项C、选项D是正确的。

精选练习题

一、单项选择题

1. 关于资产评估中“资产”的理解，下列表述中错误的是（　　）。

A. 特定主体要想对某项资产行使权利，首先必须确保已经通过合法途径获得了该资产的相应权利

B. 在很多情况下，特定主体可以通过合法程序，仅获得资产的部分权利，也可以实现对资产的有效控制

C. “资产是经济资源”既意味着资产具备有用性和稀缺性特点，也意味着资产的价值应当能够运用货币计量和反映

D. 资产的产权类型不同，为权利人带来的经济利益是大致相同的，即同样的资产载体，不会因为产权类型不同而表现出不同的经济价值

2. 根据我国的法律、法规规定，企业拥有的土地资产，下列表述中错误的是（　　）。

A. 企业可以依法使用土地，或依法转让、出租、抵押、投资土地使用权

B. 企业能够依法对土地享有占有、使用、收益、处分的权利

C. 资产评估专业人员关注被评估土地的产权状况，重视产权类型对资产评估结论的约束和影响

D. 企业如果拥有法律和合同规定的对土地使用权的处分权，也应当确认为企业的资产

3. 构成经济资源，能够为特定主体带来未来经济利益的潜在能力的因素是（　　）。

A. 经济资源的有用性和稀缺性，使其具有使用价值和交换价值，这二者共同构成了经济资源能够为特定主体带来未来经济利益的潜在能力

B. 经济资源能够用货币计量和反映，资产及其价值能在资产评估过程中被准确识别、计量和报告，从而为特定主体带来未来经济利益

C. 特定主体对经济资源的拥有或控制，意味着必须拥有其完整的所有权，拥有或控制提供了形成未来经济利益的潜在能力

D. 特定主体可以对经济资源依法使用、转让、出租、抵押、投资，不同的利用方式形成了为特定主体带来未来经济利益的潜在能力的因素

4. 关于经济资源，下列表述中，错误的是（　　）。

A. 经济资源可以是实体，也可以是无形权利

B. 经济资源具有能够带来现实经济利益的能力

C. 资产评估的价值是对经济资源潜在能力的量化

D. 经济资源可以通过产权变动给特定主体带来经济利益

5. 资产评估结论是为资产业务提供专业化估价意见，体现的是（　　）。

A. 执业的资产评估机构及其评估专业人员应当与资产业务及相关当事人没有利害关系，是相对独立的第三方，具有公开性

B. 资产评估必须按照法定的准则进行，具有公允的行为规范和业务规范，具有公正性

C. 评估结论不等同于评估对象可实现价格，评估结论不应当被认为是对评估对象可实现价格的保证，具有咨询性

D. 资产评估结论通常可作为交易定价或其他经济行为的依据，影响最终的成交价，具有定价性

6. 关于资产评估的公正性，下列表述中，错误的是（　　）。

A. 公正性是指资产评估应当维护社会公共利益和各方当事人的合法权益，而不能片面维护某一方的利益，否则必然会损害公共利益或其他相关当事人的权益

B. 资产评估按照法定的准则进行，具有公允的行为和业务规范，这是实现公正性的技术保证

C. 从购买者的角度进行分析，评估值应反映资产潜在购买者愿意支付的价格，正确运用贡献原则是资产评估实现公正性的重要保证

D. 执业的资产评估机构及其评估专业人员应当与资产评估业务及相关当事人没有利害关系，这是实现公正性的独立性保障

7. 资产评估是估计和判断资产价值的专业服务活动。关于资产评估价值的理解，正确的是（　　）。

A. 市场是不断变化的，资产的价值会随着市场条件的变化而变化，因此，必须合理选取一个现时时点作为评估基准日，反映被评估资产的现时价值

B. 市场是不断变化的，资产的价值会随着市场条件的变化而变化，因此，必须合理选取一个已交易时点作为评估基准日，反映被评估资产的历史价值

C. 市场是不断变化的，资产的价值会随着市场条件的变化而变化，因此，必须合理选取一个时期作为评估基准日，反映被评估资产的阶段价值

D. 市场是不断变化的，资产的价值会随着市场条件的变化而变化，因此，必须合理选取一个时点作为评估基准日，反映被评估资产的时点价值

8. 在资产评估过程中，资产的价值可以不按照过去的生产成本或销售价格决定，而是基于其对未来收益的预期决定，这是（　　）。

A. 预期价格原则　　B. 未来收益原则

C. 收益替代原则　　D. 预期收益原则

9. 在同一市场中具有相同使用价值和质量的商品，应该有大致相同的交换价值，以此确立的评估原则是（　　）。

A. 贡献原则 B. 评估时点原则
C. 替代原则 D. 预期收益原则

10. 资产评估基准日是评估业务中极为重要的基础，也是（ ）在评估实务中的具体体现。

A. 评估重要性原则 B. 评估时点原则
C. 评估及时性原则 D. 评估基准原则

11. 中国资产评估协会成立于（ ）年，标志着中国资产评估行业已经开始成为一个独立的中介行业，我国资产评估行业管理体制也开始走向政府直接管理与行业自律管理相结合的道路。

A. 1992 B. 1993
C. 1994 D. 1995

12. 我国在（ ）年通过了《中华人民共和国资产评估法》，全面确立了资产评估行业的法律地位，对促进资产评估行业发展具有重大历史和现实意义。

A. 2014 B. 2015
C. 2016 D. 2017

二、多项选择题

1. 根据《资产评估法》，下列机构及自然人中，不属于资产评估主体的是（ ）。

A. 资产评估相关当事人中的产权持有人（或被评估单位）

B. 通过资产评估师资格全国统一考试的评估专业人员

C. 没有通过评估师资格考试，但具有评估专业知识及经验的评估从业人员

D. 资产评估相关当事人中的委托人和其他资产评估报告使用人

E. 依法设立、从事资产评估活动的专业组织

2. 某企业通过与专利权人订立合同，获得对已批准专利的实施许可权，在一定的时间和地域内享有实施专利带来的经济利益，可以确认为企业的资产。这种许可权的形式，包括（ ）。

A. 只允许该企业独享的独占许可权

B. 仅允许专利权人和该企业享有的独占许可权

C. 只允许该企业独享的排他许可权

D. 仅允许专利权人和该企业享有的排他许可权

E. 除专利权人与该企业之外也允许其他人实施的普通许可权

3. 根据《资产评估法》，资产评估专业服务受到委托人与资产评估机构依法订立的资产评估委托合同的约束。这种约束包括（ ）。

A. 对资产评估服务行为本身的约束

B. 对资产评估业务委托方的约束

C. 对资产评估中资产占有方的约束

D. 对资产评估业务受托方的约束

E. 对资产评估职业道德的约束

4. 资产的产权是经济所有制关系的法律表现形式，它包括财产的所有权，以及构成所有权的（ ）等。

A. 资产占有权 B. 资产控制权
C. 资产处分权 D. 资产收益权
E. 资产使用权

5. 下列各项中，属于资产评估经济技术原则的有（ ）。

A. 评估供求原则 B. 最低损耗原则
C. 评估替代原则 D. 实际收益原则
E. 评估时点原则

6. 1978 年 12 月，党的十一届三中全会作出对国家经济管理体制和国有企业经营管理方式进行改革的重大决策，形成我国资产评估产生的原因，主要包括（ ）。

A. 作为提高非国有经济比重的有效途径

B. 作为提高我国资本市场流动性的必要手段

C. 作为国有资产管理的必备程序

D. 作为保护国有资产权益的专业手段

E. 作为建设中国特色社会主义市场体系的必要环节

7. 经过 30 多年的发展，我国资产评估在市场经济中的积极作用越来越突出，其主要包括（ ）。

A. 资产评估对促进市场资源优化配置有引导作用

B. 资产评估对服务资本市场发展有保障作用

C. 资产评估对规范社会秩序有促进作用

D. 资产评估对维护各类资产权利主体的合法权益有积极作用

E. 资产评估对维护公共利益和对外开放环境下的国家利益有重要作用

8. 资产评估已成为保障资本市场良性运行不可或缺的专业服务行业，其在服务资本市场发展中的保障作用，包括（ ）。

A. 资产评估已经成为支持上市公司重组并购交易定价的核心环节

B. 资产评估已经成为提高上市公司融资能力的重要手段

C. 资产评估已经成为市场经济体制健康稳定发展的重要保障

D. 资产评估有效提升了上市公司的信息披露质量

E. 资产评估已经成为市场资源优化配置的重要手段

三、综合题

资料：2025 年 3 月 28 日，深圳 A 公司拟收购广州 B 公司 20% 股权，委托 SD 资产评估有限公司进行评估。SD 资产评估有限公司按照委托合同约定完成了必要的评估程序。

2025 年 4 月 17 日，SD 资产评估有限公司出具了“SD 评报字（2025）第 KMV58 号”资产评估报告书，报告书载明：本次评估目的是深圳 A 公司拟收购广州 B 公司 20% 股权，需要对广州 B 公司 20% 股权的价值进行评估，以确定其在评估基准日 2025 年 3 月 31 日的市场价值，为该收购提供价值参考。根据本次评估的评估目的，本次评估的对象为广州 B 公司 20% 股权的价值，评估范围是广州 B 公司的全部资产及相关负债。本次评估采用持续经营假设下的市场价值作为选定的价值类型。

问题：

（1）如何理解资产评估中的资产？

（2）资产评估工作原则是什么？

（3）评估基准日的确定体现的资产评估经济技术原则是什么？

（4）《资产评估法》对资产评估专业服务的内容及成果是如何界定的？

（5）本评估案例中评估主体、客体分别是什么？

（6）资产评估报告中，“确定其在评估基准日 2025 年 3 月 31 日的市场价值，为该收购提供价值参考”，体现的资产评估特点是什么？

精选练习题参考答案及解析

一、单项选择题

1. **【答案】** D

【解析】 资产的产权类型不同，为权利人带来的经济利益通常也会存在差异。即使是同样的资产载体，也可能会因为产权类型不同而表现出不同的经济价值。例如，资产的所有权价值一般会高于其使用权的价值。选项 D 错误，其他选项均正确。

2. **【答案】** B

【解析】 我国的城镇土地所有权属于国家，企业只拥有土地使用权。然而，企业却可以依法使用土地，或依法转让、出租、抵押、投资土地使用权。因此，虽然企业不拥有土地的所有权，但是能够依法对土地享有占有、使用、收益的权利，以及法律和合同规定的对土地使用权的处分权，应当确认为企业的资产。以上表明，企业可以拥有法律和合同规定的对土地使用权的处分权，而无对土地的处分权，选项 B 错误，其他选项均正确。

3. **【答案】** A

【解析】 经济资源具备有用性和稀缺性特点。有用性意味着经济资源能带来某种效用，从而具有使用价值。稀缺性意味着对于该经济资源存在着需求，从而具有交换价值。这二者构成了经济资源能够为特定主体带来未来经济利益的潜在能力。选项 A 正确，其他选项均错误。

4. **【答案】** B

【解析】 经济资源可以是实体，也可以是无形权利。其所具有的能够带来未来经济利益的潜在能力，是特定主体愿意拥有或控制某一经济资源的主要动因。这种未来经济利益可以表现为两个方面：一是使用资产给特定主体带来的利益；二是通过资产产权的变动给特定主体带来的利益。资产的价值大小，则取决于其能够带来未来经济利益的能力。资产评估就是通过适当的方法量化这种能力，反映资产的价值。选项 B 错误，其他选项均正确。

5. **【答案】** C

【解析】 咨询性是指资产评估结论是为资产业务提供专业化估价意见。选项 C 正确，其他选项均错误。

6. **【答案】** C

【解析】 正确运用替代原则是资产评估公正性的重要保证。选项 C 错误，其他选项均正确。

7. **【答案】** D

【解析】市场是不断变化的，资产的价值会随着市场条件的变化而变化，因此，必须合理选取一个时点作为评估基准日。资产评估值就是评估基准日的资产价值。选项 D 正确，其他选项均错误。

8. 【答案】D

【解析】资产之所以具有价值，是因为它能够为其拥有者或控制者带来未来经济利益。因此，在资产评估过程中，资产的价值不在于过去的生产成本或销售价格，而是应当基于其对未来收益的预期加以决定。预期收益原则是资产评估专业人员判断资产价值的一个最基本的依据。选项 D 正确，其他选项均错误。

9. 【答案】C

【解析】替代原则是指价格最低的同质商品对其他同质商品具有替代性，即相同效能的资产，最低价格的资产需求最大。作为一种市场规律，在同一市场中，具有相同使用价值和质量的商品，应有大致相同的交换价格。如果具有相同使用价值和质量的商品，具有不同的交换价值或价格，买方会选择价格较低的。当然，作为卖方，如果可以将商品卖到更高的价格，他会在较高的价位上出售商品。替代原则要求评估专业人员在评估过程中充分考虑市场中类似资产的替代效应，从购买者的角度进行分析，即评估值应反映资产潜在购买者愿意支付的价格。正确运用替代原则是资产评估公正性的重要保证。选项 C 正确，其他选项均错误。

10. 【答案】B

【解析】为了使资产评估得以操作，同时又能保证资产评估结论可以被市场检验，在资产评估时，需要假定市场条件固定在某一时点，这一时点就是评估基准日。它为资产评估提供了一个时间基准，资产评估值就是评估基准日的资产价值。选项 B 正确，其他选项均错误。

11. 【答案】B

【解析】1993 年 12 月，中国资产评估协会成立大会召开，并于 1995 年代表我国资产评估行业加入国际评估准则委员会。中国资产评估协会的成立标志着中国资产评估行业已经开始成为一个独立的中介行业，我国资产评估行业管理体制也开始走向政府直接管理与行业自律管理相结合的道路。选项 B 正确，其他选项均错误。

12. 【答案】C

【解析】2016 年 7 月 2 日，十二届全国人大常委会第二十一次会议审议通过《中华人民共和国资产评估法》，自 2016 年 12 月 1 日起施行。选项 C 正确，其他选项均错误。

二、多项选择题

1. 【答案】AD

【解析】《资产评估法》规定资产评估的主体是指资产评估机构及其评估专业人员。资产评估机构是指依法设立、从事资产评估活动的专业组织。评估专业人员包括评估师和其他具有评估专业知识及实践经验的评估从业人员。评估师是指通过评估师资格考试的评估专业人员。根据《资产评估法》的规定，选项 A、选项 D 不属于资产评估的主体，其他选项均属于资产评估的主体。

2. 【答案】ADE

【解析】某企业通过与专利权人订立合同，获得对已批准专利的实施许可权，在一定的时间和地域内享有实施专利带来的经济利益。这种许可权可以是只允许该企业独享的独占许可权，也可以是仅允许专利权人和该企业享有的排他许可权，还可以是除专利权人与该企业之外也允许其他人实施的普通许可权。选项 A、选项 D、选项 E 正确，其他选项均错误。

3. 【答案】ABD

【解析】根据《资产评估法》，资产评估专业服务受到委托人与资产评估机构依法订立的资产评估委托合同的约束。这种约束既包括对资产评估服务行为本身的约束，也包括对资产评估业务委托和受托双方当事人的约束。例如，资产评估业务委托合同中会约定评估目的、评估对象和评估范围等具体评估要素，还会约定资产评估委托方和受托方各自的权利与义务。因此，资产评估机构和评估专业人员依法开展的评估行为受到法律保护，并对依法出具的资产评估报告承担相应的法律责任。选项 A、选项 B、选项 D 正确，其他选项均错误。

4. 【答案】ACDE

【解析】资产的产权是经济所有制关系的法律表现形式，它包括财产的所有权，以及构成所有权的资产占有权、使用权、收益权和处分权等。选项 B 错误，其他选项均正确。

5. 【答案】ACE

【解析】资产评估经济技术原则包括：供求原则、替代原则、预期收益原则、贡献原则、最高最佳使用原则、评估时点原则。选项 A、选项 C、选项 E 正确，其他选项均错误。

6. 【答案】CD

【解析】1978 年 12 月，党的十一届三中全会作出对国家经济管理体制和国有企业经营管理方式进行改革的重大决策，作为国有资产管理的必备程序和保护国有资产权益的专业手段，资产评估应运而生。选项 C、选项 D 正确，其他选项均错误。

7. 【答案】ABDE

【解析】资产评估在促进市场资源优化配置，保障资本市场良性运行，维护社会主义市场经济秩序，维护各类资产权利人权益，维护公共利益和对外开放环境下的国家利益中发挥了积极作用。选项 C 错误，其他选项均正确。

8. 【答案】ABD

【解析】我国资产评估行业与我国资本市场几乎同时起步，资产评估已成为保障资本市场良性运行不可或缺的专业服务行业，在推进上市公司并购重组、促进融资功能提升、提高资本市场信息披露质量方面发挥了至关重要的作用。资产评估已经成为支持上市公司并购重组交易定价的核心环节，成为提高上市公司融资能力的重要手段，并有效提升了上市公司的信息披露质量。选项 A、选项 B、选项 D 正确，其他选项均错误。

三、综合题

【答案及解析】

（1）在资产评估中，资产是指由特定主体拥有或控制的、预期能够给该主体带来经济利益的经济资源。

对于资产的概念，可以从以下三个方面进行理解：①资产应当由特定主体拥有或控制；②资产能够为特定主体带来未来经济利益；③资产是经济资源。

（2）资产评估的工作原则是指评估机构及其评估专业人员在执业过程中应遵循的基本原则，主要包括独立、客观、公正原则。

（3）市场是不断变化的，资产的价值会随着市场条件的变化而变化，因此，必须合理选取一个时点作为评估基准日。既为了使资产评估得以操作，同时又能保证资产评估结论可以被市场检验，在资产评估时，需要假定市场条件固定在某一时点，这一时点就是评估基准日。它为资产评估提供了一个时间基准，资产评估值就是评估基准日的资产价值。评估基准日的确定体现了资产评估的评估时点原则。

（4）《资产评估法》规定：资产评估专业服务的内容是指资产评估机构及其评估专业人员对评估对象的价值进行评定估算。这些专业的评定估算行为最终综合体现为由资产评估机构出具的系统性、规范性的资产评估报告，资产评估报告的格式与内容应当符合法律、行政法规及资产评估准则的要求，它是资产评估机构及其评估专业人员针对评估对象发表专家意见的载体和履行评估合同的劳动成果。

（5）《资产评估法》规定：资产评估机构及其评估专业人员是资产评估的主体。资产评估的客体是指资产评估的对象，涵盖多种类型的资产与经济权益，包括不动产、动产、无形资产、企业价值、资产损失和其他经济权益等。本评估案例中，主体是：SD 资产评估有限公司及其评估专业人员；客体是：广州 B 公司 20%股权。

（6）资产评估结论是为资产业务提供专业化估价意见，资产评估机构及其评估专业人员只对结论本身合乎职业规范要求负责，而不对资产业务定价决策负责。资产评估专业人员对评估对象在评估基准日特定目的下的价值发表专业意见、形成资产评估结论，是建立在一定的假设条件基础上，并可能受到一些限制条件的影响。资产评估结论通常可作为交易定价或其他经济行为的价值参考，但最终的成交价取决于当事人的决策动机、谈判地位和谈判技巧等因素。资产评估报告中，“确定其在评估基准日 2025 年 3 月 31 日的市场价值，为该收购提供价值参考”，体现了资产评估具有咨询性特点。

第二章　资产评估基础理论

考试大纲

第二章	考试目的	考查考生对劳动价值论、效用价值论、供求理论、市场结构理论、有效市场理论、货币时间价值理论等资产评估基础理论的掌握情况，以及对相关理论基本原理和主要知识点的应用能力。
资产评估的基础理论	考试内容及要求	
	掌握的内容（★★★）	1. 劳动价值论的使用价值和价值、商品的价值规律。
		2. 效用价值论的效用和边际效用递减规律。
		3. 需求及影响需求的因素。
		4. 供给及影响供给的因素。
		5. 均衡价格、供求定理。
		6. 市场结构的划分。
		7. 有效市场的形态。
	熟悉的内容（★★）	1. 劳动的二重性原理、商品价值量的确定。
		2. 劳动价值论在资产评估中的应用。
		3. 效用价值论中商品价值的来源、价值量的确定、价格形成的基本规律。
		4. 效用价值论在资产评估中的应用。
		5. 需求函数、需求表及需求曲线。
		6. 供给函数、供给表与供给曲线。
		7. 供求理论在资产评估中的应用。
		8. 完全竞争市场、垄断竞争市场、寡头垄断市场、完全垄断市场的特征及条件。
		9. 市场结构理论在资产评估中的应用。
		10. 有效市场假说的前提条件及检验。
		11. 有效市场理论在资产评估中的应用。
		12. 货币时间价值。
	了解的内容（★）	1. 劳动价值论的理论发展过程，对劳动价值论的认识。
		2. 效用价值论的理论产生发展过程，对效用价值论的认识。
		3. 需求关系的特殊情形。
		4. 市场均衡、局部均衡及一般均衡。
		5. 完全竞争市场、垄断竞争市场、完全垄断市场的需求与均衡。
		6. 寡头垄断市场和完全垄断市场的形成原因，寡头垄断市场的分类及典型模型。
		7. 有效市场理论的形成及主要作用，有效市场理论的局限。
		8. 资本市场的内在效率和外在效率。

考情分析

资产评估属于价值判断的范畴，其目的在于促进交易各方当事人的合理决策，为资产交易双方理性确定资产交易价格、保障产权有序流转提供价值尺度，需要价值形成理论和有效市场理论的支撑。本章紧扣资产评估实践，考查考生对劳动价值论等资产评估基础理论的掌握情况，考生需要理解资产价值的形成原理，结合市场条件，为恰当选择评估方法打下理论基础，同时培养相关理论的应用能力。

学习本章时应结合资产评估的实际需要，重点关注劳动价值论（使用价值和价值、商品的价值规律）、效用价值论（效用及边际效用、边际效用递减规律）、供求理论（需求理论、供给理论、影响需求和供给的因素、均衡价格、供求定理）、市场结构（完全竞争市场、垄断竞争市场、寡头垄断市场、完全垄断市场的特点、条件以及供需曲线等）、有效市场理论（含义、条件、分类、检验、作用与局限性），熟悉劳动价值论、效用价值论、供求理论、市场结构理论和有效市场理论在资产评估中的应用。货币时间价值理论作为基础理论，应熟悉有关计算公式，以利于第六章收益法评估的学习。本章内容知识点多，考试题型以单项选择题和多项选择题为主，也可以结合评估方法的选择和评估项目的特点、在综合题中体现有效市场理论及其检验等内容要求。

教材主要变化

1. 增加劳动价值论在资产评估中的应用、效用价值论在资产评估中的应用、供求理论在资产评估中的应用、市场结构理论在资产评估中的应用、有效市场理论在资产评估中的应用等内容。

2. 将货币时间价值理论相关内容从第六章调至本章。

考点精讲及典型例题解析

【知识点1】劳动价值论的理论发展过程（★）

劳动价值论是阐明商品价值决定于无差别的一般人类劳动的理论。劳动价值论认为，价值实体是客观的，衡量价值的尺度也是客观的。因此，劳动价值论又被称为客观价值论。

价值属于商品经济范畴。商品具有二重性，即价值和使用价值。具体劳动创造了商品的使用价值，抽象劳动创造了商品的价值。价值是无差别的人类抽象劳动的凝结，商品价值量由凝结在商品中的劳动量决定，而劳动量又是以劳动时间计算。价值规律要求商品的价值量决定于社会必要劳动时间，商品按照价值量相等的原则进行交换，价值规律的表现形式是价格围绕价值上下浮动。其理论发展过程，参见表2－1。

表2－1　劳动价值论的理论发展过程

代表人物	代表著作及主要贡献	主要观点
威廉·配第	1662年，《赋税论》。劳动价值论的创始人。	（1）把价格区分为“自然价格”和“政治价格”，前者指商品的价值，后者指市场价格； （2）第一次有意识地把商品价值的源泉归于劳动； （3）劳动生产率的高低与商品价值量成反比例关系。
亚当·斯密	1776年，《国富论》。继承和发展了威廉·配第等学者的劳动价值论，并在《国富论》（1776）第1篇中对其进行了系统的阐述。	（1）首先区分了使用价值和交换价值，他指出价值一词有两个不同的意义，它有时表示特定物品的效用，有时又表示由于占有某物而取得的对他种货物的购买力。前者可称为使用价值，后者可称为交换价值； （2）进一步劳动是衡量一切商品交换价值的真实尺度； （3）提出了三种价值决定理论：①“劳动决定价值”，即决定商品价值量的是生产商品所耗费的劳动；②“购买到的劳动决定价值”，即决定商品价值的劳动是该商品在交换中购买到的劳动或能支配的劳动；③“三种收入决定商品价值”，商品价值由工资、利润、地租三种收入构成。

续表

代表人物	代表著作及主要贡献	主要观点
大卫·李嘉图	1817年4月，《政治经济学及赋税原理》。在亚当·斯密的基础上又进了一步，他继承了亚当·斯密关于劳动决定价值的观点，但批判了亚当·斯密的购买劳动价值论和三种收入价值论。	(1) 劳动决定价值，劳动包括活劳动和物化劳动； (2) 商品价值量和耗费劳动量成正比，和劳动生产率成反比，并把复杂劳动归结为倍加的简单劳动； (3) 商品价值决定于社会必要劳动量；价值由最不利条件的土地产品耗费的劳动决定。
卡尔·马克思	1867年9月，《资本论》第一卷。在大卫·李嘉图的基础上对劳动价值论进行了深入的阐述，确立了商品价值这一根本范畴。	(1) 商品的价值是由凝结在商品中的无差别人类劳动决定； (2) 人类劳动分为具体劳动和抽象劳动，指出具体劳动构成了商品的使用价值，抽象劳动形成了商品的价值； (3) 商品的价值是由直接导致该商品生产的工人的活劳动和间接凝结在商品中的物化劳动构成，它是用社会必要劳动时间来衡量的； (4) 随着社会的发展和技术的不断进步，生产某一产品所需的社会必要劳动时间会不断减少，其价值量会逐渐下降。

【例2-1】（单项选择题）（　　）第一次有意识地把商品价值的源泉归于劳动，并根据劳动决定价值的原理，得出了商品价值量的大小以劳动生产率为转移的结论，即劳动生产率的高低与商品价值量成反比例关系。

A. 亚当·斯密　B. 威廉·配第
C. 大卫·李嘉图　D. 卡尔·马克思

【答案】 B

【解析】 威廉·配第（William Petty）是劳动价值论的创始人。他在《赋税论》（1662）中把价格区分为"自然价格"和"政治价格"，前者指商品的价值，后者指市场价格。在此基础上，他第一次有意识地把商品价值的源泉归于劳动，并根据劳动决定价值的原理，得出了商品价值量的大小以劳动生产率为转移的结论，即劳动生产率的高低与商品价值量成反比例关系。

【例2-2】（单项选择题）（　　）把人类劳动分为具体劳动和抽象劳动，指出具体劳动构成了商品的使用价值，抽象劳动形成了商品的价值。

A. 大卫·李嘉图　B. 亚当·斯密
C. 卡尔·马克思　D. 威廉·配第

【答案】 C

【解析】 卡尔·马克思把人类劳动分为具体劳动和抽象劳动，具体劳动构成了商品的使用价值，抽象劳动则形成了商品的价值。商品的价值是由直接导致该商品生产的工人的活劳动和间接凝结在商品中的物化劳动构成，它是用社会必要劳动时间来衡量的。

【知识点2】劳动价值论的使用价值和价值、商品的价值规律（商品的两因素原理）（★★★）

商品是用来交换的劳动产品。商品包含使用价值和价值两个要素，是使用价值和价值的统一。

（一）使用价值

使用价值是指物品和服务能够满足人们某种需要的属性，即物品和服务的有用性。任何商品，首先必须能够满足人们某种需要，即具有某种使用价值。

【提示1】 商品的使用价值是由它的自然属性决定，商品的自然属性不同，它的使用价值也会不同，同一种商品还可以兼有各种自然属性，具有多种使用价值。

【提示2】 使用价值构成社会财富的物质内容，反映的是人与人之间的物质关系。商品通过交换让渡给他人使用进入消费环节，商品的使用价值是交换价值的物质承担者。

【例2-3】（多项选择题）一切商品都包含着使用价值和价值两因素，商品是使用价值和价值的统一，这表明（　　）。

A. 缺少使用价值和价值任何一方面，都不能成为商品

B. 商品的使用价值和价值，二者不能兼得

C. 有使用价值，但不是劳动产品，也不是

商品

D. 有使用价值，也是劳动产品，但只是供生产者自己消费，也不是商品

E. 商品使用价值的自然属性，决定了同一种商品只有一种使用价值

【答案】 ABCD

【解析】 商品是用来交换的劳动产品。商品包含使用价值和价值两个要素，是使用价值和价值的统一。商品的使用价值和价值，二者不能兼得，要得到一方，必须以放弃另一方为前提。使用价值和价值的矛盾是商品的内在矛盾，只有通过交换，才能使商品的内在矛盾得到解决。有使用价值，也是劳动产品，但只是供生产者自己消费，没有交换，不是商品。商品的使用价值是由它的自然属性决定，商品的自然属性不同，它的使用价值也会不同，同一种商品还可以兼有各种自然属性，具有多种使用价值。选项 E 错误，其他选项均正确。

（二）交换价值和价值

商品能够通过买卖同其他商品相交换的属性，是商品的交换价值。交换价值表现为一种使用价值同另一种使用价值相交换的量的比例关系。交换价值是相对的，不同的交换对象有不同的交换价值，并且会因时因地而发生变化。

两种使用价值完全不同的商品，之所以能按照一定的比例交换，说明存在着一种可以相互比较的共同属性。事实上，任何商品在被生产出来的时候，都耗费了人类劳动，这种凝结在商品中无差别的一般人类劳动，就是商品的价值。一切商品之所以能够交换，就是因为商品里面各自凝结了等量的人类劳动，或者说具有等量的价值。商品的价值通过交换得到体现。所以，交换价值是价值的表现形式，而价值是交换价值的基础。没有价值的东西，也就没有交换价值。商品按价值交换，从本质上看，是生产者之间的劳动交换。它体现着商品生产者之间的生产关系。

【例 2－4】（单项选择题）关于交换价值和价值，下列表述正确的是（　　）。

A. 交换价值是价值的基础

B. 交换价值是价值的表现形式

C. 交换价值是凝结在商品中无差别的一般人类劳动

D. 没有交换价值的东西，也就没有价值

【答案】 B

【解析】 交换价值是价值的表现形式，而价值是交换价值的基础。没有价值的东西，也就没有交换价值。价值是凝结在商品中无差别的一般人类劳动。选项 B 正确，其他选项均错误。

（三）交换价值、使用价值和价值的关系

商品是使用价值和价值的对立统一体。一方面，二者是统一的，是互相依存、互为条件的。作为商品，必须同时具有使用价值和价值两个因素。另一方面，二者又是对立的，是互相排斥、互相矛盾的。商品的使用价值和价值，二者不能兼得，要得到一方，必须以放弃另一方为前提。使用价值和价值的矛盾是商品的内在矛盾，只有通过交换，才能使商品的内在矛盾得到解决。

【例 2－5】（多项选择题）下列各项，属于商品必须同时包含的要素是（　　）。

A. 价值　　B. 交换价值

C. 市场价值　　D. 使用价值

E. 自然价值

【答案】 AD

【解析】 商品包含使用价值和价值两个要素，是使用价值和价值的统一。

【例 2－6】（多项选择题）根据劳动价值论，下列关于使用价值和价值的表述中，正确的是（　　）。

A. 有价值的东西，凝结了无差别的一般人类劳动，必有使用价值

B. 空气、阳光等非劳动产品因为有使用价值，可以成为评估客体

C. 有价值的东西，不一定满足人们的需要，不一定有使用价值

D. 有使用价值的东西，不一定能成为商品，不一定有价值

E. 商品的价值和使用价值是互相排斥、互相矛盾的

【答案】 ADE

【解析】 价值是指凝结在“商品”（一定是劳动产品）中的一般人类劳动，只有商品才有。任何商品，首先必须能够满足人们某种需要，即具有某种使用价值。有价值的东西必有使用价值。选项 A 正确，选项 C 错误。而具有使用价值的东西不一定是商品，有使用价值的东西不一定有价值。如非劳动产品空气、阳光等有

使用价值，但是没有耗费人类劳动，没有价值，不能成为评估对象，选项B错误，选项D正确。使用价值和价值是统一的，是互相依存、互为条件的。作为商品，必须同时具有使用价值和价值两个因素，商品是价值和使用价值的对立统一体，选项E正确。

【例2-7】（多项选择题）根据劳动价值论，下列关于交换价值、使用价值和价值关系的表述中，正确的是（　　）。

A. 商品的使用价值和价值，二者不能兼得

B. 有使用价值的东西必有交换价值

C. 商品是价值和使用价值的对立统一体

D. 商品使用价值和价值的矛盾无法解决

E. 商品的使用价值和价值可以分离

【答案】 AC

【解析】 商品的使用价值和价值，二者不能兼得，要得到一方，必须以放弃另一方为前提，选项A正确；有使用价值的东西不一定是商品，只有通过交换，才能实现其价值，选项B错误；作为商品，必须同时具有使用价值和价值两个因素，选项C正确；使用价值和价值的矛盾是商品的内在矛盾，只有通过交换，才能使商品的内在矛盾得到解决，选项D错误；作为商品，必须同时具有使用价值和价值两个因素，选项E错误。

【知识点3】劳动的二重性原理（★★）

商品是由劳动创造的。商品的两要素是由生产商品的劳动二重性决定的，即商品的使用价值和价值是由生产商品的具体劳动和抽象劳动决定的。具体劳动和抽象劳动是同一劳动的两种属性，可以从具体形态和抽象形态两个方面进行考察。参见表2-2。

表2-2　　具体劳动和抽象劳动的含义及意义

劳动二重性	含义	意义
具体劳动	具体劳动即从劳动的具体形态考察的劳动。劳动的具体形态包括劳动目的、劳动对象、劳动工具、操作方法、劳动成果等。	具体劳动创造商品的使用价值。不同商品之所以具有不同的使用价值，除了其构成的物质要素各有其特殊的自然属性外，还因为生产它们的劳动各有其特殊的具体形态。
抽象劳动	抽象劳动即从劳动的抽象形态考察的劳动。抽象掉生产商品劳动的具体形态，则所有劳动都是人们的体力和脑力的支出，这是无差别的一般人类劳动。	抽象劳动是同质的、无差别地形成商品价值的劳动。正是由于商品中所凝结的都是没有质的差别的一般人类劳动，才使各种不同使用价值的商品在价值上可以比较，并能按一定比例相互交换。抽象劳动创造了商品的价值，是价值的实体或价值的唯一源泉，反映着商品生产者之间的经济关系。

【提示】 具体劳动和抽象劳动是生产商品的同一劳动过程的两个方面。抽象劳动和具体劳动在时间上、空间上都是不可分割的。在商品生产和商品交换的经济关系中，具体劳动需要还原为抽象劳动，人类脑力和体力的耗费才形成价值。

【例2-8】（单项选择题）根据劳动价值论，劳动的二重性是指（　　）。

A. 简单劳动和复杂劳动

B. 具体劳动和抽象劳动

C. 体力劳动与脑力劳动

D. 个别劳动与社会劳动

【答案】 B

【解析】 商品是由劳动创造的。商品的两要素是由生产商品的劳动二重性决定的，即商品的使用价值和价值是由生产商品的具体劳动和抽象劳动决定的。具体劳动和抽象劳动是同一劳动的两种属性。

【例2-9】（多项选择题）根据劳动价值论，下列关于劳动二重性的表述，正确的是（　　）。

A. 抽象劳动和具体劳动是在时间上和空间上可以分割的两种劳动

B. 抽象劳动创造了商品的价值，是价值的实体或价值的唯一源泉

C. 具体劳动和抽象劳动是同一劳动过程的两个方面

D. 劳动的二重性学说是卡尔·马克思创立的科学理论

E. 具体劳动是同质的、无差别地形成商品

价值的劳动

【答案】BCD

【解析】具体劳动和抽象劳动是生产商品的同一劳动过程的两个方面。抽象劳动和具体劳动在时间上、空间上都是不可分割的。抽象劳动是同质的、无差别地形成商品价值的劳动，是价值的实体或价值的唯一源泉。马克思说："一切劳动，从一方面看，是人类劳动力在生理学意义上的耗费；作为相同的或抽象的人类劳动，它形成商品价值。一切劳动，从另一方面看，是人类劳动力在特殊的有一定目的的形式上的耗费；作为具体的有用劳动，它生产使用价值。"选项A、选项E错误，选项B、选项C、选项D正确。

【知识点4】商品价值量的确定（★★）

商品的价值是质和量的统一。价值是抽象劳动的凝结，商品的价值量就是生产商品所耗费的劳动量，即凝结在商品中的一般人类劳动量。劳动量是由劳动时间来衡量的，因此，商品的价值量取决于生产商品的劳动时间，且与劳动时间成正比。

（一）个别劳动时间和社会必要劳动时间

各个商品生产者实际耗费的劳动时间就是个别劳动时间，由个别劳动时间形成的价值是商品的个别价值。所谓社会必要劳动时间，就是在现有的社会正常的生产条件下，在社会平均的劳动熟练程度和劳动强度下制造某种使用价值所需要的劳动时间。

价值是商品的社会属性，所以商品的价值量不可能由个别劳动时间决定，商品交换也不可能接受由个别劳动时间决定的价值量。由于形成商品价值实体的劳动作为人类无差别的劳动具有一般性，决定商品价值量的劳动时间只能是一般的劳动时间，即社会必要劳动时间。

【提示】我们在评估活动中测算相关成本时，特别强调形成资产价值的耗费是必需的，体现了社会或行业的平均水平。又如，我们在使用收益法时，强调资产的收益额通常是指资产的客观收益，而不是资产的个别收益，也是这一原理的体现。

（二）劳动生产率和价值量

确定商品价值量的社会必要劳动时间不是固定不变的，它随着劳动生产率的变化而变化。劳动生产率是指劳动者在一定时间内生产某种使用价值的效率。

劳动生产率越高，在单位时间内所生产的使用价值量就越多，但由于所形成的总价值量不变，因而包含在单位产品中的价值量相应减少。但是，在社会必要劳动时间决定价值的经济中，劳动生产率高的个别价值在还原为社会价值时，会还原为更高的价值。

【提示】马克思说，"不管生产力发生了什么变化，同一劳动在同样的时间内提供的价值量总是相同的。"价值量只与劳动时间相关。在同样的劳动时间内具有较高生产率的活劳动，相对于生产率较低的活劳动而言，可以创造较多的使用价值。

【例2-10】（单项选择题）根据劳动价值论的观点，商品的价值量是由（　　）决定的。

A. 社会平均劳动时间

B. 社会必要劳动时间

C. 熟练程度较高的劳动时间

D. 实际耗费的劳动时间

【答案】B

【解析】由于形成商品价值实体的劳动作为人类无差别的劳动具有一般性，决定商品价值量的劳动时间只能是一般的劳动时间，即社会必要劳动时间。

【例2-11】（单项选择题）根据劳动价值论，生产某一产品的劳动生产率提高，则包含在单位产品中的价值量（　　）。

A. 相应增加　　B. 相应减少

C. 保持不变　　D. 不一定变化

【答案】B

【解析】劳动生产率越高，在单位时间内所生产的使用价值量就越多，但由于所形成的总价值量不变，因而包含在单位产品中的价值量相应减少。

【例2-12】（多项选择题）根据劳动价值论，下列关于商品价值量的表述，正确的是（　　）。

A. 商品的价值量是由生产商品的个别劳动时间决定的

B. 商品的价值量是由生产商品的社会必要劳动时间决定的

C. 单位商品的价值量与社会必要劳动量成正比

D. 劳动生产率较高可以生产较多的单位商

品价值量

E. 单位商品的价值量与生产该商品的劳动生产率成反比

【答案】BCE

【解析】商品的价值量不是由个别生产者生产某种商品耗费的个别劳动时间决定，而是由生产商品的社会必要劳动时间决定。单位商品的价值量与包含在商品中的社会必要劳动量成正比，与生产该商品的劳动生产率成反比。

【例2-13】（单项选择题）根据劳动价值论，社会必要劳动时间是指（　　）。

A. 在现有的社会正常的生产条件下，在社会平均的劳动熟练程度和劳动强度下制造某种使用价值所需要的劳动时间

B. 在现有的社会高科技水平条件下，在社会平均的劳动熟练程度和劳动强度下制造某种使用价值所需要的最少劳动时间

C. 在现有的社会正常的生产条件下，在社会平均的劳动熟练程度和劳动强度下制造某种使用价值所需要的最长劳动时间

D. 在现有的社会正常的生产条件下，在先进的劳动熟练程度和劳动强度下制造某种使用价值所需要的最少劳动时间

【答案】A

【解析】社会必要劳动时间，就是在现有的社会正常的生产条件下，在社会平均的劳动熟练程度和劳动强度下制造某种使用价值所需要的劳动时间。

【知识点5】商品的价值规律（★★★）

（一）价值规律的含义

价值规律是商品生产和交换的基本经济规律，是人类从事一切经济活动都必须遵守的客观规律。

价值规律的基本要求是：商品的价值量由生产商品的社会必要劳动时间决定，以此为基础进行商品等价交换。

价值规律既是价值量如何决定的规律，也是价值量如何实现的规律。

价值规律对市场经济中的个别劳动耗费和社会劳动的使用都具有制约作用：单个商品的价值量是由生产该商品的社会必要劳动时间决定的。某种商品总量的价值量是由生产该商品总量的社会必要劳动时间决定的。

（二）价值规律发挥作用的形式

价值规律发挥作用的形式是价格围绕价值波动。

现实的市场上出现价格偏离价值的现象，一方面是因为价格对价值的偏离受到货币价值变化的影响，另一方面是因为价格受市场供求关系变动的影响。市场价格决定供求，但供求又反过来会影响商品的市场价格。主要表现为商品的市场价格与它的价值出现偏离：供不应求，价格就会上涨；供过于求，价格就会下跌。

价格总是围绕价值上下波动的，这种背离现象不是对价值规律的否定。首先是因为商品价格围绕价值上下波动始终是以价值为基础的。其次，从商品交换的总体来看，价格的涨落会相互抵消，商品的平均价格和价值是相等的。最后，价格的变动也会影响供求关系，在价格的不断波动中，供求趋于平衡，使价格接近价值。可见，价格受供求关系的影响，围绕价值上下波动，是商品经济条件下价值规律作用的形式。

（三）价值规律的三个重要作用

（1）自发地调节生产资料和劳动力在社会各部门之间的分配，这种调节作用是通过价格围绕价值的上下波动和市场竞争实现的。

（2）刺激生产者的积极性。商品生产者为了多获利润，就必须不断进行技术创新，加强经营管理，提高劳动生产率，在竞争中努力降低商品的价格。

（3）优胜劣汰。在市场经济条件下，劳动生产率水平高的商品生产者就会获利多、发展快，在市场竞争中处于有利地位；反之，则会获利少，甚至亏损，在市场竞争中处于不利地位，直至破产。

【例2-14】（多项选择题）劳动价值论认为，价值规律是商品经济的基本规律，这说明（　　）。

A. 只要存在商品生产和商品交换，价值规律就存在并发挥作用

B. 社会主义市场经济的发展，要求人们必须自觉地尊重和利用价值规律

C. 价值规律发挥作用的形式是价格围绕价值波动

D. 市场经济中，价值规律要求相同的商品要有相同的交易价格

E. 价格总是围绕价值上下波动的，这种价格与价值不一致的现象说明价值规律不是普遍存在的

【答案】 ABC

【解析】 价值规律是商品生产和交换的基本经济规律，是人类从事一切经济活动都必须遵守的客观规律，选项 A、选项 B 正确；价格受供求关系的影响，围绕价值上下波动，是商品经济条件下价值规律作用的形式，选项 C 正确；由于受到市场机制的影响，相同的商品在不同的地方不同的时间的销售价格是不一样的，即在同一时间的不同地方，或同一地方的不同时间，其销售价格也往往不一样，选项 D 错误；由于商品价格围绕价值上下波动始终是以价值为基础的，从商品交换的总体来看，价格的涨落会相互抵消，商品的平均价格和价值是相等的，而且，价格的变动也会影响供求关系，在价格的不断波动中，供求趋于平衡，使价格接近价值，所以，价格围绕价值上下波动现象不是对价值规律的否定，选项 E 错误。

【例 2－15】（多项选择题）按照劳动价值论的观点，在商品经济中，价值规律的作用主要表现为（　　）。

A. 通过价格围绕价值的上下波动和市场竞争，自发地调节生产资料和劳动力在社会各部门之间的分配

B. 通过市场经济体制的自由竞争，自发地调节生产资料和生活资料在市场中的供给与需求

C. 商品生产者为了多获利润，就必须通过技术创新等措施在竞争中努力降低商品的价格，从而刺激生产者的积极性

D. 通过市场竞争和价格围绕价值的规律性波动，自动协调市场需求无限与生产能力有限之间的矛盾

E. 在市场经济条件下，劳动生产率水平高的商品生产者，在市场竞争中处于有利地位，能够实现优胜劣汰

【答案】 ACE

【解析】 价值规律具有三个重要作用：第一，自发地调节生产资料和劳动力在社会各部门之间的分配。这种调节作用是通过价格围绕价值的上下波动和市场竞争实现的。第二，刺激生产者的积极性。商品生产者为了多获利润，就必须不断进行技术创新，加强经营管理，提高劳动生产率，在竞争中努力降低商品的价格。第三，优胜劣汰。在市场经济条件下，劳动生产率水平高的商品生产者就会获利多、发展快，在市场竞争中处于有利地位；反之，则会获利少，甚至亏损，在市场竞争中处于不利地位，直至破产。

【例 2－16】（多项选择题）按照劳动价值论的观点，价格总是围绕价值上下波动的，这种背离现象不是对价值规律的否定，其原因是（　　）。

A. 价值是价格的表现形式，价值与价格具有不同的内涵，二者一般情况下是不相等的

B. 根据价值规律，商品价格是围绕价值上下波动的，但这种波动始终是以价值为基础的

C. 从商品交换的总体来看，价格的涨落会相互抵消，商品的平均价格和价值是相等的

D. 价格决定价值，价值规律要求价格围绕价值上下波动是暂时的，二者最终趋于一致

E. 价格的变动也会影响供求关系，在价格的不断波动中，供求趋于平衡，使价格接近价值

【答案】 BCE

【解析】 价格总是围绕价值上下波动的，这种背离现象不是对价值规律的否定。首先是因为商品价格围绕价值上下波动始终是以价值为基础的。其次，从商品交换的总体来看，价格的涨落会相互抵消，商品的平均价格和价值是相等的。最后，价格的变动也会影响供求关系，在价格的不断波动中，供求趋于平衡，使价格接近价值。可见，价格受供求关系的影响，围绕价值上下波动，是商品经济条件下价值规律作用的形式。

【知识点 6】对劳动价值论的认识（★）

（1）劳动价值论全面而系统地阐述了价值的基本构成，说明了商品、价值和劳动之间的关系，商品的价值量由社会必要劳动时间决定。

（2）商品是使用价值和价值的统一体，价值能够存在的前提条件是必须具有使用价值，没有使用价值的商品也就没有价值。

（3）价值是交换价值的基础和内容，交换价值是价值的表现形式。

（4）商品的价值要转化为价格就必须依靠市场。一个有序的市场环境至少应当具备两个

必要条件：①在商品交换中充分体现价值规律，严格实行等价交换的原则；②拥有比较完善的商品市场和要素市场，并建立比较完备的市场体系。

（5）价值的本质是无差别的人类劳动，不能简单以市场价格代替价值。要正确把握简单劳动、复杂劳动的关系，大力发展科学技术，通过提高劳动生产率，更快更好地创造更多的价值。要健全完善社会主义市场经济体制，由市场决定资源配置，充分发挥价值规律的作用。

【知识点7】劳动价值论在资产评估中的应用（★★）

（一）对价值的理解

1. 劳动价值论认为，商品的价值是由生产该商品所需的社会必要劳动时间决定的。在劳动价值论的框架下，商品的交换价值与其有用性（使用价值）相关，但并不直接由有用性决定。

（1）劳动价值论认为商品的价值是凝结在其中的一般人类劳动；资产评估的成本法理论也认为，根据资产的重建或重置成本减去折旧和损耗，可以评估资产的价值；这与上述的劳动价值论理论是相符的。

（2）评估时需考虑市场上生产同类资产所需的平均劳动时间，这有助于确定资产的价值是否合理。

（3）劳动价值论中的价值规律指出，商品应当等价交换，这会指导评估专业人员在评估资产时寻找市场参照物，以市场交易价格为依据。

2. 劳动价值、交换价值与市场价值。

（1）劳动价值理论中的商品价值是凝结在商品中的无差别的人类劳动，这个价值是内在的、客观的，并且一旦商品被生产出来，其劳动价值就固定不变。

（2）在马克思的理论中，交换价值（在货币经济中表现为价格）是劳动价值在市场上的表现形式。它是通过市场上商品的交换比率体现，即商品与货币的交换比率。马克思在其经济学理论中指出，在资本主义体系中，劳动价值与交换价值通常不会相等。交换价值受到市场供求关系、生产成本、商品稀缺性、消费者偏好、市场竞争状况等多种因素的影响。在短期内，供求关系、市场垄断力量、投机行为等因素都可能导致交换价值偏离劳动价值。但马克思认为，这种偏离是暂时的，商品的交换价值围绕着劳动价值波动，长期来看，商品的交换价值会趋向于与其劳动价值相一致。

（3）资产评估中的市场价值是指在一定市场条件下，买方和卖方在自愿交易中可以达成的价格。这个价值由市场上的供求关系决定，是外在的、主观的，并且会随着市场条件（如供求关系、预期、情绪等）的变化而变化。

（4）劳动价值理论强调的是商品的内在价值，而市场价值则是这种内在价值在市场上的表现形式。在实际市场中，商品的市场价值可能会高于或低于其劳动价值，这取决于市场状况。

（5）劳动价值论中的交换价值与资产评估中的市场价值是两个不同概念，但它们之间存在一定的联系。以下是它们之间的关系和区别：①交换价值。交换价值是指商品在市场上与其他商品交换的比例，它是劳动价值论中的一个概念，与商品所包含的劳动价值有关。在劳动价值论中，交换价值的基础是生产商品所需的社会必要劳动时间，但实际交换价值还会受到市场供求关系、商品稀缺性、生产条件等因素的影响。交换价值更多的是一个理论上的概念，用于分析商品价值的基础。②市场价值。资产评估中的市场价值，是指资产在公开市场、自由活跃的交易中所体现的价值，是资产评估中的一个核心概念。市场价值取决于资产在市场上的供求关系、预期收益、使用价值、替代品的可用性、市场参与者行为等因素。市场价值是实际交易中使用的价值，用于资产买卖、财务报告、税收评估等实际经济活动。③关系和区别。交换价值和市场价值都涉及交换的概念，在某些情况下，劳动价值论中的交换价值可以被视为市场价值的一个理论参考点。交换价值基于劳动价值论，强调劳动在价值形成中的作用；而市场价值基于市场供求关系，强调市场上实际交易价格的形成。交换价值更多地用于理论分析，特别是在经济学理论中；市场价值则广泛应用于实际的资产评估和交易中。交换价值的理论基础较为单一，主要关注劳动投入；市场价值则考虑更广泛的市场和经济因素。交换价值在劳动价值论中更多地被视为一个相对稳定的理论值；市场价值是动态变化的，随市场条件的变化而变化。

（二）对资产评估操作的指导意义

劳动价值论认为，决定商品价值的社会必要劳动时间是在正常条件下，具有平均技能和劳动强度的劳动者生产该商品所需花费的时间。这体现在资产评估对资产重置成本计算的要求之中。

（1）资产评估的重置成本计算中，人工成本通常按照社会平均水平来确定，这与社会必要劳动时间的概念是一致的。它假设在资产重置或重建时，所投入的人工是具有平均技能和劳动强度的工人。

（2）资产评估的重置成本一般不考虑赶工、加班等因素，这与劳动价值论的概念也是一致的。劳动价值论强调的是在正常的工作条件和劳动强度下所需的劳动时间。赶工和加班通常是非正常的工作条件，它们反映了特定情况下的劳动时间，而不是社会平均水平的劳动时间。

（3）劳动价值论还关注劳动者的工作条件，可能损害劳动者健康和工作生活平衡的工作条件不符合劳动价值论所倡导的公平和正义。这也是资产评估确定重置成本的原则。

【例 2－17】（单项选择题）劳动价值论中关于对价值的理解，下列表述中，错误的是（　　）。

A. 劳动价值论认为，商品的价值是由生产该商品所需的平均劳动时间决定的，故评估时需考虑市场上生产同类资产所需的平均劳动时间，这有助于确定资产的价值是否合理

B. 资产评估的成本法理论认为，根据资产的重建或重置成本减去折旧和损耗，可以评估资产的价值，这与劳动价值论认为商品的价值是凝结在其中的一般人类劳动是相符的

C. 劳动价值理论中的商品价值是凝结在商品中的无差别的人类劳动，这个价值是内在的、客观的，并且一旦商品被生产出来，其劳动价值就固定不变

D. 交换价值强调劳动在价值形成中的作用，在劳动价值论中更多地被视为一个相对稳定的理论值；市场价值是动态变化的，随市场条件的变化而变化

【答案】 A

【解析】 劳动价值论认为，商品的价值是由生产该商品所需的社会必要劳动时间决定的。选项 A 错误，其他选项均正确。

【例 2－18】（单项选择题）劳动价值论中关于资产评估操作的指导意义，下列表述中，错误的是（　　）。

A. 资产评估对资产重置成本计算中，要求考虑在正常条件下，具有平均技能和劳动强度的劳动者生产该商品所需花费的时间

B. 资产评估的重置成本计算中，人工成本通常按照社会平均水平来确定，这与社会必要劳动时间的概念是一致的

C. 资产评估的重置成本一般要考虑赶工、加班等因素，这与劳动价值论的概念是一致的，赶工、加班等因素往往可以节约劳动时间

D. 劳动价值论还关注劳动者的工作条件，可能损害劳动者健康和工作生活平衡的工作条件不符合劳动价值论所倡导的公平和正义，也是资产评估确定重置成本的原则

【答案】 C

【解析】 资产评估的重置成本一般不考虑赶工、加班等因素，这与劳动价值论的概念也是一致的。劳动价值论强调的是在正常的工作条件和劳动强度下所需的劳动时间。赶工和加班通常是非正常的工作条件，它们反映了特定情况下的劳动时间，而不是社会平均水平的劳动时间。选项 C 错误，其他选项均正确。

【知识点 8】效用价值论的理论产生过程（★）

效用价值论是一种用人们对物品的主观心理评价来解释价值形成过程的经济理论，以主观心理感受解释商品价值的本质、源泉及尺度，因此又被称为主观价值论。

理论观点：价值并非商品内在的客观属性，而是人们对物品的效用的主观心理评价。效用，即物品满足人们某种欲望的能力，是价值的源泉，也是形成价值的一个必要条件。同时，价值的形成还要以物品的稀缺性为前提，因为物品只有在对满足人们欲望而言是稀缺的时候，才构成人们的福利所不可缺少的条件，从而引起人们的评价，表现为价值。物品的价值是由物品的“边际效用”来衡量的。人们对物品的欲望随着物品的不断增加而递减，如果该物品供给无限，该欲望可以递减到零。但由于物品的稀缺性，人们总是把物品在一定种类的欲望之间进行适当分配，以尽可能满足各种欲望。

尼克拉斯·巴尔本（Nicholas Barbon）、欧

根·冯·庞巴维克（Eugen Von Bohm – Bawerk）等人为效用价值论的提出、发展和完善作出了突出贡献，具体内容可以做一般了解。

【例2－19】（单项选择题）效用价值论又被称为（　　）。

A. 客观价值论　　B. 劳动价值论

C. 市场价值论　　D. 主观价值论

【答案】D

【解析】效用价值论是一种用人们对物品的主观心理评价来解释价值形成过程的经济理论，以主观心理感受解释商品价值的本质、源泉及尺度，因此又被称为主观价值论。

【知识点9】边际效用和边际效用递减规律（★★★）

（一）效用的概念

效用是指商品或劳务满足人的欲望的能力。或者说，效用是指消费者在消费商品后所感受到的满足程度。

【提示】一种商品或劳务对消费者是否有效用，取决于消费者是否有消费的欲望以及这种商品或劳务是否具有满足消费者的欲望的能力。效用不具有客观性，不是商品或劳务固有的性质，而是只有在与人的需要发生关系时才会产生。

【例2－20】（单项选择题）某个消费者欲消费一个单位甲商品的心情比消费一个单位乙商品的心情更为迫切，得到的满足更多，最可能的原因是（　　）。

A. 甲商品更物美价廉

B. 甲商品的效用更大

C. 乙商品外观多有瑕疵

D. 乙商品严重供不应求

【答案】B

【解析】一种商品或劳务对消费者是否有效用，取决于消费者是否有消费的欲望以及这种商品或劳务是否具有满足消费者的欲望的能力。甲商品的效用更大，更具有满足人们某种欲望的能力。

（二）边际效用递减规律及其应用

1. 边际效用的概念。

边际效用是指在一定时间内消费者增加一个单位商品或者劳务的消费所得到的效用量或满足的增加，也就是每增加一个单位商品或劳务的消费所得到的总效用增量。

【提示】边际效用是西方经济学家在分析消费问题和解释价值决定时常用的一个概念，也是效用价值论（特别是边际效用价值论）的基础。

2. 边际效用递减规律。

每增加一个单位商品或劳务，消费者心理上会感到增加的满足或效用越来越小。也就是说，在一定时间内，在其他商品的消费数量保持不变的条件下，随着消费者对某种商品消费量的增加，消费者从该商品连续增加的每一消费单位中所得到的效用增量即边际效用是递减的。

3. 消费者均衡与效用最大化问题。

消费者均衡是研究如何把既定的收入分配在各种商品的购买中以获得最大的效用。也可以说，它是研究消费者如何在预算、价格、偏好等条件不变的情况下，实现自己买到的产品组合效用的最大化。

消费者效用最大化原则是表示消费者选择最优的一种商品组合，使得自己花费在各种商品上的最后一元钱所带来的边际效用相等（即购买的各种商品的边际效用与价格之比相等），且等于每一元货币带来的边际效用λ。

【提示】消费者用既定的收入 ω 购买两种商品，P_1和P_2分别为两种商品的既定价格，以Q_1和Q_2分别表示两种商品的数量，MU_1和MU_2分别表示两种商品的边际效用，则上述的消费者效用最大化的均衡条件为：

$$P_1Q_1 + P_2Q_2 = \omega$$

$$MU_1/P_1 = MU_2/P_2 = \lambda$$

【例2－21】（单项选择题）某种商品的边际效用是指（　　）。

A. 对该商品最后一次消费得到的效用增量

B. 消费者消费该商品付出的加权平均价格

C. 消费该商品获得的效用与消费其他商品所获得的效用之比

D. 每增加一单位该商品的消费所带来的总效用增量

【答案】D

【解析】边际效用是指在一定时间内消费者增加一个单位商品或者劳务的消费所得到的效用量或满足的增加，即每增加一个单位商品或劳务的消费所得到的总效用增量。

【例2－22】（单项选择题）已知消费者的

收入是100元，商品X的价格是10元，商品Y的价格是3元。假定他打算购买7单位X商品和10单位Y商品，这时商品X和商品Y的边际效用分别是50和18。如果想获得最大效用，他应该（　　）。

A. 立即停止购买X商品和Y商品

B. 增购X商品，减少Y商品的购买量

C. 减少X商品的购买量，增购Y商品

D. 同时增购X商品和Y商品

【答案】 C

【解析】 因为在效用最大化时，$MU_1/P_1 = MU_2/P_2 = \lambda$，即消费者在每一种商品上花费的最后一元钱的效用是相等的，消费X商品的效用是50/10=5，消费Y商品的效用是18/3=6，Y商品的边际效用相对较高，所以应该减少X商品，增购Y商品。

【例2-23】（单项选择题）根据边际效用递减规律，当消费者达到均衡时，最后一单位商品给消费者带来的效用取决于（　　）。

A. 消费者的收入

B. 商品的价格

C. 商品的特性

D. 消费者收入和商品的价格

【答案】 B

【解析】 根据边际效用递减规律，消费者每增加一个单位商品的消费时，他所获得的效用是递减的，因而其愿意出的价格也是递减的。所以，根据效用最大化时的均衡条件$MU_1/P_1 = MU_2/P_2 = \lambda$，当消费者达到均衡时，最后一单位商品给消费者带来的效用取决于商品的价格。

【知识点10】效用价值论和商品价值（★★）

（一）商品价值的来源

效用价值论认为价值不是商品的内在属性，而是人的主观评价形成的一种心理范畴。他们认为一切价值只不过是表明了某种关系，价值应分为主观价值和客观价值。

【提示1】 主观价值的根源在于物品的有用性和稀缺性。所有能够满足人们某种独特的欲望的商品都具有效用，但是这并不代表这种商品具有价值。只有当商品的效用受到某种局限的时候，其价值才能被体现。也就是说，只有当商品出现稀缺的时候，才能够引起人们对它的渴望，价值的形成建立在商品稀缺的基础之上。

【提示2】 客观价值指的是一件物品实现某种客观结果的力量或能力。在这个意义上，有多少种和人有关的外部结果，就有多少种价值。在政治经济学中这个十分重要的客观价值是物品的客观交换价值。庞巴维克用客观交换价值一词指物品在交换中的客观价值，即用它交换其他经济物品的数量。比如，如果能用一匹马换得50镑，或用一幢房屋换得1 000镑，那么我们说一匹马值50镑或一幢房屋值1 000镑。

【例2-24】（单项选择题）按照效用价值论的观点，下列表述中，错误的是（　　）。

A. 价值是商品表明了某种关系的内在属性

B. 主观价值的根源在于物品的有用性和稀缺性

C. 效用价值论将价值分为主观价值和客观价值

D. 某种商品具有效用并不代表这种商品具有价值

【答案】 A

【解析】 效用价值论认为价值不是商品的内在属性，而是人的主观评价形成的一种心理范畴。只有当商品的效用受到某种局限的时候，其价值才能被体现。选项A错误。

（二）价值量的确定

由于物品的价值对于人类福利的重要性，所以物品的价值量必须是由决定这一商品的福利的量决定的。一件物品的价值，是由现有的同样物品所能满足的一切需要中最不迫切的那个需要的重要性来衡量。这个最不迫切的需要的重要性就是这个物品的边际效用。

【提示1】 边际效用的大小是由需求和供给的关系决定的。需要越广泛和越强烈，边际效用就越高，需要越少越不迫切，边际效用就越低。

【提示2】 有用性和稀缺性是决定物品价值的最终因素。

【例2-25】（单项选择题）效用价值论认为，决定物品价值大小的是（　　）。

A. 一件物品的价值，是由现有的同样的一些物品所能满足的一切需要中，相对平均的那一具体需要的重要性来衡量的，这个相对平均的需要的重要性就是这个物品的平均效用，决定物品价值大小的是它的平均效用

B. 一件物品的价值，是由现有的同样的一

些物品所能满足的一切需要中，相对最大的那一具体需要的重要性来衡量的，这个相对最大的需要的重要性就是这个物品的最大效用，决定物品价值大小的是它的最大效用

C. 一件物品的价值，是由现有的同样的一些物品所能满足的一切需要中，最不迫切的那一具体需要的重要性来衡量的，这个最不迫切的需要的重要性就是这个物品的边际效用，决定物品价值大小的是它的边际效用

D. 一件物品的价值，是由现有的同样的一些物品所能满足的一切需要中，总体上的那一些具体需要的重要性来衡量的，这个总体上的需要的重要性就是这个物品的总效用，决定物品价值大小的是它的总效用

【答案】 C

【解析】 效用价值论认为：一件物品的价值，是由现有的同样的一些物品所能满足的一切需要中，最不迫切的那一具体需要的重要性来衡量的。这个最不迫切的需要的重要性就是这个物品的边际效用。决定物品价值大小的不是它的最大效用，也不是它的平均效用，而是最小效用（边际效用）。

（三）价格形成的基本规律

边际效用价值论认为，在个体经济中，人们对物品进行单独的主观估价。当单个的经济人在市场上相遇时，他们之间就发生了竞争，而竞争的结果就是形成市场平均价格。

在同一市场中，在信息对称的假定下，买卖双方对同质商品的竞价形成边际对偶，其主观评价决定均衡价格。这种边际对偶价格实际上接近于马歇尔的均衡价格论，表明了价格是由市场中无数的买者和卖者的竞争形成的。

【例2-26】（多项选择题）下列关于效用价值论的表述中，正确的是（　　）。

A. 物品边际效用的大小是由需求和供给的关系决定的，但有用性和稀缺性是决定物品价值的最终因素

B. 物品的价值量必须是由决定这一商品的福利的量决定的，由最后单位物品提供的主观效用决定

C. 决定物品价值大小的不是它的平均效用，而是由最后一单位物品能满足人的最重要的欲望决定

D. 在同一市场信息对称下，价格是由市场中无数的买者和卖者的竞争形成的，而竞争的结果就是制定出市场平均价格

E. 效用价值论认为价值是商品的内在属性，是客观的，不是由人的主观评价形成的心理范畴，一切价值表明了某种关系

【答案】 ABD

【解析】 决定物品价值大小的不是它的最大效用，而是最小效用（边际效用）；效用价值论认为价值不是商品的内在属性，而是人的主观评价形成的一种心理范畴，选项C、选项E错误，其他选项均正确。

【知识点11】对效用价值论的认识（★）

（1）效用价值论认为，商品的价值是由人们对商品效用的主观评价决定的。价值产生于人们对物品效用的主观评价，因而可以用效用的大小来衡量其价值量，这也为均衡价值论提供了理论基础。

（2）效用价值是主观的评价，运用效用价值对资产进行评估往往带有一定的主观性，导致评估出的价值与客观价值存在一定的差异。

（3）边际效用价值论过于强调商品效用带给人的主观上的满足，忽略了交换和交换背后的社会经济关系，过分夸大了效用的作用，认为效用决定价值，效用是价值的源泉。

【例2-27】（单项选择题）下列关于效用价值论的认识中，错误的是（　　）。

A. 效用价值论认为，可以用效用的大小来衡量商品的价值量，这也为均衡价值论提供了理论基础

B. 运用效用价值对资产进行评估往往带有一定的主观性，导致评估出的价值与客观价值存在一定的差异

C. 效用价值论认为价值产生于人们对物品效用的客观计量，过分夸大了效用的作用

D. 边际效用价值论过于强调商品效用带给人的主观上的满足，忽略了交换和交换背后的社会经济关系

【答案】 C

【解析】 效用价值论认为，价值产生于人们对物品效用的主观评价，开辟了从需求的角度衡量价值的观点，可以用效用的大小来衡量其价值量，也为均衡价值论提供了理论基础。选项C错误，其他选项均正确。

【知识点12】效用价值论在资产评估中的应用（★★）

（一）对价值的理解

1. 效用价值论认为，商品的价值取决于它能够给消费者带来的满足程度或效用。对资产评估有一定的指导意义。

（1）在评估资产时，需要分析资产对使用者的具体效用，如提高生产效率、节约成本、增加收入等。

（2）效用价值论强调市场需求和消费者偏好，因此评估时需要考虑资产的市场需求状况，以及消费者的偏好变化。

（3）效用价值论支持使用收益法进行资产评估，即通过预测资产未来能够带来的收益，并折现到当前价值来评估资产。

2. 劳动价值论和效用价值论为资产评估提供了不同的视角和方法。将劳动价值论和效用价值论结合起来，可以对资产评估产生更多的指导意义。

（1）资产评估可以结合成本法和收益法，既考虑资产的生产成本，也考虑其未来收益和市场效用。

（2）评估时既要考虑资产的生产成本和劳动投入，也要考虑资产的实际使用效果和市场接受程度。

（3）劳动价值论和效用价值论都涉及对未来收益和市场状况的预测，因此评估时要充分考虑不确定性和风险。

（二）边际效用递减规律在资产评估中的应用

边际效用递减规律是经济学中的一个基本概念，它指出随着消费者消费某种商品数量的增加，每增加一单位商品所带来的额外满足感或效用会逐渐减少。这一规律对资产评估有以下指导意义：

1. 在评估资产时，考虑边际效用递减规律有助于预测资产的市场需求。一种资产生产或服务能力的增加，可能会遇到市场饱和的限制，导致边际效用下降，从而影响资产的价值。

2. 在收益法评估中，边际效用递减规律可以帮助评估专业人员预测资产未来收益的增长潜力。如果预计未来市场对资产的需求将减少，那么资产的预期收益可能会下降，这需要在未来现金流分析中进行考虑。

3. 边际效用递减可能导致资产的风险增加，因为市场需求的不确定性增大。在确定资产的折现率时，评估专业人员可能会考虑这一风险因素，从而调整折现率以反映未来收益的不确定性。

4. 边际效用递减规律通常用于解释消费者行为。评估专业人员也可以将其原理借鉴到对一些资产的评估分析过程，例如品牌的投入、扩张和溢价：①在品牌建设的初期，增加广告、市场推广等投入可能会显著提升品牌知名度和消费者认可度，从而带来较大的边际效用。但是，随着投入的持续增加，每单位额外投入带来的品牌价值提升可能会逐渐减少。②在品牌扩张的初期，增加新的市场或产品线可能会带来显著的增长和品牌溢价。然而，随着市场饱和度的提高，新增加的市场或产品线可能不会带来与之前相同的增长效应。③边际效用递减规律可以解释为什么随着品牌扩张和市场饱和，品牌溢价可能会受到限制。

5. 在评估资产时，考虑边际效用递减可以帮助分析资产的价格弹性。如果资产的需求对价格变化敏感，那么边际效用的变化可能会对资产价值产生较大影响。

【例2-28】（单项选择题）关于效用价值论在资产评估中的应用，下列表述中，错误的是（　　）。

A. 效用价值论认为，商品的价值取决于它能够给消费者带来的满足程度或效用，这对资产评估有一定的指导意义

B. 在评估资产时，需要重点关注边际效用的变化，如果资产的需求对价格变化敏感，那么边际效用的变化不会对资产价值产生较大影响

C. 效用价值论支持使用收益法进行资产评估，即通过预测资产未来能够带来的收益，并折现到当前价值来评估资产

D. 在评估资产时，考虑边际效用递减规律有助于预测资产的市场需求，一种资产生产或服务能力的增加，可能会导致边际效用下降，从而影响资产的价值

【答案】 B

【解析】 在评估资产时，考虑边际效用递减可以帮助分析资产的价格弹性。如果资产的需求对价格变化敏感，那么边际效用的变化可能会对资产价值产生较大影响。选项B错误，其

他选项均正确。

【知识点13】需求及影响需求的因素（★★★）

（一）需求的概念

经济学上所说的需求，是指在一定时期内，在每一价格水平下，消费者愿意并且能够购买的某种商品的数量。

【提示】一个消费者想购买某种商品，同时又有支付能力时，才能形成真实的需求。经济学上讨论的需求是有支付能力的需求，或有效需求。

（二）影响需求的因素

参见图2-1。

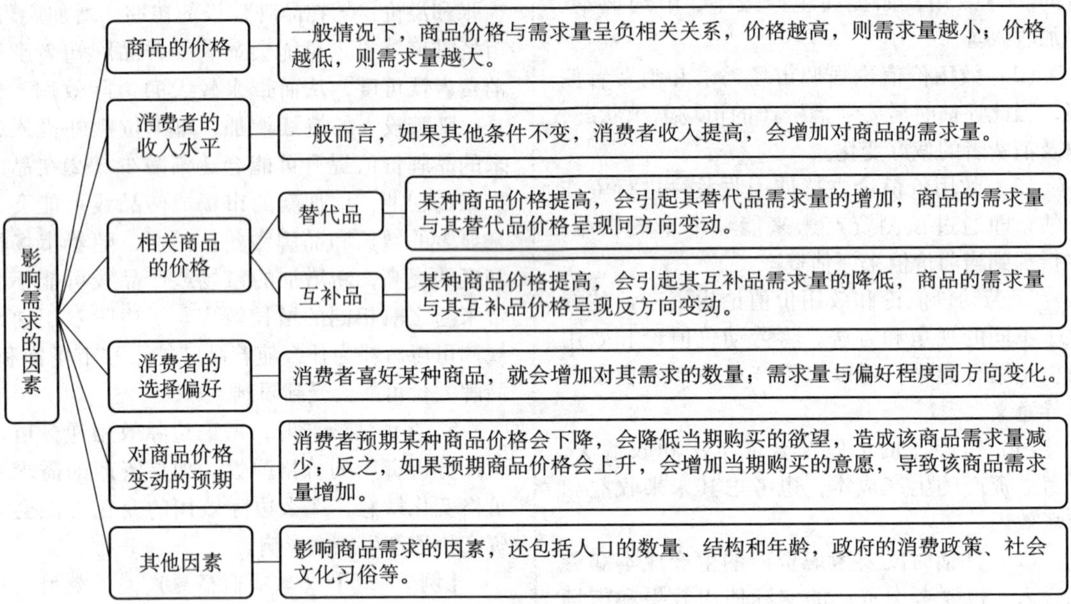

图2-1 影响需求的因素

【提示】经济学中，需求量与消费者收入同方向变化的商品被称作正常商品，两者呈反方向变化的则称为劣等商品。

【例2-29】（多项选择题）根据供求定理，影响商品需求量的因素一般包括（　　）。

A. 通常来说，消费者数量与需求量呈正相关关系，随着消费者的数量增加，会增加对商品的需求量

B. 一般而言，如果其他条件不变，消费者收入提高，会增加对商品的需求量，该商品为正常商品

C. 消费者预期某种商品价格会下降，会降低当期购买的欲望，造成该商品需求量减少

D. 一般情况下，商品价格与需求量呈负相关关系，一种商品价格越高，则该商品需求量越小

E. 消费者喜好某种商品，就会增加对其的需求量，需求量与偏好程度同方向变化

【答案】BCDE

【解析】供求定理认为，商品的需求数量由许多因素共同决定，主要包括：商品的价格、消费者的收入水平、相关商品的价格、消费者的选择偏好、对商品价格变动的预期和其他因素。经济学上讨论的需求是有支付能力的需求，或有效需求，消费者的数量不一定构成有效需求。选项A错误，其他选项均正确。

【例2-30】（单项选择题）假定其他情况不变，羽毛球拍的价格下降，羽毛球的需求量将（　　）。

A. 减少　　B. 不变

C. 增加　　D. 无法确定

【答案】C

【解析】在其他条件不变的情况下，当羽毛球拍的价格下降时，羽毛球拍的需求量将增加。因为羽毛球和羽毛球拍为互补品，商品的需求量与其互补品价格呈现反方向变动。

【例2-31】（单项选择题）从2019年开始的一段时间，因“非洲猪瘟”等因素的叠加影响，我国猪肉价格大幅度上涨，猪肉的需求量下降，与此同时，牛、羊肉的需求量却有不小

的涨幅，这种现象说明（　　）。

A. 牛、羊肉与猪肉是互补品，商品的需求量与其互补品价格呈现反方向变动

B. 牛、羊肉与猪肉是替代品，商品的需求量与其替代品价格呈现同方向变动

C. 牛、羊肉与猪肉是“凡勃伦商品”，可以带来更大的心理满足

D. 牛、羊肉与猪肉是“吉芬商品”，价格上升时，需求量反而增加

【答案】 B

【解析】 牛、羊肉与猪肉是替代品。猪肉的价格提高，会引起其替代品牛、羊肉需求量的增加，牛、羊肉的需求量与其替代品猪肉的价格呈现同方向变动。

【例 2－32】（单项选择题）某一定时期内，A 商品的替代品和互补品的价格同时上升，导致 A 商品的需求变动量分别为 30 单位和 50 单位，则在 A 商品的替代品和互补品价格变动的共同作用下，该时期 A 商品的需求量变动情况是（　　）。

A. 增加 20 单位　　B. 增加 80 单位

C. 减少 20 单位　　D. 减少 80 单位

【答案】 C

【解析】 替代品价格上升，导致 A 商品的需求量增加 30 单位；互补品价格上升，导致 A 商品的需求量减少 50 单位。在二者共同作用下，导致 A 商品的需求量减少 20 单位。

【知识点 14】需求函数、需求表及需求曲线（★★）

（一）需求函数

需求函数用来表示一种商品的需求数量与其各种影响因素之间的关系。各种影响因素为自变量，需求数量是因变量。其数学表达式为：

$D=f(a, b, c, d, \cdots, n)$

公式中：a，b，c，d，…，n 代表影响需求数量的各因素。

（二）需求表和需求曲线

需求表是用来表示某种商品的价格与需求量相互关系的数字序列表。根据需求表画出的反映商品价格与需求量关系的曲线就是需求曲线。

假定在一定时期和特定的地区，价格之外的其他因素相对稳定不变，需求就是消费者对应每一价格水平愿意且能够购买的某种商品数量。需求函数可以表达为：

$Q_d=f(P)$

公式中：P 为商品的价格；Q_d 为商品的需求量。

【提示】 由于需求量与市场价格成反比，“需求曲线”是一条向右下方倾斜的曲线。例如，在图 2－2 中，当某商品的价格从每单位 2 元上升到每单位 3 元时，需求量则从 300 个单位下降到 250 个单位。需求曲线向右下方倾斜，体现了边际效应递减规律。

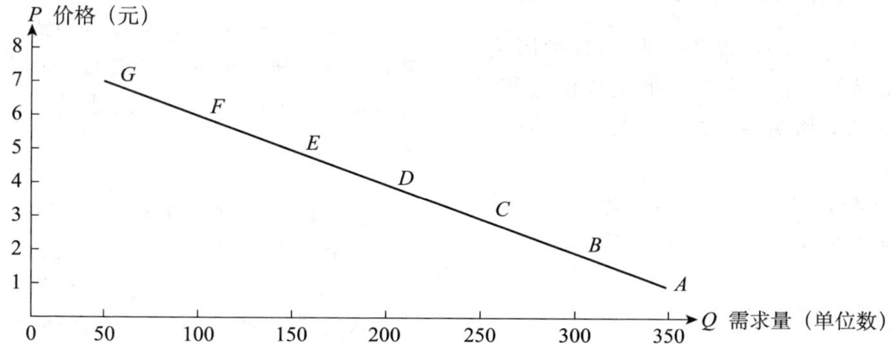

图 2－2　某商品的需求曲线图

（二）需求曲线变化分析

（1）当影响需求的其他因素不变，仅商品价格出现变动时，商品的需求量会沿着需求曲线发生移动，表现为同一条需求曲线上相应点的移动，被称为需求量的变动，如图 2－3 所示，当商品的价格从 P_0 下降至 P_1 时，商品的需求量从 Q_0 上升至 Q_1，表现为 a 点沿着需求曲线 D 移动至 b 点。

（2）当商品的价格不变，影响需求的其他因素发生变化时，该商品需求数量的变动表现为需求曲线的位置发生移动，被称为需求的变动。以消费者收入变化为例，如图 2－4 所示，

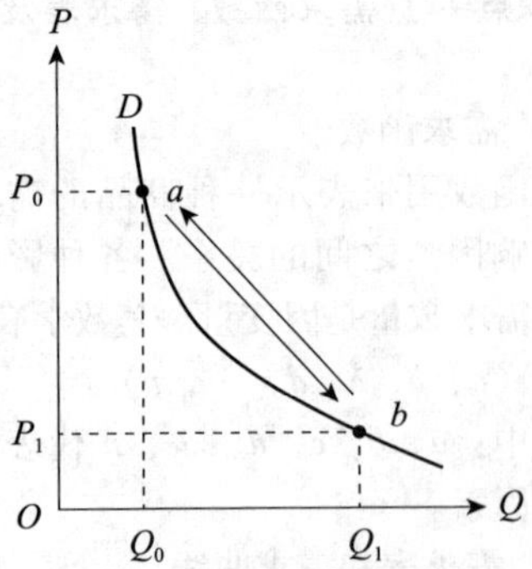

图 2-3 价格变化对需求量的影响

在商品价格 P_0 保持不变的前提下，消费者的收入发生变化时，随着消费者收入的减少，需求量从 Q_0 相应减少至 Q_1，使需求曲线从 D_0 向左移动至 D_1；反之，消费者的收入增加时，需求量从 Q_0 相应增加至 Q_2，使需求曲线从 D_0 向右移动至 D_2。

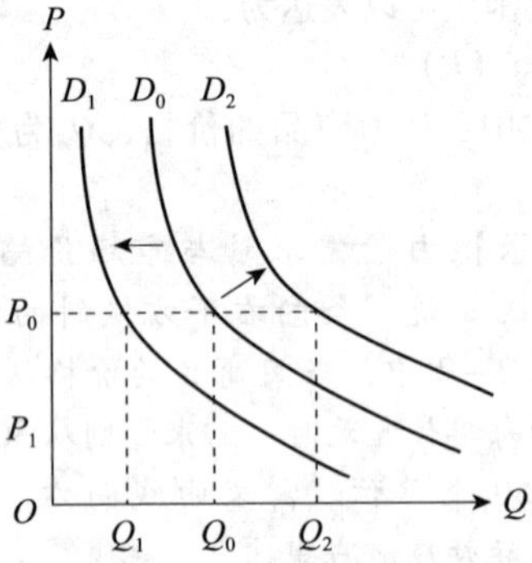

图 2-4 消费者收入变化引起的需求曲线变化

同理，其他影响商品需求量的各种因素，如：相关商品的价格、消费者的选择偏好和对商品价格变动的预期等，也会引起需求曲线位置发生移动。

【例 2-33】（单项选择题）2025 年 3 月，研究发现某地面包的需求曲线向右移动了，可能的原因是（　　）。

A. 花生酱的价格上涨

B. 消费者的收入增加

C. 面粉的价格上涨

D. 果酱的价格上涨

【答案】 B

【解析】 根据需求变动规律，在面包价格不变的前提下，消费者的收入发生变化时，随着消费者收入的减少，面包需求量相应减少，面包的需求曲线向左移动；反之，消费者的收入增加时，面包需求量相应增加，面包的需求曲线将向右移动。在面包价格不变的前提下，花生酱、面粉、果酱等面包原材料的价格上涨，将带来面包供给的减少。

【例 2-34】（单项选择题）一个商品的价格下降对其互补品最直接的影响是（　　）。

A. 互补品的需求曲线向右移动

B. 互补品的需求曲线向左移动

C. 互补品的供给曲线向右移动

D. 互补品的供给曲线向左移动

【答案】 A

【解析】 商品的需求量与其互补品价格呈现反方向变动。一个商品的价格下降将导致其需求量增加，其互补品的需求量也将增加，需求曲线向右移动。

【例 2-35】（单项选择题）如果甲商品的价格上升引起乙商品需求曲线向左移动，那么（　　）。

A. 甲商品和乙商品是替代商品

B. 甲商品和乙商品是互补商品

C. 甲商品为低档商品，乙商品为高档商品

D. 甲商品为高档商品，乙商品为低档商品

【答案】 B

【解析】 由于消费者收入或消费者偏好等因素的变化引起需求的相应变化，这种变化表现为需求曲线的位移。一般来说，在相互替代的商品之间某一种商品价格提高，消费者就会把其需求转向可以替代的商品上，从而使替代品的需求增加，替代品需求曲线向右移动，但在互补商品之间，其中一种商品价格上升，需求量降低，会引起互补品的需求随之降低，需求曲线向左移动。

【知识点 15】需求关系的特殊情形（★）

商品的需求量与其价格成反比，是商品需求的一般规律。但经济学家在研究中也发现了需求关系的特殊情形，如吉芬商品（Giffen good）和凡勃伦效应（Veblen effect）。

（一）替代效应、收入效应和总效应

替代效应，是某种产品价格变化而其他产品价格不变时，产品之间的相对价格会发生变化，导致消费者在保持总效用不变的前提下，用相对更便宜的产品替代相对更贵的产品，从而引起该产品需求数量的变化。当该产品价格上升时，替代效应会减少其需求量，而当该产

品价格下降时，替代效应会增加其需求量。

收入效应，是指在消费者货币收入不变的情况下，当某种产品的价格改变时，消费者的实际收入（即购买能力或支付能力）随之发生改变，造成对该产品的需求量发生变化。当该产品价格上升时，收入效应会减少其需求量，而当该产品价格下降时，收入效应会增加其需求量。

在消费者货币收入不变的情况下，某产品价格发生变化时，替代效应和收入效应同时发生作用，两种效应的叠加表现为价格总效应，即总效应 = 替代效应 + 收入效应。

（二）正常商品的需求关系

对于正常商品来说，替代效应与价格变动方向相反，收入效应也与价格变动方向相反。所以正常商品的需求曲线是向右下方倾斜的。

（三）低档商品的需求关系

对于低档商品来说，替代效应与价格变动方向相反，收入效应与价格变动方向相同。多数情况下，低档商品替代效应作用大于收入效应作用，所以低档商品的需求曲线也应该是向右下方倾斜的。

（四）需求关系的特殊情形

参见表2－3、表2－4。

表2－3　需求关系的特殊情形

特殊需求	需求量与价格的特征	需求曲线的形状
吉芬商品	在特定条件下，需求量与价格同方向变化的特殊低档商品。	向右上方倾斜
凡勃伦商品	具有显示财富效应的商品，消费者对其需求程度会因其标价提高而增加，商品定价越高越能畅销。具备凡勃伦效应的商品与价格的关系不同于一般的商品供求规律，凡勃伦商品的需求量随商品价格的上升而上升。	向右上方倾斜

表2－4　不同商品需求变化比较

商品类别	替代效应与价格的关系	收入效应与价格的关系	总效应与价格的关系	需求曲线的形状
正常商品	反方向变化	反方向变化	反方向变化	向右下方倾斜
低档商品	反方向变化	同方向变化	反方向变化	向右下方倾斜
吉芬商品	反方向变化	同方向变化	同方向变化	向右上方倾斜

【例2－36】（单项选择题）吉芬商品与低档商品之间存在的联系是（　　）。

A. 低档商品一定是吉芬商品

B. 吉芬商品一定是低档商品

C. 低档商品肯定不是吉芬商品

D. 吉芬商品肯定不是低档商品

【答案】B

【解析】吉芬商品是一种特殊的低档商品，其收入效应大于替代效应。

【例2－37】（单项选择题）旅游产品的价格提高时，人们对旅游产品的需求量却增加，这说明旅游产品很可能是（　　）。

A. 总效应与价格变动方向相同的吉芬商品

B. 与其他低端服务对应的互替商品

C. 与其他高端服务对应的互补商品

D. 不同于一般商品供求规律的凡勃伦商品

【答案】D

【解析】美国经济学家托斯丹·邦德·凡勃伦（ThortternB. Veblen）发现，具有显示财富效应的商品，消费者对其需求程度会因其标价提高而增加，商品定价越高越能畅销。此即“凡勃伦效应”。凡勃伦效应需求规律是：当某些商品或者服务价格上升的时候，该商品被认为是质量的提高，对该商品的需求量也会上升。具备凡勃伦效应的商品与价格的关系不同于一般的商品供求规律，凡勃伦商品的需求量随商品价格的上升而上升。

【知识点16】供给及影响供给的因素（★★★）

（一）供给的概念

供给是指生产者在一定时期内，在各种可能的价格水平下愿意并且能够生产销售的某种产品的数量。

【提示】一个生产者希望出售某种产品，又有能力生产并提供到市场上，才能形成真实的供给。如果没有生产能力，仅仅有出售的欲望，不是现实的供给。经济学上讨论的供给是有实际生产能力的供给，或有效供给。

（二）影响供给的因素

参见图2-5。

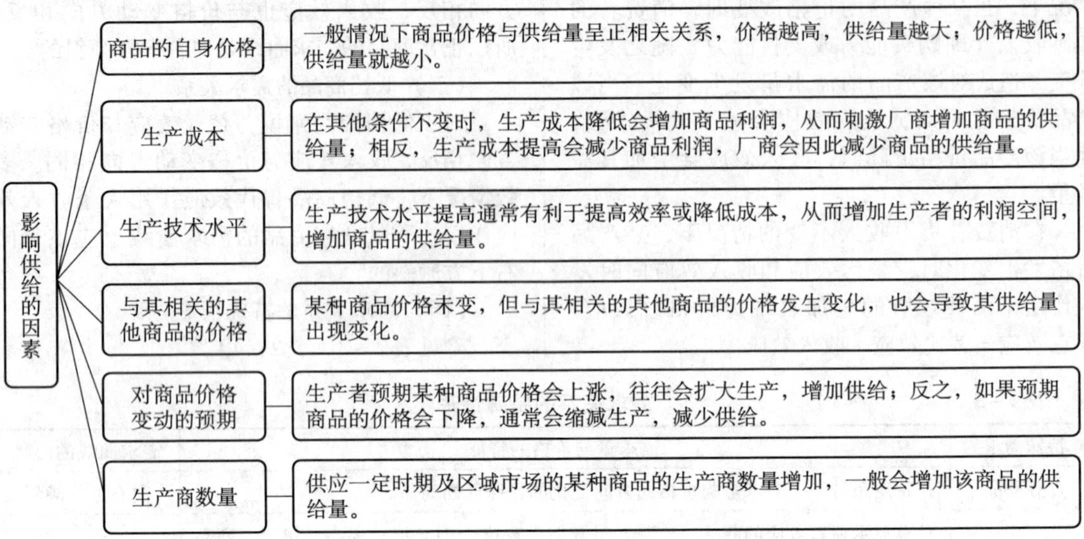

图2-5 影响供给的因素

【提示】政府政策等其他因素也会影响商品的供给量。

【例2-38】（多项选择题）根据供给理论，下列选项中可能影响商品供给的是（　　）。

A. 一种商品价格越高，则该商品供给量越大；价格越低，供给量就越小

B. 生产技术水平提高通常有利于提高效率或降低成本，从而增加生产者的利润空间，增加商品的供给量

C. 某种商品价格未变，但与其相关的其他商品的价格发生变化，也会导致其供给量出现变化

D. 生产者预期某种商品价格会上涨，往往会扩大生产，增加供给；反之，如果预期商品的价格会下降，通常会缩减生产，减少供给

E. 消费者的收入水平提高，有能力购买更多的商品，可以促使生产者扩大生产，增加供给；反之，消费者的收入水平降低，购买能力降低，生产者会减产，减少供给

【答案】ABCD

【解析】消费者的收入水平影响商品的需求量，选项E错误，其他选项均正确。

【例2-39】（单项选择题）经济学上所说的供给，是（　　）。

A. 生产者在一定时期内，在各种可能的价格水平下愿意或者能够生产销售的某种产品的数量

B. 生产者在一定时期内，在最高的价格水平下愿意并且能够生产销售的某种产品的数量

C. 生产者在一定时期内，在各种可能的价格水平下愿意并且能够生产销售的某种产品的数量

D. 生产者在一定时期内，在最低的价格水平下愿意并且能够生产销售的某种产品的数量

【答案】C

【解析】经济学上所说的供给，是指生产者在一定时期内，在各种可能的价格水平下愿意并且能够生产销售的某种产品的数量。经济学上讨论的供给是有实际生产能力的供给，或有效供给。

【知识点17】供给函数、供给表与供给曲线（★★）

（一）供给函数

供给函数用来表示一种商品的供给数量与其各种影响因素之间的关系。各种影响因素为自变量，供给数量是因变量。其数学表达式为：

$$S=f(a, b, c, d, \cdots, n)$$

公式中：a，b，c，d，…，n代表影响供给数量的各因素。

（二）供给表与供给曲线

供给表是用来表示某种商品的价格与供给

量相互关系的数字序列表。根据供给表画出的反映商品价格与供给量关系的曲线就是供给曲线。

假定在一定时期和特定的地区，价格之外的其他因素相对稳定不变，供给就是生产者对应每一价格水平愿意且能够提供的某种商品数量。供给函数可以表达为：

$Q_s = f\ (P)$

式中，P 为商品的价格；Q_s 为商品的供给量。

【提示】 由于供给量与市场价格成正比，“供给曲线”是一条向右上方倾斜的曲线。

（三）供给曲线变化分析

（1）当影响供给的其他因素不变，仅仅是商品价格出现变动时，该商品的供给量会沿着供给曲线发生移动，表现为同一条供给曲线上相应点的移动，被称为供给量的变动。如图 2－6 所示，当商品的价格从 P_1 提高至 P_2 时，商品的供给量从 Q_1 上升至 Q_2，表现为 a 点沿着供给曲线 S 移动至 b 点。

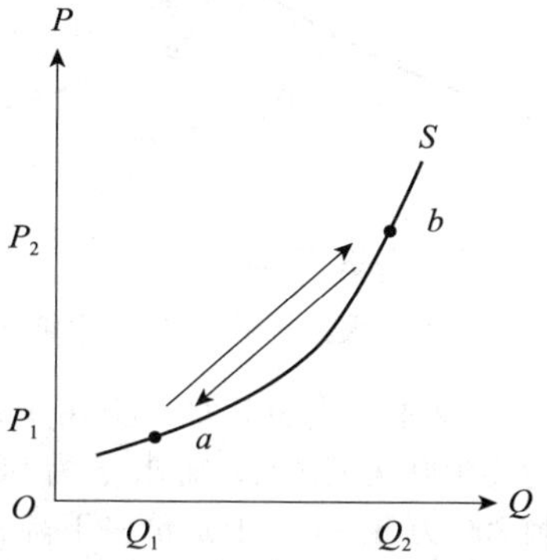

图 2－6　价格变化对供给量的影响

（2）当商品的价格不变，影响供给的其他因素发生变化时，该商品供给数量的变动表现为供给曲线的位置发生移动，被称为供给的变动。以生产成本发生变化为例，如图 2－7 所示，在商品价格 P_0 保持不变的情况下，随着生产成本提高，生产者因利润空间下降，供给数量从 Q_0 相应减少至 Q_1，使供给曲线从 S_0 向左移动至 S_1；反之，随着生产成本降低，生产者供给数量从 Q_0 相应增加至 Q_2，使供给曲线从 S_0 向右移动至 S_2。

同理，其他影响商品供给量的各种因素，如生产技术水平、其他相关商品的价格和对商品价格变动的预期等，也会引起需求曲线位置发生移动。

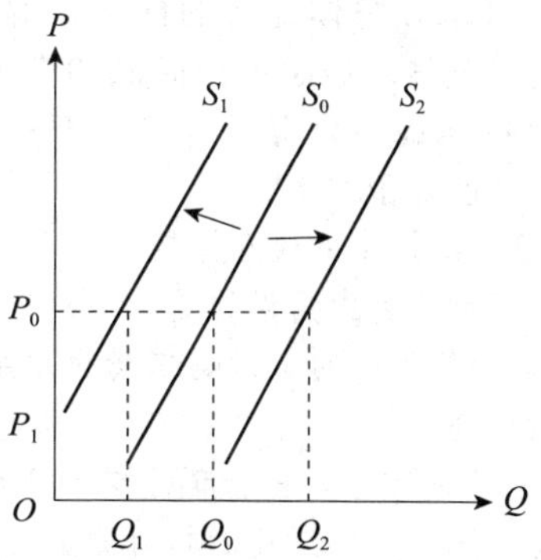

图 2－7　生产成本变化引起的供给曲线变化

【例 2－40】（单项选择题）根据供给理论，供给曲线是一条向（　　）倾斜的曲线。

A. 右下方　　B. 右上方

C. 左下方　　D. 左上方

【答案】 B

【解析】 由于供给量与市场价格成正比，“供给曲线”是一条向右上方倾斜的曲线。

【例 2－41】（单项选择题）假如 A 商品的价格不变，生产 A 商品的原材料价格上涨了，根据供给理论，A 商品的（　　）。

A. 供给曲线向上移动

B. 供给曲线向下移动

C. 供给曲线向左移动

D. 供给曲线向右移动

【答案】 C

【解析】 商品价格不变的情况下，生产 A 商品的原材料价格上涨，随着生产成本提高，生产者因利润空间下降，而减少供给数量，供给曲线向左移动。

【知识点 18】市场均衡、局部均衡及一般均衡（★）

（一）市场均衡

市场均衡指的是影响市场供求的力量达成平衡的状态。在微观经济分析中，市场均衡分为局部均衡和一般均衡。

（二）局部均衡

局部均衡是指单个市场或部分市场的供求与价格之间的关系所处的相对静止状态，它不考虑市场之间的相互联系和影响。

（三）一般均衡

一般均衡是指经济社会中所有市场的供求与价格之间的关系所处的相对静止状态。一般均衡理论寻求在整体经济的框架内解释生产、消费和价格问题，假定各种商品的供求和价格都是相互影响的。只有所有市场都达到均衡，个别市场才能处于均衡。

【例 2-42】（单项选择题）关于市场均衡的概念，下列表述中错误的是（　　）。

A. 市场均衡指的是影响市场供求的力量达成平衡的状态

B. 局部均衡是指单个市场或部分市场的供求与价格之间的关系所处的相对静止状态

C. 一般均衡是指经济社会中所有市场的供求与价格之间的关系所处的相对静止状态

D. 局部均衡和一般均衡都需要考虑市场之间的相互联系和影响

【答案】D

【解析】局部均衡是指单个市场或部分市场的供求与价格之间的关系所处的相对静止状态，它不考虑市场之间的相互联系和影响。

【知识点 19】均衡价格（★★★）

（一）均衡价格的含义

需求曲线和供给曲线都反映了价格对于消费者需求量和生产者供给量的影响。商品的均衡价格是在市场供求两种力量博弈下形成的。

图 2-8 中，曲线 S 为某商品的供给曲线，曲线 D 为该商品的需求曲线。均衡价格（P_0）是商品的市场需求量与市场供给量相等时所对应的价格，也是该商品的需求曲线与供给曲线相交时对应的价格。这一交汇点被称为均衡点（E），与均衡点对应的价格和供求量分别称作均衡价格和均衡数量。该商品在均衡点对应的供给数量和需求数量都等于其均衡数量（Q_0）。

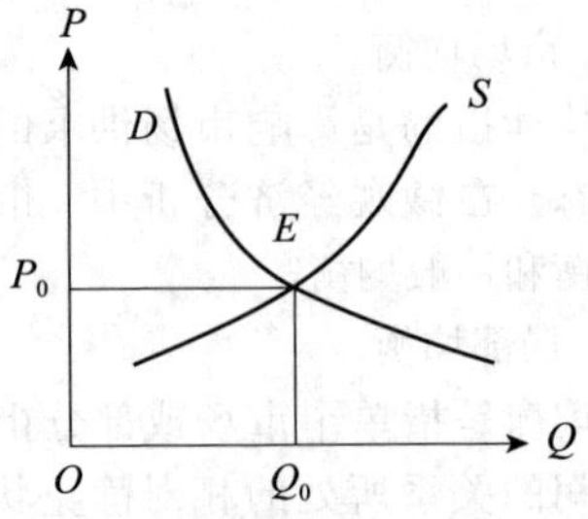

图 2-8　均衡价格示意图

（二）均衡价格的调节

均衡价格是在供求双方竞争中通过市场机制自发形成的。

1. 市场价格高于均衡价格。

供大于求，市场出现商品过剩或超额供给。在市场自发调节下，超额供给会导致商品价格下降，供给方也会减少供应量，使价格回落到均衡价格水平。

2. 市场价格低于均衡价格。

商品供不应求，形成商品短缺，超额需求会引发商品价格上涨，供给方也会增加供应量，使价格提升至均衡价格水平。因此，在市场机制的作用下，供求不相等的非均衡状态会逐步消失，商品的市场价格会趋近均衡价格水平。

如图 2-9 所示，瓶装水市场达到市场均衡时的均衡价格为 2 元/瓶，均衡数量为 1 000 万瓶/天。

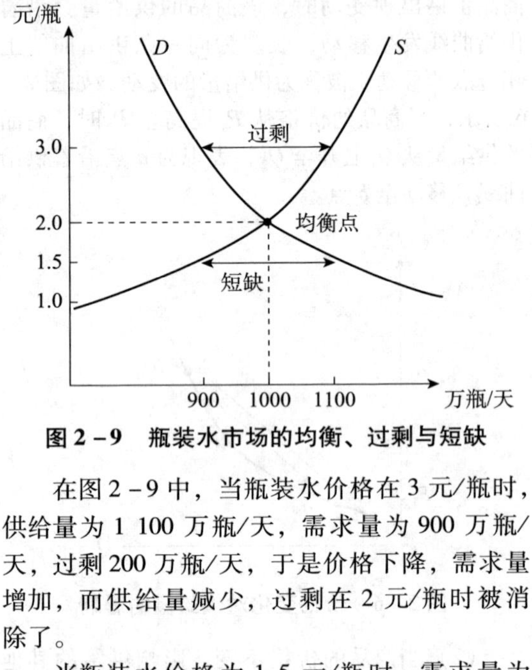

图 2-9　瓶装水市场的均衡、过剩与短缺

在图 2-9 中，当瓶装水价格在 3 元/瓶时，供给量为 1 100 万瓶/天，需求量为 900 万瓶/天，过剩 200 万瓶/天，于是价格下降，需求量增加，而供给量减少，过剩在 2 元/瓶时被消除了。

当瓶装水价格为 1.5 元/瓶时，需求量为 1 100 万瓶/天，供给量为 900 万瓶/天，短缺 200 万瓶/天，于是价格上升，供给量增加，而需求量减少，短缺在 2 元/瓶时被消除了。

【例 2-43】（单项选择题）市场上某商品存在超额供给，很可能是因为（　　）。

A. 该商品是必需品

B. 该商品供不应求

C. 市场价格低于均衡价格

D. 市场价格高于均衡价格

【答案】D

【解析】市场价格高于均衡价格，则供大于求，市场出现商品过剩或超额供给。

【例2-44】（单项选择题）下列表述中，正确地描述了价格调节如何消除短缺的是（ ）。

A. 随着价格下降，需求量增加而供给量减少

B. 随着价格上升，需求量增加而供给量减少

C. 随着价格上升，需求量减少而供给量增加

D. 随着价格下降，需求量减少而供给量增加

【答案】C

【解析】如果市场价格低于均衡价格，商品供不应求，形成商品短缺，超额需求会引发商品价格上涨，需求将减少，供应方也会增加供应量，使价格提升至均衡价格水平。

【知识点20】供求定理（★★★）

在其他条件不变时，需求变动分别引起均衡价格和均衡数量的同方向变动；供给变动将引起均衡价格的反方向变动和均衡数量的同方向变动。

（一）供给不变，需求变化对均衡价格与均衡数量的影响

如果供给不变，如图2-10所示，需求量增加使需求曲线从D_1向右上方移动至D_2，导致均衡价格从P_1上升至P_2，均衡数量从Q_1增加至Q_2；相反，需求量减少使需求曲线从D_1向左下方移动至D_3，使得均衡价格从P_1下降至P_3，均衡数量从Q_1减少至Q_3。

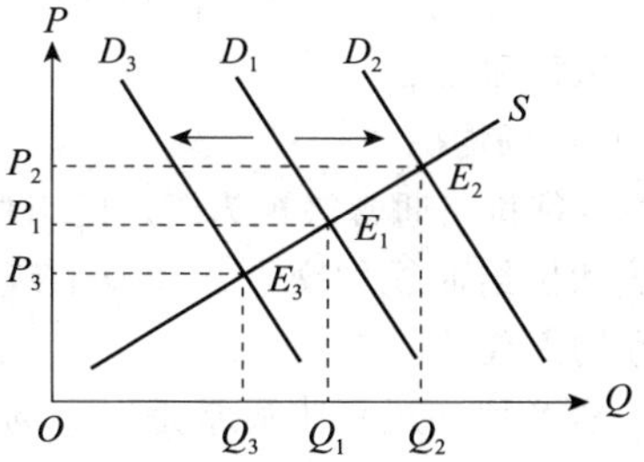

图2-10 需求的变动和均衡价格的变动

（二）需求不变，供给变化对均衡价格与均衡数量的影响

如果需求不变，如图2-11所示，供给量增加使供给曲线从S_1向右下方移动至S_2，导致均衡价格从P_1下降至P_2，均衡数量从Q_1增加至Q_2；相反，供给量减少会使供给曲线从S_1向左上方移动至S_3，使得均衡价格从P_1上升至P_3，均衡数量从Q_1减少至Q_3。

（三）供求定理

需求和供给同时作用下的均衡价格和均衡数量，取决于需求和供给各自变动的幅度。因为需求和供给可能同时增加或同时减少，也可能一方增加的同时另一方减少，并且还会有增减幅度大小的差异，所以应将需求和供给变化的情形结合起来，具体分析均衡价格和均衡数量的相应变化。

【例2-45】（单项选择题）图2-11反映的是一定时期内A商品的供求量（Q）随价格（P）变化的情况。曲线D为需求曲线，曲线S_1、S_2和S_3为供给曲线，点E_1、E_2和E_3为均衡价格。在其他条件不变的情况下，对E_1向E_2、E_1向E_3的变化，比较合理的解释是（ ）。

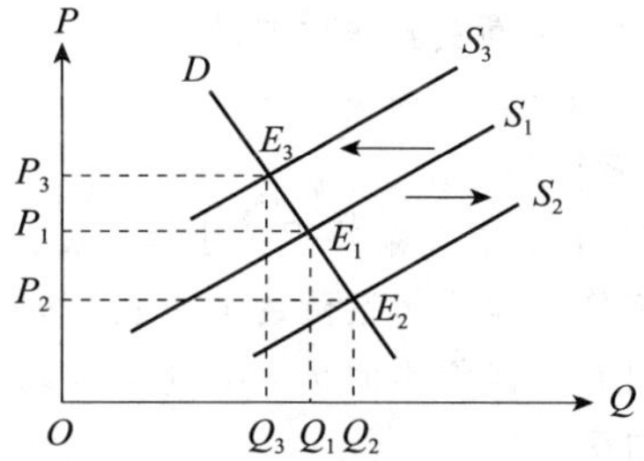

图2-11 供给的变动和均衡价格的变动

①如果需求不变，A商品供给量增加使供给曲线S_1向右下方移动到S_2，导致均衡价格由P_1下降到P_2，均衡数量由Q_1增加到Q_2；②如果需求不变，A商品供给量增加使供给曲线S_1向左上方移动到S_3，导致均衡价格由P_1上升到P_3，均衡数量由Q_1减少到Q_3；③如果需求不变，A商品供给量减少会使供给曲线S_1向右下方移动到S_2，使得均衡价格由P_1下降到P_2，均衡数量由Q_1增加到Q_2；④如果需求不变，A商品供给量减少会使供给曲线S_1向左上方移动到S_3，使得均衡价格由P_1上升到P_3，均衡数量由Q_1减少到Q_3。

A. ①②　　B. ①④

C. ②③　　D. ③④

【答案】B

【解析】如果需求不变，供给量增加使供给曲线向右下方移动，导致均衡价格下降，均衡数量增加；相反，供给量减少会使供给曲线向左上方移动，使得均衡价格上升，均衡数量减少。

【例2-46】（单项选择题）在其他条件不变的情况下，均衡价格随着（ ）。

A. 需求与供给的同时增加而上升

B. 需求的增加和供给的减少而上升

C. 需求的减少和供给的增加而上升

D. 需求和供给的同时减少而上升

【答案】B

【解析】在其他条件不变时，需求变动分别引起均衡价格和均衡数量的同方向变动；供给变动分别引起均衡价格的反方向变动和均衡数量的同方向变动。

【例2-47】（多项选择题）如果其他条件不变，需求的变动会引起（ ）。

A. 均衡价格的同方向变动

B. 均衡价格的反方向变动

C. 均衡数量的同方向变动

D. 均衡数量的反方向变动

E. 供给的反方向变动

【答案】AC

【解析】在其他条件不变时，需求变动分别引起均衡价格和均衡数量的同方向变动；供给变动将引起均衡价格的反方向变动和均衡数量的同方向变动。

【例2-48】（单项选择题）当商品的供给和需求同时增加后，该商品的均衡价格将（ ）。

A. 上升　　B. 下降

C. 不变　　D. 无法确定

【答案】D

【解析】需求和供给同时作用下的均衡价格和均衡数量，取决于需求和供给各自变动的幅度。因为需求和供给可能同时增加或同时减少，也可能一方增加的同时另一方减少，并且还会有增减幅度大小的差异，所以应将需求和供给变化的情形结合起来，具体分析均衡价格和均衡数量的相应变化。

【知识点21】供求理论在资产评估中的应用（★★）

在资产评估中，供求关系理论可以帮助评估专业人员理解资产的价值，尤其是当涉及市场价值评估时。在进行产品收入预测时，供求关系理论是一个非常有益的工具，可以帮助评估专业人员理解在不同的价格水平下，市场对其产品的需求量；同时，也有助于评估专业人员分析判断委托人提供的未来收入预测是否合理。

（一）理解需求曲线

需求曲线显示出在不同价格水平下，市场对某项资产的需求量，这对评估专业人员了解价格与销量的关系非常重要。通常情况下，需求曲线是向右下方倾斜的，意味着价格上升时需求量下降，价格下降时需求量上升。根据这个原理评估专业人员可以收集有关资产的历史销售数据、市场趋势、替代资产的价格和需求情况等信息，并根据收集到的数据，绘制需求曲线，在曲线上标记出不同价格水平下的预期需求量。

（二）需求弹性

需求弹性可以帮助评估专业人员了解需求量对价格变动的敏感程度。如果资产需求弹性高，价格的小幅变动会导致需求量的较大变动。计算需求的价格弹性，可以了解产品是价格敏感（弹性需求）还是价格不敏感（非弹性需求）。

交叉弹性分析可以了解替代品和互补品的价格变动对需求量的影响，帮助评估专业人员了解资产所面临的市场竞争程度，理解市场参与者应对竞争的定价策略，分析资产需求的稳定性，预测市场对变化的反应等。

收入弹性分析可以了解消费者收入变动对需求量的影响，帮助评估专业人员合理预测产品需求的变化，辨识具有更好增长前景的资产，了解经济周期波动对资产价值的影响，评估不同资产的风险和回报。

（三）市场均衡

市场均衡价格通常被视为资产的市场价值。需求曲线和供给曲线的交点，代表了市场的均衡价格和均衡数量。

（1）资产评估过程中通常是以市场均衡价格作为计量标准。

（2）市场法所采用的交易案例价格也应当是市场均衡条件下的价格。

（3）市场均衡的概念既包含价格，也包含数量。评估对象和可比交易对象在规模、批量上差异会影响其均衡价格。

（4）使用成本法或收益法所得到的资产价值，如果与市场均衡价格有较大差异，评估专业人员应当审视评估采用的相关假设是否合适。

（四）分析产品价格变化对企业价值的影响

利用需求曲线分析企业所生产的产品价格

变动对资产价值的影响，特别是在市场条件发生变化时。

【例2－49】（单项选择题）关于供求理论在资产评估中的应用，下列表述中，错误的是（　　）。

A. 在资产评估中，供求关系理论可以帮助评估专业人员理解资产的价值，尤其是当涉及市场价值评估时

B. 需求弹性可以帮助评估专业人员了解需求量对价格变动的敏感程度，资产需求弹性高，价格的小幅变动会导致需求量的小幅变动

C. 市场均衡价格通常被视为资产的市场价值，需求曲线和供给曲线的交点，代表了市场的均衡价格和均衡数量

D. 收入弹性分析可以帮助评估专业人员合理预测产品需求的变化，辨识具有更好增长前景的资产，了解经济周期波动对资产价值的影响

【答案】B

【解析】需求弹性可以帮助评估专业人员了解需求量对价格变动的敏感程度。如果资产需求弹性高，价格的小幅变动会导致需求量的较大变动。计算需求的价格弹性，可以了解产品是价格敏感（弹性需求）还是价格不敏感（非弹性需求）。选项B错误，其他选项均正确。

【知识点22】市场结构的划分（★★★）

（一）市场的概念

市场是以交易为核心的组织形式或制度安排，通过促进买卖双方的相互作用来决定交易的价格和数量。狭义的市场是指买卖双方商品交换的场所；广义的市场是指各种主体之间交换关系的总和。

市场主体之间的关系，主要包括买卖双方关系以及由此引发的卖方之间、买方之间的关系。

【提示】市场可以是固定、有形的交易场所，也可以是适应通信手段现代化采用的互联网交易平台等虚拟形式。

（二）按市场结构特征划分的市场类型

市场结构是对某种行业竞争状态和价格机制产生重要影响的市场组织特征，综合反映了一个行业买方和卖方的数量、规模及分布，行业进出难易程度和产品差别程度等。不同类型的市场特征参见表2－5。

表2－5　　不同类型的市场特征

市场类型	厂商数量	产品差别程度	行业进出难易	厂商对价格的影响能力	代表（或近似）行业
完全竞争	很多	完全同质	自由	没有影响能力	农产品
垄断竞争	很多	同种但有差别	比较容易	影响能力小	轻工业产品、零售业、服务业
寡头垄断	少数	寡头行业有差别；纯粹寡头行业无差别	有明显进入障碍	有一定能力，但要考虑其他对手反应；厂商实力不对等时，领导型寡头有率先定价优势	飞机制造、钢铁、石油、电讯等行业
完全垄断	唯一	没有相近的替代产品	极为困难或不可能	可以控制和操纵市场价格（除非受到政府的价格管制）	自然垄断、特许专营行业

【例2－50】（单项选择题）依据不同类型的市场特征，完全竞争市场和垄断竞争市场的区别明显存在于（　　）。

A. 企业是否可以取得最大利润

B. 产品是否具有差别性

C. 是否存在政府管制

D. 行业进出难易程度

【答案】B

【解析】完全竞争市场上，产品完全同质；垄断竞争市场上，产品同种但有差别。具体内容见表2－5。

【例2－51】（单项选择题）以钢铁、飞机制造、石油为代表行业的市场类型是（　　）。

A. 寡头垄断市场　　B. 完全竞争市场

C. 完全垄断市场　　D. 垄断竞争市场

【答案】A

【解析】寡头垄断市场的主要特点是少数厂商垄断了某行业市场，控制了整个市场的产品生产和销售。飞机制造、钢铁、石油、电讯等具备寡头垄断市场的特点。具体内容见表2-5。

【例2-52】（单项选择题）下列属于完全竞争市场的特征的是（　　）。

A. 厂商生产和销售同种但有差别的产品

B. 厂商数量很多，行业进出有明显障碍

C. 厂商可以依据自身的实力，对价格有一定的影响能力

D. 有大量的买者和卖者，厂商对价格没有影响能力

【答案】D

【解析】完全竞争市场上，有大量的买者和卖者。由于有众多的买者和卖者参与，相对于市场总需求量和总供给量，单一买者的需求量或单一卖者的供给量所占比例都很微小，都没有能力影响市场的生产（销售）数量和价格水平，只能被动地接受市场已形成的价格，而不能决定市场价格。

【例2-53】（多项选择题）从市场结构特征看，决定市场类型划分的主要因素有（　　）。

A. 市场上厂商的数量

B. 厂商提供产品的差别程度

C. 行业进出难易程度

D. 消费者对产品的认知水平

E. 厂商对价格的影响能力

【答案】ABCE

【解析】从市场结构特征看，决定市场类型划分的主要因素有：①厂商的数量；②产品的差别程度；③行业进出难易；④厂商对市场价格的影响能力。

【知识点23】完全竞争市场

（一）完全竞争市场的概念（★★）

完全竞争市场（又称为纯粹竞争市场），是指不受任何阻碍和干扰、充分竞争的市场结构。

【提示】在完全竞争市场中，市场通过其内在的价格、供求和竞争机制自发地调节生产和消费，政府不作任何干预。

（二）完全竞争市场的条件（★★）

（1）有大量的买者和卖者。单一买者的需求量或单一卖者的供给量所占比例都很微小，都没有能力影响市场的生产（销售）数量和价格水平。

（2）每个厂商提供的都是完全同质的商品。

（3）各种资源能够自由流动，不存在任何阻碍和干扰。

（4）信息畅通、完全。

【提示1】具备以上条件的市场，所有参与者既不具有市场地位差距，也不存在生产、消费和价格等差别，是没有交易者个性的非个性化市场。

【提示2】现实经济社会真正符合完全竞争市场上述假设条件的“市场”并不存在。通常认为农产品市场相对接近完全竞争市场。

（三）完全竞争市场的需求与均衡（★）

（1）完全竞争市场对厂商产品的需求曲线是一条水平线，所对应的价格是整个行业的供求均衡价格，且厂商的平均收益曲线、边际收益曲线和需求曲线重合。

（2）当受消费者收入水平、生产技术、政府政策等因素影响，使众多消费者的需求量和众多生产者的供给量发生变化，并形成新的均衡价格时，在完全竞争市场又会形成一条与该均衡价格对应的新的水平线（厂商需求曲线）。

（3）完全竞争市场的厂商遵循边际收益等于边际成本的原则实现利润最大化或亏损最小化目标，即$MR=MC$。

（4）在完全竞争市场，厂商和消费者都是价格接受者。给定商品价格P，厂商的销售量为Q，总成本TC同样是Q的函数，这样，厂商的利润π等于总收益TR减去总成本TC。

厂商利润最大化：$\pi=TR(Q)-TC(Q)=P\cdot Q-TC(Q)$，$\frac{\pi}{Q}=0$，$MR=MC=P$。

（5）在短期，厂商在生产规模不变的情况下，可通过调整产量使边际收益等于短期边际成本，实现利润最大化；如果处于亏损状态，厂商通过比较平均收益和平均可变成本决定是否继续生产（当平均收益小于平均可变成本时须停止生产）。

（6）在长期，厂商可以通过调整全部生产要素使边际收入等于长期边际成本，达到利润最大化。

【例2-54】（单项选择题）下列关于完全竞争的市场的表述中，错误的是（　　）。

A. 市场参与者的购销量只占整个市场交易量的极小一部分

B. 市场参与者只能被动地接受价格，而不

能决定市场价格

C. 厂商之间提供的商品在质量、性能等方面可能有所不同

D. 厂商进出一个行业无障碍，资源在厂商之间流动完全自由

【答案】C

【解析】完全竞争市场的条件之一是有大量的买者和卖者，单一买者或单独卖者不能决定市场价格。每个厂商提供的都是完全同质的商品，不仅质量、性能、外形、包装等完全相同，连提供的购物及售后等服务也都没有差别。

【例2－55】（多项选择题）根据市场结构划分市场类型的理论，完全竞争市场必须具备的条件有（　　）。

A. 厂商之间提供的商品完全没有差别

B. 厂商生产和销售的商品没有替代品

C. 市场信息通畅、完全，不存在信息不对称

D. 各种资源能够自由流动，进出行业无障碍

E. 有大量的买者和卖者，厂商对价格有一定的影响力

【答案】ACD

【解析】完全竞争市场必须具备以下条件：有大量的买者和卖者，厂商对价格没有影响力；每个厂商提供的都是完全同质的商品（厂商之间提供的商品完全没有差别）；各种资源能够自由流动；信息通畅、完全。

【知识点24】垄断竞争市场

（一）垄断竞争市场的概念（★★）

垄断竞争市场是介于完全竞争市场和完全垄断市场之间的市场结构。它既有垄断，也有竞争，而不像完全竞争市场或完全垄断市场那样偏于一端。

（二）垄断竞争市场的特点（★★）

（1）许多厂商生产和销售有差别的同种产品。

（2）垄断竞争市场普遍存在于现实生活中。垄断竞争市场的竞争特质高于其垄断属性，比较接近完全竞争市场结构。

（3）垄断竞争市场的竞争特质高于其垄断属性，比较接近完全竞争市场结构。在现实生活中，零售业和服务业比较符合垄断竞争市场组织的特点。

（三）垄断竞争市场的条件（★★）

（1）行业中存在着大量的厂商，无法对市场形成控制。

（2）厂商生产有差别的同种产品，产品之间既有差别，又可相互替代。

（3）厂商生产规模较小，不存在进入和退出障碍。

（四）垄断竞争市场的需求与均衡（★）

（1）垄断竞争厂商的需求曲线向右下方倾斜，其向右下方倾斜的需求曲线较为平坦。

（2）垄断竞争厂商有两条需求曲线，都向右下方倾斜。

（3）包括垄断竞争市场在内的所有非完全竞争厂商都没有供给曲线，因为他们都不满足商品的价格与其供给量存在一一对应关系的条件。

（4）在垄断竞争市场，厂商短期内仍然通过调整产量和价格使边际收益等于短期边际成本，实现利润的最大化。

（5）在长期，厂商可以通过调整生产规模使边际收入等于长期边际成本，追求利润的最大化。

（6）由于厂商进出行业比较容易，长期均衡时垄断竞争厂商的利润一定为零。

（7）垄断竞争厂商在长期均衡时的产量会小于完全竞争厂商在长期均衡条件下的理想产量，这就使单个垄断竞争厂商存在未被利用的多余生产能力。

【例2－56】（多项选择题）根据市场结构划分市场类型的理论，垄断竞争市场需要具备的条件主要包括（　　）。

A. 行业中存在着大量的厂商，无法对市场形成控制

B. 只有唯一的供给厂商，但有众多的需求者

C. 厂商生产完全不同的产品，不可相互替代

D. 厂商生产有差别的同种产品，但又可相互替代

E. 厂商生产规模较小，不存在进入和退出障碍

【答案】ADE

【解析】垄断竞争市场需要具备的条件主要包括：①行业中存在着大量的厂商，无法对市

场形成控制。由于厂商数量多，每个厂商都可对市场价格施加一定影响，但单个厂商对市场的影响能力又很小。单个厂商的决策不足以引起竞争对手的注意，也不用考虑来自其他竞争对手的反应。②厂商生产有差别的同种产品，产品之间既有差别，又可相互替代。产品的替代意味着每一种产品都会遇到其他厂商提供的大量的相似产品，市场又同时存在竞争因素。这使得垄断竞争市场始终存在垄断和竞争因素的相互作用。③厂商生产规模较小，不存在进入和退出障碍。厂商可以比较容易地进入和退出某行业或生产集团。

【例2－57】（单项选择题）下列关于垄断竞争市场的特点的表述，错误的是（　　）。

A. 垄断竞争市场的竞争特质高于其垄断属性，比较接近完全竞争市场结构

B. 垄断竞争市场的垄断特质高于其竞争属性，比较接近完全垄断市场结构

C. 在现实生活中，零售业和服务业比较符合垄断竞争市场组织的特点

D. 垄断竞争市场普遍存在于现实生活中，是我们接触最多的市场类型

【答案】 B

【解析】 垄断竞争市场的竞争特质高于其垄断属性，比较接近完全竞争市场结构，选项A正确，选项B错误。在现实生活中，零售业和服务业比较符合垄断竞争市场组织的特点，选项C正确。垄断竞争市场普遍存在于现实生活中，是我们接触最多的市场类型，选项D正确。

【知识点25】寡头垄断市场

（一）寡头垄断市场的概念及特点（★★）

1. 寡头垄断市场的概念。

寡头垄断市场又称寡头市场，是包含了垄断和竞争因素、与完全垄断更接近的市场结构，是由少数卖方（寡头）起主导作用的市场状态。

2. 寡头垄断市场主要特点。

少数厂商垄断了某行业市场，控制了整个市场的产品生产和销售。

【提示】 寡头垄断市场在现代经济中比较常见，飞机制造、钢铁、石油、电讯等具备寡头垄断市场的特点。

（二）寡头垄断市场的形成原因（★）

（1）追求规模经济效益，促使行业生产向大规模厂商集中。

（2）少数厂商控制了行业基本生产资源的供给。

（3）缘于法律或政策的推动等。

【提示】 寡头垄断市场存在明显的行业进入壁垒。竞争和规模经济要求降低了行业的平均成本，使大规模生产具有明显优势，小厂商逐步丧失生存空间，形成了占据绝大部分市场份额的少数厂商共享或角逐市场的行业态势。试图新进入的厂商，如果不具备与原有厂商相抗衡的生产规模和市场份额，就无法加入行业或通过竞争在行业立足。

（三）寡头垄断市场的分类（★）

参见图2－12。

（四）寡头垄断市场的典型模型（★）

参见表2－6。

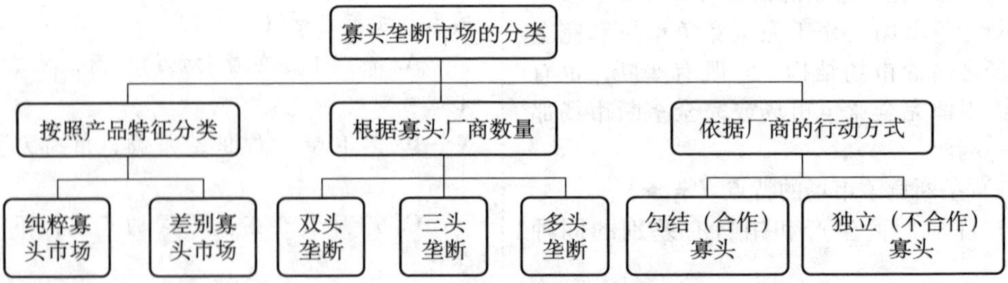

图2－12　寡头垄断市场的分类

表2－6　寡头垄断市场的典型模型

典型模型	特点	生产经营决策
古诺模型（双头模型）	反映两个实力相当厂商的寡头垄断模式。	每个厂商都以自己的产量去适应对方已确定的产量，在已知对方产量的情况下，各自确定能给自己带来最大利润的产量。

续表

<table>
<tr><th colspan="2">典型模型</th><th>特点</th><th>生产经营决策</th></tr>
<tr><td colspan="2">伯特兰德模型（价格竞争）</td><td>假定当企业制定其价格时，认为其他企业的价格不会因它的决策而改变，并且 n 个（为简化，这里取 $n=2$）寡头企业的产品是完全替代品。</td><td>两家企业会竞相削价以争取更多的顾客。当价格降到且等于边际成本时，达到伯特兰德均衡。</td></tr>
<tr><td colspan="2">斯塔克伯格模型</td><td>斯塔克伯格提出了将寡头厂商的角色定位为“领导者”或“追随者”的分析范式。该模型中有两个寡头厂商，一个是实力相对雄厚、居于支配地位的“领导者”；另一个则成为前者的“追随者”。</td><td>领导型厂商在了解并考虑追随型厂商对其决策的反应方式基础上作出追求自身利润最大化的产量决策；追随者厂商则在领导型厂商所确定产量的前提下作出有利于自身利润最大化的产量决策。</td></tr>
<tr><td rowspan="3">价格领导模型</td><td>支配型价格领先</td><td>由行业中占支配地位的寡头按照利润最大化原则确定产品售价，其余寡头据此确定各自的产销量。</td><td rowspan="3">领导型厂商率先确定价格，其他厂商跟随定价。</td></tr>
<tr><td>成本最低型价格领先</td><td>由行业中成本最低的寡头按照利润最大化原则确定其产品产销数量和价格，其他寡头按同一价格销售各自的产品。</td></tr>
<tr><td>晴雨表型价格领先</td><td>由行业中获取信息、判断市场趋势等方面有公认特殊能力的寡头确定产品价格，其他寡头根据该价格相应调整自身的产品价格。</td></tr>
</table>

【例 2-58】（多项选择题）按照产品特征分类，寡头垄断市场可以分为（　　）。

A. 双头市场　　B. 纯粹寡头市场

C. 勾结寡头　　D. 独立寡头

E. 差别寡头市场

【答案】 BE

【解析】 寡头垄断市场有不同的分类方式。按照产品特征，它可分为纯粹寡头市场和差别寡头市场，选项 B、选项 E 正确。根据寡头厂商数量，可分为双头垄断、三头垄断和多头垄断。依据厂商的行动方式，则有勾结（合作）寡头和独立（不合作）寡头。

【例 2-59】（单项选择题）下列关于寡头垄断市场的特点的表述，错误的是（　　）。

A. 是与垄断竞争更接近的市场结构

B. 是与完全垄断更接近的市场结构

C. 汽车、钢铁、石油、电讯等具备寡头垄断市场的特点

D. 少数厂商控制了整个市场的产品生产和销售

【答案】 A

【解析】 寡头垄断市场又称寡头市场，是包含了垄断和竞争因素、与完全垄断更接近的市场结构，是由少数卖方（寡头）起主导作用的市场状态，选项 A 错误，选项 B 正确。寡头垄断市场主要特点是少数厂商垄断了某行业市场，控制了整个市场的产品生产和销售。寡头垄断市场在现代经济中比较常见，飞机制造、钢铁、石油、电讯等具备寡头垄断市场的特点。

【知识点 26】完全垄断市场

（一）完全垄断市场的概念及主要条件（★★）

1. 完全垄断市场的概念。

完全垄断市场（又称为垄断市场），是与完全竞争市场对立的市场类型，行业中只有唯一的供给者。

2. 完全垄断市场需要具备的主要条件。

（1）只有唯一的供给厂商和众多的需求者。

（2）厂商生产和销售的商品没有替代品。

（3）其他厂商无法进入该行业。

【提示】 与完全竞争市场一样，完全垄断市

场也只是一种极端的理论抽象，在现实经济生活中几乎不存在。为维护社会和消费者利益，大多数垄断企业的经营实际上会受到法律的规范和政府的管控。

（二）完全垄断市场形成的主要原因（★）

（1）竞争和规模经济要求生产和资本的集中，使得单独厂商控制了行业生产所需的全部资源。

（2）专利保护使得拥有生产专利的厂商可在规定的保护期内独家垄断产品生产。

（3）国家基于财政、国家安全和社会管理需要，通过法律规定和行政措施授予厂商独家生产经营权，使其形成垄断。

（4）厂商利用现行进入行业的条件或凭借所拥有的自然、地理优势，控制了行业生产资源，阻碍其他厂商进入行业，形成了对行业生产经营的自然垄断

（三）完全垄断市场的需求与均衡（★）

（1）垄断市场只有一个厂商，市场的需求曲线也是垄断厂商的需求曲线，该曲线也是向右下方倾斜的。

（2）垄断厂商的销售量与市场价格呈反向变动关系。

（3）在短期内，垄断厂商在生产规模不变情况下，通过调整产量和价格，使边际收益等于短期边际成本，达到利润最大化。

（4）在长期内，垄断厂商可以通过调整生产规模，使边际收益等于长期边际成本，实现最大的利润。

【例2-60】（单项选择题）完全垄断市场又称为（　　）。

A. 纯粹竞争市场　　B. 寡头市场

C. 完全市场　　D. 垄断市场

【答案】 D

【解析】 完全垄断市场（又称为垄断市场），是与完全竞争市场对立的市场类型，行业中只有唯一的供给者。

【例2-61】（单项选择题）完全垄断市场需要具备的主要条件，不包括（　　）。

A. 只有唯一的供给厂商和众多的需求者

B. 厂商生产和销售的商品没有替代品

C. 政府指定某厂商完全垄断某行业

D. 其他厂商无法进入该行业

【答案】 C

【解析】 完全垄断市场需要具备的条件主要包括：①只有唯一的供给厂商和众多的需求者。②厂商生产和销售的商品没有替代品。③其他厂商无法进入该行业。选项C错误。

【知识点27】市场结构理论在资产评估中的应用（★★）

市场结构理论研究的是市场中企业之间竞争或合作的格局与关系，以及这种格局与关系如何影响市场的供需、成本和价格、厂商的进出和资源配置决策等问题。

市场结构理论可以帮助评估专业人员理解被评估的企业所在市场的竞争环境，包括市场中的企业数量、市场份额、产品差异化的程度等。市场结构影响企业的定价能力和市场占有率，这些因素直接关系到企业的未来收益，是资产评估的重要依据。市场结构理论有助于评估专业人员分析被评估企业所在市场的发展潜力和成长空间，这对企业价值评估尤为重要。

（一）定价能力

不同类型的市场中，企业的市场地位不同，定价能力也不同。

完全竞争市场企业的定价能力非常有限，完全竞争市场中的产品是完全同质化的，市场上买家和卖家的信息也是公开透明的，每个企业都是价格的接受者。在完全竞争市场中企业必须专注于成本控制和提高效率，以实现在给定价格条件下的利润最大化。

垄断竞争市场中的企业具有一定的定价能力，产品的差异化允许企业在一定程度上提高价格，差异化的程度取决于产品的品牌、质量、特性、服务或设计。由于市场上存在许多相似但不完全相同的产品，产品的替代性也限制了企业的定价能力。垄断竞争市场产品的价格弹性通常较高，这意味着如果企业提高价格过多可能导致销量大幅度下降。

垄断或寡头垄断市场的企业通常具有较强的定价能力。垄断企业是价格制定者，可以控制市场的供给，设定高于边际成本的价格，以实现最大利润。寡头垄断市场由少数几家大企

业控制，它们占据市场的大部分份额，对市场价格有显著影响。

（二）市场份额

使用收益法评估企业价值时，需要对企业的未来收入进行预测，而这一预测应当建立在对市场需求的预测和企业市场占有率或市场份额分析的基础之上。

市场结构理论对评估专业人员进行企业收入预测和评估企业价值非常有帮助。该理论为评估专业人员进行收入预测提供了一个分析框架，可以更准确地把握企业的未来表现。

1. 在完全竞争市场中，处于稳定发展期的企业，其历史的市场占有率是评估专业人员的一个重要参考指标。企业收入的增长取决于整体市场需求的增长，个别企业通过提高市场占有率增加收入非常困难。原因是：①产品同质化；②企业是价格的接受者；③市场信息透明；④进入和退出市场的障碍低。

在完全竞争市场中，企业可以采取的提高市场占有率的措施包括：①通过提高生产效率、采用更先进的技术或购买更便宜的原料来降低成本，从而降低产品价格，吸引更多消费者；②通过技术创新来提供略有差异的产品，满足特定消费者的需求；③寻找市场上的细分领域，专注于服务这些特定消费者的需求；④通过广告和营销活动建立品牌忠诚度，尽管这在一个高度同质化的市场中可能效果有限；⑤提供更优质的客户服务，如更快的交货、更灵活的退货政策等，以吸引消费者。

需要注意的是，上述措施在完全竞争市场中的效果可能有限，因为市场结构本身限制了企业提高市场占有率的能力。此外，任何试图提高市场占有率的措施都可能很快被其他竞争者模仿，从而使得市场重新回到均衡状态。因此，在完全竞争市场中，企业通常更注重保持效率和成本控制，而不是大幅度提高市场占有率。

2. 在垄断竞争市场，主要市场参与者的市场占有率通常不会突然发生突变，因为这种市场结构具有一定的稳定性和进入壁垒。垄断竞争市场特点是存在多个卖家，它们提供的产品或服务具有差异化，但彼此之间仍有一定的可替代性。

在垄断竞争市场中，虽然市场占有率一般不会发生突变，企业可以通过一些措施帮助其在竞争中获得优势，逐步提高市场份额。包括：①产品创新；②品牌建设；③价格策略；④市场细分；⑤营销和推广；⑥分销渠道；⑦客户服务。

在垄断竞争市场，导致市场占有率发生突变的因素包括：①重大技术创新；②市场颠覆；③品牌危机；④消费者偏好的快速变化。

3. 在寡头垄断市场，主要市场参与者的市场占有率通常比较稳定，因为这种市场结构中只有少数几家大企业控制着市场，它们之间存在较高的进入壁垒和相互依赖性。然而，市场占有率仍然可能因为以下原因发生变化，包括：①技术创新；②改变市场游戏规则；③价格竞争；④市场细分；⑤战略合作与并购；⑥政策改变。

在寡头垄断市场，可能导致市场占有率突变的因素包括：①技术创新；②政策变化；③市场进入或退出；④重大并购；⑤品牌危机。

在寡头垄断市场中，由于市场参与者较少，任何一家企业的行动都可能对市场格局产生重大影响。因此，在对企业进行预测时，需要全面考虑竞争对手的可能反应和市场动态。

（三）风险水平

不同市场结构下企业获取收益和投资回报的风险和来源主要与市场竞争程度、产品差异化、市场准入和退出门槛、厂商的市场力量以及外部环境的变化有关。

完全竞争市场，企业的竞争激烈但对市场价格的控制能力都几乎为零，风险水平最高。垄断竞争市场企业的风险主要来源于竞争和产品差异化，风险水平中等。寡头垄断市场，企业的风险主要来源于激烈的市场竞争和策略互动，风险水平较高。完全垄断市场，企业的风险主要来自政策和技术变革，风险水平相对较低。

【例 2－62】（单项选择题）关于市场结构理论在资产评估中的应用，下列表述中，错误的是（　　）。

A. 市场结构理论有助于评估专业人员分析

被评估企业所在市场的发展潜力和成长空间，这对企业价值评估尤为重要

B. 在寡头垄断市场中，由于市场参与者较少，任何一家企业的行动都可能对市场格局产生重大影响

C. 在完全竞争市场中，企业可以采取改变市场游戏规则，主动适应外部变化等措施，来提高市场占有率

D. 市场结构理论为评估专业人员进行收入预测提供了一个分析框架，可以更准确地把握企业的未来表现

【答案】C

【解析】在完全竞争市场中，企业可以采取的提高市场占有率的措施包括：①通过提高生产效率、采用更先进的技术或购买更便宜的原料来降低成本，从而降低产品价格，吸引更多消费者。②通过技术创新来提供略有差异的产品，满足特定消费者的需求。③寻找市场上的细分领域，专注于服务这些特定消费者的需求。④通过广告和营销活动建立品牌忠诚度，尽管这在一个高度同质化的市场中可能效果有限。⑤提供更优质的客户服务，如更快的交货、更灵活的退货政策等，以吸引消费者。在完全竞争市场中，企业没有改变市场游戏规则的能力。选项C错误，其他选项均正确。

【知识点28】有效市场理论的形成（★）

参见表2-7。

表2-7 有效市场理论的形成

代表人物	代表作	主要贡献
乔治·吉布森	1889年，《伦敦、巴黎和纽约的股票市场》	初步描述了类似有效市场的思想。
路易斯·巴切利尔	1900年，《投机理论》	将统计分析用于收益分析，运用随机游走模型，研究了布朗运动及股价变动的随机性，认识到市场基于信息影响的有效性。首次得出“市场收益是独立同分布的随机变量”的结论，发现股票收益率波动的数学期望值总是为零，提出了股价遵循公平游戏模型。
莫里斯·乔治·肯德尔	1953年，《经济时间序列分析》	研究了19种英国股票价格指数和纽约、芝加哥商品交易所棉花、小麦即期价格的周变化规律，发现股票价格遵循随机游走规律。
保罗·萨缪尔森与伯努瓦·曼德尔布罗特		于1965年和1966年，研究了公平游戏模型与随机游走理论的关系，论述了有效市场与公平游戏模型之间的关系。
尤金·法玛（2013年获诺贝尔经济学奖）	1965年，《股票市场价格行为》	首次提出“有效市场”的概念。
	1970年，《有效资本市场：理论与实证研究回顾》	系统总结了过去对市场有效性的研究，提出了有效市场假说以及研究市场有效性的完整理论框架。

【例2-63】（单项选择题）首次提出“有效市场”概念的是（　　）。

A. 乔治·吉布森

B. 保罗·萨缪尔森

C. 尤金·法玛

D. 路易斯·巴切利尔

【答案】C

【解析】有效市场理论的最终形成及完善得益于尤金·法玛的卓越贡献。1965年，尤金·法玛在《金融分析家》杂志上发表《股票市场价格行为》一文，首次提出“有效市场”的概念。

【知识点29】有效市场假说的前提条件（★★）

有效市场假说认为，价格完全反映了全部所获得信息的证券市场是有效市场。

一个特定信息在信息交流和竞争充分的市场能迅速被投资者知晓，股票市场的竞争将使股价及时、充分地反映该信息的影响，据此交易的投资者不可能获得高于市场平均水平的超额利润，只能赚取市场平均水平的报酬。

信息有效、投资者理性和市场理性的统一造就了有效的市场。

有效市场假说的前提条件如图2－13所示。

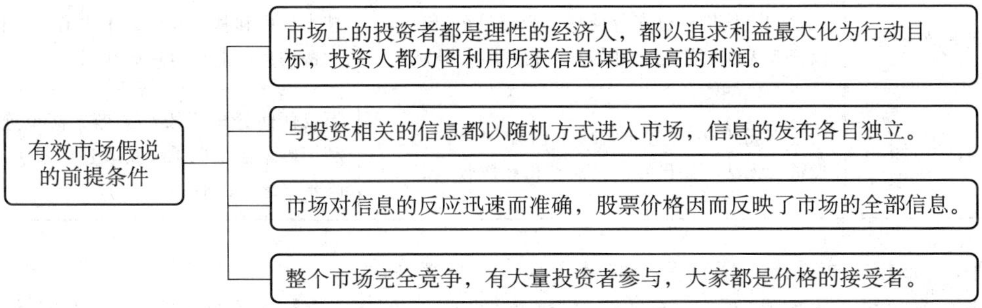

图2－13　有效市场假说的前提条件

【例2－64】（多项选择题）关于有效市场假说的前提条件，下列表述正确的是（　　）。

A. 市场既不允许卖空，也不存在衍生市场

B. 市场上的投资者都是理性的经济人，都以追求利益最大化为行为目标

C. 与投资相关的信息都以随机方式进入市场，信息的发布各自独立

D. 市场对信息的反应迅速而准确，因而股票价格反映了市场的全部信息

E. 整个市场完全竞争，有大量投资者参与，大家都是价格的接受者

【答案】 BCDE

【解析】 有效市场假说的前提条件，包括：①市场上的投资者都是理性的经济人，都以追求利益最大化为行动目标，投资人都力图利用所获信息谋取最高的利润。②与投资相关的信息都以随机方式进入市场，信息的发布各自独立。③市场对信息的反应迅速而准确，股票价格因而反映了市场的全部信息。④整个市场完全竞争，有大量投资者参与，大家都是价格的接受者。选项A错误，其他选项均正确。

【知识点30】有效市场的形态（★★★）

（一）证券市场包含的三个层级信息

参见图2－14。

（二）有效市场的形态

参见表2－8。

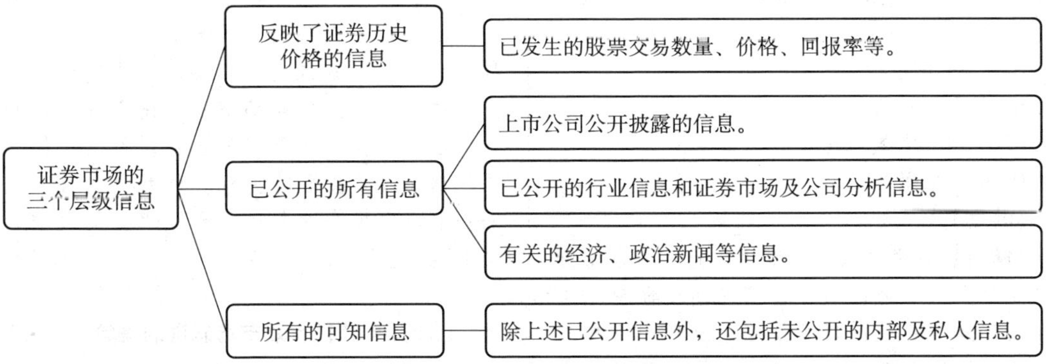

图2－14　证券市场包含的三个层级信息

表 2－8　　有效市场的形态

有效市场	市场对信息的反映程度	分析的有效性
弱式有效市场	股票的市场价格已充分反映了股票所对应的历史价格信息，历史资料无法影响股票的未来价格，也无法准确预测股票价格，投资者无法利用股票的历史交易信息获得超额收益。	技术分析手段不再有效，基本分析还可能对投资者有所帮助。
半强式有效市场	股票的市场价格已充分反映了全部已公开信息，投资者无法利用已公开信息获得超额收益。	技术分析和基本分析都不再有效，但掌握内幕信息可能获得超额利润。
强式有效市场	股票市场价格已充分反映了已知的全部信息，投资者无法利用已知的信息获得超额收益。	不仅任何分析手段都失效，甚至连垄断、利用内幕信息也无法获取超出投资对象风险水平之上的收益。

【例 2－65】（单项选择题）关于有效市场假说，下列表述中错误的是（　　）。

A. 如果弱式有效市场假说成立，则股票价格的技术分析不再有效，基本分析还可能有用

B. 在半强式有效市场中，只有那些利用内幕信息的投资者才能获得超额收益

C. 在强式有效市场中，投资者无法利用已知的信息获得超额收益

D. 在强式有效市场中，利用内幕信息还可能帮助投资者获得超额收益

【答案】 D

【解析】 在强式有效市场，股票市场价格已充分反映了已知的全部信息，投资者无法利用任何已知的信息获得超额收益，不仅任何分析手段都失效，甚至连垄断、利用内幕信息也无法获取超出投资对象风险水平之上的收益。选项 D 错误，其他选项均正确。

【例 2－66】（单项选择题）证券价格反映了全部公开的信息，但不反映内幕信息，这样的市场是（　　）。

A. 无效市场

B. 弱式有效市场

C. 半强式有效市场

D. 强式有效市场

【答案】 C

【解析】 在半强式有效市场，股票的市场价格已充分反映了全部已公开信息，投资者无法利用已公开信息获得超额收益，技术分析和基本分析都不再有效，但掌握内幕信息可能获得超额利润。

【例 2－67】（多项选择题）下列关于弱式有效市场的描述中，正确的是（　　）。

A. 股票的市场价格已充分反映了股票所对应的历史价格信息

B. 投资者采用技术分析手段不再有效

C. 股票的市场价格已充分反映了全部已公开信息

D. 基本分析还可能对投资者有所帮助

E. 利用内幕信息也无法获取超出投资对象风险水平之上的收益

【答案】 ABD

【解析】 在弱式有效市场，股票的市场价格已充分反映了股票所对应的历史价格信息，历史资料无法影响股票的未来价格，也无法准确预测股票价格，投资者无法利用股票的历史交易信息获得超额收益。技术分析手段不再有效，基本分析还可能对投资者有所帮助。选项 A、选项 B、选项 D 正确。在半强式有效市场，股票的市场价格已充分反映了全部已公开信息，选项 C 错误。在强式有效市场，股票市场价格已充分反映了已知的全部信息，投资者无法利用任何已知的信息获得超额收益，不仅任何分析手段都失效，甚至连垄断、利用内幕信息也无法获取超出投资对象风险水平之上的收益。选项 E 错误。

【知识点 31】有效市场假说的检验（★★）

参见表 2－9。

表 2－9　　有效市场假说的检验原理及方法

有效市场	检验原理	检验方法	检验结论
弱式有效市场	技术分析对股票价格（收益）的预测是否有用，有用则意味着不支持弱式有效市场假说。	（1）股票价格的时间序列分析。通过检验不同时间序列价格数据之间的系列相关性或自相关性，判断价格数据是否独立。	如果不同时间序列的数据存在显著相关，就说明历史价格可以影响现在的价格，可以运用这种相关模式预测未来的价格，证明技术分析有效，弱式有效就不能成立。大量研究表明，从股票价格数据无法检验出具有统计显著相关性的序列相关性，支持了弱式有效市场假说。
		（2）股票价格变化的随机性分析。如果股票价格变化不存在随机性，那么可以利用该非随机特征谋求超额收益。	有大量研究表明，从股票价格变化无法检验出具有统计显著性的非随机特征，说明股票价格变化具有随机性，弱式有效市场假说成立。
		（3）检验股票交易策略的有效性。检验基于技术分析的股票交易策略的营利性也是检验市场有效性的实证手段之一。研究者针对一些股票交易策略（比如“滤嘴法则”）的应用效果进行了统计检验。	研究者对利用滤嘴法则投资和长期持有策略所获得的收益进行比较，如果前者所获利润高，说明股价的变动相互关联，利用技术分析手段可以获取超额利润，市场不符合弱式有效特点。研究结果证明，这类基于技术分析的股票交易策略不能为投资者带来交易成本和交易风险之上的超额收益，支持了弱式有效市场假说。
半强式有效市场	基本分析对股票价格（收益）的预测是否有用，有用则意味着不支持半强式有效市场假说。	事件研究法：检验反映公司基本面的事件发生时，能否引起股价的快速反应。	如果能引起股价的快速反应，表明投资人不能利用新的基本面公开信息获得超额利润，基本分析失灵，半强式有效市场假说成立。
强式有效市场	内幕消息是否有用，有用则意味着不支持强式有效市场假说。	对专业投资机构（如共同基金）或可能知悉内幕信息人士的投资行为和绩效进行研究，研究他们是否具有对某类投资信息的垄断权，对投资信息的反应是否快于其他投资者，投资绩效表现是否优于市场平均水平。	如果研究结论对上述现象给予肯定，则意味他们有能力利用信息优势从股市赚取超额收益，说明强式有效市场假说不成立。国内外不少学者的实证研究支持了依靠内部信息能获得超额收益的观点，说明强式有效市场假说在实际市场尚未得到支持。

【例 2－68】（单项选择题）以下选项中，能说明市场为半强式有效的是（　　）。

A. 投资人不能利用新的基本面公开信息获得超额利润

B. 历史价格可以影响现在的价格

C. 市场中存在小公司效应和时间效应

D. 市盈率低的公司能获得超额利润

【答案】 A

【解析】 在半强式有效市场，股票的市场价格已充分反映了全部已公开信息，投资者无法利用已公开信息获得超额收益，技术分析和基本分析都不再有效，但掌握内幕信息可能获得超额利润。

【例 2－69】（单项选择题）自有效市场假说结论提出以后，学术界对其有效性进行了大量的实证检验。从检验结果来看，迄今为止的基本结论是支持（　　）假说。

A. 强式有效市场　　B. 半强式有效市场

C. 弱式有效市场　　D. 都不支持

【答案】C

【解析】大量研究表明：从股票价格数据无法检验出具有统计显著相关性的序列相关性；从股票价格变化无法检验出具有统计显著性的非随机特征，说明股票价格变化具有随机性；基于技术分析的股票交易策略不能为投资者带来交易成本和交易风险之上的超额收益。这些研究结果，都支持了弱式有效市场假说。

【例2－70】（单项选择题）下列选项中，不支持半强式有效市场假说的是（　　）。

A. 在公司宣布其红利超常增长后交易该股票无法获得超额回报

B. 市盈率低的股票有超常收益率

C. 新股上市引起股价的快速变化

D. 上市公司财务报告公布没有引起股价变化

【答案】D

【解析】半强式有效市场假说检验的原理是：基本分析对股票价格（收益）的预测是否有用，有用则意味着不支持半强式有效市场假说。超常红利、低市盈率、新股上市、公布财务报告等反映公司基本面的事件发生时，能引起股价的快速反应，表明投资人不能利用新的基本面公开信息获得超额利润，基本分析失灵，半强式有效市场假说成立。反之，则不支持半强式有效市场假说。

【知识点32】资本市场的内在效率和外在效率（对有效市场的其他界定）（★）

威斯特（West）和提尼克（Tinic）1975年在《金融分析家》杂志发表《论内外效率的差异》一文，在法玛研究基础上将资本市场的效率区分为外在效率和内在效率（见表2－10）。

表2－10　资本市场的内在效率和外在效率

资本市场的效率	含义	衡量外在效率的办法
资本市场的内在效率	反映资本市场运行效率，指市场的组织机构和服务设施能否使交易者以最短时间和最低成本达成交易。	（1）了解证券价格能否伴随信息变化自由变动； （2）研究市场信息的披露状况，能否使与证券有关信息充分披露，让每个投资者能在相同时间获得等量等质的信息。
资本市场的外在效率	反映资本市场资金配置效率，指资本市场价格能否及时迅速对市场信息作出反应。	

【例2－71】（多项选择题）衡量一个证券市场是否具有外在效率的方法是（　　）。

A. 了解证券价格能否伴随信息变化自由变动

B. 市场能否使交易者以最短时间和最低成本达成交易

C. 市场能否使与证券有关信息充分披露

D. 市场的组织机构和服务设施是否完善

E. 投资者是否能够快速找到优质资产进行配置

【答案】AC

【解析】衡量一个证券市场是否具有外在效率，一要了解证券价格能否伴随信息变化自由变动；二要研究市场信息的披露状况，能否使与证券有关信息充分披露，让每个投资者能在相同时间获得等量等质的信息。

【知识点33】有效市场理论的局限（★）

（一）实证研究中发现的"特例"现象

参见图2－15。

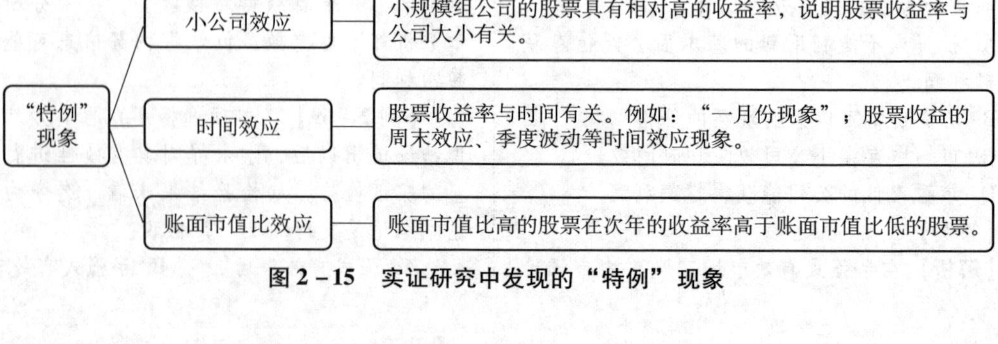

图2－15　实证研究中发现的"特例"现象

【提示】按照有效市场理论，股票价格应该反映所有可获得信息，股票价格是公平的（fair-priced），有效市场不会出现股票收益的规律性现象，因为一旦出现，理性的投资人就会利用这种规律性赢得超额回报，最终会使收益率之间出现不平衡。比如，小公司效应表明：投资于小公司获得的回报率和所面临的风险不相称。即，同等风险情况下，投资于小公司要比投资于大公司获得更高的投资回报率。时间效应、账面市值比效应也同样是关于股票收益的规律性现象。这显然不符合市场有效假说中的公平价格观点，因为有效市场中的投资只能补偿与投资对象相应的正常风险，从而消除了这种获得超额收益的投资机会。

（二）对有效市场理论相关假设的不同看法

1. 理性经济人。

理性经济人假设要求投资者有明确的投资预期，都以追求个人经济利益最大化为目标。股票价格波动是投资者基于完全信息集的理性预期结果，投资者的智力水平、分析能力和对信息的解释不存在差异。

然而，现实市场的投资者并非都具有各项理性预期。具有不同预期的投资者使得市场价格在不断的随机波动中趋向均衡。

对金融决策行为"理性经济人"假设的质疑，产生了研究金融活动当事人行为方式及心理特质的新领域—行为金融学。

2. 信息相关假设。

有效市场理论要求，市场参与者之间不存在信息占有不对称、信息加工不同步、信息解释差异；新信息完全随机出现，信息的获取、传输和运用是自由而高效的，信息在市场中充分且均匀分布。

这里面所暗含的假设是：信息的获取成本为零。这也与市场现实存在诸多偏离。

【例2－72】（多项选择题）对有效市场理论实证研究中，发现了一些"特例"现象，主要包括（　　）。

A. 时间效应　　B. 管理层效应

C. 小公司效应　　D. 市盈率效应

E. 账面市值比效应

【答案】ACE

【解析】对有效市场理论实证研究中所发现的"特例"现象主要有：小公司效应、时间效应、账面市值比效应。

【知识点34】有效市场理论的主要作用（★）

参见图2－16。

【提示】有效市场理论与证券投资分析的关系参见表2－11。

表2－11 有效市场理论与证券投资分析的关系

	技术分析	基本分析	内幕消息	组合管理
无效市场	有效	有效	有效	积极进取
弱式有效	无效	有效	有效	积极进取
半强式有效	无效	无效	有效	积极进取
强式有效	无效	无效	无效	消极保守

【例2－73】（单项选择题）已知某个市场，投资者通过内幕消息可以获得超额收益但是通过基本分析和技术分析都不能获得超额收益，那么根据有效市场假说，这个市场属于（　　）。

A. 强式有效市场　　B. 半强式有效市场

C. 弱式有效市场　　D. 半弱式有效市场

【答案】B

【解析】有效市场分为弱式有效市场、半强式有效市场和强式有效市场三种，没有半弱式有效市场。投资者不能通过技术分析和基本面分析获得超额利润，但是可以通过内幕消息获得超额利润，市场属于半强式有效市场。

【例2－74】（多项选择题）虽然对有效市场理论及其实证检验结果的认识尚存在争议，但是该理论的影响仍然是重大和深远的，其作用主要体现在（　　）。

A. 有效市场理论把信息和股票价格有机地联系起来，认为股票价格有规律可循，可以通过分析过去的股票价格信息去预测其未来价格

B. 有效市场理论将有效市场分为弱式有效市场、半强式有效市场和强式有效市场三种，证券投资应采用不同的组合管理

C. 有效市场理论与资本结构理论等紧密联系、相互依赖，通过市场效率和均衡模型相互为用、彼此促进，推动了金融理论的发展

D. 有效市场理论认为如果市场是弱式有效的，使用技术分析当前及历史价格对未来作出预测将是有益的，技术分析将帮助投资者获得超额收益

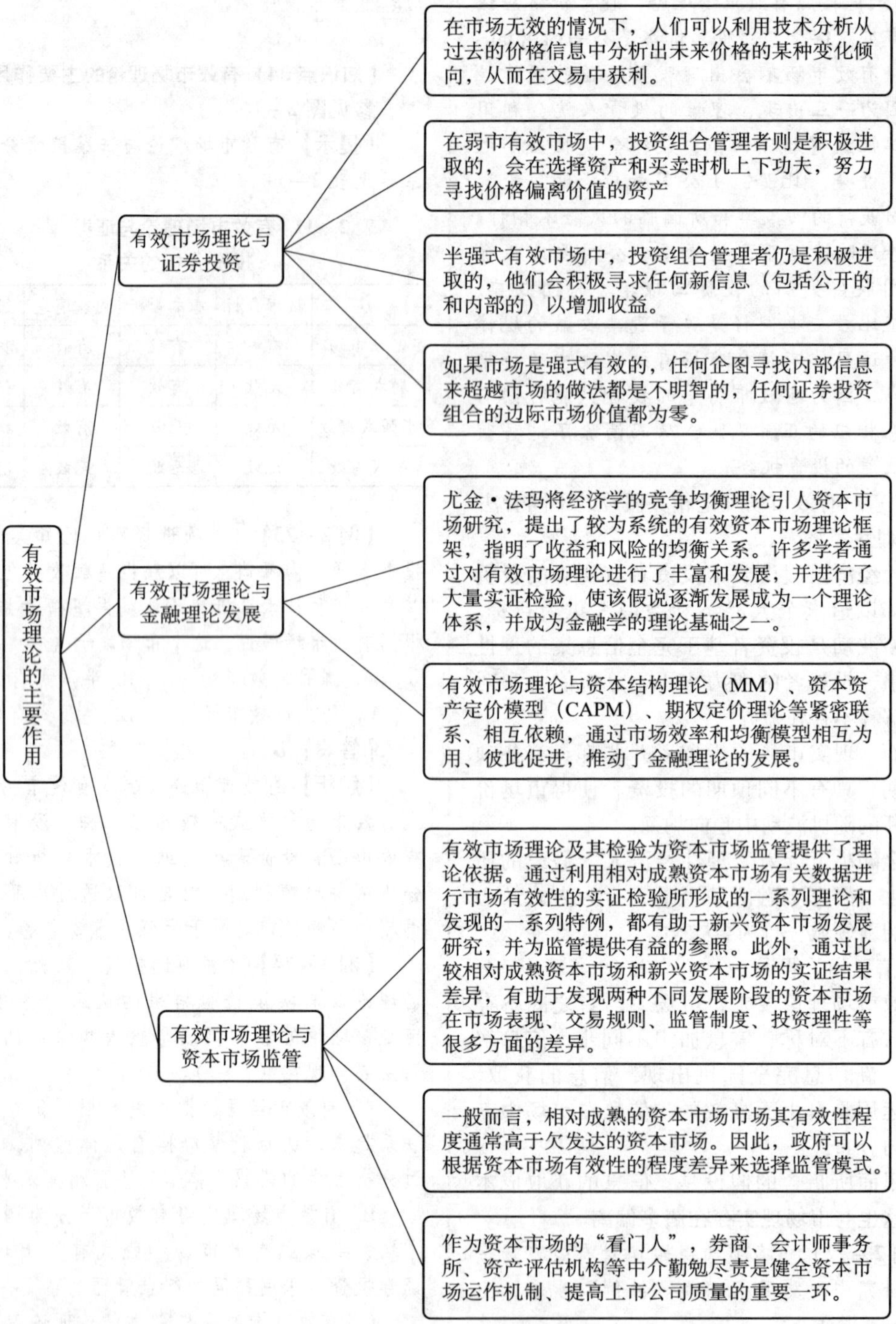

图 2－16 有效市场理论的主要作用

E. 有效市场理论通过利用相对成熟资本市场有关数据进行实证研究其有效性所形成的一系列理论和发现的一系列特例，为监管提供有益的参照

【答案】 BCE

【解析】 选项 B、选项 C 和选项 E 分别描述的是有效市场理论与证券投资、有效市场理论与金融理论发展、有效市场理论与资本市场监管等方面的作用，是正确的。有效市场理论的支持者认为，股票价格遵循随机游走规律，并

无规律可循，选项 A 是错误的。如果市场是弱式有效的，那么过去的历史价格信息就已完全反映在当前的价格中，未来的价格变化将与当前及历史价格无关，这时使用技术分析当前及历史价格对未来作出预测将是徒劳的，技术分析将失效，选项 D 是错误的。

【知识点 35】有效市场理论在资产评估中的应用（★★）

有效市场假说的三种市场形态分别为弱式有效、半强式有效和强式有效，它们对股票和其他证券、债券和其他固定收益产品、衍生品、房地产和大宗商品的价值评估具有指导意义。以股票为例进行分析。

（1）如果市场强式有效，则：①所有公开及非公开信息都已反映在股价中，包括公司的财务报表、行业趋势、宏观经济数据等。基本面分析、技术分析或任何形式的信息分析，都无法提供超越市场的优势。②股票的公平价值就是其当前市场价格。因此，评估的过程可能会简化为接受市场给出的价格。③资本资产定价模型 CAPM、套利定价理论 APT 等都基于市场是信息有效的假设。

总之，在市场强式有效的情况下，股票的市场价值一般不需要使用传统方法进行评估，应该接受股票的市场价格作为股票价值的代表。

（2）如果市场是半强式有效，则：①股票的市值通常被认为在一定程度上反映了其内在价值，但并不完全准确。半强式有效市场意味着所有公开可获得的信息都已经被充分反映在股票价格中。②市场未能完全反映所有非公开或内部信息，如公司管理层的战略规划、研发项目的进展等，这些信息可能对公司的真实价值有重要影响。③市场可能由于各种原因，如信息传播不畅、投资者行为偏差等，不完全有效，导致市值与真实价值不符。④确定公司的真实价值需要收集公开信息之外的信息，更深入的分析和评估，运用估值方法和分析工具评估公司的真实价值。

总之，在半强式有效市场中，公司的市值并不能完全反映其真实价值，市值提供了公司价值的一个参考。

（3）如果市场弱式有效，则：①股票的市值可能不会很好地反映其真实价值。股票价格已经反映了所有历史价格和交易量的信息，而没有完全反映公司基本面的信息，包括所有公开可获得的信息以及非公开信息。②不能利用股票的历史价格来预测股票的未来价格变动。对历史交易价格的技术分析，如趋势线、图表模式、移动平均线等，无法提供对未来价格走势的可靠预测。③由于市场效率较低，价格可能更容易受到市场操纵、投资者情绪或非理性交易行为的影响。④股票的市场价格与真实价值可能存在较大的偏差，要确定股票的市场价值需要在基本面分析的基础上，使用合理的价值评估模型，如 DCF 模型、价值比率模型等。

【例 2－75】（单项选择题）关于有效市场理论在资产评估中的应用，下列选项中，错误的是（　　）。

A. 在市场强式有效的情况下，股票的市场价值一般不需要使用传统方法进行评估，应该接受股票的市场价格作为股票价值的代表

B. 在半强式有效市场中，因为市场未能完全反映所有非公开或内部信息等原因，公司的市值并不能完全反映其真实价值，市值提供了公司价值的一个参考

C. 在半强式有效市场中，市场可能由于各种原因，如信息传播不畅、投资者行为偏差等，不完全有效，导致市值与真实价值不符

D. 如果市场弱式有效，则使用合理的价值评估模型，如 DCF 模型、价值比率模型等确定股票的市场价值往往也是无效的

【答案】 D

【解析】 如果市场弱式有效，则：①股票的市值可能不会很好地反映其真实价值；②不能利用股票的历史价格来预测股票的未来价格变动；③由于市场效率较低，价格可能更容易受到市场操纵、投资者情绪或非理性交易行为的影响；④股票的市场价格与真实价值可能存在较大的偏差，要确定股票的市场价值需要在基本面分析的基础上，使用合理的价值评估模型，如 DCF 模型、价值比率模型等。选项 D 错误，其他选项均正确。

【知识点36】货币时间价值（★★）

（一）货币时间价值的概念

货币时间价值，是指一定量货币资本在不同时点上的价值量差额。货币的时间价值来源于货币进入社会再生产过程后的价值增值。通常情况下，它是指没有风险也没有通货膨胀情况下的社会平均资金利润率，是利润平均化规律发生作用的结果。

由于货币具有时间价值，即货币随着时间的推移能够产生利息或投资回报，因此，相同数量的货币在不同的时间点具有不同的经济价值。根据货币时间价值理论，可以将某一时点的货币价值金额折算为其他时点的价值金额。

（二）货币时间价值理论的计算公式及核心要素

货币时间价值通常分为终值与现值。现值和终值是一定量货币在前后两个不同时点上对应的价值。货币时间价值的计算公式为：

终值计算公式：

$$F = P(1+r)^n$$

式中：$(1+r)^n$ 为复利终值系数，一般记作 $(F/P, r, n)$。

现值计算公式：

$$P = \frac{F}{(1+r)^n}$$

式中：$\frac{1}{(1+r)^n}$ 为复利现值系数，一般记作 $(P/F, r, n)$。

1. 现值。

现值是指未来某一时点上一定量的货币折算到现在所对应的金额，通常记作P。

2. 终值。

终值是现在一定量的货币折算到未来某一时点的本利和，通常记作F。

3. 利率。

利率（用r表示）可视为货币时间价值的一种具体表现。

4. 计息期。

现值和终值对应的时点之间可以划分为n期（$n \geqslant 1$），相当于计息期。

（三）货币时间价值的计算和应用

现实生活中计算利息时所称本金和本利和的概念相当于货币时间价值理论中的现值和终值。单利和复利是计息的两种不同方式。单利是指按照固定的本金计算利息。按照单利计算的方法，只有本金在贷款期限中获得利息，不管时间多长，所生利息均不加入本金重复计算利息。复利是指不仅对本金计算利息，还对前期所产生的利息也计算利息的一种计息方式。

根据理性经济人假设，人们通常会用赚取的收益进行再投资，企业的资金使用也是如此。因此，财务估值中一般都按照复利方式计算货币的时间价值。

一般情况下，根据收付金额、收付时点、收付期限的不同，可以分为复利终值和现值、普通年金终值和现值、预付年金终值和现值、递延年金终值和现值、永续年金现值等几种类型。后边几种类型实则为复利终值和现值的衍生类型。

1. 复利终值和现值。

复利计息方法是指每经过一个计息期，就要将该期所派生的利息加入本金再计算利息，逐期滚动计算，俗称“利滚利”。这里所说的计息期，是指相邻两次计息的间隔，如年、月、日等。除非特别说明，计息期一般为一年。

（1）复利终值。复利终值指一定量的货币按复利计算的若干期后的本利总和。复利终值的计算公式如下：

$$F = P(1+r)^n$$

式中：$(1+r)^n$ 为复利终值系数，一般记作 $(F/P, r, n)$。

【例2－76】（单项选择题）小明将10 000元存入银行，复利年利率为3.5%，存满3年，她可以取出（　）元。

A. 12 125　　B. 11 087

C. 11 099　　D. 12 065

【答案】 B

【解析】 本题中，$P=10\ 000$ 元，$r=3.5\%$，$n=3$，则 $F=P(1+r)^3=10\ 000\times(1+3.5\%)^3=11\ 087$（元）。

（2）复利现值。复利现值是指未来某期的一定量的货币按复利贴现至现在的价值。复利现值的计算公式如下：

$$p = \frac{F}{(1+r)^n}$$

式中：$\frac{1}{(1+r)^n}$为复利现值系数，一般记作（P/F，r，n）

【例2－77】（单项选择题）小明为了3年后能从银行取出20 000元，在复利年利率为3.5%的情况下，她当前应存入（　　）元。

A. 19 012　　　　B. 18 067

C. 18 039　　　　D. 19 036

【答案】C

【解析】本例中，$F=20\ 000$元，$r=3.5\%$，$n=3$，则$P=\frac{F}{(1+r)^n}=\frac{20\ 000}{(1+3.5\%)^3}=18\ 039$（元）。

2. 年金终值和年金现值。

年金分类如图2－17所示。

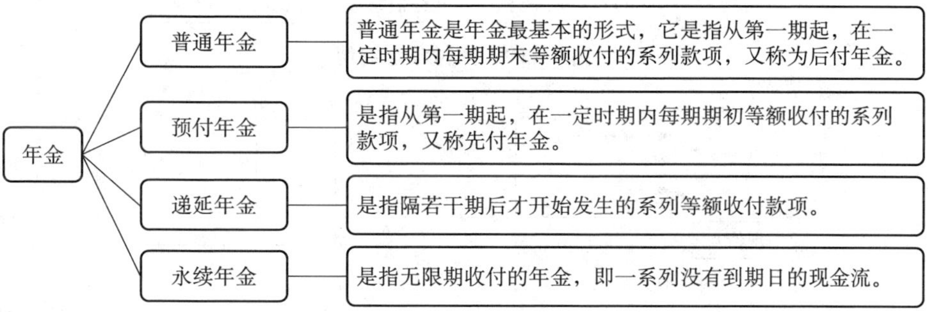

图2－17　年金的分类

（1）年金终值。

①普通年金终值。普通年金终值是指普通年金最后一次收付时点的本利和，它是每次收付款项的复利终值之和。普通年金终值的计算实际上就是已知年金A，求终值F_A。

根据复利终值的方法，计算年金终值的公式为：

$$F_A=A\sum_{i=1}^{n}(1+r)^{i-1}$$

$$=A\frac{(1+r)^n-1}{r}$$

式中：$\frac{(1+r)^n-1}{r}$称为年金终值系数，记作（F/A，r，n）。如图2－18所示。

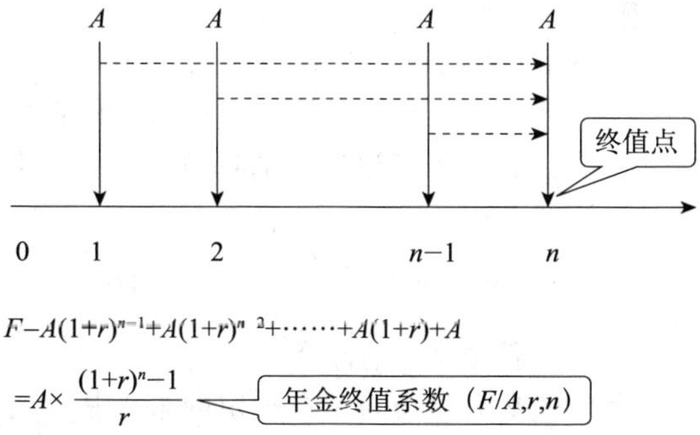

图2－18　普通年金终值

②预付年金终值。预付年金终值是指一定时期内每期期初等额收付的系列款项的终值。预付年金终值的计算公式为：

$$F_A=A(1+r)\sum_{n}(1+r)^{i-1}$$

$$=A\frac{(1+r)^n-1}{r}(1+r)$$

如图2－19所示。

（2）年金现值。

①普通年金现值。普通年金现值是指普通年金折算到第一期期初的现值之和。根据复利现值的方法计算年金现值的公式为：

$$P_A=A\sum_{i=1}^{n}\frac{1}{(1+r)^i}$$

$$=A\frac{1-(1+r)^{-n}}{r}$$

式中：$\frac{1-(1+r)^{-n}}{r}$称为年金现值系数，记作（P/A，r，n）。如图2－20所示。

②预付年金现值。预付年金现值是指将预付年金折算到第一期期初的现值之和。预付年金现值的计算公式如下：

$$P_A=A\frac{1-(1+r)^{-n}}{r}(1+r)$$

如图2－21所示。

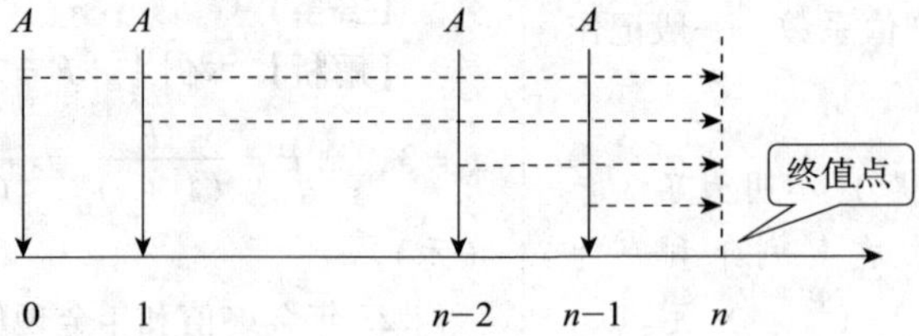

$$F=A(1+r)^n+A(1+r)^{n-1}\cdots\cdots+A(1+r)^2+A(1+r)$$

$$=A\times\frac{(1+r)^n-1}{r}(1+r)$$

预付年金终值系数（F/A,r,n）×（1+r）

图 2－19 预付年金终值

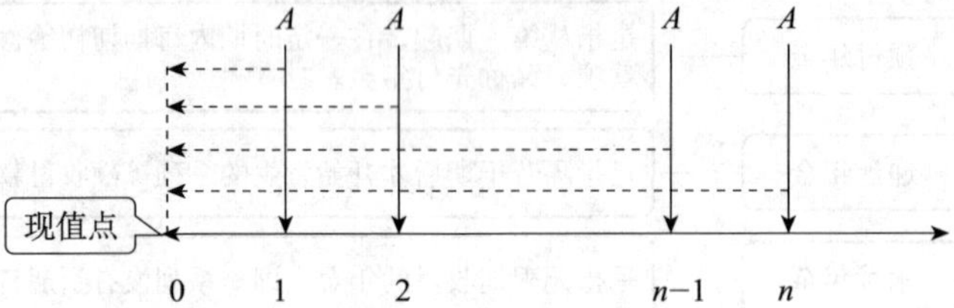

$$P_A=A(1+r)^{-1}+A(1+r)^{-2}\cdots\cdots+A(1+r)^{-(n-1)}+A(1+r)^{-n}$$

$$=A\times\frac{1-(1+r)^{-n}}{r}$$

年金现值系数（P/A,r,n）

图 2－20 普通年金现值

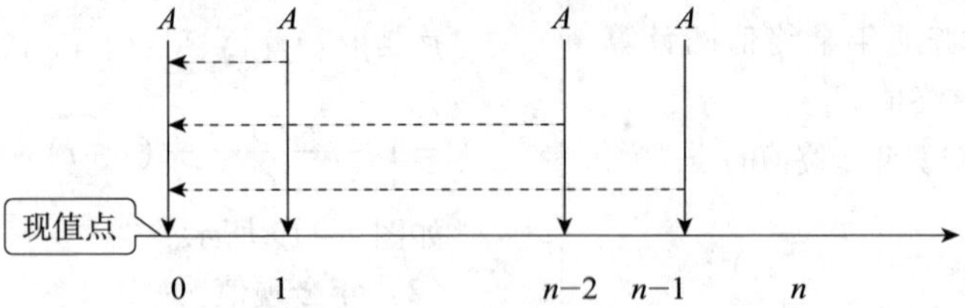

$$P_A=A+A(1+r)^{-1}+\cdots\cdots+A(1+r)^{-(n-2)}+A(1+r)^{-(n-1)}$$

$$=A\times\frac{1-(1+r)^{-n}}{r}(1+r)$$

预付年金现值系数（P/A,r,n）×（1+r）

图 2－21 预付年金现值

③递延年金现值。递延年金现值是指对递延年金按照复利计息方式折算的现时价值。递延年金现值的计算方法有三种。

计算方法一：先将递延年金视为 n 期普通年金，求出递延期期末的普通年金现值，然后再折算到现在，即第 0 期价值。

$$P_A=A\ (P/A,\ r,\ n)\ (P/F,\ r,\ m)$$

式中：m 为递延期，n 为连续收支期数，即年金期。

计算方法二：先计算 $m+n$ 期年金现值，再减去 m 期年金现值。

$$P_A=A[(P/A,r,m+n)-(P/A,r,m)]$$

计算方法三：先求递延年金终值，再折现为现值。

$$P_A=A\ (F/A,\ r,\ n)\ (P/F,\ r,\ m+n)$$

④永续年金现值。永续年金现值可以看成是一个 n 无穷大时普通年金的现值，永续年金现值计算如下：

$$P_A\ (n\rightarrow\infty)\ =A\frac{1-(1+r)^{-n}}{r}=A/r$$

（3）年偿债基金的计算。

年偿债基金是指为了在约定的未来某一时点清偿某笔债务或积累一定数额的资金而必须分次等额形成的存款准备金，也就是使年金终值达到既定金额的年金数额（即已知终值 F，求年金 A）。在普通年金终值公式中解出 A，这个 A 就是年偿债基金。

$$A = F_A \frac{r}{(1+r)^n - 1}$$

式中：$\frac{r}{(1+r)^n - 1}$称为偿债基金系数，记作（A/F，r，n）。

（4）年资本回收额的计算。

年资本回收额是指在约定年限内每期等额回收初始投入资本的金额。年资本回收额的计算实际上是已知普通年金现值 P，求年金 A。

$$A = P_A \frac{r}{1-(1+r)^{-n}}$$

式中：$\frac{r}{1-(1+r)^{-n}}$称为资本回收系数，记作（A/P，r，n）。

【提示】货币时间价值计算公式总结参见表 2－12。

表 2－12　　货币时间价值计算公式

	终值	现值
一次性复利	$F = P(1+r)^n = P(F/P, r, n)$	$p = \frac{F}{(1+r)^n} = F(P/F, r, n)$
普通年金	$F_A = A\frac{(1+r)^n - 1}{r} = A(F/A)$	$P_A = A\frac{1-(1+r)^{-n}}{r} = A(P/A, r, n)$
预付年金	$F_A = A(F/A, r, n) \times (1+r)$	$P_A = A(P/A, r, n) \times (1+r)$
递延年金	$F_A = A(F/A, r, n)$，终值计算与递延期无关	①$P_A = A(P/A, r, n)(P/F, r, m)$
		②$P_A = A[(P/A, r, m+n) - (P/A, r, m)]$
		③$P_A = A(F/A, r, n)(P/F, r, m+n)$
永续年金	无终值	$P_A = A/r$
偿债基金系数	普通年金终值系数的倒数，$(A/F, r, n)$	—
资本回收系数	—	普通年金现值系数的倒数，$(A/P, r, n)$

【例 2－78】（单项选择题）下列各项中，可以直接或间接利用普通年金终值系数计算出确切结果的是（　　）。

A. 偿债基金　　B. 预付年金现值

C. 永续年金现值　　D. 永续年金终值

【答案】 A

【解析】 普通年金终值系数和偿债基金系数互为倒数。

【例 2－79】（单项选择题）小王拟购置一处房产，开发商开出的付款条件是：3 年后每年年末支付 15 万元，连续支付 10 次，共 150 万元，假设资本成本率为 10%。则下列计算其现值的表达式正确的是（　　）。

A. 15×(F/A,10%,10)(P/F,10%,14)

B. 15×(P/A,10%,10)(P/F,10%,3)

C. 15×[(P/A，10%，14)(P/A，10%，4)]

D. 15×(P/A，10%，10)(P/F，10%，4)

【答案】 B

【解析】 “3 年后每年年末支付 15 万元，连续支付 10 次”意味着从第 4 年开始每年年末支付 15 万元，连续支付 10 次。因此，递延期 $m=3$，年金个数 $n=10$，因此，正确答案为选项 B。

【例 2－80】（单项选择题）如果（F/P，12%，5）＝1.7623，则（P/F，12%，5）等于（　　）。

A. 0.6839　　B. 0.7623

C. 0.5674　　D. 0.9885

【答案】 C

【解析】（P/F，12%，5）＝1/（F/P，12%，5）＝1/1.7623＝0.5674。

【例 2－81】（单项选择题）根据货币时间价值理论，在普通年金现值系数的基础上，期数减 1，系数加 1 得到的是（　　）。

A. 递延年金现值系数

B. 预付年金现值系数

C. 后付现金现值系数

D. 永续年金现值系数

【答案】 B

【解析】 在普通年金现值系数的基础上，期数减 1，系数加 1 将得到预付年金现值系数。

【例 2-82】（单项选择题）某公司 2024 年年初向银行贷款 1 000 万元，计划于 5 年之后一次还清所有贷款，假定银行利息率为 10%，（F/A，10%，5）= 6.1051，（P/A，10%，5）= 3.7908，则应从现在起每年年末等额存入银行（　　）万元。

A. 255.6　　B. 263.8

C. 278.4　　D. 163.8

【答案】B

【解析】本题属于已知年金现值倒求年金的问题，即计算年资本回收额。$A = P_A \frac{r}{1-(1+r)^{-n}}$ = 1 000 ÷ 3.7908 = 263.8（万元）。

3. 利率的计算。

（1）插值法。

已知现值和终值的情况下，如何计算利率？复利计息方式下，利率与现值（或者终值）系数之间存在一定的数量关系。已知现值（或者终值）系数，则可以通过插值法计算对应的利率。

$$r = r_1 + \frac{B - B_1}{B_2 - B_1}(r_2 - r_1)$$

式中：所求利率为 r，r 对应的现值/终值系数为 B，B_1、B_2 为现值/终值系数表中与 B 相邻的系数，r_1、r_2 为 B_1、B_2 对应的利率。

①若已知复利现值（或者终值）系数 B 以及期数 n，可以查"复利现值（或者终值）系数表"，找出与已知复利现值（或者终值）系数最接近的两个系数及其对应的利率，按插值法公式计算利率。

【例 2-83】（单项选择题）小明将 100 000 元存入银行，她想在 20 年后连本带利取出 500 000 元，则银行存款的年利率为（　　）。

A. 9.28%　　B. 7.76%

C. 8.84%　　D. 8.36%

【答案】D

【解析】小明将 100 000 元存入银行，她想在 20 年后连本带利取出 500 000 元，说明复利终值系数要达到 5，即 100 000 ×（F/P，r，20）= 500 000（元），亦即（F/P，r，20）= 5，需要应用插值法求出 r 值。

当 r = 8% 时，（F/P，r，20）= 4.6610

当 r = 9% 时，（F/P，r，20）= 5.6044

因此，r 介于 8% 和 9% 之间

$$r = r_1 + \frac{B - B_1}{B_2 - B_1}(r_2 - r_1)$$

$$= 8\% + \frac{5 - 4.6610}{5.6044 - 4.6610} \times (9\% - 8\%)$$

$$= 8.36\%$$

②若已知年金现值（或者终值系数）以及期数 n，可以查"年金现值（或者终值）系数表"，找出与已知年金现值（或者终值）系数最接近的两个系数及其对应的利率，按插值法公式计算利率。

【例 2-84】（单项选择题）某公司年初借入资本 2 000 万元，借款期为 9 年，每年的还本付息额为 400 万元，则该笔借款的利率为（　　）。

A. 13.72%　　B. 13.82%

C. 13.92%　　D. 15.36%

【答案】A

【解析】本题需要利用插值法求利息率。某公司年初借入资本 2 000 万元，借款期为 9 年，每年的还本付息额为 400 万元，说明如下等式成立：2 000 = 400 ×（P/A，r，9），即（P/A，r，9）= 5。

查表可得：（P/A，12%，9）= 5.3282，（P/A，14%，9）= 4.9464，r 介于 12%—14%，则应用插值法，求得 r = 13.72%。

③永续年金的利率可以通过公式 $r = A/P$ 计算。

【例 2-85】（单项选择题）小明投资一项非专利技术，投入 1 000 000 元，该项资产预计未来每年可为小明带来 50 000 元收益。若该项投资为永续收益性投资（永续年金），则收益率为（　　）。

A. 2%　　B. 5%

C. 1%　　D. 10%

【答案】B

【解析】由于每年收益为 50 000 元，且为永续收益性投资，其现值应为 1 000 000 元，因此：r = 50 000/1 000 000 = 5%。

（2）名义利率与实际利率。

名义利率是指票面利率，实际利率是指投资者得到利息回报的真实利率。

①一年多次计息时的名义利率和实际利率。

如果以"年"作为基本计息期，每年计算一次复利，这种情况下的实际利率等于名义利率。如果按照短于一年的计息期计算复利，这种情况下的实际利率高于名义利率。名义利率与实际利率的换算关系如下：

$i=(1+r/m)^m-1$

式中：i 为实际利率，r 为名义利率，m 为每年复利计息次数。

【例 2-86】（单项选择题）小明从银行借款 1 000 000 元，1 年期，合同约定的年利率为 6%，按季度复利计息，则该笔借款的实际利率是（ ）。

A. 6.14% B. 5.86%

C. 6.58% D. 5.94%

【答案】 A

【解析】 本题中，$r=6\%$，$m=4$，则 $i=(1+r/m)^m-1=(1+6\%/4)^4-1=6.14\%$。

②通货膨胀情况下的名义利率与实际利率。

通货膨胀情况下，名义利率与实际利率之间的关系为：

1 + 名义利率 =（1 + 实际利率）×（1 + 通货膨胀率）

因此，实际利率的计算公式为：

实际利率 =（1 + 名义利率）÷（1 + 通货膨胀率）-1

【例 2-87】（单项选择题）小明在某商业银行存入 100 000 元，银行规定的一年期存款年利率为 4%，假设同期通货膨胀率为 2.5%，则小明获得的实际利率是（ ）。

A. 1.50% B. 1.38%

C. 1.58% D. 1.46%

【答案】 D

【解析】 本题中，名义利率为 4%，通货膨胀率为 2.5%，则实际利率 =（1 + 名义利率）÷（1 + 通货膨胀率）-1 =（1 + 4%）÷（1 + 2.5%）-1 = 1.46%。

精选练习题

一、单项选择题

1. 下列关于货币时间价值的表述，错误的是（ ）。

A. 货币时间价值来源于货币进入社会再生产过程后的价值增值

B. 货币时间价值指一定量货币资本在不同时点上的价值量差额

C. 现实生活中计算利息时所称本金和本利和的概念相当于货币时间价值理论中的现值和终值

D. 货币时间价值指没有风险但含有通货膨胀情况下的社会平均资金利润率

2. （ ）提出“三种收入决定商品价值”，商品价值由工资、利润、地租三种收入构成。

A. 威廉·配第 B. 卡尔·马克思

C. 大卫·李嘉图 D. 亚当·斯密

3. 首次明确提出区分使用价值和交换价值的经济学家是（ ）。

A. 亚当·斯密 B. 威廉·配第

C. 大卫·李嘉图 D. 卡尔·马克思

4. 依据劳动价值论，形成商品价值的劳动是（ ）。

A. 具体劳动 B. 抽象劳动

C. 复杂劳动 D. 简单劳动

5. 按照劳动价值论的观点，下列表述错误的是（ ）。

A. 劳动生产率越高，在单位时间内所生产的使用价值量就越多

B. 商品的价值量与生产商品的劳动时间成正比

C. 商品是价值和使用价值的统一体，没有使用价值的商品也没有价值

D. 单位商品的价值量与生产该商品的劳动生产率成正比

6. 一种劳动产品要成为商品，首先必须（ ）。

A. 有其自然属性，能够满足人们某种需要

B. 能够与其他商品交换，具有一定的价值

C. 凝结无差别的人类劳动，具有交换价值

D. 耗费人的体力和脑力，具有劳动的二重性

7. 下列关于劳动价值论的表述中，正确的是（ ）。

A. 确定商品价值量的劳动时间是规定不变的

B. 价值是凝结在商品中的无差别人类劳动

C. 没有价值的东西必然没有使用价值

D. 决定商品价值量的劳动时间为个别劳动时间

8. 根据需求理论，消费者收入增加，可能会引起（　　）。

A. 对某些高档商品需求量增加

B. 对正常商品需求量减少

C. 对所有商品需求量增加

D. 对吉芬商品需求量增加

9. 2019 年年末到 2020 年年初，“新冠病毒感染的肺炎”在全球蔓延，2020 年 3 月末开始，不少国家纷纷宣布禁止农产品出口，引发消费者对于农产品价格上涨的担忧，某些地方出现了囤积粮食现象，这说明商品的需求量受到（　　）因素影响。

A. 消费者的收入水平

B. 商品的价格

C. 消费者的选择偏好

D. 对商品价格变动的预期

10. 在某地某一时期内家用燃油小汽车的需求曲线向左平移，其原因可能是（　　）。

A. 成品油消费税降低

B. 消费者对家用新能源小汽车持观望态度

C. 消费者的收入水平降低

D. 家用新能源小汽车的价格上升

11. 下列哪种情况中，不可能引起大米的需求曲线移动的是（　　）。

A. 消费者收入增加

B. 面粉价格上升

C. 当地的消费者不喜欢吃大米

D. 面粉供给量锐减

12. 按照需求理论的观点，下列表述正确的是（　　）。

A. 需求曲线是一条由左下方向右上方倾斜的曲线，当商品价格保持不变，消费者收入减少时，需求曲线向右移动

B. 需求曲线是一条由左上方向右下方倾斜的曲线，当商品价格保持不变，消费者收入增加时，需求曲线向左移动

C. 需求曲线是一条由左上方向右下方倾斜的曲线，当商品价格保持不变，消费者收入增加时，需求曲线向右移动

D. 需求曲线是一条由左下方向右上方倾斜的曲线，当商品价格保持不变，消费者收入减少时，需求曲线向左移动

13. 经济学中的“吉芬商品”指的是（　　）。

A. 在一般条件下，需求量与价格同方向变化的高档商品

B. 在特定条件下，需求量与价格反方向变化的低档商品

C. 在一般条件下，需求量与价格同方向变化的大众性商品

D. 在特定条件下，需求量与价格同方向变化的特殊低档商品

14. 受政府开征资源税、消费税、环保税等税费和消费者绿色消费观的影响，高能耗产品的需求曲线（D）和供给曲线（S）一般会发生变动。假定不考虑其他因素，图 2－22 中能正确反映这种变动的是（　　）。

A. ①③　　B. ①④

C. ②④　　D. ②③

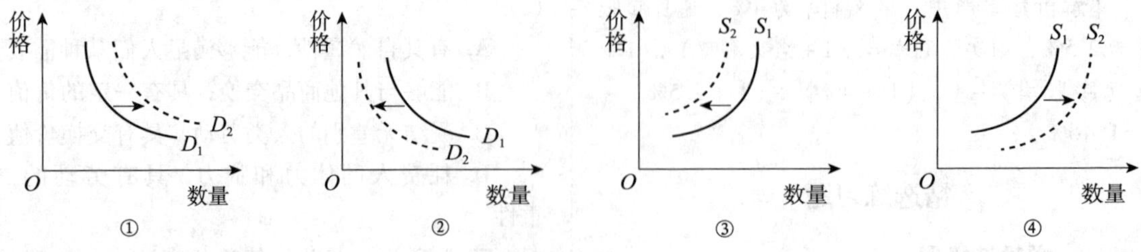

图 2－22

15. 评估人员对某项专利技术进行评估，在做市场调查分析时发现：市场上存在许多出售与该专利技术产品相近但非同质的厂商，则该市场结构的类型属于（　　）。

A. 完全垄断市场　　B. 完全竞争市场

C. 寡头垄断市场　　D. 垄断竞争市场

16. 下列产品市场具有垄断竞争特点的是（　　）。

A. 大米　　　　　　B. 服装
C. 石油　　　　　　D. 电讯

17. 将寡头垄断市场分类为合作寡头和不合作寡头的依据为（　　）。

A. 产品特征　　　　B. 厂商的行动方式
C. 寡头厂商数量　　D. 寡头市场的模型

18. 对于投资人来说，不能从公开的和非公开的信息分析中获得超额利润，所有内幕消息无用的市场是（　　）。

A. 弱式有效市场　　B. 半强式有效市场
C. 强式有效市场　　D. 无效市场

19. 关于有效市场假说的前提条件，下列表述错误的是（　　）。

A. 整个市场完全竞争，有大量的投资者参与，大家都是价格的制定者

B. 市场上的投资者都是理性的经济人，都以追求利益最大化为行为目标

C. 与投资相关的信息都以随机方式进入市场，信息的发布各自独立

D. 市场对信息的反应迅速而准确，股票价格因而反映了市场的全部信息

20. 根据证券价格对市场信息的反映程度，可将有效市场进行分类。下列选项中，不属于有效市场形态的是（　　）。

A. 弱式有效市场　　B. 半强式有效市场
C. 半弱式有效市场　D. 强式有效市场

二、多项选择题

1. 下列各项中，属于普通年金形式的项目有（　　）。

A. 零存整取储蓄的整取额
B. 定期定额支付的养老金
C. 年资本回收额
D. 年偿债基金
E. 学校每年定期等额发放的奖学金

2. 下列关于劳动价值论的表述中，正确的有（　　）。

A. 劳动价值论提出了商品价值的二重性—使用价值和价值

B. 使用价值是商品的自然属性，价值是商品的社会属性

C. 具体劳动构成了商品的使用价值，抽象劳动则形成了商品的价值

D. 决定商品价值量大小的是生产商品的个别劳动时间

E. 商品供求关系的变化引起价格围绕价值上下波动

3. 根据劳动价值论，下列对价值规律的描述，正确的是（　　）。

A. 商品的价值量由生产商品的社会必要劳动时间决定

B. 价格与价值的背离现象是对价值规律的否定

C. 价值规律能够自发地调节生产资料和劳动力在社会各部门之间的分配

D. 价值规律能够刺激生产者的积极性

E. 价值规律能够导致生产者优胜劣汰

4. 效用价值论认为，一种商品或劳务对消费者是否有效用，取决于（　　）。

A. 消费者是否有消费的欲望
B. 商品的外观是否能够吸引消费者
C. 商品的内在价值是否让消费者满意
D. 商品或劳务是否具有满足消费者的欲望的能力
E. 商品的自然属性是否满足消费者的欲望

5. 关于影响需求的主要要素，下列表述中，正确的是（　　）。

A. 价格和需求的变动呈反方向变化

B. 正常商品的需求量与消费者收入呈同方向变化

C. 消费者预期某种商品价格会下降，会造成该商品需求量增加

D. 商品的需求量与其互补品价格呈现反方向变动

E. 商品的需求量与偏好程度同方向变化

6. 以下属于替代品的是（　　）。

A. 猪肉和牛、羊肉　　B. 汽车和汽油
C. 筷子和碗　　　　　D. 石油和煤炭
E. 电脑和鼠标

7. 根据需求理论，下列表述中，错误的是（　　）。

A. 一般情况下，商品的需求量与其价格呈正相关关系

B. 一般情况下，商品的需求量与消费者的收入呈负相关关系

C. 商品的需求量与其替代品价格呈现反方向变动

D. 商品的需求量与其互补品价格呈现同方向变动

E. 消费者预期某种商品价格会下降造成该商品需求量减少

8. 某一时期彩电的需求曲线向左平行移动，其原因可能是（　　）。

A. 彩电价格下降

B. 消费者对彩电的预期价格上升

C. 消费者的收入水平降低

D. 消费者对彩电的预期价格下降

E. 电视收视费降低了

9. 根据供给理论，在一般情况下，下列对于供给曲线的表述正确的是（　　）。

A. 由于供给量与市场价格成正比，供给曲线向右上方倾斜

B. 由于供给量与市场价格成正比，供给曲线向右下方倾斜

C. 仅仅是商品价格出现变动时，供给量会沿着供给曲线发生移动

D. 仅仅是商品价格出现变动时，供给曲线会发生位置移动

E. 供给曲线与价格呈反方向变化，向左下方倾斜

10. 关于供给理论，下列表述中，正确的是（　　）。

A. 一般情况下，商品的供给量与其价格呈正相关关系

B. 一般情况下，商品的供给量与消费者的收入呈正相关关系

C. 商品的供给量与其需求量呈现同方向变动

D. 商品的供给量与其生产成本呈现反方向变动

E. 生产者预期某种商品价格会下降造成该商品供给量减少

11. 供给市场结构理论，不完全竞争市场，可以分为（　　）。

A. 竞争垄断市场　　B. 垄断竞争市场

C. 寡头垄断市场　　D. 完全垄断市场

E. 寡头竞争市场

12. 下列各项中，属于寡头垄断市场形成的主要原因的有（　　）。

A. 追求规模经济效益促使行业生产向大规模厂商集中

B. 重要原材料供应商通过调整产量和价格实现利润最大化

C. 少数厂商控制了行业基本生产资源的供给形成行业进入壁垒

D. 缘于法律或政策的推动使少数厂商控制了整个市场的生产和销售

E. 厂商按照市场已经形成的价格维持属于他们自己的市场份额

三、综合题

1. 假设完全竞争市场的需求函数和供给函数分别为 $Q_d = 50\ 000 - 2\ 000P$ 和 $Q_s = 40\ 000 + 3\ 000P$。

根据资料回答以下问题：

（1）市场均衡价格为（　　）。

A. 1　　B. 2

C. 3　　D. 4

（2）市场均衡产量为（　　）。

A. 45 000　　B. 46 000

C. 47 000　　D. 48 000

（3）在完全竞争条件下，个别厂商的需求曲线是一条（　　）。

A. 与横轴平行的线

B. 向右下方倾斜的曲线

C. 向左下方倾斜的曲线

D. 与横轴垂直的线

（4）在完全竞争条件下，与厂商的平均收益曲线重叠的是（　　）。

A. 边际成本曲线　　B. 需求曲线

C. 边际收益曲线　　D. 总收益曲线

E. 总成本曲线

（5）完全竞争市场必须具备的前提条件包括（　　）。

A. 厂商生产和销售的商品没有替代品

B. 市场上有大量的买者和卖者

C. 每个厂商提供的都是完全同质的商品

D. 各种资源能够自由流动

E. 信息畅通、完全

2. 某市有一座新修的跨江大桥，三位市民甲、乙、丙参观的时候，对该大桥价值的判断，有如下对话：

甲说：“这座桥价值 9 000 万元，因为我参与过建造这座桥，人工加材料等，整整花了 9 000 万元！”

乙说：“我听说，这座桥投入使用以后要收取 20 年的过桥费，几家公司竞标收费权，竞争激烈，报价至少 15 000 万元。这座桥至少值

15 000 万元！”

丙说：“不！再值钱我也不买，对我来说就是一文不值！”

假设该大桥可以作为一个商品，能够作为评估对象，并不考虑其他因素，请分析三位市民的对话，回答以下问题：

（1）三位市民对大桥价值的判断，甲的观点比较符合哪位古典经济学家的理论？乙、丙依据的基础理论是什么？

（2）卡尔·马克思对商品价值的论述是什么？请简要说明。

（3）商品的两因素是什么？二者有何关系？

（4）该大桥比较符合哪种市场特征？请简要说明。

（5）你倾向于赞同哪位市民的观点？请简要说明原因。

3. 2022 年 5 月，某国政府宣布扩大生物燃料的生产和销售，以缓解油价上涨压力，这导致玉米价格三个月内上涨了 57%。

请依据资产评估的基础理论，回答以下问题：

（1）为什么玉米的价格会上涨？

（2）玉米市场属于何种市场结构？这种市场结构有哪些特征？

（3）假定不考虑其他因素，你认为玉米农场的边际收益、产量和农场的经济利润将如何变化？

精选练习题参考答案及解析

一、单项选择题

1. 【答案】D

【解析】货币时间价值是指没有风险没有通货膨胀情况下的社会平均资金利润率，因此选项 D 不正确。

2. 【答案】D

【解析】亚当·斯密强调一切生产商品的劳动都创造价值。他在进一步研究什么样的劳动决定商品价值时，提出了如下三种价值决定理论：劳动决定价值、购买到的劳动决定价值、三种收入决定商品价值。

3. 【答案】A

【解析】亚当·斯密首次明确区分了使用价值和交换价值，并在交换价值形式上考察了价值，提出了价值尺度和真实价格两个概念。

4. 【答案】B

【解析】具体劳动创造商品的使用价值，抽象劳动创造商品的价值。

5. 【答案】D

【解析】单位商品的价值量与生产该商品的劳动生产率成反比。

6. 【答案】A

【解析】任何商品，首先必须能够满足人们的需要，即具有某种使用价值。

7. 【答案】B

【解析】决定商品价值量大小的不是生产商品的个别劳动时间，而是社会必要劳动时间，随着社会的发展和技术的进步，生产某一产品所需的社会必要劳动时间不断减少，选项 A 错误，选项 D 错误。价值是凝结在商品中的无差别的人类劳动，选项 B 正确。没有价值的东西也有可能有使用价值，比如说空气没有价值但是有使用价值，选项 C 错误。

8. 【答案】A

【解析】根据需求理论，如果其他条件不变，消费者收入提高，会增加对商品的需求量。但是收入水平增加并不会增加对所有商品的需求。比如，收入提高，会增加对某些高档商品的需求，减少对相关低档商品的需求，引起消费需求结构的变化。

9. 【答案】D

【解析】不少国家纷纷宣布禁止农产品出口，引发消费者对于农产品价格上涨的担忧，消费者预期粮食价格会上升，会增加当期购买的意愿，导致粮食需求量增加。

10. 【答案】C

【解析】当商品的价格不变，影响需求的其他因素发生变化时，该商品需求数量的变动表现为需求曲线的位置发生移动，被称为需求的变动。例如，在商品价格不变的前提下，消费者的收入发生变化时，随着消费者收入的减少，需求量相应减少，需求曲线向左移动；反之，消费者的收入增加时，需求曲线将向右移动。

11. 【答案】D

【解析】根据需求理论，消费者的收入增加时，大米的需求将增加，需求曲线将向右移动；面粉与大米为替代品，面粉价格上升，大米的需求将增加，需求曲线将向右移动；当地的消费者不喜欢吃大米，大米的需求将减少，需求曲线将向左移动；面粉供给量变化不是影响大米需求的主要因素。

12.【答案】C

【解析】需求曲线是一条由左上方向右下方倾斜的曲线，当商品价格保持不变时，消费者收入增加时，同样的价格下，需要的商品数量增加，需求曲线向右移动。

13.【答案】D

【解析】经济学中的“吉芬商品”指的就是在特定条件下，需求量与价格同方向变化的特殊低档商品。

14.【答案】D

【解析】受税费和绿色消费观的影响，消费者对高能耗产品的需求将减少，需求曲线将向左移动，图形①错误，图形②正确；消费者对高能耗产品的需求减少和政府开征资源税等税费，生产者面临更大的竞争和成本压力，获利减少，生产者将缩减生产规模，减少供给，供给曲线将向左移动，图形③正确，图形④错误。

15.【答案】D

【解析】垄断竞争市场上，厂商生产有差别的同种产品，产品之间既有差别，又可相互替代。根据市场上存在许多出售与该专利技术产品相近但非同质的厂商可得出该市场结构类型属于垄断竞争。

16.【答案】B

【解析】在现实生活中，零售业和服务业比较符合垄断竞争市场组织的特点，服装、饮料、食品等市场具有垄断竞争特点。选项 B 正确。大米（农产品）市场相对接近完全竞争市场，飞机制造、电讯具备寡头垄断市场的特点。

17.【答案】B

【解析】寡头垄断市场有不同的分类方式。按照产品特征，它可分为纯粹寡头行业和差别寡头行业。根据寡头厂商数量，可分为双头垄断、三头垄断和多头垄断。依据厂商的行动方式，则有勾结（合作）寡头和独立（不合作）寡头。

18.【答案】C

【解析】在强式有效市场，股票市场价格已充分反映了已知的全部信息，投资者无法利用已知的信息获得超额收益，不仅任何分析手段都失效，甚至连垄断、利用内幕信息也无法获取超出投资对象风险水平之上的收益。

19.【答案】A

【解析】选项 A 错误。有效市场假说的前提条件包括：①市场上的投资者都是理性的经济人，都以追求利益最大化为行动目标，投资人都力图利用所获信息谋取最高的利润；②与投资相关的信息都以随机方式进入市场，信息的发布各自独立；③市场对信息的反应迅速而准确，股票价格因而反映了市场的全部信息；④整个市场完全竞争，有大量投资者参与，大家都是价格的接受者。

20.【答案】C

【解析】根据证券价格对市场信息的反映程度，将有效市场划分为弱式有效市场、半强式有效市场和强式有效市场三种形态。

二、多项选择题

1.【答案】BCDE

【解析】普通年金是年金最基本的形式，它是指从第一期起在一定时期内每期期末等额收付的系列款项，又称为后付年金。选项 A 属于年金终值，不属于普通年金。其他选项均正确。

2.【答案】ABCE

【解析】商品的价值量用它所包含的形成价值的劳动量来计量。决定商品价值量大小的不是生产商品的个别劳动时间，而是社会必要劳动时间，即“在现有社会正常的生产条件下、在社会平均的劳动熟练程度和劳动强度下制造某种使用价值所需要的劳动时间”，所以选项 D 的表述不正确。其他选项均正确。

3.【答案】ACDE

【解析】价值规律发挥作用的形式是价格围绕价值波动，价格总是围绕价值上下波动的，这种背离现象不是对价值规律的否定。选项 B 错误，其他选项均正确。

4.【答案】AD

【解析】一种商品或劳务对消费者是否有效用，取决于消费者是否有消费的欲望以及这种商品或劳务是否具有满足消费者的欲望的能力。

5.【答案】ABDE

【解析】消费者预期某种商品价格会下降，会降低当期购买的欲望，造成该商品需求量减少。

6.【答案】AD

【解析】替代品的使用价值接近，可以相互替代满足人们的同一需求。猪肉和牛、羊肉，石油和煤炭属于替代品；互补品则是需要共同使用才能完整发挥其使用功能的商品，汽车和汽油、筷子和碗、电脑和鼠标属于互补品。

7. 【答案】ABCD

【解析】一般情况下，商品的需求量与其价格呈负相关关系，选项 A 错误；一般情况下，商品的需求量与消费者的收入呈正相关关系，选项 B 错误；替代品价格提高，会引起被替代商品需求量的增加，商品的需求量与其替代品价格呈现同方向变动，选项 C 错误；某种商品价格提高，会引起与其形成互补关系商品需求量的降低，商品的需求量与其互补品价格呈现反方向变动，选项 D 错误；消费者预期某种商品价格会下降，会降低当期购买的欲望，造成该商品需求量减少，选项 E 正确。

8. 【答案】CD

【解析】某一时期彩电的需求曲线向左平行移动，说明需求量减少了。需求量减少的原因，可能是：随着消费者收入的减少，需求量相应减少，需求曲线向左移动；当消费者预期某商品的价格在下一期会下降时，就会减少对该商品的现期需求量。选项 C、选项 D 正确，其他选项均错误。

9. 【答案】AC

【解析】由于供给量与市场价格成正比，"供给曲线"是一条向右上方倾斜的曲线。当影响供给的其他因素不变，仅仅是商品价格出现变动时，该商品的供给量会沿着供给曲线发生移动，表现为同一条供给曲线上相应点的移动，被称为供给量的变动。选项 A、选项 C 正确，其他选项均错误。

10. 【答案】ADE

【解析】一般情况下，一种商品价格越高，则该商品供给量越大，商品供给量与其价格呈正相关关系，选项 A 正确；消费者的收入、需求量并不是影响供给的因素，选项 B、选项 C 错误；在其他条件不变时，生产成本降低会增加商品利润，从而刺激厂商增加商品的供给量，商品的供给量与其生产成本呈现反方向变动，选项 D 正确；生产者预期某种商品价格会上涨，往往会扩大生产，增加供给，反之，则减少商品供给，选项 E 正确。

11. 【答案】BCD

【解析】垄断竞争市场、寡头垄断市场和完全垄断市场，又称为不完全竞争市场。

12. 【答案】ACD

【解析】寡头垄断市场形成的原因与完全垄断市场相似，主要有：①追求规模经济效益促使行业生产向大规模厂商集中；②少数厂商控制了行业基本生产资源的供给；③缘于法律或政策的推动等等。

三、综合题

1. 【答案及解析】

（1）选项 B 正确。

市场均衡时 $Q_s = Q_d$，即：$40\ 000 + 3\ 000P = 50\ 000 - 2\ 000P$，解得均衡价格 $P = 2$。

（2）选项 B 正确。

市场的均衡产量 $Q = Q_d = Q_s = 40\ 000 + 3\ 000 \times 2 = 46\ 000$。

（3）选项 A 正确。

完全竞争市场对厂商的需求曲线是一条水平线，所对应的价格是整个行业的供求均衡价格，即厂商的需求曲线是由市场的均衡价格决定。

（4）选项 BC 正确。

完全竞争市场对厂商产品的需求曲线是一条水平线，所对应的价格是整个行业的供求均衡价格，且厂商的平均收益曲线、边际收益曲线和需求曲线重合。

（5）选项 BCDE 正确。

完全竞争市场必须具备以下条件：有大量的买者和卖者；每个厂商提供的都是完全同质的商品；各种资源能够自由流动；信息畅通、完全。厂商生产和销售的商品没有替代品是完全垄断市场需要具备的主要条件之一。

2. 【答案及解析】

（1）甲的观点比较符合古典经济学家大卫·李嘉图的理论，明确指出商品价值量和耗费劳动量成正比，和劳动生产率成反比，并把复杂劳动归结为倍加的简单劳动。大卫·李嘉图认为劳动决定价值，劳动既包括活劳动，也包括物化劳动。甲认为大桥的价值基础是人工加材料等的消耗价值，恰恰是大卫·李嘉图论述的活劳动和物化劳动消耗。乙依据的是供求理论。供求理论认为，如果供给不变，需求量增加使需求曲线向右上方移动，导致均衡价格上升。乙所说的大桥收费权竞标，竞争激烈，导致大桥的价值上升，符合供求理论。丙依据的是效用价值论。效用价值论认为，商品的价值是由人们对商品效用的主观评价决定的。价值产生于人们对物品效用的主观评价。丙的观点体现了效用价值论的核心思想。

（2）卡尔·马克思认为，商品的价值是由凝结在商品中的无差别人类劳动决定的。马克思把人类劳动分为具体劳动和抽象劳动，具体劳动构成了商品的使用价值，抽象劳动则形成了商品的价值。商品的价值是由直接导致该商品生产的工人的活劳动和间接凝结在商品中的物化劳动构成，它是用社会必要劳动时间来衡量的。随着社会的发展和技术的不断进步，生产某一产品所需的社会必要劳动时间会不断减少，其价值量会逐渐下降。马克思的劳动价值论科学地揭示了劳动与资本的根本对立，阐述了劳动是价值的唯一源泉，为其剩余价值论奠定了理论和道义的基础。

（3）商品是用来交换的劳动产品。商品包含使用价值和价值两个要素。商品是使用价值和价值的对立统一体。一方面，二者是统一的，是互相依存、互为条件的。作为商品，必须同时具有使用价值和价值两个因素。另一方面，二者又是对立的，是互相排斥、互相矛盾的。

（4）由于跨江大桥的特殊性，很难在同一位置出现新的竞争者，该大桥比较符合完全垄断市场的市场特征。完全垄断市场需要具备的条件主要包括：①只有唯一的供给厂商和众多的需求者；②厂商生产和销售的商品没有替代品；③其他厂商无法进入该行业。对于该大桥来说，属于不动产，附近无竞争者，收费权近似于自然垄断或者特许专营行业，比较符合完全垄断市场的市场特征。

（5）应该倾向于赞同乙的观点。收费权进入市场，由供求共同决定价值，更符合市场经济的要求。

3.【**答案及解析**】

（1）扩大生物燃料的生产和销售，玉米作为合适的原材料，使玉米的市场需求上升，玉米供不应求，形成玉米这种商品短缺，超额需求会引发商品价格上涨，从而提高了玉米的市场价格。

（2）玉米市场是完全竞争市场。完全竞争市场的特征包括：市场上厂商众多，有大量的买者和卖者，相对于市场总需求量和总供给量，单一买者的需求量或单一卖者的供给量所占比例都很微小，都没有能力影响市场的生产（销售）数量和价格水平，只能被动地接受市场已形成的价格，而不能决定市场价格；每个厂商提供的都是完全同质的商品，消费者无法区分产品差别形成偏好，厂商也不能利用产品差异区别定价，商品之间具有完全替代性，厂商不会也没有必要改变商品价格，而是按照市场已经形成的价格维持他们的市场份额；厂商进出一个行业，资源在厂商之间流动完全自由，不存在任何阻碍和干扰；每个市场参与者都掌握与自身经济决策相关的全部信息，并据此谋求经济利益最优化。每位买方和卖方都按照大家了解的、市场已形成的价格进行交易，不会因信息不对称相互欺诈。

（3）在完全竞争市场，边际收益等于市场价格（MR = P）能够实现厂商利润最大化。因此，玉米的价格上涨，农场的边际收益上升。同时，农场可通过调整产量，在边际收益等于边际成本时的产量水平实现最大收益。所以，假定不考虑其他因素，玉米的价格上涨会导致玉米厂商的边际收益上升，农场将提高产量，经济利润会增加。

第三章　资产评估法律制度与准则

考试大纲

第三章	考试目的	考查考生对资产评估法的主要内容、资产评估行业监管体系、国有资产评估管理制度，以及我国资产评估准则框架体系的掌握情况。
资产评估法律制度与准则	考试内容及要求	
	掌握的内容（★★★）	1. 资产评估法调整范围的主要内容。
		2. 资产评估业务类型。
		3. 我国对资产评估行业行政监管的主要内容。
		4. 我国资产评估行业的自律管理。
		5. 我国资产评估机构自主管理的主要内容。
		6. 我国国有资产评估管理有关规定文件。
		7. 我国国有资产评估项目管理的方式。
		8. 我国国有资产评估项目审核与评审的依据。
		9. 我国资产评估准则体系框架。
	熟悉的内容（★★）	1. 资产评估专业人员及其权利、义务和责任。
		2. 资产评估机构的组织形式、设立，以及权利和责任。
		3. 资产评估法的内容框架。
		4. 我国资产评估机构备案管理的程序和内容。
		5. 我国资产评估准则的制定机制。
	了解的内容（★）	1. 资产评估法的出台及其意义。
		2. 资产评估法律制度体系的主要内容。
		3. 我国财政部门对资产评估的行政监管范围。
		4. 我国财政部门对资产评估的行政监管原则与监管职责范围。
		5. 对资产评估行业的监督检查和调查处理。
		6. 国有资产的形态。
		7. 我国资产评估准则的产生与发展。
		8. 我国资产评估准则的主要作用。

考情分析

本章主要考查考生对资产评估法的主要内容、资产评估行业监管体系、国有资产评估管理制度，以及我国资产评估准则框架体系的掌握情况。《资产评估法》内容充实，可以考查的知识点多，特别是与资产评估程序、资产评估报告、资产评估的法律责任等内容结合，可进行综合测试，成为综合题的重要考查知识点。资产评估法、国有资产评估管理、资产评估准则是我国资产评估实践中能够充分体现中国特色的重要法律法规制度规范，是资产评估专业人员应当十分熟悉的执业要求，对于促进资产评估专业人员规范执业、保证执业质量有重要意义，可能会成为今后重点考查的内容。

教材主要变化

本章考试大纲无变化。在资产评估专家指引部分增列《资产评估专家指引第17号——碳资产评估》，其他内容无大的变化。

考点精讲及典型例题解析

【知识点1】资产评估法的出台及其意义（★）

（一）《资产评估法》的颁布实施

2016年7月2日，十二届全国人大常委会第二十一次会议审议通过了《中华人民共和国资产评估法》，国家主席习近平签署第46号主席令予以公布，自2016年12月1日起施行。

（二）《资产评估法》的重要意义

（1）《资产评估法》为规范交易行为、提高交易效率、维护市场秩序提供重要的专业服务，有利于维护社会主义市场经济秩序；

（2）《资产评估法》明确，只有评估师才能从事法定评估业务，并对法定评估的程序予以规范。这些规定有利于保障法定评估业务依法规范进行，从而保障国有资产的安全，保障公共利益不受非法侵害，有利于保护国有资产和公共利益；

（3）《资产评估法》规范了评估当事人的权利、义务和责任，既保障了委托人能够获得优质的评估专业服务，又明确了评估机构及评估专业人员依法执业的法律地位，评估当事人的合法权益能够得到保障，有利于保障评估当事人的合法权益；

（4）《资产评估法》通过规范评估从业人员和从业机构的行为，提高行业专业水准，增强社会公信力，有利于促进评估行业健康持续发展，有利于促进评估行业健康发展。

【例3-1】（多项选择题）以下有关《资产评估法》重要意义的表述中，正确的是（　　）。

A. 有利于维护社会主义市场经济秩序

B. 有利于保护国有资产和公共利益

C. 有利于促进资本市场平稳运行

D. 有利于促进评估行业健康发展

E. 有利于保障评估当事人的合法权益

【答案】 ABDE

【解析】《资产评估法》的重要意义包括：①有利于维护社会主义市场经济秩序；②有利于保护国有资产和公共利益；③有利于保障评估当事人的合法权益；④有利于促进评估行业健康发展。

【知识点2】资产评估法律制度体系的主要内容（★）

（一）内容框架

《资产评估法》颁布施行后，相关部门和评估行业协会积极推进相关配套制度建设，形成了以《资产评估法》为统领，由相关法律、行政法规、部门规章、规范性文件以及行业自律管理制度共同组成的全面、系统、完备的资产评估法律制度体系。

（二）资产评估法律制度体系主要内容

参见表3-1。

表3-1　　资产评估法律制度体系构成及主要内容

体系构成	主要内容
相关法律	目前，除《资产评估法》外，其他相关法律也从不同角度对资产评估进行了规范，如《企业国有资产法》等，主要规定了涉及国有资产产权转让、抵押、股东出资、股票和债券发行、房地产交易等经济行为需要进行评估的情形以及相关法律责任。
行政法规	我国涉及资产评估的行政法规有十几部，包括《国有资产评估管理办法》等，主要规定对涉及国有资产产权变动、房屋征收补偿、矿产资源开采、金融机构抵押贷款和金融机构撤销等经济行为需要进行评估的情形。
财政部门规章、规范性文件	（1）2017年4月21日，《资产评估行业财政监督管理办法》（财政部令第86号，2019年作了修订，修订后的文号为财政部令第97号），明确了行业监管的对象和内容，规定了行业监管的措施和法律责任。 （2）2017年5月，《资产评估师职业资格制度暂行规定》和《资产评估师职业资格考试实施办法》（人社部规〔2017〕7号），规定中国资产评估协会负责资产评估师职业资格考试组织和实施工作，同时调整了报考条件，优化了考试科目，建立了适合行业发展和行业特点的资产评估师考试制度。 （3）2017年7月，《关于做好资产评估机构备案管理工作的通知》，细化了资产评估机构的备案管理。

续表

体系构成	主要内容
	（4）2017 年 8 月，《资产评估基本准则》，对资产评估的基本要求、基本遵循以及资产评估程序、资产评估报告、资产评估档案等作出了明确规定。
资产评估行业自律管理制度	2023 年 5 月，新的《中国资产评估协会章程》正式生效，进一步完善了协会的职责定位，优化了协会的组织体系，规范了会员管理和理事会的运作机制。随后，中国资产评估协会修订发布了会员管理办法、会费管理办法、自律惩戒办法等一系列行业自律管理制度，组织修订发布了一系列评估准则。截至 2024 年末，共有各类资产评估准则 33 项。

【例 3－2】（多项选择题）下列关于资产评估法律制度体系的表述中，正确的是（　　）。

A. 我国资产评估法律制度体系是以《公司法》为统领，由相关法律、行政法规、部门规章、规范性文件以及自律管理制度共同组成

B. 资产评估相关法律主要规定了涉及国有资产产权转让、抵押、股东出资、股票和债券发行、房地产交易等经济行为需要进行评估的情形以及相关法律责任

C. 财政部门规章、规范性文件主要有《资产评估行业财政监督管理办法》《资产评估基本准则》《资产评估师职业资格制度暂行规定》等

D.《资产评估师职业资格考试实施办法》属于资产评估行业自律管理制度

E. 截至 2024 年末，共有各类资产评估准则 33 项

【答案】 BCE

【解析】 我国资产评估法律制度体系是以《资产评估法》为统领，由相关法律、行政法规、部门规章、规范性文件以及自律管理制度共同组成，选项 A 错误。《资产评估师职业资格考试实施办法》属于财政部门规章、规范性文件，选项 D 错误，其他选项均正确。

【知识点 3】资产评估法的内容框架（★★）

《资产评估法》共八章五十五条，其内容框架见图 3－1。

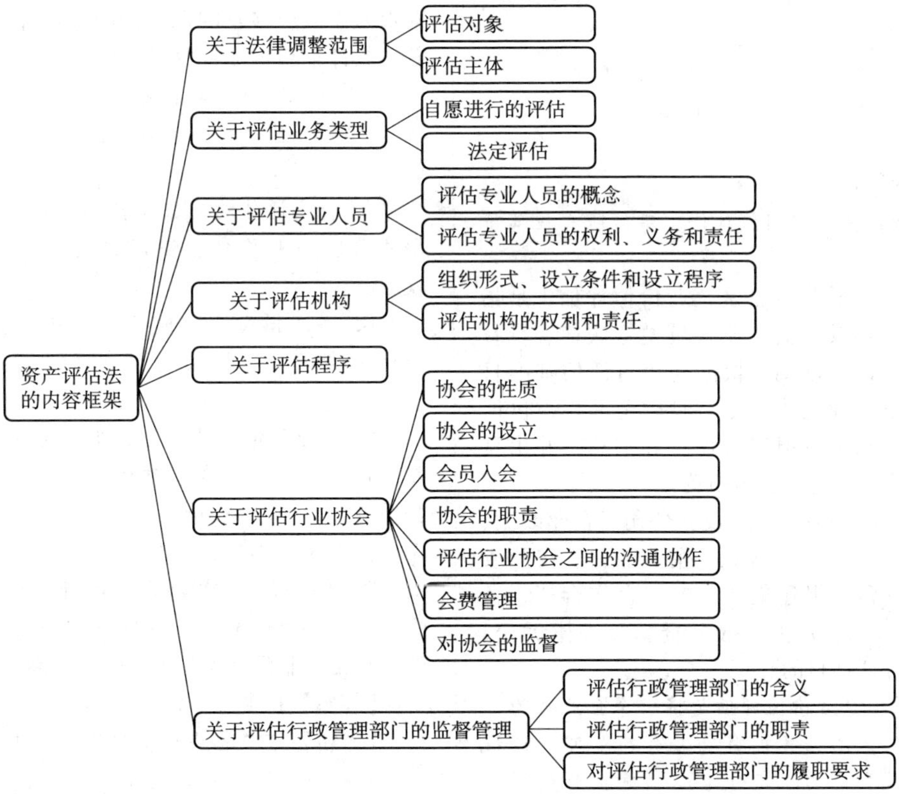

图 3－1　资产评估法的内容框架

【知识点4】资产评估法的主要内容

（一）资产评估法的调整范围的主要内容（★★★）

《资产评估法》第二条规定了法律调整范围：评估机构及其评估专业人员根据委托对不动产、动产、无形资产、企业价值、资产损失或者其他经济权益进行评定、估算，并出具评估报告的专业服务行为。

1. 评估对象。

资产评估的对象包括不动产、动产、无形资产、企业价值、资产损失或者其他经济权益。

【提示】这里重点介绍无形资产、企业价值、资产损失等评估对象所涉及的评估业务内容。

（1）无形资产评估。无形资产评估，是指资产评估机构及评估专业人员根据特定目的，遵循公允、法定程序，运用适当方法，对无形资产进行评定、估算，并出具评估报告的专业服务行为。无形资产是指特定主体所拥有或者控制的、没有实物形态，能持续发挥作用且能带来经济利益的资源，包括专利权、商标权、著作权、商誉等。

【例3-3】（多项选择题）以下各选项中，不属于无形资产评估对象的是（　　）。

A. 专利权　　B. 土地使用权

C. 商标权　　D. 商誉

E. 房屋所有权

【答案】BE

【解析】土地使用权估价、房屋所有权估价属于不动产评估。

（2）企业价值评估。企业价值评估，是指资产评估机构及评估专业人员遵守法律、行政法规和资产评估准则，根据委托对评估基准日特定目的下企业整体价值、股东全部权益价值或股东部分权益价值进行评定和估算，并出具资产评估报告的专业服务行为。

企业价值评估适用于设立公司、企业改制、股票发行上市、股权转让、企业兼并、收购或者分立、联营、组建集团、中外合作合资、企业租赁、承包、融资、抵押贷款、法律诉讼、破产清算等评估目的。

【提示】企业价值评估是将一个企业作为一个有机整体，依据其拥有或占有的全部资产状况和整体获利能力，充分考虑影响企业获利能力的各种因素，结合企业所处的宏观经济环境及行业背景，对企业的整体或股东权益公允价值进行的综合性评估。

【例3-4】（多项选择题）企业价值评估是指资产评估机构及评估专业人员遵守法律、行政法规和资产评估准则，根据委托对评估基准日特定目的下（　　）进行评定和估算，并出具资产评估报告的专业服务行为。

A. 企业投资价值

B. 企业整体价值

C. 股东全部权益价值

D. 股东部分权益价值

E. 控股股东权益价值

【答案】BCD

【解析】企业价值评估是指资产评估机构及评估专业人员遵守法律、行政法规和资产评估准则，根据委托对评估基准日特定目的下企业整体价值、股东全部权益价值或股东部分权益价值进行评定和估算，并出具资产评估报告的专业服务行为。

（3）资产损失评估。资产损失评估包括自然灾害损失评估、侵权损失评估及保险公估等。

其中，保险公估是指接受保险当事人委托，对保险事故所涉及的保险标的进行评定、估算，并出具评估报告的专业服务行为。

【例3-5】（单项选择题）关于《资产评估法》调整范围中的评估对象，以下表述中错误的是（　　）。

A. 资产评估的对象包括不动产、动产、无形资产、企业价值、资产损失或者其他经济权益

B. 资产损失评估包括自然灾害损失评估、侵权损失评估、企业破产清算评估及保险公估等

C. 企业价值评估是指评估专业人员对评估基准日特定目的下企业整体价值、股东全部权益价值或部分权益价值进行评定、估算并出具评估报告的专业服务行为

D. 无形资产是指特定主体所拥有或者控制的、没有实物形态，能持续发挥作用且能带来经济利益的非货币性资产，包括商誉在内

【答案】B

【解析】资产损失评估包括自然灾害损失评估、侵权损失评估及保险公估等，破产清算评估属于企业价值评估，选项B错误。

2. 评估主体。

从事资产评估活动的主体包括评估机构及其评估专业人员。

（1）评估机构。评估机构是依法设立的从事评估业务的专业机构。根据《资产评估法》的规定，设立评估机构首先应当向工商行政管理部门申请办理登记，领取营业执照，在领取营业执照后30日内向财政部门进行备案。

设立评估机构，从事评估业务应当符合《资产评估法》第十五条规定的条件，包括应当具有足够数量的评估师，并符合有关对合伙人和股东的要求。

（2）评估专业人员。评估专业人员包括评估师和其他具有评估专业知识及实践经验的评估从业人员。评估专业人员应当加入评估机构，才能从事评估业务。

【例3-6】（多项选择题）《资产评估法》规定的评估主体，包括（　　）。

A. 资产评估协会

B. 资产评估机构

C. 资产评估委托人

D. 资产评估师

E. 其他评估从业人员

【答案】 BDE

【解析】 根据资产评估法，从事资产评估活动的主体包括评估机构及其评估专业人员，评估专业人员包括评估师和其他具有评估专业知识及实践经验的评估从业人员。

（二）资产评估业务类型（★★★）

参见表3-2。

表3-2　资产评估业务类型

业务类型	定义	特点
自愿进行的评估	自然人、法人或者其他组织需要确定评估对象价值的，除法律法规另有规定，可以自愿委托评估机构进行评估。	（1）委托人自愿委托； （2）评估业务由评估机构承接[注1]； （3）评估报告可以由评估师或其他评估专业人员签署。
法定评估	涉及国有资产或者公共利益等事项，法律、行政法规规定需要评估的，应当依法委托评估机构评估，此类评估业务称为法定评估业务。	（1）涉及国有资产或者公共利益等事项； （2）法律、行政法规规定需要评估，如《证券法》《企业国有资产法》等都有这方面的规定； （3）应当依法选择评估机构评估，如开展证券评估业务应当选择经财政部和中国证监会备案的评估机构； （4）至少两名相应专业类别的评估师承办业务，并且评估报告必须由至少两名评估师签署； （5）法定评估档案保存期限不少于30年，其他非法定评估档案保存期限不少于15年。

【注1】根据《资产评估法》规定，评估专业人员必须加入评估机构才能开展业务，评估专业人员不能脱离所在评估机构去承揽业务。所以，作为委托人，只能委托评估机构来开展评估业务，不能直接委托评估专业人员进行评估。

【例3-7】（单项选择题）以下选项中，不属于自愿进行的评估的特点的是（　　）。

A. 自然人、法人或者其他组织作为委托人自愿委托

B. 资产评估业务由依法成立的资产评估机构承接

C. 评估报告可以由评估师或其他评估专业人员签署

D. 资产评估业务涉及国有资产或者公共利益等事项

【答案】 D

【解析】 自愿进行的评估的特点是：一是委托人自愿委托；二是评估业务由评估机构承接；三是评估报告可以由评估师或其他评估专业人员签署。涉及国有资产或者公共利益等事项，法律、行政法规规定需要评估的，应当依法委托评估机构评估，此类评估业务称为法定评估业务。

【例3-8】（单项选择题）法定评估的评估报告必须由（　　）签署。

A. 承办业务的资产评估机构

B. 至少两名承办业务的评估师

C. 至少一名承办业务的评估师

D. 评估师或其他评估专业人员

【答案】 B

【解析】 法定评估由至少两名相应专业类别

的评估师承办业务，并且评估报告必须由至少两名评估师签署。

（三）资产评估专业人员及其权利、义务和责任（★★）

1. 评估专业人员的概念。

《资产评估法》规定，评估专业人员包括评估师和其他具有评估专业知识及实践经验的评估从业人员。

【提示】根据2003年国务院办公厅转发的《关于加强和规范评估行业管理的意见》（国办发〔2003〕101号）的规定，国家设置的评估师专业类别有资产评估、土地估价、矿业权评估、房地产估价、旧机动车鉴定估价和保险公估六大类别。2021年11月，人力资源和社会保障部公布的《国家职业资格目录（2021年版）》，对专业技术人员资格目录进行了调整，评估类职业资格保留3项，分别是资产评估师、房地产估价师和矿业权评估师。

2. 评估专业人员的权利、义务和责任。

参见表3-3。

表3-3　评估专业人员的权利、义务和责任

权、责	具体内容
从业权利	（1）要求委托人提供相关的权属证明、财务会计信息和其他资料，以及为执行公允的评估程序所需的必要协助。 （2）依法向有关国家机关或者其他组织查阅从事业务所需的文件、证明和资料。 （3）拒绝委托人或者其他组织、个人对评估行为和评估结果的非法干预。 （4）依法签署评估报告。 （5）法律、行政法规规定的其他权利。
从业义务	（1）诚实守信，依法独立、客观、公正从事业务。 （2）遵守评估准则，履行调查职责，独立分析估算，勤勉谨慎从事业务。 （3）完成规定的继续教育，保持和提高专业能力。 （4）对评估活动中使用的有关文件、证明和资料的真实性、准确性、完整性进行核查和验证。 （5）对评估活动中知悉的国家秘密、商业秘密和个人隐私予以保密。 （6）与委托人或者其他相关当事人及评估对象有利害关系的，应当回避。 （7）接受行业协会的自律管理，履行行业协会章程规定的义务。 （8）法律、行政法规规定的其他义务。
从业禁止行为	（1）私自接受委托从事业务、收取费用。 （2）同时在两个以上评估机构从事业务。 （3）采用欺骗、利诱、胁迫或者贬损、诋毁其他评估专业人员等不正当手段承揽业务。 （4）允许他人以本人名义从事业务，或者冒用他人名义从事业务。 （5）签署本人未承办业务的评估报告。 （6）索要、收受或者变相索要、收受合同约定以外的酬金、财物或者谋取其他不正当利益。 （7）签署虚假评估报告或者有重大遗漏的评估报告。 （8）违反法律、行政法规的其他行为。
处罚	评估专业人员违反资产评估法相关规定的，由有关评估行政管理部门给予责令停止从业、没收违法所得的处罚，构成犯罪的，依法追究刑事责任。评估专业人员因签署虚假评估报告被追究刑事责任的，终身不得从事评估业务。

【提示1】签署评估报告是评估活动的重要环节，也是评估专业人员的一项重要权利。评估报告一经签署，就可以提交委托人或者评估报告使用人使用，评估专业人员必须对其签署的评估报告负责。不具有评估师职业资格的评估专业人员无权签署法定评估报告。

【提示2】国家秘密是指关系国家安全和利益，依照法定程序确定，在一定时间内只限一定范围的人员知悉的事项。商业秘密是指不为公众所知悉、能为权利人带来经济利益、具有实用性并经权利人采取保密措施的技术信息和经营信息。个人隐私是指不愿让他人知道的个人生活中的秘密事项。

【提示3】所谓虚假评估报告，是指评估专业人员或者评估机构故意签署、出具的不实评估报告。所谓有重大遗漏的评估报告，是指因评估专业人员或者评估机构的过失而对应当考虑的重要事项有遗漏的评估报告。

【提示4】依据《资产评估法》第五条的规定，评估专业人员从事评估业务，应当加入评估机构。评估机构是经营主体，评估专业人员是评估机构的工作人员。只有评估机构才能正式接受委托从事评估业务，评估专业人员只能接受评估机构委派从事指定的评估业务，不能私自接受委托从事业务，更不能私自收取费用。

【例3-9】（单项选择题）根据《资产评估法》第十九条的规定，委托人要求出具虚假评估报告或者有其他非法干预评估结果情形的，评估机构有权（ ）。

A. 回避评估业务

B. 向评估协会举报

C. 解除合同

D. 要求委托人书面承诺

【答案】C

【解析】《资产评估法》第十九条规定，委托人要求出具虚假评估报告或者有其他非法干预评估结果情形的，评估机构有权解除合同。

【例3-10】（多项选择题）以下选项中，不属于资产评估人员从业义务的是（ ）。

A. 对评估活动中知悉的国家秘密、商业秘密和个人隐私予以保密

B. 资产评估师以个人名义接受委托从事业务、收取费用

C. 资产评估师同时在两个资产评估机构从事资产评估业务

D. 资产评估师依法签署法定资产评估业务的评估报告

E. 与委托人或者其他相关当事人及评估对象有利害关系的，应当回避

【答案】BCD

【解析】私自接受委托从事业务、收取费用，同时在两个以上评估机构从事业务属于从业禁止行为。依法签署评估报告属于从业权利。

【例3-11】（单项选择题）资产评估专业人员的下列行为中，不属于从业禁止行为的是（ ）。

A. 签署本人未承办业务的评估报告

B. 泄露评估活动中知悉的个人隐私

C. 允许他人以本人名义从事业务

D. 冒用他人名义从事资产评估业务

【答案】B

【解析】对评估活动中知悉的国家秘密、商业秘密和个人隐私予以保密，是评估从业人员的义务之一，选项A、选项C、选项D均属于从业禁止行为。

【例3-12】（单项选择题）《资产评估法》规定，评估专业人员因签署虚假评估报告被追究刑事责任的，（ ）不得从事评估业务。

A. 三年内　　B. 五年内

C. 十年内　　D. 终身

【答案】D

【解析】《资产评估法》规定，评估专业人员因签署虚假评估报告被追究刑事责任的，终身不得从事评估业务。

【例3-13】（多项选择题）评估专业人员违反《资产评估法》有关从业义务、责任规定的，可能面临的处罚是（ ）。

A. 由有关评估行政管理部门责令停止从业

B. 由有关评估行政管理部门没收违法所得

C. 由资产评估行业协会暂停会员资格三年

D. 情节严重，构成犯罪的，依法追究刑事责任

E. 因签署虚假评估报告被追究刑事责任的，终身不得从事评估业务

【答案】ABDE

【解析】评估专业人员违反《资产评估法》有关从业义务、责任规定的，由有关评估行政管理部门给予责令停止从业、没收违法所得的处罚，构成犯罪的，依法追究刑事责任。评估专业人员因签署虚假评估报告被追究刑事责任的，终身不得从事评估业务。选项C无依据，其他选项均正确。

（四）资产评估机构的组织形式、设立，以及权利和责任（★★）

评估机构是依法设立的从事评估业务的专业机构。

1. 组织形式、设立条件和设立程序。

（1）组织形式（见图3-2）。

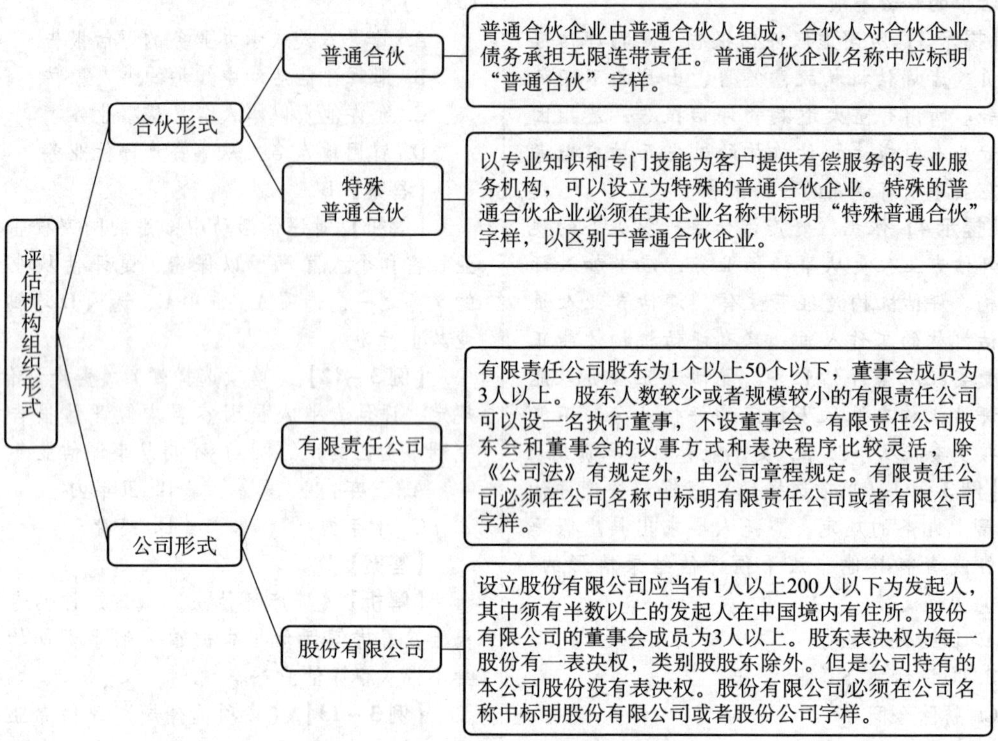

图3-2　资产评估机构的组织形式

【提示1】 国有独资公司、国有企业、上市公司以及公益性的事业单位、社会团体不得成为普通合伙人。

【提示2】 在特殊普通合伙企业中，如果一个合伙人或者数个合伙人在执业活动中因故意或者重大过失造成合伙企业债务的，应当承担无限责任或者无限连带责任，其他合伙人以其在合伙企业中的财产份额为限承担责任。合伙人在执业活动中非故意或者重大过失造成的合伙企业债务以及合伙企业的其他债务合伙人在执业活动中非因故意或者重大过失造成的合伙企业债务以及合伙企业的其他债务，由全体合伙人承担无限连带责任。

（2）设立条件（见表3-4）。

表3-4　评估机构设立条件

组织形式	一般条件	评估师及股东的人数	合伙人及股东的从业经历
合伙形式的评估机构	应当遵守《合伙企业法》的一般性规定	2名以上评估师	其合伙人2/3以上应当是具有3年以上从业经历且最近3年内未受停止从业处罚的评估师
公司形式的评估机构	应当遵守《公司法》的一般性规定	应当有8名以上评估师和2名以上股东	其中2/3以上股东应当是具有3年以上从业经历且最近3年内未受停止从业处罚的评估师

【提示1】 设立合伙企业，应当具备下列条件：①有两个以上合伙人。合伙人为自然人的，应当具有完全民事行为能力；②有书面合伙协议；③有合伙人认缴或者实际缴付的出资；④有合伙企业的名称和生产经营场所；⑤法律、行政法规规定的其他条件。

【提示2】 设立有限责任公司，应当具备下列条件：①股东符合法定人数（1个以上50个以下）；②有符合公司章程规定全体股东认缴的出资额；③股东共同制定公司章程；④有公司名称，建立符合有限责任公司要求的组织机构；⑤有公司住所。

【提示3】设立股份有限公司，应当具备下列条件：①发起人符合法定人数（应当有1人以上200人以下为发起人，其中须有半数以上的发起人在中国境内有住所）；②有符合公司章程规定的全体发起人认购的股本总额或者募集的实收股本总额；③股份发行、筹办事项符合法律规定；④发起人共同制定公司章程，采用募集方式设立的经创立大会通过；⑤有公司名称，建立符合股份有限公司要求的组织机构；⑥有公司住所。

【提示4】评估机构的合伙人或者股东为2名的，2名合伙人或者股东都应当是具有3年以上从业经历且最近3年内未受停止从业处罚的评估师。

（3）设立程序。包括：①向工商行政管理部门申请办理登记。②向有关资产评估行政管理部门备案。评估机构应当自领取营业执照之日起30日内向有关评估行政管理部门备案。③有关评估行政管理部门将评估机构备案情况向社会公告。

【提示】评估机构不依法备案或者不符合《资产评估法》规定的设立条件的，由有关评估行政管理部门责令改正；拒不改正的，责令停业，可以并处罚款。

2. 评估机构的权利和责任（见表3－5）。

表3－5　评估机构的权利和责任

权、责	具体内容
评估机构的权利	（1）委托人拒绝提供或者不如实提供执行评估业务所需的权属证明、财务会计信息和其他资料的，评估机构有权依法拒绝其履行合同的要求。 （2）委托人要求出具虚假评估报告或者有其他非法干预评估结果情形的，评估机构有权解除合同。
评估机构的责任	（1）评估机构不得有下列行为：不得利用开展业务之便，谋取不正当利益；不得允许其他机构以本机构名义开展业务，或者冒用其他机构名义开展业务；不得以恶性压价、支付回扣、虚假宣传，或者贬损、诋毁其他评估机构等不正当手段招揽业务；不得受理与自身有利害关系的业务；不得分别接受利益冲突双方的委托，对同一评估对象进行评估；不得出具虚假评估报告或者有重大遗漏的评估报告；不得聘用或者指定不符合《资产评估法》规定的人员从事评估业务；不得有违反法律、行政法规的其他行为。 （2）加强评估机构内部管理。 （3）完善风险防范机制。

【提示1】依照《资产评估法》的规定，评估机构应当是接受委托人的委托（应当订立委托合同）才开始开展评估业务。委托人应当为评估机构提供有关权属证明、财务会计信息和其他资料，并对其提供的权属证明、财务会计信息和其他资料的真实性、完整性和合法性负责。因为这些资料信息是构成评估机构开展评估业务的基础和前提，必须由委托人先行履行，此后评估机构才有可能具备客观、公正、真实地开展评估业务的条件。按照《民法典》的规定，将委托人如实提供执行评估业务所需的权属证明、财务会计信息和其他资料作为先履行的义务，评估机构可以享有后履行抗辩权，依法拒绝从事虚假评估业务。

【提示2】委托人通过要求出具虚假评估报告或者其他非法方式进行干预，使评估机构不能独立、客观、公正地开展评估业务。在这种情况下，评估机构有权单方解除合同，且无须承担赔偿损失的责任。

【提示3】评估机构违反法律禁止行为规定的，由有关评估行政管理部门依法给予责令停业、没收违法所得、罚款的处罚；情节严重的，由工商行政管理部门吊销营业执照；构成犯罪的，依法追究刑事责任。

【提示4】评估专业人员违反《资产评估法》的规定，给委托人或者其他相关当事人造成损失的，由其所在的评估机构依法承担赔偿责任。评估机构履行赔偿责任后，可以向有故意或者重大过失的评估专业人员追偿。

【提示5】评估行业是一个专业性很强的中

介服务行业，由于评估机构的评估活动，涉及委托人利益、第三人利益和公共利益，一般认为评估机构与会计师事务所、律师事务所等类似，需要承担较高的职业风险。为了有效应对较高的职业风险，《资产评估法》规定评估机构根据业务需要建立职业风险基金，或者自愿办理职业责任保险，完善风险防范机制。这样规定，既有利于保障相关当事人利益，也有利于评估机构有效防范风险。

【例3-14】（单项选择题）根据《资产评估法》的规定，下列有关设立评估机构的表述，错误的是（　）。

A. 公司形式的评估机构，应当有8名以上评估师和2名以上股东

B. 合伙形式的评估机构，应当有2名以上评估师

C. 设立评估机构既要依法办理工商登记手续，又要履行备案程序

D. 设立资产评估机构需要报省级财政部门进行行政审批

【答案】D

【解析】设立评估机构，应当向工商行政管理部门申请办理登记。评估机构应当自领取营业执照之日起30日内向有关评估行政管理部门备案。有关评估行政管理部门应当及时将评估机构备案情况向社会公告。选项D错误，其他选项均正确。

【例3-15】（单项选择题）2024年4月，甲、乙、丙、丁4位自然人欲设立普通合伙形式的评估机构，根据下列表述，满足合伙人法定要求的是（　）。

A. 丙通过考试取得中国注册会计师资格，为执业中国注册会计师，擅长绩效审计与企业价值评估，想在评估机构兼职

B. 甲通过考试取得资产评估师资格，从2019年5月开始执业，2021年5月曾经受过停止从业处罚6个月，之后开始重新执业

C. 乙通过考试取得资产评估师资格，从2020年7月开始执业，当年受过停止从业处罚1个月，之后开始重新执业

D. 丁已经年满15周岁，能够以自己的劳动所得维持个人基本生活，通过自学掌握了较多的评估专业知识，具备一定的评估专业能力

【答案】C

【解析】合伙形式的评估机构，应当有2名以上评估师，其合伙人2/3以上应当是具有3年以上从业经历且最近3年内未受停止从业处罚的评估师，选项A、选项B错误，选项C正确；合伙人为自然人的，应当具有完全民事行为能力，丁不满16岁，不具有完全民事行为能力，选项D错误。

【例3-16】（多项选择题）资产评估行业是一个专业性很强的中介服务行业，需要承担较高的职业风险，应完善风险防范机制，可以采取的措施包括（　）。

A. 约定风险分担原则

B. 建立职业风险基金

C. 建立职业人才梯队

D. 办理职业责任保险

E. 建立职业奖惩机制

【答案】BD

【解析】资产评估行业是一个专业性很强的中介服务行业，由于评估机构的评估活动，涉及委托人利益、第三人利益和公共利益，一般认为评估机构与会计师事务所、律师事务所等类似，需要承担较高的职业风险。为了有效应对较高的职业风险，借鉴实践中的通常做法，《资产评估法》规定评估机构根据业务需要建立职业风险基金，或者自愿办理职业责任保险，完善风险防范机制。

【例3-17】（单项选择题）评估专业人员违反《资产评估法》的规定，给委托人或者其他相关当事人造成损失的，由（　）依法承担赔偿责任。

A. 评估专业人员本人或者其所在的评估机构

B. 评估专业人员本人及其所在的评估机构

C. 承接资产评估业务的评估专业人员本人

D. 资产评估专业人员所在的评估机构

【答案】D

【解析】评估专业人员违反《资产评估法》的规定，给委托人或者其他相关当事人造成损失的，由其所在的评估机构依法承担赔偿责任。评估机构履行赔偿责任后，可以向有故意或者重大过失的评估专业人员追偿。

（五）关于评估程序

评估程序对于保证评估机构独立、客观、公正开展业务十分重要，是否履行必要的评估

程序，也是追究评估机构和评估专业人员责任的重要依据。《资产评估法》对评估程序作出了具体规定。

1. 关于委托人选择评估机构。

委托人选择评估机构是开展评估业务的起点。委托人选择评估机构应当遵守以下原则：①自愿原则。委托人有按照自己的意愿选择评估机构的权利，任何单位和个人不非法限制或者干预。②委托人选择的必须是符合《资产评估法》规定的评估机构。《资产评估法》对评估机构的组织形式和设立条件都有明确的规定。③协商委托。评估事项涉及两个以上当事人的，由全体当事人协商委托评估机构。④委托开展法定评估业务，委托人应当依法选择评估机构。涉及国有资产或者公共利益等事项，法律、行政法规规定需要评估的，应当依法选择评估机构评估，即依照法律、法规、规章规定的程序，选择符合法定条件的评估机构进行评估。这里的“依法”是指依据《资产评估法》及有关法律、法规和规章等对选择评估机构的程序性规定，如从事证券评估业务，要依据《证券法》的规定，委托经财政部和证监会备案的评估机构。

【提示】协商委托，要有共同的意愿表达。包括以下几层含义：第一，当事人要与评估事项相关。与评估事项无关的其他各方，与委托没有利害关系，不是当事人，委托人无须与其进行协商。第二，全体当事人。协商应由所有相关当事人参与，共同协商委托评估机构。

2. 关于订立评估委托合同。

选定评估机构后，委托人应当与评估机构订立委托合同，约定双方的权利和义务。评估委托合同一般应采取书面的形式。评估委托合同的内容主要包括委托人和评估机构的基本情况，评估对象的名称、范围、目的、基准时点等评估基本事项，委托人应提供的评估所需资料，评估过程中双方的权利和义务，评估费用及收费方式，评估报告交付时间、方式、违约责任、争议解决等。

3. 关于对承办评估业务的评估专业人员的要求。

对受理的评估业务，评估机构应当指定至少两名评估专业人员承办。属于法定评估业务的，评估机构应当指定至少两名评估师承办。委托人有权要求与相关当事人及评估对象有利害关系的评估专业人员回避。

4. 关于评估专业人员对评估对象进行现场调查，收集、核查验证、分析整理评估资料的程序要求。

评估专业人员开展评估业务，应当根据评估业务具体情况，对评估对象进行现场调查，收集权属证明、财务会计信息和其他资料并进行核查验证、分析整理，作为评估的依据。现场调查是评估专业人员确保评估对象真实、合法和评估资料真实、完整、合法的有效手段和基础性工作。

【提示1】现场调查的手段主要有：询问、函证、核对、监盘、勘查、检查等。在执行现场调查时无法或者不宜对评估范围内所有资产、负债等有关内容进行逐项调查的，可以根据重要程度采用抽样等方式进行调查。同时，评估专业人员应当根据评估业务需要和评估业务实施过程中的情况变化，及时补充或者调整现场调查工作。

【提示2】评估专业人员应当根据评估业务具体情况收集权属证明、财务会计信息和其他评估资料，并根据评估业务需要和评估业务实施过程中的情况变化及时补充收集评估资料。

【提示3】评估专业人员应当能够根据评估业务具体情况对收集的评估资料进行必要分析、归纳和整理，形成评定估算的依据。

5. 关于评估方法选择、评估结论形成、评估报告编制的规定。

评估实践中，评估基本方法主要有市场法、收益法和成本法。评估专业人员开展评估业务，应当根据评估对象、价值类型、评估资料收集情况等相关条件，分析市场法、收益法和成本法等评估方法的适用性，恰当选择评估方法，除依据评估准则只能选择一种评估方法外，通常应选择两种或两种以上评估方法。

市场法，又称现行市价法，是指利用市场上同样或者类似资产的近期交易价格，经过直接比较或者类比分析以估算资产价值的各种技术方法的总称。收益法，又称收益现值法，是指通过估算预测被评估资产未来预期收益的现值，来判断资产价值的各种评估方法的总称。成本法是指按照重建或者重置被评估对象的思路，将重建或者重置成本作为确定评估对象价值的基础，扣除相关贬值，以此确定评估对象价值的评估方法的总称。企业价值评估中的资产基础法，又称成本加和法，是成本法的一种具体方法。资产基础法是指以被评估单位评估基准日的资产负债表为基础，合理评估企业表内及可识别的表外各项资产、负债价值，以确定评估对象价值的评估方法。评估专业人员应当根据所采用的评估方法，选取相应的公式和参数进行分析、计算和判断，形成初步评估结论，再对形成的初步评估结论进行综合分析，形成最终评估结论。评估专业人员应当在执行评定估算程序后，根据法律、法规和评估准则的要求编制评估报告。

【提示】评估机构应当对评估报告进行内部审核。评估报告由至少两名承办该项业务的评估专业人员签名并加盖评估机构印章，属于法定评估业务的，由至少两名承办该项业务的评估师签名并加盖评估机构印章。

【例3－18】（单项选择题）依据《资产评估法》关于评估方法选择、评估结论形成、评估报告编制的规定，下列表述中，错误的是（　）。

A. 评估专业人员应当恰当选择评估方法，其中，市场法是通过估算资产的使用价值来确定其市场价值的，只有确定资产的使用价值才可以合理确定其市场价值

B. 除依据评估准则只能选择一种评估方法外，通常应选择两种或两种以上评估方法，以保证评估结论的合理性

C. 评估专业人员应当根据所采用的评估方法，选取相应的公式和参数进行分析、计算和判断，形成初步评估结论

D. 评估专业人员应当在执行评定估算程序后，根据法律、法规和评估准则的要求编制评估报告，并履行适当的内部审核程序

【答案】A

【解析】资产具有使用价值和交换价值属性，而收益法就是通过估算资产的使用价值确定其市场价值；市场法则是通过估算资产的交换价值来确定其市场价值，只有确定资产的使用价值和交换价值后才可以合理确定其市场价值。选项A错误，其他选项均正确。

6. 关于评估档案保管期限的要求。

评估档案的保存期限不少于15年，属于法定评估业务的，评估档案的保存期限不少于30年。《资产评估法》规定的评估档案保管期限，是法定最低期限。各评估机构可以结合自身的实际情况，确定本机构的具体保管期限，但不得低于法律规定的期限要求。

【例3－19】（多项选择题）甲国有独资公司拟收购乙上市公司的部分股权，委托丙资产评估有限公司进行评估。下列关于评估程序的表述中，不符合《资产评估法》规定的是（　）。

A. 此资产评估业务应当签订资产评估委托合同，而且应当采取书面形式

B. 评估机构指定2名评估专业人员承办，其中包括资产评估师A

C. 承办此资产评估业务的专业人员擅长市场法，决定采用市场法评估

D. 此资产评估报告由资产评估师A签名并加盖评估机构印章，按约定提交委托人

E. 该评估机构结合评估业务的特点及机构自身的实际情况，设定此评估档案保存25年

【答案】BCDE

【解析】除依据评估准则只能选择一种评估方法外，通常应选择两种或两种以上评估方法，选项C错误。该评估涉及国有资产，为法定评估业务。对于法定评估业务，评估机构应当指定至少两名评估师承办，选项B错误；由至少两名承办该项业务的评估师签名并加盖评估机构印章，选项D错误；法定评估业务的，评估档案的保存期限不少于30年，《资产评估法》规定的评估档案保管期限，是法定最低期限。各评估机构可以结合自身的实际情况，确定本机构的具体保管期限，但不得低于法律规定的期限要求，属于法定评估业务的，评估档案的保存期限不少于30年，选项E错误。

（六）我国资产评估行业协会自律管理的主要内容（★★）

评估行业协会是评估机构和评估专业人员的自律性组织，依照法律、行政法规和规章实行自律管理。《资产评估法》对行业协会的设立、会员入会、职责、协会之间的沟通协作及会费管理等内容作出了明确规定。

1. 协会的性质。

从组织性质上看，评估行业协会是自律性组织。

【提示】评估行业协会实行会员制。评估行

业协会的会员分为单位会员和个人会员，包括评估机构和评估专业人员，其中，评估专业人员包括评估师和其他具有评估专业知识及实践经验的评估从业人员。会员享有协会章程规定的权利，同时也要履行协会章程规定的义务。

2. 协会的设立。

评估行业按照专业领域设立全国性评估行业协会，根据需要设立地方性评估行业协会。资产评估行业的全国性协会为中国资产评估协会，各省、自治区、直辖市和计划单列市（青岛市除外）都设立了资产评估协会。会员代表大会是评估行业协会的最高权力机构，决定评估行业协会的重大事项。

【提示】评估行业协会应当设有章程。章程是评估行业协会为了调整其内部关系，规范内部成员的行为而制定的行为规则，是设立评估行业协会的法定必备文件，是评估行业协会民主决策和自律管理的根本准则。章程是评估行业协会内部管理和活动的根本准则，属于协会的重大事项，应当由会员代表大会通过，以体现会员的意志，保证章程的权威性。评估行业协会章程应当报登记管理机关核准。全国性评估行业协会的章程，应当报国务院登记管理机关即民政部核准；地方性评估行业协会的章程，应当报当地人民政府登记机关即当地民政部门核准。同时，评估行业协会的章程应当报评估行政管理部门备案。

3. 会员入会。

评估机构和评估专业人员加入有关评估行业协会，成为协会会员，平等地享有章程规定的权利，履行章程规定的义务。

【提示】评估机构和评估专业人员加入评估行业协会是法定义务，评估行业协会的自律管理覆盖了所有评估机构和评估专业人员。

4. 协会的职责。

（1）制定会员自律管理办法，对会员实行自律管理。

（2）依据评估基本准则制定评估执业准则和职业道德准则。

（3）组织开展会员继续教育。

（4）建立会员信用档案，将会员遵守法律、行政法规和评估准则的情况记入信用档案，并向社会公开。

（5）检查会员建立风险防范机制的情况。

（6）受理对会员的投诉、举报，受理会员的申诉，调解会员执业纠纷。

（7）规范会员从业行为，定期对会员出具的评估报告进行检查，按照章程规定对会员给予奖惩，并将奖惩情况及时报告有关评估行政管理部门。

【提示】评估行业协会自律管理的重要内容就是对会员进行奖惩，通过奖优罚劣，促进评估行业的健康发展。评估行业协会应当将会员的奖惩情况及时报告有关评估行政管理部门。

（8）保障会员依法开展业务，维护会员合法权益。

（9）法律、行政法规和章程规定的其他职责。

5. 评估行业协会之间的沟通协作。

鉴于不同的评估专业都有各自的行业协会，为了促进评估行业的健康有序发展，各个评估行业协会应当建立沟通协作和信息共享机制，并根据需要制定共同的行为规范。

【提示】为了促进整个评估行业的有序健康发展，建立评估行业协会之间的沟通协作和信息共享机制十分必要。对于不同评估专业领域之间存在一些共性的要求，评估行业协会可以根据需要制定共同的行为规范，对评估机构及其评估专业人员从事评估业务活动进行统一要求。

6. 会费管理。

会费管理对于行业协会而言十分重要，会费是协会生存和发展的基础。

（1）会费的标准。根据《社会团体登记管理条例》的规定，评估行业协会不能从事营利性活动，因此，会员交纳的会费成为评估行业协会经费的重要来源甚至唯一来源，是协会正常开展活动的经济基础。合理确定会费标准，既可以保证评估行业协会能够正常地开展活动，又不给会员带来过重的负担。

【提示】会员会费的标准，应由会员代表大会通过。评估行业协会收取会员会费的标准，应当向社会公开，这样，一方面，便于评估机构和评估专业人员知悉标准，另一方面，也便于会员、社会公众和有关政府部门进行监督。

（2）会费的收取、使用应当接受监督。评估行业协会收取会费，应当按照会员代表大会通过的会费标准收取，不能随意多收或者少收。

会费的使用应当符合章程规定的资产管理和使用原则及终止后资产的处理要求。会费的收取、使用应当接受会员代表大会的监督，会费的收支情况要定期向会员代表大会报告，并接受其监督。同时，会费的收取、使用应当接受有关政府部门的监督。这里的有关政府部门是指协会的登记管理机关即民政部门和负责有关财务、审计的部门等。

（3）不得侵占、私分和挪用会费。任何组织、个人不得侵占、私分和挪用会费。侵占是指非法占有，私分是指私自分配，挪用是指改变用途。

【提示】 评估行业协会还往往在会员代表大会通过的会费管理办法中对会费的支出范围进行明确，会费的使用应当符合会费管理办法中会费的支出范围。如中国资产评估协会会费管理办法规定，会费的开支范围包括：会员代表大会、理事会、常务理事会、会长办公会等各项支出；中评协秘书处的各项支出；资产评估准则和执业规范制定、相关研究和业务支持的支出；自律监管、检查及惩戒的支出；开展行业国内、国际交流的支出；开展行业信息、网络建设的支出；行业宣传的支出；专门委员会、专业委员会开展活动的支出；维护会员执业合法权益的支出；为会员提供服务、行业刊物、学习资料和培训的支出；会员奖励支出；协调行业内外关系的支出；经常务理事会批准的其他必要支出等。

7. 对协会的监督。

《资产评估法》明确规定，评估行业协会应当接受有关评估行政管理部门的监督和社会监督。评估行政管理部门的监督属于行政监督。社会监督包括新闻媒体监督、社会公众的监督等。

【提示】 评估行业协会违反《资产评估法》规定的，由有关评估行政管理部门给予警告，责令改正；拒不改正的，可以通报登记管理机关，即民政部门，由其依法给予处罚。评估行业协会工作人员滥用职权、玩忽职守或者徇私舞弊的，依法给予处分；构成犯罪的，依法追究刑事责任。

【例3-20】（多项选择题）下列关于资产评估行业协会会费管理的表述中，正确的是（　）。

A. 收取会员会费的标准，由资产评估行政管理部门与评估行业协会协商确定

B. 按照会员交纳会费数额作为其在行业协会中担任职务的条件

C. 会费的收取、使用应当接受工商行政管理等部门的监督

D. 会员缴纳的会费是资产评估行业协会经费的重要来源甚至唯一来源

E. 会费的收支情况要定期向会员代表大会报告，接受其监督

【答案】 DE

【解析】 评估行业协会收取会员会费的标准，由会员代表大会通过，并向社会公开。不得以会员缴纳会费数额作为其在行业协会中担任职务的条件。会费的收取、使用应当接受有关政府部门的监督。这里的有关政府部门是指协会的登记管理机关即民政部门和负责有关财务、审计的部门等。选项A、选项B、选项C错误，选项D、选项E正确。

【例3-21】（单项选择题）关于资产评估行业协会的性质，下列表述中正确的是（　）。

A. 资产评估行业协会是管理资产评估行业的行政机关

B. 资产评估行业协会是中华人民共和国事业法人

C. 资产评估行业协会是中华人民共和国社团法人

D. 不具备评估师资格的其他评估从业人员不得成为会员

【答案】 C

【解析】 从组织性质上看，评估行业协会是自律性组织。它不是行政机关，也不是事业单位，而是由会员组成的、自我约束、自我管理、自我教育、自我服务的自律性组织。从法人分类上看，评估行业协会是社团法人。评估行业协会实行会员制。评估行业协会的会员分为单位会员和个人会员，包括评估机构和评估专业人员，其中，评估专业人员包括评估师和其他具有评估专业知识及实践经验的评估从业人员。选项C正确，其他选项均错误。

【例3-22】（多项选择题）关于资产评估行业协会的职责，下列表述中正确的是（　）。

A. 制定会员行政管理办法，对会员实行行政管理，惩戒违规会员

B. 组织开展会员继续教育，为会员完成继续教育提供条件和服务

C. 制定评估基本准则和职业道德准则，构建中国资产评估准则体系

D. 保障会员依法开展业务，维护会员合法权益，为会员开展业务保驾护航

E. 检查会员建立风险防范机制的情况，发现问题的，及时督促改正

【答案】 BDE

【解析】 评估行业协会制定会员自律管理办法，对会员实行自律管理，选项 A 错误；评估行业协会依据评估基本准则制定评估执业准则和职业道德准则，评估基本准则由国务院有关评估行政管理部门组织制定，如资产评估基本准则由财政部组织制定，选项 C 错误；其他选项均正确。

（七）关于评估行政管理部门的监督管理

1. 评估行政管理部门的含义。

评估行政管理部门是指负责各个评估领域业务管理的政府主管部门，不同的评估专业接受不同政府主管部门的监督管理，如资产评估行业接受财政部门的监督管理，房地产估价行业接受住房城乡建设部门的监督管理。各个评估领域的行政管理层级由相关领域自行规范，财政部管理的资产评估行业的行政监管部门分为财政部和各省、自治区、直辖市、计划单列市财政厅（局）（简称：省级财政部门）。

2. 评估行政管理部门的职责。

（1）组织制定各自领域的评估基本准则和评估行业监督管理办法。这项职责由国务院有关评估行政管理部门负责。评估基本准则需要由国务院有关评估行政管理部门制定。同时，国务院有关评估行政管理部门可以根据职责分工，对相关领域的评估规定监督管理办法，依法对评估机构、评估专业人员、评估行业协会遵守法律法规、评估基本准则等情形开展监督管理。如 2017 年，财政部根据《资产评估法》的规定，制定了《资产评估行业财政监督管理办法》，2019 年进行了修订。

（2）负责对各自领域评估行业的监督管理，对评估机构和评估专业人员的违法行为实施行政处罚，将处罚情况通报有关评估行业协会，并依法向社会公开。

【提示】 评估机构违反《资产评估法》有关规定的，评估行政管理部门可以采取责令停止违法活动、责令改正、警告、罚款、没收违法所得、责令停业等措施，情节严重的，由工商行政管理部门吊销营业执照。构成犯罪的，依法追究刑事责任。评估行业协会违反《资产评估法》有关规定的，由评估行政管理部门给予警告、责令改正，拒不改正的，可以通报登记管理机关，由其依法给予处罚。

（3）负责对各自领域的评估行业协会实施监督检查，对检查中发现的问题和针对协会的投诉、举报，进行调查处理。

【提示】 经过调查处理程序后，评估行政管理部门认为有关评估行业协会有违反《资产评估法》规定行为的，处理分为两个阶段：一是，由评估行政管理部门先行处理，可以给予警告，责令其改正；二是，对于评估行业协会拒不改正的情形，可以由评估行政管理部门通报登记管理机关，由登记管理机关依据《社会团体登记管理条例》等规定给予行政处罚。

3. 对评估行政管理部门的履职要求。

（1）不得违反《资产评估法》规定，对评估机构依法开展业务进行限制。

（2）不得与评估行业协会、评估机构存在人员或资金关联。

（3）不得利用职权为评估机构招揽业务。

【例 3 - 23】（单项选择题）下列表述中，不属于《资产评估法》对评估行政管理部门履职要求的是（　　）。

A. 不得违反《资产评估法》规定，对评估机构依法开展业务进行限制

B. 不得与评估行业协会、评估机构存在人员或资金关联

C. 不得利用职权为评估机构招揽业务，影响依法行政

D. 不得自行组织制定各自领域的评估基本准则和行业监督管理办法

【答案】 D

【解析】 对评估行政管理部门的履职要求主要包括：①不得违反《资产评估法》规定，对评估机构依法开展业务进行限制；②不得与评估行业协会、评估机构存在人员或资金关联；③不得利用职权为评估机构招揽业务。

【知识点 5】我国对资产评估行业行政监管的主要内容（★★★）

参见图 3 - 3。

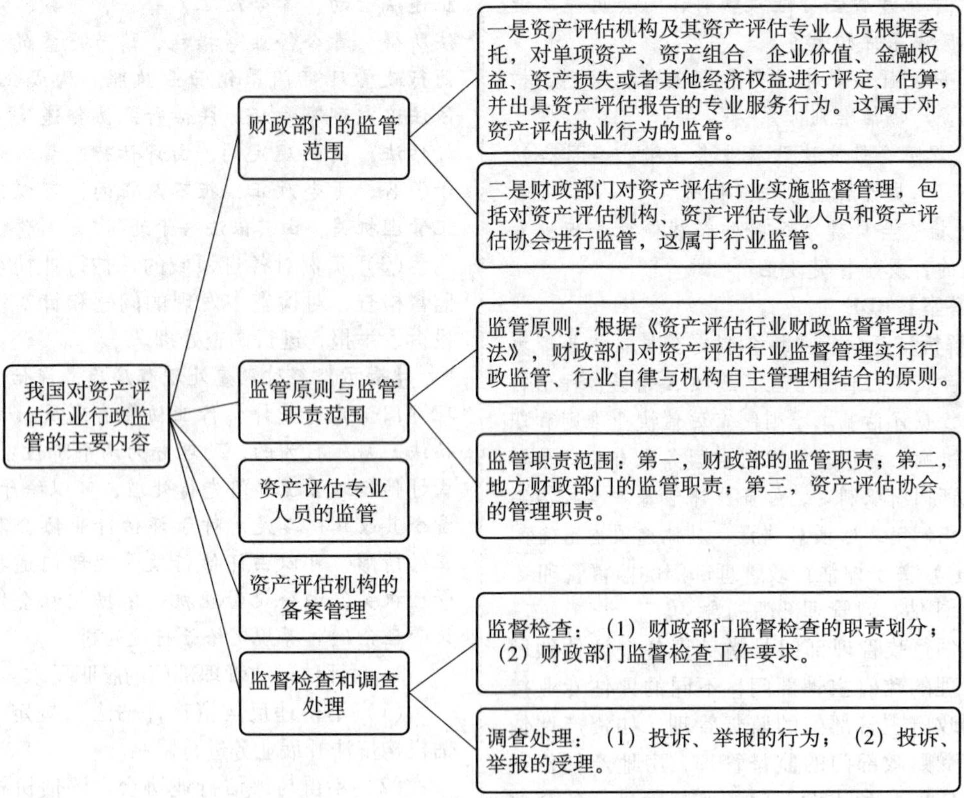

图3－3　我国对资产评估行业行政监管的主要内容

【例3－24】（单项选择题）我国资产评估行业的管理一直伴随资产评估行业发展的全过程，管理体制机制随着我国市场经济和行业发展的各个发展阶段呈现出不同的特点。下列表述中，错误的是（　　）。

A. 在资产评估行业创立之初，行业管理重在行政管理，管理主体单一，政府是唯一的管理主体

B. 行政管理与自律管理结合中，自律管理侧重方向性指导、机构资质管理

C. 2016年12月实施的《资产评估法》，对评估行业管理体制进行了详细规定

D. 2019年1月2日，修订后的《资产评估行业财政监督管理办法》，实现了资产评估机构及其分支机构备案管理的全部网上办理

【答案】 B

【解析】 随着市场经济的深入发展，政府职能的不断转变，市场机制在资源配置中的决定性作用不断加强，资产评估行业管理已由原来单一的行政管理体制，发展到现在的行政管理与自律管理有机结合，管理主体也由单一的政府部门发展到现在的政府部门与行业协会；行政管理侧重方向性指导、机构资质管理以及执业质量的行政性监管，自律管理侧重具体运行以及队伍的日常管理；项目管理也由原来的立项确认制发展到现在的核准、备案制。选项B错误，其他选项均正确。

【知识点6】我国资产评估行业的行政监管

根据2021年11月公布的《国家职业资格目录（2021年版）》，目前我国的评估行业包括资产评估师、房地产估价师、矿业权评估师三种资格，资产评估师由财政部负责监督管理，房地产估价师由住房和城乡建设部、自然资源部负责监督管理，矿业权评估师由自然资源部负责监督管理。其中，财政部门监管的资产评估领域具有综合性特征。

（一）我国财政部门对资产评估的行政监管范围（★）

《资产评估行业财政监督管理办法》明确的监管业务范围有两个方面：一是资产评估机构及其资产评估专业人员根据委托，对单项资产、

资产组合、企业价值、金融权益、资产损失或者其他经济权益进行评定、估算，并出具资产评估报告的专业服务行为，这属于对资产评估执业行为的监管；二是财政部门对资产评估行业实施监督管理，包括对资产评估机构、资产评估专业人员和资产评估协会进行监管，这属于行业监管。资产评估机构及其资产评估专业人员从事上述规定业务，涉及法律、行政法规和国务院规定由其他评估行政管理部门管理的，按照其他有关规定执行。

【例3-25】（单项选择题）以下有关财政部门对资产评估行业的监管范围的表述中，错误的是（　　）。

A. 资产评估师由财政部门进行监督管理

B. 房地产估价师由住房和城乡建设部进行监督管理

C. 财政部门监管的资产评估领域具有综合性特征

D. 矿业权评估师由自然资源部负责监督管理

【答案】 B

【解析】 房地产估价师由住房和城乡建设部、自然资源部负责监督管理。

【例3-26】（多项选择题）按照现行部门职责分工，房地产估价行业应执行相关法律、行政法规及（　　）的相关规定。

A. 自然资源部

B. 生态环境部

C. 住房和城乡建设部

D. 财政部

E. 人力资源和社会保障部

【答案】 AC

【解析】 按照现行部门职责分工，房地产估价行业、矿业权评估行业应执行相关法律、行政法规及住房和城乡建设部、自然资源部的相关规定。

【例3-27】（多项选择题）《资产评估行业财政监督管理办法》明确的监管业务范围，包括（　　）。

A. 房地产估价的专业服务行为

B. 评估机构及其评估专业人员的受托评估行为

C. 机动车评估的专业服务行为

D. 矿业权评估的专业服务行为

E. 财政部门对资产评估行业实施监督管理

【答案】 BE

【解析】 《资产评估行业财政监督管理办法》明确的监管业务范围有两个方面：①资产评估机构及其资产评估专业人员根据委托，对单项资产等进行评定、估算，并出具资产评估报告的专业服务行为；②财政部门对资产评估行业实施监督管理。

（二）我国财政部门对资产评估的行政监管原则与监管职责范围（★）

1. 监管原则。

根据《资产评估行业财政监督管理办法》，财政部门对资产评估行业监督管理实行行政监管、行业自律与机构自主管理相结合的原则。

2. 监管职责范围。

参见表3-6。

表3-6　监管职责范围

部门	监管职责范围	
财政部	（1）负责统筹财政部门对全国资产评估行业的监督管理； （2）制定有关监督管理办法； （3）制定资产评估基本准则； （4）指导和督促地方财政部门实施监督管理； （5）对资产评估机构从事的证券期货相关资产评估业务实施监督管理。	
地方财政部门	各省、自治区、直辖市、计划单列市财政厅（局）（以下简称省级财政部门）负责对本行政区域内资产评估行业实施监督管理。省级财政部门负责本地区资产评估机构和分支机构的备案管理。	
资产评估协会	中国资产评估协会	依照法律、行政法规、《资产评估行业财政监督管理办法》和协会章程的规定，负责全国资产评估行业的自律管理。
	地方资产评估协会	依照法律、法规、《资产评估行业财政监督管理办法》和本级协会章程的规定，负责本地区资产评估行业的自律管理。

【例3－28】（单项选择题）关于财政部门对资产评估的行政监管原则和监管职责范围，以下表述错误的是（　　）。

A. 财政部门对资产评估行业监督管理实行行政监管、行业自律与机构自主管理相结合的原则

B. 中国资产评估协会依照法律、行政法规、《资产评估行业财政监督管理办法》和协会章程的规定，负责全国资产评估行业的自律管理

C. 省级资产评估协会负责本地区资产评估机构和分支机构的备案管理，应当在接到备案材料5个工作日内一次性告知需要补正的全部内容，并给予指导

D. 财政部门对资产评估行业实施监督管理，财政部的监管职责之一是指导和督促地方财政部门实施监督管理

【答案】C

【解析】省级财政部门负责本地区资产评估机构和分支机构的备案管理。

（三）资产评估专业人员的监管（★★）

（1）资产评估专业人员包括资产评估师（含珠宝评估专业，下同）和具有资产评估专业知识及实践经验的其他资产评估从业人员。

资产评估师是指通过中国资产评估协会组织实施的资产评估师资格全国统一考试的资产评估专业人员。

其他资产评估从业人员从事对单项资产、资产组合、企业价值、金融权益、资产损失或者其他经济权益进行评定、估算，并出具资产评估报告的专业服务行为，应当接受财政部门的监管。资产评估专业知识及实践经验，由资产评估机构自主评价认定。

（2）资产评估专业人员从事资产评估业务，应当加入资产评估机构，并且只能在一个资产评估机构从事业务。

（3）资产评估专业人员应当与资产评估机构签订劳动合同，建立社会保险缴纳关系，按照国家有关规定办理人事档案存放手续。

（4）资产评估专业人员从事资产评估业务，应当遵守法律、行政法规和《资产评估行业财政监督管理办法》的规定，执行资产评估准则及资产评估机构的各项规章制度，依法签署资产评估报告，不得签署本人未承办业务的资产评估报告或者有重大遗漏的资产评估报告。

（5）未取得资产评估师资格的人员，不得签署法定资产评估业务资产评估报告，其签署的法定资产评估业务资产评估报告无效。

（6）资产评估专业人员应当接受资产评估协会的自律管理和所在资产评估机构的自主管理，不得从事损害资产评估机构合法利益的活动。

（7）加入资产评估协会的资产评估专业人员，平等享有章程规定的权利，履行章程规定的义务。

【例3－29】（单项选择题）关于资产评估专业人员的监督管理内容，以下表述错误的是（　　）。

A. 资产评估专业人员指的是通过中国资产评估协会组织实施的资产评估师资格全国统一考试的资产评估师

B. 资产评估专业人员从事资产评估业务，应当加入资产评估机构，并且只能在一个资产评估机构从事业务

C. 资产评估专业人员应当与资产评估机构签订劳动合同，建立社会保险缴纳关系，按照国家有关规定办理人事档案存放手续

D. 未取得资产评估师资格的人员，不得签署法定资产评估业务资产评估报告，其签署的法定资产评估业务资产评估报告无效

【答案】A

【解析】资产评估专业人员包括资产评估师（含珠宝评估专业，下同）和具有资产评估专业知识及实践经验的其他资产评估从业人员。

（四）我国资产评估机构备案管理的程序和内容（★★）

（1）资产评估机构应当自领取营业执照之日起30日内，通过备案信息管理系统向所在地省级财政部门备案，同时提交下列材料：①资产评估机构备案表；②统一社会信用代码；③资产评估机构合伙人或者股东以及执行合伙事务的合伙人或者法定代表人三年以上从业经历、最近三年接受处罚信息等基本情况；④在该机构从业的资产评估师、其他专业领域的评估师和其他资产评估从业人员情况；⑤资产评估机构质量控制制度和内部管理制度。

（2）资产评估机构的备案信息不齐全或者备案材料不符合要求的，省级财政部门应当在

接到备案材料5个工作日内一次性告知需要补正的全部内容，并给予指导。

（3）备案材料完备且符合要求的，省级财政部门收齐备案材料即完成备案，并在20个工作日内将下列信息以公函编号向社会公开。公开的信息包括：①资产评估机构名称及组织形式；②资产评估机构的合伙人或者股东的基本情况；③资产评估机构执行合伙事务的合伙人或者法定代表人；④申报的资产评估专业人员基本情况。

【提示】对于资产评估机构申报的资产评估师信息，省级财政部门应当在公开前向有关资产评估协会核实。

（4）资产评估机构设立分支机构的，由资产评估机构向其分支机构所在地省级财政部门备案，同时提交下列材料：①资产评估机构设立分支机构备案表；②分支机构统一社会信用代码；③资产评估机构授权分支机构的业务范围；④分支机构负责人三年以上从业经历、最近三年接受处罚信息等基本情况；⑤在该分支机构从业的资产评估师、其他专业领域评估师和其他资产评估从业人员情况。

完成分支机构备案的省级财政部门应当将分支机构备案情况向社会公开，同时告知资产评估机构所在地省级财政部门。

（5）资产评估机构的名称、执行合伙事务的合伙人或者法定代表人、合伙人或者股东、分支机构的名称或者负责人发生变更，以及发生机构分立、合并、转制、撤销等重大事项，应当自变更之日起15个工作日内，向有关省级财政部门办理变更手续。需要变更工商登记的，自工商变更登记完成之日起15个工作日内向有关省级财政部门办理变更手续。

（6）资产评估机构办理合并或者分立变更手续的，应当提供合并或者分立协议。合并或者分立协议应当包括的事项有：①合并或者分立前资产评估机构评估业务档案保管方案；②合并或者分立前资产评估机构职业风险基金或者执业责任保险的处理方案；③合并或者分立前资产评估机构资产评估业务、执业责任的承继关系。

（7）合伙制资产评估机构转为公司制资产评估机构，或者公司制资产评估机构转为合伙制资产评估机构，办理变更手续应当提供合伙人会议或股东（大）会审议通过的转制决议。转制决议应当载明转制后机构与转制前机构的债权债务、档案保管、资产评估业务、执业责任等承继关系。

（8）资产评估机构跨省级行政区划迁移经营场所，应当书面告知迁出地省级财政部门。资产评估机构在办理完迁入地工商登记手续后15个工作日内，向迁入地省级财政部门办理迁入备案手续。

（9）已完成备案的资产评估机构或者分支机构有下列行为之一的，省级财政部门予以注销备案，并向社会公开：①注销工商登记的；②被工商行政管理机关吊销营业执照的；③主动要求注销备案的。

（10）注销备案的资产评估机构及其分支机构的资产评估业务档案，应当按照《档案法》和资产评估档案管理的有关规定予以妥善保存。

（11）财政部建立统一的备案信息管理系统。备案信息管理系统实行全国联网，并与其他相关行政管理部门实行信息共享。

（12）资产评估机构未依法备案的，依法承担法律责任。

【例3-30】（单项选择题）资产评估机构应当自领取营业执照之日起（　　）内，通过备案信息管理系统向所在地省级财政部门备案，同时提交资产评估机构备案表、统一社会信用代码等材料。

A. 15日　　B. 30日

C. 45日　　D. 60日

【答案】B

【解析】资产评估机构应当自领取营业执照之日起30日内，通过备案信息管理系统向所在地省级财政部门备案，同时提交资产评估机构备案表、统一社会信用代码等材料。

【例3-31】（多项选择题）已完成备案的资产评估机构或者分支机构被省级财政部门予以注销备案，其原因可能是（　　）。

A. 评估机构从事评估业务严重违规

B. 评估机构注销工商登记

C. 评估机构主要负责人被刑事处罚

D. 评估机构被工商行政管理机关吊销营业执照

E. 评估机构主动要求注销备案

【答案】BDE

【解析】 已完成备案的资产评估机构或者分支机构有下列行为之一的，省级财政部门予以注销备案，并向社会公开：①注销工商登记的；②被工商行政管理机关吊销营业执照的；③主动要求注销备案的。

（五）对资产评估行业的监督检查和调查处理（★）

1. 监督检查。

（1）财政部门监督检查的职责划分（见图3-4）。

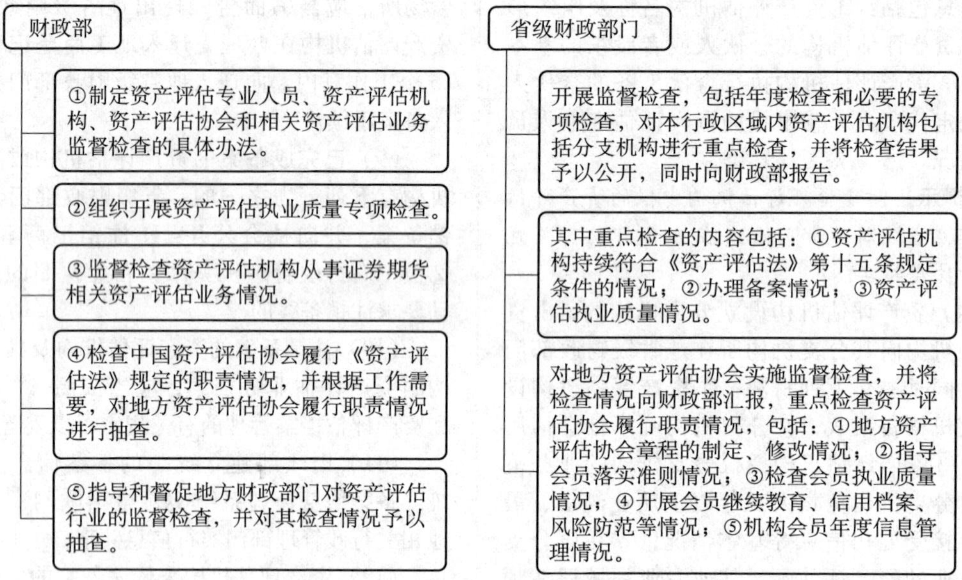

图3-4 财政部门监督检查的职责划分

（2）财政部门监督检查工作要求。包括：①财政部门开展资产评估行业监督检查，应当由本部门两名以上执法人员组成检查组。②检查时，财政部门认定虚假资产评估报告和重大遗漏资产评估报告，应当以资产评估准则为依据，组织相关专家进行专业技术论证，也可以委托资产评估协会组织专家提供专业技术支持。③检查过程中，发现资产评估专业人员、资产评估机构和资产评估协会存在违法情形的，应当依照《资产评估法》等法律、行政法规和《资产评估行业财政监督管理办法》的规定处理、处罚。涉嫌犯罪的，移送司法机关处理。④当事人对行政处理、行政处罚决定不服的，可以依法申请行政复议或者提起行政诉讼。

2. 调查处理。

（1）投诉、举报的行为。包括：①违法开展法定资产评估业务；②资产评估专业人员违反《资产评估法》第十四条规定；③资产评估机构未按照规定备案或备案后未持续符合《资产评估法》第十五条规定条件；④资产评估机构违反《资产评估法》第二十条规定；⑤资产评估机构违反规定，受理与其合伙人或者股东存在利害关系的业务；⑥资产评估机构违反规定，分支机构未在资产评估机构授权范围内从事资产评估业务，并以资产评估机构的名义出具资产评估报告。

（2）投诉、举报的受理。包括：①在法定资产评估业务中，由于委托人或被评估单位的行政管理层级不匹配或存在其他原因超出省级财政部门处理权限的，省级财政部门可以申请由财政部受理。向财政部门投诉、举报事项涉及资产评估机构从事证券期货相关资产评估业务的，由财政部受理。②投诉、举报应当通过书面形式实名进行，并如实反映情况，提供相关证明材料。③财政部门接到投诉、举报的事项，应当在15个工作日内作出是否受理的书面决定。④投诉、举报事项属于下列情形的，财政部门不予受理：a. 投诉、举报事项不属于财政部门职责的；b. 已由公安机关、检察机关立案调查或者进入司法程序的；c. 属于资产评估协会自律管理的。⑤财政部门受理投诉、举报，应当采用书面审查的方式及时进行处理，必要时可以成立由本部门两名以上执法人员和聘用的专家组成的调查组，进行调查取证。⑥对投诉、举报的调查，调查组有权进入被投诉举报单位现场调查，查阅、复印有关凭证、文件等资料，询问被投诉举报单位有关人员，必要时按照资产评估业务延伸调查，并将调查内容与事项予以记录和摘录，编制调查工作底稿。⑦在有关证据可能灭失或者以后难以取得的情况下，经财政部门负责人批准，调查组可以先行登记保存，并应当在7个工作日内及时作出处理决定。⑧财政部门根据调查处理具体情况，应当采取书面形式答复实名投诉人、举报人。

【例3－32】（单项选择题）下列关于对资产评估行业的监督检查和调查处理的表述，正确的是（　　）。

A. 财政部负责检查中国资产评估协会履行《资产评估法》规定的职责情况，并根据工作需要，对地方资产评估协会履行职责情况进行抽查

B. 财政部门接到投诉、举报的事项，应当在30个工作日内作出是否受理的书面决定

C. 省级财政部门重点监督检查资产评估机构从事证券期货相关资产评估业务情况

D. 投诉、举报事项涉及资产评估机构从事证券期货相关资产评估业务的，由委托人或被评估单位所在地省级财政部门受理

【答案】 A

【解析】 选项A是正确的。财政部门接到投诉、举报的事项，应当在15个工作日内作出是否受理的书面决定，选项B错误。省级财政部门对评估机构重点检查的内容包括：①资产评估机构持续符合资产评估法第十五条规定条件的情况；②办理备案情况；③资产评估执业质量情况。财政部监督检查资产评估机构从事证券期货相关资产评估业务情况，选项C错误。向财政部门投诉、举报事项涉及资产评估机构从事证券期货相关资产评估业务的，由财政部受理，选项D错误。

【知识点7】我国资产评估行业的自律管理（★★★）

（1）资产评估协会是资产评估机构和资产评估专业人员的自律性组织，接受有关财政部门的监督，不得损害国家利益和社会公共利益，不得损害会员的合法权益。

（2）资产评估协会通过制定章程规范协会内部管理和活动。协会章程应当由会员代表大会制定，经登记管理机关核准后，报有关财政部门备案。

（3）资产评估协会应当依法履行职责，向有关财政部门提供资产评估师信息，及时向有关财政部门报告会员信用档案、会员自律检查情况及奖惩情况。

（4）资产评估协会对资产评估机构及其资产评估专业人员进行自律检查。资产评估机构及其资产评估专业人员应当配合资产评估协会组织实施的自律检查。资产评估协会应当重点检查资产评估机构及其资产评估专业人员的执业质量和职业风险防范机制。

（5）资产评估协会应当结合自律检查工作，对资产评估机构及其分支机构按照规定每年3月31日之前报送的材料进行分析，发现不符合法律、行政法规和《资产评估行业财政监督管理办法》规定的情况，及时向有关财政部门报告。

（6）资产评估协会应当与其他评估专业领域行业协会加强沟通协作，建立会员、执业、惩戒等相关信息的共享机制。中国资产评估协会应当会同其他评估专业领域行业协会根据需要制定共同的行为规范，促进评估行业健康有序发展。

【例3－33】（单项选择题）下列不属于《资产评估行业财政监督管理办法》中对资产评估协会及其自律管理规定的是（　　）。

A. 向有关财政部门提供资产评估师信息，及时向有关财政部门报告会员信用档案、会员自律检查情况及奖惩情况

B. 资产评估协会对资产评估机构及其资产评估专业人员进行自律检查，资产评估机构及其资产评估专业人员应当配合

C. 资产评估协会应当与其他评估专业领域行业协会加强沟通协作，建立会员、执业、惩戒等相关信息的共享机制

D. 资产评估协会章程应当由财政部门制定，经登记管理机关核准后，报有关市场监管部门备案，用来规范协会内部管理和活动

【答案】 D

【解析】 资产评估协会章程应当由会员代表大会制定，经登记管理机关核准后，报有关财政部门备案。

【知识点8】我国资产评估机构自主管理的主要内容（★★★）

（1）资产评估机构应当依法采用合伙或者公司形式，并符合《资产评估法》第十五条规定的条件，不符合规定条件的资产评估机构不得承接资产评估业务。

（2）资产评估机构从事资产评估业务，应当遵守资产评估准则，履行资产评估程序，加强内部审核，严格控制执业风险。

（3）资产评估机构开展法定资产评估业务，应当指定至少两名资产评估师承办。法定资产评估业务资产评估报告应当由两名以上承办业务的资产评估师签署，并履行内部程序后加盖资产评估机构印章，资产评估机构及签字资产评估师依法承担责任。

（4）资产评估机构应当遵守独立性原则和资产评估准则规定的资产评估业务回避要求，不得受理与其合伙人或者股东存在利害关系的业务。

（5）资产评估机构应当建立健全质量控制制度和内部管理制度。

（6）资产评估机构应当指定一名取得资产评估师资格的本机构合伙人或者股东专门负责执业质量控制。

（7）资产评估机构根据业务需要建立职业风险基金管理制度，或者自愿购买职业责任保险，完善职业风险防范机制。

（8）实行集团化发展的资产评估机构，应当在质量控制、内部管理、客户服务、企业形象、信息化等方面，对设立的分支机构实行统一管理，或者对集团成员实行统一政策。分支机构应当在资产评估机构授权范围内，依法从事资产评估业务，并以资产评估机构的名义出具资产评估报告。

（9）资产评估机构和分支机构加入资产评估协会，平等享有章程规定的权利，履行章程规定的义务。

（10）资产评估机构和分支机构应当在每年3月31日之前，分别向所加入的资产评估协会报送下列材料：①资产评估机构或分支机构基本情况；②上年度资产评估项目重要信息；③资产评估机构建立职业风险基金或者购买职业责任保险情况。购买职业责任保险的，应当提供职业责任保险保单信息。

【例3－34】（单项选择题）开展法定资产评估业务的资产评估机构，至少要有（　　）资产评估师承办。

A. 2名　　B. 3名

C. 4名　　D. 5名

【答案】A

【解析】资产评估机构开展法定资产评估业务，应当指定至少两名资产评估师承办。

【例3－35】（多项选择题）根据《资产评估法》，资产评估机构应当采用的形式包括（　　）。

A. 个人独资形式

B. 合伙形式

C. 有限责任公司形式

D. 国有独资形式

E. 股份有限公司形式

【答案】BCE

【解析】资产评估机构应当依法采用合伙或者公司形式，并符合《资产评估法》第十五条规定的条件。公司形式包括有限责任公司和股份有限公司。

【例3－36】（单项选择题）资产评估机构应当指定（　　）取得资产评估师资格的本机构合伙人或者股东专门负责执业质量控制。

A. 1名　　B. 1—2名

C. 2名　　D. 至少1名

【答案】A

【解析】资产评估机构应当指定一名取得资产评估师资格的本机构合伙人或者股东专门负责执业质量控制。

【知识点9】我国国有资产评估管理的基本概念与目的（★）

（一）我国国有资产评估管理的基本概念

1. 国有资产。

根据《企业国有资产法》，企业国有资产是指国家对企业各种形式的出资所形成的权益。

国有资产属于国家所有即全民所有。国务院代表国家行使国有资产所有权。

国务院和地方人民政府依照法律、行政法规的规定，分别代表国家对国家出资企业履行出资人职责，享有出资人权益。

国家出资企业，是指国家出资的国有独资企业、国有独资公司，以及国有资本控股公司、国有资本参股公司。

2. 国有资产的形态。

参见图3－5。

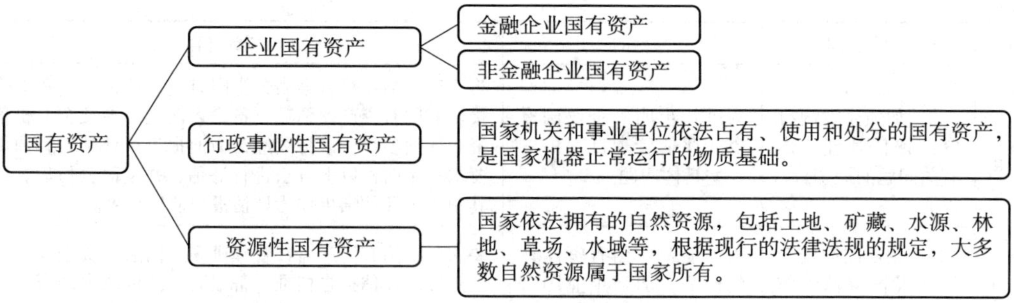

图 3－5　国有资产的形态

3. 国有资产评估管理的概念。

国有资产评估管理，是指国有资产代表人或其指定的履行出资人职责的机构，依据相关法律法规，对资产评估进行监督管理的活动总称。

国有资产评估管理是国有资产管理的重要内容之一。

（二）国有资产评估管理的目的

国有资产评估管理，是指国有资产代表人或其指定的履行出资人职责的机构，依据相关法律法规对资产评估进行监督管理的活动的总称。国有资产评估管理是国有资产管理的重要内容之一。国有资产评估的管理目的，是为了保护国有资产权益，实现国有资产保值增值。

【例 3－37】（单项选择题）关于国有资产评估管理，以下表述中，正确的是（　　）。

A. 根据《资产评估法》，企业国有资产是指国家对企业出资所形成的各种形式的资产

B. 根据资产表现形态的差异，可以将国有资产划分为企业国有资产与行政事业性国有资产

C. 国有资产评估管理，是指财政部依据相关法律法规，对国有资产评估进行监督管理的活动总称

D. 国有资产评估的管理目的，是为了保护国有资产权益，实现国有资产保值增值

【答案】 D

【解析】 根据《企业国有资产法》，企业国有资产是指国家对企业各种形式的出资所形成的权益，选项 A 错误。根据资产表现形态的差异，可以将国有资产划分为企业国有资产、行政事业性国有资产以及资源性国有资产，选项 B 错误。国有资产评估管理，是指国有资产代表人或其指定的履行出资人职责的机构，依据相关法律法规，对资产评估进行监督管理的活动总称，选项 C 错误。国有资产评估的管理目的，是为了保护国有资产权益，实现国有资产保值增值，选项 D 正确。

【知识点 10】我国国有资产评估管理有关规定文件（★★★）

（一）企业国有资产评估管理有关规定文件

参见表 3－7。

表 3－7　企业国有资产评估管理有关规定文件

时间	文件名称	目的	主要内容
2005 年	《企业国有资产评估管理暂行办法》	为规范企业国有资产评估行为，维护国有资产出资人合法权益，促进企业国有产权有序流转，防止国有资产流失	规定了各级国有资产监督管理机构负责其所出资企业的国有资产评估监管工作的管理体制，企业国有资产评估项目实行核准制和备案制的管理方式，并明确了哪些项目进行核准、由谁核准，哪些项目进行备案、由谁备案等内容。明确了企业哪些经济行为应当进行资产评估，哪些经济行为可以不进行资产评估，同时明确企业发生资产评估事项时，由谁来委托评估机构，选择的评估机构应满足哪些条件，以及企业在评估过程中应承担哪些责任和义务。规定了资产评估项目进行核准、备案的具体工作内容，包括企业应报送的文件材料、上报时间，核准、备案工作程序，核准、备案的审核内容和审核部门的时间要求等。

续表

时间	文件名称	目的	主要内容
2006年	《关于加强企业国有资产评估管理工作有关问题的通知》	为进一步明确企业国有资产评估管理过程中的一些具体问题	将资产评估项目备案表分为国有资产评估项目备案表和接受非国有资产评估项目备案表两类。涉及企业价值的资产评估项目，以持续经营为前提进行评估时，原则上要求采用两种以上方法进行评估，并全面分析后，确定其中一个评估结果作为评估报告使用结果。
2009年	《关于企业国有资产评估报告审核工作有关事项的通知》	为规范企业国有资产评估行为，加强企业国有资产评估报告审核工作	要求各级国有资产监督管理机构及国家出资企业对企业国有资产评估报告核准、备案时，应依照中国资产评估协会公布的《企业国有资产评估报告指南》进行审核。
2010年	《中央企业资产评估项目核准工作指引》	为进一步规范企业国有资产评估项目核准工作，提高评估核准工作效率	规定了核准程序，并明确召开核准会议需要评估机构汇报的内容，以及专家审核的重点事项。
2013年	《企业国有资产评估项目备案工作指引》	为进一步规范企业国有资产评估项目备案工作，提高评估备案工作效率	规定了备案工作程序，资产评估报告审核要点，以及审计报告、土地使用权估价报告、矿业权评估报告的审核要点，同时规定了境外评估或估值报告审核要点。
2016年	《关于建立中央企业资产评估项目公示制度有关事项的通知》	为加强中央企业资产评估管理工作，建立有效监督机制，做到资产评估管理工作规则公开、过程公开、结果公开，防止国有资产流失	要求中央企业建立资产评估项目公示制度，公示制度包括公示范围、公示流程、公示期限、公示途径、公示内容、公示反馈意见收集及处理方式等主要内容。
2016年	《关于加强中央企业评估机构备选库管理有关事项的通知》	为进一步加强评估机构备选库管理，促进评估机构独立、客观、公正执业，维护国有资产出资人合法权益	要求中央企业动态管理评估机构备选库，根据企业业务需求调整入库评估机构数量，选聘评估机构入库，应当签订书面协议。同时规定解除与评估机构聘用合同的各种具体情形。
2022年5月	《关于企业国有资产交易流转有关事项的通知》（国资发产权规〔2022〕39号）	为更好推动企业国有资产交易流转	对相关资产评估工作提出了要求。采取非公开协议方式转让企业产权，转让方、受让方均为国有独资或全资企业的，按照《公司法》、企业章程履行决策程序后，转让价格可以资产评估报告或最近一期审计报告确认的净资产值为基础确定。
2024年1月	《关于优化中央企业资产评估管理有关事项的通知》（国资发产权规〔2024〕8号）	为推动国有经济布局优化和结构调整，助力企业实现高质量发展，优化企业国有资产评估管理	该通知要求中央企业对资产评估项目实施分类管理，合理确定本集团重大资产评估项目划分标准，研究制定重大资产评估项目管理制度或修订现行资产评估管理制度并报送国务院国资委，并对中央企业集团资产管理部门对重大资产评估项目实施的参与和跟踪、评估机构选聘方式和招标评价、对评估备案所涉及的特殊事项处理向国务院国资委申请推荐专家论证或加强业务指导，以及对评估执业质量进行评价等做出了要求。注1

【注1】通知还规定，中央企业及其子企业发生以下经济行为时，依照相关法律和企业章程履行决策程序后，可以不对相关标的进行评估：①符合国资监管有关规定无偿划转股权、资产；②履行出资人职责的机构对国家独资、全资出资企业增资、减资；③国有独资、国有全资企业之间进行交易；④企业原股东同比例增资、减资；⑤有限责任公司整体变更为股份有限公司或者股份有限公司变更为有限责任公司，股东及其持股比例不变；⑥中央企业内部同一控制下的母公司与其独资、全资子企业之间，或独资、全资子企业之间以及股东及其持股比例完全相同的子企业之间进行交易；⑦解散注销未发生债务或已将债务清偿且不涉及非货币资产在不同股东之间分配的企业，或资产、负债由原股东承继的一人有限责任公司；⑧拟通过公开挂牌方式转让无法获取标的企业资料的参股股权以及账面原值低于500万元（含500万元）的存货、固定资产等，或出售、租赁能够获取公开市场价格的房产。通知对中央企业及其子企业可以聘请专业机构对相关标的进行估值的情形以及出具估值报告的备案和审核要求，以及健全完善知识产权、科技成果、数据资产等资产交易流转定价等问题做出了规定。

（二）金融企业国有资产评估管理有关规定文件

参见表3－8。

（三）中央文化企业国有资产评估管理有关规定文件

参见表3－9。

表3－8　　金融企业国有资产评估管理有关规定文件

时间	文件名称	目的	适用情况及主要内容
2005年	《关于规范资产管理公司不良资产处置中资产评估工作的通知》	为了规范资产管理公司、资产评估机构和资产评估师在处置不良资产过程中的行为，进一步明确资产管理公司、资产评估机构和资产评估师的职责和作用，促进不良资产处置工作有序进行。	规范在处置不良资产过程中的行为，促进不良资产处置工作有序进行。
2007年	《金融企业国有资产评估监督管理暂行办法》	为了加强对金融企业国有资产评估的监督管理，规范金融企业国有资产评估行为，维护国有资产所有者合法权益。	（1）适用于在中华人民共和国境内依法设立，并占有国有资产的金融企业、金融控股公司、担保公司的资产评估项目管理。 （2）规定了各级国有资产监督管理机构负责其所出资企业的国有资产评估监管工作的管理体制，企业国有资产评估项目实行核准制和备案制的管理方式，并明确了哪些项目进行核准、由谁核准，哪些项目进行备案、由谁备案等内容。明确了企业哪些经济行为应当进行资产评估，哪些经济行为可以不进行资产评估，同时明确企业发生资产评估事项时，由谁来委托评估机构，选择的评估机构应满足哪些条件，以及企业在评估过程中应承担哪些责任和义务。
2008年	《金融资产管理公司资产处置管理办法（修订）》	为规范金融资产管理公司的资产处置管理工作程序和资产处置行为，确保资产处置收益最大化，防范处置风险。	适用范围为经国务院批准成立的中国华融资产管理公司、中国长城资产管理公司、中国东方资产管理公司、中国信达资产管理公司。中国建银投资有限责任公司和汇达资产托管有限责任公司比照本办法执行。
2011年	《关于金融企业国有资产评估监督管理有关问题的通知》	为进一步贯彻落实《金融企业国有资产评估监督管理暂行办法》（财政部令第47号），加强和规范金融企业国有资产评估监督管理工作。	明确了评估范围的确定、评估项目的委托、评估备案的管理权限、评估结论的使用和评估机构的选聘等具体问题。

表3－9　　中央文化企业国有资产评估管理有关规定文件

时间	文件名称	目的	适用情况及主要内容
2012年	《中央文化企业国有资产评估管理暂行办法》	为规范中央文化企业国有资产评估行为，维护国有资产出资人合法权益，促进中央文化企业国有产权有序流转，防止国有资产流失。	该办法适用于财政部代表国务院履行出资人职责的中央文化企业及其各级子企业涉及的资产评估项目管理。
2017年	《关于中央文化企业国有资产评估管理的补充通知》	为进一步规范财政部代表国务院履行出资人职责的中央文化企业及其各级子企业国有资产评估管理工作，促进企业国有产权有序流转，防止国有资产流失。	（1）明确中央文化企业国有资产评估项目备案实行分级管理。 （2）经财政部批准经济行为的事项涉及的资产评估项目，由财政部负责备案。 （3）经中央文化企业及其各级子企业批准经济行为的事项涉及的资产评估项目，由中央文化企业负责备案。 （4）要求中央文化企业及其各级子企业在组织资产评估过程中应当要求评估专业人员适当选择评估方法，除依据评估职业准则只能选择一种评估方法的外，应当选择两种以上评估方法，并依据实际状况，经综合分析，形成最终评估结论，编制评估报告。同时规定了资产评估项目备案的程序。

（四）行政单位和事业单位国有资产评估管理有关规定文件

参见表3－10。

（五）境外国有资产评估管理有关规定文件

参见表3－11。

表3－10　行政单位和事业单位国有资产评估管理有关规定文件

时间	文件名称	目的
2006年颁布，并于2017年12月进行修订	《行政单位国有资产管理暂行办法》	为了规范和加强行政单位国有资产管理，维护国有资产的安全和完整，合理配置国有资产，提高国有资产使用效益，保障行政单位履行职能。该办法中专门用一章内容规定了资产评估事项。
2006年颁布，2019年修改	《事业单位国有资产管理暂行办法》	为了规范和加强事业单位国有资产管理，维护国有资产的安全完整，合理配置和有效利用国有资产，保障和促进各项事业发展，建立适应社会主义市场经济和公共财政要求的事业单位国有资产管理体制。该文件专门一章规定了资产评估与资产清查事项。
2021年2月	《行政事业性国有资产管理条例》（国务院令第738号）	为了加强行政事业性国有资产管理与监督，健全国有资产管理体制，2021年2月，国务院颁布《行政事业性国有资产管理条例》（国务院令第738号），规定行政事业单位在资产配置、使用和处置时，资产价值较高的按照国家有关规定进行资产评估。行政事业单位对无法进行会计确认入账的资产，可以根据需要组织专家参照资产评估方法进行估价，并作为反映资产状况的依据。除国家另有规定外，行政事业单位将行政事业性国有资产进行转让、拍卖、置换、对外投资等，应当按照国家有关规定进行资产评估。

表3－11　境外国有资产评估管理有关规定文件

时间	文件名称	目的	主要内容
2011年	《中央企业境外国有产权管理暂行办法》	为加强和规范中央企业境外国有产权管理。	规定中央企业及其各级子企业以其拥有的境内国有产权向境外企业注资或者转让，或者以其拥有的境外国有产权向境内企业注资或者转让，应当依照《企业国有资产评估管理暂行办法》（国资委令第12号）等相关规定，聘请具有相应资质的境内评估机构对标的物进行评估，并办理评估备案或者核准。
2017年	《中央企业境外投资监督管理办法》	为加强中央企业境外投资监督管理，推动中央企业提升国际化经营水平。	规定股权类投资项目应开展必要的尽职调查，并按要求履行资产评估或估值程序。《企业国有资产评估项目备案工作指引》（国资发产权〔2013〕64号），专门用一章内容规定了境外评估或估值报告的审核要点。
2017年	《国有企业境外投资财务管理办法》（财资〔2017〕24号）	为加强国有企业境外投资财务管理，防范境外投资财务风险，提高投资效益。	规定对投资规模较大或者对企业发展战略具有重要意义的境外投资，国有企业应当分别组织开展内部和外部财务可行性研究，并要求承担可研的团队和机构独立出具书面报告；对投资标的的价值，应当依法委托具有能力的资产评估机构进行评估。境外投资企业（项目）重大财务事项，包括但不限于合并、分立、终止、清算，资本变更，重大融资，对外投资、对外担保，重大资产处置，重大资产损失，重大税务事项等，涉及资产评估的，应当按照《资产评估法》等有关规定执行，境外国家（地区）法律法规另有规定的除外。

【例3－38】（多项选择题）根据国务院国资委于2024年1月印发的《关于优化中央企业资产评估管理有关事项的通知》（国资发产权规〔2024〕8号），中央企业及其子企业发生的下列经济行为时，依照相关法律和企业章程履行决策程序后，可以不对相关标的进行评估的是

(　　)。

A. 国有独资、国有全资企业之间进行交易

B. 企业原股东同比例增资、减资

C. 履行出资人职责的机构对国家独资、全资出资企业增资、减资

D. 符合国资监管有关规定无偿划转股权、资产

E. 中央企业向其控股上市公司增资、减资

【答案】 ABCD

【解析】 中央企业的控股上市公司并非国有独资、国有全资企业，中央企业向其控股上市公司增资、减资不属于可以不对相关标的进行评估的情形。选项E错误，其他选项均正确。

【例3－39】（单项选择题）以下文件中，(　　)规定了各级国有资产监督管理机构负责其所出资企业的国有资产评估监管工作的管理体制，企业国有资产评估项目实行核准制和备案制的管理方式。

A.《企业国有资产评估管理暂行办法》

B.《中央文化企业国有资产评估管理暂行办法》

C.《中央企业资产评估项目核准工作指引》

D.《关于加强企业国有资产评估管理工作有关问题的通知》

【答案】 A

【解析】 国务院国有资产监督管理委员会于2005年颁布了《企业国有资产评估管理暂行办法》（国资委令12号）。该办法适用于各级国有资产监督管理机构履行出资人职责的企业及其各级子企业涉及的资产评估项目管理，规定了各级国有资产监督管理机构负责其所出资企业的国有资产评估监管工作的管理体制，企业国有资产评估项目实行核准制和备案制的管理方式。

【例3－40】（单项选择题）为了加强行政事业性国有资产管理与监督，健全国有资产管理体制，2021年2月，国务院颁布(　　)，规定行政事业单位在资产配置、使用和处置时，资产价值较高的按照国家有关规定进行资产评估。

A.《行政单位国有资产管理暂行办法》

B.《事业单位国有资产管理暂行办法》

C.《行政事业性国有资产管理条例》

D.《行政事业性国有资产管理办法》

【答案】 C

【解析】 2021年2月，国务院颁布《行政事业性国有资产管理条例》（国务院令第738号），规定行政事业单位在资产配置、使用和处置时，资产价值较高的按照国家有关规定进行资产评估。

【知识点11】我国国有资产评估项目管理的方式（★★★）

（一）核准制和备案制

参见图3－6。

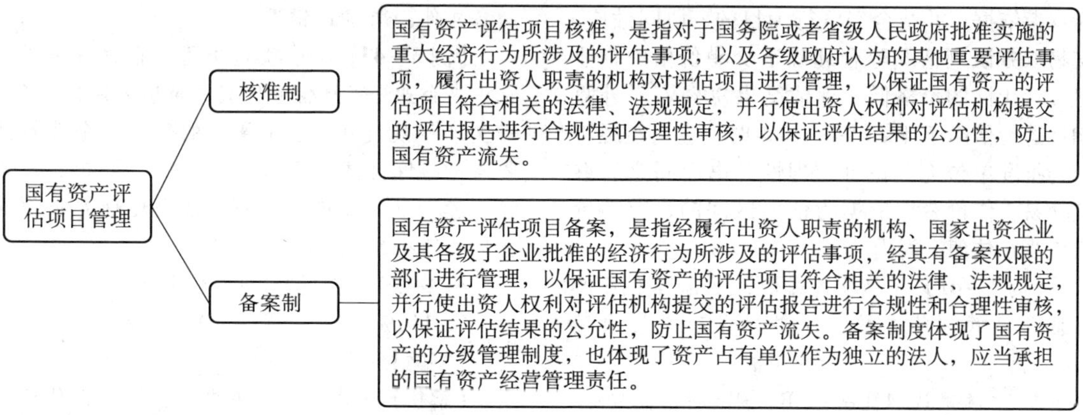

图3－6　我国国有资产评估项目管理方式

【提示】 经国有资产监督管理机构批复的资产评估项目核准文件和经国有资产监督管理机构或所出资企业确认备案的资产评估项目备案表，其主要作用是企业办理产权登记、股权设置和产权转让等相关手续的必备文件。

（二）评估报告与评估结果使用要求

（1）按现行有关规定，企业进行涉及国有资产评估相应的经济行为时，应当以经核准或

备案的资产评估结果为作价参考依据。

（2）企业进行与资产评估相应的经济行为时，应当以经核准或备案的资产评估结果为作价参考依据；当交易价格低于评估结果的90%时，应当暂停交易，在获得原经济行为批准机构同意后方可继续交易。

（3）《金融企业国有资产转让管理办法》（财政部令第54号）规定，在产权交易过程中，首次挂牌价格不得低于经核准或者备案的资产评估结果。首次挂牌未能征集到意向受让方的，转让方可以根据转让标的企业情况确定新的挂牌价格并重新公告。如新的挂牌价格低于资产评估结果的90%，应当重新报批。

（4）《企业国有资产交易监督管理办法》（国资委、财政部令第32号）规定，对按照有关法律法规要求必须进行资产评估的产权转让事项，转让方应当委托具有相应资质的评估机构对转让标的进行资产评估，产权转让价格应以经核准或备案的评估结果为基础确定。产权转让项目首次正式信息披露的转让底价，不得低于经核准或备案的转让标的评估结果。采取非公开协议转让方式转让企业产权，转让价格不得低于经核准或备案的评估结果。

（5）《关于优化中央企业资产评估管理有关事项的通知》（国资发产权规〔2024〕8号）进一步明确，企业实施需要进行资产评估或估值的经济行为时，应当以评估结果或估值结果作为参考依据，并结合经济行为目的、协同效应、交易双方谈判情况等合理确定交易价格。企业对外转让标的价格低于评估结果90%、对外收购标的价格高于评估结果110%时，应当经经济行为批准单位充分论证合理性并书面同意后继续交易。作价参考依据为估值区间的，交易价格应当在估值区间内。

【例3-41】（单项选择题）我国国有资产评估项目管理的方式，是实行资产评估项目（　　）。

A. 立项确认审批制　B. 核准制和备案制
C. 评估项目报告制　D. 评估报告审核制

【答案】 B

【解析】 目前，我国国有资产评估项目管理实行核准制和备案制。

【例3-42】（多项选择题）关于我国国有资产评估项目管理的方式，下列表述正确的是（　　）。

A. 对于国务院或者省级人民政府批准实施的重大经济行为所涉及的评估事项实行备案制

B. 当交易价格低于评估结果的90%时，应当暂停交易，在获得原经济行为批准机构同意后方可继续交易

C. 金融企业国有资产在产权交易过程中，首次挂牌价格不得低于经核准或者备案的资产评估结果的90%

D. 国有资产监督管理机构批复的资产评估项目核准文件和备案表的主要作用是确定资产交易价格

E. 采取非公开协议转让方式转让企业产权，转让价格不得低于经核准或备案的评估结果

【答案】 BE

【解析】 对于国务院或者省级人民政府批准实施的重大经济行为所涉及的评估事项，以及各级政府认为的其他重要评估事项，实行核准制，选项A错误。《金融企业国有资产转让管理办法》（财政部令第54号）规定，在产权交易过程中，首次挂牌价格不得低于经核准或者备案的资产评估结果，选项C错误。国有资产监督管理机构批复的资产评估项目核准文件和经国有资产监督管理机构或所出资企业确认备案的资产评估项目备案表的主要作用是企业办理产权登记、股权设置和产权转让等相关手续的必备文件，选项D错误。

【例3-43】（单项选择题）根据《关于优化中央企业资产评估管理有关事项的通知》（国资发产权规〔2024〕8号）的规定，企业对外收购标的价格高于评估结果（　　）时，应当经经济行为批准单位充分论证合理性并书面同意后继续交易。

A. 90%　B. 100%
C. 110%　D. 120%

【答案】 C

【解析】《关于优化中央企业资产评估管理有关事项的通知》（国资发产权规〔2024〕8号）的规定，企业对外转让标的价格低于评估结果90%、对外收购标的价格高于评估结果110%时，应当经经济行为批准单位充分论证合理性并书面同意后继续交易。作价参考依据为估值区间的，交易价格应当在估值区间内。

【知识点12】我国国有资产评估项目审核与评审的依据（★★★）

我国国有资产评估项目依据资产评估准则进行审核或评审。此外，其他文件对审核或评审，也作了相关的规定，参见图3-7。

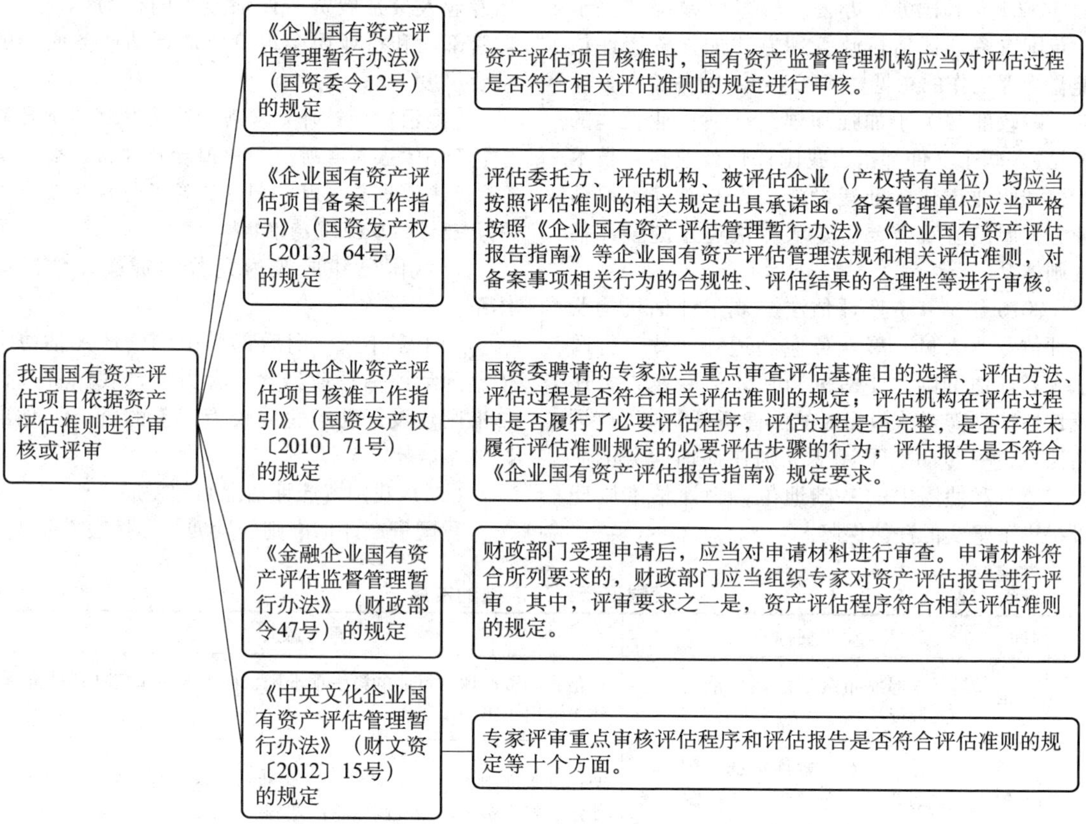

图3-7　我国国有资产评估项目审核与评审的依据

【例3-44】（单项选择题）我国国有资产评估项目审核与评审的依据是（　　）。

A. 企业国有资产评估项目备案工作指引

B. 企业国有资产评估管理暂行办法

C. 资产评估准则

D. 企业国有资产评估报告指南

【答案】 C

【解析】 我国国有资产评估项目依据资产评估准则进行审核或评审。

【例3-45】（多项选择题）《企业国有资产评估项目备案工作指引》（国资发产权〔2013〕64号）规定，备案管理单位审核评估程序实施过程和情况，应当重点关注的是（　　）。

A. 评估机构在评估过程中是否履行了必要评估程序

B. 评估机构及其评估专业人员履行的评估程序是否征得委托人同意

C. 评估机构及其评估专业人员履行的评估程序是否经核准或备案

D. 评估机构及其评估专业人员的评估过程是否完整

E. 是否存在未履行评估准则规定的必要评估步骤的行为

【答案】 ADE

【解析】《企业国有资产评估项目备案工作指引》（国资发产权〔2013〕64号）规定，备案管理单位审核评估程序实施过程和情况，应当重点关注评估机构在评估过程中是否履行了必要评估程序，评估过程是否完整，是否存在未履行评估准则规定的必要评估步骤的行为。

【知识点13】我国资产评估准则的产生与发展（★）

（一）我国资产评估准则的产生

1. 评估准则是评估行业规范发展的重要基础。

随着社会主义市场经济体制的发展完善，我国评估行业得到了快速发展，对评估准则建设也提出了迫切要求。

2001 年，国务院办公厅转发财政部《关于改革国有资产评估行政管理方式加强资产评估监督管理工作的意见》。2003 年，国务院办公厅转发财政部《关于加强和规范评估行业管理的意见》。两个文件都指出我国评估行业执业技术规范和职业道德标准建设滞后，不能满足评估业务发展的客观需要，要求尽快建立健全评估准则体系。

2016 年，《资产评估法》规定评估机构及其评估专业人员开展业务应当遵守法律、行政法规和评估准则，评估机构和评估专业人员违反评估准则需要承担相应的法律责任。《资产评估法》进一步明确了评估准则在评估业务的履行、监管和使用中的基础地位，为评估准则建设提供了坚实的法律保障。

2. 评估准则是开展资产评估业务的行为标准。

资产评估准则是资产评估机构及其资产评估专业人员开展资产评估业务的行为标准，是监管部门和行业协会评价资产评估业务质量的重要尺度。

【提示】 资产评估准则，是指财政部制定的《资产评估基本准则》和中国资产评估协会根据《资产评估基本准则》制定的资产评估执业准则和资产评估职业道德准则。

3. 我国已建成较为完善的资产评估准则体系。

二十多年来，财政部和中国资产评估协会借鉴国际评估行业经验，大力推动我国资产评估准则建设，已经建成较为完善的资产评估准则体系。

（二）我国资产评估准则的发展

我国资产评估准则的发展，参见表 3 - 12。

表 3 - 12　　我国资产评估准则的发展

<table>
<tr><th>时间</th><th>发展标志</th><th>重要意义</th></tr>
<tr><td>2001 年</td><td>财政部发布《资产评估准则——无形资产》。</td><td>这是我国资产评估行业的第一项准则，标志着我国资产评估准则建设迈出了第一步。</td></tr>
<tr><td>2004 年</td><td>财政部发布《资产评估准则——基本准则》和《资产评估职业道德准则——基本准则》。</td><td>两项基本准则确立了我国资产评估准则的基本理念和基本要求，奠定了整个资产评估准则体系的基础。</td></tr>
<tr><td>2007 年</td><td>财政部发布了中国资产评估准则体系。</td><td>涉及主要评估程序和主要执业领域的资产评估准则基本建成，初步构建了资产评估准则体系。此后，在资产评估准则体系规划下，我国资产评估准则建设继续紧跟市场和执业需求，有序、协调发展。截至 2016 年，资产评估准则体系包括业务准则和职业道德准则两部分，共计 28 项准则。</td></tr>
<tr><td>2016 年</td><td>《资产评估法》规定了评估准则的制定和实施方式。</td><td>对资产评估准则的规范主体、重要术语、评估程序、评估方法以及评估报告等内容做出了规定。</td></tr>
<tr><td>2017 年</td><td>财政部和中国资产评估协会对资产评估准则进行全面修订后重新发布，构建了包括 1 项基本准则、1 项职业道德准则和 25 项执业准则在内的新的资产评估准则体系。</td><td rowspan="2">截至 2024 年末，资产评估准则体系包括 33 项准则。我国资产评估准则体系已得到进一步完善，更好适应了资产评估执业、监管和使用的需求。</td></tr>
<tr><td>2018 年以来</td><td>中国资产评估协会对资产评估准则体系中的部分执业准则进行了修订，并制定了新的执业准则，资产评估准则体系实现了动态更新。</td></tr>
</table>

【例3－46】（单项选择题）下列关于我国资产评估准则产生与发展的表述，正确的是（　　）。

A. 2004年，中国资产评估协会发布《资产评估准则——基本准则》

B. 2007年11月，财政部发布了中国资产评估准则体系

C. 截至2024年末，我国资产评估准则体系包括32项准则

D.《资产评估准则——基本准则》是我国资产评估行业的第一项准则

【答案】B

【解析】2004年，财政部发布《资产评估准则——基本准则》和《资产评估职业道德准则——基本准则》两项基本准则，确立了我国资产评估准则的基本理念和基本要求，奠定了整个资产评估准则体系的基础，选项A错误。2007年11月，财政部发布了中国资产评估准则体系，选项B正确。截至2024年末，资产评估准则体系包括33项准则，选项C错误。财政部2001年发布《资产评估准则——无形资产》，这是我国资产评估行业的第一项准则，选项D错误。

【知识点14】我国资产评估准则的主要作用（★）

（1）评估准则是评估行业规范发展的重要基础（前文已述及）。

（2）评估准则是开展资产评估业务的行为标准，是监管部门和行业协会评价资产评估业务质量的重要尺度（前文已述及）。

（3）评估准则在提升行业公信力、规范执业行为、加强行业监管、促进评估结论使用、增进行业国际交流等方面发挥了重要作用，促进了资产评估行业健康规范发展。

【例3－47】（多项选择题）下列关于我国资产评估准则作用的表述中，正确的是（　　）。

A. 评估准则在提升行业公信力等方面发挥了重要作用

B. 评估准则是评估行业规范发展的重要基础

C. 评估准则是开展资产评估业务的行为标准

D. 评估准则是监管部门和行业协会评价评估业务质量的重要尺度

E. 评估准则是《资产评估法》制定的基础

【答案】ABCD

【解析】评估准则不是《资产评估法》制定的基础，相反，《资产评估法》规定了评估准则的制定和实施方式，并对资产评估准则的规范主体、重要术语、评估程序、评估方法以及评估报告等内容作出了规定。

【知识点15】我国资产评估准则的制定机制（★★）

参见表3－13。

表3－13　**我国资产评估准则的制定机制**

制定主体	财政部	中国资产评估协会
职责分工	负责组织制定资产评估基本准则和资产评估行业监督管理办法。	负责依据资产评估基本准则制定评估执业准则和职业道德准则。
咨询组织	成立了资产评估准则委员会。	成立了资产评估准则技术委员会。
制定程序	资产评估基本准则报财政部审定后，由财政部发布。	（1）中国资产评估协会对资产评估准则制定程序作出了规定。资产评估准则的制定过程分为立项、起草、公开征求意见、审议和发布五个阶段。 （2）资产评估执业准则和资产评估职业道德准则由中国资产评估协会发布。
更新机制	为保证资产评估准则的质量，提高资产评估准则的适用性和可操作性，财政部和中国资产评估协会对我国资产评估准则进行了多次修订。 目前，已经初步建立了资产评估准则动态更新机制，在财政部的指导下，中国资产评估协会结合执业需求和监管需求，及时制定新的资产评估准则项目，对已发布的资产评估准则不定期进行修订。	

【例3－48】（单项选择题）下列关于我国资产评估准则制定机制的表述，错误的是（　）。

A. 财政部作为资产评估行业的行政管理部门，负责组织制定资产评估基本准则

B. 中国资产评估协会负责制定资产评估执业准则和职业道德准则

C. 资产评估基本准则报财政部审定后，由中国资产评估协会发布

D. 目前，已经初步建立了动态更新机制，及时制定新的资产评估准则项目

【答案】 C

【解析】 资产评估基本准则报财政部审定后，由财政部发布。选项C错误，其他选项均正确。

【知识点16】我国资产评估准则体系框架（★★★）

（一）资产评估基本准则

《资产评估基本准则》是财政部依据《资产评估法》和《资产评估行业财政监督管理办法》等制定的资产评估机构及其资产评估专业人员执行各种资产类型、各种评估目的资产评估业务应当共同遵循的基本规范。

【提示】《资产评估基本准则》是中国资产评估协会制定资产评估执业准则和资产评估职业道德准则的依据。《资产评估基本准则》明确了资产评估准则适用的业务范围，提出了资产评估业务的基本遵循，规定了资产评估业务的基本操作要求、资产评估报告编制要求和资产评估档案的管理要求。

（二）资产评估执业准则

资产评估执业准则是中国资产评估协会依据资产评估基本准则制定的资产评估机构及其资产评估专业人员在执行资产评估业务过程中应当遵循的程序规范和技术规范，包括具体准则、评估指南和指导意见。

1. 资产评估具体准则。

资产评估具体准则分为程序性准则和实体性准则两个部分。

（1）程序性准则。程序性准则是关于资产评估机构及其资产评估专业人员通过履行一定的专业程序完成评估业务、保证评估质量的规范。程序性准则包括：《资产评估执业准则——资产评估程序》等6项。

（2）实体性准则。实体性准则是针对不同资产类别的特点，分别对不同类别资产评估业务中的资产评估机构及其资产评估专业人员的技术操作提供指导。实体性准则包括：《资产评估执业准则——企业价值》等7项。

2. 资产评估指南。

资产评估指南是针对出资、抵押、财务报告、保险等特定评估目的的评估业务，以及某些重要事项制定的规范。资产评估指南包括：《企业国有资产评估报告指南》等4项。

3. 资产评估指导意见。

资产评估指导意见的内容较为灵活。已在具体准则中设置了准则的资产，其细类资产的评估规范，采用指导意见形式；资产评估业务中某些具体问题的指导性文件，采用指导意见形式。

资产评估指导意见包括：《资产评估价值类型指导意见》等14项。

（三）资产评估职业道德准则

资产评估职业道德准则从专业能力、独立性、与委托人和其他相关当事人的关系、与其他资产评估机构及资产评估专业人员的关系等方面对资产评估机构及其资产评估专业人员应当具备的道德品质和体现的道德行为进行了规范。资产评估机构应当对本机构的资产评估专业人员遵守法律、行政法规和资产评估准则的情况进行监督。资产评估机构及其资产评估专业人员在执行资产评估业务过程中，应当指导专家和相关业务助理人员遵守资产评估职业道德准则相关条款。

（四）资产评估专家指引

除资产评估准则体系外，为指导资产评估机构及其资产评估专业人员执行特定业务，履行特定程序，中国资产评估协会归纳总结评估实践中科学合理的做法，制定资产评估专家指引。

目前，资产评估专家指引包括：《资产评估专家指引第1号——金融企业评估中应关注的金融监管指标》等17项。

【提示】 由于评估业务因经济行为、交易目的不同存在复杂多样的情况，专家指引中有些技术方法要求不具有必要性，也就是专家指引中的技术方法不是唯一适用的方法，因此，专

家指引不作为评估机构执业的强制性标准，仅作为参考，评估机构可以根据具体情况采用其他适当的做法。

（五）资产评估准则术语

为进一步解释资产评估准则中使用的术语的内涵，为资产评估执业者、监管部门和评估报告使用人理解和使用准则提供基础支撑，中国资产评估协会制定资产评估准则术语，术语不属于资产评估准则。

2020 年 11 月，中国资产评估协会发布《资产评估准则术语 2020》，根据“成熟一批推出一批”的原则，本次发布的术语共收录术语 72 项，按照汉语拼音字母顺序排列。

我国资产评估准则体系的框架，如图 3－8 所示。

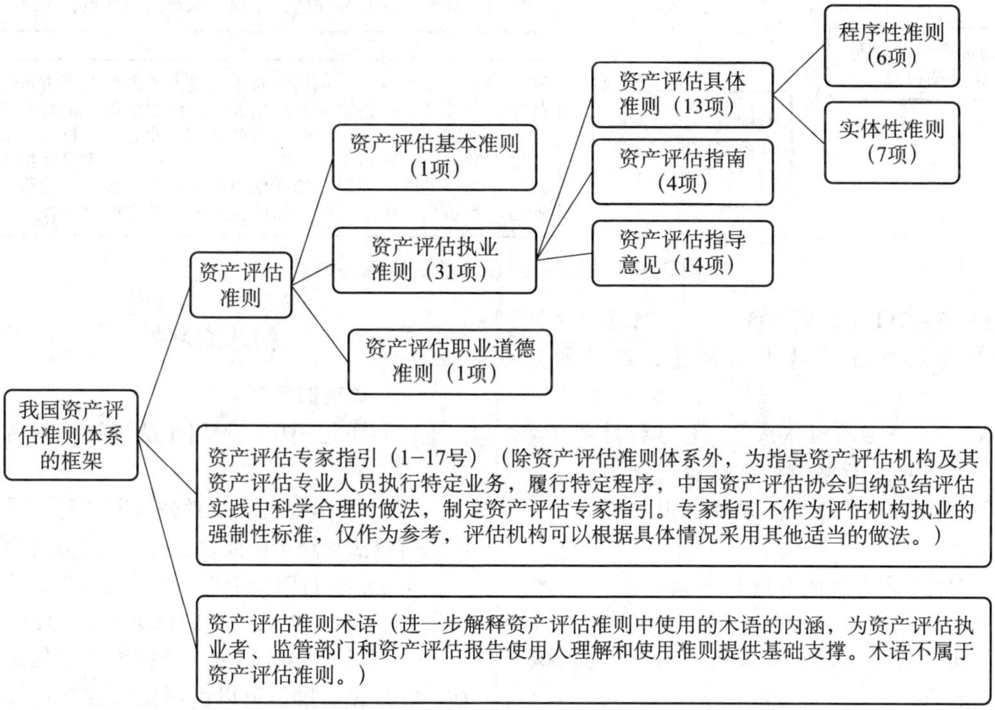

图 3－8 我国资产评估准则体系的框架

【例 3－49】（单项选择题）下列关于我国资产评估具体准则构成的表述中，正确的是（ ）。

A. 资产评估具体准则是由执业准则和职业道德准则构成

B. 资产评估具体准则是由程序性准则和实体性准则构成

C. 资产评估具体准则是由程序性准则、实体件准则和职业道德准则构成

D. 资产评估具体准则是由执业准则、评估指南和评估指导意见构成

【答案】 B

【解析】 资产评估具体准则分为程序性准则和实体性准则，选项 B 正确，其他选项均错误，参见图 3－8。

【例 3－50】（多项选择题）下列关于我国资产评估准则体系框架的表述中，正确的是（ ）。

A. 资产评估准则包括基本准则、职业道德准则和执业准则

B. 具体准则分为职业道德准则、程序性准则和实体性准则

C. 程序性准则是针对出资、抵押等特定评估业务，以及某些重要事项制定的规范

D. 资产评估执业准则包括具体准则、评估指南和指导意见

E. 资产评估具体准则是制定执业准则和职业道德准则的依据

【答案】 AD

【解析】 具体准则分为程序性准则和实体性准则，选项 B 错误。资产评估指南是针对出资、抵押、财务报告、保险等特定评估目的的评估

业务，以及某些重要事项制定的规范，选项C错误。资产评估基本准则是中国资产评估协会制定资产评估执业准则和资产评估职业道德准则的依据，选项E错误。

【知识点17】我国资产评估准则体系的特点（★）

参见图3-9。

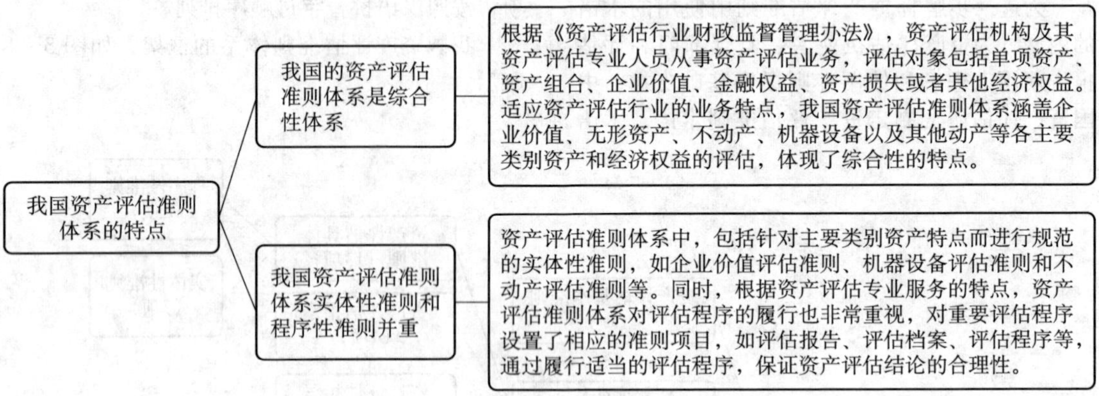

图3-9 我国资产评估准则体系的特点

【例3-51】（单项选择题）下列关于我国资产评估准则体系特点的表述，错误的是（　　）。

A. 资产评估准则体系中，包括针对主要类别资产特点而进行规范的实体性准则，如企业价值评估准则、机器设备评估准则和不动产评估准则等

B. 我国资产评估准则体系涵盖企业价值、无形资产、不动产、机器设备以及其他动产等各主要类别资产和经济权益的评估，体现了综合性的特点

C. 对重要评估程序设置了相应的准则项目，如评估报告、评估档案、评估程序等，通过履行适当的评估程序，保证资产评估结论的合理性

D. 资产评估准则体系中，专业性准则涵盖主要类别的资产，对评估程序的履行也非常重视，专业性准则和程序性准则并重

【答案】D

【解析】资产评估准则体系中，包括针对主要类别资产特点而进行规范的实体性准则，如企业价值评估准则、机器设备评估准则和不动产评估准则等。同时，根据资产评估专业服务的特点，资产评估准则体系对评估程序的履行也非常重视，对重要评估程序设置了相应的准则项目，如评估报告、评估档案、评估程序等，通过履行适当的评估程序，保证资产评估结论的合理性。

精选练习题

一、单项选择题

1. 以下选项中，不属于法定评估的特点的是（　　）。

A. 涉及国有资产或者公共利益等事项，法律、行政法规规定需要评估的，属于法定评估

B. 除《资产评估法》外，其他相关法律如《证券法》规定需要评估的也属于法定评估

C. 法定评估应当依法委托资产评估机构评估，资产评估报告可以由评估师或其他评估专业人员签署

D. 法定评估需要至少两名相应专业类别的评估师承办该类评估业务，且评估档案保存期限不少于30年

2. 评估执业需要相关的权属证明、财务会计信息和其他资料作为基础性资料。下列关于对评估资料责任的界定，表述错误的是（　　）。

A. 权属证明等资料应当由委托人提供，评估专业人员根据执业需要有权要求委托人提供这些资料

B. 委托人拒绝或者不如实提供执行评估业务所需的权属证明等资料的，评估机构有权依法拒绝其履行合同的要求

C. 不便于核查验证的权属证明等资料，获取相关当事人的书面承诺，可以减轻或免除资产评估专业人员的核查验证责任

D. 评估专业人员应当对评估活动中使用的

有关文件、证明和资料的真实性、准确性、完整性进行核查和验证

3. 根据《资产评估法》的规定，企业国有资产评估应当履行基本程序。下列关于企业国有资产评估应当履行的基本程序中，表述正确的是（　　）。

A. 评估事项涉及两个以上当事人的，由主要当事人选定评估机构

B. 评估机构应当指定至少一名相应专业类别的评估师承办该类评估业务

C. 选定评估机构后，委托人应当与资产评估专业人员订立委托合同

D. 法定评估业务的资产评估档案的保存期限不少于30年

4. 下列选项中，不属于资产评估行业协会职责的是（　　）。

A. 组织开展会员继续教育，为会员完成继续教育提供条件和服务

B. 制定资产评估基本准则、资产评估执业准则和资产评估职业道德准则

C. 保障会员依法开展业务，维护会员合法权益，为会员开展业务保驾护航

D. 制定更具针对性、可操作性的会员自律管理办法，对会员实行自律管理

5. 根据《资产评估行业财政监督管理办法》的规定，财政部门对资产评估行业进行行政监管。下列关于财政部监管职责的表述中，错误的是（　　）。

A. 指导和督促地方财政部门实施监督管理

B. 制定资产评估基本准则和具体准则

C. 制定有关资产评估行业监督管理办法

D. 负责统筹财政部门对全国资产评估行业的监督管理

6. 资产评估机构应当自领取营业执照之日起30日内，通过备案信息管理系统向所在地（　　）备案。

A. 省级财政部门

B. 省级民政部门

C. 省级资产评估协会

D. 省级市场监管部门

7. 已完成备案的资产评估机构或者分支机构有以下（　　）行为时，省级财政部门不应该予以注销备案。

A. 注销工商登记

B. 被工商行政管理机关吊销营业执照

C. 主动要求注销备案

D. 迁出该省去往其他省开展业务

8. 以下有关资产评估机构备案管理的选项中，不正确的是（　　）。

A. 备案材料完备且符合要求的，省级财政部门收齐备案材料即完成备案，并在20个工作日内向社会公开

B. 对于资产评估机构申报的资产评估师信息，省级财政部门有义务在公开前向有关资产评估协会核实

C. 资产评估机构跨省级行政区划迁移经营场所，应当通知迁出地省级财政部门和迁入地省级财政部门

D. 资产评估机构设立分支机构的，由资产评估机构向其分支机构所在地省级财政部门备案

9. 以下有关资产评估行业自律管理的表述中，错误的是（　　）。

A. 资产评估协会对资产评估机构及其资产评估专业人员进行自律检查，应当重点检查资产评估机构及其资产评估专业人员的专业胜任能力和业务能力

B. 资产评估协会是资产评估机构和资产评估专业人员的自律性组织，接受有关财政部门的监督，不得损害国家利益、社会公共利益和会员的合法权益

C. 资产评估协会章程应当由会员代表大会制定，经登记管理机关核准后，报有关财政部门备案

D. 资产评估协会应当与其他评估专业领域行业协会加强沟通协作，建立会员、执业、惩戒等相关信息的共享机制

10. 下列选项中，对资产评估机构的自主管理的选项中，不正确的有（　　）。

A. 资产评估机构应当依法采用合伙或者公司形式，并符合《资产评估法》第十五条规定的条件

B. 资产评估机构从事资产评估业务，应当遵守资产评估准则，履行资产评估程序，加强内部审核，严格控制执业风险

C. 资产评估机构应当遵守独立性原则和资产评估准则规定的资产评估业务回避要求，不得受理与其合伙人或者债权人存在利害关系的

业务

D. 资产评估机构和分支机构加入资产评估协会，平等享有章程规定的权利，履行章程规定的义务

11. 以下有关资产评估机构自主管理的表述，错误的是（　　）。

A. 实行集团化发展的资产评估机构，应当在客户服务方面，对设立的分支机构实行统一管理

B. 资产评估机构应当指定一名取得资产评估师资格的本机构合伙人或者股东专门负责执业质量控制

C. 资产评估机构和分支机构加入资产评估协会，平等享有章程规定的权利，履行章程规定的义务

D. 分支机构应当在资产评估机构授权范围内，依法从事资产评估业务，并以自己的名义出具资产评估报告

12. 根据国有资产表现形态的差异，可以将国有资产划分为（　　）。

A. 企业国有资产、行政事业性国有资产、境外国有资产

B. 企业国有资产、行政事业性国有资产、金融企业国有资产

C. 企业国有资产、行政事业性国有资产、中央文化企业国有资产

D. 企业国有资产、行政事业性国有资产、资源性国有资产

13.《金融企业国有资产转让管理办法》（财政部令第 54 号）规定，在产权交易过程中，首次挂牌价格不得低于经核准或者备案的（　　）。

A. 资产评估结果

B. 资产评估结果的 90%

C. 产权交易协议价格

D. 资产交易历史平均价格

14. 在我国资产评估准则体系框架中，资产评估执业准则不包括（　　）。

A. 资产评估职业道德准则

B. 资产评估具体准则

C. 资产评估指南

D. 资产评估指导意见

二、多项选择题

1. 设立公司形式的资产评估机构，应满足的条件包括（　　）。

A. 有限责任公司形式的评估机构的股东符合法定人数（1 个以上 50 个以下），，股东共同制订公司章程，有符合公司章程规定的全体股东认缴的出资额

B. 评估师的人数不得少于 8 名，股份有限公司形式的评估机构的发起人制订公司章程，采用募集方式设立的经创立大会通过

C. 公司形式的评估机构的股东为 2 名的，2 名股东都应当是具有 3 年以上从业经历且最近 3 年内未受停止从业处罚的评估师

D. 公司形式的评估机构 2/3 以上股东应当是具有 3 年以上从业经历且最近 2 年内未受刑事处罚的评估师

E. 股份有限公司形式的评估机构的发起人应当有 1 人以上 200 人以下，其中须有半数以上的发起人在中国境内有住所

2. 下列选项中，对资产评估专业人员的监督管理的主要内容，正确的有（　　）。

A. 资产评估专业人员包括资产评估师（含珠宝评估专业）和具有资产评估专业知识及实践经验的其他资产评估从业人员

B. 资产评估专业人员从事资产评估业务，应当加入资产评估机构，并且可以在多个资产评估机构从事业务

C. 加入资产评估协会，但未加入特定资产评估机构的资产评估专业人员，不能享有章程规定的部分权利

D. 资产评估专业人员应当与资产评估机构签订劳动合同，建立社会保险缴纳关系，按照国家有关规定办理人事档案存放手续

E. 未取得资产评估师资格的人员，不得签署法定资产评估业务资产评估报告，其签署的法定资产评估业务资产评估报告无效

3. 以下有关资产评估机构备案管理的选项中，不正确的是（　　）。

A. 资产评估机构的备案信息不齐全或者备案材料不符合要求的，省级财政部门应当在接到备案材料 5 个工作日内一次性告知需要补正的全部内容

B. 迁出该省去往其他省开展业务的，省级财政部门予以注销备案，书面告知迁入地省级财政部门，并向社会公开

C. 对于资产评估机构申报的资产评估师信

息，省级财政部门应当在公开前向有关资产评估协会核实

D. 资产评估机构办理合并后无须特别表明合并前资产评估机构资产评估业务、执业责任的承继关系

E. 合伙制资产评估机构转为公司制资产评估机构，转制决议只需要载明转制后机构与转制前机构的所有者权益情况

4. 下列选项中，对资产评估机构的自主管理主要内容的表述，正确的有（　　）。

A. 资产评估机构开展法定资产评估业务，应当指定至少一名资产评估师和一名资产评估专业人员承办

B. 法定资产评估业务的资产评估报告，应当由至少一名承办业务的资产评估师和一名资产评估专业人员共同签署

C. 资产评估机构应当遵守独立性原则和资产评估准则规定的资产评估业务回避要求，不得受理与其合伙人或者股东存在利害关系的业务

D. 资产评估机构应当指定一名取得资产评估师资格的本机构合伙人或者股东专门负责执业质量控制

E. 分支机构应当在资产评估机构授权范围内，依法从事资产评估业务，并以资产评估机构的名义出具资产评估报告

5. 在我国资产评估准则体系框架中，《资产评估执业准则——资产评估方法》属于（　　）。

A. 具体准则

B. 实体性准则

C. 职业道德准则

D. 程序性准则

E. 基本准则

6. 在我国资产评估准则体系的框架中，下列不属于实体性准则的是（　　）。

A.《资产评估执业准则——资产评估档案》

B.《资产评估执业准则——珠宝首饰》

C.《资产评估执业准则——资产评估报告》

D.《资产评估执业准则——利用专家工作及相关报告》

E.《资产评估执业准则——森林资源资产》

7. 下列有关资产评估的文件中，属于资产评估准则的是（　　）。

A.《数据资产评估指导意见》

B.《资产评估职业道德准则》

C.《资产评估专家指引第17号——碳资产评估》

D.《资产评估准则术语2020》

E.《金融企业国有资产评估报告指南》

三、综合题

中央企业正航公司为国有独资企业，其所属的两个全资子公司甲和乙为优势互补企业，历史经营业绩良好。为发挥战略协同优势，正航公司将甲、乙两公司合并成立了太和公司。太和公司设立后，正航公司拟引进民营企业东宇公司以现金方式对太和公司进行增资，为确定增资后太和公司的股权比例，正航、太和、东宇三公司决定委托一家资产评估公司对太和公司进行评估。因正航公司为国有独资中央企业，评估公司是由正航公司选定的。该评估公司法人代表A与正航公司法人代表B系表兄妹，评估公司正在履行登记备案手续。该评估业务是评估公司的第一单业务，评估公司非常重视，指派1名资深评估师和2名非常有经验的助理人员从事该评估业务，并按约定完成评估程序，评估报告由该名承办业务的评估师和助理人员签名后提交给正航公司。

请根据以上资料，回答下列问题：

（1）依据有关资产评估法律制度，甲、乙两公司合并成立太和公司，是否需要进行资产评估？拟引进民营企业东宇公司以现金方式对太和公司进行增资，是否需要进行资产评估？请说明理由。

（2）假定需要进行资产评估，由正航公司选定一家评估机构对太和公司进行资产评估的行为是否恰当？请说明理由。

（3）假定不考虑其他因素，正航公司选定的评估机构是否符合相关规定？为什么？

（4）假定不考虑其他因素，评估公司指派1名资深评估师和2名非常有经验的助理人员从事该评估业务，是否符合相关规定？为什么？

（5）完成评估程序后，评估报告由该名承办业务的评估师和助理人员签名后提交给正航公司，是否符合规定？为什么？

（6）如果评估专业人员从事评估业务时，由于工作失误，发表了不恰当的评估意见，给正航公司造成经济损失，责任应当如何承担？

精选练习题参考答案及解析

一、单项选择题

1. 【答案】C

【解析】选项 C 为自愿进行的评估的特点，不属于法定评估的特点。

2. 【答案】C

【解析】根据《资产评估法》第十三条的规定，评估专业人员应当对评估活动中使用的有关文件、证明和资料的真实性、准确性、完整性进行核查和验证。资产评估专业人员获取相关当事人的书面承诺后，不能减轻或免除其核查验证责任。因此，选项 C 不正确。

3. 【答案】D

【解析】评估事项涉及两个以上当事人的，由全体当事人协商委托评估机构，选项 A 错误。对受理的评估业务，评估机构应当指定至少两名评估专业人员承办。属于法定评估业务的，评估机构应当指定至少两名评估师承办。选项 B 错误。选定评估机构后，委托人应当与评估机构订立委托合同，约定双方的权利和义务。选项 C 错误。选项 D 正确。

4. 【答案】B

【解析】制定评估基本准则是评估行政管理部门的职责。

5. 【答案】B

【解析】根据《资产评估行业财政监督管理办法》，财政部门对资产评估行业进行行政监管。财政部的监管职责是：负责统筹财政部门对全国资产评估行业的监督管理；制定有关监督管理办法；制定资产评估基本准则；指导和督促地方财政部门实施资产评估行业管理；对资产评估机构从事证券期货相关评估业务实施的监督管理。资产评估具体准则由资产评估协会制定，选项 B 错误。

6. 【答案】A

【解析】资产评估机构应当自领取营业执照之日起 30 日内，通过备案信息管理系统向所在地省级财政部门备案。

7. 【答案】D

【解析】已完成备案的资产评估机构或者分支机构有下列行为之一的，省级财政部门予以注销备案，并向社会公开：①注销工商登记的；②被工商行政管理机关吊销营业执照的；③主动要求注销备案的。迁出该省去往其他省开展业务的，省级财政部门不应予以注销备案。

8. 【答案】C

【解析】资产评估机构跨省级行政区划迁移经营场所，应当书面告知迁出地省级财政部门。资产评估机构在办理完迁入地工商登记手续后 15 个工作日内，向迁入地省级财政部门办理迁入备案手续。

9. 【答案】A

【解析】资产评估协会应当重点检查资产评估机构及其资产评估专业人员的执业质量和职业风险防范机制。选项 A 错误，其他选项均正确。

10. 【答案】C

【解析】资产评估机构应当遵守独立性原则和资产评估准则规定的资产评估业务回避要求，不得受理与其合伙人或者股东存在利害关系的业务。选项 C 错误，其他选项均正确。

11. 【答案】D

【解析】分支机构应当在资产评估机构授权范围内，依法从事资产评估业务，并以资产评估机构的名义出具资产评估报告。选项 D 错误，其他选项均正确。

12. 【答案】D

【解析】根据资产表现形态的差异，可以将国有资产划分为企业国有资产、行政事业性国有资产以及资源性国有资产。

13. 【答案】A

【解析】《金融企业国有资产转让管理办法》（财政部令第 54 号）规定，在产权交易过程中，首次挂牌价格不得低于经核准或者备案的资产评估结果。

14. 【答案】A

【解析】资产评估执业准则是中国资产评估协会依据资产评估基本准则制定的资产评估机构及其资产评估专业人员在执行资产评估业务过程中应当遵循的程序规范和技术规范，包括具体准则、评估指南和指导意见。

二、多项选择题

1. 【答案】ABCE

【解析】公司形式的评估机构，应当有 8 名以上评估师和 2 名以上股东，其中 2/3 以上股东应当是具有 3 年以上从业经历且最近 3 年内未受停止从业处罚的评估师。评估机构的合伙人或者股东为2名的，2名合伙人或者股东都应当是具有3年以上从业经历且最近3年内未受停止从业处罚的评估师。选项D错误，其他选项均正确。

2.【答案】ADE

【解析】选项B，资产评估专业人员从事资产评估业务，应当加入资产评估机构，并且只能在一个资产评估机构从事业务。选项C，加入资产评估协会的资产评估专业人员，平等享有章程规定的权利，履行章程规定的义务。

3.【答案】BDE

【解析】选项B，已完成备案的资产评估机构或者分支机构有下列行为之一的，省级财政部门予以注销备案，并向社会公开：①注销工商登记的；②被工商行政管理机关吊销营业执照的；③主动要求注销备案的。迁出不是可以注销备案的情况。选项D，资产评估机构办理合并或者分立变更手续的，应当提供合并或者分立协议。合并或者分立协议应当包括的事项有：①合并或者分立前资产评估机构评估业务档案保管方案；②合并或者分立前资产评估机构职业风险基金或者执业责任保险的处理方案；③合并或者分立前资产评估机构资产评估业务、执业责任的承继关系。选项E，合伙制资产评估机构转为公司制资产评估机构，转制决议应当载明转制后机构与转制前机构的债权债务、档案保管、资产评估业务、执业责任等承继关系。

4.【答案】CDE

【解析】选项A，资产评估机构开展法定资产评估业务，应当指定至少两名资产评估师承办。选项B，法定资产评估业务资产评估报告应当由两名以上承办业务的资产评估师签署，并履行内部程序后加盖资产评估机构印章，资产评估机构及签字资产评估师依法承担责任。

5.【答案】AD

【解析】在我国资产评估准则体系框架中，《资产评估执业准则——资产评估方法》属于执业准则中的具体准则，在具体准则中属于程序性准则。

6.【答案】ACD

【解析】实体性准则是针对不同资产类别的特点，分别对不同类别资产评估业务中的资产评估机构及其资产评估专业人员的技术操作提供指导。实体性准则包括：《资产评估执业准则——企业价值》《资产评估执业准则——无形资产》《资产评估执业准则——不动产》《资产评估执业准则——机器设备》《资产评估执业准则——珠宝首饰》和《资产评估执业准则——森林资源资产》。而《资产评估执业准则——资产评估程序》《资产评估执业准则——资产评估报告》《资产评估执业准则——资产评估委托合同》《资产评估执业准则——资产评估档案》《资产评估执业准则——利用专家工作及相关报告》和《资产评估执业准则——资产评估方法》属于程序性准则。

7.【答案】ABE

【解析】我国资产评估准则包括资产评估基本准则、资产评估职业道德准则和资产评估执业准则，资产评估执业准则包括具体准则、评估指南和指导意见。资产评估专家指引和资产评估术语不属于资产评估准则。

三、综合题

【答案及解析】

（1）依据有关资产评估法律制度，甲、乙两公司合并成立太和公司，为国有独资企业所属的两个全资子公司合并，属于国有资产产权内部变动，可以不进行资产评估。拟引进民营企业东宇公司以现金方式对太和公司进行增资，涉及国有资产，按规定应当进行资产评估。

理由：根据《企业国有资产评估管理暂行办法》（国资委令12号）的规定，企业在发生改制、产权（资产）转让、以非货币资产对外投资、合并分立破产解散等经济行为时，应当对国有资产进行评估；收购非国有资产、与非国有单位置换资产等行为必须对相关非国有资产进行评估；经政府或国有资产监督管理机构批准的无偿划转和国有独资企业内部独资企业间的资产变动行为可以不进行评估。同时，为推动国有经济布局优化和结构调整，助力企业实现高质量发展，优化企业国有资产评估管理，国务院国资委于2024年1月印发了《关于优化中央企业资产评估管理有关事项的通知》（国资发产权规〔2024〕8号），通知对中央企业及其子企业发生的经济行为，依照相关法律和企业章程履行决策程序后，可以不对相关标的进行评估的情形进行了规定。

（2）由于需要进行资产评估，由正航公司选定一家评估公司对太和公司进行资产评估的行为不恰当。

理由：《资产评估法》规定，评估事项涉及两个以上当事人的，由全体当事人协商委托评估机构。另外，根据有关规定，涉及国有资产评估核准或备案业务的资产评估委托人可以是多个，但委托人中必须包括国有资产评估管理规定所要求的委托主体。"因正航公司为国有独资中央企业，评估公司由正航公司选定"，理由不充分。

(3) 假定不考虑其他因素，正航公司选定的评估机构不符合相关规定。

原因：《资产评估法》规定，委托开展法定评估业务，委托人应当依法选择评估机构。即依照法律、法规、规章规定的程序，选择符合法定条件的评估机构进行评估。该评估公司正在履行登记备案手续，尚不具备承接法定评估业务的资格。

(4) 假定不考虑其他因素，评估公司指派1名资深评估师和2名非常有经验的助理人员从事该评估业务，不符合相关规定。

原因：该评估业务涉及国有资产，按规定应当进行资产评估，属于法定评估业务，评估机构应当指定至少2名评估师承办。

(5) 完成评估程序，评估报告由评估师和助理人员签名后提交给正航公司，不符合规定。

原因：该评估业务属于法定评估业务，评估报告由至少两名承办该项业务的评估师签名并加盖评估机构印章。

(6) 如果评估专业人员违反《资产评估法》的规定，给委托人或者其他相关当事人造成损失的，由其所在的评估机构依法承担赔偿责任。评估机构履行赔偿责任后，可以向有故意或者重大过失的评估专业人员追偿。

第四章　资产评估基本事项

考试大纲

第四章	考试目的	考查考生对资产评估基本事项的掌握情况及应用能力。
资产评估基本事项	考试内容及要求	
	掌握的内容（★★★）	1. 资产评估相关当事人的构成、权利及义务。
		2. 资产评估目的的作用及确定。
		3. 资产评估常见经济行为的类型、评估目的、评估对象及评估范围。
		4. 资产评估对象的类别及确定。
		5. 资产评估范围的类别及确定。
		6. 资产评估基准日与资产评估报告日的区别、作用及法律意义。
		7. 主要价值类型的种类、特征及选择。
		8. 常见资产评估假设的内涵与使用。
	熟悉的内容（★★）	1. 资产评估结论的使用期限。
		2. 资产评估基准日的选择和期后事项的处理原则。
		3. 价值类型的作用。
	了解的内容（★）	1. 现实性评估、追溯性评估和预测性评估的差异。

考情分析

本章内容为资产评估委托人与资产评估机构签订委托合同时应明确的基本事项，是资产评估机构承接业务、开展和实施评估的第一个环节的主要内容，考查考生对资产评估基本事项的掌握情况及应用能力。

本章内容相对重要，可以多种形式命题，既可单独考核单项选择题和多项选择题，也可以与其他章节结合起来考核综合题。特别是评估对象与评估范围的确定、价值类型的选择、常见的资产评估假设的应用、评估基准日与评估报告日，是常见的考试要点。

教材主要变化

本章考试大纲无变化。在内容上，虽然有多处修改，但无实质性变化。

考点精讲及典型例题解析

【提示】资产评估的基本事项主要包括资产评估相关当事人、资产评估目的、资产评估对象、资产评估范围、资产评估价值类型、资产评估假设、资产评估基准日与报告日等。这些基本事项是资产评估专业人员确定资产评估程序、选择资产评估方法、形成及编制资产评估报告的基础。

【知识点1】资产评估相关当事人的构成（★★）

资产评估的相关当事人包括委托人和其他资产评估报告使用人、资产评估机构、资产评估专业人员、产权持有人（或被评估单位）等。

【例4-1】（多项选择题）某H股上市公司甲公司拟与国内某非上市国有独资公司乙公司进行合资经营，委托丙资产评估公司对合资对象进行评估，作为确定股权结构的参考依据。丙资产评估公司已经向所在地省级财政部门备案。在该项资产评估中，相关当事人包括（　　）。

A. H股上市公司甲公司

B. 非上市国有独资公司乙公司

C. 丙资产评估公司及其评估专业人员

D. 丙资产评估公司所在地省级财政部门

E. 国有独资公司乙公司的产权持有单位

【答案】 ABCE

【解析】 资产评估的相关当事人包括委托人和其他资产评估报告使用人、资产评估机构、资产评估专业人员、产权持有人（或被评估单位）等。选项D错误，其他选项均正确。

【知识点2】资产评估委托人的概念、权利及义务（★★★）

（一）评估委托人的概念

资产评估作为一项民事经济活动，是建立在委托合同基础上的。资产评估委托人是与资产评估机构就资产评估专业服务事项签订委托合同的民事主体。

【提示】 评估委托人可以是一个，也可以是多个，可以是法人也可以是自然人。一旦委托合同签订，该评估委托合同就受到《民法典》的规范，评估委托人和资产评估机构享有委托合同中规定的权利，同时也都要严格履行委托合同约定的义务。

【例4-2】（单项选择题）下列关于资产评估委托人的表述，正确的是（　　）。

A. 委托人只能是一个确定的法人或者自然人

B. 委托人是与资产评估协会签订委托合同的民事主体

C. 委托人的确定可以基于自愿协商的原则进行

D. 委托人可以是法人，也可以是自然人

【答案】 D

【解析】 评估委托人可以是一个，也可以是多个，可以是法人也可以是自然人，选项A，选项D正确。委托人是与资产评估机构就资产评估专业服务事项签订委托合同的民事主体，选项B错误。非法定评估业务，委托人的确定可以基于自愿协商的原则进行，选项C错误。

（二）评估委托人的确定

资产评估业务分为法定评估业务和非法定评估业务。对于法定评估业务，委托人的确定需要符合国家有关法律、法规的规定；对于非法定评估业务，委托人的确定可以基于自愿协商的原则进行。

评估委托人的确定，参见图4-1。

【提示1】 当评估对象为单项资产、多项资产或资产组等，其产权持有单位为持有该资产或资产组的单位；当评估对象是对外投资形成的权益，如长期股权投资等，其产权持有单位应该为投资人，而非被投资人。

【提示2】 国有企业/单位收购、增资非国有单位需要对非国有单位进行资产评估时，国有资产管理部门受理资产评估核准或备案所要求的资产评估委托人应当是拟进行收购或投资行为的国有企业/单位。对于上述经济行为是否可以由国有单位与非国有单位共同委托资产评估机构出具评估报告的问题，国务院国资委在2023年对相关咨询的回复是“在企业实施相关经济行为时，属于具有商业价值的重要信息，不宜由交易双方共同委托掌握。”

国务院国有资产监督管理委员会在《关于优化中央企业资产评估管理有关事项的通知》（国资发产权规〔2024〕8号）中规定，多个国有股东对同一评估对象发生相同经济行为时，经协商一致可以签订书面协议，明确由其中一方委托专业机构评估或估值，并依照其产权关系办理核准或备案手续。

【提示3】 根据财政部、证监会2024年12月23日公布的《资产评估机构从事证券服务业务备案办法》，证券服务资产评估业务包括为下列证券业务活动出具资产评估报告：①首次公开发行股票或存托凭证并上市；②发行公司（企业）债券、资产支持证券（ABS）、不动产投资信托基金（REITs）；③上市公司、全国中小企业股份转让系统挂牌公司发行证券；④上市公司、全国中小企业股份转让系统挂牌公司重大资产重组；⑤上市公司、全国中小企业股份转让系统挂牌公司以财务报告为目的的评估；⑥其他涉及公开信息披露或引用的评估；⑦证券公司及其资产管理产品的评估；⑧财政部、中国证监会规定的其他业务。该办法还同时规定“为公开募集基金的基金管理人、期货经营机构及其发行的产品等提供相关服务的资产评估机构备案，参照适用本规定”。为拟上市和已上市公司所提供的资产评估是其中影响最大的业务领域。

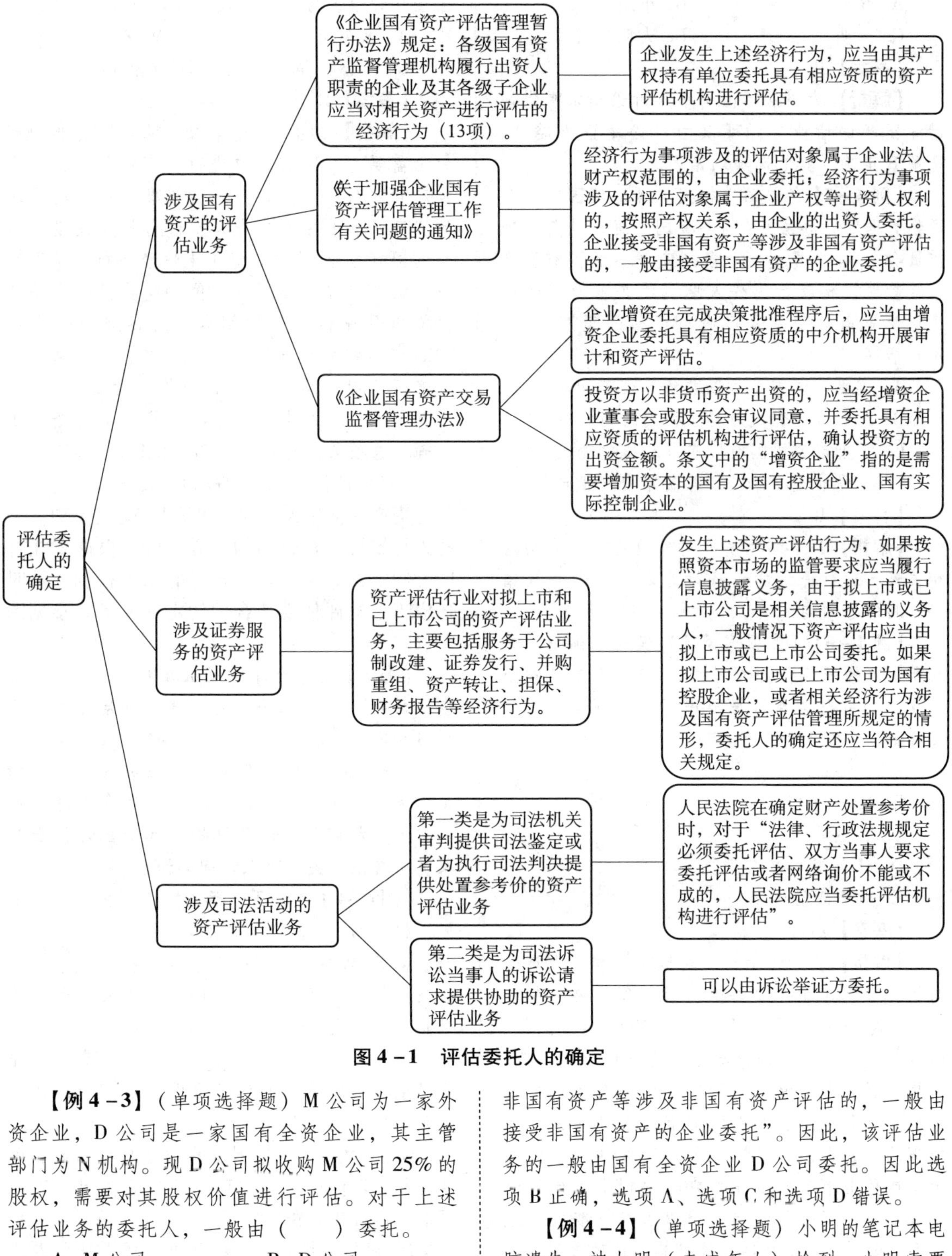

图4－1 评估委托人的确定

【例4－3】（单项选择题）M公司为一家外资企业，D公司是一家国有全资企业，其主管部门为N机构。现D公司拟收购M公司25%的股权，需要对其股权价值进行评估。对于上述评估业务的委托人，一般由（　　）委托。

A. M公司　　B. D公司

C. D公司和N机构　　D. M公司或D公司

【答案】B

【解析】根据《关于加强企业国有资产评估管理工作有关问题的通知》的规定，“企业接受非国有资产等涉及非国有资产评估的，一般由接受非国有资产的企业委托”。因此，该评估业务的一般由国有全资企业D公司委托。因此选项B正确，选项A、选项C和选项D错误。

【例4－4】（单项选择题）小明的笔记本电脑遗失，被大明（未成年人）捡到，小明索要未果，且笔记本电脑被大明故意损坏，小明委托律师A诉至R法院，诉讼请求大明赔偿损失。若该司法诉讼需要资产评估，可以由（　　）委托。

A. R法院　　B. 小明
C. 大明　　D. 大明的父母

【答案】B

【解析】为司法诉讼当事人诉讼请求提供协助的资产评估业务，可以由诉讼举证方委托。选项B正确，其他选项均错误。

【例4-5】（单项选择题）《企业国有资产评估管理暂行办法》（国务院国有资产监督管理委员会令第12号）第六条规定了各级国有资产监督管理机构履行出资人职责的企业及其各级子企业应当对相关资产进行评估的经济行为，不包括（　）。

A. 接受非国有单位以非货币资产出资
B. 以货币性资产对其子公司进行投资
C. 非上市公司国有股东股权比例变动
D. 接受非国有单位以非货币资产抵债

【答案】B

【解析】以非货币资产对外投资，是应当对相关资产进行评估的经济行为之一，选项B错误，其他选项均正确。

【例4-6】（多项选择题）某在上海证券交易所上市的民营企业M公司拟与非上市民营企业Y公司并购重组，需要进行资产评估。对于该评估，委托人可以是（　）。

A. 上海证券交易所
B. M公司
C. Y公司
D. M公司和Y公司
E. 资产评估协会

【答案】BCD

【解析】资产评估行业对拟上市和已上市公司的资产评估业务，主要包括服务于公司制改建、证券发行、并购重组、资产转让、担保、财务报告等经济行为。发生上述资产评估行为，如果按照资本市场的监管要求应当履行信息披露义务，由于拟上市或已上市公司是相关信息披露的义务人，一般情况下资产评估应当由拟上市或已上市公司委托，或者由拟上市或已上市公司与经济行为的其他当事人共同委托。选项B、选项C、选项D正确，其他选项错误。

【例4-7】（单项选择题）N公司为一家民营股份制企业，W公司是一家国有独资企业，其主管部门为Y机构。现W公司拟收购N公司18%的股权，需要对其股权价值进行评估。对于上述评估业务的委托人，应当是（　）。

A. N公司　　B. W公司
C. N公司和W公司　　D. Y机构

【答案】B

【解析】国有企业/单位收购、增资非国有单位需要对非国有单位进行资产评估时，国有资产管理部门受理资产评估核准或备案所要求的资产评估委托人应当是拟进行收购或投资行为的国有企业/单位。对于上述经济行为是否可以由国有单位与非国有单位共同委托资产评估机构出具评估报告的问题，国务院国资委在2023年对相关咨询的回复是“在企业实施相关经济行为时，属于具有商业价值的重要信息，不宜由交易双方共同委托掌握。”因此，选项B正确，选项A、选项C和选项D错误。

（三）评估委托人的权利与义务

资产评估作为一项民事委托/受托事项，委托人是签订委托合同的一方，可以根据委托合同的约定，享有合同中规定的相关权利，同时还应当承担评估委托合同约定的义务。参见图4-2。

【提示】《资产评估执业准则——资产评估委托合同》第十三条规定：资产评估委托合同应当约定，委托人应当为资产评估机构及其资产评估专业人员开展资产评估业务提供必要的工作条件和协助；委托人应当根据资产评估业务需要，负责资产评估机构及其资产评估专业人员与其他相关当事人之间的协调。

【例4-8】（单项选择题）下列关于评估委托人权利的表述，错误的是（　）。

A. 评估委托人有权自主选择符合《资产评估法》规定的评估机构，任何组织或者个人不得非法限制或者干预

B. 评估委托人有权要求与相关当事人及评估对象有利害关系的评估专业人员回避，评估专业人员应当回避

C. 当评估委托人对资产评估报告结论、评估金额、评估程序等方面有不同意见时，可以要求评估机构解释

D. 评估委托人认为评估机构或者评估专业人员违法开展业务的，可以向纪检监察部门投诉、举报，纪检监察部门关应当及时调查处理并答复

【答案】D

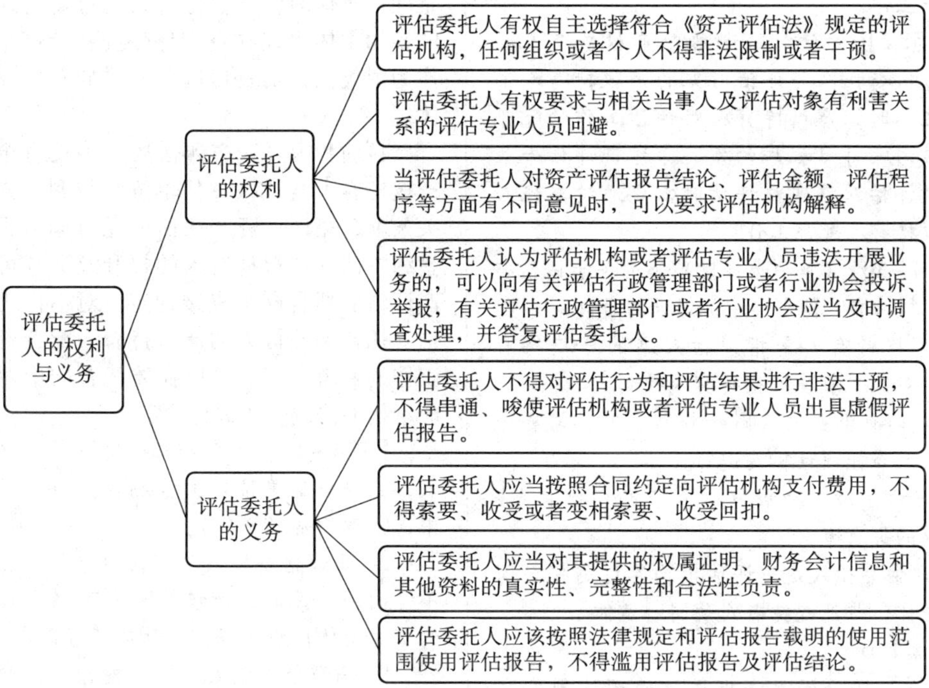

图 4－2 评估委托人的权利与义务

【解析】评估委托人认为评估机构或者评估专业人员违法开展业务的，可以向有关评估行政管理部门或者行业协会投诉、举报，有关评估行政管理部门或者行业协会应当及时调查处理，并答复评估委托人，选项 D 错误，其他选项均正确。

【例 4－9】（多项选择题）下列关于评估委托人义务的表述，正确的是（　　）。

A. 评估委托人不得对评估行为和评估结果进行非法干预，不得串通、唆使评估机构或者评估专业人员出具虚假评估报告

B. 评估委托人应当按照合同约定，根据经济行为完成情况向评估机构支付费用，不得索要、收受或者变相索要、收受回扣

C. 委托人应当根据资产评估业务需要，负责资产评估机构及其资产评估专业人员与其他相关当事人之间的协调

D. 评估委托人应当对其提供的权属证明、财务会计信息和其他资料的真实性、完整性和合法性负责

E. 评估委托人应该按照法律规定和评估报告载明的使用范围使用评估报告，不得滥用评估报告及评估结论

【答案】ACDE

【解析】评估委托人应当按照合同约定向评估机构支付费用，不得索要、收受或者变相索要、收受回扣；同时，由于资产评估机构及评估专业人员无法左右委托人经济行为的进程，也没有承担保证经济行为实现的义务，因此，评估服务费的支付不应当与委托人经济行为是否完成相联系。选项 B 错误，其他选项均正确。

【知识点3】资产评估产权持有人（或被评估单位）的概念、权利及义务（★★★）

（一）产权持有人（或被评估单位）的概念

产权持有人是指评估对象的产权持有人。当评估对象为股权或所有者权益时，“产权持有人”是指股权或所有者权益的拥有者，与相关股权或所有者权益对应的被投资单位则被称为被评估单位。

【提示1】委托人与产权持有人可能是同一主体，也可能不是同一主体，资产评估的委托人并不一定是评估对象的产权持有人。例如，按照国有资产评估管理法规的规定，对国有企业法人财产权转让时需要由产权持有人委托评估机构，这时的委托人与产权持有人为同一主体；国有企业收购非国有资产，被收购方不作为委托人，委托人与评估对象的产权持有人则

不是同一主体。

【提示 2】 评估对象一般受产权持有人控制。当评估委托人与评估对象的产权持有人不是同一主体时，产权持有人对评估工作的配合程度直接影响评估程序的实施，资产评估专业人员在对评估对象实施评估时需要通过委托人协调产权持有人配合工作。

【例 4-10】（单项选择题）下列关于评估委托人和产权持有人的表述中，错误的是（　　）。

A. 产权持有人是指评估对象的产权持有人，评估对象一般受产权持有人控制

B. 对国有企业法人财产权转让时，需要由产权持有人委托评估机构进行评估

C. 当评估对象为股权时，"产权持有人"是指股权的拥有者

D. 评估委托人是与评估机构签订委托合同的民事主体，与产权持有人是同一主体

【答案】 D

【解析】 按照国有资产评估管理法规的规定，对国有企业法人财产权转让时需要由产权持有人委托评估机构，这时的委托人与产权持有人为同一主体；国有企业收购非国有资产，被收购方不作为委托人，委托人与评估对象的产权持有人则不是同一主体。因此，委托人与产权持有人可能是同一主体，也可能不是同一主体，选项 D 错误，其他选项均正确。

【例 4-11】（单项选择题）下列关于产权持有人的表述，错误的是（　　）。

A. 评估对象的产权持有人与评估委托人不一定是同一主体

B. 当评估对象为所有者权益时，"产权持有人"是指所有者权益的拥有者

C. 涉及国有资产的评估，委托人和产权持有人一般不是同一主体

D. 产权持有人不愿意配合评估工作时，需要通过委托人出面协调

【答案】 C

【解析】《企业国有资产评估管理暂行办法》第八条规定，涉及国有资产的评估，应当由其产权持有单位委托具有相应资质的资产评估机构进行评估。选项 C 错误，其他选项均正确。

（二）产权持有人（或被评估单位）的权利及义务

当评估委托人与评估对象的产权持有人不是同一主体时，产权持有人也可能会作为单独的签约主体出现在资产评估委托合同中，或者作为由委托人负责协调和安排的对象在合同中体现。

目前我国《资产评估法》中没有单独规范产权持有人（或被评估单位）权利与义务的相关条款，在订立资产评估委托合同时，对作为签约主体的产权持有人的权利及义务可以在资产评估委托合同中直接约定，对不作为资产评估委托合同签订方的产权持有人配合资产评估工作的要求，一般可以在委托合同中对委托人应承担的协调工作进行约定。

【例 4-12】（多项选择题）关于产权持有人（或被评估单位）的权利及义务，下列表述中，正确的是（　　）。

A. 当评估委托人与评估对象的产权持有人不是同一主体时，产权持有人可能会作为单独的签约主体出现在资产评估委托合同中

B. 当评估委托人与评估对象的产权持有人不是同一主体时，产权持有人可能会作为由委托人负责协调和安排的对象在合同中体现

C. 目前我国《资产评估法》中有单独规范产权持有人（或被评估单位）权利与义务的相关条款，在订立资产评估委托合同时依法体现

D. 在订立资产评估委托合同时，对作为签约主体的产权持有人的权利及义务可以在资产评估委托合同中直接约定

E. 对不作为资产评估委托合同签订方的产权持有人配合资产评估工作的要求，一般可以在委托合同中对委托人应承担的协调工作进行约定

【答案】 ABDE

【解析】 目前我国《资产评估法》中没有单独规范产权持有人（或被评估单位）权利与义务的相关条款。选项 C 错误，其他选项均正确。

【知识点 4】评估报告使用人的概念、权利及义务（★★★）

（一）评估报告使用人的概念

评估报告使用人是指法律、行政法规明确规定的，或者资产评估委托合同约定的有权使用资产评估报告或评估结论的当事人。除委托人、资产评估委托合同中约定的其他资产评估报告使用人和法律、行政法规规定的资产评估报告使用人之外，其他任何机构和个人不能成

为资产评估报告的使用人。按照资产评估准则的要求，资产评估委托合同中应当明确资产评估报告使用人。如资产评估专业人员还应当在资产评估报告中明确披露评估报告使用人。资产评估机构对委托人以外的其他评估报告使用人承担的责任会增加对评估执业和信息披露的要求，因此，需要在承接资产评估业务前与委托人对评估报告的使用人及其需求达成清晰的共识，作为合理界定资产评估机构与资产评估报告使用人的责任，以及明确对资产评估实施及成果的要求的基础。

【提示1】除非法律、行政法规规定或者已在承接评估业务时明确，从委托人处获得评估报告的当事人并不当然成为资产评估委托及成果使用的主体，根据客户披露义务而获得评估报告的当事人，也不能作为资产评估报告使用人。

【提示2】评估报告使用人可以是具体的单位或个人，也可以是某一类的使用人，如委托人指定的代理人（律师等）或合作伙伴等。当使用人的具体名称无法确定时，可以按照类型加以明确。

（二）评估报告使用人的权利及义务

评估报告使用人有权按照法律和行政法规规定、资产评估委托合同约定和资产评估报告载明的使用范围和方式使用评估报告或评估结论。评估报告使用人未按照法律、行政法规规定或资产评估报告载明的使用范围和方式使用评估报告的，资产评估机构和资产评估专业人员将不承担责任。资产评估机构和资产评估人员不承担非评估报告使用人使用评估报告的任何后果和责任。

【例4-13】（单项选择题）C公司委托N评估机构对M公司股权进行评估，评估报告载明的评估委托人是C公司，评估报告使用人为C公司和其关联公司K公司，评估目的是为C公司和K公司增资M公司提供M公司股权的价值。在上述经济行为实施过程中，出现一家E公司也需要对M公司增资，但是在资产评估委托合同上没有约定E公司为评估报告使用人，国家法律、法规也没有明确规定应当将E公司作为评估报告的使用人，E公司可能因实施的经济行为与C、K公司一致，而借用评估机构N出具的评估报告。下列表述正确的是（　　）。

A. N评估机构作为评估报告出具方，应对E公司使用评估报告的后果承担责任

B. E公司可以与N评估机构协商一致，追加E公司为评估报告使用人

C. N评估机构需对C、K公司按要求使用评估报告的后果承担责任

D. E公司可以与C公司协商借用评估报告，成为事实上的评估报告使用人

【答案】C

【解析】在评估委托合同上没有约定E公司为评估报告使用人，题干中只提到C公司、K公司是评估报告使用人，因此，选项B、选项D错误。所以N评估机构不需要对E公司使用评估报告的后果承担责任，而须对C公司、K公司按要求使用评估报告的后果承担责任，选项C正确。

【知识点5】资产评估目的的概念与作用（★★）

（一）资产评估目的的概念

资产评估目的，是资产评估业务对应的经济行为对资产评估结果的使用要求，或资产评估结果的具体用途。确定评估目的是委托人的责任。评估目的应当在资产评估委托合同中明确约定。

【提示】资产评估通常是为满足特定经济行为的需要所开展的专业服务行为，具体涵盖了企业改制、上市，合资、合作经营，股权转让，资产买卖、置换、出资，债转股，担保融资，破产清算，保险赔偿，损失补偿，税收，司法诉讼，会计计量，资产租赁等众多经济行为。委托人计划实施的经济行为决定了资产评估目的。

（二）资产评估目的的作用

评估目的直接或间接地决定和制约着资产评估的条件以及价值类型的选择。不同评估目的可能会对评估对象的确定、评估范围的界定、价值类型的选择以及对应交易市场的确定等产生影响，因而在整个资产评估过程中具有重要作用。

【例4-14】（单项选择题）直接或间接地决定和制约资产评估价值类型选择的是（　　）。

A. 资产评估机构

B. 资产评估委托人

C. 资产评估目的

D. 资产评估程序

【答案】C

【解析】资产评估目的，是资产评估业务对应的经济行为对资产评估结果的使用要求，或资产评估结果的具体用途。评估目的直接或间接地决定和制约着资产评估的条件，以及价值类型的选择，因此选项C正确，其他选项均错误。

【知识点6】资产评估目的的确定（★★★）

资产评估目的根据评估所服务经济行为的要求确定。资产评估目的对应的经济行为通常可以分为转让，抵（质）押，公司设立、增资，企业（公司）改建，财务报告，税收和司法等。资产评估专业人员在承接资产评估业务时应与委托人沟通确定资产评估目的。

【例4-15】（多项选择题）下列关于资产评估目的的表述，错误的是（　　）。

A. 资产评估目的直接或间接地决定着资产评估的难易程度及工作量的大小

B. 评估专业人员应当根据评估业务的具体条件及评估经验独立确定评估目的

C. 资产评估目的是资产评估业务对应的经济行为对资产评估结果的使用要求

D. 资产评估目的应当在委托人与评估机构签订的评估委托合同中明确约定

E. 资产评估专业人员在承接资产评估业务时应与委托人沟通确定资产评估目的

【答案】AB

【解析】评估目的直接或间接地决定和制约着资产评估的条件以及价值类型的选择。不同评估目的可能会对评估对象的确定、评估范围的界定、价值类型的选择以及潜在交易市场的确定等方面产生影响。资产评估目的直接或间接地决定着资产评估的难易程度及工作量的大小，没有依据，选项A错误。确定评估目的是委托方的责任，选项B错误。其他选项均正确。

【知识点7】常见的资产评估目的（★★★）

参见图4-3。

【提示1】《公司法》规定，“对作为出资的非货币财产应当评估作价，核实财产，不得高估或者低估作价”；“股东未按期足额缴纳出资的，除应当向公司足额缴纳外，还应当对给公司造成的损失承担赔偿责任”。公司设立时“股东未按照公司章程规定实际缴纳出资，或者实际出资的非货币财产的实际价额显著低于所认缴的出资额的，设立时的其他股东与该股东在出资不足的范围内承担连带责任”。

【提示2】对于可以用于出资的资产，《公司法》规定，“股东可以用货币出资，也可以用实物、知识产权、土地使用权、股权、债权等可以用货币估价并可以依法转让的非货币财产作价出资”。国家市场监督管理总局第95号令《公司登记管理实施办法》第六条还规定，“法律对数据、网络虚拟财产的权属等有规定的，股东可以按照规定用数据、网络虚拟财产作价出资。但是，法律、行政法规规定不得作为出资的财产除外”。对于以股权、债权出资，国家市场监督管理总局第52号令《中华人民共和国市场主体登记管理条例实施细则》第十三条规定，依法以境内公司股权、债权出资的，应当权属清楚、权能完整，依法可以评估、转让，符合公司章程规定。国务院令第746号令《中华人民共和国市场主体登记管理条例》第十三条明确规定，“公司股东、非公司企业法人出资人、农民专业合作社（联合社）成员不得以劳务、信用、自然人姓名、商誉、特许经营权或者设定担保的财产等作价出资”。

【提示3】不同于公司制企业，我国《合伙企业法》第十六条规定，合伙人可以用货币、实物、知识产权、土地使用权或者其他财产权利出资，也可以用劳务出资。合伙人以实物、知识产权、土地使用权或者其他财产权利出资，需要评估作价的，可以由全体合伙人协商确定，也可以由全体合伙人委托法定评估机构评估。合伙人以劳务出资的，其评估办法由全体合伙人协商确定，并在合伙协议中载明。对于有限合伙企业的合伙人出资，该法在第六十四条规定，有限合伙人不得以劳务出资。

【提示4】商誉作为不可确指的无形资产只能依附于企业整体存在，不可独立转让。目前我国《公司法》没有将商誉列为股东可用于出资的资产。

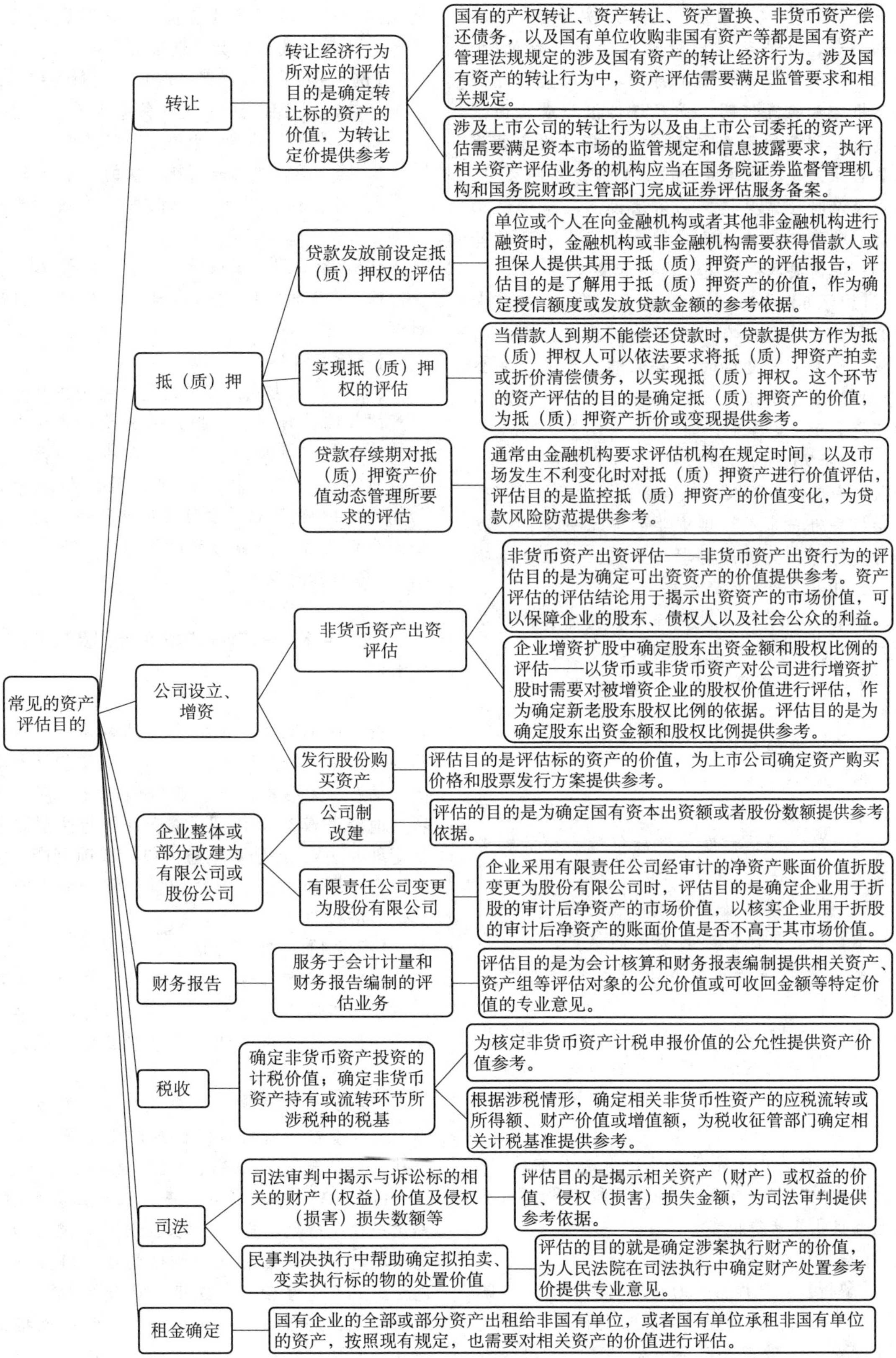

图 4-3 常见的资产评估目的

【提示5】《公司法》修正后实行资本认缴制的公司，在办理与出资相关的公司登记时，企业登记注册管理部门不再要求公司提交资产评估报告和验资证明，资产评估报告成为由被出资企业留存的备查文件。对仍有实收资本要求的企业，如以募集方式设立的股份有限公司，公司登记时还需要提交由依法设立的验资机构出具的验资证明，涉及非货币资产出资的验资机构一般需要取得相关资产评估报告。

【提示6】按照《公司法》的规定，有限责任公司变更为股份有限公司的，公司变更前的债权、债务由变更后的公司承继。有限责任公司变更为股份有限公司时，折合的实收股本总额不得高于公司净资产额。

【提示7】诉讼协助评估，不属于鉴证评估，一般是由诉讼当事人（原告方或被告方）委托，评估报告为当事人提供重要的专家意见，可以作为支持其相关诉讼要求的证据，一旦被法院采信，可以成为判决的依据。

【例4-16】（多项选择题）按照资产评估经济行为，资产评估目的包括（　　）。

A. 资产的收购、转让、置换、抵债等行为需要评估，目的是确定转让标的资产的价值，为转让定价提供参考

B. 借款人或担保人用于抵（质）押资产需要评估，目的是了解用于抵（质）押资产的价值，作为确定授信额度或发放贷款金额的参考依据

C. 采用非货币资产对股份公司进行增资需要评估，目的是评估标的资产的价值，为上市公司确定资产购买价格和股票发行方案提供参考

D. 涉及国有资产的转让行为中，由国有资产当事主体委托的资产评估需要满足国有资产评估的监管要求，评估目的是核算国有资产转让收益

E. 以非货币性资产对外出资进行的评估，评估目的是为核定非货币资产计税申报价值的公允性提供资产价值参考

【答案】ABCE

【解析】资产评估目的对应的经济行为通常可以分为转让，抵（质）押，公司设立、增资，企业（公司）改建，财务报告，税收、司法和租金确定等，转让经济行为所对应的评估目的是确定转让标的资产的价值，为转让定价提供参考。选项D错误，其他选项均正确。

【例4-17】（多项选择题）下列行为中，涉及资产转让行为目的的法定评估包括（　　）。

A. 国有企业以非货币资产偿还债务

B. 国有单位收购非国有单位的机器设备

C. 国有企业以房地产抵押取得银行周转借款

D. 上市公司增发股份购买股份公司股权

E. 国有单位以知识产权质押向金融机构融资

【答案】AB

【解析】引发资产评估的转让行为主要包括资产的收购、转让、置换、抵债等，涉及国有资产的为法定评估，选项A、选项B正确。房地产抵押、知识产权质押目的的评估属于抵（质）押目的的评估，发行股份购买资产的评估属于公司设立、增资目的的评估，因此，选项C、选项D和选项E错误。

【知识点8】资产评估对象的类别及确定（★★★）

（一）概念

资产评估对象，也称为评估客体，或评估标的。根据《资产评估法》，评估对象包括不动产、动产、无形资产、企业价值、资产损失或者其他经济权益。根据《资产评估行业财政监督管理办法》，评估对象通常包括单项资产、资产组合、企业价值、金融权益、资产损失或者其他经济权益。

【提示1】《资产评估法》和《资产评估行业财政监督管理办法》关于评估对象的表述基本一致。不动产、动产和无形资产均属于单项资产，企业价值的评估对象除了整体企业，也可以是资产组合或业务板块。

【提示2】资产评估对象既可以是完整权利形态，即资产的所有权，也可以是资产的部分权利，如租赁权、特许权、经营权等。

【提示3】进一步看，资产权可以是物权、知识产权或债权。其一，《民法典》规范的物权包括所有权、用益物权、担保物权。用益物权包括土地承包经营权、建设用地使用权、宅基地使用权、居住权、地役权；担保物权包括抵押权、质权、留置权。其二，知识产权包括专利、商标、著作权、商业秘密、集成电路布图

设计、植物新品种、地理标志等。其三，债权包括存款和贷款活动中形成的债权、商品交换中形成的债权和其他经济活动中形成的债权。

（二）单项资产

常见的单项资产评估对象通常包括流动资产、建筑物、机器设备以及无形资产等。

资产评估中所述的“单项资产”，并不一定表示是“一项资产”，也可表示若干项以独立形态存在、可以单独发挥作用或以个体形式进行销售、转让和出租的资产。

（三）资产组合

资产组合（或资产组）是指由多项资产按照特定的目的，为实现特定功能而组成的有机整体。在评估业务中，评估对象可能是一个资产组合，也可能由若干个资产组合构成，称之为资产组组合。

【提示1】根据不同的目的，资产组合的划分原则和标准是不同的。对于以减值测试为目的的资产评估业务，评估对象除了是单项资产之外，也可以是资产组或资产组组合。对于以交易为目的的资产评估业务，如果某企业拟转让其特定的业务板块，评估对象可以根据交易方案确定为该业务板块对应的资产组合的权益，也可以确定为组成该业务板块的资产组合；对应的资产组合分别为企业与该业务板块相关的资产与负债、企业与该业务板块相关的各项资产。如果资产组合的评估目的是业务板块的整体转让，评估对象一般界定为资产组合的权益，如业务板块的所有者对整个业务板块拥有的所有权，所对应的资产组合的评估范围就是企业与该业务板块相关的资产与负债；如果评估目的涉及的经济行为只是转让由该业务板块的相关资产组成的资产组合，可以将评估对象设定为该资产组合，评估范围就是构成该业务板块的各项资产。

【提示2】资产组合不一定构成一个会计主体，在法律形式上资产组合也不一定构成一个企业法人。

（四）整体企业

评估实务中，企业价值评估涉及的企业类型通常包括公司制企业或合伙制企业。对于公司制企业，其评估对象包括企业整体权益、股东全部权益和股东部分权益三种。

企业整体权益是指企业的股东、付息债务债权人所提供的资本、资金共同运营所产生的价值。

股东全部权益是指企业全体股东对企业净资产的所有权，反映了全体股东在企业的资产中享有的经济利益。

企业整体权益价值 = 股东全部权益价值 + 企业付息债务的价值

确定企业整体权益价值可以根据条件采用收益法、市场法和资产基础法。

采用收益法评估企业整体权益价值时，一般使用企业自由现金流折现模型。

采用市场法评估企业整体权益价值时，所使用的被评估企业的财务指标和可比企业的价值比率都应当采用全投资口径。

采用资产基础法评估企业整体权益价值，需要估算企业拥有的全部表内和表外资产的价值，将其加总后再减去企业的非付息债务价值。

采用收益法和市场法评估企业的股东权益价值时，可以通过计算企业整体权益价值和企业付息债务的价值最终得到企业的股东全部权益价值。即：

股东全部权益价值 = 企业整体权益价值 - 企业付息债务的价值

【提示】股东部分权益是指企业部分股东的权益，或股东权益的一部分。对于非单一股东的公司制企业，某一股东所拥有的股权属于股东部分权益，股东拥有该公司股权的一部分也属于股东部分权益。由于部分股权可能对企业的控制权产生影响，导致所谓的“控制权溢价”或“缺乏控制权折价”，股东部分权益价值并不必然等于股东全部权益价值与相关股东对应股权比例的乘积。

（五）评估对象的确定

评估对象应当由委托人依据法律法规的规定和经济行为的要求提出，并在评估委托合同中明确约定。在评估对象确定过程中，评估机构和资产评估专业人员应当关注其是否符合法律法规的规定、满足经济行为的要求，必要时向委托人提供专业建议。

【例4－18】（单项选择题）资产评估中，确定企业整体权益价值，可以根据条件采用收益法、市场法和资产基础法。下列表述中，错误的是（　　）。

A. 采用收益法计算被评估企业的企业整体

权益价值时，一般使用企业自由现金流折现模型，该现金流量是企业付息之前的现金流，属于全投资口径的收益指标

B. 采用上市公司比较法评估企业整体权益价值时，可比上市公司的企业整体权益价值一般等于股票单价与股票数量的乘积，其股票单价信息可以从公开市场获得

C. 采用资产基础法计算被评估企业整体权益价值，应评估出企业拥有的全部的表内和表外资产的价值，将其加总后再减去企业的非付息债务价值

D. 因为存在所谓的“控制权溢价”或“缺乏控制权折价”，股东部分权益价值并不必然等于股东全部权益价值与相关股东对应股权比例的乘积

【答案】B

【解析】采用市场法计算被评估企业整体权益价值时，所使用的被评估企业的财务指标和可比企业的价值比率都应当采用全投资口径。所选用的可比企业的价值应当是企业整体权益价值（EV），例如，采用上市公司比较法评估时，可比上市公司的企业整体权益价值一般不等于股票单价与股票数量的乘积，还应包括企业付息负债的价值。采用的企业财务指标也应当是全投资口径，即息税前利润（EBIT）、息税折旧摊销前利润（EBITDA）、总投入资本资产（TBVIC）等。选项B错误，其他选项均正确。

【例4-19】（单项选择题）下列关于资产评估对象的表述，错误的有（　　）。

A. 一座工厂厂房及厂房内的机器设备可以作为一个为实现特定功能而组成的整体，成为资产评估对象

B. 一个企业可以是多个业务资产组的组合，整体企业或资产组的评估对象通常指其权益

C. 整体企业是由一个或多个资产组合构成的，其股权或者是企业整体价值可以是资产评估对象

D. 资产评估中的资产是指由特定主体拥有或控制的经济资源，资产损失不能作为资产评估对象

【答案】D

【解析】资产评估对象通常包括单项资产、资产组合、企业价值、金融权益、资产损失或者其他经济权益，因此，选项D错误，选项C正确；一个企业实际就是一个或多个业务资产组的组合，整体企业或资产组的评估对象通常指其权益，选项B正确；厂房及其机器设备可以作为一个组合，成为评估对象，选项A正确。

【例4-20】（单项选择题）境内上市公司M有两个独立的业务X和Y，现因业务转型，需要将其中的一个业务X转让，需要进行资产评估。该资产评估的评估对象应该是（　　）。

A. M公司对业务X的权益

B. M公司的各单项资产价值

C. M公司的全部股权+债权

D. M公司的整体资产价值

【答案】A

【解析】以交易为目的的资产评估业务，如果某企业拟转让其特定的业务板块，评估对象可以根据交易方案确定为该业务板块对应的资产组合的权益，也可以确定为组成该业务板块的资产组合；对应的资产组合分别为企业与该业务板块相关的资产与负债、企业与该业务板块相关的各项资产。选项A正确，其他选项均错误。

【例4-21】（单项选择题）国有控股有限责任公司N拟以经审计的净资产账面价值折股变更为S股份有限公司，需要进行资产评估。该评估的评估对象是（　　）。

A. 组成N有限责任公司的控股股东整体权益

B. 组成N有限责任公司的各单项资产和负债

C. S股份有限公司的全部股东的股东权益

D. N有限责任公司经审计的净资产账面价值

【答案】B

【解析】《公司法》规定，有限责任公司变更为股份有限公司的，公司变更前的债权、债务由变更后的公司承继。有限责任公司变更为股份有限公司时，折合的实收股本总额不得高于公司净资产额。有限责任公司拟以经审计的净资产账面价值折股变更为股份有限公司，该目的的评估，评估对象是该企业按照《公司法》规定可以作为出资的可辨识资产和相关负债。因此，将评估对象设定为组成该企业的各单项资产和负债，选项B正确，其他选项均错误。

【例4-22】（单项选择题）某会计师事务所是一个特殊普通合伙企业，其合伙人拟进行产权转让，现需要对其进行转让目的的评估，该资产评估的评估对象应该是该会计师事务所的（ ）。

A. 相关合伙人权益

B. 合伙人的股权和债权

C. 全体合伙人权益

D. 总资产和各单项资产

【答案】A

【解析】合伙企业合伙人进行转让目的的评估，实质是评估拟转让产权的合伙人拥有的权益的价值，其评估对象应该是该合伙企业的相关合伙人权益，选项A正确，其他选项均错误。

【例4-23】（单项选择题）Q公司长期投资于U公司和V公司，现拟转让对V公司的长期投资，需要对V公司进行转让目的的评估，则该评估的评估对象应该是（ ）。

A. V公司的资产　　B. Q公司的资产

C. V公司的股权　　D. Q公司的股权

【答案】C

【解析】拟转让对V公司的长期投资，需要评估，该评估实质是将V公司作为一个整体进行转让目的的评估，其评估对象一般为企业的股权，选项C正确，其他选项均错误。

【例4-24】（单项选择题）下列关于无形资产评估对象的表述中，错误的是（ ）。

A. 商标以独立形态存在并可单独发挥作用，可以作为评估对象

B. 还在申请阶段的权利，如专利申请权，尚未形成资产，不可作为评估对象

C. 无形资产的评估对象的组成包括其种类、名称和权利及无形资产的组成等

D. 无形资产的许可使用权在某些情况下可作为一种资产评估对象进行评估

【答案】B

【解析】商标是无形资产种类中的一种，可以作为一种资产评估对象进行评估，选项A正确。无形资产多表现为享有的权利。这种权利可能是已经确立的权利，也可能是还在申请阶段的权利，如专利申请权，都可以作为评估对象。因此，选项B错误。无形资产的评估对象组成一般包含种类、名称和权利及无形资产的组成等内容，选项C正确；许可使用权作为无形资产的权利的一种，在某些情况下可以作为一种资产评估对象进行评估，选项D正确。

【例4-25】（多项选择题）F公司拥有一个发明专利K，采用普通方式许可给G公司使用。许可合同规定，专利K的年许可费为G公司每年专利产品销售收入的1%。现F公司为从银行取得贷款，拟将该专利K进行质押，需要对该专利K进行评估，则该专利资产评估的评估对象包括（ ）。

A. F公司的资产与负债，包括专利K的普通许可的合同权益及其他权利

B. 发明专利K在许可合同约定期间的年许可费按市场利率的折现价值

C. G公司按许可合同约定进行专利产品的生产和销售形成的资产与负债

D. F公司将发明专利K授予G公司普通许可所形成的合同权益

E. 专利K所有权中扣除G公司普通许可合同权益之外的其他权利

【答案】DE

【解析】本题中的评估目的是将上述专利资产质押，由于质押应该涉及专利的所有权（包括使用、收益和处分的权利），同时由于专利K存在对外许可合同（合同权益或义务），因此，评估对象应该包括：专利K授予G公司普通许可所形成的合同权益；专利K所有权中扣除G公司普通许可合同权益之外的其他权利。选项D、E正确，其他选项均错误。

【例4-26】（多项选择题）L集团公司拥有一个商品商标T，注册领域为第1号注册领域。据了解L集团公司采用普通方式将商标T许可给其下属的上市公司J无时间限制、无地域限制地免费使用。现L集团公司准备将该商标T的所有权转让给该上市公司J，需要对该商标T所有权价值进行评估。另外，L集团公司在同一注册领域内还有一个与商标T相似的注册商标H。据此，对该商标T所有权价值进行评估的评估对象应该包括（ ）。

A. L集团公司对商品商标T的所有权

B. L集团公司对商品商标H的所有权

C. L集团公司对商标T及商标H的使用权

D. 商标T所有权中扣除J公司许可使用权之外的权利

E. 商标T的所有权及商标H的使用权

【答案】BD

【解析】本题中商标T属于产品商标，本次评估目的是转让其专用权（所有权），但是拟受让人J公司在此之前已经拥有该商标的许可使用权（普通许可），转让方还拥有与商标T注册在同一领域内相似的商标H，该商标主要作为保护商标使用，需要随着商标T一并转让。由于L集团公司已经采用普通许可方式无限期、免费许可给其下属上市公司J使用其商标T，因此评估对象为商标T所有权中扣除J公司许可使用权之外的权利以及商标H的所有权。因此，选项B、选项D正确，其他选项均错误。

【例4-27】（多项选择题）某市天然气供应比较紧张。N公司为保障天然气供应，与M燃气公司签订了一个为期5年的天然气供气合同，该合同规定，每年M燃气公司需要向N公司供应50万m^3天然气。该供气合同中规定了销售价格，并且该价格高于天然气市场价格。现M燃气公司需要对该“供气合同”进行评估，评估对象应该包括（　　）。

A. 供气合同权益无形资产

B. M燃气公司的资产与负债

C. N公司的全部资产与负债

D. 供气合同中的天然气质量

E. 供气合同客户关系类无形资产

【答案】AE

【解析】由于该供气合同中规定了销售价格，并且该价格高于天然气市场价格，则M燃气公司存在一个合同约定的超额收益，因此存在一个合同权益无形资产；同时由于M燃气公司可以保证每年销售50万m^3天然气，因此还应该存在一个由合同保证的客户关系类无形资产。因此，该评估对象包括一项合同权益无形资产，同时还包括一项客户关系类无形资产，选项A、选项E正确，其他选项均错误。

【例4-28】（单项选择题）关于资产评估对象的确定，下列表述中，错误的是（　　）。

A. 评估对象应当由资产评估委托人依据法律法规的规定和经济行为的要求提出

B. 评估对象应在资产评估委托人与资产评估机构依法签订的委托合同中明确约定

C. 评估机构及其专业人员应当关注其是否符合法律法规的规定、满足经济行为的要求

D. 委托人无能力确定评估对象时，可由评估机构和评估专业人员依专业经验代为确定

【答案】D

【解析】评估对象应当由委托人依据法律法规的规定和经济行为的要求提出，并在评估委托合同中明确约定。必要时，评估机构和资产评估专业人员可向委托人提供专业建议。选项D错误，其他选项均正确。

【知识点9】资产评估范围的类别及确定（★★★）

（一）资产评估范围的概念

资产评估范围是对评估对象所进行的详细描述，包括构成、物理及经济权益边界、约束条件等内容，是资产评估专业人员根据评估目的界定的对象资产边界，同时也便于报告的使用人更加清晰地理解评估对象。

（二）资产评估范围的类别

参见图4-4。

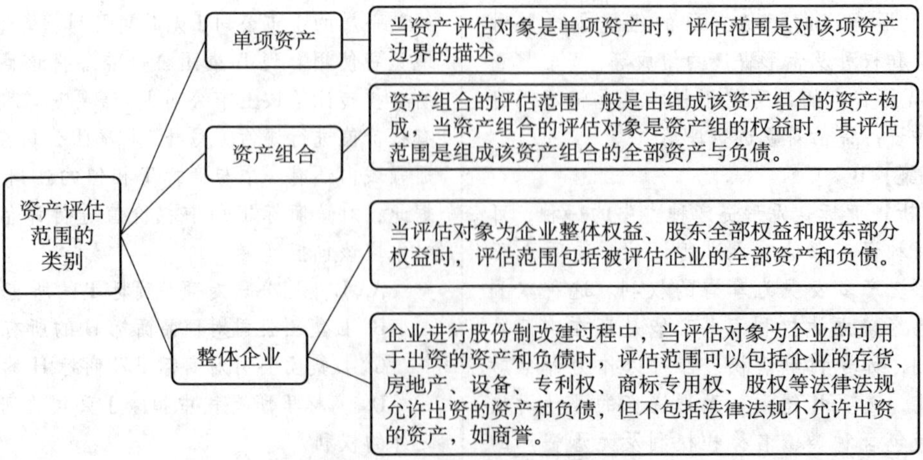

图4-4　资产评估范围的类别

【提示1】 机器设备的评估范围通常要明确是否包含与设备本体相关的附件以及设备的基础、安装工程、附属设施等。对已安装机器设备的评估，在评估目的要求机器设备原地持续使用的条件下，评估范围通常包含设备本体以及附件、基础、安装工程、附属设施等；对于拟变现处置的机器设备，评估范围可能只包括设备本体及附件，同时还要根据委托约定确定是否包括设备的拆除等费用。

【提示2】 当房地产评估项目的评估对象是企业拥有的一幢已出租的房地产，评估目的是为企业对投资性房地产的公允价值计量提供价值参考时，评估结论应当反映房地产的产权人及其作为房地产的出租人对该房地产享有的权益，评估中应当考虑租赁合同对该房地产价值的影响，评估范围不包含承租人对该房地产的权益。如果评估目的是为确定被征收房屋价值的补偿提供价值参考，评估结论反映的是该被征收房地产的市场价值，并且根据《国有土地上房屋征收评估办法》，不考虑被征收房屋租赁、抵押、查封等因素的影响，确定评估范围时就无须考虑租赁合同的影响。但评估专业人员应当在相关资产评估报告中如实披露评估对象已经租赁的事实和租赁合同对出租人义务等条件的约定。

【提示3】 注册商标的转让标的可以是商标专用权，也可以是商标许可使用权。商标专用权是指商标所有人依法对其注册商标所享有的专有权利，包括注册商标的专有使用权、禁止权、转让权、许可使用权和续展权等。当权利人转让注册商标专用权时，评估对象应当是该注册商标的专用权，评估范围应当包括构成该商标专用权的全部权利。商标使用许可是指商标注册人通过法定程序允许他人使用其注册商标的行为。通常是以订立使用许可合同的方式。当权利人将其持有商标的部分权利许可他人使用时，评估对象为商标许可权，评估范围是被授权人在许可范围内使用该商标的权利。评估人员应当根据许可使用的类型、期限、地域以及许可使用注册商标的商品范围和名称等因素确定评估范围。

【提示4】 近年来，随着社会各界对数据资产的认知不断加深，数据资产的评估业务也在稳步增加。数据资产是指特定主体合法拥有或者控制的，能进行货币计量的，且能带来直接或者间接经济利益的数据资源。根据数据资产在企业的经营收益模式，数据资产可以是存货类数据资产，也可以是无形资产类数据资产。执行数据资产评估业务，应当根据数据来源和数据生成特征，关注数据资源持有权、数据加工使用权、数据产品并根据评估目的、权利证明材料等，确定评估对象的权利类型。

【例4-29】（单项选择题）关于商标使用许可，下列表述中，错误的是（　　）。

A. 普通许可是指许可人允许被许可人在规定的地域范围内使用合同项下的注册商标，许可人保留自己在该地区内使用该注册商标和再授予第三人使用该注册商标的权利

B. 排他许可是指被许可人在许可的地域内可以使用该商标，许可人在该地域内不得把同一许可再给予任何第三人，但许可人保留自己使用同一注册商标的权利

C. 独占许可是指被许可人对授权使用的注册商标享有独占使用权，许可人不得再将同一商标许可给第三人，许可人自己也不得在该地域内使用该商标

D. 不同许可权的评估范围是不同的，其价值量也有较大差异，一般而言排他许可权的价值明显高于其他许可权，而且许可期限一般不超过10年

【答案】 D

【解析】 不同许可权的评估范围是不同的，其价值量也有较大差异，一般而言独占许可权的价值明显高于其他许可权，而且许可期限一般不超过10年。选项D错误，其他选项均正确。

（三）资产评估范围的确定

资产评估范围应当依据法律法规的规定、实现评估目的的要求，以及评估对象的特点合理确定，并在资产评估委托合同中明确界定，具体评估范围应由委托人负责确定。

资产评估专业人员在执行资产评估业务时应当关注纳入资产评估范围的资产或者资产及负债是否与所服务的经济行为要求的评估范围一致。

【例4-30】（多项选择题）下列关于资产评估范围的表述，正确的是（　　）。

A. 资产评估范围应当依据法律法规的规

定、实现评估目的的要求，以及评估对象的特点合理确定，是对评估对象所进行的详细描述

B. 当资产评估对象是单项资产时，评估范围是对该项资产边界的描述，对于拟变现处置的机器设备，评估范围可能只包括设备本体及附件，同时还要根据委托约定确定是否包括设备的拆除等费用

C. 当评估对象为企业整体权益、股东全部权益和股东部分权益时，评估范围包括被评估企业的全部资产和负债，包括可辨识的资产和不可辨识的资产（如商誉等）

D. 资产评估范围应当根据评估目的、评估对象的特点依法合理确定，并在资产评估委托合同中明确界定，具体评估范围应由委托人负责确定

E. 资产评估范围是对评估对象所进行的详细描述，是资产评估专业人员根据评估目的界定的对象资产边界，与评估对象是一致的

【答案】 ABCD

【解析】 资产评估范围是对评估对象所进行的详细描述，包括构成、物理及经济权益边界、约束条件等内容，评估范围与评估对象并不总是一致的，如，当当评估对象为企业整体权益、股东全部权益和股东部分权益时，评估范围包括被评估企业的全部资产和负债，选项A正确，选项E错误；当资产评估对象是单项资产时，评估范围是对该项资产边界的描述，选项B正确；当评估对象为企业整体权益、股东全部权益和股东部分权益时，评估范围包括被评估企业的全部资产和负债，包括可辨识的资产和不可辨识的资产（如商誉等），选项C正确；资产评估范围应当依据法律法规的规定、实现评估目的的要求，以及评估对象的特点合理确定，并在资产评估委托合同中明确界定，具体评估范围应由委托人负责确定，选项D正确。

【知识点10】常见经济行为对应的资产评估对象及范围（★★★）

（一）转让

转让/收购、置换、非货币资产偿债等经济行为，评估对象是相关经济行为对应的标的资产。其标的资产可以是企业或业务板块资产组合权益，也可以为单项资产。

（二）抵（质）押

抵（质）押行为的资产评估对象为相关抵（质）押物。抵（质）押物可以是企业权益，也可以为单项资产。

【提示】 对抵（质）押物价值的动态管理进行的资产评估，评估对象应当是贷款存续期的抵（质）押物。

（三）公司设立、增资

1. 公司设立。

以非货币资产出资设立公司时，根据《公司法》的规定，需要对非货币性出资资产进行评估，作为确定出资资本的参考依据。评估对象是实物、知识产权、土地使用权等可以用货币估价并可以依法转让的非货币财产。不符合出资规定的资产不能作为评估对象，如劳务、信用、自然人姓名、商誉、特许经营权、设定担保的财产等。

2. 公司增资。

（1）公司增资的评估目的及评估对象。在公司增资时，对应的评估目的有两种，一是确定被增资企业的股东全部权益价值，作为确定增资金额或持股比例的参考依据；二是确定非货币性增资资产的价值，作为确定增资资本的参考依据。第一种评估目的的评估对象是被增资企业的股东权益，评估范围为被增资企业的全部资产及负债。第二种评估目的的评估对象是非货币增资资产，评估范围是拟用于增资且符合出资条件的资产。

（2）公司发行股份购买资产。

公司发行股份购买资产的行为实质是被购买资产的产权持有人以非货币资产对发行股份的公司进行增资。该经济行为既需要确定股票发行前发行股份公司的股东全部权益价值，作为确定被购买资产的产权持有人在发行股份公司中持股比例的参考依据；又需要确定拟购买资产的价值，作为确定购买方需要发行的股份数额及公司资本金的参考依据。上述两种评估需求和目的应当分别出具资产评估报告。评估对象分别为发行股份公司的股东权益和被购买的资产。评估范围分别为发行股份公司的全部资产及负债、与被购买评估对象所对应的单项或整体资产。

如果发行股份的公司为上市公司，且可以通过公开市场的股票价格合理确定其股权价值，该上市公司实施发行股份购买资产经济行为时，可以根据相关监管规定，不评估其股权价值，

只委托评估被购买资产的价值。

（四）企业整体或部分改建为有限公司或股份公司

1. 公司制改建。

企业整体或部分改建为有限责任公司或者股份有限公司进行资产评估，评估对象是依据企业改制方案确定的公司制改建所涉及的整体或部分资产。

如果企业改制还涉及产权转让、国有资产流转等事项的资产评估，可以依据企业改制方案所确定的转让/流转标的，以及转让行为的要求确定具体的评估对象。按照国有资产管理要求，向非国有投资者转让国有产权的，企业的专利权、非专利技术、商标权、商誉等无形资产应当纳入评估范围。

2. 有限责任公司变更为股份有限公司。

有限责任公司以经审计的净资产账面价值折股变更为股份有限公司的，资产评估对象和范围均是有限责任公司按照《公司法》规定可以作为出资的可辨识资产和相关负债。如果变更中因引进战略投资者而问题资产评估，评估对象应当为有限责任公司的股东权益，评估范围则是该公司的全部资产和负债。

（五）财务报告

（1）企业合并对价分摊的评估对象应该根据会计准则要求和委托合同的约定确定，可以是被购买方各项可辨认资产、负债及或有负债，也可以是委托人约定评估的具体的可辨认资产。评估范围是与评估对象对应的资产和负债。

（2）资产减值测试评估的对象是拟进行减值测试的单项资产或资产组。评估对象为单项资产的，评估范围是与评估对象对应的单项资产。评估对象为资产组的，评估范围为构成资产组的全部资产。

【提示】《企业会计准则第 8 号——资产减值》规定，资产组的账面价值包括可直接归属于资产组与可以合理和一致地分摊至资产组的资产账面价值，通常不应当包括已确认负债的账面价值，但如不考虑该负债金额就无法确定资产组可收回金额的除外。

（3）公允价值计量的评估对象是需要以公允价值计量的相关资产或负债，具体对象应根据会计准则和委托合同的约定确定，可以是单项资产或负债，也可以是资产组合、负债组合或者资产和负债的组合。

（六）税收

以税收为目的的资产评估业务中，评估对象可以为企业股东权益，也可以是单项资产。

（1）非货币资产投资的计税价值评估，评估对象是用于投资的非货币性资产。

（2）非货币资产持有或流转环节所涉税种的税基评估，评估对象是与所涉税种对应的非货币资产。

（3）抵税财物处置评估，评估对象为拟处置的抵税财物。

（七）司法

1. 司法审判涉及的资产评估。

司法审判资产评估中对诉讼标的财产/权益价值评估的评估对象是相关涉案标的财产。

【提示】侵权/损害损失包括侵权/损害产生的财产直接损害和间接损失，间接损失又称可得利益损失，是指被侵权/损害人因不法侵害行为遭受的可得财产利益的损失。侵权/损害损失的赔偿范围及标准需要依据法律规定加以确定。

2. 民事判决执行涉及的资产评估。

民事判决执行中为确定执行标的物处置参考价的资产评估，评估对象是相关执行标的物，可以是企业的股东权益，也可以是单项资产。

（八）租金

租金评估的对象就是出租资产的租金，租金类型一般包含市场租金和成本租金。

市场租金，参考《国际评估准则》（2022）IVS 104 价值类型准则 40.1 对于市场租金的定义：市场租金是指公平交易中，自愿出租方和自愿承租方在评估基准日，在正常营销后市场中通过适当营销达成的不动产或其他类型资产出租应该收取的整体租金的估计数额，当事方应当各自精明、理性行事且未受强迫。

成本租金，是指当将不动产或其他类型资产出租时，根据租金的组成要素，将租金组成要素中的各单项要素的市场价值分别估算出来，然后将各单项要素市场价值加总得到的租金。

按照资产出租的方式，一般可以分为两大类，其一是仅出租资产本体，这种出租方式俗称为“干租”，大部分资产出租的情形为“干租”形式；另外一类是出租物为资产本体 + 专业经营管理团队，这种出租俗称为“湿租”，如飞机 + 机组人员、远洋轮船 + 船员、酒店 + 专业运营团队、特殊专用设备+操作技术人员等，即在资产出租过程中将专门的运营、管理团队或专业技术人员作为附加条件纳入待出租资产范围。

采用“干租”形式的资产的租赁业务中，租金又进一步细分为“毛租金”和“净租金”两大类。“毛租金”是指出租人获取租金并承担出租资产涉及的相关税金、出租标的物后续的维修费、保险费等；“净租金”一般是指出租人只收取出租资产的租金收益，出租资产在租赁期间所涉及的维修费、保险费等由承租人负担，即出租人获取的是出租资产收所得的纯收益租金。

实务中，租金的内涵可能会有不同类型的变化，评估人员需要根据出租和承租双方已经达成的共识或根据行业惯例确定租金的内涵组成。

【例4-31】（单项选择题）对于侵犯专利权的赔偿，《中华人民共和国专利法》第七十一条规定：侵犯专利权的赔偿数额按照权利人因被侵权所受到的实际损失或者侵权人因侵权所获得的利益确定；权利人的损失或者侵权人获得的利益难以确定的，参照该专利许可使用费的倍数合理确定。对于该条款的理解，下列表述中，错误的是（　　）。

A. 该条款规定了我国专利权侵权赔偿数额的确定标准

B. 该条款规定了侵犯专利权赔偿时可以参照的专利许可使用费的合理倍数

C. 该条款明确了在法律实践中选择赔偿数额标准的顺位

D. 该条款规定了权利人因被侵权所受到的实际损失或者侵权人因侵权所获得的利益是确定赔偿标准的首选

【答案】B

【解析】该条款没有规定侵犯专利权赔偿时可以参照的专利许可使用费的合理倍数。选项B错误，其他选项均正确。

【例4-32】（单项选择题）下列有关评估范围的表述，错误的是（　　）。

A. 当资产组合的评估对象是资产组的权益时，其评估范围是组成该资产组合的全部资产

B. 评估对象为单项资产时，评估范围是对该资产边界的描述

C. 当评估对象为企业整体权益时，评估范围包括被评估企业的全部资产和负债，包括可辨识的资产和不可辨识的资产（如商誉等）

D. 资产评估专业人员在执行资产评估业务时应当关注纳入资产评估范围的资产或者资产及负债是否与所服务的经济行为要求的评估范围一致

【答案】A

【解析】当资产组合的评估对象是资产组的权益时，其评估范围是组成该资产组合的全部资产与负债。选项A错误，其他选项均正确。

【例4-33】（多项选择题）下列关于常见经济行为对应的评估对象的表述中，正确的有（　　）。

A. 转让/收购、置换、非货币资产偿债等经济行为，评估对象是相关经济行为对应的标的资产

B. 对抵（质）押物价值动态管理的资产评估，评估对象应当是贷款存续期的抵（质）押物

C. 非货币资产出资行为，评估对象实物、知识产权、土地使用权等可以用货币估价并可以依法转让的非货币财产

D. 如果有限责任公司变更为股份有限公司中因引进战略投资者而委托资产评估，评估对象应当为有限责任公司的股东权益

E. 非货币资产持有或流转环节所涉税种的税基评估，评估对象是与所涉税种对应的资产及相关负债

【答案】ABCD

【解析】非货币资产持有或流转环节所涉税种的税基评估，评估对象是与所涉税种对应的非货币资产。选项E错误，其他选项均正确。

【例4-34】（单项选择题）关于租金评估，下列表述中，错误的是（　　）。

A. 租金评估的对象就是出租资产的租金，租金类型一般包含市场租金和成本租金，其中市场租金在《国际评估准则》(2022）中有定义

B. 出租物为资产本体+专业经营管理团队，这种出租俗称为“湿租”，大部分资产出租的情形为此形式

C. 仅出租资产本体，这种出租方式俗称为“干租”，不将专门的运营、管理团队或专业技术人员纳入待出租资产范围

D. 实务中，租金的内涵可能会有不同类型的变化，评估人员需要根据出租和承租双方已经达成的共识或根据行业惯例确定租金的内涵组成

【答案】B

【解析】大部分资产出租的情形为“干租”形式。选项B错误，其他选项均正确。

【知识点11】价值类型的概念及作用（★★）

（一）价值类型的概念

价值类型是指资产评估结果的价值属性及其表现形式。

【提示】不同的价值类型从不同角度反映资产评估价值的属性和特征。不同的价值类型所代表的资产评估价值不仅在性质上不同，在数量上往往也存在着较大差异。

（二）价值类型的作用

（1）价值类型是影响和决定资产评估价值的重要因素。

（2）价值类型对资产评估方法的选择具有一定的影响，价值类型实际上是评估价值的一个具体标准。

（3）明确价值类型，可以更清楚地表达评估结论，可以避免评估委托人和其他报告使用人误用评估结论。

【例4-35】（单项选择题）关于价值类型的作用，下列表述中，错误的是（　　）。

A. 价值类型是指资产评估结果的价值属性及其表现形式，是影响和决定资产评估价值的重要因素

B. 价值类型对资产评估方法的选择具有一定的影响，价值类型实际上是评估价值的一个具体标准

C. 价值类型从不同角度反映评估价值的属性和特征，直接或间接地决定和制约着评估的条件以及评估目的的选择

D. 明确价值类型，可以更清楚地表达评估结论，可以避免评估委托人和其他报告使用人误用评估结论

【答案】C

【解析】评估目的直接或间接地决定和制约着资产评估的条件以及价值类型的选择。选项C错误，其他选项均正确。

【知识点12】主要价值类型的种类及含义（★★★）

参见图4-5。

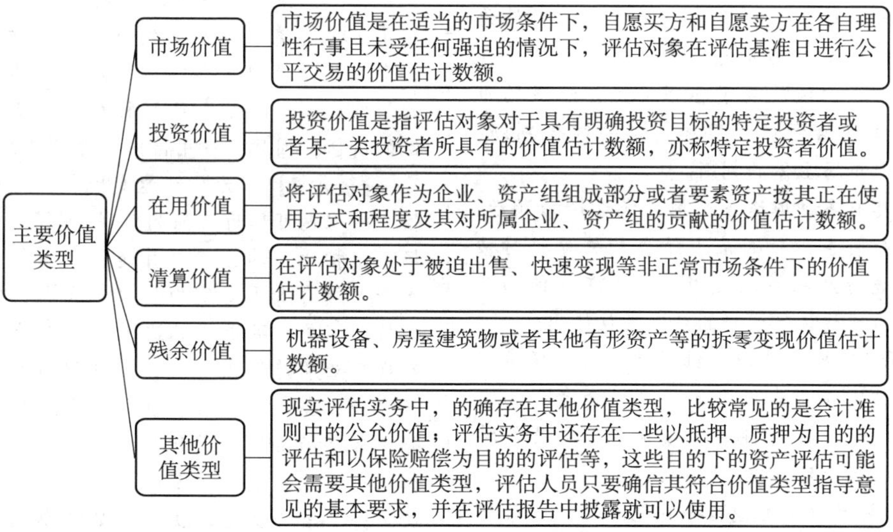

图4-5　资产评估的主要价值类型

【提示1】可以从以下方面理解市场价值的概念：

（1）“自愿买方”，指具有购买动机，没有被强迫进行购买的一方当事人。在市场价值概念下，买方会根据评估基准日市场的真实状况和预期判断进行购买，不会特别急于购买，也不会在购买时不顾及合理的价格条件，付出比市场合理价格更高的价格。

（2）“自愿卖方”，指既不准备以任何价格急于出售或被强迫出售，也不会因期望获得被

现行市场视为不合理的价格而继续持有资产的一方当事人。自愿卖方期望在进行必要的市场营销之后，根据评估基准日的市场条件以公开市场所能达到的最高价格出售资产。

(3) 资产在市场上有足够的展示时间，指资产应当以最恰当的方式在市场上予以展示，不同资产的具体展示时间应根据资产特点和市场条件而有所不同，但该展示时间应当使该资产能够引起足够数量的潜在购买者的注意。

(4) “公平交易”，是指在没有特定或特殊关系的当事人之间的交易，即假设在互无关系且独立行事的当事人之间的交易；从而避免了交易当事人之间由于存在特定或特殊关系，使交易的定价偏离了市场正常的价格水平。

(5) 买卖双方“各自理性行事”，指自愿买方和自愿卖方都合理地知道资产的性质和特点、实际用途、潜在用途以及评估基准日的市场状况，并假定当事人都根据上述知识为自身利益而决策，理性行事以争取在交易中为自己获得最好的价格。因此，市场价值既是卖方能够合理获取的最好售价，也是买方能够合理取得的最有利价格，是资产在评估基准日市场上最有可能合理得到的价格。

某项资产对于某特定市场主体所具有的价值，可能不同于市场或特定行业对该资产价值的认同。市场价值反映了各市场主体组成的市场整体对被评估资产效用和价值的综合判断，不同于特定市场主体的判断。

对于具有多种用途或利用方式选择的资产，评估专业人员在评估时应当结合相关资料对被评估资产进行最高最佳使用分析，在评估的市场价值中体现被评估资产的最高最佳使用。

【提示2】 投资价值是针对特殊的市场参与者，即“特定投资者或者某一类投资者”而言的；是一项资产针对特定的投资者、满足其特定的投资或运营目标条件的价值。

《资产评估价值类型指导意见》第十七条规定，当评估业务针对的是特定投资者或者某一类投资者，并在评估业务执行过程中充分考虑并使用了仅适用于特定投资者或者某一类投资者的特定评估资料和经济技术参数时，通常选择投资价值作为评估结论的价值类型。

如果交易当事人仅仅拥有特定的身份，比如股权的受让方为该企业股东，则并不必然要求在评估时选择投资价值。

【提示3】 评估结论的价值类型为在用价值时，评估对象只能是作为企业或整体资产中的要素资产或局部资产，而不是独立发挥作用的资产。

在用价值的评估过程中只考虑了部分或要素资产正在使用的方式和程度及其对所属企业或者整体资产的贡献程度，没有考虑该资产作为独立资产所具有的效用及其在公开市场上交易等对评估结论的影响。部分或要素资产在评估基准日正在使用的方式和程度及其对企业或者整体资产的贡献，是影响其在用价值价值量的决定因素。正在使用的方式和程度，是指资产在现状条件下的使用方式及程度，这种使用方式及程度可能是最高最佳使用，也可能不是最高最佳使用。

评估实践中，评估对象作为企业或整体资产中的要素资产对企业或整体资产的贡献，通常表现为该要素资产在预计剩余寿命期间对企业或整体资产可以或可能产生的现金流量贡献。因此，在用价值通常表现为评估对象在预计剩余寿命期间可以或可能带来的未来现金流量的折现值。

在用价值是特定资产在特定用途下对特定使用者的价值，其价值大小受评估对象对其所在企业或资产组发挥作用的方式及其使用效果的影响，体现的是资产权利人使用资产所能创造的价值，因此，在用价值也称“使用价值”。

【提示4】 因为“快速变现”一般带有强制性，所以也可称为“强制变现”。清算价值与市场价值相比，其主要差异是：①清算价值是一个资产拥有者需要变现资产的价值，是一个退出价，不是购买资产的进入价；而市场价值没有规定必须是退出价；②清算价值的退出变现是资产正在或潜在面临被迫出售、强制变现等非正常市场条件下进行的，这一点与市场价值相比有明显的不同。因此，清算价值的特点主要是：①该价值是退出价；②这个退出是受外力胁迫情况的退出，而非正常的退出。

【提示5】 残余价值，实际是将一项资产拆除成零件进行变现的价值。残余价值实质是改变资产的计价单元后，将组成这项资产的要素分拆为更小的计价单元并估算其变现的价值。因此，残余价值的重点表现为以下两点：①“拆零”，也就是假定原资产为一个整体计价单元，现在要将原资产的整体计价单元变小，即分拆，也就是“拆零”；②“变现”，即要将“拆零”后新计价单元的资产变现，即卖出。例如：一辆载重汽车，原计价单元是一辆整车，现在要将该车的计价单元变小，拆分为汽车底盘、发动机、车轮和车身计价单元，再将这些拆零后计价单元的资产变现。这种将车辆零部件单独处置的价值就是该汽车的残余价值。

残余价值通常用于整体计价的资产已经没有使用价值，需要分析将其拆零后的资产是否还有使用价值的情形。如果有价值，就可以估算将其变现的价值。

残余价值通常被用于估算整体资产报废后的“拆整卖零”价值。但这并不是说只有原计价单元的整体资产在报废时才具有残余价值，不报废的资产也有残余价值，只是在实务中，正常使用资产的整体价值一般会大于其拆零变现价值之和，因而不需要估算这种价值。

【提示6】企业会计准则中的公允价值，是指市场参与者在计量日发生的有序交易中出售一项资产所能收到或者转移一项负债所需支付的价格。①企业以公允价值计量相关资产或负债，应当假定出售资产或者转移负债的有序交易在相关资产或负债的主要市场进行。不存在主要市场的，企业应当假定该交易在相关资产或负债的最有利市场进行。②企业以公允价值计量相关资产或负债，应当采用市场参与者在对该资产或负债定价时为实现其经济利益最大化所使用的假设。③企业以公允价值计量非金融资产，应当考虑市场参与者将该资产用于最佳用途产生经济利益的能力，或者将该资产出售给能够用于最佳用途的其他市场参与者产生经济利益的能力。

【例4-36】（多项选择题）目前国际和国内评估界对价值类型有不同的分类，但是一般认为最主要的价值类型包括（　　）。

A. 市场价值　　B. 投资价值
C. 在用价值　　D. 清算价值
E. 协议价值

【答案】ABCD

【解析】目前国际和国内评估界对价值类型有不同的分类，但是一般认为最主要的价值类型包括以下几种：市场价值、投资价值、在用价值、清算价值、残余价值和其他价值类型（公允价值等）。“协议价值”并不能成为资产评估的主要价值类型。

【例4-37】（多项选择题）下列有关价值类型的表述中，正确的是（　　）。

A. 市场价值是在适当的市场条件下，自愿买方和自愿卖方在各自理性行事且未受任何强迫的情况下，评估对象在评估报告日进行公平交易的价值估计数额

B. 清算价值的退出变现是资产正在或潜在面临被迫出售、强制变现等非正常市场条件下进行的，这一点与市场价值相比有明显的不同

C. 残余价值通常被用于估算整体资产报废后的“拆整卖零”价值，但这并不是说只有原计价单元的整体资产在报废时才具有残余价值

D. A企业有一资产，现在将其作为A企业的组成部分按其正在使用的方式和程度及其对A企业的贡献作出的价值估计数额，这个数额就是在用价值

E. 投资价值是针对主要的市场参与者，与市场价值相比，最为重要的差异是投资价值会受到主要的市场参与者的影响

【答案】BCD

【解析】市场价值是在适当的市场条件下，自愿买方和自愿卖方在各自理性行事且未受任何强迫的情况下，评估对象在评估基准日进行公平交易的价值估计数额，选项A错误；清算价值的退出变现是资产正在或潜在面临被迫出售、强制变现等非正常市场条件下进行的，这一点与市场价值相比有明显的不同，选项B正确；残余价值是指机器设备、房屋建筑物或者其他有形资产等的拆零变现价值估计数额，残余价值通常被用于估算整体资产报废后的“拆整卖零”价值，但这并不是说只有原计价单元的整体资产在报废时才具有残余价值，不报废的资产也有残余价值，只是在实务中，正常使用资产的整体价值一般会大于其拆零变现价值之和，因而不需要估算这种价值，选项C正确；在用价值是指将评估对象作为企业、资产组的组成部分或者要素资产按其正在使用的方式和程度及其对所属企业、资产组的贡献的价值估计数额，选项D正确；投资价值是针对特殊的市场参与者，与市场价值相比，最为重要的差异是受到交易者个别因素的影响，交易者可能是一个或一类特定的交易者，但是这类特定的投资者不是主要的市场参与者，选项E错误。

【知识点 13】价值类型的选择（★★★）

在满足各自含义及相应使用条件的前提下，市场价值、投资价值以及其他价值类型的评估结论都是合理的。评估专业人员执行资产评估业务，选择和使用价值类型，应当充分考虑评估目的、市场条件、评估对象自身条件等因素。

另外，评估专业人员选择价值类型时，应当考虑价值类型与评估假设的相关性。

价值类型的选择，参见图 4－6。

- 价值类型的选择
  - 市场价值类型的选择
    - 当评估人员执行的资产评估业务对市场条件和评估对象的使用等并无特别限制和要求，特别是不考虑特定市场参与者自身因素和偏好，评估目的是为正常的交易提供价值参考依据时，通常应当选择市场价值作为评估结论的价值类型。
    - 在选择市场价值时，评估专业人员必须关注到不同的市场可能会有不同的市场价值。特别是不同的国家和地区可能形成不同的交易市场，有的甚至在一个国家或地区内可能也会存在多个不同的交易市场，评估专业人员在选择市场价值时，还应该同时关注所选择的市场价值是体现哪个市场的市场价值。当标的资产可以在多个市场上交易时，评估专业人员除需要在评估报告中恰当披露所选择的市场价值是哪个市场的市场价值，还应该说明选择该市场价值的理由。
  - 投资价值类型的选择
    - 如果评估人员在执行资产评估业务时，评估业务针对的是特定投资者或者某一类投资者，评估中还必须考虑某一类投资者或特定投资者自身的投资偏好或特定目标对交易价值的影响，通常需要考虑选择投资价值类型。
    - 特定市场参与者的目标和偏好可能表现为其自身已拥有的资产与标的资产之间形成协同效应，可以获得超额收益；也可能体现为因自身偏好而可以接受的一般市场参与者无法接受的交易价值。
    - 在评估实务中，评估专业人员在选择投资价值时通常需要说明选择的理由以及所考虑投资价值包含的与市场价值区别的要素，如发生协同效应的资产范围以及产生协同效应的种类，这是选择投资价值时必须详细披露的内容。
  - 在用价值类型的选择
    - 如果评估人员在执行资产评估业务时，评估对象是企业或者整体资产组中的要素资产，并且在评估业务执行过程中只需要考虑以这些资产未来经营收益的方式来确定资产的价值时，评估专业人员需要选择在用价值类型。
  - 清算价值类型的选择
    - 当评估对象面临被迫出售、快速变现或者评估对象具有潜在被迫出售、快速变现等情况时，评估专业人员通常应当选择清算价值作为评估结论的价值类型。
    - 清算价值与以清算为目的的评估有联系，但两者并不是直接对应的关系。清算价值作为一种价值类型是以评估对象被强制变现或被强制出售为前提条件的，只有评估对象是在强制变现或强制出售的前提条件下评估，其评估结论的价值类型才可以选择清算估价值。
    - 卖方被迫出售资产、资产出售得不到适当的市场展示期是采用清算价值类型的评估对象面临的主要交易特点。这种情况下实现的价值反映的是卖方在某一特定时期内被迫出售资产的结果，该结果的大小取决于卖方所受压力的强度以及资产市场展示时间被限制的程度。只有了解评估对象被强迫出售的理由及程度才能合理预计其清算价值。
    - 抵（质）押物、涉案财产等处置的评估，也可以根据评估对象特点及委托条件选择清算价值类型。
  - 残余价值类型的选择
    - 当评估对象无法或者不宜整体使用时，也就是其整体已经不具有使用价值，但是如果改变其计量单元，将计量单元缩小至零部件后，还可以具有使用价值时，评估专业人员通常应当考虑评估对象的拆零变现，并选择残余价值作为评估结论的价值类型。

图 4－6　资产评估价值类型的选择

【例4－38】（单项选择题）某造纸厂拥有一套卫生纸生产设备，因废水污染，按照国家有关产业政策，该造纸厂需要关停，卫生纸生产设备需要淘汰，不能异地使用，但是部分部件还可以利用。现需要对该造纸厂资产进行处置评估，应该选择的价值类型是（　　）。

A. 投资价值　　B. 在用价值

C. 清算价值　　D. 残余价值

【答案】D

【解析】该卫生纸生产设备需要淘汰，不能继续使用，需要整体报废，但是该生产设备中部分部件还存在继续使用的价值，也就是说整套生产设备需要报废，但是组成设备的部分部件还有使用价值，在这种情况下，可以选择残余价值类型，选项D正确，其他选项均错误。

【例4－39】（单项选择题）P企业准备出售一台暂时不用的机器设备，机器设备的运行状况良好，现P企业委托V评估机构对该机器设备进行评估，应选择的价值类型是（　　）。

A. 投资价值　　B. 在用价值

C. 市场价值　　D. 残余价值

【答案】C

【解析】当评估人员执行的资产评估业务对市场条件和评估对象的使用等并无特别限制和要求，特别是不需要考虑特定市场参与者的特性和偏好，评估目的是为正常的交易提供价值参考依据时，评估人员通常应当选择市场价值作为评估结论的价值类型。因此，选项C正确，其他选项均错误。

【例4－40】（单项选择题）U公司和R公司准备共同出资在中国大陆设立一家有限责任公司，U公司以现金出资，R公司以生产设备和土地使用权出资。现需要对该生产设备和土地使用权进行评估，应该选择的价值类型是（　　）。

A. 投资价值　　B. 市场价值

C. 在用价值　　D. 清算价值

【答案】B

【解析】该案例是将标的资产用作出资，属于以非货币资产对外投资行为。出资视同交易，通常不考虑特定的买方或者卖方的特性，也不考虑任何特定的交易附带条件，应当选择市场价值。另一方面，该案例是在中国大陆设立有限责任公司，"交易"是在中国大陆发生，该市场价值应该设定为在中国大陆关税区的市场价值。选项B正确，其他选项均错误。

【例4－41】（单项选择题）某国有企业Z公司为拓展境外业务，计划到英国收购一家公司，该公司是在当地证券交易所上市的公司。对该标的公司的评估，应该选择的价值类型是（　　）。

A. 清算价值　　B. 投资价值

C. 在用价值　　D. 市场价值

【答案】D

【解析】该交易是国内的企业到英国收购当地公司的股权，也属于资产收购行为。同样，因为案例未披露要考虑特定的买方与卖方的投资偏好或特定目标，确定选择市场价值。同时这个交易在英国发生、受到英国法律、法规的管辖，应当选择英国的市场，并且这个市场应当是英国的证券交易市场，而不是一般产权交易市场。因此，该案例应当评估标的资产在英国证券交易市场的市场价值。选项D正确，其他选项均错误。

【例4－42】（单项选择题）X公司拥有一家大型超市，Y公司拥有一个中式快餐厅，两个公司位置相邻。现在X公司要收购Y公司，委托人要求考虑协同效应对股权收购价值的影响，评估中应该选择的价值类型是（　　）。

A. 清算价值　　B. 在用价值

C. 投资价值　　D. 市场价值

【答案】C

【解析】本案例的经济行为是股权收购。案例中大型超市与中式快餐厅存在经营层面的协同，这种"超市＋餐饮"的经营模式也更容易吸引顾客。因此，X公司收购Y公司存在协同效应，并且这种协同应该属于经营协同。这种存在协同效应的收购行为，在评估业务中是否要选择投资价值类型，评估专业人员需要与委托人协商明确具体的委托诉求之后才能确定。如果委托人要求考虑协同效应对股权收购价值的影响就应当选择投资价值类型。选项C正确，其他选项均错误。

【知识点14】资产评估假设的概念与作用（★★★）

（一）资产评估假设的概念

资产评估假设是依据现有知识和有限事实，通过逻辑推理，对资产评估所依托的事实或前提条件作出的合乎情理的推断或假定。资产评估假设也是资产评估结论成立的前提条件。

【提示】 资产评估为什么需要假设？由于认识客体的无限变化和认识主体有限能力的矛盾，人们需要依据已经掌握的数据资料对某一事物的某些特征或者全部事实作出合乎逻辑的推断。资产评估业务实际上也是一种模拟市场交易以判断资产价值的行为。面对不断变化的市场环境，为了进行资产评估，评估专业人员就需要把市场条件及影响资产价值的各种因素设定在某种状态下，以便对标的资产进行价值分析和判断。

（二）资产评估假设的作用

资产评估作为一门学科，与其他学科一样，其理论和方法体系的确立也建立在一系列假设基础上。

评估假设实际发挥的是“化繁为简”抓主要矛盾的作用，将一项资产交易价格的主要影响因素从实际中抽象出来，研究这些因素对交易价格的影响，忽略一些不必要的因素，提高评估的效率。

【例 4－43】（单项选择题）关于资产评估假设，下列表述中，错误的是（　　）。

A. 资产评估假设是合乎情理的推断或假定，合理使用资产评估假设可以减轻或者免除评估专业人员的评估责任

B. 资产评估业务实际上是一种模拟市场交易以判断资产价值的行为，评估假设为资产评估结论的成立提供前提条件

C. 资产评估作为一门学科，与其他学科一样，其理论和方法体系的确立也建立在一系列假设基础上

D. 资产评估假设使资产评估专业人员抓住影响资产价值的主要因素，忽略一些不必要的因素，可以提高评估的效率

【答案】 A

【解析】 资产评估机构及其评估专业人员应当对其评估行为承担相应的专业责任，资产评估假设可以减轻或者免除评估专业人员的评估责任，缺乏依据。选项 A 错误，其他选项均正确。

【知识点 15】常见资产评估假设的内涵（★★★）

资产评估所使用的评估假设涉及不同的方面，主要包括前提性假设、外部环境假设、具体假设。参见图 4－7。

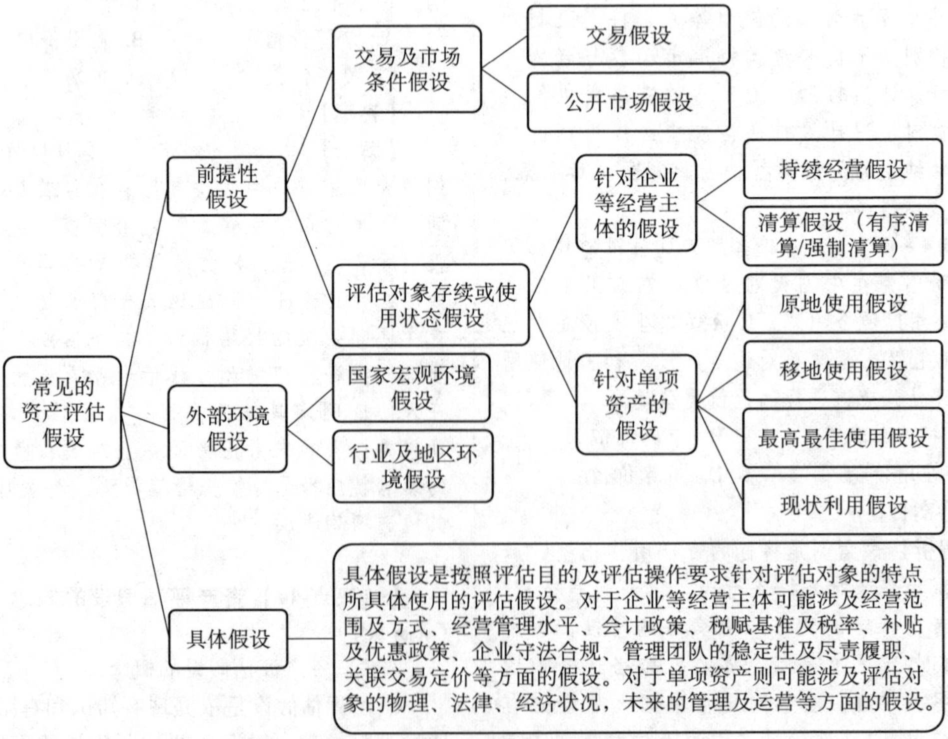

图 4－7　常见的资产评估假设

（一）交易假设

交易假设是假定所有评估标的已经处在交易过程中，评估专业人员根据被评估资产的交易条件等模拟市场进行评估。

交易假设一方面为资产评估得以进行“创造”了条件，另一方面它明确限定了资产评估的外部环境，即资产是被置于市场交易之中，资产评估不能脱离市场条件而孤立地进行。

交易假设是资产评估经常使用的前提假设。

【提示】为了发挥资产评估在资产实际交易之前为委托人提供资产价值参考的专业支持作用，同时又能够使资产评估得以进行，利用交易假设将被评估资产置于“交易”当中，模拟市场进行评估十分必要。

（二）公开市场假设

公开市场假设是指资产可以在充分竞争的市场上自由买卖，其价格高低取决于一定市场的供给状况下独立的买卖双方对资产的价值判断。

（1）公开市场假设是对资产拟进入的市场条件，以及资产在较为完善市场条件下接受何种影响的一种假定说明或限定。

（2）公开市场假设旨在说明一种充分竞争的市场环境，在这种环境下，资产的交换价值受市场机制的制约并由市场行情决定，而不是由个别交易案例决定。

（3）公开市场是对充分竞争市场的一种抽象。市场价值也是充分竞争市场的产物，是以公开市场假设作为逻辑基础的。

（三）持续经营假设

持续经营假设指假设一个经营主体的经营活动可以连续下去，在未来可预测的时间内该主体的经营活动不会中止或终止。

【提示1】持续经营假设实际是一项针对企业或业务资产组等经营主体的假设。该项假设一般不适用单项资产。

【提示2】该假设不但是一项评估假设，同时也是一项会计假设。对一个经营主体进行评估，也需要对其未来的可持续经营作出假设。因为经营主体是否可以持续经营，其价值表现是完全不一样的。

【提示3】通常，持续经营假设是采用收益法评估企业等经营主体价值的基础。

（四）有序清算假设

如果一个经营主体不能持续经营就需要清算这个经营主体，也就是需要使用清算假设。与清算有关的假设包括有序清算假设和强制清算假设。

所谓有序清算假设就是经营主体在其所有者有序控制下实施清算。有序清算是经营主体出现法律、法规和该主体的章程等规定的解散事由后，由该经营主体的所有者依法自主组织实施的清算。

（五）强制清算假设

这个假设涉及的是通过公权力，即人民法院介入的企业清算情形。包括在我国的法律体系中由《公司法》规范的“强制清算”和由《企业破产法》管辖的“破产清算”。

按照我国《公司法》的规定，公司因营业期限届满、股东会决议、合并或者分立、被吊销营业执照、责令关闭或者被撤销等事由解散。“强制清算”就是在公司发生解散事由后，由于股东怠于履行清算义务，人民法院在受理债权人等申请后组织清算组所进行的清算。

“破产清算”是企业不能清偿到期债务或者明显缺乏清偿能力，人民法院在受理企业或债权人的申请并宣告债务企业破产后所进行的清算。清算由破产管理人拟定破产财产分配方案，方案经债权人会议通过后报经人民法院裁定认可，再由破产管理人执行。破产管理人由人民法院在受理债务企业破产申请时指定，可以由有关部门、机构的人员组成的清算组或者依法设立的律师事务所、会计师事务所、破产清算事务所等社会中介机构担任。

强制清算假设，是假设经营主体在外部力量介入、控制下进行清算。清算活动不受破产经营主体的所有者控制。

（六）原地使用假设

原地使用是指一项资产在原来的安装地继续被使用，其使用方式和目的可能不变，也可能改变。

原地使用的价值构成要素一般包括设备的购置价格、设备运输费、安装调试费等。

如果涉及使用方式及目的变化，还要根据委托条件确定是否考虑变更使用方式而发生的成本费用。

（七）移地使用假设

移地使用是指一项资产不在原来的安装地继续被使用，而是要被转移到另外一个地方继续使用，迁移地点后资产的使用方式和目的也可能会改变，也可能不改变。

移地使用涉及设备的拆除、迁移和重新安装调试等环节。除了设备本体价值，还需要根据买卖双方约定的资产交割及费用承担条件，确定其价值要素是否还包括设备的拆除费用、运输到新地址的费用和重新安装调试费等。

（八）最高最佳使用假设

所谓最高最佳使用，指一项资产在法律上允许、技术上可能、经济上可行的前提下，经过充分合理的论证，实现其最高价值的使用。

最高最佳使用通常是对一项存在多种不同用途或利用方式的资产进行评估，需要选择其最高最佳的用途或利用方式时所提出的假设。

【提示】如果资产的最高最佳用途与其现状用途不同，由现状用途转换为最高最佳用途的成本应当在计算其最高最佳用途价值时予以扣除。

（九）现状利用假设

现状利用假设要求对一项资产按照其目前的利用状态及利用方式进行价值评估。现状利用方式并不一定就是相关资产的最高最佳利用方式。

【例4－44】（单项选择题）下列关于公开市场假设的表述中，错误的是（　　）。

A. 公开市场假设是指资产可以在充分竞争的市场上自由买卖，其价格高低取决于一定市场的供给状况下独立的买卖双方对资产的价值判断

B. 公开市场假设是对资产拟进入的市场条件，以及资产在较为完善市场条件下接受何种影响的一种假定说明或限定

C. 公开市场假设旨在说明资产的交换价值受市场机制的制约并由市场行情决定，或者由个别交易案例决定

D. 公开市场是对充分竞争市场的一种抽象，公开市场假设就是假定较为完善的公开市场存在，被评估资产将要在这样一种公开市场上进行交易

【答案】C

【解析】公开市场假设旨在说明一种充分竞争的市场环境。在这种环境下，资产的交换价值受市场机制的制约并由市场行情决定，而不是由个别交易案例决定。选项C错误，其他选项均正确。

【例4－45】（单项选择题）关于持续经营假设，下列表述中，错误的是（　　）。

A. 持续经营假设实际是一项针对企业或业务资产组等经营主体的假设，该项假设一般不适用于单项资产

B. 一个经营主体是否可以持续经营，其价值表现是完全不一样的，评估时需要对其未来的持续经营状况作出假设

C. 持续经营假设是指假设一个经营主体的经营活动可以连续下去，在未来可预测的时间内该主体的经营活动不会中止或终止

D. 持续经营假设是假设一个经营主体在未来可预测的时间内继续按照这个特定目的经营，是采用成本法评估企业等经营主体价值的基础

【答案】D

【解析】通常持续经营假设是采用收益法评估企业等经营主体价值的基础。选项D错误，其他选项均正确。

【例4－46】（单项选择题）关于原地使用假设，下列表述中，正确的是（　　）。

A. 原地使用是指一项资产在原来的安装地继续被使用，其使用方式和目的不变

B. 原地使用的价值构成要素一般包括设备的购置价格、运输费、安装调试费等

C. 用来加工汽车零部件的机床，仍在原地继续被使用加工摩托车零部件则不能应用原地使用假设

D. 原地使用假设通常假定资产在原地最高最佳使用，是采用成本法评估资产价值的基础

【答案】B

【解析】原地使用是指一项资产在原来的安装地继续被使用，其使用方式和目的可能不变，也可能改变，选项A、选项C的表述错误；原地使用的价值构成要素一般包括设备的购置价格、设备运输费、安装调试费等，选项B的表述正确；选项D的表述缺乏依据，是错误的。

【知识点16】常见资产评估假设的应用（★★★）

（一）资产评估假设应用的基本要求

参见图4－8。

（二）资产评估假设应用需要考虑的基本因素

参见图4－9。

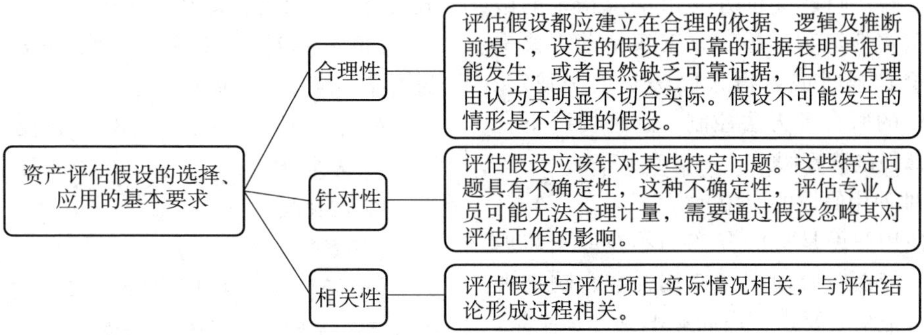

图 4-8　资产评估假设的选择、应用的基本要求

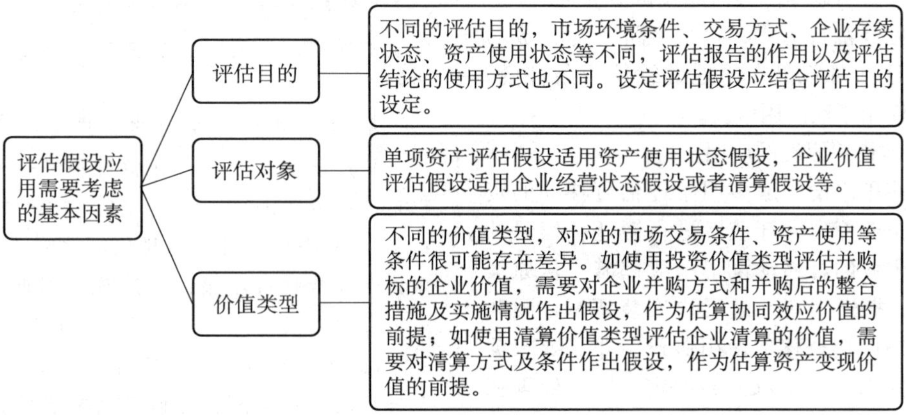

图 4-9　资产评估假设应用需要考虑的基本因素

（三）常见的评估假设的应用

1. 交易假设的应用。

资产评估主要服务于资产交易，交易假设就是假定所有拟评估资产已经处在交易过程中。因此，交易假设是资产评估最基本的假设。

该假设适用于经济行为为交易和产权及经营主体变动性质或可视为这种性质的资产评估业务。

2. 公开市场假设的应用。

公开市场假设的核心是资产的市场价值是由自由竞争的市场参与者自主决定，不是其他力量垄断或者强制决定的。只有满足公开市场假设，评估专业人员才有可能对资产的市场价值作出符合市场供需关系的分析和判断。

公开市场假设是资产评估中的一个重要假设，其他假设都是以公开市场假设为基本参照的。公开市场假设也是资产评估中使用频率较高的一种假设，凡是能在公开市场上进行交易、用途较为广泛的或者通用性较好的资产，都可以考虑按公开市场假设前提进行评估。

3. 持续经营假设的应用。

持续经营假设主要是针对经营主体，不是针对单项资产。这个经营主体可以是一个企业，也可以是一个业务资产组，当没有相反的证据证明该经营主体不能满足持续经营的条件时，通常可以假设该经营主体持续经营。

常见经济行为中，绝大部分以企业或业务等经营主体权益为对象的资产评估均可采用持续经营假设。

在持续经营前提下，还可以根据评估目的和评估对象的特点，对企业未来持续经营的具体条件通过使用具体假设进行限定。

4. 有序清算假设的应用。

当经营主体出现所谓相反的证据证明其未来不能持续经营时，就需要进行清算。当不满足持续经营的原因是经营期限届满或者协议终止经营等由经营主体的所有者自主决定的清算，则应该选择有序清算假设前提。因为这种清算是由经营主体所有者自主控制的清算。

5. 强制清算假设的应用。

当经营主体不满足持续经营的原因是被人民法院依法宣告破产，这时的清算已经由人民法院介入，破产财产变价方案由法院指定的破产管理人负责拟定和实施，方案实施前需要提交债权人会议通过或者报人民法院依法裁定。该经营主体的所有者无法控制。这种情况下一般应当选择强制清算假设。

6. 原地使用假设的应用。

原地使用假设是标的资产仍然在原安装地继续使用。能否在原地继续使用，会影响被评估资产的价值构成要素，进而影响到评估结果。对于需要较大数额的运输费和安装调试费，或者拆除迁移会明显降低其功能及价值的资产。

在常见经济行为中，符合经济行为完成后单项资产评估对象仍在原地继续使用条件的，通常可以使用原地使用假设。

7. 移地使用假设的应用。

移地使用假设一般多用于评估可移动的资产。例如企业停产搬迁或者进行搬迁补偿目的的评估。企业的可移动设备一般都需要从原安装地拆除，搬迁到新地址后再安装调试，因此需要在评估中选择移地使用假设，并需要根据评估目的要求和买卖双方的约定，恰当处理相关拆除、运输以及再安装费用。

对无须在原安装地使用的设备的转让等评估，也可以采用移地使用假设，将设备本体及必要附件列入评估范围。评估范围是否考虑设备的拆除、运输至设备交易场所等需要发生的费用，也应当在评估委托时根据委托人计划或确定的交付条件明确约定。

8. 最高最佳使用假设的应用。

最高最佳使用假设多用于房地产评估，因为房屋和土地经常存在多种用途或利用方式，在评估其市场价值时要求进行最高最佳使用分析，按照最高最佳使用状态进行评估。根据最高最佳使用分析，适合某种房地产的最高最佳使用状态可能是改变用途、改变规模、更新改造、重新开发或维持现状，也可能是前述情形的若干组合。房地产的最高最佳使用应当是法律上允许、技术上可能、经济上可行，经过充分合理地论证的使用状态。

9. 现状利用假设的应用。

现状利用假设，与最高最佳利用假设相对应，是指按照资产目前的利用状态评估其价值，而不管其现状利用是否为最高最佳。该假设一般在资产只能按照其现实使用状态评估时选用。

【例 4－47】（多项选择题）资产评估假设的选择、应用，应该首先符合（　　）要求。

A. 合理性　　B. 针对性

C. 客观性　　D. 公正性

E. 相关性

【答案】 ABE

【解析】 资产评估假设的选择、应用应该首先考虑合理性、针对性和相关性要求。选项 A、选项 B、选项 E 正确，其他选项均错误。

【例 4－48】（多项选择题）关于资产评估假设的使用，下列评估实务中的做法，符合规定的是（　　）。

A. 某工业生产企业的新投资项目尚未达产，资产评估专业人员评估时不能按照未来可以达产的方式进行评估

B. 某企业享受所得税优惠政策，但享受年限短于评估收益年限，优惠政策到期后，评估专业人员可以假设税收优惠期将延长

C. 某加油站评估，评估专业人员可以预测加油站的单位毛利，并假设国家目前油品定价的机制及原则未来不发生变化

D. 某企业并购项目投资价值评估，并购企业制定了并购方案及并购整合措施，评估专业人员对并购标的公司的投资价值评估可以假设投资并购方案实现

E. 某保健品生产企业产能充足，因行业竞争激烈，销售网络缺陷，评估专业人员可以假设企业未来将改变这些缺陷

【答案】 BCD

【解析】 选项 A，如果该项目的投资符合国家产业政策、立项建设的手续合法、投资来源已经落实、产品符合市场需求，企业已经制定了保障项目后续建设和产品推广的达产投资计划，评估中也未发现项目未按计划要求推进的事实或证据，评估专业人员可以在履行核查验证程序后在评估时假设该企业的新投资项目按计划达产，选项 A 错误；选项 B，评估时，被评估企业满足享受税收优惠的条件且没有证据表明被评估企业未来会不满足这些条件，在收益预测时也能够考虑被评估企业持续满足相关条件所涉及的支出，评估中可以采用企业所享

受的税收优惠政策在期满后能够依照规定继续延长的评估假设，选项B正确；选项C，加油站的油价是政府定价，并随国际原油的价格波动，很难合理预测，评估中预测加油站的单位毛利，并假设国家目前油品定价的机制及原则未来不发生变化，这种假设是可以接受的，选项C正确；选项D，投资价值评估在很大程度上建立在预期投资目标和协同效应基础上，协同效应通常需要通过量化投资方案来反映，而且，企业并购后一般需要经过并购整合期后才能进入协同效应发挥期，整合期的持续时间及其完成效果会影响企业协同效应贡献的价值，评估专业人员在了解和分析了投资并购方案的合理性，与委托人充分协商基础上可以假设投资并购方案实现，但需要明确披露，选项D正确；选项E，销售模式、销售渠道等属于企业重要的无形资产，也是影响企业价值评估结果的重要因素，如果可以自身完成这方面的改进，该企业将不再是评估基准日状态下的企业，因此，假设企业未来将改变这些缺陷是不合理的，选项E错误。

【例4-49】（单项选择题）C企业合同规定的经营期满，打算终止经营，若要自主对本身的资产进行清理，则体现为（　　）的使用。

A. 持续经营假设　　B. 有序清算假设

C. 强制清算假设　　D. 最佳使用假设

【答案】B

【解析】当经营主体出现证据证明其未来不能持续经营时，就需要进行清算，当不满足持续经营的原因是经营期限届满或者协议终止经营等由经营主体的所有者自主决定的清算，则应该选择有序清算假设前提，因为这种清算是完全由经营主体所有者自主控制的清算。选项B正确，其他选项均错误。

【例4-50】（单项选择题）关于常见的资产评估假设的应用，下列项目中，不具有合理性的是（　　）。

A. 某企业因城市规划实施而搬迁，涉及对企业资产补偿和收益损失补偿进行评估，对于搬迁资产的评估，采用移地使用假设

B. 因为房屋和土地经常存在多种用途或利用方式，在评估其市场价值时，按照最高最佳使用状态进行评估

C. 某评估项目，评估按照企业提供的预测资料进行，并假设企业未来按照企业提出的计划如期实现

D. 某企业破产清算评估项目，由破产管理人负责拟定破产财产变价方案，要求在限定时间内处置完破产企业的可变现资产，可假设为强制清算

【答案】C

【解析】某评估项目，评估按照企业提供的预测资料进行，并假设企业未来按照企业提出的计划如期实现，这一假设缺乏依据，评估专业人员不能接受该类假设。类似的情况还包括假设企业未来应收账款全部可以按期回收，不会发生坏账；企业未来的原材料可以按照目前的价格足量按期采购等。这些假设所对应的事项都需要评估人员通过履行核查程序进行分析、判断，简单以设定假设来代替评估人员应当履行的核查、分析工作是不合理的。选项C是正确答案。

【知识点17】资产评估基准日的概念及作用（★★★）

（一）资产评估基准日的概念

资产评估基准日是资产评估结论对应的时间基准，评估委托人需要选择一个恰当的资产时点价值，有效地服务于评估目的。

【提示】资产评估机构接受客户的评估委托后，需要了解委托人根据评估目的及相关经济行为需要确定的评估时点，也就是委托人需要评估机构评估在什么时间点上的价值。这个时间点就是资产评估基准日。

（二）资产评估基准日的作用

1. 明确评估结论所对应的时点。

资产评估为特定的经济行为服务，这个特定的经济行为存在时效性。因此，评估委托人需要选择一个恰当的资产时点价值，有效地服务于评估目的。评估基准日实际上具有规定评估结论所对应的时间基准的作用。

不同时间点的基准日会导致不同类型的资产评估业务（见图4-10）。

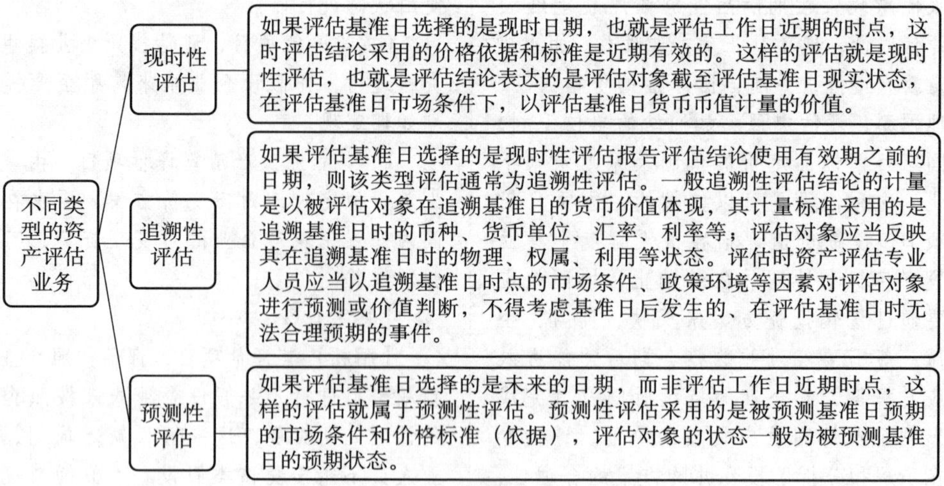

图 4－10　不同类型的资产评估业务

【提示 1】 目前，大部分资产评估业务属于现时性评估业务。

【提示 2】 在司法诉讼、损失界定、调查追责过程中，以及企业对历史经济行为所涉及的资产或损失的价值进行追溯、判断时，通常需要采用追溯性评估。例如，某国有企业在某历史时点未经评估、未履行必要的程序非法处置国有资产，在国有资产监管部门的调查过程中通常需要确定被处置资产在处置时点的市场价值，一般需要采用追溯性评估。

2. 用于确定评估报告结论的使用期限。

由于实现资产评估所服务的经济行为具有时效性，对资产评估结论的使用也应该规定一个有效期，超过这个有效期，评估报告的结论就很可能无法有效、合理地反映评估对象及其所对应的市场状况。

为合理有效地利用资产评估结论，评估报告服务的经济行为必须在报告所明示的结论使用有效期内实施，评估报告使用人对此需要特别关注。

【提示 1】 我国资产评估执业准则对评估结论使用有效期的规定，通常是以评估基准日为基础确定。例如，《资产评估执业准则——资产评估报告》第十条规定："通常，只有当评估基准日与经济行为实现日相距不超过一年时，才可以使用资产评估报告。"对涉及国有资产的资产评估项目，我国《企业国有资产评估管理暂行办法》也明确规定"经核准或备案的资产评估结果使用有效期为自评估基准日起 1 年"。

【提示 2】 我国目前尚无规范追溯性和预测性资产评估业务的评估结论使用有效期的规定。为合理有效地利用资产评估结论，评估报告服务的经济行为应当在报告所明示的结论使用有效期内实施，评估报告使用人对此需要特别关注。

【例 4－51】（多项选择题）2024 年 2 月 3 日，C 公司准备于当年 5 月转让其厂房内一机器设备，委托 M 评估机构评估 C 公司欲转让的机器设备在当年 1 月 31 日的市场价值，已商议于当年 2 月 25 日前出具评估报告，规定评估报告使用有效期为 1 年。M 评估机构评估于 2 月 20 日形成评估结论，于 2 月 25 日出具评估报告。下列表述中，正确的是（　　）。

A. 2024 年 1 月 31 日即为本次资产评估的评估基准日

B. 2024 年 2 月 25 日即为本次资产评估的评估报告日

C. 评估结论的有效期是以评估基准日为基础确定的

D. 次年 2 月 24 日，评估机构出具的评估报告仍然有效

E. 评估的机器设备的市场价值是一个时点价值

【答案】 ACE

【解析】 题干中提到评估机器设备的价值时点是 2024 年 1 月 31 日，则 2024 年 1 月 31 日为资产评估基准日，选项 A 正确；M 评估机构评估于 2024 年 2 月 20 日形成评估结论，则 2024 年 2 月 20 日为资产评估报告日，选项 B 错误；资产评估结论的使用有效期是以评估基准日为基础确定的，由于评估报告的有效期为 1 年，

评估报告在次年2月24日早已失效，选项C正确，选项D错误。资产评估的价值是一个时点价值，选项E正确。

【知识点18】资产评估基准日的选择（★★）

评估基准日的选择应该是委托人的责任，评估专业人员可以提供相关专业建议。评估基准日的选取需要重点考虑以下因素：①有利于评估结论有效服务于评估目的；②有利于现场调查、评估资料收集等工作的开展；③企业价值评估业务中评估基准日尽可能选择会计期末；④法律、法规有专门规定的，从其规定。

（一）国有资产评估业务的评估基准日选择

目前，国有资产评估大多为现时性评估。现时性评估的评估基准日需要选择现时日期，同时应该选择与评估目的相关联的经济行为或特定事项的实施日期接近的日期。

目前国有资产评估对过去或者未来评估基准日的选择都没有明确规定。

（二）其他资产评估基准日的选择

（1）对于上市公司发行股票购买资产等重大资产重组事项，资产评估基准日应该尽量与发行股票的定价日相近。

（2）企业合并对价分摊资产评估的评估基准日应当选择购买日。购买日，是指购买方实际取得对被购买方控制权的日期。

（3）核定税基、确定计税价值资产评估的评估基准日应选择应税行为发生所对应的时点。

（4）其他资产可以根据经济行为的性质和对评估结果的使用要求妥善选择评估基准日。

（三）评估报告基准日的选择与评估报告中引用其他报告基准日的匹配问题

在评估实务操作中，资产评估报告经常需要引用其他专业报告的结论或数据，并且这些专业报告也是具有时效性的，如审计报告，具有审计截止日或报告日，或者其他专业评估报告，如矿业权评估、土地估价等报告，也具有评估基准日（或估价期日、价值时点）。当资产评估报告引用这些专业报告时，评估专业人员应当关注这些专业报告的基准或截止日与评估基准日的匹配性（见图4－11）。

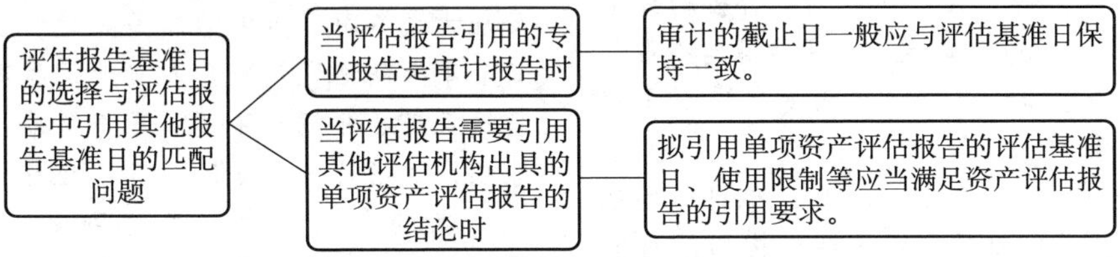

图4－11 评估报告基准日的选择与评估报告中引用其他报告基准日的匹配问题

【例4－52】（单项选择题）下列关于资产评估基准日的表述，正确的是（　　）。

A. E评估机构引用审计报告，评估国有资产评估业务的评估基准日为2023年12月31日，则要求为评估服务的审计报告的截止日也应当是2023年12月31日

B. D公司为国有企业，其资产的评估大多数为追溯性评估，评估基准日应该选择与评估目的相关联的经济行为发生日相近

C. 当评估报告引用土地使用权估价报告的结论时，只需考虑土地使用权估价报告的结论在评估报告的评估基准日是否处于法定使用有效期内

D. 核定税基、确定计税价值资产评估的评估基准日应选择评估行为发生所对应的时点

【答案】A

【解析】当评估报告引用的专业报告是审计报告时，审计的截止日一般应与评估报告基准日要保持一致，选项A正确；目前，国有资产评估大多为现时性评估。现时性评估的评估基准日需要选择现时日期，同时应该选择与评估目的相关联的经济行为或特定事项的实施日期接近的日期，选项B错误；资产评估结果引用土地使用权、矿业权或者其他相关专业评估报告评估结论的，应当关注所引用报告评估基准日、评估结论使用有效期等要素是否一致，因此选项C错误；确定计税价值资产评估的评估基准日应选择应税行为发生所对应的时点，选项D错误。

【知识点19】资产评估报告日的概念及法律意义（★★★）

（一）资产评估报告日的概念

资产评估报告日通常为评估结论形成的

日期。

（二）资产评估报告日的法律意义

在评估基准日到评估报告日之间，如果被评估资产发生重大变化，评估机构负有了解和披露这些变化以及可能对评估结论产生影响的义务。

评估报告日后，评估机构不再负有对被评估资产重大变化进行了解和披露的义务。

【例4-53】（多项选择题）下列关于资产评估报告日的表述，正确的是（　　）。

A. 资产评估机构及其评估专业人员需要明确：委托人需要评估机构评估资产在什么时点上的价值，这个时间点就是资产评估报告日

B. P评估机构为C公司评估一台机器设备的市场价值，在收集整理评估资料的基础上，评定估算形成评估结论，形成评估结论的日期，即为资产评估报告日

C. 在评估基准日到评估报告日之间，被评估的资产发生重大变化，评估机构有义务对于该重大变化以及可能对评估结论产生的影响在评估报告中进行披露

D. F评估机构为A公司评估一台机器设备的市场价值，评估报告日后，F评估机构不再负有对被评估的机器设备发生重大变化进行了解和披露的义务

E. V评估机构为N公司评估一栋房屋的市场价值，评估基准日后，V评估机构仍然可能负有对被评估的房屋发生重大变化进行了解和披露的义务

【答案】BCDE

【解析】委托人需要评估机构评估资产在什么时点上的价值，这个时点应该是委托人确定的资产评估基准日，选项A错误；形成评估结论的日期，为资产评估报告日，选项B正确；在评估基准日到评估报告日之间，如果被评估资产发生重大变化，评估机构负有了解和披露这些变化以及可能对评估结论产生影响的义务，选项C、E正确；评估报告日后，F评估机构不再负有对被评估的机器设备发生重大变化进行了解和披露的义务，选项D正确。

【知识点20】资产评估基准日后的期后事项的处理原则（★★）

（1）评估机构和评估专业人员需要采用适当的方式，对评估专业人员撤离评估现场后至评估报告日之间，被评估资产所发生的相关事项以及市场条件发生的变化进行了解，并分析判断该事项和变化的重要性，对于较重大的事项应该在评估报告中进行披露，并提醒报告使用者注意该期后事项对评估结论可能产生的影响。

（2）如果期后发生的事项非常重大，足以对评估结论产生颠覆性影响，评估机构应当要求评估委托人更改评估基准日重新评估。

（3）如果评估机构的要求未被委托人采纳时，应当在评估报告中就此重大事项及影响进行使用风险特别提示。

【提示1】企业在评估基准日后如遇重大事项，如汇率变动、国家重大政策调整、企业资产权属或数量、价值发生重大变化等，可能对评估结果产生重大影响时，应当关注评估基准日或评估结果是否进行了合理调整。

【提示2】对于财务报告目的评估报告的期后事项处理应当遵循会计准则的相关规定。《企业会计准则第29号——资产负债表日后事项》对期后事项进行了分类，不同类的期后事项的处理方式不同。其中第二条规定，资产负债表日后事项包括资产负债表日后调整事项和资产负债表日后非调整事项。资产负债表日后调整事项，是指对资产负债表日已经存在的情况提供了新的或进一步证据的事项，通常包括：①资产负债表日后诉讼案件结案，法院判决证实了企业在资产负债表日已经存在现时义务，需要调整原先确认的与该诉讼案件相关的预计负债，或确认一项新负债。②资产负债表日后取得确凿证据，表明某项资产在资产负债表日发生了减值或者需要调整该项资产原先确认的减值金额。③资产负债表日后进一步确定了资产负债表日前购入资产的成本或售出资产的收入。④资产负债表日后发现了财务报表舞弊或差错。

资产负债表日后非调整事项，是指表明资产负债表日后发生的情况的事项，通常包括：①资产负债表日后发生重大诉讼、仲裁、承诺。②资产负债表日后资产价格、税收政策、外汇汇率发生重大变化。③资产负债表日后因自然灾害导致资产发生重大损失。④资产负债表日后发行股票和债券以及其他巨额举债。⑤资产负债表日后资本公积转增资本。⑥资产负债表

日后发生巨额亏损。⑦资产负债表日后发生企业合并或处置子公司。

【例4-54】（单项选择题）V评估机构接受W公司委托，评估该公司一台机器设备在2024年4月1日的市场价值。V评估机构于2024年4月3日开始执行评估程序，于4月18日撤离评估现场，4月26日形成评估结论，在当年5月2日出具评估报告。在当年4月24日时，该机器设备的市场价值突然发生巨大变化。根据上述资料，下列表述中，正确的是（　　）。

A. 评估人员对4月24日评估对象市场价值的巨大变化情况向行业主管部门反映，提请其他资产评估专业人员予以关注

B. 评估机构应在出具的评估报告中披露这项资产价值的巨大变化，并提醒报告使用者注意该事项对评估结论可能产生的影响

C. 如果4月24日发生的事项足以对评估结论产生颠覆性影响，评估机构应当要求评估委托人更改资产评估报告日重新评估

D. 评估人员需要提醒评估机构及其他评估专业人员注意该事项对评估结论可能产生的影响，并在评估报告中作补充说明

【答案】B

【解析】评估机构和评估专业人员需要了解评估人员撤离评估现场后至评估报告日之间被评估资产所发生的相关事项以及市场条件发生的变化，分析判断该事项和变化的重要性，选项A错误。对于较重大的事项和变化，评估机构应该在评估报告中进行披露，并提醒报告使用者注意该期后事项对评估结论可能产生的影响，选项B正确，选项D错误；如果期后发生的事项非常重大，足以对评估结论产生颠覆性影响，评估机构应当要求评估委托人更改评估基准日重新评估，选项C错误。

精选练习题

一、单项选择题

1. 下列关于资产评估委托人的权利与义务及其他相关事项的表述，错误的是（　　）。

A. 资产评估委托人可以自主选择符合《资产评估法》规定的评估机构，这是资产评估委托人的权利

B. 当评估委托人与评估对象的产权持有人不是同一主体时，委托人有协调产权持有人配合评估工作的义务

C. 评估对象应当由委托人依据经济行为要求和法律法规规定提出，并在评估委托合同中明确约定

D. 评估报告日后，资产评估委托人仍可要求资产评估机构对被评估资产重大变化进行了解和披露

2. 下列关于资产评估目的的表述，错误的是（　　）。

A. 国有产权转让等涉及国有资产的转让经济行为目的的评估通常属于法定评估

B. 抵税财物处置环节的资产评估属于与税务领域相关的资产评估业务

C. 民事诉讼中对诉讼标的财产（资产）价值的评估，将直接或间接地决定司法审判结果

D. 诉讼协助评估，不属于鉴证评估，原告方或被告方均可以委托评估机构评估

3. 某国有洗衣机生产企业拥有能独立运营的单缸洗衣机和双缸洗衣机两种生产业务板块，现准备将单缸洗衣机生产业务板块剥离转让，按照相关法规规定需要对单缸洗衣机生产业务板块的价值进行评估。关于如何确定资产评估范围，下列表述中正确的是（　　）。

A. 直接按照账面单缸洗衣机和双缸洗衣机两种生产业务板块进行分拆，确定单缸洗衣机的生产业务板块作为评估范围

B. 根据企业按照业务分类的管理报表中的单缸洗衣机生产业务板块数据，确定单缸洗衣机的生产业务板块作为评估范围

C. 该评估的评估对象是企业所拥有的单缸洗衣机生产业务板块资产组合的权益，评估范围是构成该资产组合的全部资产及负债

D. 了解评估目的等基本情况后，由评估专业人员分割单缸洗衣机生产业务板块数据后，确定单缸洗衣机的生产业务板块作为评估范围

4. 资产评估中对诉讼标的财产/权益价值评估的评估对象是相关涉案标的财产，针对的情形是（　　）。

A. 非货币资产偿债

B. 司法审判

C. 民事判决

D. 抵税财物处置

5. 资产评估中的投资价值，是指资产（　　）。

A. 对于委托方所具有的价值

B. 对于资产占有方所具有的价值

C. 对于社会公众所具有的价值

D. 对于特定投资者所具有的价值

6. 关于投资价值，下列表述中，错误的是（　　）。

A. 同一项资产，在相同的评估目下，价值具有客观性，即使对于不同的投资者，评估的价值也应当相同或大致相同

B. 如果交易当事人仅仅拥有特定的身份，比如股权的受让方为该企业股东，则并不必然要求在评估时选择投资价值

C. 投资价值是指评估对象对于具有明确投资目标的特定投资者或者某一类投资者所具有的价值估计数额

D. 投资价值是一项资产针对特定的投资者（特定投资者或者某一类投资者）、满足其特定的投资或运营目标条件的价值

7. 下列资产评估价值类型中，与“退出价格”相匹配的价值类型是（　　）。

A. 残余价值　　B. 在用价值

C. 投资价值　　D. 清算价值

8. 机器设备、房屋建筑物或其他有形资产等的拆零变现价值估计数额通常被称作（　　）。

A. 清算价值　　B. 残余价值

C. 投资价值　　D. 市场价值

9. 资产评估专业人员执行资产评估业务，选择和使用价值类型，应当充分考虑评估目的、市场条件、评估对象自身条件等因素，还应当考虑价值类型与（　　）的相关性。

A. 评估假设　　B. 评估方法

C. 评估原则　　D. 评估准则

10. 以变现为目的的企业溢余资产评估，所适用的价值类型是（　　）。

A. 残余价值　　B. 清算价值

C. 市场价值　　D. 在用价值

11. 评估资产的在用价值时，评估对象是企业或者整体资产组中的（　　）。

A. 要素资产　　B. 独立资产

C. 整体资产　　D. 残余资产

12. 资产评估作为一门学科，与其他学科一样，其理论体系和方法体系的确立也建立在一系列假设基础上。资产评估假设的最基本作用是（　　）。

A. 表明资产评估的评价评值作用

B. 抓住资产交易价格的主要影响因素

C. 强调资产评估的专业咨询的工作性质

D. 帮助确定资产评估的价值类型

13. 下列选项中，不属于资产评估假设的是（　　）。

A. 持续经营假设　　B. 有序清算假设

C. 公开市场假设　　D. 企业主体假设

14. 资产评估假设的选择、应用应该首先符合合理性、针对性和相关性要求。假定所有拟评估资产已经处在交易过程中，这是指（　　），为资产评估得以进行“创造”了条件。

A. 公开市场假设　　B. 交易假设

C. 持续经营假设　　D. 原地续用假设

15. N公司面临破产，其控制权被外部势力所掌握，这种情况下应该选择（　　）。

A. 持续经营假设　　B. 强制清算假设

C. 公开市场假设　　D. 有序清算假设

16. M公司由于某些原因进行机器设备搬迁，进行停产搬迁目的的评估，企业的设备都需要从原安装地拆除，搬迁到新地址后再安装调试，因此，需要在评估中选择（　　）。

A. 移地使用假设

B. 原地使用假设

C. 最高最佳使用假设

D. 现状利用假设

17. 假设一个经营主体的经营活动是可以连续下去的，在未来可预测的时间内该主体的经营活动不会中止或终止，这指的是（　　）。

A. 经营连续假设　　B. 永久经营假设

C. 主体不变假设　　D. 持续经营假设

18. E公司有一项资产存在多种不同的用途，评估人员应选择的资产评估假设是（　　）。

A. 多种用途假设

B. 合理用途假设

C. 最高最佳使用假设

D. 现状利用假设

19. 将一项资产按照其目前的利用状态及利用方式对其价值进行评估，这是（　　）的表述。

A. 原地使用假设

B. 现状利用假设

C. 最高最佳使用假设

D. 持续经营假设

20. 资产评估交易假设设立的目的，在于把

评估对象（　　）。

A. 与正在交易的情况相一致

B. 与拟交易的情况相一致

C. 与以后交易的情况相一致

D. 人为置于“交易中”

21. 最高最佳使用通常是对一项存在多种不同用途或利用方式的资产进行评估，需要选择其最高最佳的用途或利用方式时所提出的假设。该假设多用于（　　）。

A. 机器设备评估

B. 房地产评估

C. 商标权评估

D. 企业价值评估

22. 当没有相反的证据证明某经营主体不能满足持续经营的条件时，通常可以假设该经营主体持续经营。这里的“相反证据”，理解错误的是（　　）。

A. 表明相关主体很可能将结束经营的证据

B. 经营主体合同规定的经营期满

C. 经营主体面临重大诉讼可能败诉

D. 经营主体面临资不抵债而濒临破产

23. 某加油站评估，评估中可以预测加油站的单位毛利，并假设国家目前油品的定价机制及原则未来不发生变化。在此评估中，应用的假设是（　　）。

A. 最高最佳使用假设

B. 原地使用假设

C. 公开市场假设

D. 持续经营假设

24. 下列资产评估中的做法，符合持续经营假设的是（　　）。

A. 评估某电力企业的资产价值，可以假设未来国家电价定价的机制及原则不变

B. 某企业的新投资项目尚未达产，评估时可以按照未来达产的方式进行评估

C. 按照被评估单位提供的预测资料，可以假设企业提出的未来计划能够实现

D. 评估某啤酒厂的企业价值，可以假设其能够优化销售模式，提高经营业绩

25. 下列关于资产评估基准日和资产评估报告日的表述，错误的是（　　）。

A. 资产评估基准日可以明确评估结论所对应的时点

B. 资产评估基准日是被评估资产的一个价值时点

C. 评估结论的使用有效期是以评估报告日为基础确定的

D. 评估报告引用审计报告时，审计的截止日一般应与评估报告基准日保持一致

26. 关于选择资产评估基准日，下列表述中错误的是（　　）。

A. 评估基准日的选择应由评估专业人员根据评估需要确定，同时应征求委托人意见

B. 现时性评估的评估基准日应该选择与评估目的相关联的经济行为实施日期接近的日期

C. 企业价值评估业务中，评估基准日应尽可能选择会计期末

D. 评估基准日的选择应有利于现场调查、评估资料收集等工作的开展

27. 一般来讲，评估结论形成的日期为（　　）。

A. 资产评估报告日

B. 资产评估基准日

C. 资产评估开始日

D. 资产评估结论失效日

28. 某国有汽车生产企业拟将其具有独立运营能力的汽车零部件业务板块进行剥离转让，按照相关法规规定，该企业需要委托评估机构对该业务板块进行价值评估，作为转让定价的参考依据。对于该项评估，下列表述中，错误的是（　　）。

A. 该项评估的评估对象是企业所拥有的汽车零部件业务板块资产组合的收益

B. 该项评估的评估范围是构成汽车零部件业务板块资产组合的全部资产及负债

C. 按照相关法律法规规定，该项评估为应当依法委托评估的法定评估

D. 签署该项评估业务资产评估报告的评估专业人员应当取得资产评估师资格

二、多项选择题

1. 资产评估是一项民事委托/受托事项，是一种专业服务行为，其相关当事人，包括（　　）。

A. 评估委托人　　B. 资产评估机构

C. 产权持有人　　D. 评估报告使用人

E. 资产评估协会

2. 下列关于资产评估委托人的表述，正确的是（　　）。

A. 资产评估委托人是在委托合同基础上，

与资产评估机构就资产评估专业服务事项签订委托合同的民事主体

B. 资产评估委托人是与资产评估机构就资产评估专业服务事项签订委托合同的民事主体，应当是一个确定的单位或个人

C. 资产评估委托人享有委托合同中规定的权利，同时也都要严格履行委托合同约定的义务，可以是自然人，也可以是法人

D. 对拟上市和已上市公司的资产评估业务，可以由拟上市或已上市公司与经济行为的其他当事人共同委托

E. 资产评估委托人可以依据自身需要，要求评估机构最快出具资产评估报告，但应支付额外的补偿

3. 下列关于资产评估报告使用人的表述中，正确的是（　　）。

A. 评估报告使用人是指法律、行政法规明确规定的有权使用资产评估报告或评估结论的当事人

B. 除法律、行政法规规定的资产评估报告使用人之外，其他任何机构和个人不能成为资产评估报告的使用人

C. 评估报告使用人未按照法律、行政法规规定或资产评估报告载明的使用范围和方式使用评估报告的，资产评估机构和资产评估专业人员将不承担责任

D. 资产评估机构和资产评估专业人员不承担非评估报告使用人使用评估报告的任何后果和责任

E. 评估报告使用人有权使用资产评估报告或评估结论，可以是具体的单位或个人，也可以是某一类的使用人

4. 下列关于资产评估目的的表述，正确的是（　　）。

A. 评估目的应由委托人与评估机构协商确定，并在评估合同中约定

B. 资产评估目的是资产评估业务对应的经济行为对资产评估结果的使用要求

C. 资产评估是一项专业服务活动，确定评估目的是资产评估机构的责任

D. 资产评估目的直接或间接地决定和制约着资产评估价值类型的选择

E. 国有企业公司制改建评估的目的是确定国有资本出资额或者股份数额

5. 关于转让定价目的的评估，下列表述中，错误的是（　　）。

A. 转让定价目的的评估是确定标的资产转让价格

B. 抵债通常不属于引发资产评估的转让行为范畴

C. 转让定价目的的评估是国家法律、法规规定的法定评估

D. 转让行为的标的资产只能是单位或个人拥有的能够依法转让的有形资产、无形资产等

E. 涉及国有资产的转让行为中，资产评估需要满足国有资产评估的监管要求

6. 下列关于资产评估对象的表述，错误的是（　　）。

A. 资产评估对象也称为评估客体或评估标的，是资产评估的具体对象

B. 评估实务中，企业价值评估涉及的企业类型通常包括公司制企业或合伙制企业

C. 资产评估对象应当由评估机构依据评估准则提出，并在评估委托合同中明确约定

D. 不动产、动产、无形资产、企业价值、资产损失或者其他经济权益都可成为资产评估对象

E. 资产评估对象直接决定和制约资产评估价值类型、资产评估方法的选择

7. 下列关于常见经济行为对应的评估对象或评估范围的表述，正确的是（　　）。

A. 公司发行股份购买资产的行为，评估对象分别为发行股份公司的全部股东权益和被购买的资产

B. 企业整体改建为有限责任公司进行资产评估，评估对象是依据企业改制方案确定的公司制改建所涉及的整体资产

C. 抵（质）押行为的资产评估对象为相关抵（质）押物，可以是企业权益，也可以为单项资产。

D. 向非国有投资者转让国有产权的，企业的专利权、非专利技术、商标权、商誉等无形资产必须纳入评估范围

E. 股份公司实施发行股份购买资产经济行为时，可以不评估其股权价值，只评估被购买资产的价值

8. 下列关于资产评估价值类型的表述，正确的是（　　）。

A. 价值类型对资产评估方法的选择具有一定的影响，价值类型实际上是评估价值的一个具体标准

B. 不同的价值类型所代表的资产评估价值不仅在性质上是不同的，在数量上往往也存在着较大差异

C. 主要价值类型包括市场价值、投资价值、在用价值、停用价值、清算价值和残余价值等

D. 明确价值类型，可以更清楚地表达评估结论，可以避免评估委托人和其他报告使用人误用评估结论

E. 残余价值是指在评估对象处于被迫出售、快速变现等非正常市场条件下的价值估计数额

9. 阳光公司欲收购丰明公司，委托王冠资产评估公司对丰明公司进行价值评估，王冠资产评估公司出具了评估报告，载明丰明公司不包含商誉、商标等的净资产市场价值为4.56亿元人民币，阳光公司考虑了商誉、商标等无形资产的价值后，以22.18亿元人民币的价格成功收购丰明公司。评估结论与经济行为结果相差巨大，对此，比较合理的解释是（　　）。

A. 投资价值是一项资产针对特定的投资者、满足其特定的投资或运营目标条件的价值，其评估结果一般大于市场价值的评估结果

B. 评估机构得出评估结论没有包含商誉、商标等的价值，阳光公司收购行为考虑了商誉、商标等无形资产的价值，在评估范围上有较大差异

C. 评估结果选择的是公开市场条件下的市场价值，阳光公司考虑的是投资价值，需要考虑自身的投资偏好或特定目标对交易价值的影响

D. 阳光公司的目标和偏好可能表现为其自身已拥有的资产与标的资产之间形成协同效应，可以获得超额收益，从而愿意支付更高的价格

E. 阳光公司可能因自身偏好而可以接受一般市场参与者无法接受的交易价格，而这一价格远远超过资产评估结果

10. 在用价值体现的是使用资产所能创造的价值，因此，在用价值也称“使用价值”。下列表述中，正确的是（　　）。

A. 评估结论的价值类型为在用价值时，评估对象只能是作为企业或整体资产中的要素资产或局部资产，而不是独立发挥作用的资产

B. 在用价值的评估过程中只考虑了部分或要素资产正在使用的方式和程度及其对所属企业或者整体资产的贡献程度，没有考虑该资产作为独立资产所具有的效用及其在公开市场上交易等对评估结论的影响

C. “正在使用方式”是指资产在现状条件下的使用，依据最高最佳使用假设，这种使用方式应当是最高最佳使用

D. 在用价值是特定资产在特定用途下对特定使用者的价值，其价值大小受评估对象对其所在企业或资产组发挥作用的方式及其使用效果的影响，体现的是资产权利人使用资产所能创造的价值

E. 部分或要素资产在评估基准日正在使用的方式和程度及其对企业或者整体资产的贡献，是影响其在用价值价值量的决定因素

11. 下列关于价值类型的表述，正确的是（　　）。

A. 不同价值类型从不同角度反映资产评估价值的属性和特征，主要价值类型包括市场价值、投资价值、在用价值、清算价值和残余价值等

B. 投资价值是指将评估对象作为企业组成部分或者要素资产按其正在使用方式和程度及其对所属企业的贡献的价值估计数额

C. 评估人员执行资产评估业务，选择和使用价值类型，应当充分考虑评估目的、市场条件、评估对象自身条件等因素，还应当考虑价值类型与评估假设的相关性

D. 价值类型是指资产评估结果的价值属性及其表现形式，不同的价值类型所代表的资产评估价值在数量上往往也存在着较大差异，是影响和决定资产评估价值的重要因素

E. 清算价值是指在评估对象处于快速变现等非正常市场条件下的价值估计数额，是一个资产拥有者需要快速变现资产的价值，是一个进入价

12. 下列关于清算价值的表述，正确的是（　　）。

A. 选择清算价值，意味着卖方“被迫出售”，不仅卖方得不到适当的营销时间，也可能导致买方无法进行适当的尽职调查

B. 清算价值是评估对象对于具有明确投资目标的特定投资者或者某一类投资者所具有的价值

C. 清算价值是一个资产拥有者需要变现资产的价值，这种变现往往是“强制变现”

D. 清算价值的退出变现是资产正在或潜在面临被迫出售、强制变现等非正常市场条件下进行的

E. 当评估人员执行的资产评估业务的目的是为转让提供公允价值参考时，通常需要评估清算价值

13. 市场价值既是卖方能够合理获取的最好售价，也是买方能够合理取得的最有利价格，是资产在评估基准日市场上最有可能合理得到的价格。关于市场价值类型的选择，需要考虑的是（ ）。

A. 评估业务对市场条件和评估对象的使用等并无特别限制和要求

B. 评估业务针对的是特定投资者或者某一类投资者

C. 评估对象是企业或者整体资产组中的要素资产

D. 不需要考虑特定市场参与者的特性和偏好

E. 评估目的是为正常的交易提供价值参考依据

14. 评估资产的在用价值时需满足的评估条件有（ ）。

A. 评估对象是企业或者整体资产组中的要素资产

B. 评估中只考虑被评估资产延续评估基准日时的使用方式来确定其价值

C. 评估对象作为独立的资产存在，有独立获利能力

D. 考虑评估对象的在用状态是否为最高最佳使用状态

E. 考虑被评估资产面临的市场是否存在充分竞争因素

15. 下列关于评估假设的表述，正确的有（ ）。

A. 交易假设是资产评估中一个最基本的前提假设

B. 公开市场中，资产的交换价值有时可以由个别交易案例决定

C. 公开市场假设是资产评估假设中其他假设的基本参照

D. 持续经营假设是指假设一个经营主体的经营活动可以连续下去的

E. 资产评估假设的选择、使用应该首先考虑要具有合理性、针对性和相关性

16. 下列关于资产评估基准日的表述中，正确的是（ ）。

A. 企业价值评估业务中评估基准日应当尽可能选择会计期末

B. 现时性评估评估基准日应当选择与评估目的相关联的经济行为实施日期相近的日期

C. 评估基准日的选择可以参考资产评估专业人员的建议

D. 国有股东所持上市公司股份间接转让时，上市公司股份价值确定的基准日与国有股东产权直接持有单位对该产权变动决策的日期相差不得超过3个月

E. 当评估报告引用的专业报告是审计报告时，审计的截止日一般应与评估基准日保持一致

17. 下列关于资产评估假设的表述，错误的是（ ）。

A. 评估专业人员面对固定不变的市场环境，通常把市场条件及影响资产价值的各种因素设定在某种状态下，以便对标的资产进行价值分析和判断

B. 评估假设可以发挥“化繁为简”抓主要矛盾的作用，忽略一些不必要的因素，提高评估的效率

C. 持续经营假属于交易及市场条件假设，其通常是采用收益法评估企业等经营主体价值的基础

D. 最高最佳使用，是指一项资产在法律上允许、技术上可能的前提下，经过充分合理的论证，实现其最高价值的使用

E. 交易假设一方面为评估得以进行“创造”了条件，另一方面它明确限定了评估的外部环境，是评估得以进行的一个最基本的前提假设

18. 确定资产评估基准日的作用是（ ）。

A. 明确评估结论所对应的时点

B. 确定评估机构的工作开始日程

C. 将动态的资产固定在某一时期

D. 用于确定评估报告结论的使用期限

E. 确定评估机构用于评估的评估假设

三、综合题

1. 立辉股份有限公司拟于 2025 年 7 月出售一套进口生产设备，遂委托悦凯资产评估有限公司（以下简称“悦凯公司”）对该设备在 2025 年 3 月 31 日的市场价值进行评估。悦凯公司于 2025 年 4 月 15 日开始评估现场工作，2025 年 5 月 15 日形成评估结论，2025 年 5 月 20 日提交资产评估报告，有效期一年。评估专业人员引用了截止日为 2024 年 12 月 31 日的该设备的审计报告。2025 年 5 月 18 日生产设备市场状况突变，市场价格大幅度下跌，评估机构未对此突发情况进行了解和披露。

问题：

（1）该评估的评估基准日是什么？评估报告日是什么？评估报告有效期截止到何时？

（2）资产评估报告日的法律意义是什么？

（3）评估专业人员引用审计报告的行为是否恰当？为什么？

（4）什么是资产评估期后事项？

（5）资产评估期后事项的处理原则是什么？悦凯公司的处理是否恰当？为什么？

2. 国内某国有企业计划到加拿大收购 C 企业集团的一个子公司，该标的公司是当地证券交易所上市的公司，现委托 X 评估机构对该标的企业进行评估。

要求：

（1）请说明该项评估业务中的评估对象和评估范围。

（2）评估机构专业人员应当选择何种价值类型？

（3）评估机构专业人员是否可以按照现状持续经营假设，完全参考其历史经营数据预测未来？

（4）评估中，评估师假设该标的公司今后将改进销售网络缺陷、优化销售模式，业绩将大幅度提高。这种假设是否合理？

（5）该评估是法定评估还是非法定评估？为什么？

精选练习题参考答案及解析

一、单项选择题

1. 【答案】D

【解析】评估报告日后，评估机构不再负有对被评估资产重大变化进行了解和披露的义务，评估委托人没有要求评估机构对被评估资产重大变化进行了解和披露的权利。选项 D 错误，其他选项均正确。

2. 【答案】C

【解析】民事诉讼中对诉讼标的财产（资产）或权益价值、侵权损害损失额的评估，属于司法审判中揭示与诉讼标的相关的财产（权益）价值及侵权（损害）损失数额等的评估。评估目的是揭示相关财产（权益）价值及侵权（损害）损失金额，为司法审判提供参考依据。选项 C 错误，其他选项均正确。

3. 【答案】C

【解析】国有企业拟将其具有独立运营能力的单缸洗衣机生产业务板块进行剥离转让，按照相关法规规定，该企业需要委托评估机构对该业务板块进行价值评估，作为转让定价的参考依据。评估对象是企业所拥有的单缸洗衣机生产业务板块资产组合的权益，评估范围是构成该资产组合的全部资产及负债。评估范围一般应由企业根据剥离方案确定，并编制模拟财务报表，评估专业人员应当了解相关剥离方案、履行核查验证义务。选项 C 正确，其他选项均错误。

4. 【答案】B

【解析】司法审判资产评估中对诉讼标的财产（权益）价值评估的评估对象是相关涉案标的财产，民事判决执行中为确定执行标的物处置参考价的资产评估，评估对象是相关执行标的物，可以是企业的股东权益，也可以是单项资产。选项 B 正确，其他选项均错误。

5. 【答案】D

【解析】资产对于特定投资者所具有的价值，是资产评估中的投资价值。选项 D 正确，其他选项均错误。

6. 【答案】A

【解析】资产相同，评估目的相同，但因投资者不同而被评估资产的价值就可能不同，选项 A 错误。如果交易当事人仅仅拥有特定的身份，比如股权的受让方为该企业股东，则并不必然要求在评估时选择投资价值，选项 B 正确。投资价值是指评估对象对于具有明确投资目标的特定投资者或者某一类投资者所具有的价值估计数额，亦称特定投资者价值，选项C正确。投资价值是一项资产针对特定的投资者（特定投资者或者某一类投资者）、满足其特定的投资或运营目标条件的价值，选项D正确。

7. 【答案】D

【解析】清算价值是一个资产拥有者需要变现资产的价值，是一个退出价，不是购买资产的进入价。选项D正确，其他选项均错误。

8. 【答案】B

【解析】当评估对象无法或者不宜整体使用，将其拆解分割后的零部件还具有使用价值时，评估人员通常应当考虑将评估对象拆零变现，并选择残余价值作为评估结论的价值类型。选项B正确，其他选项均错误。

9. 【答案】A

【解析】评估专业人员选择价值类型时，应当考虑价值类型与评估假设的相关性。选项A正确，其他选项均错误。

10. 【答案】C

【解析】当评估专业人员执行的资产评估业务对市场条件和评估对象的使用等并无特别限制和要求，特别是不需要考虑特定市场参与者的特性和偏好，评估目的是为正常的交易提供价值参考依据时，通常应当选择市场价值作为评估结论的价值类型。选项C正确，其他选项均错误。

11. 【答案】A

【解析】如果评估人员在执行资产评估业务时，评估对象是企业或者整体资产组中的要素资产，并且在评估业务执行过程中只考虑这些资产延续评估基准日时的使用方式来确定其价值，评估专业人员需要选择在用价值类型。选项A正确，其他选项均错误。

12. 【答案】B

【解析】资产的价值受到客观因素和主观因素双重因素的影响，评估假设的作用就在于将一项资产交易价格的主要影响因素从实际中抽象出来，研究这些因素对交易价格的影响，忽略一些不必要的因素，提高评估的效率。选项B正确，其他选项均错误。

13. 【答案】D

【解析】企业主体假设属于会计假设，持续经营假设、有序清算假设和公开市场假设都属于资产评估假设。选项D不属于资产评估假设，其他选项均属于资产评估假设。

14. 【答案】B

【解析】交易假设就是假定所有拟评估资产已处在交易过程中。选项B正确，其他选项均错误。

15. 【答案】B

【解析】当经营主体不满足持续经营假设的原因是被人民法院依法宣告破产，这时的清算已经由人民法院介入，破产财产变价方案由法院指定的破产管理人负责拟定和实施，方案实施前需要提交债权人会议通过或者报人民法院依法裁定。该经营主体的所有者无法控制。这种情况下一般应当选择强制清算假设。选项B正确，其他选项均错误。

16. 【答案】A

【解析】移地使用前提一般多用于评估可移动的资产，这时企业的可移动设备一般都需要从原安装地拆除，搬迁到新地址后再安装调试，因此需要在评估中选择移地使用假设前提，并需要根据评估目的要求和买卖双方的约定，恰当处理相关拆除、运输以及再安装费用。选项A正确，其他选项均错误。

17. 【答案】D

【解析】这是考察的资产评估假设中持续经营假设的概念。持续经营假设是指假设一个经营主体的经营活动可以连续下去的，在未来可预测的时间内该主体的经营活动不会中止或终止。选项D正确，其他选项均错误。

18. 【答案】C

【解析】本题考查的是资产评估假设中最高最佳使用假设的概念。最高最佳使用是指一项资产在法律上允许、技术上可能、经济上可行，经过充分合理的论证，能使该项资产实现其最高价值的使用。选项C正确，其他选项均错误。

19. 【答案】B

【解析】本题考查的是资产评估假设中现状利用假设的概念。所谓现状利用是指一项资产按照其目前的利用状态及利用方式对其价值进行评估。选项B正确，其他选项均错误。

20. 【答案】D

【解析】假设与交易的情况不会完全一致，只能将评估对象人为置于“交易”的情况中。选项D正确，其他选项均错误。

21. 【答案】B

【解析】最高最佳使用假设多用于房地产评估。因为房屋和土地经常存在多种用途或利用方式，在评估其市场价值时要求进行最高最佳使用分析，按照最高最佳使用状态进行评估。选项 B 正确，其他选项均错误。

22.【答案】C

【解析】这里的“相反证据”是指那些表明相关主体很可能将结束经营的证据，如合同规定的经营期满、企业资不抵债而濒临破产等。选项 C 错误，其他选项均正确。

23.【答案】D

【解析】持续经营假设要求经营主体在其可以预见的未来不会停止经营。这种经营可以是在现状基础上的持续经营，也可以是按照未来可以合理预计状态下的持续经营。由于加油站的油价是政府定价，并随国际原油的价格波动，很难合理预测，评估中可以预测加油站的单位毛利，并假设国家目前油品定价机制及原则未来不发生变化。这种假设是可以接受的。选项 D 正确，其他选项均错误。

24.【答案】B

【解析】上网电价是政府定价，无法预测未来的变化，不能采用评估假设的方式认为未来电价不变，选项 A 错误；如果企业已经制定有明确的达产投资计划、实施途径等充分可行的方案，并且该项目投资符合国家产业政策、投资来源落实，收益预测时可以假设该企业按计划达产，选项 B 正确；按照被评估单位提供的预测资料，假设企业提出的未来计划能够实现，这一假设缺乏依据，评估专业人员不能接受该类假设，选项 C 错误；销售模式、销售渠道等属于企业重要的无形资产，也是影响企业价值评估结果的重要因素，假设企业能够优化其销售模式，这属于对企业现行营销条件及模式的重大改变，需要收集说服力强的证据审慎论证其可能性，否则，在企业股权转让评估时，一般不采用企业未来可以改变销售模式的假设，选项 D 错误。

25.【答案】C

【解析】评估结论的使用有效期是以评估基准日而非评估报告日为基础确定的。选项 C 错误，其他选项均正确。

26.【答案】A

【解析】评估基准日的选择应该是委托人的责任，评估人员可以提供相关专业建议，选项 A 错误，其他选项均正确。

27.【答案】A

【解析】资产评估报告日通常为评估结论形成的日期。选项 A 正确，其他选项均错误。

28.【答案】A

【解析】该项评估的评估对象是企业所拥有的汽车零部件业务板块资产组合的权益。选项 A 错误，其他选项均正确。

二、多项选择题

1.【答案】ABCD

【解析】资产评估的相关当事人包括委托人和其他资产评估报告使用人、资产评估机构、资产评估专业人员、产权持有人（或被评估单位）等。选项 E 错误，其他选项均正确。

2.【答案】ACD

【解析】资产评估委托人可以有多个，选项 B 错误；为了保证资产评估的客观公正性，评估委托人不得对评估行为和评估结果进行非法干预，这是资产评估委托人的义务，选项 E 错误。其他选项均正确。

3.【答案】CDE

【解析】评估报告使用人是指法律、行政法规明确规定的，或者资产评估委托合同中约定的有权使用资产评估报告或评估结论的当事人，选项 A 错误；除委托人、资产评估委托合同中约定的其他资产评估报告使用人和法律、行政法规规定的资产评估报告使用人之外，其他任何机构和个人不能成为资产评估报告的使用人，选项 B 错误。其他选项均正确。

4.【答案】BD

【解析】确定评估目的是委托人的责任，并不是评估机构的责任，选项 A、选项 C 错误；国有企业的改制，改制企业以企业的实物、知识产权、土地使用权等非货币财产折算为国有资本出资或者股份的，资产评估的目的是为确定国有资本出资额或者股份数额提供参考依据，选项 E 错误。其他选项均正确。

5.【答案】ABCD

【解析】转让定价目的的评估是为标的资产转让定价提供参考，选项 A 错误。引发资产评估的转让行为主要包括资产的收购、转让、置换、抵债等，选项 B 错误。转让是最常见的评估目的，选项 C 错误。转让行为的标的资产可以是股权等出资人权益，也可以是单位或个人拥有的能够依法转让的有形资产、无形资产等，选项 D 错误。选项 E 正确。

6. 【答案】CE

【解析】资产评估对象应当由委托人而不是评估机构依据经济行为要求和法律法规规定提出，并在评估委托合同中明确约定，选项 C 错误；资产评估目的而不是资产评估对象直接决定和制约资产评估价值类型的选择，选项 E 错误。

7. 【答案】ABCD

【解析】如果发行股份公司为上市公司，且可以通过公开市场的股票价格合理确定其股权价值，该上市公司实施发行股份购买资产经济行为时，可以根据相关监管规定，不评估其股权价值，只委托评估被购买资产的价值。选项 E 错误，其他选项均正确。

8. 【答案】ABD

【解析】主要价值类型包括市场价值、投资价值、在用价值、清算价值和残余价值等，并不包括停用价值，选项 C 错误；清算价值是指在评估对象处于被迫出售、快速变现等非正常市场条件下的价值估计数额，选项 E 错误。

9. 【答案】BCDE

【解析】投资价值与市场价值相比，除受到交易标的因素和交易市场因素的影响差异外，其最为重要的差异还在于，投资价值会受到特定交易者的投资偏好或所追求协同因素的影响，二者并不能简单比较大小，选项 A 不合理，其他选项均正确。

10. 【答案】ABDE

【解析】“正在使用方式”是指资产在现状条件下的使用，这种使用方式可能是最高最佳使用，也可能不是最高最佳使用。选项 C 错误，其他选项均正确。

11. 【答案】ACD

【解析】在用价值是指将评估对象作为企业组成部分或者要素资产按其正在使用方式和程度及其对所属企业的贡献的价值估计数额，市场价值是自愿买方和自愿卖方在各自理性行事且未受任何强迫的情况下对交易标的作出的交易价值判断，选项 B 中将在用价值与投资价值的概念偷换，表述错误；清算价值是一个退出价，选项 E 错误。其他选项均正确。

12. 【答案】ACD

【解析】评估对象对于具有明确投资目标的特定投资者或者某一类投资者所具有的价值估计数额，是投资价值，选项 B 错误；当评估人员执行的资产评估业务的目的是为正常的交易提供价值参考依据时，评估人员通常应当选择市场价值作为评估结论的价值类型，选项 E 错误。其他选项均正确。

13. 【答案】ADE

【解析】当评估专业人员执行的资产评估业务对市场条件和评估对象的使用等并无特别限制和要求，特别是不需要考虑特定市场参与者的特性和偏好，评估目的是为正常的交易提供价值参考依据时，通常应当选择市场价值作为评估结论的价值类型。

14. 【答案】AB

【解析】如果评估专业人员在执行资产评估业务时，评估对象是企业或者整体资产组中的要素资产，并且在评估业务执行过程中只考虑这些资产延续评估基准日时的使用方式来确定其价值，评估专业人员需要选择在用价值类型。

15. 【答案】ACDE

【解析】公开市场假设中，资产的交换价值受市场机制的制约并由市场行情决定，而不是由个别交易案例决定，选项 B 错误，其他选项均正确。

16. 【答案】ABCE

【解析】国有股东所持上市公司股份间接转让时，上市公司股份价值确定的基准日应与国有股东资产评估的基准日一致，且与国有股东产权直接持有单位对该产权变动决策的日期相差不得超过 1 个月，选项 D 错误，其他选项均正确。

17. 【答案】ACD

【解析】评估专业人员面对不断变化的市场环境，为了进行资产评估，评估专业人员就需要把市场条件及影响资产价值的各种因素设定在某种状态下，以便对标的资产进行价值分析和判断，选项 A 错误；持续经营假设属于评估对象存续及使用状态方面的评估假设，选项 C 错误；最佳使用，是指一项资产在法律上允许、技术上可能、经济上可行的前提下，经过充分合理的论证，实现其最高价值的使用，选项 D 错误。

18.【答案】AD

【解析】资产评估基准日的作用包括：明确评估结论所对应的时点；用于确定评估报告结论的使用期限。

三、综合题

1.【答案及解析】

（1）该评估的评估基准日是 2025 年 3 月 31 日；评估报告日是 2025 年 5 月 15 日；评估报告有效期截止到 2025 年 3 月 31 日后满一年。

（2）根据目前评估准则的规定以及社会对评估报告的认识惯例，评估报告日的法律意义是，在评估基准日到评估报告日之间，如果被评估资产发生重大变化，评估机构负有了解和披露这些变化及其可能对评估结论产生影响的义务。评估报告日后，评估机构不再负有对被评估资产重大变化进行了解和披露的义务。

（3）评估专业人员引用审计报告的行为不恰当。根据规定，评估专业人员引用审计报告时，审计的截止日一般应与评估基准日保持一致。评估基准日为 2025 年 3 月 31 日，则要求审计报告的截止日为 2025 年 3 月 31 日，题中引用的是 2024 年 12 月 31 日的审计报告，该行为不恰当。

（4）资产评估期后事项是指评估专业人员撤离评估现场后至评估报告日之间，被评估资产所发生的相关事项以及市场条件发生的变化。

（5）资产评估期后事项的处理原则是：评估机构和评估专业人员需要采用适当的方式，对评估专业人员撤离评估现场后至评估报告日之间，被评估资产所发生的相关事项以及市场条件发生的变化进行了解，并分析判断该事项和变化的重要性，对于较重大的事项应该在评估报告中进行披露，并提醒报告使用者注意该期后事项对评估结论可能产生的影响；如果期后发生的事项非常重大，足以对评估结论产生颠覆性影响，评估机构应当要求评估委托人更改评估基准日重新评估。如果评估机构的要求未被委托人采纳，应当在评估报告中就此重大事项及影响进行报告使用风险的特别提示。

悦凯公司的处理并无不当。因为重大变化发生在评估报告日后，评估机构不再负有了解和披露的义务。

2.【答案及解析】

（1）本评估将 C 企业集团的一个子公司作为一个整体进行评估，其评估对象为该子公司的整体权益，评估范围包括该子公司的全部资产和负债，包括可辨识的资产和不可辨识的资产（如商誉等）。

（2）由于该交易是国内的企业到加拿大收购当地公司的股权，也属于资产收购行为。同样，因为案例未披露要考虑特定的买方与卖方的投资偏好或特定目标，确定选择市场价值。同时这个交易在加拿大发生、受到加拿大法律、法规的管辖，应当选择加拿大的市场，并且这个市场应当是加拿大的证券交易市场，而不是一般产权交易市场。因此，该案例应当评估标的公司在加拿大证券交易市场的市场价值。

（3）标的公司作为 C 企业集团的一个子公司，其历史经营中很可能与集团之间存在某些关联交易，或者是集团为了追求协同效应而有意安排的一些经营业务。一旦将其转让出集团，这些关联交易或者有意安排的业务很可能都不再持续。因此，此时完全按照现状持续经营假设参考标的企业的历史数据预测未来，很可能不符合其未来实际情况，依据也不充分。

（4）评估中，评估师假设该标的公司今后将改进销售网络缺陷、优化销售模式，业绩将大幅度提高。这种假设很可能不合理。

销售模式、销售渠道等属于企业重要的无形资产，也是影响企业价值评估结果的重要因素。如果可以自身完成这些方面的改进，该企业将不再是评估基准日状态下的企业。因此，这种假设属于对企业现行营销条件及模式的重大改变，需要收集说服力强的证据审慎论证其可能性。否则，在企业股权转让评估时，一般不采用企业未来可以改变销售模式的假设。

（5）该评估为法定评估。该评估涉及国有资产，按规定，应当依法委托评估机构评估。

第五章 资产评估程序

考试大纲

第五章	考试目的	考查考生对资产评估程序的基本内容、主要程序履行要求、资产评估程序履行目的、主要工作步骤、评估程序受限处理等相关内容的掌握情况及应用能力。
资产评估程序	考试内容及要求	
	掌握的内容（★★★）	1. 资产评估程序的概念及要求。
		2. 资产评估基本程序及其主要内容。
		3. 资产评估业务基本事项的内容及要求。
		4. 专业能力分析与评价、独立性分析与评价、项目风险分析与评价的内容及要求。
		5. 资产评估委托合同的主要内容及要求，评估委托合同的订立、补充或变更、终止履行及解除。
		6. 现场调查的内容、手段和方式、调查工作受限及处理。
		7. 评估资料的核查验证。
	熟悉的内容（★★）	1. 特殊委托。
		2. 资产评估计划的主要内容及调整。
		3. 评估资料及其分类、分析、归纳、整理。
		4. 评估报告的审核。
	了解的内容（★）	1. 履行资产评估程序的作用。
		2. 资产评估委托合同及形式。
		3. 编制资产评估计划的总体要求和考虑的主要因素。
		4. 评定估算形成结论。
		5. 与委托人或者相关当事人沟通。
		6. 国有资产评估项目核准（备案）中的审核。
		7. 整理归集评估档案。

考情分析

本章主要介绍资产评估八大基本程序，即明确业务基本事项、订立业务委托合同、编制资产评估计划、进行评估现场调查、收集整理评估资料、评定估算形成结论、编制出具评估报告、整理归集评估档案的主要内容，考查考生对资产评估程序具体执行过程的掌握程度及应用能力。本章是教材中重要的一章，考试题型以选择题为主，在综合题中涉及相关知识点的概率也比较大，并且占有比较高的分值。

教材主要变化

本章考试大纲无变化。在内容上，仅在“业务风险分析与评价”“评估服务费总额或者支付标准、支付时间及支付方式”“资产评估委托合同提前终止及解除”等部分有少量文字修改。

考点精讲及典型例题解析

【知识点1】资产评估程序的概念及要求（★★★）

（一）资产评估程序的概念

资产评估程序是指执行资产评估业务所履行的系统性工作步骤。

1.《资产评估法》规范的评估程序。

《资产评估法》规范的评估程序内容包括：委托人选择评估机构，委托人与评估机构订立委托合同，评估机构指定评估承办人员，现场调查评估对象，收集、核查验证和分析整理评估资料，选择评估方法形成评估结论，编制和内部审核评估报告，出具评估报告，保存评估档案，使用评估报告以及报告的异议处理等环节。

2. 相关资产评估准则规定的评估程序。

《资产评估基本准则》和《资产评估执业准则——资产评估程序》规定了开展资产评估业务需要履行的八项基本评估程序，即明确业务基本事项、订立业务委托合同、编制资产评估计划、进行评估现场调查、收集整理评估资料、评定估算形成结论、编制出具评估报告、整理归集评估档案。

3.《资产评估法》和相关资产评估准则在评估程序规范方面的异同。

《资产评估法》和相关资产评估准则通过规范资产评估程序的范围和内容，保障资产评估业务依法合规地进行，其规范的内容涵盖了评估业务开展的主要环节，但他们所规范的对象存在差异，规范的具体内容及侧重点也有所不同。

《资产评估法》有关资产评估程序的内容所规范的主体包括：资产评估委托人、资产评估机构及其资产评估专业人员、其他评估报告使用人、资产评估行政管理部门和资产评估行业协会。《资产评估基本准则》和《资产评估执业准则—资产评估程序》主要规范的主体是资产评估机构及其资产评估专业人员，《资产评估基本准则》同时还要求“委托人和其他相关当事人依法提供并保证资料的真实性、完整性、合法性”。

《资产评估法》规范的内容不仅包括对评估业务当事方的要求，也包括对资产评估管理机构及行业协会的要求。评估程序以委托人选择评估机构为起点，包含了从委托合同订立至评估档案保存的主要工作环节，还包括评估报告使用及异议处理和对违法开展评估业务的投诉、举报及处理，同时规定了委托人与评估程序相关的权利和义务。《资产评估基本准则》和《资产评估执业准则—资产评估程序》是从规范资产评估机构及其资产评估专业人员的角度，对资产评估主体的行为做出了要求，准则规定的资产评估程序涵盖从明确评估业务基本事项至归集评估档案的基本工作步骤。

（二）履行资产评估程序的基本要求

《资产评估基本准则》和《资产评估执业准则—资产评估程序》规定的八项基本评估程序是资产评估机构及资产评估专业人员执行资产评估业务所需履行的系统性工作步骤。

资产评估专业人员在执行资产评估业务时，因评估对象、评估目的、评估方法等情况的不同，每一项评估程序应当执行的工作内容可能存在差异。因此，评估准则规定资产评估机构及其资产评估专业人员可以根据评估业务的具体情况及重要性原则确定履行每一项基本程序的具体工作内容及繁简程度，但不得随意减少资产评估基本程序。

资产评估专业人员在执行资产评估业务时，因法律法规规定、客观条件限制，无法或者不能完全履行资产评估基本程序，应当采取措施弥补程序缺失，在确信所采取的替代措施不会对评估结论产生重大影响时，资产评估机构及其资产评估专业人员可以继续开展业务；如果上述措施会对评估结论产生重大影响或者无法判断其影响程度的，资产评估机构及其资产评估专业人员不得出具资产评估报告。

资产评估专业人员应当记录评估程序履行情况，形成工作底稿。

【例5-1】（多项选择题）下列关于资产评估程序的表述，正确的是（　　）。

A. 相关资产评估准则规范的是资产评估机构及其资产评估专业人员

B.《资产评估法》和相关资产评估准则规范的内容涵盖了评估业务开展的主要环节

C. 资产评估报告使用是相关资产评估准则

规范的主要评估环节之一

D. 针对不同的资产评估业务，资产评估专业人员对每项基本程序需要执行的具体工作步骤的要求是一样的

E.《资产评估法》从资产评估机构及其资产评估专业人员的角度，规定了从明确评估业务基本事项至归集评估档案的基本工作步骤

【答案】 AB

【解析】 评估报告使用是《资产评估法》规范的评估环节，选项C错误；不同的资产评估业务，其评估对象、评估目的不同，可获取评估资料的完备度以及选用的评估方法等存在差异，资产评估专业人员在评估工作中对每项基本程序中需要执行的具体工作步骤也存在差异，选项D错误。相关资产评估准则从资产评估机构及其资产评估专业人员的角度，规定了从明确评估业务基本事项至归集评估档案的基本工作步骤，选项E错误。

【例5-2】（单项选择题）关于资产评估程序，下列选项中，属于《资产评估法》和相关资产评估准则不同的规范是（　　）。

A. 订立委托合同　　B. 现场调查

C. 选择评估机构　　D. 出具评估报告

【答案】 C

【解析】《资产评估法》规范的评估程序内容包括“选择评估机构”，相关资产评估准则无此规定。

【例5-3】（单项选择题）资产评估专业人员在执行资产评估业务时，因法律法规规定、客观条件限制，无法或者不能完全履行资产评估基本程序，应当采取措施弥补程序缺失。如果上述措施会对评估结论产生重大影响或者无法判断其影响程度的，资产评估机构及其资产评估专业人员（　　）。

A. 与委托人协商，变更资产评估委托合同，出具带说明段的评估报告以明确评估责任

B. 增加现场调查的范围与时间，收集更多的评估资料，进行更严格的核查验证

C. 鉴于弥补措施对评估结论的重大影响或无法判断其影响程度，不得出具资产评估报告

D. 在评估报告中披露无法或者不能完全履行资产评估基本程序的原因及采取的措施

【答案】 C

【解析】 资产评估专业人员在执行资产评估业务时，因法律法规规定、客观条件限制，无法或者不能完全履行资产评估基本程序，应当采取措施弥补程序缺失，在确信所采取的替代措施不会对评估结论产生重大影响时，资产评估机构及其资产评估专业人员可以继续开展业务；如果上述措施会对评估结论产生重大影响或者无法判断其影响程度的，资产评估机构及其资产评估专业人员不得出具资产评估报告。选项C正确，其他选项均错误。

【知识点2】资产评估基本程序及其主要内容（★★★）

资产评估程序准则所规定的八项基本评估程序反映了资产评估业务的基本工作流程，前三项程序是项目承接和前期组织阶段需要履行的工作；第四项程序到第七项程序，反映了评估项目从现场调查到出具评估报告的工作过程；第八项程序是对已经履行的各项工作内容的归纳整理，包括评估工作底稿整理和档案建立等工作。

【提示】 评估准则没有对执行程序的先后顺序作出规定。在实务操作中评估程序的履行可以是交叉进行的，有些评估程序可能贯穿整个评估过程，如收集评估资料工作也是项目明确前期基本事项、现场调查、评定估算等程序的重要工作内容。

参见图5-1。

【例5-4】（单项选择题）下列关于资产评估程序的表述，错误的是（　　）。

A. 评估机构及其评估专业人员可以根据评估业务的具体情况及重要性原则确定履行基本程序的繁简程度

B. 评估准则对执行程序的先后顺序有规定，在实务操作中评估程序的履行是依次进行的

C. 资产评估业务不同，每项基本程序需要执行的具体工作步骤也有差异

D. 履行资产评估程序有利于保证资产评估行为的合法性，保障资产评估业务质量

【答案】 B

【解析】 评估准则没有对执行程序的先后顺序作出规定，在实务操作中评估程序的履行可以是交叉进行的。选项B错误，其他选项均正确。

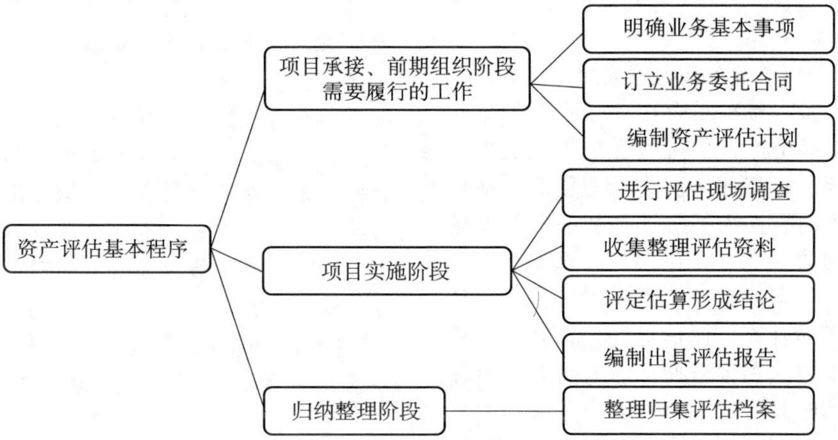

图 5－1　资产评估基本程序

【例 5－5】（多项选择题）以下选项中，（　　）反映了评估项目从现场调查到出具评估报告的工作过程。

A. 收集整理评估资料

B. 订立业务委托合同

C. 进行评估现场调查

D. 明确业务基本事项

E. 编制资产评估计划

【答案】 AC

【解析】《资产评估基本准则》和《资产评估执业准则—资产评估程序》规定了开展资产评估业务需要履行的八项基本评估程序，即明确业务基本事项、订立业务委托合同、编制资产评估计划、进行评估现场调查、收集整理评估资料、评定估算形成结论、编制出具评估报告、整理归集评估档案。其中，第四项程序到第七项程序，反映了评估项目从现场调查到出具评估报告的工作过程。

【知识点 3】履行资产评估程序的作用（★）

（一）保证资产评估行为的合法性

履行资产评估程序是《资产评估法》对评估机构和评估专业人员的基本要求。《资产评估法》从评估业务的委托、评估报告的签署出具、评估报告的使用等方面对评估程序的履行提出了要求。如果评估机构和评估专业人员未能按照《资产评估法》的要求去履行必要的评估程序，将可能违反《资产评估法》，从而承担相应的法律责任。

（二）保障资产评估业务质量

履行资产评估程序是保障资产评估结论合理性的必然要求。从接受委托到出具资产评估报告，评估专业人员通过履行必要的工作步骤，从而保障评估结论的合理性，有效服务于评估目的。

（三）防范评估执业风险

资产评估服务于上市公司并购重组、国有产权变动等多种经济行为，涉及社会公众、国有企业及众多相关当事人的利益。同时，评估业务本身的特点使评估结论的形成过程存在一定的主观判断，如果评估业务引起法律纠纷，法院、国务院行政管理部门、资产评估行业协会等在对评估机构及其评估专业人员应承担的法律责任进行认定时，评估机构及其评估专业人员在执行评估业务中是否履行了必要的评估程序，通常是其重点关注的内容之一。

【例 5－6】（多项选择题）履行资产评估程序的作用包括（　　）。

A. 保证资产评估行为的合法性

B. 保障资产评估业务质量

C. 防范资产评估执业风险

D. 保证评估服务的及时性

E. 促进评估行为的效益性

【答案】 ABC

【解析】 履行资产评估程序有利于保证资产评估行为的合法性、保障资产评估业务质量、防范评估执业风险。履行资产评估程序，不一定能保证评估服务的及时性，也不一定能促进评估行为的效益性。

【知识点4】资产评估业务基本事项的内容及要求（★★★）

（一）资产评估业务基本事项的内容

明确业务基本事项是资产评估程序的第一个环节，是指导资产评估机构受理评估业务的评估基本程序。资产评估机构受理资产评估业务之前，应当向委托人了解评估业务的基本情况、涉及的经济行为、委托人有什么要求、可能的工作条件等必要信息，明确评估目的是什么，评估对象是什么，评估范围包括什么，评估报告使用的方式和报告使用者有哪些，对评估结论和工作时间有什么特殊要求等问题，并且应当与委托人共同明确评估业务基本事项。明确评估业务基本事项的目的，既是以此为依据对项目进行风险评估，同时对本机构及评估专业人员从事相关业务的经验和专业胜任能力进行综合分析和评价，进而决定是否受理该评估项目；也是为决定受理项目后的双方谈判、订立评估委托合同和组织实施项目做好准备。

资产评估机构受理资产评估业务前，应当明确下列资产评估业务基本事项：①委托人、产权持有人和委托人以外的其他评估报告使用人；②评估目的；③评估对象和评估范围；④价值类型；⑤评估基准日；⑥资产评估项目所涉及的需要批准的经济行为的审批情况；⑦评估报告使用范围；⑧评估报告提交期限和方式；⑨评估服务费及支付方式；⑩委托人、其他相关当事人与资产评估机构、资产评估专业人员工作配合和协助等其他需要明确的事项。

【例5-7】（多项选择题）资产评估专业人员在受理评估业务前应当明确资产评估业务基本事项。下列事项中属于资产评估业务基本事项的有（　　）。

A. 拟采用的资产评估方法

B. 资产评估报告的使用范围

C. 拟应用的资产评估假设

D. 评估服务费及支付方式

E. 拟采用的资产评估价值类型

【答案】 BDE

【解析】 根据《资产评估基本准则》第九条和《资产评估执业准则——资产评估程序》第八条的规定，资产评估机构受理资产评估业务前，应当明确下列资产评估业务基本事项：①委托人、产权持有人和委托人以外的其他评估报告使用人；②评估目的；③评估对象和评估范围；④价值类型；⑤评估基准日；⑥资产评估项目所涉及的需要批准的经济行为的审批情况；⑦评估报告使用范围；⑧评估报告提交期限和方式；⑨评估服务费及支付方式；⑩委托人、其他相关当事人与资产评估机构、资产评估专业人员工作配合和协助等其他需要明确的事项。评估方法、评估假设并非资产评估专业人员在受理评估业务前应当明确的资产评估业务基本事项。

【例5-8】（多项选择题）关于明确评估业务基本事项的目的，下列表述中，正确的是（　　）。

A. 综合分析风险因素，防范执业风险，减轻或者免除资产评估机构及其评估专业人员的责任

B. 明确资产评估重点工作，减少业务执行过程中重复性的工作，提高资产评估的效率

C. 与委托人沟通评估业务收费标准及支付方式，保障评估机构及其评估专业人员的合法权益

D. 对本机构及评估专业人员从事相关业务的经验和专业胜任能力进行综合分析和评价，决定是否受理项目

E. 为决定受理项目后的双方谈判、订立评估委托合同和组织实施项目做好准备

【答案】 DE

【解析】 明确评估业务基本事项的目的，既是以此为依据对项目进行风险评估，同时对本机构及专业人员从事相关业务的经验和专业胜任能力进行综合分析和评价，进而决定是否受理该评估项目；也是为决定受理项目后的双方谈判、订立评估委托合同和组织实施项目做好准备。

（二）明确业务基本事项的具体内容及要求

1. 明确委托人、产权持有人和委托人以外的其他评估报告使用人。

（1）明确委托人及产权持有人的基本情况。一般包括但不限于下列内容：①委托人及产权持有人名称；②委托人及产权持有人类型，注册地址、注册资本和统一社会信用代码；③委托人和产权持有人所属行业、经营范围；④委托人与产权持有人的关系；⑤委托人的诚信记录、是否有能力支付合理的评估费用等。

（2）明确评估报告使用人及其基本情况。

对应所服务的经济行为，资产评估报告具有特定的使用者。在可能的情况下，资产评估机构洽谈人员应要求委托人明确资产评估报告的使用人、使用范围以及使用方式。

评估机构应当了解除委托人和国家法律、法规规定的评估报告使用人外，是否还存在其他的评估报告使用人。

【提示】如果存在除委托人和国家法律、法规规定的评估报告使用人外，还存在其他的评估报告使用人，评估机构应当在适当及切实可行的情况下了解以下内容：①其他评估报告使用人的全称或类型；②其他评估报告使用人与委托人和被评估企业或资产的关系；③其他评估报告使用人使用评估报告的理由及方式；④其他评估报告使用人的诚信记录；⑤评估报告使用人之间是否存在利益冲突，是否存在法律禁止性规定的情形等。这有利于最大限度地控制潜在风险，了解个性要求，规避不必要的报告使用风险。对于已经明确的其他评估报告使用人，应当在后续订立的资产评估委托合同中作出约定。

（3）了解委托人与相关当事人之间的关系。一般情况下，委托人与产权持有人存在某种关系，比如委托人为被评估企业或被评估资产的股东、投资方、债权人、管理层、融资银行等。评估机构洽谈人员应当清晰了解委托人与产权持有人、委托人与其他评估报告使用人、产权持有人与评估报告使用人之间的关系。

【提示】对于普通经济行为涉及的资产评估，第三者委托评估机构对拟评估资产进行评估，一般应事先通知产权持有人、资产管理者并征得同意，这往往是执行评估业务的先决条件。但对于司法等部门依法需要对特定资产进行强制性评估的行为，评估业务的开展不需要以产权持有人或资产管理者的同意为先决条件，资产评估专业人员执行此类业务时应当充分考虑相关当事人的不配合行为可能对评估执业产生的影响。

2. 评估目的。

评估目的是由引起资产评估的特定经济行为所决定的，对价值类型、评估方法、评估结论等有重要影响。了解与评估业务相关的经济行为并明确评估目的和报告用途是项目洽谈双方需沟通确定的重要内容。

【提示】资产评估专业人员应根据委托人所描述的特定的经济行为，正确理解评估目的。评估机构与委托人在订立委托合同约定评估目的时，应尽量细化评估目的和用途，避免使用“融资”“重组”“拟了解公司价值”等比较笼统的词语作为评估目的。

3. 评估对象和评估范围。

评估机构洽谈人员应与委托人沟通、了解拟委托评估的评估对象和评估范围，并结合评估目的，理解评估对象和评估范围，同时考虑评估对象和评估范围与特定经济行为的匹配性，从而对评估对象和评估范围予以界定。评估范围的界定应服从于评估对象的选择。

4. 价值类型。

评估机构洽谈人员应当根据对评估目的的理解，结合资产评估准则，选择恰当的价值类型，并就价值类型的选择、定义及对应的假设前提与委托人达成一致。

【提示1】影响价值类型选择的因素有很多，包括评估目的、被评估资产的基本情况和使用方式、市场条件等，其中评估目的是关键因素。评估目的不但决定着资产评估结论的具体用途，而且会直接或间接地影响资产评估过程。价值类型确定后资产评估专业人员才能够确定评估方法，搜集相应的评估资料，得出合理的评估结论。

【提示2】在接受委托环节就价值类型与委托人达成一致理解，目的是让委托人认识到资产评估专业人员拟出具的评估报告是在双方已明确的评估目的下，按照何种标准体现资产价值，以利于委托人合理理解并正确使用评估结论，实现评估目的。因此，评估机构洽谈人员应告知委托人拟选用哪种价值类型，其具体定义是什么，其基于哪些可能存在的各种明显或隐含的假设及前提，为在订立资产评估委托合同时界定项目适用的价值类型做好铺垫。

5. 评估基准日。

开展评估业务需要确定评估基准日。评估机构洽谈人员洽商业务时应当了解委托人选择的评估基准日，并从有效服务评估目的和满足委托人对报告使用要求的角度，对评估基准日的确定提供专业建议。

评估基准日确定后，应当作为委托条件之一，反映在资产评估委托合同中。

6. 资产评估项目所涉及的需要批准的经济行为的审批情况。

如果资产评估项目所涉及的经济行为需要有关部门的审批，评估机构洽谈人员应当了解该经济行为获得批准的相关情况。获得有关部门批准的文件应当载明文件名称、批准日期及文号。

7. 评估报告的使用范围。

评估报告的使用范围包括评估报告使用人、用途、使用时效、报告的摘抄引用或披露等事项。评估机构洽谈人员在前期洽商时，应与委托人就评估报告的使用范围加以明确。

8. 评估报告提交期限和方式。

评估报告提交时间受多方面因素的限制与约束，如预计的评估工作量、委托人和相关当事人的配合程度、评估所依据和引用的专业或单项资产评估报告（专项审计报告、土地估价报告、矿业权评估报告等）的出具时间等。

评估机构洽谈人员应了解委托人对于评估业务所服务的经济行为的时间计划，根据对上述限制与约束因素的预计和把握，与委托人约定提交报告的时间和方式（当面提交或邮寄），在评估委托合同中加以明确。

【提示】评估报告的提交时间不宜确定具体日期，一般确定为开始现场工作以及委托人提供必要资料（包括评估所依据和引用的相关专业报告送达）后的一定期限内。

9. 评估服务费及支付方式。

评估服务费及支付方式是评估机构与委托人洽商沟通的重要内容。

评估机构洽谈人员根据评估业务的具体情况提出评估收费标准及报价，并与委托人就评估费用、支付时间和方式进行沟通。委托人需要了解评估机构报价的确定依据和口径，除专业服务费以外，差旅及食宿费用、现场办公费用等是否也包含在预计评估服务费之内以及如何支付等，均应在双方达成一致后，体现在评估委托合同中。

10. 委托人、其他相关当事人、评估机构、评估专业人员工作配合和协助等其他需要明确的重要事项。

评估机构洽谈人员应当根据评估业务具体情况与委托人沟通，明确委托人与评估专业人员工作配合和协助等其他需要明确的重要事项。包括落实资产清查申报、提供资料、配合现场及市场调查，协调与相关中介机构的对接和交流等。评估机构洽谈人员需要特别关注委托人能否对评估专业人员履行正当评估程序给予必要的理解、尊重和配合。当委托人与评估对象的产权持有人不是同一主体时，需约定委托人协调产权持有人协助配合评估工作的责任。目的是在评估委托合同签订之前沟通明确一切可能需委托人尽责的事项，为在评估委托合同中形成约束性条款做好准备。

【例 5-9】（单项选择题）在执行明确资产评估业务基本事项程序时，关于明确委托人、产权持有人和委托人以外的其他评估报告使用人的表述，不正确的是（　　）。

A. 评估机构应当了解除委托人和国家法律、法规规定的评估报告使用人外，是否还存在其他评估报告使用人

B. 如果存在其他评估报告使用人，评估机构应当在适当及切实可行的情况下了解其与委托人和被评估企业或资产的关系

C. 第三者委托评估机构对拟评估资产进行评估，一般应事先通知产权持有人、资产管理者并征得同意，这往往是执行评估业务的先决条件

D. 对于已经明确的其他评估报告使用人，需要了解其全称或类型、使用评估报告的理由及方式等信息，并需要在资产评估委托合同外另行约定

【答案】D

【解析】对于已经明确的评估报告其他使用人，应当在后续订立的资产评估委托合同中作出约定，不需要在资产评估委托合同外另行约定。

【例 5-10】（多项选择题）资产评估中，明确基本事项时，明确委托人、产权持有人和委托人以外的其他评估报告使用人，具体是指（　　）。

A. 明确委托人及产权持有人的基本情况

B. 了解委托人与评估行政监管部门之间的关系

C. 明确评估报告使用人及其基本情况

D. 了解委托人与相关当事人之间的关系

E. 明确评估报告使用人与评估行业协会之间的关系

【答案】ACD

【解析】明确基本事项时，明确委托人、产权持有人和委托人以外的其他评估报告使用人，具体是指：①明确委托人及产权持有人的基本情况；②明确评估报告使用人及其基本情况；③了解委托人与相关当事人之间的关系。

【例5-11】（单项选择题）关于明确评估对象和评估范围，下列表述中，正确的是（　　）。

A. 评估机构应凭借对评估目的的把握和专业经验，合理确定评估范围

B. 评估范围的界定应服从于评估对象的选择，需要考虑其与特定经济行为的匹配性

C. 应由资产评估专业人员就具体评估对象所对应的评估范围明细清单进行确认

D. 合理确定评估对象和评估范围，是资产评估专业人员的履职责任之一

【答案】B

【解析】确定评估对象和评估范围，是委托人的责任，评估机构应凭借对评估目的的把握和专业经验，建议委托人合理申报评估范围，选项A、选项D错误；为明确责任，避免日后产生纠纷，应由委托人（或经其授权被评估资产产权持有人或被评估企业）就具体评估对象所对应的评估范围明细清单进行确认，选项C错误。选项B正确。

【例5-12】（多项选择题）如果资产评估项目所涉及的经济行为需要有关部门的审批，评估机构洽谈人员应当了解该经济行为获得批准的相关情况。获得有关部门批准的文件应当载明（　　）。

A. 批准负责人　　B. 文件名称

C. 批准部门　　D. 批准日期

E. 批准文号

【答案】BDE

【解析】如果资产评估项目所涉及的经济行为需要有关部门的审批，评估机构洽谈人员应当了解该经济行为获得批准的相关情况。获得有关部门批准的文件应当载明文件名称、批准日期及文号。

【例5-13】（多项选择题）关于评估服务费及支付方式，下列表述中，正确的是（　　）。

A. 资产评估作为委托/受托民事活动，评估服务费及支付方式，应体现在评估委托合同中

B. 委托人信用是评估能够顺利进行的重要条件，也是评估收费需要考虑的重要因素之一

C. 现场办公费用等专业服务费以外的收费是否包含在预计评估服务费之内，应由双方达成一致

D 在预计评估服务费之外，评估机构有权视经济行为完成情况与委托人协商另行收费

E. 评估服务费及支付方式是评估机构与委托人洽商沟通的重要内容

【答案】ACE

【解析】评估服务费及支付方式是评估机构与委托人洽商沟通的重要内容。评估机构洽谈人员根据情况提出评估收费标准及报价，并与委托人就评估费用、支付时间和方式进行沟通。委托人需要了解评估机构报价的确定依据和口径，除专业服务费以外，差旅及食宿费用、现场办公费用等是否也包含在预计评估服务费之内以及如何支付等，应在双方达成一致后，体现在评估委托合同中。

【例5-14】（多项选择题）在明确评估业务基本事项中，影响价值类型选择的因素包括（　　）。

A. 被评估资产的基本情况

B. 被评估资产的使用方式

C. 被评估资产的市场条件

D. 被评估资产适用的评估方法

E. 被评估资产评估的目的

【答案】ABCE

【解析】影响价值类型的因素有很多，包括评估目的、被评估资产的基本情况和使用方式、市场条件等，其中评估目的是关键因素。

【例5-15】（单项选择题）下列资产评估委托合同中，关于评估报告提交时间的表述，恰当的是（　　）。

A. 评估报告应该在签订资产评估委托合同、评估开始后1个月内提交

B. 评估报告应该在开始现场工作以及委托人提供必要资料后15日内提交

C. 评估报告应该在实施现场调查、撰写完成报告及有关说明后5日内提交

D. 评估报告应该在评估程序结束，评估档案整理归集后10日内提交

【答案】B

【解析】评估报告的提交时间不宜确定具体

日期，一般确定为开始现场工作以及委托人提供必要资料（包括评估所依据和引用的相关专业报告送达）后的一定期限内，选项B正确。

【例5-16】（多项选择题）在明确评估事项时，影响评估报告提交时间的因素包括（　　）。

A. 资产评估机构及其专业人员预计的评估工作量

B. 委托人和相关当事人在资产评估工作中的配合程度

C. 评估所依据和引用的专业或单项资产评估报告的出具时间

D. 资产评估委托合同约定的评估服务费的多少

E. 资产评估委托人实施经济行为的时间要求

【答案】 ABC

【解析】 资产评估报告提交时间受多方面因素的限制与约束，如预计的评估工作量、委托人和相关当事人的配合程度、评估所依据和引用的专业或单项资产评估报告（专项审计报告、土地估价报告、矿业权评估报告等）的出具时间等。

【例5-17】（多项选择题）在明确评估业务基本事项中，明确评估报告使用范围的内容包括（　　）。

A. 评估报告使用人

B. 评估报告使用用途

C. 评估报告使用时效

D. 评估报告的摘抄引用或披露

E. 评估对象和评估范围

【答案】 ABCD

【解析】 评估报告的使用范围包括评估报告使用人、用途、使用时效、报告的摘抄引用或披露等事项。

【知识点5】专业能力分析与评价、独立性分析与评价、项目风险分析与评价的内容及要求（★★★）

（一）专业能力分析与评价

（1）评估机构及评估专业人员是否具有与拟受理业务相应的专业能力及相关经验，特别关注拟受理业务是否涉及新型或特殊的业务、专业领域及资产。

（2）对于缺乏专业能力的业务，评估机构及其评估专业人员是否有弥补评估经验和专业能力不足的可行措施。比如聘请专家协助工作、利用或引用专业机构的工作成果；有保证相关工作成果合理利用的制度安排和技术措施。

（二）独立性分析与评价

评估机构应按照《资产评估法》的规定和《资产评估职业道德准则》的有关要求，对本机构及评估专业人员的独立性进行分析与评价，判断独立性是否受到影响，进而决定是否受理业务或在独立性受到影响时拟采取的应对措施。

评估机构及其评估专业人员主要通过关联关系筛查、申报、核查等方式，了解可能影响独立性的情形，判断是否存在明显或潜在的利益冲突、现实或可能的利益关系。

【提示】 关联关系筛查、申报、核查包括：①对评估机构及其评估专业人员已执行的业务进行筛查。②评估机构通过安排评估专业人员填写项目独立性调查表等方式，使评估专业人员对是否存在经济利益关联、人员关联、业务关联等情况向评估机构进行申报。③评估机构对评估专业人员申报的关联情况进行适当核查。

（三）业务风险分析与评价

参见表5-1。

表5-1　资产评估业务风险分析

风险来源	具体情况
委托人与产权持有人	委托人和产权持有人不配合评估机构及其评估专业人员履行评估程序；提供虚假、遗漏或不符合法定要求的资料；缺乏履约能力；非法干预评估执业；对评估结果提出不合理要求等。
评估目的	评估目的不明确、不符合法律法规、行业规范或市场实际情况、所对应的经济行为无法获得相关审批等。
评估对象	因为评估对象的特殊性导致评估专业人员无法按规定或要求履行核查程序；评估对象的产权不明晰，法律权属存在纠纷；评估对象对应的评估范围不明确；评估对象及评估范围的界定与评估目的不匹配等。
资产评估报告使用	委托人及其他报告使用人不能正确理解评估结论，超范围或超期使用评估报告及其他不当使用报告行为等。

【提示】评估机构及其评估专业人员应当结合评估业务风险要素，从委托人、产权持有人、评估目的、评估对象、评估报告使用等方面，分析与评价评估业务风险的高低，判断评估业务风险是否超出评估机构可接受的范围，进而决定是否受理该评估业务以及在决定受理后拟采取的风险应对措施。业务风险分析与评价可以采用风险评价表的方式进行，风险评价表可根据评估业务风险要素设计。

（四）综合分析与评价

评估机构及其评估专业人员在对自身专业能力、独立性、业务风险分别进行综合分析与评价后，应对评价结果的影响予以充分考虑，决定是否受理评估业务。一般在自身专业能力、独立性均满足要求，并且业务风险可承受时，评估机构可以受理该业务。

【例5－18】（多项选择题）关于对评估机构及其评估专业人员进行专业能力、独立性、业务风险评价，下列表述中，属于专业能力评价的内容是（　　）。

A. 委托人和产权持有人是否配合资产评估机构履行评估程序，提供的相关资料是否虚假、遗漏或不符合法定要求

B. 是否具有与拟受理的项目相应的专业能力及相关经验，特别关注项目是否涉及新型或特殊的业务等

C. 对评估机构和评估专业人员已执行的业务进行筛查，判断是否存在明显或潜在的利益冲突

D. 对于缺乏专业能力的业务，是否有弥补评估经验和专业能力不足的可行措施

E. 委托人及其他报告使用人能否正确理解评估结论，是否存在超范围或超期使用评估报告及其他不当使用报告行为等

【答案】BD

【解析】选项B、选项D属于专业能力分析与评价；选项A、选项E属于业务风险分析与评价；选项C属于独立性分析与评价。

【例5－19】（单项选择题）在对评估机构及人员进行专业能力、独立性、业务风险分析时，以下工作内容属于独立性分析的是（　　）。

A. 判断委托人所对应的经济行为是否获得相关审批

B. 确定评估对象的产权是否明晰

C. 判断评估专业人员是否有能力胜任评估工作

D. 筛查与委托人有利益冲突的评估人员

【答案】D

【解析】选项A、选项B属于业务风险分析，选项C属于专业能力分析。

【例5－20】（多项选择题）在资产评估过程中，对业务风险进行分析与评估时，业务风险主要有（　　）。

A. 来自委托人和产权持有人的风险

B. 来自资产评估报告使用的风险

C. 来自资产评估机构质量控制的风险

D. 来自资产评估对象的风险

E. 来自资产评估目的的风险

【答案】ABDE

【解析】资产评估的业务风险从来源角度可以划分为来自委托人和产权持有人的风险、来自评估目的的风险、来自评估对象的风险、来自资产评估报告使用的风险等。

【例5－21】（多项选择题）资产评估机构及其评估专业人员了解可能影响独立性的情形，判断是否存在明显或潜在的利益冲突、现实或可能的利益关系的方式包括（　　）。

A. 关联关系回避

B. 关联关系筛查

C. 关联关系申报

D. 关联关系核查

E. 关联关系函证

【答案】BCD

【解析】资产评估机构和评估专业人员主要通过关联关系筛查、申报、核查等方式，了解可能影响独立性的情形，判断是否存在明显或潜在的利益冲突、现实或可能的利益关系。

【例5－22】（单项选择题）面对一项资产评估业务，资产评估机构需要考虑是否受理。下列表述中，属于影响资产评估机构是否受理该资产评估业务的因素的是（　　）。

A. 评估方法的选择

B. 资产评估的基准日

C. 资产评估的价值类型

D. 评估机构及人员的专业能力

【答案】D

【解析】资产评估机构应当对专业能力、独立性和业务风险进行综合分析与评价。受理资

产评估业务应当满足专业能力、独立性和业务风险控制的要求，否则不得受理。

【例5-23】（多项选择题）评估机构和评估专业人员综合考虑自身专业能力、独立性、业务风险确定是否受理资产评估业务，下列有关表述，正确的是（　　）。

A. 当资产评估机构及评估专业人员的专业能力、独立性满足要求时，评估机构可以受理资产评估业务

B. 来自评估目的的风险主要是评估目的不明确、所对应的经济行为无法获得相关审批

C. 对于缺乏专业能力的业务，是否有弥补评估经验和专业能力不足的可行措施

D. 业务风险分析与评价可以采用风险评价表的方式进行，风险评价表可根据评估业务风险要素设计

E. 资产评估机构和评估专业人员主要通过关联关系筛查、申报、核查等方式，了解可能影响独立性的情形

【答案】BCDE

【解析】一般在自身专业能力、独立性均满足要求，并且业务风险可承受时，评估机构可以受理该业务，选项A错误。

【知识点6】资产评估委托合同及形式（★）

（一）资产评估委托合同的含义

资产评估委托合同是指资产评估机构与委托人订立的，明确资产评估业务基本事项，约定资产评估机构和委托人权利、义务、违约责任和争议解决等内容的书面合同。

（二）资产评估委托合同的形式

根据我国《民法典》第四百六十九条的规定，“当事人订立合同，可以采用书面形式、口头形式或者其他形式”。合同的书面形式是指合同书、信件、电报、电传、传真等可以有形地表现所载内容的形式。以电子数据交换、电子邮件等能够有形地表现所载内容，并可以随时调取查用的数据电文，也视为书面形式。书面形式具有便于当事人履行合同，权利义务关系明确，有据可查，便于预防和处理纠纷的优点。法律、行政法规规定采用书面形式的，应该采用书面形式。当事人约定采用书面形式的，应当采用书面形式。

由于资产评估往往涉及重大财产权益，且评估行为属于对资本市场、资本运营、资产管理、价值管理等提供市场价值尺度的专业服务行为，相关当事人及其涉及的利益关系通常较为复杂，为保护公共利益，明确双方当事人的权利义务，避免评估工作的纠纷，《资产评估执业准则——资产评估委托合同》规定，资产评估委托合同应当以书面形式订立。

【例5-24】（单项选择题）关于资产评估委托合同，下列表述中，正确的是（　　）。

A. 评估机构在编制资产评估计划之后，应当与委托人订立资产评估委托合同

B. 口头形式便于当事人履行，具有权利义务关系明确，有据可查，便于预防和处理纠纷的优点

C. 数据电文形式属于合同的其他形式，能够有形地表现所载内容，并可以随时调取查用

D. 由于资产评估的专业服务行为属性，资产评估委托合同应当以书面形式订立

【答案】D

【解析】评估机构在决定受理评估业务之后，应当与委托人订立资产评估委托合同，选项A错误；书面形式便于当事人履行，具有权利义务关系明确，有据可查，便于预防和处理纠纷的优点，选项B错误；以电子数据交换、电子邮件等能够有形地表现所载内容，并可以随时调取查用的数据电文，视为书面形式，选项C错误。由于资产评估往往涉及重大财产权益，且评估行为属于对资本市场、资本运营、资产管理、价值管理等提供市场价值尺度的专业服务行为，相关当事人及其涉及的利益关系通常较为复杂，为保护公共利益，明确双方当事人的权利义务，避免评估工作的纠纷，《资产评估执业准则——资产评估委托合同》规定，资产评估委托合同应当以书面形式订立。选项D正确。

【知识点7】资产评估委托合同的主要内容及要求，评估委托合同的订立、补充或变更、终止履行及解除（★★★）

（一）资产评估委托合同的主要内容及要求

1. 资产评估机构和委托人的名称、住所、联系人及联系方式。

评估机构和委托人是合同签约的主体。委托合同应准确列明签约各方的名称、住所以及联系人、联系方式。名称（或姓名）应使用全称，不可简化或使用代号。

2. 评估目的。

资产评估委托合同载明的评估目的应当表述明确、清晰。

【提示】合同双方可以在同一合同中约定评估目的不同的一揽子评估业务。例如，某客户拟先将某标的企业进行增资扩股，再剥离其中与亏损业务相关的资产和负债，最后将剥离后的标的企业资产整体注入某公司。这三个经济行为的目的并不一样，评估基准日也有差异，但拟委托同一个机构开展资产评估服务。委托人与评估机构可以在一个资产评估委托合同中对所涉及的资产评估服务进行一揽子安排。

3. 评估对象和评估范围。

评估机构应当与委托人进行沟通，根据资产评估业务的要求和特点，在资产评估委托合同中明确表述评估对象和评估范围。

4. 评估基准日。

资产评估委托合同应当明确资产评估基准日。资产评估基准日应当明确到年月日。资产评估是为特定经济行为服务的，现时性评估业务选择的评估基准日应尽可能与评估目的的实现日接近，以保证评估结论有效地服务于评估目的。

5. 资产评估报告使用范围。

《资产评估执业准则——资产评估委托合同》第十条明确"使用范围包括资产评估报告使用人、用途、评估结论的使用有效期及资产评估报告的摘抄、引用或披露"，并根据《资产评估法》《资产评估基本准则》具体规范了评估报告的使用责任。

委托合同中约定评估报告使用范围，以约束各方当事人行为，防止评估报告被滥用或误用，降低执业风险。

6. 资产评估报告提交期限和方式。

委托和受托双方应协商后，在委托合同中明确完成评估业务并提交评估报告的期限。评估报告提交方式包括当面提交或邮寄方式等，双方协商后应当在委托合同中作出约定。

7. 评估服务费总额或者支付标准、支付时间及支付方式。

（1）评估服务费可以约定为服务费总额，也可以约定为支付标准。

（2）服务费协商时主要考虑的因素：①资产规模和资产分布情况；②评估机构拟投入的人力资源、耗费的工作时间以及不同人力资源的综合成本；③评估业务的难易程度；④评估机构及其评估专业人员可能承担的风险和责任；⑤评估机构及其评估专业人员的社会信誉和工作水平等。

（3）在收费条款中，还需要约定评估服务费的支付时间。评估机构可以约定委托人一次性支付或者分期支付评估服务费。

（4）评估服务费的支付不应与委托人经济行为是否完成相联系。

【提示】资产评估机构不得以或有收费方式约定评估服务收费，收费与否或者收费多少不得以评估工作结果或实现特定目的为条件。例如，资产评估机构不能约定如果估值结论高于某个预设值（比如委托方期望的融资额度），则评估费用按估值结论的比例增加。由于资产评估机构及其评估专业人员无法左右委托人经济行为的进程，也没有承担保证经济行为实现的义务，因此评估服务费的支付不应与委托人经济行为是否完成相联系。例如，在合同中约定将是否能够实现上市、完成收购、贷款、发债等经济行为作为收取部分或全部评估费用的前提条件。

8. 资产评估机构和委托人的其他权利和义务。

委托人应当为资产评估机构及其资产评估专业人员开展资产评估业务提供必要的工作条件和协助，根据评估业务需要，负责评估机构及其评估专业人员与其他相关当事人之间的协调。对评估对象在评估基准日特定目的下的价值进行分析和估算并出具资产评估报告，是资产评估机构及其资产评估专业人员的责任。依法提供资产评估业务需要的资料并保证资料的真实性、完整性、合法性，恰当使用资产评估报告是委托人和其他相关当事人的责任，委托人或者其他相关当事人应当对其提供的资产评估明细表及其他重要资料的真实性、完整性、合法性进行确认，如果拒绝提供或者不如实提供，资产评估机构有权拒绝履行资产评估委托合同。

9. 违约责任和争议解决。

在委托合同中，除约定纠纷解决方式、地点外，也应当约定违约责任的承担条件、承担方式（如违约金、赔偿金额及其计算方法）等。

解决争议的方法主要有四种：①协商和解；②调解；③仲裁；④诉讼。当事人可以在委托合同中约定解决争议的方法。

10. 合同当事人签字、盖章的时间。

根据《民法典》，"采用合同书形式订立合同的，自当事人均签名、盖章或者按指印时合同成立"。因此资产评估委托合同的成立日期是资产评估委托人和资产评估机构双方均完成签名并盖章的日期。

《民法典》同时规定，"在签名、盖章或者按指印之前，当事人一方已经履行主要义务，对方接受时，该合同成立"。在资产评估实务中，存在评估委托合同完成签字并盖章之前资产评估机构已经开始提供资产评估服务的情形，并且该等服务事实上已经取得了委托人的配合及认可，按照《民法典》的规定该情形应视为评估委托合同在资产评估机构提供服务之时已经成立。

《民法典》规定，"除法律法规另有规定或者当事人另有约定之外，依法成立的合同，自成立时生效。"合同当事人签字、盖章的时间，对合同的履行、合同的期限、违约责任的确定等合同重要条款均有重大影响。因此，资产评估委托合同中应当包括签字、盖章的时间；如果在评估委托合同完成签字、盖章之前已提供资产评估服务的，资产评估机构应当留存其事实提供资产服务的时间证据，避免由于评估委托合同生效时间不确定而导致纠纷、产生损失。

11. 合同当事人签字、盖章的地点。

当事人采用合同书形式订立合同的，最后签名、盖章或者按指印的地点为合同成立的地点，但是当事人另有约定的除外。约定地点以便在出现合同纠纷时为确定司法管辖增加备选信息。

【提示1】需要注意的是，委托人与评估机构不应对应纳入评估范围的资产不进行评估、不履行现场调查等必要评估程序、指定评估方法以及对评估结果等内容进行约定，避免评估委托合同成为资产评估机构不遵循评估法规的依据。

【提示2】订立评估委托合同时尚未明确的内容，评估委托合同签约方可以采取订立补充合同或法律允许的其他形式作出后续约定。

【例5-25】（单项选择题）下列不属于资产评估委托合同内容的是（　　）。

A. 评估目的　　B. 评估基准日
C. 评估报告日　　D. 评估对象和范围

【答案】C

【解析】评估报告日为评估结论形成的日期，不属于资产评估委托合同的内容。

【例5-26】（多项选择题）签订评估业务委托合同时，需要约定评估服务费，以下关于评估服务费的表述，正确的是（　　）。

A. 评估服务费实行市场调节价，由评估机构和委托人协商确定

B. 评估业务的难易程度将影响评估服务费的多少

C. 评估服务费的支付取决于委托人经济行为是否完成

D. 评估服务费可以约定为服务费总额，也可以约定为支付标准

E. 评估服务费可以一次性支付，也可以分期支付

【答案】ABDE

【解析】由于资产评估机构及其评估专业人员无法左右委托人经济行为的进程，也没有承担保证经济行为按期实现的义务，因此，评估服务费的支付不应与委托人经济行为是否完成相联系，选项C错误。

【例5-27】（多项选择题）关于资产评估争议的解决方法，下列表述中，正确的是（　　）。

A. 双方通过协商和解

B. 通过财政部门解决

C. 由第三人进行调解

D. 通过仲裁解决

E. 通过诉讼解决

【答案】ACDE

【解析】解决争议的方法主要有四种：①协商和解；②调解；③仲裁；④诉讼。当事人可以在委托合同中约定解决争议的方法。

【例5-28】（多项选择题）关于资产评估委托合同，下列表述中，正确的是（　　）。

A. 资产评估委托合同载明的评估目的应当唯一，表述应当明确、清晰

B. 资产评估委托合同采用合同书形式订立的，合同当事人达成一致意见合同即成立

C. 评估服务费是评估机构为委托人提供评估服务收取的费用，实行政府指导价

D. 资产评估机构和委托人的名称（或姓

名）应使用全称，不可简化或使用代号

E. 恰当使用资产评估报告是委托人和其他相关当事人的责任

【答案】DE

【解析】2017年9月修订发布的《资产评估执业准则——资产评估委托合同》，允许双方在合同里约定评估目的不同的一揽子评估业务，选项A错误；资产评估委托合同的成立日期是资产评估委托人和资产评估机构双方均完成签名并盖章的日期，选项B错误；评估服务费是评估机构为委托人提供评估服务收取的费用，实行市场调节价，选项C错误。选项D、选项E正确。

【例5-29】（多项选择题）国内上市的财旺公司，拟收购境外的丹琴公司全部股权，委托尼康资产评估公司为该经济行为进行资产评估。资产评估委托合同约定的下列重要内容中，不恰当的是（　　）。

A. 被评估企业管理规范，为提高评估效率，约定可以不履行现场调查程序

B. 为保证本次资产评估结论的可靠性，以资产基础法的结果作为评估结论

C. 如果未能就收购达成协议，财旺公司将不支付10%的评估合同款

D. 为保证国有资产不流失，本次评估的评估结果不应高于5 000万美元

E. 为慎重对待可能发生的纠纷，保护当事人利益，约定仲裁为解决争议的方法

【答案】ABCD

【解析】评估准则规定资产评估机构及其资产评估专业人员可以根据评估业务的具体情况及重要性原则确定履行基本程序的繁简程度，但不得随意减少资产评估基本程序，选项A错误；通过合同指定评估方法及评估结论确定方式，取代了评估专业人员在履行程序后依据专业判断选取适用评估方法的权利和责任，属于不能在合同中约定的内容，选项B错误；将评估服务费支付与经济行为的实现直接挂钩（包括奖励和扣费），违反了资产评估机构及其评估专业人员保持独立性的要求，选项C错误；评估结论应当在评估专业人员履行必要的评估程序，经综合分析后得出，不能事先指定，选项D错误。选项E正确。

（二）资产评估委托合同的订立

资产评估机构决定受理评估业务之后，应当要求委托人依法订立评估委托合同。

新颁布的《民法典》明确规定，采用合同书形式订立的合同，当事人的签名和盖章是合同成立的必要条件。资产评估委托合同应当由资产评估机构的法定代表人（或执行合伙事务合伙人）签字并加盖资产评估机构印章。公司制的资产评估机构的分公司可以在总公司的授权范围内对外签订合同，但其对外签订合同的民事责任由总公司承担。对授权内部人员和分支机构签署委托合同的情形，资产评估机构可以通过内部管理制度加以规范。

《民法典》规定合同订立之前，当事人一方已经提供事实服务，且为对方接受，视为合同成立。在资产评估实务中，如果因委托人等原因导致无法及时签订资产评估委托合同，资产评估机构已开始提供资产评估服务，资产评估机构应当关注未及时签订资产评估委托合同可能产生的风险，并注意收集、留存能够证明其提供服务的时间、内容，以及对方接受资产评估服务事实的相关证据。

【例5-30】（多项选择题）下列关于资产评估委托合同的订立的表述，错误的是（　　）。

A. 公司制的资产评估机构的分公司，不具备对外签订资产评估委托合同的主体资格

B. 订立委托合同前，资产评估机构应当全面了解、认知委托人的主体资格、信用资质、履约能力等信息

C. 订立委托合同前，资产评估机构应当审查委托人代理人的授权文件及代理事项、代理期限和代理权限

D. 资产评估委托合同应当由资产评估机构的法定代表人（或执行合伙事务合伙人）签字生效

E.《民法典》规定合同订立之前，当事人一方已经提供事实服务，视为合同成立

【答案】AD

【解析】公司制的资产评估机构的分公司可以在总公司的授权范围内对外签订合同，但其对外签订合同的民事责任由总公司承担，选项A错误；《民法典》规定合同订立之前，当事人一方已经提供事实服务，且为对方接受，视为合同成立，选项D错误。

（三）资产评估委托合同的补充或变更

根据《民法典》的相关条款，“合同生效

后，当事人就质量、价款或者报酬、履行地点等内容没有约定或者约定不明确的，可以协议补充；不能达成补充协议的，按照合同有关条款或者交易习惯确定”；“当事人协商一致，可以变更合同。”。

据此，资产评估委托合同可以协议订立补充委托合同或者重新订立评估委托合同，或者协商一致以法律允许的其他方式对评估委托合同的相关条款进行变更。

【例5－31】（单项选择题）资产评估委托合同签订后，发现相关事项存在遗漏、约定不明确，或者合同履行中约定内容发生变化的，不恰当的处理方式是（　　）。

A. 资产评估机构与委托人协议订立补充委托合同

B. 资产评估机构与委托人重新订立评估委托合同

C. 资产评估机构与委托人提请资产评估协会调整

D. 资产评估机构与委托人协商一致进行合同变更

【答案】C

【解析】资产评估委托合同签订后，发现相关事项存在遗漏、约定不明确，或者合同履行中约定内容发生变化的，如评估目的、评估对象、评估基准日发生变化等，资产评估机构与委托人可以协议订立补充委托合同或者重新订立评估委托合同，或者协商一致以法律允许的其他方式，如传真、电子邮件等形式，对资产评估委托合同的相关条款进行变更。选项C错误，其他选项均正确。

（四）资产评估委托合同提前终止及解除

由于人为或客观原因，可能会导致提前终止、解除资产评估委托合同的情形。《民法典》第五百六十二条、第五百六十三条有关于合同的法定解除规定。《资产评估法》的第十八条和第十九条分别赋予了资产评估机构在法定情形下可以拒绝履行合同要求及单方解除合同的权利。资产评估机构可以在洽商、订立资产评估委托合同时依法要求体现相关约定。除此之外，《资产评估执业准则——资产评估委托合同》第十六条还规定了非资产评估机构及其评估专业人员原因，导致资产评估委托合同解除的其他情形。具体内容见图5－2。

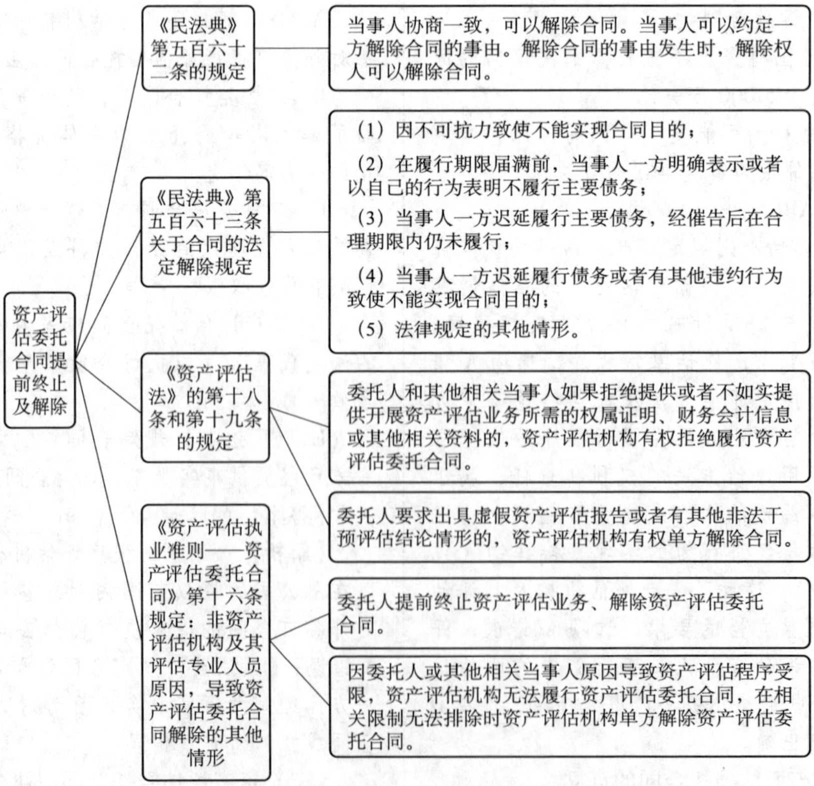

图5－2　资产评估委托合同提前终止及解除的情形

【例5-32】（单项选择题）下列关于提前终止及解除资产评估委托合同的表述，错误的是（　　）。

A. 委托人和其他相关当事人如果拒绝提供开展资产评估业务所需的权属证明、财务会计信息或其他相关资料的，资产评估机构有权依法拒绝履行合同的要求

B. 委托人要求出具虚假资产评估报告或者有其他非法干预评估结论情形的，资产评估机构有权单方解除合同

C. 因委托人或其他相关当事人原因导致资产评估程序受限，资产评估机构无法履行资产评估委托合同，在相关限制无法排除时资产评估机构单方解除资产评估委托合同

D. 资产评估机构提前终止或解除资产评估委托合同，属于违反资产评估委托合同约定事项的行为，是单方面违约，无权要求委托人支付评估服务费

【答案】D

【解析】《民法典》第五百六十二条规定，当事人协商一致，可以解除合同。对因法定情由提前终止和解除资产评估委托合同的情形，资产评估机构可以依据法律规定和相关资产评估准则要求，在洽商、订立资产评估委托合同时与委托人约定：相关法定或特定的资产评估委托合同提前终止、解除的情形发生时，由委托人按照已经开展资产评估业务的时间、进度，或者已经完成的工作量支付相应的评估服务费。选项D错误，其他选项均正确。

【例5-33】（单项选择题）下列关于资产评估委托合同的表述中，错误的是（　　）。

A. 订立资产评估委托合同后需要对约定事项做出补充的，评估机构与委托人可以签署补充合同或重新订立合同

B. 资产评估委托合同应当由资产评估机构的法定代表人签名并加盖评估机构印章，不得授权他人签名

C. 受理资产评估业务需订立资产评估委托合同，或以符合法律规定的其他形式建立资产评估业务委托关系

D.《资产评估法》规定资产评估机构在法定情形下有拒绝履行要求及单方面解除合同的权利

【答案】B

【解析】资产评估委托合同应当由资产评估机构的法定代表人（或执行合伙事务合伙人）签字并加盖资产评估机构印章。评估实务中，评估机构可以对授权内部人员和分支机构签署委托合同的情形，通过内部管理制度加以规范。选项B错误，其他选项均正确。

【知识点8】特殊委托（★★）

司法鉴定或其他特殊业务建立评估委托关系所采用的文书并不一定使用资产评估委托合同的形式。同时，《资产评估执业准则——资产评估委托合同》规定，以其他形式建立委托关系的应符合法律要求。

【例5-34】（单项选择题）司法鉴定或其他特殊业务建立评估委托关系所采用的文书并不一定使用资产评估委托合同的形式。下列表述中，错误的是（　　）。

A. 对于司法执行中确定财产处置参考价的评估业务，其委托关系的凭证即为人民法院的评估委托书，而无须签订资产评估委托合同

B. 对抵税财物的拍卖，按照规定，除有市场价或可依照通常方法确定价格之外的拍卖对象，应当由税务机关指定评估，无须签订资产评估委托合同

C. 评估机构收到人民法院通过询价评估系统发出的评估委托书，如果无异议，双方可建立司法评估委托关系

D. 针对实践中存在的特殊业务，《资产评估执业准则——资产评估委托合同》规定，以其他形式建立委托关系的应符合法律要求

【答案】B

【解析】对抵税财物的拍卖，按照规定，除有市场价或可依照通常方法确定价格之外的拍卖对象应当委托评估，应当签订资产评估委托合同。选项B错误，其他选项均正确。

【知识点9】编制资产评估计划的总体要求和考虑的主要因素（★）

（一）资产评估计划的概念

资产评估计划是资产评估机构及其资产评估专业人员为执行资产评估业务所拟定的资产评估工作思路和实施方案。

【提示】资产评估计划通常包括评估业务实施的主要过程及时间进度、人员安排等内容。

（二）资产评估计划的编制时点

在资产评估机构明确资产评估业务基本事

项并受理评估业务后编制。

（三）编制资产评估计划的总体要求

《资产评估执业准则——资产评估程序》规定，资产评估专业人员应当根据资产评估业务具体情况编制资产评估计划，并合理确定资产评估计划的繁简程度。但不论内容繁简，资产评估计划都应思路清晰、简明扼要。

（四）编制资产评估计划需考虑的主要因素

参见图5-3。

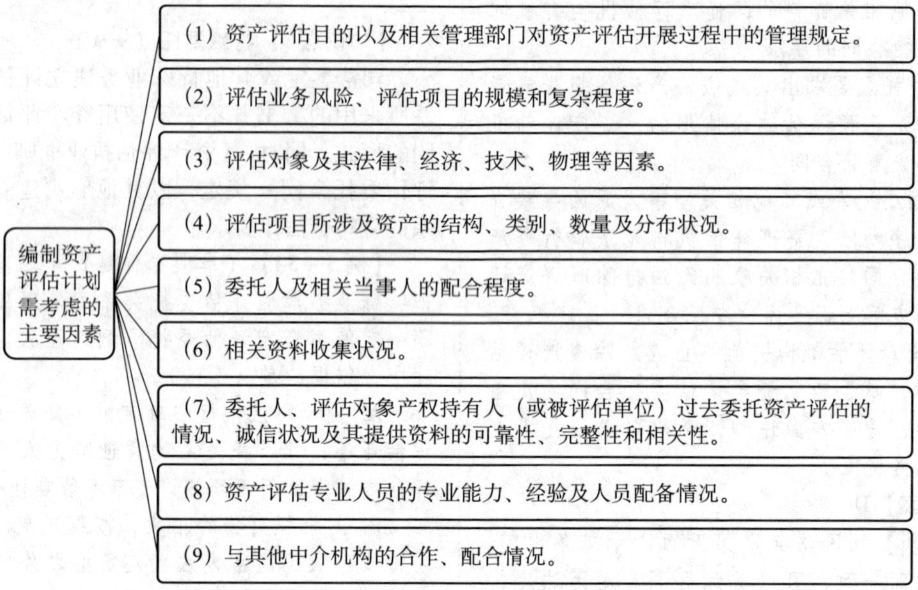

图5-3　编制资产评估计划需考虑的主要因素

【例5-35】（多项选择题）资产评估专业人员编制资产评估计划的目的，包括（　　）。

A. 合理、有效配置各项资源

B. 保障资产评估程序履行

C. 满足资产评估核查与监管要求

D. 增进评估专业人员与委托人的沟通

E. 高效保质完成资产评估业务

【答案】 ABCE

【解析】 在资产评估机构明确资产评估业务基本事项并受理评估业务后，资产评估专业人员就可以编制资产评估计划，以合理、有效配置各项资源，保障评估程序的履行，满足核查与监管要求，高效保质完成资产评估业务。选项D错误，其他选项均正确。

【知识点10】资产评估计划的主要内容及调整（★★）

（一）资产评估计划的主要内容

参见表5-2。

表5-2　资产评估计划的主要内容

主要内容	具体含义
资产评估业务实施的主要过程	应当涵盖现场调查、收集评估资料、评定估算、编制和提交资产评估报告等资产评估业务实施的主要过程。
资产评估业务实施的时间进度	应当结合评估报告提交期限、评估业务主要过程的具体步骤、业务实施的重点和难点等来制定评估业务实施的进度安排。
资产评估业务实施的人员安排	应当根据评估项目的资产规模、资产分布、资产专业结构、业务风险因素等情况以及评估方法、评估业务实施主要过程的主要步骤、业务实施的时间安排、费用预算等，综合考虑评估业务实施对评估专业人员的工作经验、专业能力、技术水平、专业分工、人员数量等配置要求，组建项目团队。

【提示】编制资产评估计划时首先应确定各主要过程的具体步骤，需考虑以下因素：一是评估项目的背景和相关条件，包括评估目的、评估对象和评估范围、价值类型、评估基准日、本次评估工作的重点和难点、参与本项目的其他中介机构等。二是选取的评估方法。三是资产清查的工作重点及具体要求，如现场调查工作目标、现场调查工作总体时间安排、现场调查主要工作内容、现场调查的协调方式等。四是参与本项目的审计、律师等其他中介机构的对接安排及注意事项等。

【例5-36】（多项选择题）编制资产评估计划考虑的主要因素，包括（　　）。

A. 评估业务风险、评估项目的规模和复杂程度

B. 本次资产评估相关资料收集情况

C. 委托人及相关当事人的配合程度

D. 资产评估专业人员的专业能力、经验及人员配备情况

E. 委托方按照合同约定支付评估服务费的情况

【答案】ABCD

【解析】编制资产评估计划时，应当考虑以下因素：①资产评估目的以及相关管理部门对资产评估开展过程中的管理规定；②评估业务风险、评估项目的规模和复杂程度；③评估对象及其法律、经济、技术、物理等因素；④评估项目所涉及资产的结构、类别、数量及分布状况；⑤委托人及相关当事人的配合程度；⑥相关资料收集情况；⑦委托人、评估对象产权持有人（或被评估单位）过去委托资产评估的情况、诚信状况及其提供资料的可靠性、完整性和相关性；⑧资产评估专业人员的专业能力、经验及人员配备情况；⑨与其他中介机构的合作、配合情况。选项E错误，其他选项均正确。

【例5-37】（多项选择题）资产评估计划的主要内容，包括（　　）。

A. 资产评估业务实施的主要过程

B. 资产评估业务实施的时间进度

C. 资产评估服务费的支付方式

D. 资产评估各方当事人的违约责任

E. 资产评估业务实施的人员安排

【答案】ABE

【解析】选项C、选项D通常在资产评估委托合同中进行约定。

【例5-38】（多项选择题）资产评估专业人员在确定各主要过程的具体评估步骤时，需考虑的因素包括（　　）。

A. 评估项目的背景和相关条件

B. 资产评估采用的评估方法

C. 评估服务费的支付时间及方式

D. 资产清查的工作重点及具体要求

E. 与参与本项目的审计、律师等其他中介机构的对接安排及注意事项

【答案】ABDE

【解析】评估服务费的支付时间及方式不影响具体评估步骤的确定。选项C错误，其他选项均正确。

【例5-39】（单项选择题）下列关于资产评估计划的表述，错误的是（　　）。

A. 资产评估计划一般包括资产评估业务实施的主要过程、时间进度、人员安排等内容

B. 资产评估计划一般明确资产评估业务基本事项并受理评估业务后编制

C. 编制资产评估计划时需要考虑到委托人及相关当事人的配合程度

D. 资产评估计划针对的是评估项目的具体执行阶段，主要涵盖现场调查、收集评估资料

【答案】D

【解析】资产评估计划应当涵盖现场调查、收集评估资料、评定估算、编制和提交资产评估报告等资产评估业务实施的主要过程。选项D错误，其他选项均正确。

（二）资产评估计划的调整

1. 导致资产评估计划调整的原因。

（1）评估工作本身遇到了障碍，出现了在编制评估计划时没有预料到的操作层面或者技术层面的情况，造成评估工作无法按照原计划推进，需要调整评估计划。

（2）由于委托人经济行为所涉及的评估对象、评估范围、评估基准日发生变化而导致的评估计划的调整。

2. 评估人员的应对措施。

遇到需调整的情况时，评估人员的应对遇到需要调整评估计划的情况时，资产评估专业人员应尽快与委托人、其他相关当事人进行沟通，根据已确定的方案及时调整评估计划。

调整计划时，往往涉及对评估专业人员进行调整、对部分评估工作做出重新安排，对评估技术方案进行修正等。

调整评估计划要兼顾评估效率和工作质量，充分利用已有的工作成果，尽可能地将评估计划调整产生的成本降低到最低水平。

【例5-40】（多项选择题）以下情形中，会导致评估专业人员需要对资产评估计划做出调整的有（　　）。

A. 评估收费不足，不能按照原定计划完成评估工作

B. 出现了未预料到的资产类型，原计划评估技术思路无法满足需要

C. 被评估单位发生资产重组，新增部分标的公司

D. 委托人出现状况，需要改变评估基准日

E. 现场调查受限导致不能按原定计划完成评估工作

【答案】 BCDE

【解析】 导致评估计划调整的原因可以归纳为两大类：一类是评估工作本身遇到了障碍，出现了在编制评估计划时没有预料到的操作层面或者技术层面的情况，造成评估工作无法按照原计划推进，需要调整评估计划。比如，由于前期资料搜集不齐全、现场调查受到限制或委托人提供资料不真实，工作推进后发现需要进一步补充资料和增加现场工作时间，从而造成无法按计划完成评估工作，这属于操作层面的情况；如果出现了未预料到的资产类型或者业务形态，导致原计划的评估技术思路无法满足需要，需对评估专业人员和评估重点进行调整，这属于技术层面的情况。另一类通常是由于委托人经济行为所涉及的评估对象、评估范围、评估基准日发生变化而导致的评估计划的调整。比如，由于上市公司重大资产重组方案发生改变，导致评估范围出现重大调整，原来的部分标的公司不再纳入重组范围，并且还新增加了部分标的公司。

【例5-41】（单项选择题）下列关于资产评估计划调整的表述，错误的是（　　）。

A. 资产评估项目的执行是一个复杂、动态的过程，如果原编制的评估计划不能适应项目要求，资产评估机构应当对评估计划进行必要的调整

B. 由于委托人提供资料不真实，工作推进后发现需要进一步补充资料和增加现场工作时间，从而造成未能按计划完成进度，这属于技术层面的情况

C. 调整计划要兼顾评估效率和工作质量的原则，充分利用已有的工作成果，将评估计划调整导致的成本降低到最低水平

D. 调整计划时，往往涉及对评估专业人员进行调整、对部分评估工作做出重新安排，对评估技术方案进行修正等

【答案】 B

【解析】 由于前期资料搜集不齐全、现场调查受到限制或委托人提供资料不真实，工作推进后发现需要进一步补充资料和增加现场工作时间，从而造成无法按计划完成进度，这属于操作层面的情况。

【知识点11】现场调查的内容、手段和方式、调查工作受限及处理（★★★）

（一）现场调查的内容

1. 了解评估对象现状。

（1）核实评估对象的存在性和完整性。①评估对象的存在性是指委托人委托评估的评估对象是否真实存在。不同类型的资产，核实其存在性的方式也不同（见图5-4）。②评估对象的完整性要求评估对象符合委托人委托评估的经济行为所涉及的资产范围，并能够有效实现其预定功能。评估专业人员核实资产的完整性时，既要关注评估对象物理意义上的完整性，也要关注其功能上的完整性。

（2）了解评估对象的现实状况（见表5-3）。

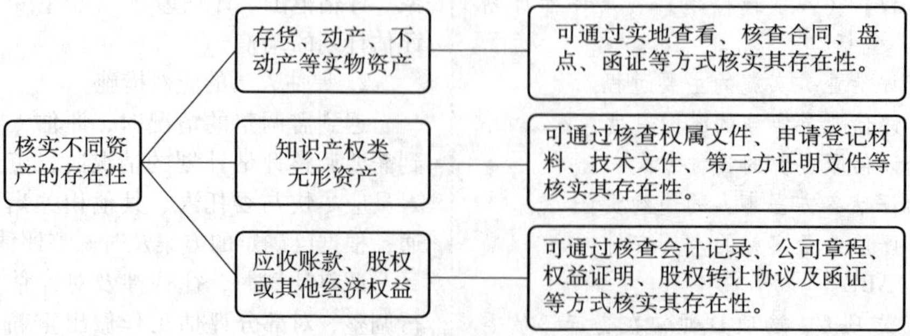

图5-4　核实不同资产存在性的方式

表 5－3　　确定不同资产状况的现场调查内容

资产类型		现场调查内容
整体企业		了解企业的历史沿革、主要股东及其持股比例、主要的产权和经营管理结构；企业的业务、资产、财务、经营管理状况；企业的经营范围、经营计划、发展规划；影响企业经营的宏观、区域经济因素；企业所在行业现状与发展前景等内容。
单项资产	房屋建筑物	了解房屋建筑物取得方式、建筑结构、建成时间、地址、用途、建筑面积、长度、宽度、层高、层数等。
	机器设备	了解设备名称、生产厂家、规格型号、安装地点、规定使用年限、购置日期、启用日期、已经使用年限、设备使用状况、设备维修情况等。
	存货	了解存货名称及规格、计量单位、存放地点、数量、单价等。
	应收账款等债权债务	了解债权债务人名称、业务内容、发生日期、履约及回收等情况。

2. 关注评估对象的法律权属。

评估对象的法律权属，包括所有权、使用权及其他财产权利。资产之所以能为其持有人带来价值，是因为资产持有人拥有对资产占有、使用、收益、处分的权利，从某种意义上讲，对资产的评估也就是对资产权利的评估。

资产的权属状态会影响资产的价值，权属状态不同，资产的价值通常也不相同。

评估专业人员进行现场调查时，应当取得评估对象的权属证明，并根据《资产评估法》的规定，对取得的权属证明进行核查验证，包括但不限于采用与原件核对、要求权利人到有关登记管理机构查询等方式。不同类别的评估对象，其权属证明存在差异。评估专业人员应当针对不同类别的评估对象，取得相应的有效权属证明文件。

【例 5－42】（多项选择题）在进行评估对象的现场调查时，应调查的内容包括（　　）。

A. 评估对象的存在性

B. 评估对象的完整性

C. 评估对象的现实状况

D. 评估对象的收益性

E. 评估对象的法律权属

【答案】 ABCE

【解析】 现场调查主要包括了解评估对象的现状和关注评估对象的法律权属两项内容。其中，了解评估对象的现状包括：核实评估对象的存在性和完整性；了解评估对象的现实状况。

【例 5－43】（单项选择题）对存货、动产、不动产等实物资产进行现场调查时，评估专业人员通过实地查看、核查合同、盘点等方式是为了核实其（　　）。

A. 完整性　　B. 存在性

C. 准确性　　D. 连续性

【答案】 B

【解析】 评估对象的存在性是指委托人委托评估的评估对象是否真实存在。不同类型的资产，确定其存在的方式也不同。对于存货、动产、不动产等实物资产，评估专业人员可通过实地查看、核查合同、盘点等方式核实其存在性。

【例 5－44】（多项选择题）在对评估对象进行现场调查时，需要关注评估对象的法律权属。以下关于评估对象法律权属的表述，正确的是（　　）。

A. 资产的权属状态会影响资产的价值，权属状态不同，资产的价值通常也不相同

B. 不动产、专利权、商标权、著作权、矿业权、车辆等资产，其权属证明为购置合同、购置发票、付款证明等

C. 对于机器设备、存货等资产，其权属证明主要包括购置合同、购置发票、付款证明、出库入库记录等

D. 资产的法律权属，包括所有权及使用权，从某种意义上讲，对资产的评估也就是对资产权利的评估

E. 对于企业价值评估涉及的股东全部权益和股东部分权益，涉及国有资产的，其权属证明应包括国有资产产权登记证

【答案】 ACE

【解析】 不动产、专利权、商标权、著作权、矿业权、车辆等是实行产权登记制度的资产，其权属证明是相应的产权登记文件，比如不动产权证书、专利权证、著作权登记证书、采矿许可证、勘探许可证、机动车登记证书等，

选项 B 错误；资产的法律权属，包括所有权、使用权及其他财产权利，选项 D 错误。其他选项均正确。

【例 5－45】（多项选择题）进行现场调查时，若评估对象为应收账款等债权债务，对其进行现场调查的内容包括（　　）。

A. 了解债权债务人名称

B. 了解业务内容

C. 了解债权债务发生日期

D. 了解被估单位的信用状况

E. 了解债务履约情况、债权回收情况

【答案】 ABCE

【解析】 对于应收账款等债权债务，现场调查通常应了解债权债务人名称、业务内容、发生日期、履约及回收情况等。

【例 5－46】（单项选择题）下列关于现场调查的表述，错误的是（　　）。

A. 现场调查需要对评估对象现状进行分析

B. 评估专业人员确定资产状况的调查内容，要与资产价值的影响因素相关

C. 核实资产的完整性就是核实评估对象物理意义上的完整性

D. 评估人员在进行现场调查时，应当取得评估对象的权属证明并进行核查验证

【答案】 C

【解析】 评估专业人员核实资产的完整性时，既要关注评估对象物理意义上的完整性，也要关注其功能上的完整性。

（二）现场调查的手段

参见表 5－4。

表 5－4　　现场调查的手段

调查手段	具体含义
询问	询问是最常用的调查手段，通常是指评估专业人员在阅读、分析评估申报资料的基础上，与评估对象的管理、使用、采购、营销等相关人员提问，以了解资产规模、来源、使用现状、未来利用方式等基本情况，或者企业经营状况、历史经营业绩、行业地位、未来发展规划等企业整体相关信息。询问既可以采取面对面的方式，也可以采取书面或通讯方式进行。
访谈	访谈也是现场调查的重要手段之一，是评估专业人员通过对特定人员或者相关人员的访问和交谈，从受访对象的答复中获取相关评估信息的调查方法。
核对	核对是资产评估专业人员对书面资料及其相关记录与相关实物进行审核查对，以查证其是否相符的调查手段。
监盘	监盘也是运用较多的核实方法，即资产评估专业人员通过现场监督企业对现金、存货等资产的清查盘点工作，主要对盘点实施方案、人员安排、盘点方式（逐项盘点或者抽样盘点）、盘点结果等进行了解，判断盘点结果能否反映实际状况，并根据盘点结果对资产数量、质量、金额等作出恰当的判断。
勘查	勘查主要是指对实物资产的数量、质量、分布、运行和利用情况（经营情况）等所做的实地调查或查看，以及对相关技术检测结果的收集、观察，对其运行记录和定期专业检测报告的收集和分析等工作。

【提示】 通过面对面交流、电话等形式进行的询问和访谈可以采用录音的形式形成工作底稿，但需征得被询问和访谈对象的同意。

（三）现场调查的方式

1. 逐项调查。

（1）含义。逐项调查是指对纳入评估范围的全部资产及相关负债进行逐项核实，并核实法律权属资料，进行相应的调查。（2）适用情形。①评估范围内资产数量少、单项资产的价值量大，比如不动产评估项目；②资产存在管理不善等风险，产权持有人或被评估单位提供的相关资料无法反映资产的实际状况，并且从其他途径也无法获取充分、恰当的评估证据，比如停产多年企业的资产评估项目、企业破产清算项目等。

2. 抽样调查。

（1）含义。抽样调查是指按一定程序从研究对象总体中抽取一部分样本进行调查或观察，获取样本数据，并以此对总体的一定目标量作出推断。

（2）基本方法。抽样调查的基本方法包括简单随机抽样、分层抽样、系统抽样、整群抽样、不等概率抽样、多阶段抽样、重点项目抽样等。

（3）适用情形。对于无法或不宜对评估范围内所有资产、负债等有关内容进行逐项调查

的，如资产数量庞大、价值较小、同质性强，可以采用抽样调查方式进行现场调查。重点项目抽样遵循重要性原则，对纳入评估范围内价值量大、关键或重要的资产及负债进行调查。

（4）误差。抽样调查的误差通常有两种：一种是工作误差（也称登记误差或调查误差）；另一种是代表性误差（也称抽样误差）。对于工作误差，由于调查单位少，代表性强，所需调查人员少，因此，工作误差比全面调查产生的误差要小。对于代表性误差，可以通过抽样设计，通过计算并采用一系列科学的方法，把代表性误差控制在允许的范围之内。

【提示】选择抽样调查方式的理由要形成评估工作底稿。

【例5-47】（多项选择题）现场调查的手段包括（　　）。

A. 逐项调查　　B. 抽样调查
C. 询问　　D. 访谈
E. 核对

【答案】CDE

【解析】选项A、选项B属于现场调查的方式。

【例5-48】（单项选择题）资产评估专业人员通过现场监督企业对现金、存货等资产的清查盘点工作，主要对盘点实施方案、人员安排、盘点方式（逐项盘点或者抽样盘点）、盘点结果等进行了解，判断盘点结果能否反映实际状况，并根据盘点结果对资产数量、质量、金额等作出恰当的判断。这属于现场调查的（　　）手段。

A. 勘查　　B. 函证
C. 监盘　　D. 核对

【答案】C

【解析】监盘也是运用较多的核实方法，即资产评估专业人员通过现场监督企业对现金、存货等资产的清点盘点工作，主要对盘点实施方案、人员安排、盘点方式（逐项盘点或者抽样盘点）、盘点结果等进行了解，判断盘点结果能否反映实际状况，并根据盘点结果对资产数量、质量、金额等作出恰当的判断。

【例5-49】（单项选择题）评估范围内资产数量少，单项资产价值量大时现场调查应当采用（　　）的方法。

A. 分层抽样调查
B. 简单随机抽样调查
C. 逐项调查
D. 整群抽样调查

【答案】C

【解析】评估范围内资产数量少、单项资产的价值量大，比如不动产评估项目，资产评估专业人员应当考虑进行逐项调查。

【例5-50】（多项选择题）现场调查中，进行抽样调查的基本方法包括（　　）。

A. 单阶段抽样
B. 分层抽样
C. 简单随机抽样
D. 不等概率抽样
E. 系统抽样

【答案】BCDE

【解析】选项A单阶段抽样并不是一种抽样方法；选项B、选项C、选项D、选项E属于抽样调查的基本方法，除此之外还有整群抽样、多阶段抽样、重点项目抽样等。

【例5-51】（多项选择题）和其他调查方式一样，抽样调查也有风险，主要由调查的误差造成。通常抽样调查的误差包括（　　）。

A. 系统性误差　　B. 工作误差
C. 代表性误差　　D. 不等概率误差
E. 重要性误差

【答案】BC

【解析】和其他调查方式一样，抽样调查也有风险，主要由调查的误差造成。抽样调查的误差通常有两种：一种是工作误差（也称登记误差或调查误差）；另一种是代表性误差（也称抽样误差）。对于工作误差，由于调查单位少，代表性强，所需调查人员少，因此，工作误差比全面调查产生的误差要小。对于代表性误差，可以通过抽样设计，通过计算并采用一系列科学的方法，把代表性误差控制在允许的范围之内。

（四）现场调查工作受限及处理

1. 现场调查工作受限的相关概念。

在评估实务中，经常会遇到因客观原因无法正常进行现场调查的情形，即现场调查程序履行受限。这时，资产评估专业人员应当在不违背资产评估准则基本要求的前提下，采取必要的替代程序，保证程序和方法的合理性，并在工作底稿中予以说明。

【提示】实务中存在的应当、能够履行的评估程序，而以“受限”为由不履行的，不属于准则认可的程序履行受限情形。

2. 现场调查工作受限的情形。

现场调查受限的原因有法律法规、资产的存放地点及调查技术手段和相关当事人配合程度等条件的限制，导致资产评估专业人员无法正常开展现场调查工作。

（1）法律法规限制。涉密资产的资产评估业务，因相关法律法规的限制，可能会对资产评估专业人员开展现场调查工作的范围、内容产生影响。

（2）资产存放地点及技术手段限制。受资产的存放地点及技术手段的限制，评估专业人员无法对相关资产进行现场调查，或影响现场调查的范围及程度。该限制应当是资产评估行业通常的执业方式普遍无法排除的，而不得以个别资产评估机构或者个别资产评估专业人员的操作能力和条件作为判断标准。

在对境外资产或存放较为分散的资产进行评估时，决定采用何种形式对上述资产进行现场调查取决于资产的重要性程度及是否能够形成合理的评估结论。对位于境外或存放较为分散的资产采用逐项或抽样方式进行现场调查属于行业通行的做法，资产所在位置及存放方式一般不属于受限范畴。

在对林业资产进行评估时，通常需要采取一定的技术手段确定林木的蓄积量，承接该评估业务的资产评估机构也不得以本机构缺乏相应的技术手段将该事项作为受限事项处理。

对于某些可能对资产价值产生重大影响的特殊事项，如果对上述事项的判断超出了资产评估专业人员的执业能力范畴，应当采取利用专家工作或专业报告等形式解决。资产评估机构及资产评估专业人员不得以评估收费不足等原因将该事项作为受限事项处理。

（3）受委托人或者其他相关当事人等方面限制。此类受限情形通常是由于相关当事人不配合，或者不提供进行现场调查所需要的资料等，导致资产评估专业人员不能进入现场工作，或者无法完成现场调查程序。例如，涉及非控股股东，尤其是少数股东的评估项目，控股股东不配合资产评估专业人员履行现场调查程序；评估金融不良资产处置、司法纠纷等经济行为所涉及的资产时，相关债务人（或担保人）以及涉案资产产权持有人等，不配合资产评估专业人员履行现场调查程序等。

3. 现场调查工作受限的处理（见图5－5）。

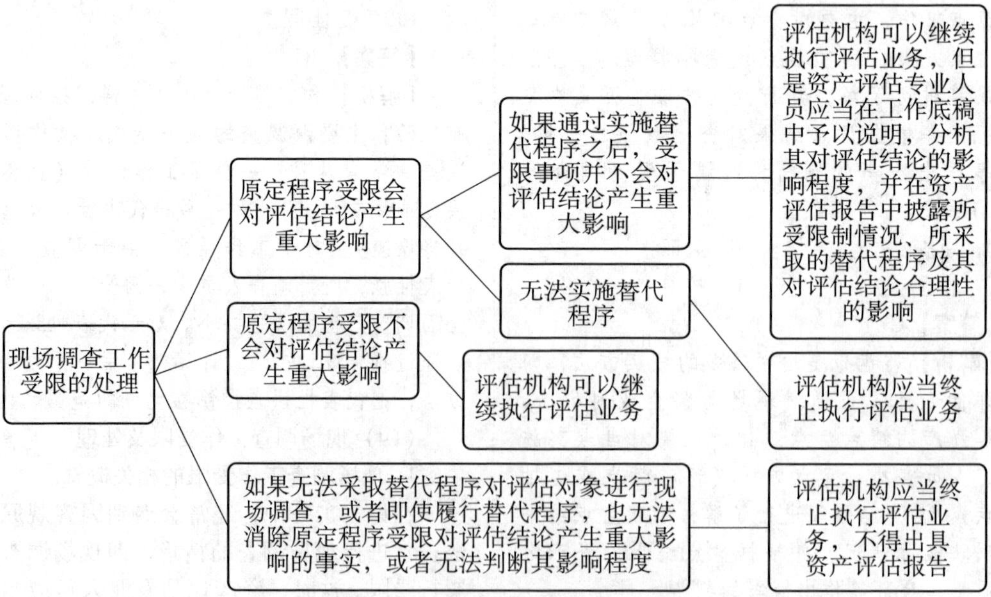

图5－5 现场调查工作受限的处理

【例5－52】（多项选择题）下列关于现场调查工作受限的相关表述，正确的是（　　）。

A. 地下深埋的管线属于资产存放地点及技术手段限制受限情形

B. 对位于境外或存放较为分散的资产采用逐项或抽样方式进行现场调查属于行业通行的做法，资产所在位置及存放方式一般不属于受限范畴

C. 当现场调查工作受限时，若所受限制对评估结论有重大影响且无法实施替代措施，评估机构应该终止执行评估业务

D. 若实施替代程序之后，受限事项并不会对评估结论产生重大影响，评估机构可以继续执行评估业务，并且不需要在工作底稿中说明

E. 对于某些可能对资产价值产生重大影响的特殊事项的判断超出了资产评估专业人员的执业能力范畴，应当利用专家工作或专业报告等形式解决

【答案】 ABCE

【解析】 选项D错误。如果通过实施替代程序之后，受限事项并不会对评估结论产生重大影响，评估机构可以继续执行评估业务，但是资产评估专业人员应当在工作底稿中予以说明，分析其对评估结论的影响程度，并在资产评估报告中说明所受限制情况、所采取的替代程序及其对评估结论合理性的影响。

【知识点12】评估资料及其分类、分析、归纳、整理（★★）

（一）评估资料及其分类

1. 评估资料的概念。

评估资料是指资产评估专业人员在执行资产评估业务时可以通过合法途径获得并使用的有关文件、证明和资料。评估资料是资产评估机构和评估专业人员形成合理的评估结论和出具资产评估报告的依据。

2. 评估资料的分类（见图5－6）。

【提示】 资产评估专业人员应当要求委托人等相关当事人对其提供的资产评估明细表和其他重要资料以签字、盖章及法律允许的其他方式进行确认。

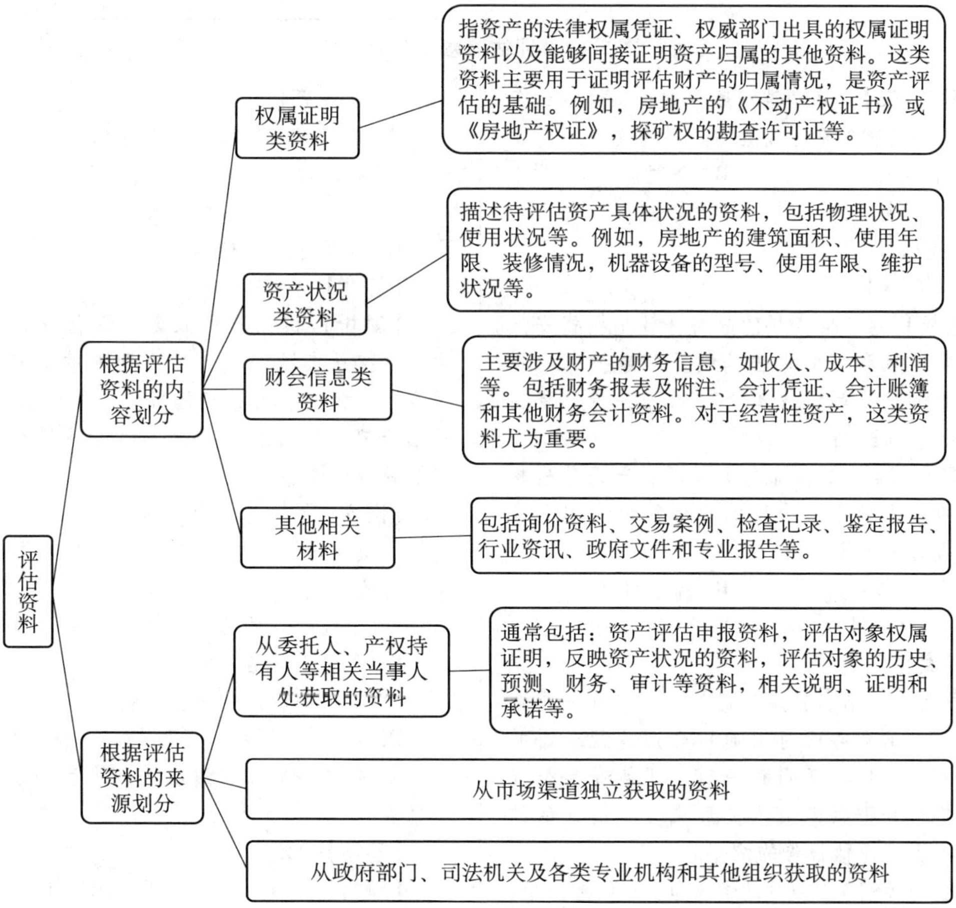

图5－6 评估资料的分类

（二）评估资料的分析、归纳、整理

（1）对评估资料的分析，就是根据资产价值评定估算和评估报告编制及信息披露对资料的使用要求，对已收集资料的相关性、逻辑性进行分析和甄别。

（2）对评估资料的归纳和整理，就是在分析基础上，通过归集、加工和分类使评估资料成为支持评定估算和信息披露的基础信息和支持依据，以便后续评估流程的最后使用。

（3）归纳和整理后评估资料一般可以按照可用性原则和加工处理程度划分（见图5－7）。

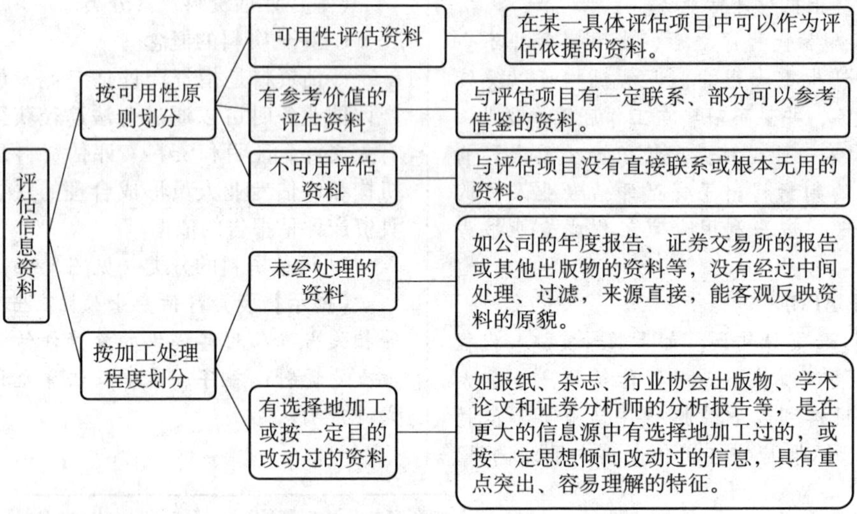

图5－7 评估信息资料的划分

【例5－53】（多项选择题）对评估资料的分析，需要分析和甄别已收集的资料的（　　）。

A. 合法性　　B. 合理性

C. 相关性　　D. 有效性

E. 逻辑性

【答案】 CE

【解析】 对评估资料的分析，就是根据资产价值评定估算和评估报告编制及信息披露对资料的使用要求，对已收集资料的相关性、逻辑性进行分析和甄别。

【例5－54】（单项选择题）资产评估机构和评估专业人员形成合理的评估结论和出具资产评估报告的依据是（　　）。

A. 评估程序　　B. 评估目的

C. 评估资料　　D. 评估准则

【答案】 C

【解析】 评估资料是指资产评估专业人员在执行资产评估业务时可以通过合法途径获得并使用的有关文件、证明和资料。评估资料是资产评估机构和评估专业人员形成合理的评估结论和出具资产评估报告的依据。

【例5－55】（多项选择题）以下选项中，可作为评估资料来源的是（　　）。

A. 市场等独立渠道

B. 委托人、产权持有人等相关当事人

C. 政府部门、司法机关

D. 评估专业人员的从业经验

E. 各类专业机构和其他组织

【答案】 ABCE

【解析】 根据具体来源，评估资料可划分为：直接从市场等渠道独立获取的资料，从委托人、产权持有人等相关当事人处获取的资料，从政府部门、司法机关及各类专业机构和其他组织获取的资料。

【例5－56】（多项选择题）在对评估资料进行归纳整理时，按照信息加工处理程度，可将信息资料划分为（　　）。

A. 未经处理的信息资料

B. 可用性评估资料

C. 有参考价值的评估资料

D. 不可用评估资料

E. 有选择地加工过或按一定目的改动过的信息资料

【答案】 AE

【解析】 选项B、选项C、选项D属于按照可用性原则对评估资料进行分类。

【例5－57】（单项选择题）在对鉴定后的评估信息资料进行归纳整理时，若按照信息资料加工处理程度划分，那么证券交易所的报告属于（　　）。

A. 可用性评估资料

B. 未经处理的信息资料

C. 有参考价值的评估资料

D. 有选择地加工过的信息资料

【答案】B

【解析】按照加工处理程度，评估资料可以划分为未经处理的资料和有选择地加工或按一定目的改动过的资料。未经处理的资料，如公司的年度报告、证券交易所的报告或其他出版物的资料等，没有经过中间处理、过滤，来源直接，能客观反映资料的原貌。

【例5－58】（单项选择题）对评估资料进行归纳整理时，以下不属于按照可用性原则对鉴定后的评估信息资料分类的是（　　）。

A. 可用性评估资料

B. 有选择地加工过或按一定目的改动过的信息资料

C. 有参考价值的评估资料

D. 不可用评估资料

【答案】B

【解析】选项B属于按照信息资料加工处理程度对评估信息资料进行分类。

【知识点13】评估资料的核查验证（★★★）

（一）评估资料核查验证的一般要求

1. 核查验证的概念。

评估资料的核查验证是指资产评估专业人员依法对资产评估活动中所使用资料的真实性、准确性和完整性，采取适当的方式进行必要的、审慎的核对、确认、检验和查证，从中筛选出作为评估依据的资料，以保证评估结果的合理性。

【提示1】评估专业人员对收集的评估资料进行核查验证，既是法律和评估准则的要求，也是得出合理评估结论的需要。

【提示2】《资产评估法》第二十五条规定评估人员应当“收集权属证明、财务会计信息和其他资料并进行核查验证”，第十三条规定评估人员应当履行的义务中包括“对评估活动中使用的有关文件、证明和资料的真实性、准确性、完整性进行核查和验证”。《证券法》第一百六十三条也规定“证券服务机构为证券的发行、上市、交易等证券业务活动制作、出具审计报告及其他鉴证报告、资产评估报告、财务顾问报告、资信评级报告或者法律意见书等文件，应当勤勉尽责，对所依据的文件资料内容的真实性、准确性、完整性进行核查和验证”。

【提示3】《资产评估基本准则》第十五条规定“资产评估专业人员应当依法对资产评估活动中使用的资料进行核查和验证”。《资产评估执业准则——资产评估程序》对核查验证的方式，以及超出资产评估专业人员专业能力范畴的核查验证事项和因法律法规规定、客观条件限制无法实施核查验证事项的处理进行了规范。

【提示4】资产评估专业人员对评估资料进行核查验证，可以在其力所能及的条件下，剔除不合理和不具有可靠来源的资料，以增强评估结论的合理性、科学性和准确性。

2. 核查验证的常用方式。

资产评估专业人员应当根据各类资料的特点，合理地确定核查验证的方式。对某些复杂的资料，可以通过采取多种方式相结合的形式进行核查验证。常用方式包括：观察、询问、书面审查、实地调查、查询、函证、复核等。

3. 核查验证范围的确定和内部审核要求。

（1）在符合项目风险以及业务质量控制要求的前提下，根据资料对评估结论的重要性水平确定核查验证的范围。重要性水平由评估专业人员根据评估目的、被评估单位内部控制状况、相关资料收集情况、评估对象金额及数量等因素进行综合分析后予以确定。

（2）对核查验证程序执行情况的内部审核，应当关注核查验证所采用的实施方式或者选取的替代措施是否适用、恰当、有效。

4. 核查验证受限及处理方式。

（1）如果计划采用的核查验证实施方式无法执行，资产评估专业人员应当对该具体事项进行评判，确定是否需要采取其他替代措施完成核查验证工作。

（2）对超出资产评估专业人员胜任能力的核查验证事项，资产评估机构可以委托或者要求委托人委托相关专业机构出具专业意见，具体参照《资产评估执业准则——利用专家工作及相关报告》。

（3）对于因法律法规规定、客观条件限制无法实施核查和验证的事项，资产评估专业人员应当在工作底稿中予以说明，分析其对评估结论的影响程度，确信不会对评估结论产生重大影响时，在资产评估报告中予以披露。如果无法核查验证的事项会对评估结论产生重大影响或者无法判断其影响程度，评估机构不得出具资产评估报告。

【例5－59】（多项选择题）无法采用实地调查方式对有关资料进行核查验证的，可以分析采用的替代程序包括（　　）。

A. 取得委托人的书面承诺

B. 在线调查相关资料

C. 在工作底稿中充分说明

D. 采用电话调查的替代程序

E. 进行相关资料的书面调查

【答案】BDE

【解析】如果计划采用的核查验证实施方式无法执行，资产评估专业人员应当对该具体事项进行评判，确定是否需要采取其他替代措施完成核查验证工作。例如，无法采用实地调查方式对有关资料进行核查验证的，可以分析采用在线、电话或书面调查等方式进行替代核查的可行性。

【例5－60】（多项选择题）对于某项对外投资的在建工程项目进行评估，评估专业人员无法对委托人或其他相关当事人提供的成本资料进行验证，也无法确定付款进度和工程进度的一致性，评估机构可以采取的恰当做法是（　　）。

A. 要求委托建设项目审计机构出具专项报告，说明在建工程成本的确认及实际支出情况

B. 适当缩小核查验证的具体范围，并在评估报告中进行详细披露

C. 与委托人或其他相关当事人沟通，得到其对所提供材料真实性的承诺

D. 对于相关专业机构出具专业意见，评估专业人员经过核查验证后在评估中使用并披露引用专家意见情况

E. 与境外施工单位联络，得到其对成本资料、付款进度、工程进度的意见反馈

【答案】AD

【解析】对超出资产评估专业人员胜任能力的核查验证事项，资产评估机构可以委托或者要求委托人委托相关专业机构出具专业意见，具体参照《资产评估执业准则——利用专家工作及相关报告》。例如，对于某项对外投资的在建工程项目进行评估，评估专业人员无法对委托人或其他相关当事人提供的成本资料进行验证，也无法确定付款进度和工程进度的一致性，评估机构可以要求委托建设项目审计机构出具专项报告，说明在建工程成本的确认及实际支出情况。评估专业人员经过核查验证后在评估中使用并披露引用专家意见情况。

【例5－61】（单项选择题）如果无法核查验证事项对评估结论产生重大影响或者无法判断其影响程度，评估机构的恰当做法是（　　）。

A. 应当在工作底稿中予以说明

B. 应当在评估报告中予以说明

C. 要求委托人委托相关专业机构出具专业意见

D. 不得出具资产评估报告

【答案】D

【解析】对于因法律法规规定、客观条件限制无法实施核查和验证的事项，资产评估专业人员应当在工作底稿中予以说明，分析其对评估结论的影响程度，确信不会对评估结论产生重大影响的前提下，在资产评估报告中予以披露。如果无法核查验证事项对评估结论产生重大影响或者无法判断其影响程度，评估机构不得出具资产评估报告。

（二）主要评估资料及其核查验证

参见表5－5。

表5－5　主要评估资料及其核查验证

主要评估资料		核查验证方法
法律法规资料		具有权威性，符合规定适用条件的资料可以在评估中直接使用。
权属证明资料	股权	采用书面审查、实地调查、查询等方式，对企业提供的投资协议、公司章程、公司制度、股权买卖协议或者回购协议等资料进行核查。
	不动产	采用书面审查的方式核查《不动产权证书》等权属证明资料。

续表

主要评估资料		核查验证方法
权属证明资料	矿业权	采用书面审查的方式核查《划定矿区范围批复》等权属证明文件。
	知识产权	采用书面审查的方式核查《专利证书》等权属证明资料。可以核对被评估资产的知识产权权属信息是否与国家相关政府网站公示的信息一致，以确认其在评估基准日真实有效的权属状态。
	机器设备	采用书面审查的方式核查《机动车登记证》等权属证明资料；对于重要设备的购买合同、发票（及报关单、装箱单等）、竣工决算资料等，自行判断是否采取其他延伸核查方式。
财务会计资料		（1）采用询问、书面审查、复核等方式对已经审计的财务报表及其附注进行核查。
		（2）采用询问、书面审查以及复核等方式对未经审计的财务资料进行核查。根据重要性原则采用抽样方法对相关会计凭证进行查阅。
		（3）采用实地调查、书面审查等方式对现金、票据以及实物性资产等涉及的各类资料进行核查。
		（4）采用函证方式对银行存款、异地存货、往来账款、交易性金融资产等涉及的各类资料进行核查。
专业报告、单项资产评估报告	专业报告	采用询问、书面审查以及复核等方式对其他专业机构提供的专业报告进行核查。
	单项资产评估报告	采用询问、书面审查以及复核等方式对拟引用的由其他专业机构出具的单项资产评估报告进行核查。
其他资料	宏观经济资料等	宏观经济资料、区域经济资料、行业现状和发展前景资料，来自政府部门、行业协会的，应当从有关权威发布平台取得，一般可以视为具有权威性，可以直接引用，但应当关注该类资料的时效性。
	来自市场的有关资料	（1）对于直接从上市公司年报获取的数据资料，在进行必要分析调整后可以直接采用。
		（2）对于来自不同资讯网站的数据或者研究成果，可以结合网站的知名度和权威性综合判断获取的数据或者研究成果的可靠性。对于从浏览量较少的网站获取的数据或者研究成果，必要时获取两个以上途径的有效数据，从而相互验证其可靠性。
		（3）对于询价资料、交易案例等资料，采用查询、查阅、核对等方式进行核查，应当将通过文献查阅以及查询相关网址信息等获取的结论形成书面记录。
	涉及诉讼、仲裁、担保的资料	（1）采用书面审查、查询、复核等方式对被评估单位涉及诉讼、仲裁的资料进行核查。
		（2）采用书面审查、查询等方式对被评估单位涉及对外担保的资料进行核查。

【例5－62】（单项选择题）资产评估专业人员收集的与被评估业务相关的法律、行政法规、部门规章和规范性文件等材料，恰当的做法是（　　）。

A. 采用函证方式向有关政府部门核查验证

B. 采用询问、书面审查方式核查验证

C. 采用实地调查、查询方式核查验证

D. 符合规定适用条件的资料可以在评估中直接使用

【答案】 D

【解析】 资产评估专业人员收集的与被评估业务相关的法律、行政法规、部门规章和规范性文件等材料分别由立法机关、政府及相关部门颁布，具有权威性，符合规定适用条件的可以在评估中直接使用。

【例5－63】（单项选择题）资产评估专业

人员采用书面审查、实地调查、查询等方式，对企业提供的投资协议、公司章程、公司制度、股权买卖协议或者回购协议等资料进行核查，应当查看的重点是（　　）。

A. 相关资料是否完整

B. 相关资料是否与政府部门公示的资料一致

C. 相关印章、签字是否清晰、完整

D. 相关印章、签字是否与法人代表的印章、签字一致

【答案】 C

【解析】 资产评估专业人员采用书面审查、实地调查、查询等方式，对企业提供的投资协议、公司章程、公司制度、股权买卖协议或者回购协议等资料进行核查，应当查看相关印章、签字是否清晰、完整，与企业管理层进行访谈，利用“国家企业信用信息公示系统”查询公开信息进行验证。如果需要，还可以到市场监督管理等政府部门查询相关资料。

【例5-64】（多项选择题）如果评估对象没有办理产权证，资产评估专业人员的恰当做法是（　　）。

A. 查验取得不动产的相关证明文件、发票以及合同等资料

B. 根据具体情况和重要性原则在资产评估报告中披露评估对象的权利状况

C. 根据具体情况和重要性原则在资产评估报告中披露评估对象未办理产权证的原因

D. 根据具体情况和重要性原则在资产评估报告中披露核查处理方法

E. 根据具体情况和重要性原则在资产评估报告中披露可能对评估结论产生的影响

【答案】 ACDE

【解析】 如果评估对象没有办理产权证，资产评估专业人员应当查验取得不动产的相关证明文件、发票以及合同等资料，并根据具体情况和重要性原则在资产评估报告中披露评估对象未办理产权证的原因、核查处理方法以及可能对评估结论产生的影响。

【例5-65】（单项选择题）资产评估专业人员采用书面审查的方式核查《采矿权许可证》等权属证明文件的，应当核对证书（或者资料）原件、复印件是否一致，资产评估专业人员采取的恰当方法是（　　）。

A. 可以根据需要通过委托人或其他相关当事人官方网站查询相关信息，对资产权属相关数据的一致性进行核查

B. 可以根据需要通过矿业权行政管理部门官方网站查询相关信息，对资产权属相关数据的一致性进行核查

C. 可以根据需要通过国有资产管理部门官方网站查询相关信息，对资产权属相关数据的一致性进行核查

D. 可以根据需要通过税收管理部门官方网站查询相关信息，对资产权属相关数据的一致性进行核查

【答案】 B

【解析】 矿业权权属证明资料主要包括：划定矿区范围批复、采矿权许可证、矿产资源勘查许可证、矿业权出让（转让）合同以及相关付款凭证、矿业权抵押备案相关资料等。资产评估专业人员采用书面审查的方式核查上述权属证明文件的，应当核对证书（或者资料）原件、复印件是否一致，资产评估专业人员可以根据需要通过矿业权行政管理部门官方网站查询相关信息，对资产权属相关数据的一致性进行核查。

【例5-66】（多项选择题）采用函证方式对银行存款、异地存货、往来账款、交易性金融资产等涉及的各类资料进行核查的，对利用第三方机构询证函结果的，资产评估专业人员应当采取的恰当做法是（　　）。

A. 记录取得第三方机构函证结果的过程

B. 分析该函证行为的目的

C. 核实函证基准日

D. 了解第三方机构对函证的控制措施

E. 记录委托人对函证的态度

【答案】 ABCD

【解析】 采用函证方式对银行存款、异地存货、往来账款、交易性金融资产等涉及的各类资料进行核查的，对利用第三方机构询证函结果的，应当记录取得第三方机构函证结果的过程、分析该函证行为的目的、核实函证基准日、了解第三方机构对函证的控制措施等。无法获

取上述信息的，应当实施替代程序并获取相关证据，对该函证结果的可靠性进行分析判断。

【例5－67】（多项选择题）根据《资产评估执业准则——利用专家工作及相关报告》，评估专业人员引用单项资产评估报告应关注但不仅限于以下事项（　　）。

A. 对所引用单项资产评估报告的评估结论与账面价值的变动情况进行客观分析，对拟发表的评估意见不利的不得引用

B. 分析拟引用单项资产评估报告载明的评估结论，判断其对应的资产类型与资产评估的资产类型的一致性

C. 拟引用单项资产评估报告的相关备案审核文件资料，分析其可能对拟引用单项资产评估报告评估结论产生的影响

D. 关注所引用单项资产评估报告披露的特殊事项说明，判断其是否可以引用及其对资产评估结论的影响

E. 将所引用单项资产评估报告作为工作底稿

【答案】BCDE

【解析】根据《资产评估执业准则——利用专家工作及相关报告》，评估专业人员引用单项资产评估报告还应关注以下事项：①拟引用单项资产评估报告的性质、评估目的、评估基准日、评估对象、评估依据、参数选取、假设前提、使用限制等是否满足资产评估报告的引用要求；不满足资产评估报告引用要求的，不得引用。②分析拟引用单项资产评估报告载明的评估结论，判断其对应的资产类型与资产评估的资产类型的一致性；分析是否存在相关负债，并予以恰当处理。对于账面无记录的单项资产，应当考虑引用或者确认的资产类型是否符合相关规定；分析是否存在相关负债，并予以恰当处理。③拟引用单项资产评估报告的相关备案审核文件资料，分析其可能对拟引用单项资产评估报告评估结论产生的影响。④对所引用单项资产评估报告的评估结论与账面价值的变动情况进行客观分析，不得发表超出自身执业能力和范围的评论意见。⑤关注所引用单项资产评估报告披露的特殊事项说明，判断其是否可以引用及其对资产评估结论的影响。⑥将所引用单项资产评估报告作为工作底稿。

【知识点14】评定估算形成结论（★）

（一）评估方法的选择

资产评估专业人员应当根据评估目的、价值类型、评估对象、评估方法的适用条件、数据的质量和数量等因素选择恰当的评估方法。

（二）形成初步评估结论

在选定评估方法之后，资产评估专业人员需要合理选择技术参数，应用评估模型，形成初步评估结论。

（三）对初步评估结论进行分析，判断其合理性

资产评估专业人员应当对形成的初步结论进行分析，判断采用该种评估方法形成的评估结论的合理性：

（1）首先，应当对评估结论与评估目的、价值类型、评估方法的适应性进行分析；

（2）其次，对评估资料的充分性、有效性、客观性以及评估参数的合理性、评估模型推算和应用的正确性进行判断；

（3）再次，对评估增减值进行分析，确定资产评估增值或者减值的原因，并判断其合理性；

（4）最后，可以通过对类似资产交易案例的分析，对评估结论的合理性进行判断。

（四）确定最终评估结论

当采用两种以上评估方法时，资产评估专业人员应当对采用各种方法评估形成的初步结论进行比较，对所使用评估资料、数据、参数的数量和质量等进行分析。在此基础上，分析不同方法评估结论的合理性以及不同方法评估结论差异的原因，综合考虑评估目的、价值类型、评估对象现实状况等因素，最终形成合理的评估结论。

【例5－68】（多项选择题）资产评估专业人员在对具体评估方法得出的初步结论进行分析，判断其合理性时，可以考虑的内容包括（　　）。

A. 评估资料的充分性、有效性、客观性

B. 评估参数的合理性、评估模型推算和应用的正确性

C. 评估结论与评估目的、价值类型、评估方法的适应性

D. 评估增减值的原因及其合理性

E. 评估结论是否能被评估单位接受

【答案】ABCD

【解析】资产评估应该客观，被评估单位的意愿不是确定评估结论合理性的标准。选项E错误，其他选项均正确。

【知识点15】评估报告的审核（★★）

（一）评估报告审核的形式与要求

1. 评估报告审核的形式（见图5-8）。

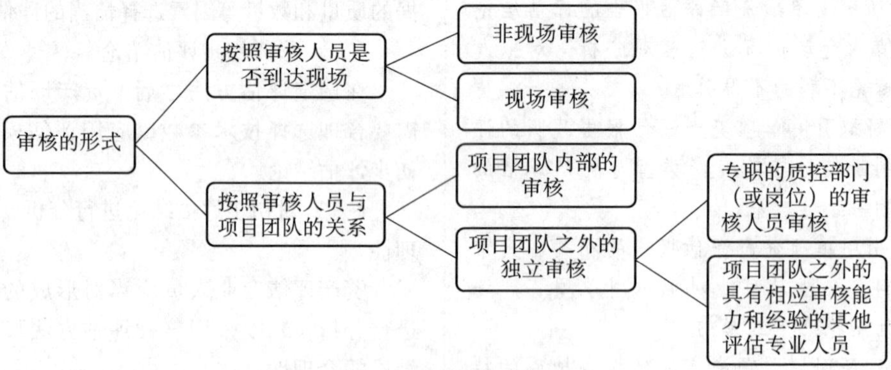

图5-8　评估报告审核的形式

2. 评估报告审核的级次。

目前相关资产评估准则并未对审核级次作出具体的规定，评估机构可以根据项目管理要求和质量控制制度确定其内部审核的级次。实践中，有的实行两级审核制度，有的实行三级审核制度。

3. 对项目审核人员的要求及其职责（见图5-9）。

（二）对资产评估报告审核的主要内容

参见图5-10。

（三）项目团队层级和质量控制部门（岗位）等审核的主要内容

参见表5-6。

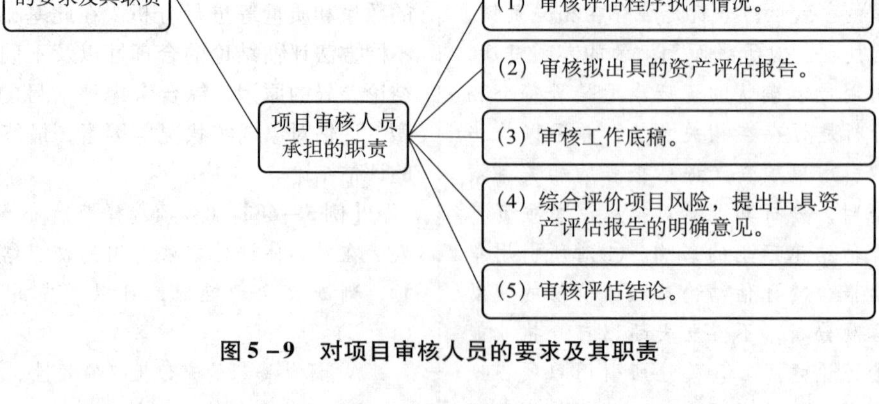

图5-9　对项目审核人员的要求及其职责

对资产评估报告审核的主要内容

(1) 评估程序的履行情况。
(2) 评估资料的完整性、客观性、适时性。
(3) 评估方法、评估技术思路的合理性。
(4) 评估目的、价值类型、评估假设、评估参数以及评估结论在性质和逻辑上的一致性。
(5) 计算公式及计算过程的正确性。
(6) 技术参数选取的合理性。
(7) 计算表格之间链接关系的正确性。
(8) 采用多种方法进行评估时，对各种评估方法所依据的假设、前提、数据、参数进行审核，并对不同评估方法结论的合理性以及差异合理性进行审核。
(9) 最终评估结论的合理性。
(10) 评估报告的合规性。

图 5-10 对资产评估报告审核的主要内容

表 5-6 各级审核内容

审核层级	审核的主要内容
项目团队层级审核	(1) 对被评估资产自身状况是否进行了必要的了解，对评估风险是否有正确的评价。 (2) 评估程序是否按计划要求进行。 (3) 原始资料及收集的评估资料是否满足评估要求，是否由资料的提供方以盖章等方式进行了确认。 (4) 评估调查过程是否记录在工作底稿中。 (5) 评估依据是否充分。 (6) 评估方式的选择及运用是否正确。 (7) 评估模型应用、数据勾稽关系是否正确。 (8) 评估报告的格式、内容是否符合规定要求。 (9) 评估结论是否合理，表格与报告的相关数据和信息是否一致。 (10) 重大问题是否按规定进行请示汇报和处理，重大问题的处理结果是否合理。 (11) 各项内容是否完整，有无遗漏、缺陷事项。
质量控制部门（岗位）审核	(1) 评估程序是否完整履行，是否形成了相应的工作底稿。 (2) 整体报告的内容及格式是否符合相关法规及评估准则的规定。 (3) 评估目的、价值类型、评估假设、评估方法、评估结论是否逻辑一致。 (4) 重大问题的处理是否适当。 (5) 评估结论是否有合理的依据支持，影响评估结果的特别事项是否完整披露。 (6) 对于外部审核的意见答复和报告修改是否合理有据。

【例 5-69】（多项选择题）在进行评估报告审核时，审核的主要内容包括（　　）。

A. 评估方法、评估技术思路的合理性
B. 评估资料的完整性、客观性和适时性
C. 计算公式及计算过程的正确性
D. 评估过程节约评估成本的合理性
E. 最终评估结论的合理性

【答案】 ABCE

【解析】 对资产评估报告审核的主要内容：①评估程序的履行情况；②评估资料的完整性、客观性和适时性；③评估方法、评估技术思路的合理性；④评估目的、价值类型、评估假设、评估参数以及评估结论在性质和逻辑上的一致性；⑤计算公式及计算过程的正确性；⑥技术参数选取的合理性；⑦计算表格之间链接关系的正确性；⑧采用多种方法进行评估时，对各种评估方法所依据的假设、前提、数据、参数进行审核，并对不同评估方法结论的合理性以及差异合理性进行审核；⑨最终评估结论的合理性；⑩评估报告的合规性。

【例5－70】（单项选择题）评估机构的内部审核可以采用多种层次和形式，目前实践中多实行（　　），必要时，也可引入外部审核资源。

A. 一级或二级审核制度

B. 二级审核制度

C. 三级或四级审核制度

D. 二级或三级审核制度

【答案】 D

【解析】 评估机构的内部审核可以采用多种层次和形式，目前实践中多实行二级或三级审核制度。

【例5－71】（单项选择题）在进行评估报告审核时，以下不属于质量控制部门（岗位）审核的内容是（　　）。

A. 整体报告的内容及格式是否符合相关法规及评估准则的规定

B. 对被评估资产自身的状况是否进行了必要的了解，对评估风险是否有正确的评价

C. 重大问题的处理是否适当

D. 评估结论是否有合理的依据支持，影响评估结果的特别事项是否完整披露

【答案】 B

【解析】 选项B属于项目团队层级审核的内容。

【知识点16】与委托人或相关当事人沟通（★）

（一）沟通的作用

评估机构及评估专业人员与委托人或者相关当事人进行必要的沟通，既有助于了解委托人或者相关当事人对评估结论的反馈意见，也有助于委托人或者相关当事人合理理解评估结论，正确使用评估报告。

（二）沟通的时间

通常在评估报告通过评估机构内部审核后，项目团队可以安排相关沟通工作。

（三）沟通的主要内容

（1）是否存在与评估对象实际情况不一致的情况。

（2）是否履行了评估委托合同约定的内容。

（3）评估方法的适用性，参数选取的合理性，模型计算的正确性，评估目的、价值类型和评估方法的匹配性等。

（4）评估报告披露信息的正确性和恰当性。

（四）沟通后的调整

沟通如导致评估专业人员修改评估结论或者评估报告，评估专业人员需要详细说明理由，并履行必要的内部审核程序。

（五）沟通时应注意及禁止的事项

参见图5－11。

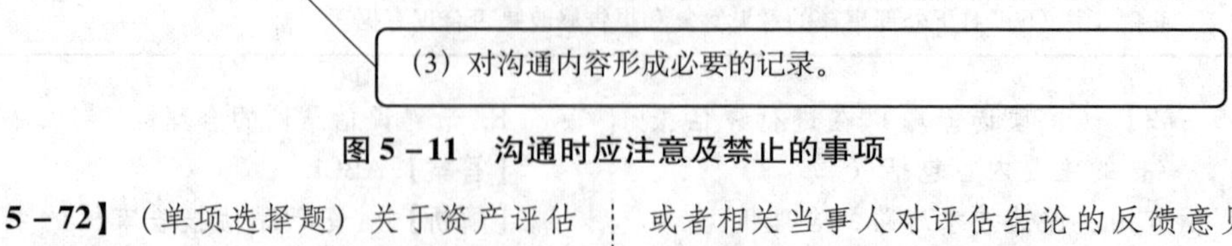

图5－11　沟通时应注意及禁止的事项

【例5－72】（单项选择题）关于资产评估机构与委托方或相关当事人就评估报告进行沟通，下列表述中，错误的是（　　）。

A. 进行必要的沟通，既有助于了解委托人或者相关当事人对评估结论的反馈意见，也有助于委托人或者相关当事人合理理解评估结论，正确使用评估报告

B. 与委托人或者委托人同意的其他相关当

事人就资产评估报告有关内容进行沟通是必要的，沟通工作通常在正式提交评估报告之后进行

C. 资产评估机构及其评估专业人员与委托方或相关当事人应该就评估报告披露信息的正确性和恰当性进行沟通

D. 应在不影响资产评估机构及其评估专业人员对最终评估结论进行独立判断的前提下进行沟通

【答案】B

【解析】通常在评估报告通过评估机构内部审核后，项目团队可以安排相关沟通工作。

【知识点17】国有资产评估项目核准（备案）中的审核（★）

对于涉及企业国有资产管理部门、金融企业国有资产管理部门和文化企业国有资产管理部门等管理的国有资产评估项目，在资产评估机构提交评估报告后，相关管理部门按国家有关规定组织专家对资产评估报告进行外部审核。例如，根据现行的国有资产评估管理规定，对国有资产评估项目实行“核准（备案）”的管理制度。国有资产评估项目的核准（备案）通常实行专家评审制度，对于需要核准的国有资产评估项目，由负责核准的国有资产管理机构组织专家对资产评估报告进行评审；对于需要备案的国有资产评估项目，由负责备案的国有资产管理机构或其授权的国家出资企业组织专家对资产评估报告进行评审（见图5－12）。

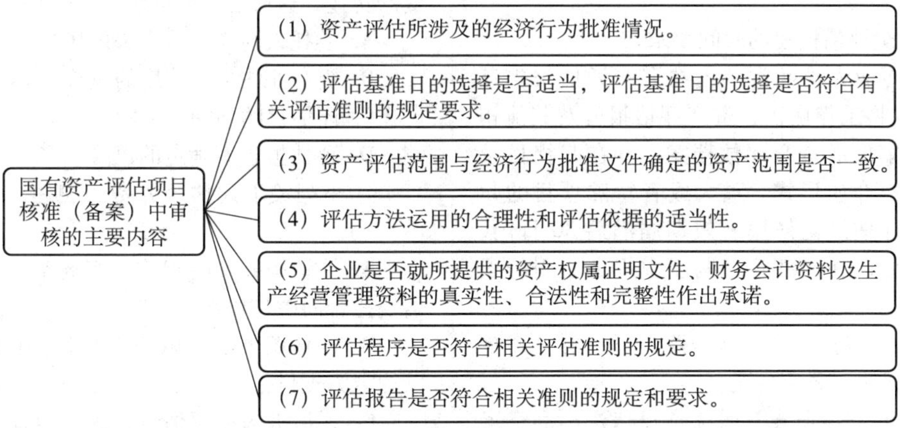

图5－12　国有资产评估项目核准（备案）中审核的主要内容

【例5－73】（多项选择题）根据规定，国有资产评估项目的核准（备案）通常实行专家评审制度，由国有资产管理部门组织专家对资产评估报告进行评审。下列各选项，属于审核主要内容的是（　　）。

A. 资产评估所涉及的经济行为批准情况

B. 资产评估范围与经济行为批准文件确定的资产范围是否一致

C. 评估方式的选择及运用是否正确

D. 评估方法运用的合理性和评估依据的适当性

E. 评估程序是否符合相关评估准则的规定

【答案】ABDE

【解析】评估方式的选择及运用是否正确，属于项目团队层级审核的内容。

【知识点18】整理归集评估档案（★）

（一）评估档案整理归集的范围

整理归集包括准备阶段、实施阶段形成的工作底稿、评估报告和其他相关资料。

1. 资产评估准备阶段应归入评估档案的文件材料。

准备阶段包括明确业务基本事项、订立业务委托合同、编制资产评估计划等三个程序，所形成的文件资料主要是与之对应的管理类工作底稿。

2. 资产评估实施阶段应归入评估档案的文件材料。

实施阶段包括进行评估现场调查、收集整理评估资料、评定估算形成结论、编制出具评估报告四个程序，所形成的文件资料主要是与之对应的管理类工作底稿和操作性工作底稿、

评估报告和其他相关资料。

（二）评估档案整理归集的要求

资产评估档案应当由本机构的档案管理部门集中统一管理，不得由原制作人单独分散保存。

1. 实行评估档案整理归集责任制。

根据《资产评估机构业务质量控制指南》，评估项目负责人应当组织整理归集评估档案。资产评估机构可以在制定内部管理制度时具体落实和细化评估档案的归集和移交责任。

2. 评估档案的介质要求。

资产评估委托合同、资产评估报告应当形成纸质文档。评估明细表、评估说明可以是纸质文档、电子文档或者其他介质形式的文档。其内容应当相互匹配，不一致时以纸质文档为准。

3. 移交评估档案的时间要求。

评估专业人员通常应当在资产评估报告日后90日内将工作底稿、资产评估报告及其他相关资料归集形成资产评估档案，并在归档目录中注明文档介质形式。重大或者特殊项目的归档时限为评估结论使用有效期届满后30日内，评估机构可以在内部管理制度中规定适用的项目标准。

【例5-74】（单项选择题）下列有关评估档案的表述中，错误的是（　　）。

A. 评估档案归集是《资产评估法》和资产评估准则规定的资产评估必备程序

B. 纸质文档、电子文档或者其他介质形式的文档，其内容不一致时，以纸质文档为准

C. 资产评估委托合同所形成的文件资料是资产评估操作类工作底稿

D. 资产评估档案应当由本机构的档案管理部门集中统一管理，不得由原制作人单独分散保存

【答案】 C

【解析】 资产评估委托合同所形成的文件资料是管理类工作底稿。选项C错误，其他选项均正确。

精选练习题

一、单项选择题

1. 资产评估程序的第一个环节是（　　）。

A. 编制资产评估计划

B. 进行评估现场调查

C. 明确业务基本事项

D. 订立业务委托合同

2. 明确委托人及产权持有人的基本情况，不包括（　　）。

A. 委托人及产权持有人类型、注册地址、注册资本和统一社会信用代码

B. 委托人和产权持有人所属行业、经营范围

C. 委托人及产权持有人是否有持续经营能力

D. 委托人的诚信记录、是否有能力支付合理的评估费用

3. 资产评估的业务风险可以从来源角度分类，其中，委托人将抵押目的的评估报告用于资产转让，这属于（　　）。

A. 委托人与产权持有人的风险

B. 资产评估报告使用的风险

C. 评估目的不明确风险

D. 评估报告不确定的风险

4. 下列关于评估服务费的表述，错误的是（　　）。

A. 评估服务费的相关内容通常要在资产评估委托合同中加以约定

B. 评估服务费可以约定服务费总额，也可以约定为支付标准

C. 评估机构和评估专业人员可能承担的风险和责任是影响评估服务费高低的因素之一

D. 评估服务费多少应该按委托人经济行为完成进度确定

5. 资产评估计划应当由（　　）根据资产评估业务具体情况编制，并合理确定资产评估计划的繁简程度。

A. 资产评估机构

B. 资产评估专业人员

C. 资产评估师

D. 委托人及其他相关当事人

6. 下列属于因为委托人的经济行为所涉及的重要事项变化导致资产评估计划需要调整的情形是（　　）。

A. 前期资料收集不全，造成评估工作未能按照原计划推进，需要调整评估计划

B. 出现了未预料到的资产类型或业务形态，导致原计划的评估技术思路无法满足需要

C. 委托人提供资料不真实，工作推进后发现需要进一步补充资料和增加现场工作时间

D. 由于上市公司重大资产重组方案改变，导致评估范围发生重大调整

7. 对实物资产的数量、质量、分布、运行和利用情况（经营情况）等所做的实地调查或查看，对相关技术检测结果的收集、观察，对其运行记录和定期专业检测报告的收集和分析等工作，这是指（　　）。

A. 勘查　　B. 函证

C. 监盘　　D. 核对

8. 在评估实务中，对特殊资产实施勘查，可以聘请（　　）协助开展工作，但应当采取必要措施确信其工作的合理性。

A. 高级会计师　　B. 注册会计师

C. 资深律师　　D. 行业专家

9. 如果无法采取替代程序对评估对象进行现场调查，或者即使履行替代程序，也无法消除原定程序受限对评估结论产生的重大影响或者无法判断其影响程度，评估机构应当（　　）。

A. 重新制定评估计划

B. 终止执行评估业务

C. 利用专家工作或专业报告

D. 与评估单位进行协商

10. 根据评估资料的（　　）来划分，评估资料可以分为权属证明类资料、资产状况类资料、财会信息类资料和其他相关材料。

A. 来源　　B. 可信度

C. 内容　　D. 获取方式

11. 资产评估专业人员采用书面审查的方式核查《不动产权证书》等权属证明资料的，应当查阅并核对的重点是（　　）。

A. 评估对象的不动产权属是否真实

B. 评估对象的不动产权属原件、复印件是否一致

C. 评估对象的不动产权属是否有效

D. 评估对象的不动产权属是否经过公证

12. 对机器设备权属资料不完备、毁损、丢失等瑕疵事项，以及资产评估专业人员根据重要性原则应当收集但未能取得的相关权属资料，资产评估专业人员可以采取的恰当做法是（　　）。

A. 要求产权持有人提供产权归属承诺，并在评估报告中披露相关事项

B. 要求委托人书面声明缺失评估资料情况，并在评估报告中披露

C. 要求产权持有人提供相关资料的复印件，并详细记载于工作底稿

D. 要求委托人承诺，评估专业人员不承担责任，否则终止评估专业服务

13. 下列有关现场调查受限以及评估资料核查验证受限的表述，错误的是（　　）。

A. 被调查资产已被司法部门依法采取查封、扣押、冻结等诉讼保全措施属于受法律法规原因限制现场调查的情形

B. 金融不良资产处置可能导致所涉资产评估业务中相关债务（或担保人）不配合评估

C. 现场调查受限时，可以采取替代程序措施的，评估机构就应当继续履行资产评估业务委托合同约定的义务

D. 对超出资产评估专业人员胜任能力的核查验证事项，资产评估机构可以委托或者要求委托人委托相关专业机构出具专业意见

14. 下列关于评定估算形成资产评估结论的表述，错误的是（　　）。

A. 资产评估专业人员应当根据评估目的和价值类型、评估对象、评估方法的适用条件、数据的质量和数量等选择恰当的评估方法

B. 采用市场法，应当合理选择可比案例，分析评估对象和可比参照物的相关资料和价值影响因素，通过可比因素的差异调整，得出评估对象的价值

C. 资产评估专业人员应当对形成的初步评估结论进行分析，判断采用该种评估方法形成的评估结论的合理性

D. 对于使用不同评估方法得出的评估结论，应该进行比较，选择对委托人最有利的结果，作为资产评估最终结果

15. 下列关于评估报告审核的表述，错误的是（　　）。

A. 资产评估机构应当根据法律、行政法规、资产评估准则的规定和评估机构内部质量控制制度，对资产评估报告进行必要的审核

B. 目前相关资产评估准则并未对审核级次作出具体的规定，评估机构可以根据项目管理要求和质量控制制度确定其内部审核的级次

C. 评估机构的质量审核体系应当包括项目团队内部相关层级的审核以及质量控制部门（岗位）等独立于项目团队之外的审核

D. 进行质量控制部门（岗位）等审核时，要审核对被评估资产自身状况是否进行了必要的了解，对评估风险是否有正确的评价

16. 以下不属于在资产评估专业人员与委托方沟通的过程中保持独立性的措施的是（　　）。

A. 建议沟通的信息仅为委托人内部使用，任何初稿不能对外公布或披露

B. 评估机构及其专业人员与委托人或者相关当事人进行必要的沟通，对沟通内容形成必要的记录

C. 沟通完毕后，应在不影响其对最终评估结论进行独立判断的前提下，直接修改评估结论

D. 在沟通中，如果发现差错或疏漏，评估人员可以同意对相关内容进行查证、核实

17. 下列关于整理归集评估档案的表述，错误的是（　　）。

A. 资产评估专业人员应当整理归集的评估档案包括工作底稿、评估报告和其他相关资料

B. 资产评估专业人员通常应当在资产评估报告日后90日内，整理工作底稿，并与其他相关资料形成评估档案，交由所在资产评估机构妥善管理

C. 资产评估委托合同、资产评估报告应当形成纸质文档，评估项目负责人应当组织整理归集评估档案

D. 重大或者特殊项目的归档时限为评估结论使用有效期届满后60日内

二、多项选择题

1. 下列资产评估程序中，评估项目从现场调查到出具评估报告的工作过程应当完成的程序包括（　　）。

A. 编制资产评估计划

B. 订立业务委托合同

C. 整理归集评估档案

D. 收集整理评估资料

E. 评定估算形成评估结论

2. 资产评估业务委托合同应当采用书面形式，其基本内容包括（　　）。

A. 评估目的　　B. 评估基准日

C. 评估计划　　D. 评估假设

E. 评估服务费

3. 下列关于资产评估委托合同的表述，正确的是（　　）。

A. 资产评估专业人员可以资产评估师名义订立资产评估委托合同

B. 评估委托合同应当采用书面形式，约定评估机构和委托人权利、义务等内容

C. 委托人要求出具虚假评估报告，评估机构有权单方解除合同

D. 因委托人原因无法及时签订委托合同，评估机构可以先行开展评估业务

E. 资产评估委托关系要以书面委托合同的形式建立委托/受托关系

4. 下列关于资产评估计划的表述中，错误的是（　　）。

A. 资产评估计划一般在项目进行时编制，根据项目的进行情况，编制评估计划

B. 资产评估专业人员应当合理确定资产评估计划的繁简程度

C. 资产评估计划通常包括评估业务实施的主要过程及时间进度、人员安排等内容

D. 资产评估计划是评估机构和评估专业人员为执行资产评估业务，拟定的资产评估工作思路和实施方案

E. 为保持独立性，评估专业人员应自主调整评估计划，不应受委托人意见的影响

5. 编制资产评估计划，需要考虑的主要因素包括（　　）。

A. 资产评估专业人员的专业能力、经验及人员配备情况

B. 评估业务风险、评估项目的规模和复杂程度

C. 出具资产评估报告的时间要求

D. 资产评估相关资料收集情况

E. 委托人及相关当事人的配合程度

6. 由委托人及相关当事人提供的财务会计资料，资产评估机构及专业人员要进行核查验证。核查验证的方式包括（　　）。

A. 询问

B. 书面审查及复核

C. 实地调查

D. 函证

E. 观察

7. 下列关于评估资料的核查验证及程序受限的处理的表述中，错误的是（　　）。

A. 对评估资料进行核查验证，既是《资产评估法》的要求，也是得出合理评估结论的

需要

B. 对于银行存款，可以通过复核银行对账单、向银行函证等方式进行核查验证

C. 对于客观条件限制无法实施核查验证的事项，资产评估机构不得出具资产评估报告

D. 对于置放在危险地带的资产，与委托人协商后，可以不进行核查验证

E. 对于超出资产评估专业人员专业能力范畴的核查验证事项，资产评估专业人员应当委托或要求委托人委托其他专业机构出具意见

8. 对许可使用的知识产权使用权，资产评估专业人员在进行评估资料的核查验证时，应当采取的恰当做法是（　　）。

A. 书面查询委托人及其他相关当事人

B. 查阅主管部门官方网站

C. 查阅授权协议以及付款记录

D. 必要时可以向权利人函证

E. 查阅专业审计报告

9. 资产评估机构及其评估专业人员利用的专业报告，通常包括（　　）。

A. 公开发表的相关专业报告

B. 已经正式出具的相关专业报告

C. 通过网络搜寻的相关专业报告

D. 委托人及其他相关当事人提供的相关专业报告

E. 专门聘请专业机构完成的相应专业报告

10. 资产评估专业人员采用书面审查、查询等方式对被评估单位涉及对外担保的资料进行核查，应当采取包括但不仅限于下列恰当做法（　　）。

A. 获取被评估单位出具的有关对外担保事项声明

B. 获取被评估单位出具的有关对外担保事项担保合同、协议等资料

C. 获取被评估单位的专业审计报告

D. 利用央行全国联网的企业征信系统进行查询

E. 利用企业产权交易市场网络系统进行查询

11. 下列关于评估资料的表述，错误的是（　　）。

A. 从政府部门获取的法律、行政法规、部门规章、规范性文件等资料可直接使用

B. 对机器设备权属资料不完备、毁损、丢失等瑕疵等事项，可以要求产权持有人提供产权归属承诺，并在评估报告中披露相关事项

C. 对银行存款、异地存货、往来账款、交易性金融资产等涉及的各类资料采用询问方式进行核查

D. 评估专业人员利用专业机构出具的专业报告应当关注其披露的、对专业报告结论存在重大影响的事项

E. 引用其他评估机构出具的单项资产评估报告，作为资产评估报告的组成部分，并将所引用单项资产评估报告作为工作底稿

12. 下列关于资产评估专业人员利用某一领域中具有专门资质或者相关经验的机构所出具的专业报告的做法，错误的是（　　）。

A. 资产评估机构聘请专业机构出具专业报告，必要时应当征得委托人同意

B. 公开发表的相关专业报告是可利用的专业报告之一

C. 资产评估专业人员可以采用函证方式对其他专业机构提供的专业报告进行核查

D. 将所利用的专业报告作为工作底稿，不必将其作为资产评估报告附件

E. 资产评估专业人员其他专业机构提供的专业报告进行核查，应当了解专业机构的组织形式

13. 在出具正式资产评估报告之前，资产评估机构可以在保证其独立性的前提下与委托方进行沟通。资产评估专业人员与委托方沟通的主要内容有（　　）。

A. 是否存在与评估对象实际情况不一致的情况

B. 评估服务费是否能够及时足额支付

C. 是否履行了评估委托合同约定的内容

D. 评估方法的适用性，参数选取的合理性，模型计算的正确性，评估目的、价值类型和评估方法的匹配性等

E. 评估报告披露信息的正确性和恰当性

14. 下列关于评估档案及其整理归集的表述，正确的是（　　）。

A. 评估档案归集是《资产评估法》和资产评估准则规定的资产评估必备程序

B. 评估机构专业人员通常应当在评估报告日后90日内，将工作底稿交由所在评估机构妥善管理

C. 资产评估专业人员整理的评估档案包括工作底稿、评估报告和其他相关资料

D. 重大或特殊项目的归档时限为评估结论使用有效期届满后30日内

E. 评估档案是确定资产评估收费标准的重要依据之一

15. 下列关于资产评估有关问题的表述，错误的是（　　）。

A. 执行资产评估程序可以避免资产评估风险的产生

B. 评估项目的执行是一个专业过程，资产评估计划一经确定就不得变更

C. 资产评估委托合同中，应当包括关于收取评估服务费的事项

D. 在出具资产评估报告前，评估机构与委托方的沟通有悖于资产评估独立性原则

E. 从公开媒体上取得的信息资料具备较强的可靠性，可以直接用于资产评估中

三、综合题

1. A公司为上市公司，拥有大量的贵金属，将要进行资产重组。2025年3月，A公司欲委托W资产评估公司（以下简称“W公司”）评估其拥有的贵金属的价值，W公司为了开拓其在新领域的资产评估业务，在评估机构无具有相关评估经验的专业人员的情况下，受理了该资产评估业务，同时，由于聘请有关专家及专业机构将花费较多成本，W公司不准备聘请专家协助工作。W公司决定由其法定代表人王某与A公司订立资产评估业务委托合同。但是，在订立合同的当天，A公司法定代表人因公司出现紧急情况不能出席签约。为了显示彼此之间充分的信任，W公司决定先开展资产评估业务，待A公司法定代表人有空时再订立资产评估业务委托合同，A公司对此无异议。3个月后，A公司与W公司正式订立了资产评估业务委托合同。又1个月后，评估项目负责人李某发现双方未约定评估报告的提交期限和方式，于是他联系了A公司法定代表人，双方在口头上补充了评估报告的提交期限和方式。

请根据上述资料，回答以下问题：

（1）W公司应当如何决定是否受理评估业务？案例中W公司的做法是否恰当？为什么？

（2）订立资产评估业务委托合同前，资产评估机构的恰当做法是什么？

（3）资产评估业务委托合同应当采用何种形式？为什么？

（4）该资产评估业务委托合同是否成立？资产评估机构及其评估专业人员的正确做法是什么？

（5）评估项目负责人李某与A公司口头补充资产评估业务委托合同的行为是否恰当？为什么？

2. 2025年4月2日，A资产评估机构接受了B公司的资产评估委托，评估对象为B公司拥有的若干台大型机器设备。B公司需要使用资产评估报告，尽快完成该批设备的整体转让，于是要求A资产评估机构在2025年4月30日提交资产评估报告，A资产评估机构同意了其要求。在正式订立资产评估业务委托合同后，在执行资产评估程序的过程中，A资产评估机构发现前期资料收集不够齐全，对资产评估计划进行了一部分调整，为了保持独立性，A资产评估机构未将资产评估计划的调整情况告知B公司。在进行现场调查时，有部分机器设备因诉讼保全限制无法实施现场调查，A资产评估机构便终止执行评估业务。

请根据上述资料，回答以下问题：

（1）上述背景资料中，双方约定在2025年4月30日提交资产评估报告的行为是否恰当？为什么？

（2）A资产评估机构调整资产评估计划的行为是否恰当？为什么？

（3）什么是现场调查？

（4）现场调查受限的原因有哪些？

（5）当现场调查受限时如何处理？A资产评估机构的做法是否恰当？

精选练习题参考答案及解析

一、单项选择题

1.【答案】C

【解析】明确业务基本事项是资产评估程序的第一个环节，是指导评估业务承接的评估基本程序。

2.【答案】C

【解析】明确委托人及产权持有人的基本情况，一般包括但不限于下列内容：①委托人及产权持有人名称；②委托人及产权持有人类型、注册地址和注册资本；③委托人和产权持有人

所属行业、经营范围；④委托人与产权持有人的关系；⑤委托人的诚信记录、是否有能力支付合理的评估费用等。

3.【答案】B

【解析】来自资产评估报告使用的风险主要为：委托人及其他报告使用人不能正确理解评估结论，超范围或超期使用评估报告及其他不当使用报告行为等。例如：委托人将抵押目的的评估报告用于资产转让、公司的股东忽视评估基准日等差异在其再次转让股权时使用之前受让公司股权时委托出具的评估报告等。

4.【答案】D

【解析】由于资产评估机构及评估专业人员无法左右委托人经济行为的进程，也没有承担保证经济行为按期实现的义务，因此，评估服务费的支付不应当与委托人经济行为是否完成相联系。

5.【答案】B

【解析】资产评估专业人员应当根据资产评估业务具体情况编制资产评估计划，并合理确定资产评估计划的繁简程度。

6.【答案】D

【解析】选项A、选项B、选项C均属于评估工作本身遇到了障碍，从而需要调整评估计划的情形，其中，选项A、选项C属于操作层面的情况，选项B属于技术层面的情况。选项D是由于委托人经济行为涉及的评估对象、评估范围、评估基准日发生变化而导致的评估计划的调整。

7.【答案】A

【解析】勘查主要是指对实物资产的数量、质量、分布、运行和利用情况（经营情况）等所做的实地调查或查看，对相关技术检测结果的收集、观察，对其运行记录和定期专业检测报告的收集和分析等工作。

8.【答案】D

【解析】在评估实务中，对特殊资产实施勘查，可以聘请行业专家协助开展工作，但应当采取必要措施确信专家工作的合理性。

9.【答案】B

【解析】如果无法采取替代程序对评估对象进行现场调查，或者即使履行替代程序，也无法消除原定程序受限对评估结论产生重大影响的事实，或者无法判断其影响程度，评估机构应当终止执行评估业务。如果通过实施替代程序之后，受限事项并不会对评估结论产生重大影响，评估机构可以继续执行评估业务。

10.【答案】C

【解析】根据具体内容，评估资料可划分为：权属证明、资产状况类、财会信息类和其他相关材料。

11.【答案】B

【解析】资产评估专业人员采用书面审查的方式核查《不动产权证书》等权属证明资料的，应当查阅并核对评估对象的不动产权属原件、复印件是否一致。

12.【答案】A

【解析】对机器设备权属资料不完备、毁损、丢失等瑕疵事项，以及资产评估专业人员根据重要性原则应当收集但未能取得的相关权属资料，可以要求产权持有人提供产权归属承诺，并在评估报告中披露相关事项。

13.【答案】C

【解析】选项C错误。在现场调查程序受限的情况下，如果即使履行替代程序，也无法消除其对评估结论产生重大影响的事实，评估机构应当终止执行评估业务。

14.【答案】D

【解析】当采用两种以上评估方法时，资产评估专业人员应当对采用各种方法评估形成的初步结论进行比较，对所使用评估资料、数据、参数的数量和质量等进行分析，在此基础上，分析不同方法评估结论的合理性以及不同方法评估结论差异的原因，综合考虑评估目的、价值类型、评估对象现实状况等因素，最终形成合理的评估结论。选项D错误。

15.【答案】D

【解析】对被评估资产自身状况是否进行了必要的了解，对评估风险是否有正确的评价属于项目团队层级审核的主要内容之一。

16.【答案】C

【解析】沟通如导致评估专业人员修改评估结论或者评估报告，需要详细说明理由，并履行必要的内部审核程序。

17.【答案】D

【解析】重大或者特殊项目的归档时限为评估结论使用有效期届满后30日内。

二、多项选择题

1.【答案】DE

【解析】资产评估程序准则所规定的八项基本评估程序反映了资产评估业务的基本工作流程，前三项程序是项目承接和前期组织阶段需要履行的工作；第四项程序到第七项程序，反映了评估项目从现场调查到出具评估报告的工作过程；第八项程序是对已经履行的各项工作内容的归纳整理，包括评估工作底稿整理和档案建立等工作。

2.【答案】ABE

【解析】评估计划、评估假设不属于资产评估委托合同的内容。

3.【答案】BC

【解析】评估专业人员承办资产评估业务，应当由其所在的资产评估机构统一受理，并由评估机构与委托人订立书面评估委托合同，选项A错误；如果因委托人等原因导致无法及时签订资产评估委托合同，资产评估机构和资产评估专业人员应关注未及时签订资产评估委托合同可能产生的风险，并采取必要的措施，选项D错误；司法鉴定或其他特殊业务建立评估委托关系所采用的文书并不一定使用资产评估委托合同的形式，选项E错误。

4.【答案】AE

【解析】选项A错误，资产评估计划一般在项目正式开展前编制。选项E错误，遇到需要调整评估计划的情况时，资产评估专业人员应尽快与委托人、其他相关当事人进行沟通，根据已确定的方案及时调整评估计划。

5.【答案】ABDE

【解析】编制资产评估计划，需要考虑的主要因素包括：①资产评估目的以及相关管理部门对资产评估开展过程中的管理规定；②评估业务风险、评估项目的规模和复杂程度；③评估对象及其法律、经济、技术、物理等因素；④评估项目所涉及资产的结构、类别、数量及分布状况；⑤委托人及相关当事人的配合程度；⑥相关资料收集情况；⑦委托人、评估对象产权持有人（或被评估单位）过去委托资产评估的情况、诚信状况及其提供资料的可靠性、完整性和相关性；⑧资产评估专业人员的专业能力、经验及人员配备情况；⑨与其他中介机构的合作、配合情况。

6.【答案】ABCD

【解析】由委托人及相关当事人提供的财务会计资料，资产评估机构及专业人员要进行核查验证。核查验证的方式包括：询问、书面审查、复核、实地调查、函证等，不包括观察。

7.【答案】CD

【解析】对于客观条件限制无法实施核查验证的事项，资产评估专业人员应当在工作底稿中予以说明，并根据其对评估结论的影响程度判断是否出具资产评估报告，选项C错误；对于置放在危险地带的资产，可视其重要程度委托专业机构核查验证或者采取替代程序，甚至可能导致终止执行评估业务，选项D错误。

8.【答案】CD

【解析】对许可使用的知识产权使用权，资产评估专业人员应当查阅授权协议以及付款记录，必要时可以向权利人函证，确认该类使用权的许可期限、许可范围、使用条件、许可费支付等相关条款的约定。

9.【答案】ABE

【解析】资产评估机构及其评估专业人员利用的专业报告通常包括：①公开发表的相关专业报告；②已经正式出具的相关专业报告；③专门聘请专业机构完成的相应专业报告。资产评估机构聘请专业机构出具专业报告，必要时应当征得委托人同意。

10.【答案】ABD

【解析】资产评估专业人员采用书面审查、查询等方式对被评估单位涉及对外担保的资料进行核查，应当获取被评估单位出具的有关对外担保事项声明以及担保合同、协议等资料，利用央行全国联网的企业征信系统进行查询。

11.【答案】AC

【解析】资产评估专业人员收集的与被评估业务相关的法律、行政法规、部门规章和规范性文件等材料分别由立法机关、政府及相关部门颁布，具有权威性，符合规定适用条件的可以在评估中直接使用，选项A错误；对银行存款、异地存货、往来账款、交易性金融资产等涉及的各类资料可以采用函证方式进行核查，选项C错误。

12.【答案】CDE

【解析】资产评估专业人员采用询问、书面审查以及复核等方式对其他专业机构提供的专业报告进行核查，选项C错误；将所利用的专业报告作为工作底稿，必要时将其作为资产评估报告附件，选项D错误；资产评估专业人员其他专业机构提供的专业报告进行核查，应当了解专业机构的业务范围、执业资质以及独立性，选项E错误。

13.【答案】ACDE

【解析】在出具正式报告之前，评估机构与委托方进行沟通主要是就资产评估报告的有关内容进行沟通，评估服务费在订立资产评估委托合同时就已经明确了，选项B错误。

14.【答案】ABCD

【解析】评估收费考虑的重要依据，并不包括评估档案，选项E错误。

15.【答案】ABDE

【解析】选项A错误，表述过于绝对，执行资产评估程序可以防范资产评估执业风险但是不能完全避免资产评估风险；选项B错误，资产评估项目的执行是一个复杂、动态的过程，如果原编制的评估计划不能适应项目要求，资产评估机构应当对评估计划进行必要的调整；选项D错误，资产评估机构及评估专业人员提交正式评估报告前，可以在不影响对最终评估结论进行独立判断的前提下，与委托人或者委托人许可的相关当事人就评估报告的有关内容进行必要沟通；选项E错误，公开媒体可以作为获取评估信息的来源，但是媒体上的信息并非完全是真实准确的，在引用相关信息时要注意甄别。

三、综合题

1.【答案及解析】

（1）资产评估机构应当根据所了解的评估业务基本事项，对本机构专业能力、独立性和业务风险进行综合分析与评价。受理资产评估业务应当满足专业能力、独立性和业务风险控制的要求，否则不得受理。

W公司的做法不恰当。其原因是：该公司在决定是否受理资产评估业务时，没有正确地评价其专业能力。

资产评估机构一般从以下两方面分析和评价是否具有执行拟受理业务的专业能力：①评估机构及其评估专业人员是否具有与拟受理业务相应的专业能力及相关经验，特别关注拟受理业务是否涉及新型或特殊的业务、专业领域及资产；②对于缺乏专业能力的业务，是否有弥补评估经验和专业能力不足的可行措施，比如聘请专家协助工作、利用或引用专业机构的工作成果；是否有保证相关工作成果合理的制度安排和技术措施。W公司既没有专业能力及相关经验也不寻求专家的协助，其专业能力不能胜任该评估业务，不应该受理评估业务。

（2）订立委托合同前，资产评估机构应当全面了解、认知委托人的主体资格、信用资质、履约能力等信息，收集委托人的营业执照、资质文件、代理人的授权文件等资料，审查委托人代理人的授权文件及代理事项、代理期限和代理权限，避免与不能独立承担民事责任的组织（如公司部门）签订合同，也避免签订与委托人履约能力明显不相符的合同。

（3）由于资产评估往往涉及重大财产权益，且评估行为属于对资本市场、资本运营、资产管理、价值管理等提供市场价值尺度的专业服务，相关当事人及其涉及的利益关系通常较为复杂，为明确双方当事人的权利义务，避免评估工作的纠纷，《资产评估执业准则——资产评估委托合同》规定，资产评估委托合同应当以书面形式订立。

（4）该资产评估委托合同成立。《民法典》规定，“在签名、盖章或者按指印之前，当事人一方已经履行主要义务，对方接受时，该合同成立”。在资产评估实务中，存在评估委托合同完成签字并盖章之前资产评估机构已经开始提供资产评估服务的情形，并且该等服务事实上已经取得了委托人的配合及认可，按照《民法典》的规定该情形应视为评估委托合同在资产评估机构提供服务之时已经成立。

《民法典》规定，如果在评估业务委托合同完成签字、盖章之前已提供资产评估服务的，资产评估机构应当留存其事实提供资产服务的时间证据，避免由于评估委托合同生效时间不确定而导致的纠纷。

（5）评估项目负责人李某与A公司口头补充资产评估业务委托合同的行为是不恰当的。

根据《民法典》的相关条款，“合同生效后，当事人就质量、价款或者报酬、履行地点等内容没有约定或者约定不明确的，可以协议补充；不能达成补充协议的，按照合同有关条款或者交易习惯确定”，补充评估委托合同的相关条款，不能只进行口头上的约定。

2.【答案及解析】

（1）双方约定在2025年4月30日提交资产评估报告的行为不恰当。原因是：资产评估报告提交时间受多方面因素的限制与约束，如预计的评估工作量、委托人和相关当事人的配合力度、评估所依据和引用的专业或单项资产评估报告（专项审计报告、土地估价报告、矿业权评估报告等）的出具时间等。评估机构洽谈人员应了解委托人实现评估所服务经济行为的时间计划，根据对上述限制与约束因素的预计和把握，与委托人约定提交报告的时间和方式（当面提交或邮寄），并在评估委托合同中加以明确。评估报告的提交时间不宜确定具体日期，一般确定为开始现场工作、委托人提供必要资料（包括评估所依据和引用的相关专业报告送达）后的一定期限内。

（2）A资产评估机构调整资产评估计划的行为不恰当。原因是：遇到需要调整评估计划的情况时，资产评估专业人员应尽快与委托人、其他相关当事人进行沟通，根据已确定的方案及时调整评估计划。调整计划时，往往涉及对评估专业人员进行调整、对部分评估工作作出重新安排，对评估技术方案进行修正等。调整计划要兼顾评估效率和工作质量的原则，充分利用已有的工作成果，将评估计划调整导致的成本降低到最低水平。

（3）现场调查是了解资产状况的重要方法，是其他方法不能替代的。现场调查针对评估对象，在法律允许的范围内，由评估专业人员通过勘查、询问、核对等手段，收集资产状况相关的信息，对影响资产价值的物理、技术、法律、经济等因素进行客观、全面的了解，为判断资产整体状况、估算资产价值提供合理依据。

（4）现场调查受限的原因有法律法规、资产的存放地点及调查技术手段和相关当事人配合程度等条件的限制，导致资产评估专业人员无法正常开展现场调查工作。①法律法规限制。涉密资产的资产评估业务，因相关法律法规的限制，可能会对资产评估专业人员开展现场调查工作的范围、内容产生影响。②资产存放地点及技术手段限制。受资产的存放地点及技术手段的限制，评估专业人员无法对相关资产进行现场调查，或影响现场调查的范围及程度。该限制应当是资产评估行业通常的执业方式普遍无法排除的，而不得以个别资产评估机构或者个别资产评估专业人员的操作能力和条件作为判断标准。③受委托人或者其他相关当事人等方面限制。此类受限情形通常是由于相关当事人不配合，或者不提供进行现场调查所需要的资料等，导致资产评估专业人员不能进入现场工作，或者无法完成现场调查程序。例如，涉及非控股股东，尤其是少数股东的评估项目，控股股东不配合资产评估专业人员履行现场调查程序；评估金融不良资产处置、司法纠纷等经济行为所涉及的资产时，相关债务人（或担保人）以及涉案资产产权持有人等，不配合资产评估专业人员履行现场调查程序等。

（5）当现场调查工作受限时，资产评估专业人员应当从对评估结论的影响程度和替代程序两个角度，判断是否继续执行或终止评估业务。如果无法采取替代程序对评估对象进行现场调查，或者即使履行替代程序，也无法消除原定程序受限对评估结论产生的重大影响，或者无法判断其影响程度，评估机构应当终止执行评估业务。如果通过实施替代程序之后，受限事项不会对评估结论产生重大影响，评估机构可以继续执行评估业务，但是资产评估专业人员应当在工作底稿中予以说明，分析其对评估结论的影响程度，并在资产评估报告中说明所受限制情况、所采取的替代程序及其对评估结论合理性的影响。A资产评估机构直接终止执行评估业务的做法不恰当。

第六章　资产评估方法

考试大纲

<table>
<tr><td>第六章</td><td>考试目的</td><td>考查考生对资产评估基本方法内涵、使用前提、具体方法的掌握情况，以及对资产评估基本方法和具体方法的应用能力。</td></tr>
<tr><td rowspan="15">资产评估方法</td><td colspan="2">考试内容及要求</td></tr>
<tr><td rowspan="8">掌握的内容（★★★）</td><td>1. 市场法及其应用前提。</td></tr>
<tr><td>2. 市场法的可比因素</td></tr>
<tr><td>3. 市场法的具体方法及应用。</td></tr>
<tr><td>4. 收益法及其应用前提。</td></tr>
<tr><td>5. 收益额、折现率和收益期限及其确定。</td></tr>
<tr><td>6. 收益法具体情形的公式及应用。</td></tr>
<tr><td>7. 成本法及其应用前提。</td></tr>
<tr><td>8. 重置成本、实体性贬值、功能性贬值和经济性贬值及其确定。</td></tr>
<tr><td rowspan="3">熟悉的内容（★★）</td><td>1. 市场法、收益法和成本法的适用范围。</td></tr>
<tr><td>2. 市场法、收益法和成本法的局限。</td></tr>
<tr><td>3. 恰当选择资产评估方法的要求和内容。</td></tr>
<tr><td rowspan="3">了解的内容（★）</td><td>1. 市场法评估的基本步骤。</td></tr>
<tr><td>2. 收益法评估的基本步骤。</td></tr>
<tr><td>3. 成本法评估的基本步骤。</td></tr>
</table>

考情分析

本章主要介绍资产评估的基本方法和具体方法，需要考生掌握市场法及其应用前提，收益法及其应用前提，成本法及其应用前提，具备对资产评估基本方法和具体方法的应用能力。资产评估基本方法涵盖的具体方法较多，也较为复杂，有些不好理解，是评估实务中比较难但必须掌握的内容，也是考试中重要的一章，可以在选择题中命题，亦可在综合题中体现，近年来多次在试题中要求应用资产评估的基本方法与具体方法计算房地产、机器设备等评估对象的评估值。

本章内容有变动，考试要求有调整。教材中的计算方法较为基础，但考试命题变化多样，综合考试题的复杂程度往往高于教材中的例题，考生学习时需要予以高度关注，有针对性地多做练习，提高熟练程度，举一反三，达到考试大纲的要求。

教材主要变化

本章将货币时间价值理论调至第二章。考试大纲有较大调整，将市场法、收益法和成本法评估的基本步骤从“熟悉”调整为“了解”，将市场法、收益法和成本法的适用范围及局限从“了解”调整为“熟悉”。

考点精讲及典型例题解析

【知识点1】市场法及其应用前提（★★★）

（一）市场法的概念及原理

市场法也称比较法、市场比较法，是指通过将评估对象与可比参照物进行比较，以可比参照物的市场价格为基础确定评估对象价值的评估方法的总称。

【提示1】 均衡价格理论指出，商品或资产的价格是由供给和需求的力量相互作用决定的，在市场力量的作用下相同或相似商品在一定时期内将形成一致的均衡价格，即相同或相似商品的价格具有可比性。均衡价格理论为资产评估提供了一个理论工具，我们可以理解资产的价值是由市场上买卖双方相互作用而决定的。通过比较类似资产在市场上的交易价格，可以估计目标资产的价值。

替代性原则指出，如果两个资产在功能上可以相互替代，那么他们的市场价格应当趋于一致。替代原则是支持市场法评估理论的经济学原则。根据替代性原则，价格最低的同质商品对其他同质商品具有替代性。一个理性的购买者不会为一项资产支付超过市场上具有相同使用价值的替代资产的价格。在同一市场上，具有相同使用价值和质量的商品，应有大致相同的交换价格。通过比较市场上类似资产的价格，可以得到目标资产的价值。

有效市场假说认为，市场价格反映了所有可用的信息，因此市场价格是资产价值的最佳估计。市场法评估资产价值时，一般要假设市场是有效的，并且价格反映了所有相关的市场信息。

【提示2】 市场法是一种相对估值方法。运用市场法评估资产的价值直观明了，较容易被资产评估业务各当事人理解和接受。因此，市场法是资产评估中常用的评估方法之一。

（二）市场法的应用前提

参见图6－1。

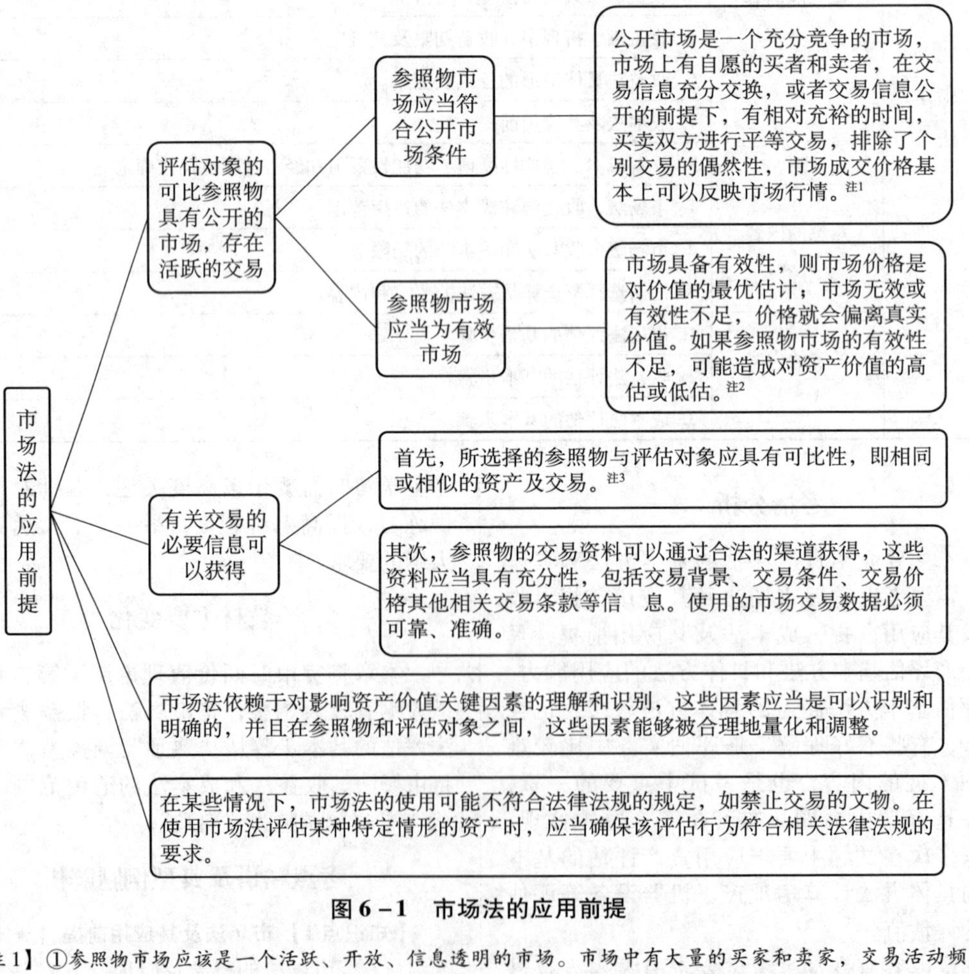

图6－1 市场法的应用前提

【注1】①参照物市场应该是一个活跃、开放、信息透明的市场。市场中有大量的买家和卖家，交易活动频繁，确保市场的竞争性和流动性。买家和卖家可以自由进入或退出市场，不存在进入或退出限制。市场所有的参与者都能够自由进行交易，没有垄断或不公平竞争现象存在。市场的交易信息、价格信息、供求情况等对公众开放，易于获取。

市场参与者按规定披露相关信息，保证信息的真实性和完整性。参照物市场的活跃性、开放性和信息透明度是确保市场比较法有效应用的关键。②参照物市场应当稳定或可预测。稳定和可预测的市场可以提供更有效的资产价格信息。如果市场波动较大，可能意味着交易受到非市场因素的影响，市场价格的大幅度波动，会导致相近时点的评估结果出现较大的差异，使得评估结果不可靠。不稳定的市场可能会导致对评估结果的怀疑，影响交易和投资决策。③相同或相似资产在市场的交易应当频繁。在总体市场活跃的情况下，与评估对象相同或相似资产的交易也应当活跃、频繁，使用与被评估资产相同或相类似的资产交易价格，可以减少主观调整因素，评估结果会更贴近市场，更容易被资产的交易各方接受。④无特殊交易情况。参照物的交易应当是正常市场条件下可比的交易，需要排除特殊交易条件，如关联方交易、被迫出售等，对参照物选择和比较的影响。

【注2】判断市场是否有效应当考虑：①参照物在市场上有活跃的交易，类似的资产交易会在市场上频繁发生，而不是有价无市。②资产可以自由在市场上交易，而不是被部分垄断销售商或购买者控制。③市场所提供的信息是真实可靠的，而不是被人为的操控行为所扭曲。

【注3】判断可比性应考虑的主要方面有：个别因素、市场因素、交易因素、时间因素等。参照物与评估对象的物理、经济、权属状态等方面应当相同或相似；参照物所在的市场与评估目的对应的经济行为所要求参照的市场是相同或相似的；参照物与评估对象的交易动机、交易背景、交易方式、交易批量等应当相同或相似；参照物的交易时间应当与评估基准日相同或接近。

【例6-1】（多项选择题）下列有关市场法的表述，正确的是（ ）。

A. 市场法依赖于对影响资产价值关键因素的理解和识别，这些因素应当是可以识别和明确的

B. 企业价值评估中的交易案例比较法和上市公司比较法都属于市场法

C. 运用市场法评估资产的价值，直接利用参照物的价格，有利于节约评估成本

D. 运用市场法评估资产的价值，直观明了，较容易被资产评估业务各当事人理解和接受

E. 市场法是指通过将评估对象与可比参照物进行比较，以可比参照物的市场价格作为评估值的方法

【答案】ABD

【解析】市场法也称比较法、市场比较法，是指通过将评估对象与可比参照物进行比较，以可比参照物的市场价格为基础确定评估对象价值的评估方法的总称。选项C、选项E错误，其他选项均正确。

【例6-2】（多项选择题）下列选项中属于市场法应用前提的是（ ）。

A. 应当具备可利用的历史资料

B. 评估对象的可比参照物具有公开的市场，存在活跃的交易

C. 评估对象预期获利年限可以预测

D. 评估对象的未来预期收益可以预测并可以用货币来衡量

E. 有关交易的必要信息可以获得

【答案】BE

【解析】应用市场法进行资产评估需要满足两个基本的前提条件：一是评估对象的可比参照物具有公开的市场，存在活跃的交易；二是有关交易的必要信息可以获得。

【知识点2】市场法评估的基本步骤（★）

参见图6-2。

【提示1】选择市场参照物应当依据影响评估对象价值的主要因素，例如在企业价值评估中参照物的选取应当考虑：①企业生产的产品或提供的服务是否相同或相似，或者企业的产品或服务是否都受相同的经济因素影响。②被评估企业与可比企业的规模和获利能力是否相似。在这里，并不一定要求两者完全相同，但是，由于企业规模与生产能力之间并非呈现完美的线性关系，通常存在“规模效应”，所以如果企业规模差异太大，其获利能力可能失去可比性。因此，应当选取规模较为相似的企业进行比较。③未来成长性相同或相似。从本质上来说，企业当前的价值来源于其未来的获利能力。成长性差异较大的公司，通常所处的生命周期不同，对于当前时点的可比性就存在较大差异。因而，评估专业人员在选取可比公司时将这一点纳入考虑范围之内，有助于提升其可比性。④资本结构相同或相似。当采用股权口径指标进行对比分析时，通常会要求参照物的资本结构要相同或相似，否则被评估企业与参照物之间的股权口径指标可能不具有可比性。

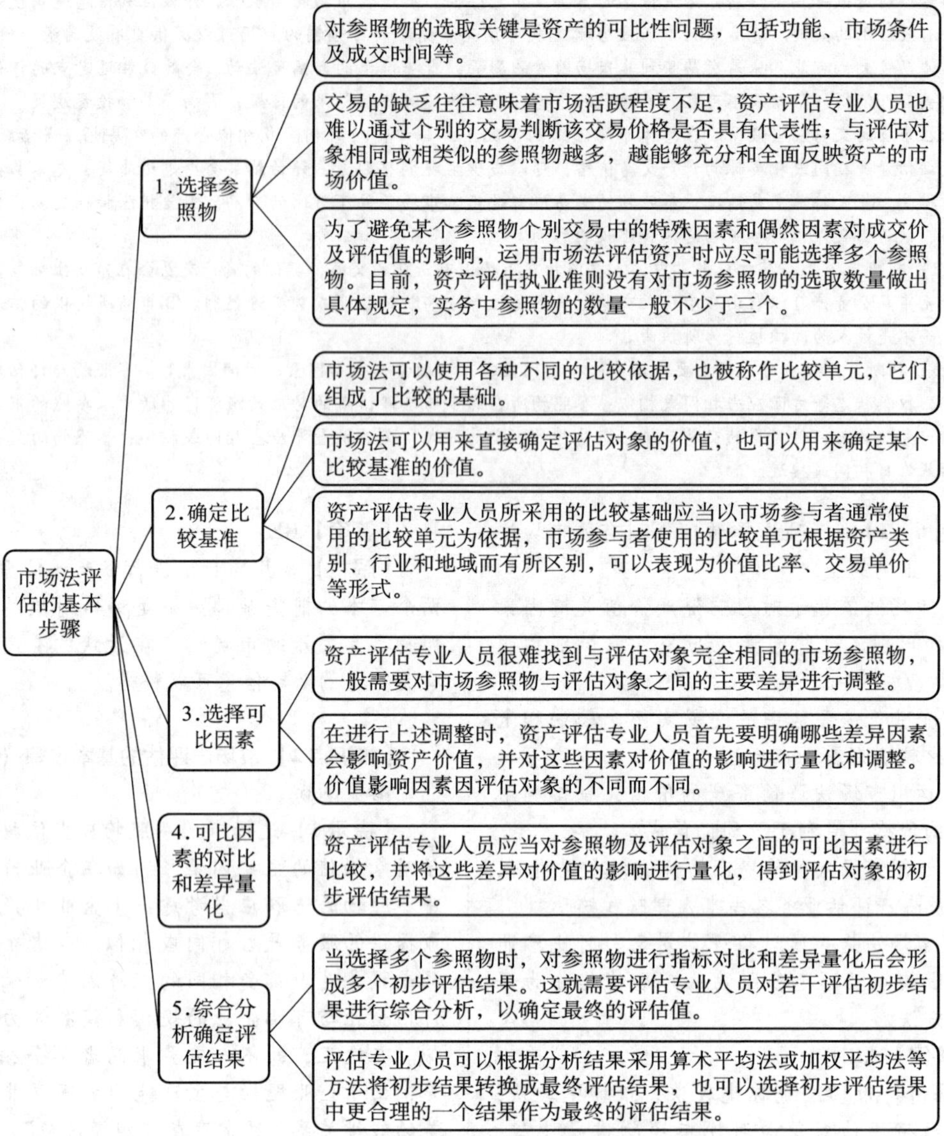

图6－2　市场法评估的基本步骤

【提示2】 在对单台机器设备、车辆进行评估时，资产评估专业人员可以通过规格、型号、生产厂家、使用时间及状态与评估对象基本相同的参照物的交易价格来直接确定评估对象的价值。房地产评估时的比较单元一般为单价或单位租金，资产评估专业人员通过市场参照物的交易单价来确定评估对象每平方米的单位价值，进而确定评估对象的整体价值。企业价值评估的比较单元通常为市盈率、市净率、市销率等价值比率，资产评估专业人员很难找到规模、产品完全相同的市场参照物，通过确定上述价值比率可以确定被评估企业的价值。

【例6－3】（多项选择题）关于市场法评估的基本步骤，下列表述中，错误的是（　　）。

A. 为了避免某个参照物个别交易中的特殊因素和偶然因素对成交价及评估值的影响，运用市场法评估资产时选择的参照物越多越好

B. 可比性是选择参照物需要考虑的主要因素，判断可比性应当考虑的因素包括功能、市场条件及成交时间等

C. 影响资产价值的基本因素大致相同，具体到每一种资产时，影响资产价值的因素也是

大致相同的

D. 资产评估专业人员所采用的比较基础应当以市场参与者通常使用的比较单元为依据，可能表现为价值比率、交易单价等形式

E. 评估专业人员可以采用算术平均法或加权平均法等方法将初步结果转换成最终评估结果

【答案】 AC

【解析】 为了避免某个参照物个别交易中的特殊因素和偶然因素对成交价及评估值的影响，运用市场法评估资产时应尽可能选择多个参照物，但并不意味着参照物越多越好，选项A错误；从理论上讲，影响资产价值的基本因素大致相同，如资产性质、功能、规模、市场条件等。但具体到每一种资产时，影响资产价值的因素又各有侧重，选项C错误。

【例6－4】（多项选择题）运用市场法评估资产价值时，基本步骤包括（　　）。

A. 运用市场法评估首先需要选择市场参照物，而且尽可能选择多个参照物

B. 在确定市场参照物后，需要确定参照物和被评估对象的比较基准

C. 资产评估专业人员一般需要对市场参照物与评估对象之间的主要差异进行调整

D. 评估专业人员分析测算折现率或资本化率，正确计算评估对象的评估值

E. 评估专业人员对若干评估初步结果进行综合分析，以确定最终的评估值

【答案】 ABCE

【解析】 市场法的基本步骤包括：①选择参照物；②确定比较基准；③选择可比因素；④可比因素的对比和差异量化；⑤综合分析确定评估结果。

【例6－5】（多项选择题）运用市场法评估企业价值时，比较单元通常为（　　）。

A. 市盈率　　B. 周转率

C. 净利率　　D. 市净率

E. 市销率

【答案】 ADE

【解析】 企业价值评估的比较单元通常为市盈率、市净率、市销率等价值比率，资产评估专业人员很难找到规模、产品完全相同的市场参照物，通过确定上述价值比率可以确定被评估企业的价值。

【知识点3】市场法的可比因素（★★★）

可比因素也称为比较因素或价值影响因素，一般要考虑交易市场、交易时间、交易条件、交易方式、交易背景及动机、交易批量以及与评估对象所对应的资产类型相关的某类特定资产价值影响因素。参见图6－3。

【例6－6】（多项选择题）关于运用市场法评估企业价值的可比因素，下列表述中，正确的是（　　）。

A. 企业所处的行业

B. 企业的主营业务

C. 企业高管的学历水平

D. 企业的主营产品及结构

E. 企业经营或商业模式

【答案】 ABDE

【解析】 企业价值评估的可比因素一般包括企业所处行业、主营业务、主营产品及结构、企业经营或商业模式、资产及收入规模、资本结构、盈利能力、发展能力、偿债能力等。

【例6－7】（单项选择题）下列表述中，错误的是（　　）。

A. 关联方的交易有可能偏离正常市场定价水平

B. 同一项资产在不同的交易背景及动机可能产生不同的交易价格

C. 卖方要求在短时间内完成交易的价格会高于正常交易时间相同资产的市场价格水平

D. 交易方式产生的价值影响应当是可以进行修正的

【答案】 C

【解析】 卖方要求在短时间内完成交易的价格会低于正常交易时间相同资产的市场价格水平。

【知识点4】市场法的具体方法及应用（★★★）

市场法包括多种具体方法。参见图6－4。

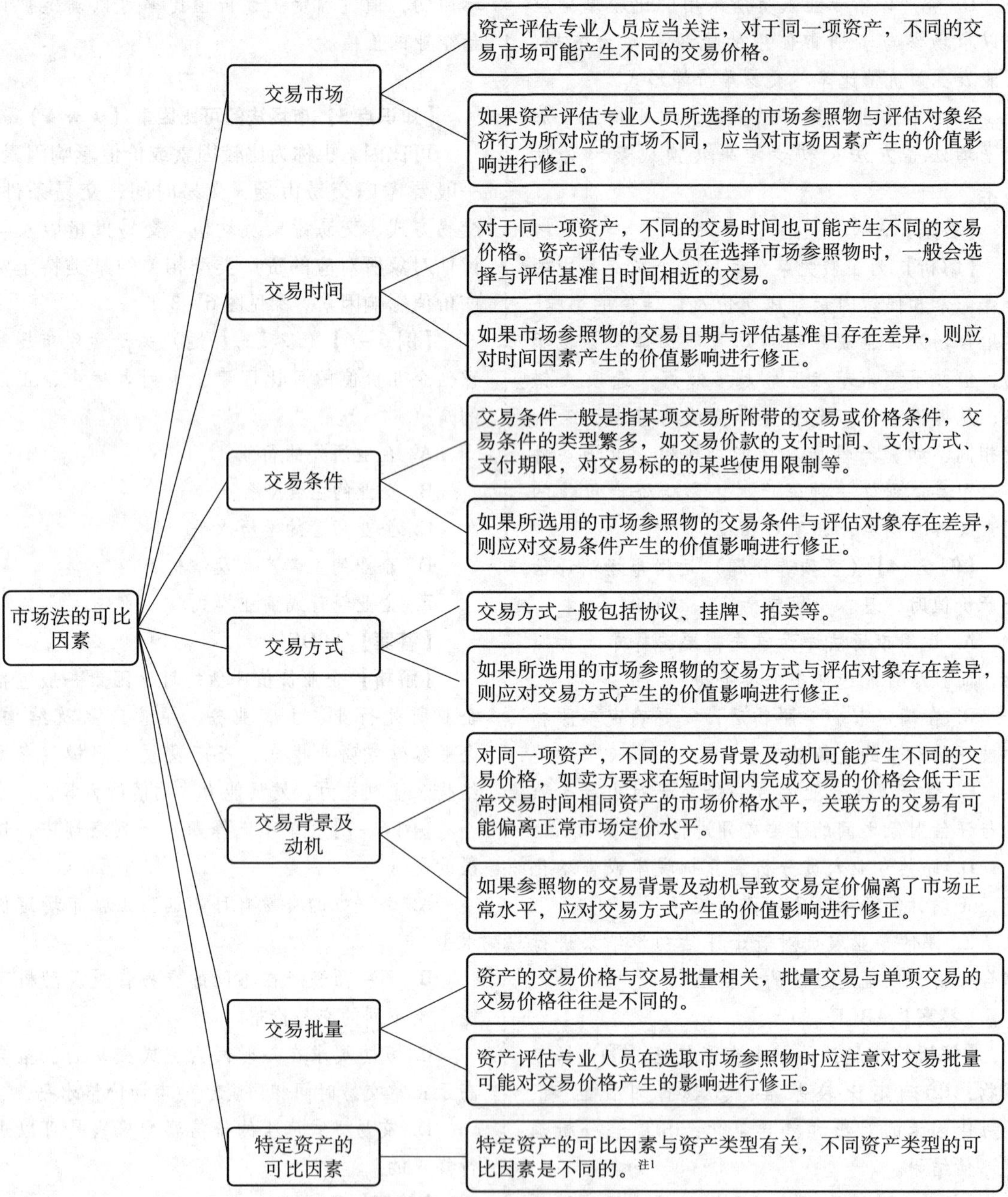

图6-3　市场法的可比因素

【注1】①企业价值评估的可比因素一般包括企业所处行业、主营业务、主营产品及结构、企业经营或商业模式、资产及收入规模、资本结构、盈利能力、发展能力、偿债能力等；股权价值评估还包括股权类型、股权的流动能力以及控制能力等。②房地产评估的可比因素一般包括用途、地理位置、建筑结构、建筑装饰、设备设施、物业管理、环境状况、商业繁华程度、商务或产业集聚程度、基础设备完善及保障程度以及产权状况等。③机器设备的可比因素一般包括型号规格、生产能力制造厂家、技术指标、附件、设备的出厂日期、役龄、安装方式、实体状态等。

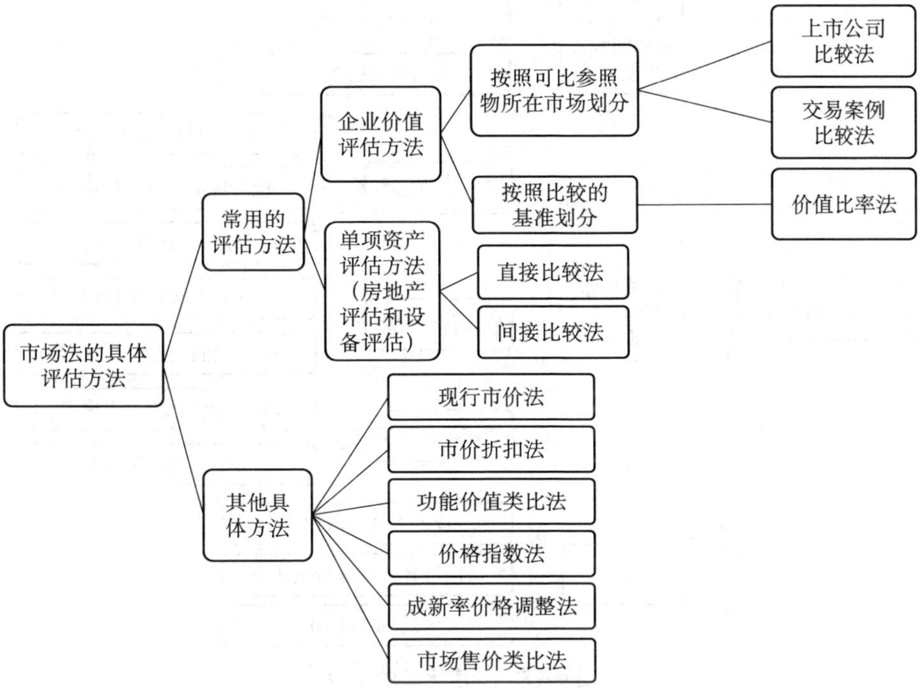

图6－4 市场法的具体评估方法

（一）市场法常用的评估方法

1. 企业价值评估方法。

（1）按照可比参照物所在市场划分。根据可比参照物的交易市场不同，市场法应用的具体方法包括上市公司比较法和交易案例比较法。①上市公司比较法。上市公司比较法是以资本市场的上市公司作为可比参照物，通过获取并分析可比上市公司的经营和财务数据，计算适当的价值比率，在与被评估企业比较分析的基础上，确定被评估企业价值的具体方法。②交易案例比较法。交易案例比较法是以产权交易市场的股权交易企业为市场参照物，通过获取并分析可比企业的买卖、收购及合并案例资料，计算适当的价值比率，在与被评估企业比较分析的基础上，确定被评估企业价值的具体方法。

（2）按照比较的基准划分。市场法一般运用价值比率法。价值比率法，是指利用参照物的市场交易价格与某一经济参数或经济指标的比率作为乘数或倍数，乘以评估对象的同一经济参数或经济指标，得到评估对象价值的评估方法。

①价值比率的类型。价值比率有很多种类（见图6－5）。

【提示】在评估实务中，最常用的有市销率（P/Sales）、市净率（P/BV）和市盈率（P/E）。

②选择价值比率的原则。亏损企业一般不采用与净利润相关的价值比率；可比参照物与被评估企业的资本结构存在较大差异，则不宜选择部分投资口径的价值比率，如股权投资口径价值比率；轻资产企业不宜选择与资产规模相关的价值比率，应当尽量考虑采用与收益类相关的价值比率；对于成本和利润较为稳定并且资本结构近似的企业，可以采用收益口径的价值比率；可比参照物与被评估企业的税收政策不一致，偏向于采用与税后收益相关的价值比率，从而可以有效减少由于税收不一致而导致的价值差异性。

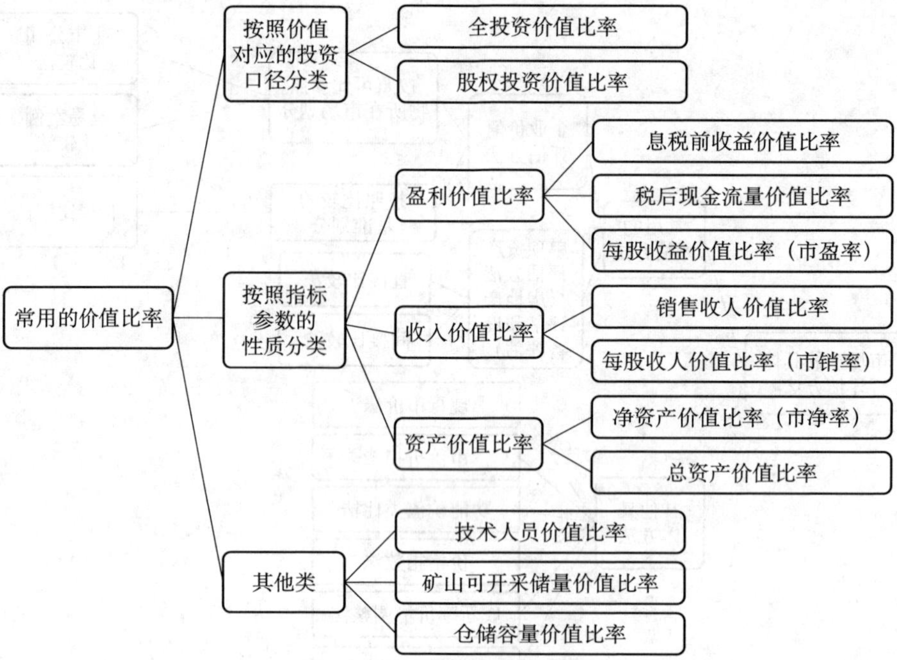

图6－5　价值比率的类型

【例6－8】（多项选择题）采用价值比率法评估企业价值，关于价值比率的选取，下列表述中正确的是（　　）。

A. 按照比较的基准划分，市场法一般运用价值比率法，亏损企业一般不采用与净利润相关的价值比率

B. 可比参照物与被评估企业的资本结构存在较大差异，则不宜选择部分投资口径的价值比率

C. 轻资产企业不宜选择与资产规模相关的价值比率，应当考虑与收益口径相关的价值比率

D. 对于成本和利润较为稳定并且资本结构近似的企业，可以采用收益口径的价值比率

E. 可比参照物与被评估企业的税收政策不一致，偏向于采用与税前收益相关的价值比率

【答案】 ABCD

【解析】 可比参照物与被评估企业的税收政策不一致，偏向于采用与税后收益相关的价值比率，从而可以有效减少由于税收不一致而导致的价值差异性。

2. 单项资产评估方法。

（1）房地产评估。

①直接比较法。直接比较法是指依据与评估对象相同或相似的参照物的市场交易价格，通过比较评估对象与市场参照物之间的价值影响因素差异，计算、量化上述差异对价值的影响并进行修正，从而得到评估对象价值的方法。计算公式为：

评估对象价值＝参照物成交价格×修正系数1×修正系数2×…×修正系数n

或：

评估对象价值＝参照物成交价格±特征差额1±特征差额2±…±特征差额n

②间接比较法。间接比较法是利用资产的国家标准、行业标准或市场标准（标准可以是综合标准，也可以是分项标准）作为基准，分别将评估对象和参照物整体或分项对比打分从而得到评估对象和参照物各自的分值。再利用参照物的市场交易价格以及评估对象的分值与参照物的分值的比值（系数）求得评估对象价值的一类评估方法。

该方法并不要求参照物与评估对象必须一样或者基本一样。只要参照物与评估对象在大的方面基本相同或相似，通过评估对象和参照物与国家、行业或市场标准的对比分析，掌握参照物与评估对象之间的差异，在参照物成交价格的基础上调整估算评估对象的价值。

（2）设备评估。

①直接比较法。设备评估直接比较法的定

义与房地产的表述一致，但在比较因素和修正内容等具体应用上存在差异。例如，评估一辆汽车时，在二手汽车交易市场能够发现与评估对象基本相同的汽车，它们的制造商、型号、年代、附件都相同，只有行驶里程和实体状态方面有些差异。在这种情况下，资产评估专业人员一般直接将评估对象与市场上发现的汽车作比较，确定评估对象的价值。

【提示】 由于评估对象与市场参照物差异小，直接比较法具有直观、调整简单的特点，对市场的反映也最为客观，易于被市场参与者理解和接受。但是，直接比较法对参照物的可比性要求较高，如所选取的参照物在技术参数、实体状态、品牌及生产厂家、使用时间等方面与评估对象均应相同或相似，增加了实务操作的难度。

②间接比较法。对于机器设备评估，间接比较法也称为比率估价法。比率估价法是在市场上无法找到基本相同或相似的参照物时，利用从大量市场交易中统计分析得到的同类型设备使用年限与售价的关系，确定评估对象价值的评估方法。这种方法基于同类型设备的贬值程度与使用年限之间存在基本相同函数关系的统计规律。但不同类型设备的这种函数关系是不同的，采用比率估价时需要判断相关比率数据是否适合评估对象。

二手设备的交易价格与它的已使用年限相关，通过对大量市场交易数据的统计，可以得到不同类型设备的变现系数。资产评估专业人员可以用变现系数乘以全新设备的价格得到被评估设备的价值。

评估值 = 全新设备的价格 × 变现系数

【提示】 间接比较法所使用的市场参照物与评估对象的相似度低于直接比较法的要求，允许参照物与评估对象之间存在一定的差异，但是这些差异与资产的价值之间具有显著的规律性，并可以进行调整。

（二）市场法的其他具体方法

市场法包括许多具体方法，这些方法既适用于直接评估单项资产的价值，也适用于在市场法中估测评估标的与参照物之间某一种差异的调整系数或调整值。

1. 现行市价法。

当评估对象本身具有现行市场价格或与评估对象基本相同的参照物具有现行市场价格的时候，可以直接利用评估对象或参照物在评估基准日的现行市场价格作为评估对象的评估价值。

【提示】 现行市价法是以成交价格为标准的，有的资产在市场交易过程中，报价或目录价与实际成交价之间会因交易对象、交易批量等原因存在差异。在运用现行市价法时要注意，评估对象或参照物在评估基准日的现行市场价格要与评估对象的价值内涵相同。

【例 6－9】（多项选择题）下列资产中，可以考虑采用现行市价法评估的是（　　）。

A. 企业持有的可转让的非专利技术

B. 企业持有的可上市流通的股票和债券

C. 企业拥有的近期购入的原材料

D. 企业拥有的批量生产的空调

E. 企业拥有的委托加工的花生米

【答案】 BCDE

【解析】 可上市流通的股票和债券可按其在评估基准日的收盘价作为评估价值；企业拥有的原材料、备品备件、批量生产的设备、汽车等可按同品牌、同型号、同规格、同厂家、同批量的设备、汽车等的现行市场价格作为评估价值。

2. 市价折扣法。

市价折扣法是以参照物成交价格为基础，考虑到评估对象在市场上交易活跃程度、销售条件、销售方式等方面的差异，按照评估人员的经验或有关部门的规定，设定一个价格折扣率来估算评估对象价值的方法。其计算公式为：

资产评估价值 = 参照物成交价格 ×（1 － 价格折扣率）

【提示】 此方法一般只适用于评估对象与参照物之间仅存在交易条件方面差异的情形。

【例 6－10】（单项选择题）评估某拟强制变现资产，在评估基准日与其完全相同资产的正常购买价格为 20 万元，经资产评估师综合分析，认为强制变现的折扣率应为 30%。因此，确定该拟强制变现资产的评估价值为（　　）万元。

A. 14　　B. 6

C. 7　　D. 10

【答案】 A

【解析】 根据题中条件，应用市价折扣法评估。资产评估价值 $=20\times(1-30\%)=14$（万元）。

3. 功能价值类比法。

功能价值类比法（亦称类比估价法）是以参照物的成交价格为基础，考虑参照物与评估对象之间的功能差异进行调整来估算评估对象价值的方法。

根据资产的功能与其价值之间的关系可分为线性关系和指数关系两种情形。

（1）资产价值与其功能呈线性关系的情形，通常被称作生产能力比例法。其计算公式为：

资产评估价值＝参照物成交价格×评估对象生产能力÷参照物生产能力

【提示】功能价值类比法不仅仅表现在资产的生产能力这一项指标上，还可以通过对参照物与评估对象的其他功能指标的对比，利用参照物成交价格推算出评估对象价值。

【例6－11】（单项选择题）评估对象年生产能力为100吨，参照资产的年生产能力为150吨，评估基准日参照资产的市场价格为9万元，由此确定评估对象的评估价值为（　　）万元。

A. 5　　B. 10

C. 6　　D. 9

【答案】C

【解析】根据题中条件，应用生产能力比例法评估。资产评估价值 $=9\times100\div150=6$（万元）。

（2）资产价值与其功能呈指数关系的情形，通常被称作规模经济效益指数法。其计算公式为：

资产评估价值＝参照物成交价格×（评估对象生产能力÷参照物生产能力）^{x}

式中，x 为功能价值指数。

【例6－12】（单项选择题）评估对象年生产能力为80吨，参照资产的年生产能力为100吨，评估基准日参照资产的市场价格为10万元，该类资产的功能价值指数为0.6，由此确定评估对象的评估值大约为（　　）万元。

A. 5.0　　B. 9.6

C. 9.8　　D. 8.7

【答案】D

【解析】根据题中条件，应用规模经济效益指数法评估。资产评估价值 $=10\times(80\div100)^{0.6}=8.7$（万元）。

4. 价格指数法。

价格指数法（亦称物价指数法）是基于参照物的成交时间与评估对象的评估基准日之间的时间间隔引起的价格变动对资产价值的影响，以参照物成交价格为基础，利用价格变动指数（或价格指数）调整参照物成交价，从而得到评估对象价值的方法。其计算公式为：

（1）资产评估价值＝参照物成交价格×（1＋价格变动指数）

①运用定基价格变动指数修正。

$$资产评估价值=参照物资产交易价格\times\frac{1+评估基准日资产定基价格变动指数}{1+参照物交易日资产定基价格变动指数}$$

②运用环比价格变动指数修正。

资产评估价值＝参照物成交价格×参照物交易期日至评估基准日各期（1＋环比价格变动指数）乘积

（2）资产评估价值＝参照物成交价格×价格指数

①运用定基指数修正。

$$资产评估价值=参照物资产交易价格\times\frac{评估基准日资产定基价格指数}{参照物交易日资产定基价格指数}$$

②运用环比指数修正。

资产评估价值＝参照物成交价格×参照物交易日至评估基准日各期环比价格指数乘积

【提示】价格指数法一般只运用于评估对象与参照物之间仅有时间因素存在差异的情形，且时间差异不能过大。

【例6－13】（单项选择题）与评估对象完全相同的参照资产6个月前的正常成交价格为8万元，半年间该类资产的价格上升了10%，该评估对象的评估价值为（　　）万元。

A. 8　　B. 9

C. 8.8　　D. 10.8

【答案】C

【解析】根据题中条件，应用价格指数法评估。评估对象的评估价值为：资产评估价值 $=8\times(1+10\%)=8.8$（万元）。

【例6－14】（单项选择题）已知某资产在2025年1月初的交易价格为800万元，该类资产已不再生产，该类资产价格的变化情况如下：2025年1—5月的环比价格指数为：101.6%、97.3%、102.5%和104.7%，则评估对象在2025年5月初的评估价值为（　　）万元。

A. 848.7　　B. 761.2

C. 881.6　　D. 892.5

【答案】A

【解析】根据题中条件，应用价格指数法评估。资产评估价值 = 800 × 101.6% × 97.3% × 102.5% × 104.7% = 848.7（万元）。

【例 6－15】（单项选择题）被评估设备于 2025 年 6 月 30 日进行评估。该类设备 2025 年上半年各月月末的价格同 2024 年年底相比，分别上涨了 3.5%、4.7%、5.8%、6.3%、8.6% 和 9.5%。其中，参照设备在 2025 年 3 月底的正常成交价格为 88 600 元，则被评估设备于 2023 年 6 月 30 日的价值为（　　）元。

A. 92 662　　B. 90 945

C. 91 698　　D. 90 569

【答案】C

【解析】评估价值 = 88 600 ×（1 + 9.5%）÷（1 + 5.8%）= 91 698（元）。

5. 成新率价格调整法。

成新率价格调整法是以参照物的成交价格为基础，考虑参照物与评估对象新旧程度上的差异，通过成新率调整估算出评估对象的价值。

其计算公式为：

资产评估价值 = 参照物成交价格 × 评估对象成新率/参照物成新率

其中：

$$资产的成新率 = \frac{资产的尚可使用年限}{资产的已使用年限 + 资产的尚可使用年限} \times 100\%$$

【提示】此方法一般只运用于评估对象与参照物之间仅有成新程度差异的情形。当然，此方法略加改造也可以作为计算评估对象与参照物成新程度差异调整率和差异调整值的方法。

【例 6－16】（多项选择题）运用使用年限法估测资产的成新率，涉及的基本参数是（　　）。

A. 资产的总使用年限

B. 资产的技术水平

C. 资产的已使用年限

D. 资产的生产能力

E. 资产的尚可使用年限

【答案】ACE

【解析】资产的总使用年限 = 资产的已使用年限 + 资产的尚可使用年限，资产的成新率 = $\frac{资产的尚可使用年限}{资产的已使用年限 + 资产的尚可使用年限} \times 100\%$。

6. 市场售价类比法。

市场售价类比法是以参照物的成交价格为基础，考虑参照物与评估对象在功能、市场条件和销售时间等方面的差异，通过对比分析和量化差异，调整估算出评估对象价值的一种方法。其计算公式为：

资产评估价值 = 参照物售价 + 功能差异值 + 时间差异值 + … + 交易情形差异值

或：

资产评估价值 = 参照物售价 × 功能价值修正系数 × 交易时间修正系数 × … × 交易情形修正系数

【例 6－17】（单项选择题）运用市场售价类比法评估资产价值时，可能用到的下列修正系数中，错误的计算公式是（　　）。

A. 功能价值修正系数 = 评估对象生产能力 ÷ 参照物生产能力

B. 交易时间修正系数 = 评估对象的定基价格指数 ÷ 参照物的定基价格指数

C. 成新程度修正系数 = 评估对象成新率 ÷ 参照物成新率

D. 交易情形修正系数 = 参照物交易情形 ÷ 评估对象交易情形

【答案】D

【解析】交易情形修正系数 = 评估对象交易情形 ÷ 参照物交易情形。

【提示】当参照物与评估对象的差异不仅仅体现在某一特征上的时候，上述评估方法，如现行市价法、市价折扣法、功能价值类比法、价格指数法和成新率价格调整法等的运用就可以演变成参照物与评估对象各个特征修正系数的计算，如交易情形修正系数 $\left(\frac{评估对象交易情形}{参照物交易情形}\right)$、功能价值修正系数 $\left(\frac{评估对象生产能力}{参照物生产能力}\right)$、交易时间修正系数 $\left(\frac{评估对象的定基价格指数}{参照物的定基价格指数}\right)$ 和成新程度修正系数 $\left(\frac{评估对象成新率}{参照物成新率}\right)$ 等。

【知识点 5】市场法的适用范围（★★）

（一）适合用市场法评估的资产

（1）有活跃交易市场的资产：如股票、债

券、房地产（尤其是标准化住宅或商业地产）、古董及艺术品（有活跃交易的）等，这些资产通常有频繁的买卖，价格透明。

（2）标准化或同质化产品：如大宗商品（如石油、金属、农产品）、通用机器设备、车辆等，这些资产易于找到相似的可比交易。

（3）可替代性强：如果一种资产很容易被市场上其他类似资产替代，那么市场法通常适用，因为它们的价格会趋同。

（4）信息可获得性强：资产的市场价格信息容易获取，如通过证券交易所、房地产交易数据库等。

（二）不适合用市场法评估的资产

（1）独一无二或特殊资产：如具有独特性、几乎不存在市场交易的专利、版权、商标、专有技术、古董艺术品等。

（2）定制或特殊目的资产：如为特定企业定制的软件、特殊用途的建筑物或设备，这些资产很难找到相似的可比资产。

（3）缺乏活跃市场的资产：如某些私募股权投资、非上市公司的股份等，这些资产可能没有足够的交易数据。

（4）受限制或管制资产：如某些受政府管制或法律限制的资产，其交易可能不频繁或价格受到非市场因素的影响。

（5）市场信息不透明或不公开：如果资产交易信息不公开或不透明，如某些私募交易，市场法难以适用。

（6）创新型产品和资产：如新型药物、刚开发的科技产品等，由于缺乏市场接受度和交易历史，难以找到可比资产。

【例6－18】（多项选择题）下列资产中，适合市场法评估的是（　　）。

A. 新型药物　　B. 标准化住宅
C. 通用机器设备　　D. 某品牌矿泉水
E. 定制家具

【答案】BCD

【解析】标准化住宅属于有活跃交易市场的资产、通用机器设备属于标准化或同质化产品、矿泉水属于可替代性强产品，这些资产评估适合采用市场法；新型药物、定制家具很难找到可比资产，不适合采用市场法评估。

【例6－19】（单项选择题）下列资产中，一般不适合用市场法评估的是（　　）。

A. 二手机器设备　　B. 房地产
C. 土地使用权　　D. 非专利技术

【答案】D

【解析】市场法通常被用于评估具有活跃公开市场且有可比性的资产，比如二手机器设备和房地产以及部分软件著作权等，非专利技术通常不存在活跃公开市场，不满足运用市场法评估的条件。

【知识点6】市场法的局限（★★）

市场法是以理想市场为前提的。在现实社会，理想市场并不存在，例如，市场可能存在信息不对称、交易不活跃或市场封闭等问题。理想市场在现实社会中极为罕见。资产评估专业人员在实际操作中，使用市场法时需要做一定的假设或调整。因此，了解市场法在现实操作中的局限性是十分重要的。通过理解市场法的局限性，资产评估专业人员可以更准确地把握资产的价值，并为评估报告使用人提供更全面和透明的信息。在使用市场法时应当重点考虑以下因素的限制：

（一）信息的透明度和可获得性

在高度有效的市场中，所有相关信息都能迅速、广泛地被市场参与者获取，这有助于评估人员找到大量可靠、最新的交易数据，从而更准确地应用市场法。现实经济社会的市场，市场的有效性可能较低，信息可能不透明或不易获得，这会限制可用于比较的资产交易数据的数量和质量，增加了市场法评估结论的不确定性。

（二）市场活跃度

活跃的市场会有频繁的买卖交易，产生大量的价格数据，为市场法提供了丰富的比较基础。现实经济社会中，并非所有的市场都足够活跃，当市场活跃度不足、缺乏足够的交易数据时，市场法的应用就会受限，导致评估结果不够准确。

（三）市场适应性

在有效市场中，价格能够迅速适应新的信息，市场法评估的结果更能反映资产的真实价值。在市场适应性差的环境中，价格的变动可能滞后，市场法评估的结果可能无法及时反映市场条件的变化。

（四）资产可比性

在有效市场中，由于信息透明和标准化的

交易流程，找到与被评估资产具有相似特征的参照物相对容易。在市场层级较低的环境中，找到合适的比较对象可能更加困难，这会影响市场法应用的准确性。

（五）市场情绪和外部因素

市场情绪通常通过市场指数的波动、交易量、投资者调查等方式来衡量，反映了投资者对市场未来走势的普遍看法和预期。在强式有效市场，所有信息都已反映在价格之中，市场情绪和外部因素对资产价格的影响最小。半强式有效市场中，市场情绪可能导致短期价格波动，公开信息会迅速影响价格，市场情绪和外部因素对资产价格的影响相对较小。弱式有效市场，技术分析、市场情绪和随机事件可能导致资产价格暂时偏离基本价值，出现短期波动。在市场有效性较低的情况下，评估专业人员应当关注投机行为、市场操纵等因素对资产价格可能产生的影响，判断市场法评估条件的适用性。在分析收益法是否适用时，应当判断评估对象预期收益及其风险的可预测性或者预测结果的可靠性。

（六）市场有效层级的影响

1. 信息反映的速度和完整性。

（1）在弱式有效市场中，价格可能只反映了历史价格信息，而不包括其他公开信息或私有信息。这可能导致评估结果未能反映最新的市场条件或公司的真实价值，因为市场对新信息的反应迟缓。

（2）在半强式有效市场中，价格反映了所有公开可用的信息，但可能不包括未公开的内部信息。评估结果可能较为准确，但仍然存在由于信息传播不均等导致的偏差。

（3）在强式有效市场中价格反映了所有可用信息，包括公开和私有信息。评估结果通常被认为是最准确的，因为市场价格是最全面的信息反映。

2. 评估参数的选择。

（1）在弱式有效市场中，资产评估专业人员可能更依赖于历史数据，可能导致选择的参数（如增长率、折现率等）与当前市场状况不符。

（2）在半强式有效市场中，资产评估专业人员可以使用更多当前的公开信息来选择参数，但仍然需要判断这些信息是否已经被市场充分反映。

（3）在强式有效市场中，资产评估专业人员可以更有信心地使用市场价格作为参数，因为它们反映了所有相关信息。

3. 可比交易的选择。

（1）在弱式有效市场中，找到最近的可比交易可能比较困难，因为市场对新信息的反应慢，导致可比交易可能不是在当前市场条件下发生的。

（2）在半强式有效市场中，可比交易的选择更为可靠，但仍需考虑信息传播的时效性。

（3）在强式有效市场中，最近的交易通常是最好的可比交易，因为它们反映了最新的市场信息。

4. 市场情绪和非理性因素。

在弱式有效市场中，市场价格可能受到市场情绪和非理性因素的影响，这可能导致评估结果偏离真实价值。在半强式有效市场中，市场情绪的影响可能较小，但仍需考虑。在强式有效市场中，市场情绪和非理性因素的影响被认为是最小的，因为所有信息都已经被充分反映。

（七）市场类型的影响

1. 完全垄断市场。

（1）在完全垄断市场中，企业通常没有直接竞争对手，因此找到可比企业或交易非常困难。

（2）尽管从理论上讲，在缺乏直接可比数据时，可能需要寻找替代市场数据。但是由于市场规模、市场环境的差异，难以找到适当的替代市场。一般采用其他评估方法，如收益法或成本法。

2. 寡头垄断市场。

（1）寡头垄断市场中的企业数量较少，这意味着潜在的可比公司数量有限。

（2）寡头垄断市场中的企业往往提供差异化较大的产品或服务，这使得找到在产品、服务、品牌、技术等方面完全相似的公司变得困难。

（3）不同企业在市场中的份额可能差异显著，这影响了它们的市场力量和盈利能力，从而降低了可比性。

（4）寡头垄断企业之间的竞争策略和市场动态可能大相径庭，这些因素在评估时难以量化。

（5）寡头垄断市场的进入壁垒较高，评估时应考虑这一因素对企业价值的影响。

3. 垄断竞争市场。

（1）在垄断竞争市场中，企业产品存在差异化，评估时需考虑品牌、专利、客户忠诚度等因素。

（2）虽然企业间存在差异，但通常存在多个可比对象，选择可比公司时，应尽量选择市场地位相同或相似的企业。

（3）对于市场头部企业，其市场地位、品牌影响力、客户忠诚度等可能显著高于其他参与者，因此找到完全相似的可比公司可能较为困难。头部企业可能拥有特殊的竞争优势，如专利技术、品牌认知、分销网络等，这些因素在评估时需要被特别考虑。

4. 完全竞争市场。

（1）在完全竞争市场中，存在大量同质化的企业和产品，选择可比对象相对容易。

（2）企业通常是价格接受者，评估时需考虑市场价格对企业收益的影响。

（3）完全竞争市场的企业因为价格波动和竞争压力较大可能面临较高的市场风险。

【例6-20】（多项选择题）关于市场法的局限性，下列表述中，正确的是（　　）。

A. 市场法是以理想市场为前提的，但在现实社会，理想市场并不存在，市场法评估的结果并不可靠

B. 现实经济社会的市场，市场的有效性可能较低，信息可能不透明或不易获得，增加了市场法评估结论的不确定性

C. 在市场适应性差的环境中，价格的变动可能滞后，市场法评估的结果可能无法及时反映市场条件的变化

D. 在市场层级较低的环境中，找到合适的比较对象可能更加困难，这会影响市场法应用的准确性

E. 在完全垄断市场中，企业通常没有直接竞争对手，因此找到可比企业或交易比较容易，市场法有更好的适用性

【答案】 BCD

【解析】 在现实社会，理想市场并不存在，例如，市场可能存在信息不对称、交易不活跃或市场封闭等问题。理想市场在现实社会中极为罕见。资产评估专业人员在实际操作中，使用市场法时需要做一定的假设或调整，从而较好地达到评估目的。选项A的表述无充分依据。在完全垄断市场中，企业通常没有直接竞争对手，因此找到可比企业或交易非常困难，选项E的表述是错误的。其他选项均正确。

【知识点7】收益法及其应用前提（★★★）

（一）收益法的概念及公式

收益法是指通过将评估对象的预期收益资本化或者折现，确定其价值的各种评估方法的总称。用数学式可表示为：

$$P = \sum_{i=1}^{n} \frac{R_i}{\prod_{i=1}^{n}(1+r_i)}$$

式中：

P——评估价值；

R_i——未来第 i 年的预期收益；

r_i——第 i 年的折现率；

n——收益年限；

i——年序号。

当各年的折现率相等，均为 r 时，上述公式可表示为：

$$P = \sum_{i=1}^{n} \frac{R_i}{(1+r)^i}$$

该评估技术思路认为，任何一个理智的投资者在购置或投资某一资产时，所愿意支付或投资的货币数额不会高于所购置或投资的资产在未来能给其带来的回报，即收益额。收益法利用投资回报和收益折现等技术手段，把评估对象的预期获利能力和获利风险作为两个相辅相成的关键指标来估测评估对象的价值。

企业价值收益法评估的公式来源于研究股票市场的投资。假定投资者要进行一项股票投资，年初投资额为 P_0，年末时该股票价格变为 P_1，投资者年末变现该投资，同时在本年内，该股票投资获得分红收益 DIV_1。则年末盘点该投资时，该投资者得到的投资回报率为：

$$r_1 = \frac{P_1 - P_0 + DIV_1}{P_0}$$

式中，r_1 就是投资者在本年投资 P_0 的投资回报率。也就是如果知道年初、年末股票价格以及年内分红，可以计算得到投资回报率 r_1。

通过数学推导，我们可以将 r_1 等式变换为：

$$P_0 = \frac{DIV_1}{1+r_1} + \frac{P_1}{1+r_1}$$

如果我们事先知道投资者期望的投资回报率为 r_1，以及年末股票的价格和年内的分红收益，则可以估算出投资者年初可以接受的股票投资的价值。上述价值实际就等于该投资年末价值除以（$1+r_1$）与本年分红收益除以（$1+r_1$）两个部分之和。我们通常把本年分红和年末价值除以（$1+r_1$）的过程称为折现，因此，r_1 就是所谓的折现率。

如果该投资者第一年末没有变现，而是继续持有该投资，则第二年年末股票价格变为 P_2，第二年获得分红收益 DIV_2，则第二年的投资回报率 r_2 为：

$$r_2 = \frac{P_2 - P_1 + DIV_2}{P_1}$$

同样可以将上述 r_2 等式变换为：

$$P_1 = \frac{DIV_2}{1+r_2} + \frac{P_2}{1+r_2}$$

将 P_1 等式代入到 P_0 等式中，则可以得到下式：

$$P_1 = \frac{DIV_1}{1+r_1} + \frac{DIV_2}{(1+r_1)(1+r_2)} + \frac{P_2}{(1+r_1)(1+r_2)}$$

如果该投资者是一个“长线”投资者，长期持有该投资，则第 n 年后，我们可以得到：

$$P_0 = \frac{DIV_1}{1+r_1} + \frac{DIV_2}{(1+r_1)(1+r_2)} + \frac{DIV_3}{(1+r_1)(1+r_2)(1+r_3)} + \cdots\cdots + \frac{DIV_n}{(1+r_1)(1+r_2)\cdots(1+r_n)} + \frac{P_n}{(1+r_1)(1+r_2)\cdots(1+r_n)}$$

即：$r_1 = r_2 = r_3 = \cdots r_n = r$

我们可以得到：

$$P_0 = \frac{DIV_1}{1+r} + \frac{DIV_2}{(1+r)^2} + \frac{DIV_3}{(1+r)^3} + \cdots\cdots + \frac{DIV_n}{(1+r)^n} + \frac{P_n}{(1+r)^n}$$

上式是以一家上市公司股票投资为基础，推导得到的期初投资价值的计算公式。该公式也适用于一个企业少数股东权益投资的收益计算方法。

如果投资者的投资是对整个公司进行收购，也就是体现全投资的权益，则期初的投资 P_0 将变为 V_0，每年的分红就应该变为被投资企业每年可以获得的全投资自由现金流 $FCFF_i$（Free Cash Flow for the Firm），第 n 年末股票投资价值 P_n 将变为企业整体价值 V_n。即：

$$V_0 = \frac{FCFF_1}{1+R} + \frac{FCFF_2}{(1+R)^2} + \frac{FCFF_3}{(1+R)^3} + \cdots\cdots \frac{FCFF_n}{(1+R)^n} + \frac{V_n}{(1+R)^n}$$

该式的含义是企业的期初投资的价值，等于该投资持续期间每年可以获得的经营现金流的现值之和，再加上期末该投资价值的现值。

从上述含义中我们可以得知，P_0 等式和 V_0 等式实际上就是采用收益法评估企业价值的基本理论公式。

V_0 等式中被投资企业的经营现金流 $FCFF_i$ 为：

$FCFF_i$ = 营业收入 − 营业成本 − 期间费用 − 所得税 + 债权利息（1 − 所得税率 T）+ 折旧/摊销 − 营运资金的增加 − 资本性支出

= 利润总额（1 − 所得税率 T）+ 债权利息（1 − 所得税率 T）+ 折旧/摊销 − 营运资金的增加 − 资本性支出

折现率 r_i 替换为 R_i，计算公式为：

$$R_i = \frac{FCFF_i + V_{i+1} - V_i}{V_i}$$

（$i = 1, 2, 3, \cdots, n$）

收益法将资产的未来收益及相应的投资回报风险视为其价值的决定因素，符合市场经济条件下资产定价的基本原则，容易被市场参与者理解和接受，使其成为资产评估中常用的评估方法之一。

（二）收益法的具体评估模型

收益法的具体评估模型可以分为若干类（见图 6-6）。

这些具体评估模型中所用的字符含义统一定义如下：

P——评估值；

i——年序号；

P_n——未来第 n 年的预计变现值；

R_i——未来第 i 年的预期收益；

r——折现率或资本化率；

n——收益年期；

t——收益年期；

A——年金。

1. 等额收益模型。

如表6－1所示。

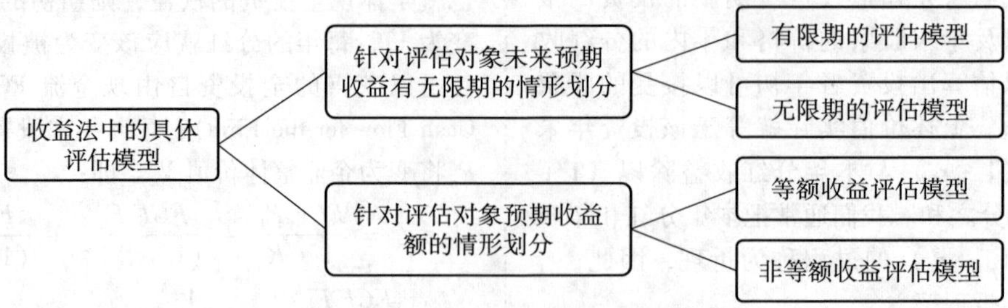

图6－6 收益法的具体评估模型

表6－1 收益法评估的等额收益模型

净收益具体情形	计算公式	成立条件
收益永续、各因素不变	$P=A/r$	（1）净收益每年不变； （2）资本化率固定且大于零； （3）收益年期无限。
收益年期有限，折现率大于零	$P=\frac{A}{r}\left[1-\frac{1}{(1+r)^n}\right]$	（1）净收益每年不变； （2）折现率固定且大于零； （3）收益年期有限为n。
收益年期有限，折现率等于零	$P=A\times n$	（1）净收益每年不变； （2）收益年期有限为n； （3）折现率为0。

【例6－21】（单项选择题）某企业有一非专利技术，在严格保密的情况下，该技术将能持续稳定地为企业带来收益。假设在未来无限年期，该技术所产生的年收益为200万元，资本化率为8%，则该技术的评估值为（　　）万元。

A. 2 000　　B. 2 800

C. 2 500　　D. 2 600

【答案】 C

【解析】 $P=A/r=200/8\%=2\,500$（万元）。

【例6－22】（单项选择题）某啤酒生产企业欲以其生产某特制啤酒的专利权质押，从银行取得贷款。资产评估专业人员了解到，在评估基准日，该专利权的尚可使用年限为3年；根据以往的经营数据和市场对该品牌特制啤酒的认可程度，预计未来年收益将会维持在300万元。折现率假定为10%。则该特制啤酒专利权的评估价值为（　　）万元。

A. 900　　B. 746

C. 782　　D. 390

【答案】 B

【解析】

$$P=\frac{A}{r}\left[1-\frac{1}{(1+r)^n}\right]=\frac{300}{10\%}\times\left[1-\frac{1}{(1+10\%)3}\right]=746\text{（万元）。}$$

2. 永续期等额收益模型。

如表6－2所示。

表6－2 收益法评估的永续期等额收益模型

收益年期	计算公式	成立条件
无限年期收益	$P=\sum_{i=1}^{t}\frac{R_i}{(1+r)^i}+\frac{A}{r(1+r)^t}$	（1）净收益在t年（含第t年）以前有变化； （2）净收益在t年（不含第t年）以后保持不变； （3）收益年期无限； （4）r大于0。

续表

收益年期	计算公式	成立条件
有限年期收益	$P=\sum_{i=1}^{t}\frac{R_i}{(1+r)^i}+\frac{A}{r(1+r)^t}\left[1-\frac{1}{(1+r)^{n-t}}\right]$	(1) 净收益在 t 年（含第 t 年）以前有变化； (2) 净收益在 t 年（不含第 t 年）以后保持不变； (3) 收益年期有限为 n； (4) r 大于0。 ＊这里需要注意的是，净收益 A 的收益年期是（$n-t$）而不是 n。

【例6－23】（单项选择题）某公司预计一项非专利技术未来5年收益现值之和为3 200万元，折现率与资本化率均为9%，第6年起该非专利技术的预期收益固定为1 800万元。在持续经营假设下，该非专利技术的评估价值约为（　　）万元。

A. 23 200　　B. 18 576

C. 16 198　　D. 15 954

【答案】 C

【解析】 该非专利技术的评估价值＝3 200＋1 800/9%×（P/F，9%，5）＝3 200＋20 000×0.6499＝16 198（万元）。

【例6－24】（单项选择题）评估某公司一项土地使用权价值，经资产评估专业人员分析预测，该土地使用权评估基准日后未来3年的预期净收益分别为200万元、220万元、230万元，从未来第四年至第十年预期净收益将保持在240万元水平上，公司在未来第十年末的土地使用权预计变现价值为1 280万元，假定公司适用的折现率与资本化率均为10%，该公司的该项土地使用权评估值最接近于（　　）万元。

A. 1 986　　B. 1 908

C. 1 777　　D. 1 882

【答案】 B

【解析】 根据该项土地使用权的收益情况，本题评估需将收益分3段计算。

第一段：第1—3年，使用复利现值系数计算：

P_1＝200×（P/F，10%，1）＋220×（P/F，10%，2）＋230×（P/F，10%，3）

＝200×0.9091＋220×0.8264＋230×0.7513＝536.43（万元）；

第二段：第4—10年，使用普通年金现值系数计算，然后使用复利现值系数将其折现到第1年年初：

P_2＝240×（P/A，10%，7）×（P/F，10%，3）

＝240×4.8684×0.7513

＝877.83（万元）；

第三段：将第10年末的预计变现值1 280万元，使用复利现值系数将其折现到第1年年初：

P_3＝1 280×（P/F，10%，10）

＝1 280×0.3855＝493.44（万元）；

该项土地使用权评估值＝$P_1+P_2+P_3$＝536.43＋877.83＋493.44＝1 907.7（万元）。

3. 净收益按等差级数变化。

如表6－3所示。

4. 净收益按等比级数变化。

如表6－4表示。

表6－3　收益法评估的净收益按等差级数变化模型

净收益具体情形	计算公式	成立条件
净收益按等差级数递增，收益年期无限	$P=\frac{A}{r}+\frac{B}{r^2}$	(1) 净收益按等差级数递增； (2) 净收益逐年递增额为 B； (3) 收益年期无限； (4) r 大于0。
净收益按等差级数递增，收益年期有限	$P=\left(\frac{A}{r}+\frac{B}{r^2}\right)\left[1-\frac{1}{(1+r)^n}\right]-\frac{B}{r}\times\frac{n}{(1+r)^n}$	(1) 净收益按等差级数递增； (2) 净收益逐年递增额为 B； (3) 收益年期有限为 n； (4) r 大于0。

续表

净收益具体情形	计算公式	成立条件
净收益按等差级数递减，收益年期无限	$P=\frac{A}{r}-\frac{B}{r^2}$	（1）净收益按等差级数递减； （2）净收益逐年递减额为 B； （3）收益年期无限； （4）r 大于0； （5）收益递减到零为止。 ＊该数学计算公式是成立的，但完全套用于资产评估是不合适的，因为资产产权主体会根据替代原则，在资产收益递减为零之前停止使用该资产或变现资产，不会无限制地永续使用下去。
净收益按等差级数递减，收益年期有限	$P=\left(\frac{A}{r}-\frac{B}{r^2}\right)\left[1-\frac{1}{(1+r)^n}\right]+\frac{B}{r}\times\frac{n}{(1+r)^n}$	（1）净收益按等差级数递减； （2）净收益逐年递减额为 B； （3）收益年期有限为 n； （4）r 大于0。

表6－4　收益法评估的净收益按等比级数变化模型

净收益具体情形	计算公式	成立条件
净收益按等比级数递增，收益年期无限	$P=\frac{A}{r-s}$	（1）净收益按等比级数递增； （2）净收益逐年递增比率为 s； （3）收益年期无限； （4）r 大于0； （5）$r>s>0$。
净收益按等比级数递增，收益年期有限	$P=\frac{A}{r-s}\left[1-\left(\frac{1+s}{1+r}\right)^n\right]$	（1）净收益按等比级数递增； （2）净收益逐年递增比率为 s； （3）收益年期有限； （4）r 大于0； （5）$r>s>0$。
净收益按等比级数递减，收益年期无限	$P=\frac{A}{r+s}$	（1）净收益按等比级数递减； （2）净收益逐年递减比率为 s； （3）收益年期无限； （4）r 大于0； （5）$r>s>0$。
净收益按等比级数递减，收益年期有限	$P=\frac{A}{r+s}\left[1-\left(\frac{1-s}{1+r}\right)^n\right]$	（1）净收益按等比级数递减； （2）净收益逐年递减比率为 s； （3）收益年期有限为 n； （4）r 大于0； （5）$0<s\leqslant 1$。

5. 已知未来若干年后资产价格。
计算公式为：

$$P=\frac{A}{r}\left[1-\frac{1}{(1+r)^n}\right]+\frac{P_n}{(1+r)^n}$$

其成立条件是：①净收益在第 n 年（含 n 年）前保持不变；②预知资产在第 n 年的价格为 P_n；③r 大于0。

6. 资产未来收益有期限，且不等值。

计算公式为：

$$P=\sum_{i=1}^{n}\frac{R_i}{(1+r)^i}$$

其成立条件是：①每年预期收益不等额；②预期收益有限期n；③r 大于0，且固定。

（三）收益法的应用前提

应用收益法必须具备的前提条件如图6－7所示。

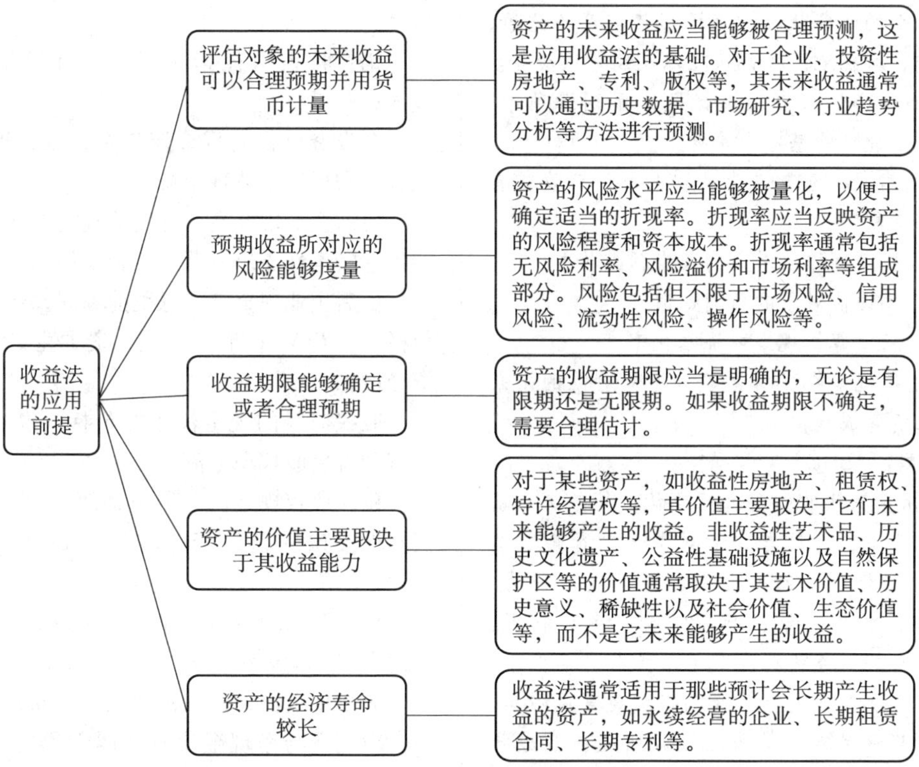

图6－7　收益法的应用前提

【例6－25】（多项选择题）下列选项中，属于收益法应用前提的是（　　）。

A. 评估对象的未来收益可以合理预测并可用货币计量

B. 评估对象的价值主要取决于其收益能力

C. 评估对象的预期收益所对应的风险能够度量

D. 评估对象的收益期限能够确定或者合理预期

E. 评估对象的经济寿命通常预计不会是长期的

【答案】 ABCD

【解析】 收益法通常适用于那些预计会长期产生收益的资产，如永续经营的企业、长期租赁合同、长期专利等。资产的经济寿命较长是收益法的应用前提之一。选项E错误，其他选项均正确。

【知识点8】收益法评估的基本步骤（★）

（一）收益法应用的主要工作

从收益法的概念可以看到，资产未来的预期收益和风险的量化是收益法应用的主要工作。

（二）收益法的基本步骤

（1）搜集或验证与评估对象未来预期收益有关的数据资料；

（2）分析测算评估对象的未来预期收益；

（3）分析测算评估对象预期收益持续的时间；

（4）分析测算折现率或资本化率；

（5）用折现率或资本化率将评估对象的未来预期收益折算成现值；

（6）分析确定评估结果。

【提示】 搜集或验证与评估对象未来预期收益有关的数据资料，包括资产配置、生产能力、资金条件、经营前景、产品结构、销售状况、历史和未来的财务状况、市场形势与产品竞争、行业水平、所在地区收益状况以及经营风险等。

【例6－26】（多项选择题）下列选项中，属于收益法评估的基本步骤的是（　　）。

A. 搜集或验证与评估对象未来预期收益有关的数据资料

B. 分析测算评估对象的未来预期收益

C. 测算评估对象的预期贬值

D. 分析测算折现率或资本化率

E. 用折现率或资本化率将评估对象的未来预期收益折算成现值

【答案】 ABDE

【解析】 采用收益法进行评估，其基本步骤如下：①搜集或验证与评估对象未来预期收益有关的数据资料，包括资产配置、生产能力、资金条件、经营前景、产品结构、销售状况、历史和未来的财务状况、市场形势与产品竞争、行业水平、所在地区收益状况以及经营风险等；②分析测算评估对象的未来预期收益；③分析测算评估对象预期收益持续的时间；④分析测算折现率或资本化率；⑤用折现率或资本化率将评估对象的未来预期收益折算成现值；⑥分析确定评估结果。

【知识点9】收益额、折现率和收益期限及其确定（收益法的主要参数）（★★★）

（一）收益额

资产评估中的收益额有两个比较明确的特点：①收益额是资产未来预期收益额，而不是资产的历史收益额或现实收益额；②用于资产评估的收益额通常是资产的客观收益，而不一定是个别拥有者使用资产实际获得的收益。前述的“客观收益”是资产在正常条件下能够获得的收益，也可以通过对资产实际获得的收益进行调整，剔除特殊、偶然等因素影响的数额得到。

一般来说，资产预期收益有三种可以选择的计量口径指标：销售收入口径、现金流口径、利润口径。根据投资口径，可以区分为全投资口径和股权投资口径。按照是否扣除所得税，预期收益还可以进一步划分为税前口径和税后口径。

销售收入口径指标只有一个，就是销售收入；

全投资口径的现金流指标包括：税前企业现金流和税后企业现金流

税前企业现金流：息税前利润 *EBIT* + 折旧/摊销 − 资本性支出 − 营运资金增加

税后企业现金流：息税前利润 *EBIT*（1 − 所得税率（*T*））+ 折旧/摊销 − 资本性支出 − 营运资金增加

股权口径的现金流指标包括：税前股权现金流和税后股权现金流

税前股权现金流：利润总额 + 折旧/摊销 − 资本性支出 − 营运资金增加 − 付息负债本金减少；

税后股权现金流：净利润 + 折旧/摊销 − 资本性支出 − 营运资金增加 − 付息负债本金减少；

股权现金流，也可称为权益现金流。

净利润与净现金流量都属于税后收益，两者之间的关系可以简单表述为：

净现金流量 = 净利润 + 折旧/摊销 − 追加投资（包含资本性支出和营运资金追加投资）

【提示1】 从资产评估的角度看，净现金流量更适宜作为预期收益指标（见图6－8）。

【提示2】 预测资产未来收益的方法（见图6－9）。

（二）折现率

1. 折现率的概念。

从之前收益法基本理论公式的推导过程中可以得到折现率定义公式：

$$r_i = \frac{P_{i+1} - P_i + DIV_i}{P_i}$$ 或者

$$R_i = \frac{V_{i+1} - V_i + FCFF_i}{V_i}$$

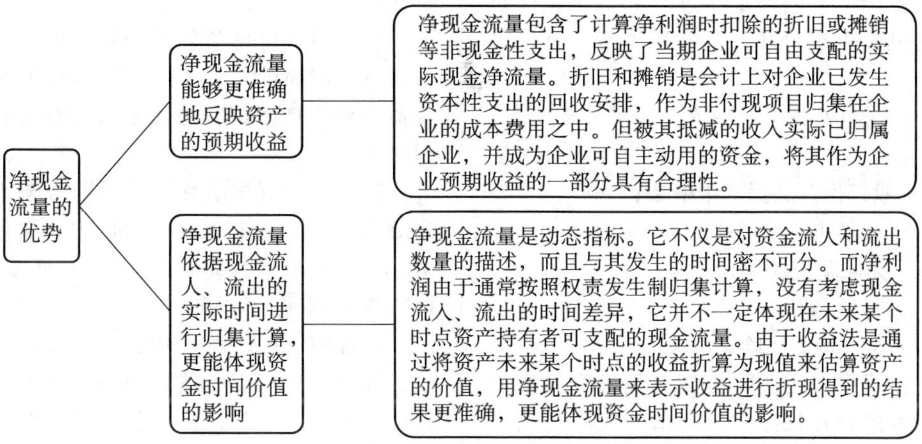

图6-8 净现金流量的优势

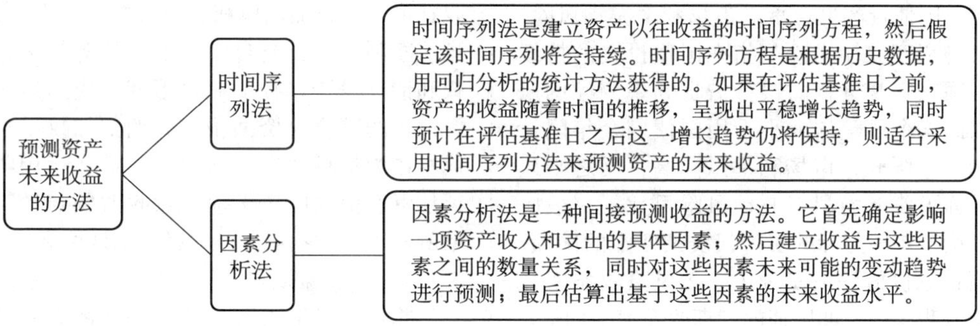

图6-9 预测资产未来收益的方法

折现率定义的回报是每年经营获得的股息回报（*DIV*）或企业自由现金流（*FCFF*）和当期股权资本的变动额（$P_{i+1}-P_i$）或当期企业权益资本与债务资本合计的变动额（$V_{i+1}-V_i$）综合作用的结果，$P_{i+1}-P_i$或$V_{i+1}-V_i$可以认为是投资本金的变动，因此折现率是每年经营和投资资本变动的收益除以年初投资金额。因此，从本质上讲，折现率是一种投资回报率，是投资者在投资风险一定的情形下，对投资所期望的回报率。折现率就其构成而言，由无风险报酬率和风险报酬率组成。在资产评估中，因资产的行业分布、种类、市场条件等的不同，其获取回报的风险不相同，折现率亦不相同。

2. 折现率的确定。

在收益法运用中，折现率的确定十分关键，从折现率原始定义公式出发估算折现率比较困难，因此研究人员经过研究，总结出一些折现率的计算公式或计算方法，目前评估界常用的估算折现率的方法有加和法、资本资产定价模型、加权平均资本成本法等。

（1）加和法。加和法，也称累加法，是以折现率包含无风险报酬率与风险报酬率两部分为计算基础的，通过分别求取每一部分的数值，然后相加即得到折现率。

无风险报酬率通常采用政府债券收益率。实务中一般采用与评估对象的预期收益期间相匹配的政府债券的到期收益率。对于长期经营的企业，无风险报酬率一般采用中长期国债的到期收益率；对于经营期限比较短的项目公司，无风险报酬率则采用与其经营期限相匹配的国债的到期收益率。

折现率的风险报酬率溢价部分反映两种风险：一是资产投资市场风险，二是与特定的评估对象或企业相联系的风险。

风险报酬率溢价的量化实际上是相当困难的，且对于每一个潜在的投资者而言都会有所不同，在评估实践中风险报酬率的确定方法有多种，需根据评估对象的具体状况选择。

（2）资本资产定价模型（Capital Asset Pricing Model，CAPM）。

资本资产定价模型是通过β系数来量化折现率中的风险报酬率部分的常用方法。其计算公式为：

$$R = R_f + \beta\ (R_m - R_f)\ + R_S$$

式中：

R——股权投资的投资报酬率；

R_m——市场平均收益率；

R_f——无风险报酬率；

β——风险系数；

R_s——企业特有风险调整系数。

上述公式中，无风险报酬率是投资无风险资产所获得的投资回报率。所谓无风险是指没有违约风险，这一条件通常在一个国力雄厚的主权国家，只有中央政府信用才能保证，如国债资产。国债资产也会承受市场利率波动风险，所谓市场利率波动风险是指在国债投资的持续期内，国家宏观进行的银行借贷利率调控的风险，因此这个风险的大小采用国债剩余年限计量，剩余年限长，市场利率风险高，反之则风险小。为了使市场利率波动风险可比，一般应该选择剩余年限与标的资产投资期匹配的国债。在我国企业价值评估实务中，无风险收益率数值通常取我国中长期国债的到期收益率平均值。

企业特定风险调整系数 R_s，一般在计算非上市的被评估企业折现率时采用，是衡量被评估企业与可比上市公司风险差异的一个指标。可比上市公司的β系数一般都可以计算，但作为非上市公司的被评估企业只能参照可比上市公司的β系数进行推算。与可比上市公司相比，被评估企业的特定风险因素主要包括企业的规模、所处的经营阶段、主要产品所处的发展阶段、经营的业务或产品的种类及区域、历史经营状况、内部管理状况、主要客户及供应商等。如果被评估企业与可比上市公司的这些差异没有在计算被评估企业β系数中得到适当考虑，实务中一般通过单独估计 R_s 参数进行调整。

(3) 加权平均资本成本法。加权平均资本成本法是以企业的各种资本在企业全部资本中所占的比重为权数，对投入企业的权益资本和付息债务资金的资本成本加权平均计算出来的资本总成本。当我们从付息负债和所有者权益两个方面来认识资产，付息负债和所有者权益所表现出的利息率和投资收益率必然影响折现率的计算。对于这一问题，可以采用加权平均法来处理，其计算公式为：

折现率 = 付息负债占企业整体权益的比重 × 付息负债利息率 × （1 - 所得税率） + 所有者权益占企业整体权益的比重 × 所有者权益投资报酬率

其中，投资报酬率 = 无风险报酬率 + 风险报酬率溢价，在企业价值评估中一般使用股权资本报酬率，可以采用资本资产定价模型（CAPM）等进行计算。

折现率作为一种价值比率，实际操作中应注意其计算口径。一些折现率是从股权投资回报率的角度考虑的，另一些折现率既考虑了股权投资的回报率又考虑了债权投资的回报率。净利润、股权自由现金流量是股权投资口径的收益形式，只能用股权投资回报率作为折现率；息前净利润、企业自由现金流量等是考虑了股权和债权投资口径的收益形式，应当运用全投资口径的综合投资回报率，例如加权平均资本成本作为折现率。评估专业人员在运用收益法评估资产价值时，必须注意收益额与计算折现率所使用的收益额之间口径上的匹配和协调。

（三）收益期限

收益期限是指资产具有获利能力并产生资产净收益的持续时间。通常以年为时间单位。它由评估专业人员根据评估对象自身效能、资产未来的获利能力、资产损耗情形及相关条件以及有关法律、法规、契约、合同等加以确定。收益期分为有限期和无限期（永续）。

【例 6-27】（单项选择题）某企业在股票市场购买了 A 公司的股票，已知 A 公司股票风险收益率为14%，市场上短期国债收益率为3%，市场平均收益率为8%，企业特有风险调整系数为0，则A公司股票的β系数为（　）。

A. 2.8　　　B. 1.29

C. 2.1　　　D. 1.8

【答案】 A

【解析】 根据资本资产定价模型：14% = β (8% - 3%) + 0，求得 β = 2.8。

【例 6-28】（单项选择题）按照资本资产定价模型，影响特定股票必要收益率的因素不包括（　）。

A. 无风险收益率

B. 市场所有股票的平均收益率

C. 特定股票的β系数

D. 特定股票的价格

【答案】 D

【解析】 根据资本资产定价模型可知，影响特定股票必要收益率的因素有三个：无风险收益率、该股票的β系数、市场所有股票的平均收益率和企业特有风险调整系数。

【例6－29】 （单项选择题）某公司的资本总额为1亿元人民币，其中长期负债占40%，平均利息率为6%，所有者权益占60%。评估时五年期国债的到期收益率为5.5%，社会平均投资报酬率为7%，该公司的所得税率为25%。该公司的β系数估计为1.5，企业特有风险调整系数为0。该公司的加权平均资本成本为（　　）。

A. 5.58%　　　B. 6.28%

C. 6.45%　　　D. 6.86%

【答案】 C

【解析】 该公司的所有者权益资本成本率＝5.5%＋1.5×（7%－5.5%）＋0＝7.75%；加权平均资本成本＝60%×7.75%＋40%×6%×（1－25%）＝6.45%。

注：本题综合了资本资产定价模型和资本成本加权法。

【知识点10】收益法的适用范围（★★）

收益法的适用范围参见图6－10。

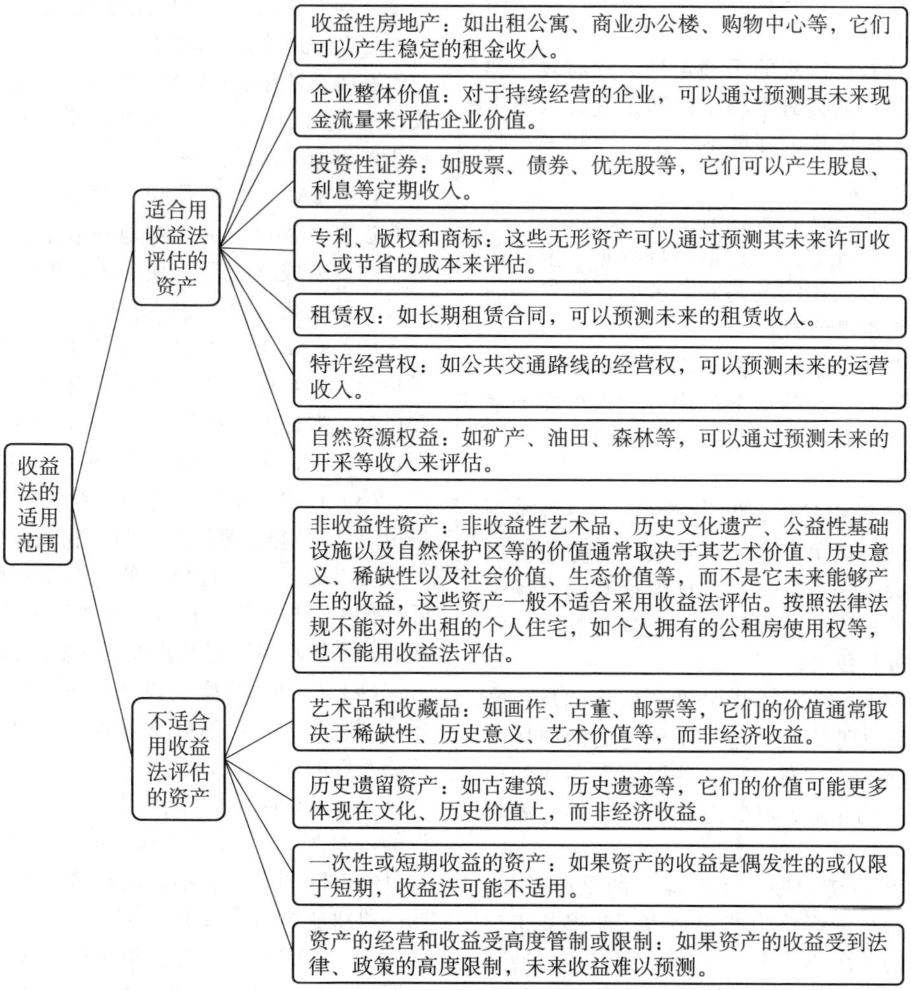

图6－10 收益法的适用范围

【例6－30】 （多项选择题）下列资产中，适合采用收益法评估的是（　　）。

A. 上市流通的普通股股票

B. 运营中的购物中心

C. 依法转让的收藏品

D. 公共交通路线的经营权

E. 保有的长期租赁合同

【答案】ABDE

【解析】艺术品和收藏品，如画作、古董、邮票等，它们的价值通常取决于稀缺性、历史意义、艺术价值等，而非经济收益，不适合采用收益法评估。股票、购物中心、公交线路的经营权、长期租赁合同等资产，可以合理预测未来的收入，适合采用收益法评估。

【知识点11】收益法的局限（★★）

（一）收益预测方面

收益预测的可靠性对于使用收益法进行企业价值评估至关重要。有些市场情况可能不适合进行收益预测，或者使收益预测变得困难或可靠度不高。

（1）政策和法规的不确定性。政府政策和法规的变化可能会对市场结构和企业收入产生巨大影响。如果政策环境不稳定，预测未来收入将非常困难。

行业预测是收益法评估企业价值过程中的关键步骤，行业收入，包括市场容量、增长速度等是企业收入预测的基础。影响行业发展的因素有些是难以预测的。

（2）技术创新和产品革新。技术的快速进步可能导致新产品或服务的出现，这可能会颠覆现有市场，使得基于当前技术的收入预测不准确。

（3）市场准入的变化。市场准入条件发生变化，如新的竞争者进入市场或现有竞争者退出，可能会改变市场格局，打破现有的市场平衡，导致价格战和市场份额的重新分配，使得收入预测变得复杂。

（4）垄断和寡头垄断企业可能面临反垄断诉讼或其他法律挑战。这些不确定的法律风险可能会影响收入预测。如某些因反垄断法的要求面临拆分的企业，其收益预测存在很大的不确定性。

（5）供应链中断。在全球化的供应链中，任何中断都可能影响生产和销售，使得基于现有供应链的预测不准确。如自然灾害、政治不稳定或运输中断，可能会影响企业的生产和供应能力，导致经营异常和价格波动。

（6）市场竞争格局变化。企业间重要或重大的合并或收购可能会改变市场结构，影响市场份额和价格。

（7）国际市场的不确定性。对于在多个国家运营的企业，国际政治关系、贸易和关税政策的变化可能会影响其在不同市场的业务和收入。

（8）依赖关键客户或供应商。如果企业的收入高度依赖于一两个大客户或供应商，那么这些关键关系的任何变化都可能对收入或成本产生重大影响。

（9）新兴市场，以及不成熟或不稳定的市场。对这些市场的企业进行收益预测具有很大的不确定性，难以用历史数据预测未来。

（10）极端事件。例如战争、重大政策变动、自然灾害等极端事件，这些事件发生的概率低，但影响巨大，难以用常规方法量化。

（二）折现率模型方面

在收益法中，CAPM（资本资产定价模型）模型通常用于估算一个企业的股权成本，即股权投资者所要求的回报率。

（1）CAPM模型假设市场是完全有效的，所有投资者都可以无成本地获取信息，并且市场中的交易成本为零。现实中，市场并非完全有效，信息获取和交易都有成本。

（2）CAPM模型假设所有投资者都是规避风险的，并且他们的投资决策仅基于预期回报和风险。实际上，投资者的行为可能受到多种因素的影响，包括心理偏差、情绪和认知限制。

（3）CAPM模型主要关注系统性风险（市场风险），忽略非系统性风险。它假设非系统性风险可以通过多元化投资的组合来消除。在实际操作中，投资者的投资可能无法完全多元化，或者非系统性风险对某些投资者来说也很重要。

（4）CAPM模型假设贝塔系数是稳定的，但在实际中，企业的贝塔系数可能会随时间和市场条件的变化而变化。

（5）CAPM模型中使用的无风险利率是假设的，而实际中无风险利率的确定并不简单，并且随时间而变化，不同的选择可能会产生不同的股权成本估算结果。

（6）CAPM模型依赖于市场模型，即股票的回报与市场回报线性相关。但现实中，股票回报可能与市场回报存在非线性关系。

（7）CAPM模型通常使用历史数据来估计贝塔系数，但这可能无法反映未来的市场条件和风险。

（8）CAPM模型假设市场是确定的，但实际上，市场充满不确定性，投资者对风险的感知和容忍度可能随时间而变化。

（9）许多实证研究表明，CAPM模型在解释股票回报的横截面差异方面并不总是有效，尤其是对于小市值公司和具有较低市净率的“价值股票”。

【例6-31】（多项选择题）关于收益法的局限，下列表述中，正确的是（　　）。

A. 在收益法中，CAPM模型通常用于估算一个企业的股权成本，即股权投资者所要求的回报率，可以客观反映未来的市场条件和风险

B. 收益预测的可靠性对于使用收益法进行企业价值评估至关重要，如果市场情况不适合进行收益预测，或者收益预测比较困难，则收益法的应用受到限制

C. 如果企业的收入高度依赖于一两个大客户或供应商，那么这些关键关系的任何变化都可能对收入或成本产生重大影响，从而影响收益法评估的可靠性

D. 许多实证研究表明，CAPM模型在解释股票回报的横截面差异方面并不总是有效，尤其是对于小市值公司和具有较低市净率的“价值股票”

E. CAPM模型假设市场是完全有效的，所有投资者都可以无成本地获取信息，并且市场中的交易成本为零。现实中，市场并非完全有效，信息获取和交易都有成本

【答案】BCDE

【解析】CAPM模型通常使用历史数据来估计贝塔系数，但这可能无法反映未来的市场条件和风险。选项A错误，其他选项均正确。

【知识点12】成本法及其应用前提（★★★）

（一）成本法的概念

成本法也是资产评估的基本方法之一。成本法是指按照重建或者重置被评估对象的思路，将重建或者重置成本作为确定评估对象价值的基础，扣除相关贬值，以此确定评估对象价值的评估方法的总称。

从被评估资产重建或重置的角度确定其价值是成本法的基本思路。因为在条件允许的情形下，任何潜在的投资者在决定投资某项资产时，所愿意支付的价格不会超过该项资产的现行购建成本。如果该投资对象并非全新，投资者所愿支付的价格会在投资对象全新的现行购建成本的基础上再扣除各种贬值。

资产的价值是一个变量。影响资产价值量变化的因素，除了重新购置或重建相同或相似资产所需的成本以外，还包括资产因使用磨损和自然力作用而产生的实体性损耗，因技术进步而产生的功能性损耗，因外部环境因素变化而产生的经济性损耗。因此，成本法除计算按照全新状态重新购建资产的全部支出及合理的利润外，还应一并计算资产损耗造成的价值损失。

上述评估思路可用公式表述为：

评估价值 = 重置成本 - 实体性贬值 - 功能性贬值 - 经济性贬值

【提示】在理解成本法的概念时还应当注意：

（1）形成资产价值的成本耗费应当是必需的。成本耗费是形成资产价值的基础，但耗费包括有效耗费和无效耗费。采用成本法评估资产，首先要确定这些耗费是必需的，而且应当体现社会或行业的平均水平，而不应是某项资产的个别成本耗费。

（2）资产的贬值不同于会计规定的折旧。资产评估中的贬值，是根据重置成本对资产的实际价值损耗的计量，反映资产价值的现实损失额。会计上的折旧是依照会计核算要求和会计准则来反映的原始成本分摊，是根据历史成本对资产的原始价值损耗的计量，不一定能够准确反映资产价值变化的现实状况。

【例6-32】（多项选择题）关于成本法的概念，下列表述中，错误的是（　　）。

A. 成本法从再取得资产的角度反映资产价值，即通过资产的重置成本扣减各种贬值来反映资产价值，是资产评估的基本方法之一

B. 如果评估对象并非全新，投资者所愿支付的价格会在投资对象全新的现行购建成本的基础上再扣除各种贬值是合理的

C. 成本法除计算按照全新状态重新购建资产的全部支出及合理的利润外，还应一并计算资产损耗造成的价值损失

D. 采用成本法评估资产，首先要确定这些耗费是必需的，而且应当体现社会或行业的先进水平，应是被评估资产的个别成本耗费

E. 资产评估中的贬值，是根据重置成本对资产的实际价值损耗的计量，反映资产价值的现实损失额，与会计上的折旧是不同的

【答案】ABCE

【解析】 形成资产价值的成本耗费应当是必需的。成本耗费是形成资产价值的基础，但耗费包括有效耗费和无效耗费。采用成本法评估资产，首先要确定这些耗费是必需的，而且应当体现社会或行业的平均水平，而不应是某项资产的个别成本耗费。选项D错误，其他选项均正确。

（二）成本法的应用前提

成本法从再取得资产的角度反映资产价值，即通过资产的重置成本扣减各种贬值来反映资产价值。成本法的应用前提如图6－11所示。

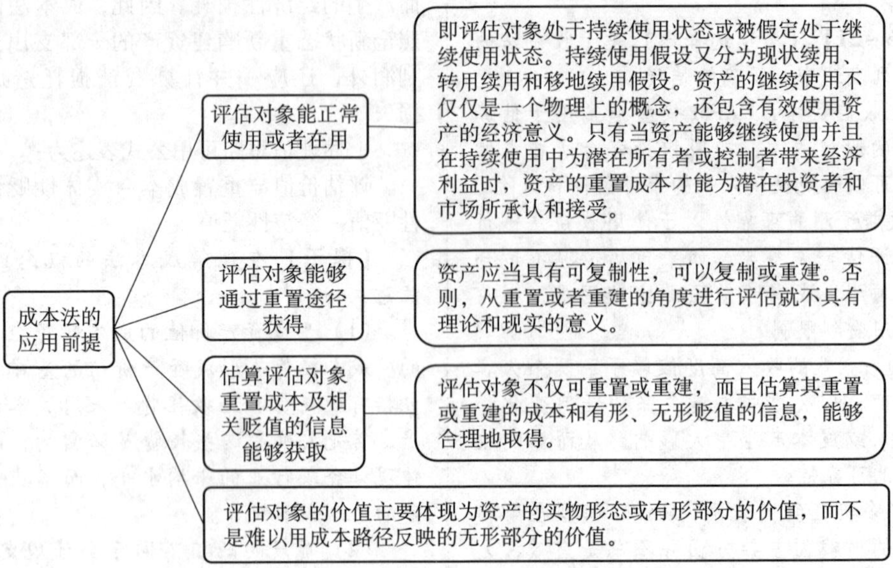

图6－11　成本法的应用前提

【例6－33】（单项选择题）关于成本法的应用前提，下列表述中，错误的是（　　）。

A. 评估对象能正常使用或者在用

B. 评估对象能够通过重置途径获得

C. 估算评估对象重置成本及相关贬值的信息能够获取

D. 评估对象的价值可能体现为无形资产部分的价值

【答案】 D

【解析】 评估对象的价值主要体现为资产的实物形态或有形部分的价值，而不是难以用成本路径反映的无形部分的价值。选项D错误，其他选项均正确。

【知识点13】成本法评估的基本步骤（★）

参见图6－12。

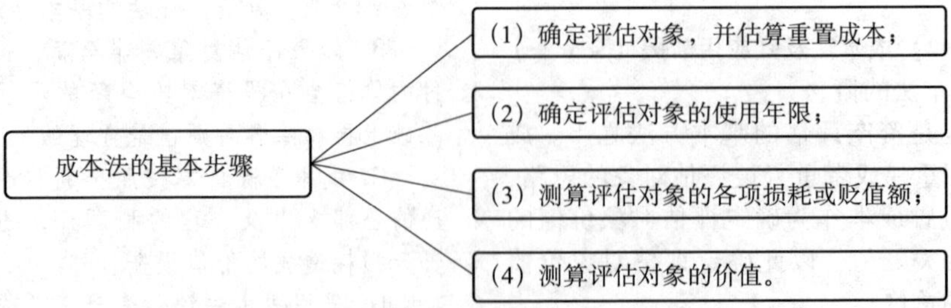

图6－12　成本法的基本步骤

【例6－34】（多项选择题）下列选项中，属于采用成本法评估基本步骤的是（　　）。

A. 确定评估对象的使用年限

B. 确定评估对象，并估算重置成本

C. 分析测算评估对象预期收益持续的时间

D. 测算评估对象的各项损耗或贬值额

E. 分析确定已经量化的对比指标之间的差异

【答案】 ABD

【解析】 资产评估专业人员运用成本法对评估对象进行评估时，应当遵循以下步骤：①确定评估对象，并估算重置成本；②确定评估对象的使用年限；③测算评估对象的各项损耗或贬值额；④测算评估对象的价值。

【知识点14】重置成本、实体性贬值、功能性贬值和经济性贬值及其确定（成本法的主要参数）（★★★）

（一）成本法的主要参数及其估算方法概述

就一般意义上讲，成本法的运用涉及四个基本要素，即资产的重置成本、资产的实体性贬值、资产的功能性贬值和资产的经济性贬值。就成本法理论而言，上述四个参数都可能存在。但在评估实践中，或者说在具体运用成本法评估资产的项目中，不是所有的评估项目一定都存在三种贬值，这需要根据评估项目的具体情形来判断。

各参数及其估算方法如图6-13所示。

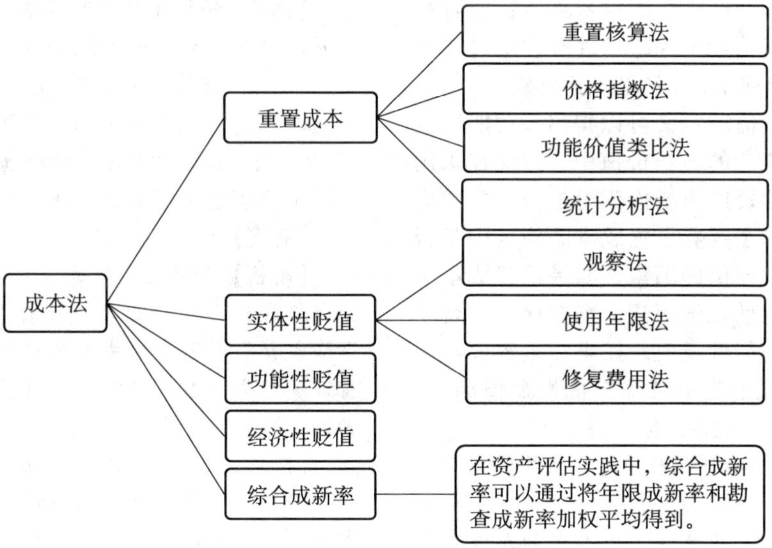

图6-13　成本法的主要参数

1. 重置成本。

资产的重置成本就是资产的现行再取得成本。重置成本的构成要素一般包括建造或者购置评估对象的直接成本、间接成本、资金成本、税费及合理的利润。重置成本应当是社会一般生产力水平的客观必要成本，而不是个别成本。重置成本的分类如图6-14所示。

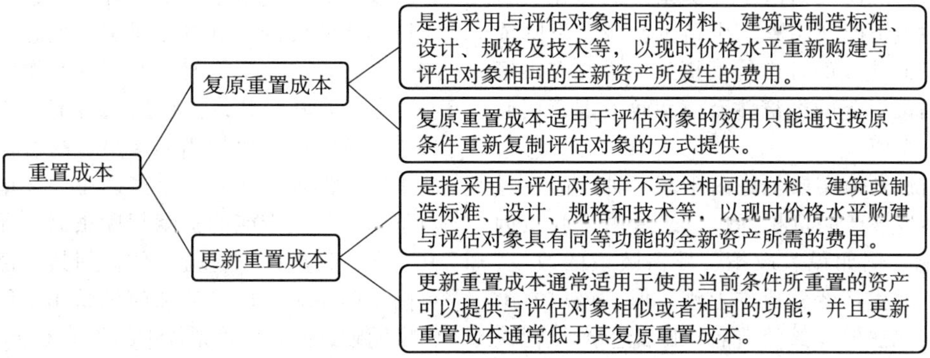

图6-14　重置成本的分类

2. 资产的实体性贬值。

资产的实体性贬值，亦称有形损耗，是指资产由于使用和自然力的作用导致资产的物理性能损耗或下降引起的资产价值损失。资产的实体性贬值通常采用相对数计量，即实体性贬值率。

3. 资产的功能性贬值。

功能性贬值是指由于技术进步引起的资产功能相对落后而造成的资产价值损失。功能性贬值主要体现为新工艺、新材料和新技术的采用使被评估资产在原有方式下的建造成本超过了现行建造成本，也称超额投资成本；或者被评估资产继续运营会出现超过现有技术进步的同类资产的运营成本，也称超额运营成本。

从功能性贬值的定义可以得出，功能性贬值主要体现在资产的市场价值中，因此在采用重置成本法评估资产市场价值时是否需要考虑功能性贬值应该主要看重置成本的确定中是否已经包含功能性贬值的因素，如果重置成本中已经包含了功能性贬值因素，则在评估中就不需要另行扣除功能性贬值；如果在重置成本中没有考虑或者没有充分考虑功能性贬值因素，则需要另行扣除功能性贬值。

【提示】估算功能性贬值时，主要根据资产的效用、生产加工能力、工耗、物耗、能耗水平等功能方面的差异造成的成本增加或效益降低，相应确定功能性贬值额。同时，还要重视技术进步因素，注意替代设备、替代技术、替代产品的影响，以及行业技术装备水平现状和资产更新换代速度等的影响。

4. 资产的经济性贬值。

经济性贬值是指由于外部条件的变化引起资产收益、资产利用率发生持续减少、下降或者闲置等而造成的资产价值损失。主要有市场竞争性因素引起的经济性贬值和政策因素引起的经济性贬值。

经济性贬值实质就是由于某一种产品供过于求，造成该产品价格降低，或者由于政策因素的影响，例如税收政策、环保政策的改变，造成该产品生产经营成本上涨，但是该成本上涨因素又无法转嫁给消费者，因此生产经营该产品的企业投资收益降低，社会上该领域的投资减少，最终造成生产该产品的企业资产价格降低。

【例6-35】（单项选择题）由于技术进步引起的资产功能相对落后而造成的资产价值损失是指（　　）。

A. 资产的重置成本

B. 资产的实体性贬值

C. 资产的经济性贬值

D. 资产的功能性贬值

【答案】D

【解析】资产的功能性贬值是指由于技术进步引起的资产功能相对落后而造成的资产价值损失。

【例6-36】（单项选择题）下列关于经济性贬值形成原因的表述中，正确的是（　　）。

A. 资产持续使用造成的磨损

B. 资产的生产加工质量持续降低

C. 资产的运营成本持续增加

D. 资产生产产品的市场需求持续萎缩

【答案】D

【解析】经济性贬值是指由于外部条件的变化引起资产收益、资产利用率发生持续减少、下降或者闲置等而造成的资产价值损失。主要有市场竞争性因素引起的经济性贬值和政策因素引起的经济性贬值。

（二）成本法具体的评估方法

成本法包括多种具体方法，如复原重置成本法、更新重置成本法、成本加和法（也称资产基础法）等。

复原重置成本法和更新重置成本法是利用成本法评估单项资产时使用的方法。资产基础法是进行整体资产评估，例如企业价值评估时采用的方法。

成本法运用于企业价值评估中，是将各项可以确认的资产、负债的现实价值逐项评估出来，最终确定企业价值。单项资产作为企业的一部分而存在，其发挥作用的价值与它作为一项单独的资产发挥作用，这两者的价值可能有所不同。例如，在一条生产线中，某单项设备对整个生产线产能的贡献程度很高，那么若将其放在该生产线中进行评估，则其价值有可能会高于单独对其进行评估时的价值。因此，要特别明晰这两种假设条件下的价值差异。

在采用成本法对企业价值进行评估时，可以根据不同资产的实际状态、使用方式等特殊性选用合适的评估方法进行评估。比如，对于某些二手办公设备，可采用市场法评估；对于自主研发的专利，则可以采用收益法评估等。因此，成本法作为企业价值评估的一种方法，更多地体现为一种加和的理念和方式，并不一定要求对其中各单项资产和负债均采用成本法进行评估。

通过成本法评估资产的价值不可避免地要涉及评估对象的重置成本、实体性贬值、功能性贬值和经济性贬值。成本法中的各种具体方法实际上都是在成本法总的评估思路基础上，围绕着上述基本参数采用不同的方式方法测算形成的（见图6－13）。

在评估实务中，人们可能会采用不同的具体方式估算成本法中的各个参数，并根据采用不同具体方式所估算参数的性质、特点来考虑其与成本法中其他参数的相互关系。

1. 重置成本的估算方法。

（1）重置核算法。重置核算法亦称细节分析法、核算法等，是利用成本核算的原理，根据重新取得资产所需的费用项目，逐项计算并累加后得到资产的重置成本。

【提示1】购买型是以购买资产的方式作为资产的重置过程，购买的结果一般是资产的购置价，如果评估对象属于不需要运输、安装的资产，购置价就是资产的重置成本。如果评估对象属于需要运输、安装的资产，资产的重置成本具体由资产的现行购买价格、运杂费、安装调试费以及其他必要费用构成，将上述取得资产的必需费用累加起来，便可计算出资产的重置成本。自建型是把自建资产作为资产重置方式，根据重新建造资产所需的料、工、费及必要的资金成本和开发者的合理收益等分析和计算出资产的重置成本。

【提示2】资产的重置成本应包括开发者的合理收益。一是重置成本是按在现行市场条件下重新购建一项全新资产所支付的全部货币总额，应该包括资产开发和制造商的合理收益。二是资产评估旨在了解评估对象在模拟条件下的交易价格，一般情形下，价格都应该含有开发者或制造者的合理收益部分。资产重置成本中的收益部分的确定，应以开发者或制造者所在行业平均资产收益水平为依据。

【例6－37】（单项选择题）重置购建设备一台，现行市场价格为每台60 000元，运杂费1 500元，直接安装成本1 000元，其中原材料500元，人工成本500元。根据分析，计算求得安装成本中的间接成本为每人工成本1.0元，该机器设备的重置成本为（　　）元。

A. 62 500　　B. 64 000

C. 63 000　　D. 61 500

【答案】C

【解析】直接成本＝60 000＋1 500＋1 000＝62 500（元）

其中：买价60 000元；运杂费1 500元；直接安装成本1 000元

其中：原材料500元；人工成本500元；间接安装成本500元

重置成本合计＝62 500＋500＝63 000（元）

（2）价格指数法。价格指数法也称物价指数法，是利用与资产有关的价格变动指数，将评估对象的历史成本（账面价值）调整为重置成本的一种方法。

在既无法获得处于全新状态的评估对象的现行市价，也无法获得与评估对象相类似的参照物的现行市价时，可以利用与资产有关的价格变动指数计算评估对象的重置价值。其计算公式为：

重置成本＝资产的历史成本×价格指数

或：

重置成本＝资产的历史成本×（1＋价格变动指数）

式中，价格指数可以是定基价格指数或环比价格指数。

定基价格指数是指在一定时期内对比基期固定不变的价格指数，即：

（评估基准日价格指数÷资产购建时点的价格指数）×100%

环比价格指数可考虑按下式求得：

$X=(1+a_1)\times(1+a_2)\times(1+a_3)\times\cdots\times(1+a_n)\times100\%$

式中：

X——环比价格指数；

a_n——第 n 年环比价格变动指数，$n=1, 2, 3, \cdots, n$。

【提示1】需要强调的是，该方法所依据的历史成本应当是原始购置所发生的支出，经评估调整后以及二手交易价格均不能作为该方法使用的依据。

【提示2】价格指数法与重置核算法是重置成本估算较常用的方法，但二者具有明显的区别：①价格指数法估算的重置成本仅考虑了价格变动因素，因而确定的是复原重置成本；而重置核算法既考虑了价格因素，也考虑了生产技术进步和劳动生产率变化因素，因而可以用来估算更新重置成本。②价格指数法建立在不同时期的某一种或某类别甚至全部资产的物价变动水平上；而重置核算法则建立在现行价格水平与购建成本费用核算的基础上。

【例6-38】（单项选择题）某评估对象历史成本（账面价值）为300 000元，2014年建成，2019年进行评估，经调查已知同类资产环比价格变动指数分别为：2015年为10.7%，2016年为15%，2017年为20.5%，2018年为8.9%，2019年为9.8%，该资产重置成本为（　）元。

A. 392 000　　B. 456 000

C. 523 000　　D. 550 200

【答案】D

【解析】评估对象重置成本＝300 000×（1＋10.7%）×（1＋15%）×（1＋20.5%）×（1＋8.9%）×（1＋9.8%）×100%＝300 000×183.4%＝550 200（元）。

【例6-39】（单项选择题）评估一台机器设备，该设备三年前购置，目前尚无替代产品。账面原值12万元，其中买价10万元，运输费0.5万元，安装费用（包括材料）1万元，调试费用0.5万元。现行价格13万元，运输费、安装费、调试费分别比三年前上涨20%、40%、50%。该设备的重置成本为（　）万元。

A. 15.75　　B. 12.75

C. 15.00　　D. 13.25

【答案】A

【解析】13＋0.5×（1＋20%）＋1×（1＋40%）＋0.5×（1＋50%）＝15.75（万元）。

（3）功能价值类比法。功能价值类比法，是利用某些资产功能（生产能力）的变化与其全新状态下的价格或重置成本的变化所呈现的某种指数或线性关系，通过参照物的价格或重置成本与其功能价值之间的关系估算被评估对象的价格或重置成本的技术方法。该方法亦称为类比估价法——指数估价法。当资产的功能变化与其价格或重置成本的变化呈线性关系时，人们习惯把线性关系条件下的功能价值类比法称为生产能力比例法，而把非线性关系条件下的功能价值类比法称为规模经济效益指数法（见图6-15）。

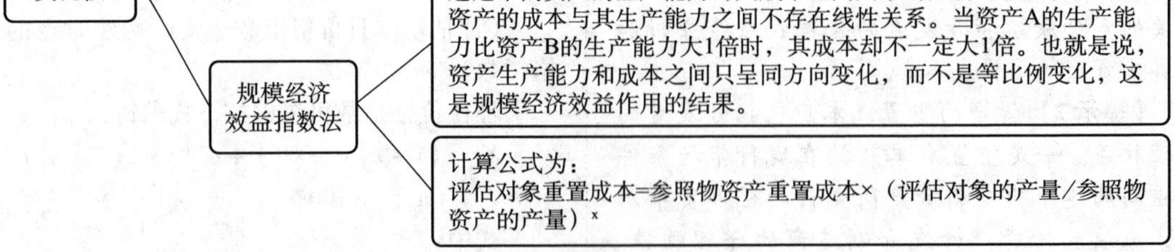

图6-15　功能价值类比法的分类

【提示】公式中的x被称为规模经济效益指数，它是依靠统计分析得到的。目前在我国，这样的统计分析并不多见，实践中通常采用的是一些经验数据。在美国，这个经验数据一般为0.4—1.2，这些数据也会随着社会经济和行业的发展等而发生变化。我国到目前为止尚未有统一的经验数据，评估时要谨慎使用这种方法。公式中的参照物一般可选择同类资产中的标准资产。

【例6-40】（单项选择题）某重置全新的

一台机器设备价格为 9 万元，年产量为 6 000 件。现知评估对象的年产量为 4 000 件，由此可以确定其重置成本为（　　）元。

A. 60 000　　B. 50 000

C. 135 000　　D. 90 000

【答案】 A

【解析】 评估对象重置成本 $=4\ 000 \div 6\ 000 \times 90\ 000 = 60\ 000$（元）。

（4）统计分析法。其步骤如图 6－16 所示。

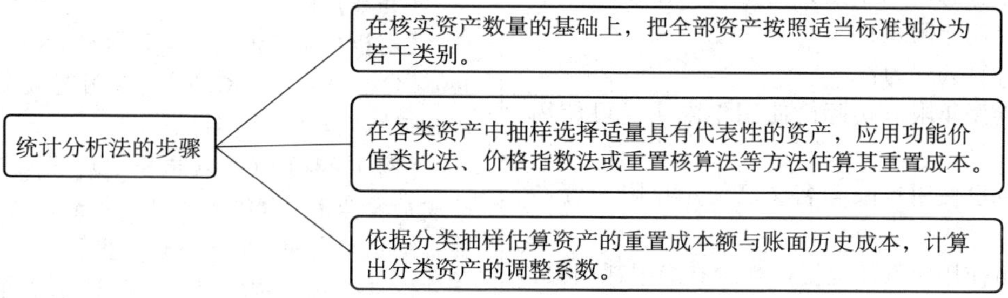

图 6－16　统计分析法的步骤

其分类资产的调整系数计算公式为：

$$K = R'/R$$

式中：

K——资产重置成本与历史成本的调整系数；

R'——某类抽样资产的重置成本；

R——某类抽样资产的历史成本。

根据调整系数 K 估算评估对象的重置成本，计算公式为：

评估对象重置成本 $= \sum$ 某类资产账面历史成本 $\times K$

某类资产账面历史成本可从会计记录中取得。

【例 6－41】（单项选择题）评估某企业某类通用设备，经抽样选择具有代表性的通用设备 6 台，估算其重置成本之和为 50 万元，而该 6 台具有代表性的通用设备历史成本之和为 25 万元，该类通用设备账面历史成本之和为 600 万元。则该类通用设备的重置成本为（　　）万元。

A. 1 000　　B. 1 200

C. 1 500　　D. 300

【答案】 B

【解析】 $K = 50 \div 25 = 2$，该类通用设备重置成本 $= 600 \times 2 = 1\ 200$（万元）

2. 资产的实体性贬值估算方法。

（1）观察法。观察法是指由具有专业知识和丰富经验的工程技术人员，对评估对象的实体各主要部位进行现场勘查，并综合分析资产的设计、制造、使用、磨损、维护、修理、大修理、改造情形和物理寿命等因素，将评估对象与其全新状态相比较，考察由于使用磨损和自然损耗对资产的功能、使用效率带来的影响，判断评估对象的成新率，从而估算资产的实体性贬值。计算公式为：

资产实体性贬值 = 重置成本 × 实体性贬值率

或：

资产实体性贬值 = 重置成本 ×（1－实体性成新率）

【例 6－42】（单项选择题）评估对象于 2020 年 1 月 1 日购进，其购置时成本为 150 万元。该设备于评估基准日 2022 年 12 月 31 日的全新购置价格为 200 万元。经过专家鉴定，该设备由于使用磨损所造成的贬值率为 30%。在不考虑其他因素的条件下，该设备的实体性贬值为（　　）万元。

A. 50　　B. 45

C. 60　　D. 75

【答案】 C

【解析】 实体性贬值 = 重置成本 × 实体性贬值率 $= 200 \times 30\% = 60$（万元）。

（2）使用年限法（或称年限法）。使用年限法是利用评估对象的实际已使用年限与其总使用年限的比值来判断其实体贬值率（程度），进而估测资产的实体性贬值。

使用年限法的数学表达式为：

$$资产实体性贬值率 = \frac{实际已使用年限}{总使用年限} \times 100\%$$

资产实体性贬值 = 重置成本 × 资产实体性贬值率

$$资产实体性贬值 = 重置成本 \times \frac{实际已使用年限}{总使用年限} \times 100\%$$

式中：总使用年限指的是实际已使用年限与尚可使用年限之和。

其计算公式为：

总使用年限 = 实际已使用年限 + 尚可使用年限

实际已使用年限 = 名义已使用年限 × 资产利用率

尚可使用年限是根据资产的有形损耗因素，预计资产的继续使用年限。名义已使用年限，是指资产从购进使用到评估时的年限。实际已使用年限是指资产在使用中实际损耗的年限。实际已使用年限与名义已使用年限的差异，可以通过资产利用率来调整。资产利用率的计算公式为：

$$资产利用率 = \frac{截至评估日资产累计实际利用时间}{截至评估日资产累计法定利用时间} \times 100\%$$

当资产利用率 > 1 时，表示资产超负荷运转，资产实际已使用年限比名义已使用年限要长；

当资产利用率 = 1 时，表示资产满负荷运转，资产实际已使用年限等于名义已使用年限；

当资产利用率 < 1 时，表示开工不足，资产实际已使用年限小于名义已使用年限。

【提示】评估中经常遇到评估对象是经过更新改造过的情形。对于更新改造过的资产而言，其实体性贬值的计量还应充分考虑更新改造投入的资金对资产寿命的影响，否则可能会过高地估计实体性贬值。对于更新改造问题，一般采取加权法来确定资产的实体性贬值。也就是说，先计算加权更新成本，再计算加权平均已使用年限。其计算公式为：

加权更新成本 = 已使用年限 × 更新成本（或购建成本）

加权平均已使用年限 = $\sum$ 加权更新成本（或购建成本）/ $\sum$ 更新成本（或购建成本）

【例 6－43】（单项选择题）某资产于 2014 年 1 月购进，2024 年 1 月评估时，名义已使用年限是 10 年。根据该资产技术指标，在正常使用情形下，每天应工作 8 小时，该资产实际每天工作 7 小时。由此可以计算其实际已使用年限为（　　）年。

A. 8.5　　B. 8.75

C. 9.1　　D. 8.1

【答案】B

【解析】资产利用率 = 10 × 360 × 7 ÷（10 × 360 × 8）× 100% = 87.5%，实际已使用年限 = 10 × 87.5% = 8.75（年）。

【例 6－44】（单项选择题）被评估车辆可行驶的总里程为 60 万公里。截至评估基准日，该车辆已经行驶 15 万公里，重置成本为 40 万元。假定不考虑其他因素，则该车辆在基准日的实体性贬值额为（　　）万元。

A. 15　　B. 20

C. 10　　D. 25

【答案】C

【解析】实体性贬值额 = 重置成本 × 已行驶里程/总里程 = 40 × 15/60 = 10（万元）。

（3）修复费用法。修复费用法是利用恢复资产功能所需支出的费用金额来直接估算资产实体性贬值的一种方法。所谓修复费用包括资产主要零部件的更换或者修复、改造、停工损失等费用支出。如果资产可以通过修复恢复到其全新状态，可以认为资产的实体性损耗等于其修复费用。

【例 6－45】（单项选择题）对一座简易车间进行评估，该车间已使用 4 年，经鉴定尚可使用 8 年，但车间顶棚需要维修，维修费用大约 8 000 元。该车间的重置成本为 12 万元。按照修复费用法计算，其实体性贬值额和成新率分别是（　　）。

A. 8 000 元，93.33%

B. 40 870 元，65.65%

C. 44 960 元，62.53%

D. 52 320 元，58.96%

【答案】C

【解析】根据题中资料，该车间可修复部分的实体性贬值额 = 修复费用 = 8 000（元）；不可修复部分的实体性贬值率 = 4 ÷（4 + 8）× 100% = 33%，不可修复部分的实体性贬值额 = 不可修复部分的重置成本 × 不可修复部分的实体性贬值率 =（120 000 － 8 000）× 33% = 36 960（元）。则，该车间的实体性贬值额 = 可修复部分的实体性贬值额＋不可修复部分的实体性贬值额＝8 000＋36 960＝44 960（元），该车间的成新率＝（1－44 960/120 000）×100%＝62.53%。

3. 资产功能性贬值估算的步骤及方法（见图6－17）。

功能性贬值估算的步骤及方法

- 将评估对象的年运营成本与功能相同但性能更好的新资产的年运营成本进行比较。
- 计算二者的差异，确定净超额运营成本。
- 估计评估对象的剩余寿命。
- 以适当的折现率将评估对象在剩余寿命内每年的净超额运营成本折现，这些折现值之和就是评估对象的功能性贬值。计算公式：评估对象功能性贬值额＝Σ(评估对象年净超额运营成本×折现系数)
- 功能性贬值的估算还可以通过对超额投资成本的估算进行，即超额投资成本可视同为功能性贬值，计算公式：功能性贬值=复原重置成本−更新重置成本

图6－17　功能性贬值估算的步骤及方法

【提示】在实际评估工作中也有功能性溢价的情形，即当评估对象功能明显优于参照资产功能时，评估对象就可能存在功能性溢价。

【例6－46】（单项选择题）某被评估设备比新设备多使用8名工人，每年多耗电150万度。工人年平均工资为12万元，每度电1元，该设备尚可使用5年，折现率为10%，企业所得税率为25%，则该设备的功能性贬值约为（　　）万元。

A. 699.4　　　　B. 756.5

C. 636.8　　　　D. 709.2

【答案】A

【解析】年净超额运营成本＝（8×12＋150×1）×（1－25%）＝184.5（万元）；功能性贬值＝年净超额运营成本×（P/A，10%，5）＝184.5×3.7908＝699.4（万元）。

4. 资产的经济性贬值的估算方法。

（1）间接计算法。该方法主要测算的是因资产利用率下降所导致的经济性贬值。

经济性贬值率＝

$$\left[1-\left(\frac{\text{资产预计可被利用的生产能力}}{\text{资产原设计生产能力}}\right)^{x}\right]\times 100\%$$

式中：x为规模经济效益指数，实践中多采用经验数据，数值一般在0.6—0.7。

经济性贬值额的计算应以评估对象的重置成本或重置成本减去实体性贬值和功能性贬值后的结果为基数，按确定的经济性贬值率估算。

（2）直接计算法。该方法主要测算的是因收益额减少所导致的经济性贬值。

经济性贬值额＝资产年收益损失额×（1－所得税税率）×（P/A，r，n）

式中：（P/A，r，n）——年金现值系数。

【提示】在实际评估工作中也有经济性溢价的情形，即当评估对象及其产品有良好的市场及市场前景，或有重大政策利好时，评估对象就可能存在着经济性溢价。

【例6－47】（单项选择题）某被评估生产线的设计生产能力为年产18 000台产品，因市场需求结构发生变化，在未来可使用年限内，每年产量估计要减少5 000台左右，假定规模经济效益指数为0.7。根据上述条件，该生产线的经济性贬值率约为（　　）。

A. 31%　　　　B. 25%

C. 19%　　　　D. 21%

【答案】D

【解析】经济性贬值率＝{1－[（18 000－5 000）÷18 000]$^{0.7}$}×100%≈（1－0.79）×100%≈21%

【例6－48】（单项选择题）某被评估生产线的设计生产能力为年产18 000台产品，因市场需求结构发生变化，在未来可使用年限内，每年减少5 000台产品，每台产品损失利润80元，该生产线尚可继续使用5年，企业所在行业的投资回报率为8%，所得税税率为25%。该生产线的经济性贬值额为（　　）元。

A. 1 197 810　　　　B. 1 253 890

C. 1 307 850　　D. 1 287 640

【答案】A

【解析】经济性贬值额 =（5 000 ×80）×（1 − 25%）×（P/A, 8%, 5）= 400 000 ×（1 − 25%）×3.9927 = 1 197 810（元）。

5. 综合成新率的估算。

在资产评估实践中，综合成新率可以通过将年限成新率和勘查成新率加权平均得到。年限成新率的确定考虑了资产的经济寿命。在使用过程中资产的价值随着使用年限的增加而降低。

勘查成新率是评估专业人员通过现场勘查、查阅资产的历史资料，向操作人员询问资产的使用情形、维修保养情形等，对所获得信息进行分析后综合确定的成新率。

【例 6 − 49】（单项选择题）评估某建筑物，已知该建筑物耐用年限为 50 年，经测算其实际已使用年限为 10.26 年；经现场勘查打分，鉴定其成新率为 75%。评估时，决定采用综合成新率，年限成新率与勘查成新率的权重分别为 0.45 和 0.55，则该建筑物的综合成新率为（　　）。

A. 77.46%　　B. 77.02%

C. 80.07%　　D. 76.79%

【答案】B

【解析】年限成新率 =（建筑物耐用年限 − 建筑物已使用年限）÷ 建筑物耐用年限 ×100% =（50 − 10.26）÷ 50 ×100% = 79.48%；该建筑物的综合成新率 = 79.48% ×0.45 + 75% ×0.55 = 77.02%。

【知识点 15】成本法的适用范围（★★）

成本法适用于资产的功能作用具有可替代性、资产重置没有法律和技术障碍、重置资产所需要的物化劳动易于计量的评估对象。

（一）适合采用成本法评估的资产

市场交易不活跃或缺乏可比销售数据的资产，以及不能单独产生收益的资产，通常采用成本法进行评估。具体包括：

1. 建筑物和构筑物：如生产厂房、公益建筑、桥梁等，可以通过估算建筑成本和贬值来评估其价值。

2. 机器设备：如专业或专用设备、自制设备等，可以通过估算设备的购置成本和贬值来评估。

3. 土地改良：如土地平整、灌溉系统等，可以通过计算改良的成本来评估。

4. 基础设施：如道路、给排水管网、电网等公共设施，可以通过计算建设成本等来评估。

5. 定制化或特殊用途的资产：如专门定制的机器或软件，市场法可能不适用，成本法可用来评估其价值。

6. 不易贬值的资产：对于贬值较慢的资产，如某些类型的土地改良，成本法可以较好地反映其价值。

（二）不适合采用成本法评估的资产

不适合采用成本法评估的资产通常具有以下特征：独特性、不可复制性、市场缺乏可比性、价值主要体现于非物质因素等。以下资产类型一般不适合采用成本法评估：

1. 文化遗产和文物：包括古建筑、历史遗址、艺术品、古董等，它们的价值往往与历史、文化、艺术相关，而不仅仅是物质成本。

2. 无形资产：如专利、商标、版权、商誉等，这些资产的价值在于其能够带来的未来收益或竞争优势，而不是其生产成本。

3. 自然资源：如矿产、森林、水资源等，它们的价值可能受市场供需、地理位置、开采难度等多种因素影响，而不仅仅是资源本身的成本。

4. 环境资产：如空气质量、生态系统服务、景观等，这些资产的价值在于其对人类福祉的贡献，难以用成本法衡量。

5. 金融资产：如股票、债券、衍生品等，它们的价值通常由市场决定，与成本无关。

6. 数据资产：如数据库、大数据集合等，它们的价值在于数据的应用潜力，而不只是数据的收集成本。

7. 品牌资产：品牌的价值在于其市场影响力、消费者忠诚度和潜在收益，而不只是品牌创建的成本。

8. 人力资源：如员工的技能、经验和知识，这些资产的价值在于员工的能力对公司业绩的贡献，而不只是培养这些能力的成本。

【例 6 − 50】（多项选择题）下列资产中，适合采用成本法评估的是（　　）。

A. 公益建筑　　B. 专用设备

C. 大数据集合　　D. 给排水管网

E. 定制化软件

【答案】ABDE

【解析】数据资产：如数据库、大数据集合等，它们的价值在于数据的应用潜力，而不只是数据的收集成本，不适合采用成本法评估。

【知识点16】成本法的局限（★★）

（一）不能全面反映市场情况

成本法主要考虑的是重建或复制资产所需的成本，而不考虑市场上对该资产的需求或供给情况。因此，成本法评估的结果可能无法反映资产在市场上的实际交易价值。评估结果可能与市场价值存在较大差异。

（二）无法体现资产的独特性价值

对于具有独特性、稀缺性或历史价值的资产，例如，一件艺术品或古董，其价值远远超过了制作成本，成本法很可能无法准确反映其价值。

（三）适用范围有限

成本法不适用于那些无法复制或重建的资产，如历史建筑、艺术品等资产。成本法一般也很少用于商誉、专利、商标等无形资产的评估，因为这些资产的价值更多地取决于其带来的未来收益和市场情况，与成本通常只有弱对应关系。

虽然成本法在某些情况下也是一种有用的评估工具，特别是在缺乏市场交易数据或资产具有独特性时。但它通常需要与市场法、收益法等其他评估方法结合使用，以获得更全面的资产价值评估。

【例6－51】（多项选择题）关于成本法的局限，下列表述中，正确的是（　　）。

A. 成本法评估的结果可能无法反映资产在市场上的实际交易价值，评估结果可能与市场价值存在较大差异

B. 对于具有独特性、稀缺性或历史价值的古董，其价值远远超过了制作成本，成本法很可能无法准确反映其价值

C. 在缺乏市场交易数据或资产具有独特性时，采用成本法评估受到很多限制

D. 成本法不适用于那些无法复制或重建的资产，如历史建筑、艺术品等资产

E. 成本法一般很少用于商誉、专利、商标等无形资产的评估

【答案】ABDE

【解析】虽然成本法在某些情况下也是一种有用的评估工具，特别是在缺乏市场交易数据或资产具有独特性时。但它通常需要与市场法、收益法等其他评估方法结合使用，以获得更全面的资产价值评估。

【知识点17】恰当选择资产评估方法的要求和内容（★★）

（一）评估方法选择的要求

资产评估专业人员在选择资产评估方法时，应当充分考虑影响评估方法选择的因素。所考虑的因素如图6－18所示。

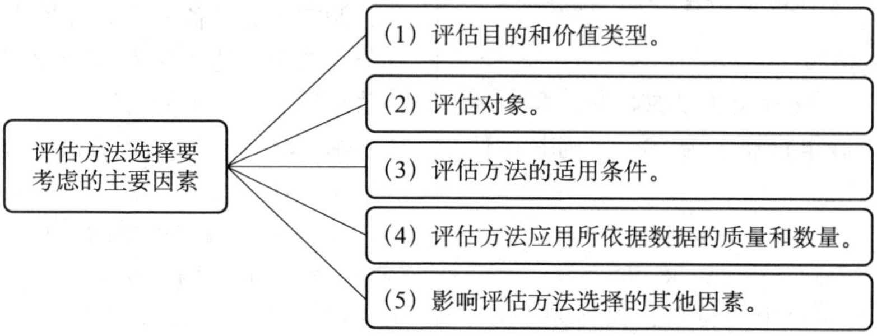

图6－18 评估方法选择要考虑的主要因素

评估方法选择的要求：①评估方法应当与评估目的和评估价值类型相适应；②评估方法的选取应当与评估对象的类型和现实状态相适应；③评估方法的选取应当与资料收集情况相适应。

（二）可以采用一种评估方法的情形

根据《资产评估执业准则——资产评估方法》规定，资产评估专业人员在评估实践中，当存在下列情形时，可以采用一种评估方法：①基于相关法律、行政法规和财政部部门规章的规定可以采用一种评估方法；②由于评估对象仅满足一种评估方法的适用条件而采用一种评估方法；③因操作条件限制而采用一种评估

方法。操作条件限制应当是资产评估行业通常的执业方式普遍无法排除的，而不得以个别资产评估机构或者个别资产评估专业人员的操作能力和条件作为判断标准。

（三）评估方法选择的披露

资产评估专业人员应该在资产评估报告中对资产评估方法的选择及其理由进行披露。因适用性受限而选择一种评估方法的应当在资产评估报告中披露其他基本评估方法不适用的原因；因操作条件受限而选择一种评估方法的，应当对所受的操作条件限制进行分析、说明和披露。

【例6－52】（多项选择题）资产评估专业人员在选择资产评估方法时，应当充分考虑影响评估方法选择的因素，其主要包括（　　）。

A. 评估目的和价值类型

B. 资产评估的评估对象

C. 评估方法的适用条件

D. 评估方法应用所依据数据的质量和数量

E. 委托人及其他相关当事人的要求

【答案】 ABCD

【解析】 资产评估专业人员在选择资产评估方法时，应当充分考虑影响评估方法选择的因素。所考虑的因素主要包括：①评估目的和价值类型；②评估对象；③评估方法的适用条件；④评估方法应用所依据数据的质量和数量；⑤影响评估方法选择的其他因素。

精选练习题

一、单项选择题

1. 某资产年金收益额为7 500元，剩余使用年限为8年，假定折现率为10%，则其评估值约为（　　）元。

A. 60 000　　B. 40 012

C. 45 806　　D. 38 468

2. 某企业有一台生产设备，拟强制变现。评估专业人员了解到，在评估时点与其完全相同设备的正常销售价格为35万元，经综合分析，强制变现的折扣率约为20%，据此，该设备的评估价值接近于（　　）万元。

A. 7　　B. 28

C. 42　　D. 24

3. 被评估房地产于2023年6月30日进行评估，假定该类房地产2023年上半年各月月末的价格同2022年年底相比，分别上涨了3.6%、4.7%、6.2%、7.8%、8.6%和11.5%。其中参照房地产在2022年4月底的价格为4 800元/平方米，该房地产的评估价值为（　　）元/平方米。

A. 4 960.76　　B. 4 875.25

C. 4 959.54　　D. 4 964.75

4. 某人在2023年3月初购入房屋一套，成交价格为400万元。2023年6月初，欲以该房屋抵押，从银行贷款，需要评估该房屋的价值。评估专业人员了解到，该类房屋的价格变化情形如下：2023年3—6月的环比价格指数分别为102.6%、99.3%和105.5%。据此，该房屋在2023年6月初的评估价值应为（　　）万元。

A. 435.86　　B. 456.24

C. 425.38　　D. 429.94

5. 某生产线的年生产能力为120吨，为评估其价值，评估师决定采用功能价值类比法，取得的参照生产线的年生产能力为110吨，评估时点参照生产线的市场价格为95万元，假定该类资产的价值与其功能呈线性关系，由此确定被评估生产线的评估价值接近于（　　）万元。

A. 105.31　　B. 100.55

C. 103.64　　D. 87.08

6. 欲评估的某设备的年生产能力为160吨，评估师取得的参照设备的年生产能力为150吨，了解到评估时点参照设备的市场价格为120万元，假定该类设备的价值与其功能呈线性关系，功能价值指数约为0.7，由此确定该设备的评估价值接近于（　　）万元。

A. 128　　B. 123

C. 131　　D. 126

7. 某被评估生产线的设计生产能力为年产15 000台产品，因市场需求结构发生变化，在未来可使用年限内，每年减少4 000台产品，每台产品损失利润60元，该生产线尚可继续使用6年，企业所在行业的投资回报率为8%，所得税税率为25%。则该生产线的经济性贬值额大约为（　　）元。

A. 832 122　　B. 982 563

C. 542 368　　D. 783 215

8. 某评估对象购建于2020年，账面原值为40 000元，当时该类资产的定基价格指数为

90%，评估基准日该类资产的定基价格指数为150%，则评估对象重置成本为（　　）元。

A. 66 667　　B. 68 592

C. 63 574　　D. 68 742

9. 重置购建设备一台，现行市场价格为每台80 000元，运杂费2 000元，直接安装成本1 000元，其中原材料200元，人工成本800元。根据统计分析，计算求得安装成本中的间接成本为960元，求该机器设备的重置成本为（　　）元。

A. 83 960　　B. 80 000

C. 83 000　　D. 89 620

10. 评估对象为某一服装品牌的特许经营权。根据许可方与被许可方所签订的合同，在评估基准日，该品牌的尚可使用年限为4年；根据以往的经营数据和市场对该品牌的认可程度，预计未来年收益将会维持在250万元。折现率假定为8%。则该品牌的特许经营权价值为（　　）万元。

A. 896.88　　B. 828.03

C. 856.25　　D. 886.24

11. 下列选项中，不属于市场法评估步骤的是（　　）。

A. 选择参照物

B. 指标对比和量化差异

C. 选择比较因素

D. 测算各项贬值

12. 下列选项中，表述正确的是（　　）。

A. 间接比较法直观简洁、便于操作，但通常对参照物与评估对象之间的可比性要求较高

B. 市价折扣法一般只适用于评估对象与参照物之间仅存在交易条件方面差异的情形

C. 市价折扣法的计算公式为：资产评估价值 = 参照物成交价格 × $\frac{评估对象生产能力}{参照物生产能力}$

D. 成新率价格调整法一般只运用于评估对象与参照物之间仅有时间因素存在差异的情形，且时间差异不能过长

13. 在运用收益法进行资产评估时，下列选项中不涉及收益法基本要素的是（　　）。

A. 评估对象的预期收益

B. 折现率或资本化率

C. 评估对象取得预期收益的持续时间

D. 评估对象的使用时间

14. 在运用市场法进行评估时，市场法的应用前提不包括（　　）。

A. 参照物市场应当符合公开市场条件

B. 参照物市场应当为有效市场

C. 可比参照物的交易信息可以获得

D. 对影响资产价值关键因素难以识别和明确

15. 在运用成本法进行资产评估时，下列表述错误的是（　　）。

A. 重置核算法和价格指数法都是建立在利用历史资料的基础之上

B. 价格指数法估算的重置成本确定的是复原重置成本

C. 价格指数法建立在现行价格水平与购建成本费用核算的基础上

D. 重置核算法可以用来估算更新重置成本

16. 被评估蒸汽锅炉为1年前购建，评估时该锅炉由于蒸汽系统损坏而无法使用，更换全部蒸汽系统需投入12万元，将其他部分修复到全新状态需投入全部重置成本的4%。该设备的重置成本为185万元，不考虑其他因素，则该设备的成新率约为（　　）。

A. 75.9%　　B. 91.3%

C. 89.5%　　D. 88.8%

17. 某设备重置成本15万元，预计残值0.5万元，尚可使用年限与名义已使用年限均为5年，资产利用率90%，则该设备的实体性贬值额为（　　）万元。

A. 6.87　　B. 5.96

C. 6.58　　D. 7.06

18. 一般在计算非上市的被评估企业折现率时采用，衡量被评估企业与可比上市公司风险差异的一个指标是（　　）。

A. 能够反映未来情形的β值

B. 企业特定风险调整系数R_s

C. 市场平均风险报酬率

D. 股权投资的投资报酬率

二、多项选择题

1. 资产的功能性贬值可以体现在（　　）。

A. 由于采用新工艺、新材料和新技术等，而使被评估资产在原有方式下的建造成本超过现行建造成本

B. 被评估资产继续运营会出现超过现有技术进步后同类资产的运营成本

C. 从收入角度看，在产出量相等的情形下，

评估对象运营取得的收入要高于同类技术水平先进的资产

D. 从产出能力角度看，在运营成本相类似的情形下，评估对象的产出能力要高于同类技术先进的资产

E. 从运营成本角度看，在产出量相等的情形下，评估对象的运营成本要低于同类技术先进的资产

2. 运用市场法评估时，所选择的参照物与评估对象应具有可比性，即相同或相似的资产及交易。判断可比性应考虑的主要方面有（　　）。

A. 个别因素　　B. 位置因素

C. 交易因素　　D. 市场因素

E. 时间因素

3. 估算资产重置成本的功能价值类比法，主要包括（　　）。

A. 市场售价类比法

B. 生产能力比例法

C. 物价指数法

D. 规模经济效益指数法

E. 统计分析法

4. 下列选项中，成本法评估企业价值的步骤不包括（　　）。

A. 分析确定已经量化的对比指标之间的差异

B. 分析测算评估对象预期收益持续的时间

C. 确定评估对象的使用年限

D. 测算评估对象的各项损耗或贬值额

E. 分析测算评估对象的未来预期收益

5. 下列选项中，收益法的评估步骤不包括（　　）。

A. 测算评估对象的各项损耗或贬值额

B. 分析测算评估对象的未来预期收益

C. 分析确定已经量化的对比指标之间的差异

D. 将影响价值的对比指标进行比较和量化差异

E. 分析测算评估对象预期收益持续的时间

6. 下列关于收益法中收益额的表述，正确的是（　　）。

A. 收益额是资产的历史收益额

B. 收益额是资产的现实收益额

C. 收益额是资产的预期收益额

D. 收益额是资产的实际收益额

E. 收益额是资产的客观收益额

7. 下列选项中，表述错误的是（　　）。

A. 成新率价格调整法一般只运用于评估对象与参照物之间仅有成新程度差异的情形

B. 市场售价类比法的计算公式为：资产评估价值 = 参照物售价 + 功能差异值 + 时间差异值 + … + 交易情形差异值

C. 资产的实体特征和质量是运用市场法评估单项资产应考虑的可比因素之一

D. 类比估价法的计算公式为：资产评估价值 = 参照物成交价格 ×（1 − 价格折扣率）

E. 市价折扣法一般只运用于评估对象与参照物之间仅有时间因素存在差异的情形，且时间差异不能过长

8. 资产评估专业人员在评估实践中，可以采用一种评估方法进行评估的情形是（　　）。

A. 基于相关法律、行政法规、规章的规定可以采用一种评估方法

B. 由于评估对象仅满足一种评估方法的适用条件而采用一种评估方法

C. 由于委托人的原因要求只采用一种评估方法

D. 因操作条件限制而采用一种评估方法

E. 因评估时间紧迫只能选择一种评估方法

9. 对资产评估专业人员选择评估方法的要求，下列表述中，正确的有（　　）。

A. 资产评估方法作为获得特定资产价值的技术方法，需要与价值类型相适应

B. 委托人的特殊要求是评估专业人员选择评估方法需要考虑的因素之一

C. 评估方法的选取应当与资料收集情况相适应

D. 评估方法的选取应当考虑评估时限的长短及专业能力的高低

E. 评估方法的选取应当与评估对象的类型和现实状态相适应

10. 关于资产评估专业人员运用市场法评估，下列选项中，表述正确的是（　　）。

A. 评估对象的可比参照物具有公开的市场，存在活跃的交易，是市场法运用的前提之一

B. 不论评估对象是单项资产还是整体资产，运用市场法评估时都需要选择具有可比性的参照物

C. 运用市场法评估资产时应尽可能选择多个参照物，是确定收费标准的重要依据

D. 分析测算评估对象预期收益持续的时间是市场法的操作步骤之一

E. 市场条件是运用市场法评估单项资产应考虑的可比因素之一

11. 在用市场法评估资产时，下列选项中，表述错误的是（ ）。

A. 间接比较法直观简洁、便于操作，但通常对参照物与评估对象之间的可比性要求较高

B. 类比估价法一般只适用于评估对象与参照物之间仅存在交易条件方面差异的情形

C. 价格指数法一般只运用于评估对象与参照物之间仅有时间因素存在差异的情形，且时间差异不能过长

D. 成新率价格调整法一般只运用于评估对象与参照物之间仅有成新程度差异的情形

E. 成新率价格调整法计算公式为：资产评估价值 = 参照物成交价格 × 评估对象成新率/参照物成新率

12. 下列关于市场法评估的表述，正确的有（ ）。

A. 市场法是资产评估重要方法之一，评估结果直观明了，较容易被资产评估业务各当事人理解和接受

B. 市场法是相对来说具有客观性的方法，是资产评估三种方法中最为有效、可理解、客观的方法，也是运用最多的方法

C. 市场法是一种相对估值方法，其理论基础是在市场公开、交易活跃情况下，相同或相似资产的价值也是相同或相似的

D. 市场法对参照物的选取关键是资产的可比性问题，包括功能、市场条件及成交时间等

E. 市场法需要评估专业人员对若干评估初步结果进行综合分析，以确定最终的评估值

13. 价值比率法通常被用来评估企业价值。对于可比参照物与可比标准的确定，需要考虑的因素是（ ）。

A. 分析可比参照物是否可比时，需要考虑企业生产的产品或提供的服务是否相同、相似，或者企业的产品或服务是否都受相同的经济因素影响

B. 被评估企业与可比企业的规模和获利能力是否相似，并不一定要求两者完全相同，应当选取规模较为相似的企业进行比较

C. 成长性差异较大的公司，通常所处的生命周期不同，对于当前时点的可比性就存在较大差异，未来成长性相同或相似，有助于提升其可比性

D. 当采用股权口径指标进行对比分析时，通常会要求参照物的资本结构要相同或相似，否则被评估企业与参照物之间的股权口径指标可能会不可比

E. 深刻把握当前市场价格和资产价值之间的差异性，对于可比案例和评估对象在风险、收益方面的差异，可以合理调整价值乘数等相关因子，得到评估价值

14. 采用收益法评估企业价值时，公式 $P = A/(r-s)$ 适用的前提条件包括（ ）。

A. 净收益按等比级数递增

B. 净收益逐年递增比率为 r

C. $r>0$

D. $r>s>0$

E. 收益年期无限

15. 全投资口径的现金流指标包括（ ）。

A. 税前股权现金流

B. 净现金流量

C. 税前企业现金流

D. 税后股权现金流

E. 税后企业现金流

16. 目前评估界常用的估算折现率的方法有（ ）。

A. 加和法

B. 风险分析法

C. 价值比率法

D. 资本资产定价模型

E. 加权平均资本成本法

17. 经济性贬值是指由于外部条件的变化引起资产收益、资产利用率发生持续减少、下降或者闲置等而造成的资产价值损失。主要包括（ ）。

A. 技术进步引起资产功能相对落后引起的经济性贬值

B. 市场竞争性因素引起的经济性贬值

C. 运营成本增加引起的经济性贬值

D. 由于使用及自然力的作用引起的经济性贬值

E. 政府政策因素引起的经济性贬值

18. 价值比率法中的价值比率种类非常多，其中，按照指标参数的性质分类，可以分为（ ）。

A. 股权投资价值比率

B. 技术人员价值比率

C. 盈利价值比率

D. 收入价值比率

E. 资产价值比率

三、综合题

1. 对某企业的一台加工炉进行评估，该加工炉是每周7天，每天24小时连续运转。经现场观察并与操作人员和技术人员交谈，了解到这台设备是8年前安装的，现在需要对炉内的耐火材料、一部分管道及外围设备更换。

如果更换耐火材料、管道和外围设备，该加工炉就能再运转15年。经与设备维修和技术部门讨论，可知更换耐火材料需投资15万元，更换管道及外围设备需投资7万元，共22万元。采用成本法求得该加工炉的重置成本为160万元。

根据题中资料，回答以下问题：

（1）该加工炉适用的评估方法是什么？该方法的适用范围是什么？

（2）常用的资产实体性贬值的估算方法有哪些？

（3）估测该加工炉的成新率。

（4）计算该加工炉的评估值。

2. 评估对象为某大型机器设备，其生产时间为2015年，评估基准日为2024年1月。搜集到一交易案例，该机器设备和待估设备型号相同，属同一厂家生产，交易时间为2023年12月，交易价格为12 400 000元，该机器设备的生产时间为2015年。经调查了解，待估设备的已使用年限为7.5年，尚可使用年限为13年；参照资产已使用年限为8年，尚可使用年限为15年。

根据题中资料，回答以下问题：

（1）市场法的可比因素有哪些？

（2）如果评估对象与参照资产的差异主要体现在新旧程度这一指标上，请评估该机器设备的价值。

3. 某机器设备生产能力为年产30 000台产品，因市场需求结构发生变化，在未来可使用年限内，每年产量估计要减少6 000台左右，每台产品损失利润20元，该生产线尚可继续使用3年，企业所在行业的投资回报率为10%，所得税税率为25%。假定规模经济效益指数为0.4。

根据题中资料，回答以下问题：

（1）根据上述资料判断该机器设备产生的是哪项贬值，并说明理由。

（2）计算该机器设备的贬值率。

（3）计算该机器设备的贬值额。

4. 某企业2023年利润表记载实现的净利润为260万元，补贴收入100万元（包括企业增值税出口退税28万元和因洪灾政府专项补贴72万元）；营业外支出82万元（为企业遭受洪灾的损失支出）。评估人员经分析，预计从2024—2028年企业的净利润将在2023年正常净利润水平上每年递增5%，2029—2033年企业净利润将保持在2028年净利润水平上。企业将在2033年底停止生产、整体变现，预计变现值约为750万元。若折现率为12%，企业所得税税率为25%。

根据题中资料，回答以下问题：

（1）该企业2023年的正常净利润是多少？

（2）该企业2024—2028年，每年的净利润是多少？

（3）如果对该企业股东全部权益价值进行评估，应当采用什么方法？该方法的主要参数是什么？

（4）试评估2023年12月31日该企业股东全部权益价值（计算结果以万元为单位，保留两位小数）。

5. 某公司欲进行合资，需要评估其股东全部权益价值。资产评估专业人员依据掌握的资料，预计该公司未来5年的预期利润总额分别为340万元、350万元、340万元、350万元和360万元。评估时市场平均收益率为11.75%，无风险报酬率为5.25%，公司所在行业的平均风险与社会平均风险的比率为1.5，适用的企业所得税税率为25%，企业特有风险调整系数为0。该公司生产经营比较平稳。

根据题中资料，回答以下问题：

（1）该公司适用的折现率如何求得？折现率是多少？

（2）该项评估所采用评估方法的基本步骤是什么？

（3）在持续经营假设下，该项评估的评估思路是什么？

（4）计算该公司股东全部权益价值的评估值（计算结果以“万元”为单位，保留两位小数）。

精选练习题参考答案及解析

一、单项选择题

1.【答案】B

【解析】评估值 = 7500 ×（P/A，10%，8）= 7 500 × 5.3349 = 40 012（元）。

2.【答案】B

【解析】应运用市价折扣法评估。资产评估价值 = 35 ×（1 − 20%）= 28（万元）。

3.【答案】D

【解析】应运用定基指数修正。评估对象于 2022 年 6 月 30 日的价值为：4 800 ×（1 + 11.5%）/（1 + 7.8%）= 4 964.75（元/平方米）。

4.【答案】D

【解析】该房屋在 2022 年 6 月初的评估价值 = 400 × 102.6% × 99.3% × 105.5% = 429.94（万元）。

5.【答案】C

【解析】资产价值与其功能呈线性关系，可用生产能力比例法评估。被评估生产线的评估价值 = 95 × 120 ÷ 110 = 103.64（万元）。

6.【答案】D

【解析】资产价值与其功能呈指数关系，可用规模经济效益指数法评估。该设备的评估价值 = $120 \times (160 \div 150)^{0.7} = 126$（万元）。

7.【答案】A

【解析】经济性贬值额 =（4000 × 60）×（1 − 25%）×（P/A，8%，6）= 180 000 × 4.6229 = 832 122（元）。

8.【答案】A

【解析】应运用定基指数修正。评估对象重置成本 = 40 000 ×（150% ÷ 90%）≈ 66 667（元）。

9.【答案】A

【解析】重置核算法也称细节分析法、核算法等，是利用成本核算的原理，根据重新取得资产所需的费用项目，逐项计算并累加后得到资产的重置成本。直接成本 = 80 000 + 2 000 + 1 000 = 83 000（元），间接安装成本 = 960（元），重置成本合计 = 83 000 + 960 = 83 960（元）。

10.【答案】B

【解析】P = 250 ×（P/A，8%，4）= 250 × 3.3121 = 828.03（万元）。

11.【答案】D

【解析】市场法的基本步骤包括：①选择参照物；②在评估对象与参照物之间选择比较因素；③指标对比和量化差异；④分析确定已经量化的对比指标之间的差异；⑤综合分析确定评估结果。

12.【答案】B

【解析】直接比较法直观简洁、便于操作，但通常对参照物与评估对象之间的可比性要求较高，选项 A 错误。市价折扣法一般只适用于评估对象与参照物之间仅存在交易条件方面差异的情形，选项 B 正确。生产能力比例法其计算公式为：资产评估价值 = 参照物成交价格 × $\frac{评估对象生产能力}{参照物生产能力}$，选项 C 错误。价格指数法一般只运用于评估对象与参照物之间仅有时间因素存在差异的情形，且时间差异不能过长，选项 D 错误。

13.【答案】D

【解析】收益法涉及三个基本要素：①收益额（评估对象的预期收益）；②折现率（或资本化率）；③收益期限（评估对象取得预期收益的持续时间）。

14.【答案】D

【解析】市场法依赖于对影响资产价值关键因素的理解和识别，这些因素应当是可以识别和明确的，并且在参照物和评估对象之间，这些因素能够被合理地量化和调整。

15.【答案】C

【解析】重置核算法建立在现行价格水平与购建成本费用核算的基础上。

16.【答案】C

【解析】假定不考虑其他因素，该锅炉可修复的蒸汽系统的实体性贬值 = 12（万元），其他可修复部分的实体性贬值 = 185 × 4% = 7.4（万元），则该锅炉的实体性贬值率 =（12 + 7.4）÷ 185 × 100% = 10.5%，成新率 = 1 − 10.5% = 89.5%。

17.【答案】A

【解析】该设备的实际已使用年限 = 5 × 90% = 4.5（年），实体性贬值率 = [1 − 5 ÷ (5 + 4.5)] × 100% = 47.4%；实体性贬值额 =（原值 − 预计残值）× 实体性贬值率 =（15 − 0.5）× 47.4% = 6.87（万元）。

18.【答案】B

【解析】企业特定风险调整系数 R_s，一般在计算非上市的被评估企业折现率时采用，是衡量被评估企业与可比上市公司风险差异的一个指标。

二、多项选择题

1.【答案】AB

【解析】功能性贬值是指由于技术进步引起的资产功能相对落后而造成的资产价值损失。功能性贬值主要体现在由于采用新工艺、新材料和新技术等，而使被评估资产在原有方式下的建造成本超过现行建造成本，也称超额投资成本；或者被评估资产继续运营会出现超过现有技术进步后同类资产的运营成本等方面，也称超额运营成本。

2.【答案】ACDE

【解析】运用市场法评估时，所选择的参照物与评估对象应具有可比性，即相同或相似的资产及交易。判断可比性应考虑的主要方面有：个别因素、市场因素、交易因素、时间因素等。

3.【答案】BD

【解析】资产的重置成本的估算方法包括：重置核算法、价格指数法、功能价值类比法和统计分析法，其中，功能价值类比法包括生产能力比例法和规模经济效益指数法。

4.【答案】ABE

【解析】运用成本法对评估对象进行评估时，应当遵循以下步骤：①确定评估对象，并估算重置成本；②确定评估对象的使用年限；③测算评估对象的各项损耗或贬值额；④测算评估对象的价值。

5.【答案】ACD

【解析】运用收益法对评估对象进行评估时，应当遵循以下步骤：①搜集或验证与评估对象未来预期收益有关的数据资料，包括资产配置、生产能力、资金条件、经营前景、产品结构、销售状况、历史和未来的财务状况、市场形势与产品竞争、行业水平、所在地区收益状况以及经营风险等；②分析测算评估对象的未来预期收益；③分析测算折现率或资本化率；④分析测算评估对象预期收益持续的时间；⑤用折现率或资本化率将评估对象的未来预期收益折算成现值；⑥分析确定评估结果。

6.【答案】CE

【解析】资产评估中的收益额有两个比较明确的特点：①收益额是资产未来预期收益额，而不是资产的历史收益额或现实收益额；②用于资产评估的收益额通常是资产的客观收益，而不一定是个别拥有者使用资产实际获得的收益。前述的“客观收益”是资产在正常条件下能够获得的收益，也可以通过对资产实际获得的收益进行调整，剔除特殊、偶然等因素影响的数额得到。

7.【答案】DE

【解析】市价折扣法的计算公式为资产评估价值 = 参照物成交价格 ×（1 − 价格折扣率）。价格指数法一般只运用于评估对象与参照物之间仅有时间因素存在差异的情形，且时间差异不能过长。

8.【答案】ABD

【解析】根据《资产评估执业准则——资产评估方法》规定，资产评估专业人员在评估实践中，当存在下列情形时，可以采用一种评估方法：①基于相关法律、行政法规和财政部部门规章的规定可以采用一种评估方法；②由于评估对象仅满足一种评估方法的适用条件而采用一种评估方法；③因操作条件限制而采用一种评估方法。操作条件限制应当是资产评估行业通常的执业方式普遍无法排除的，而不得以个别资产评估机构或者个别资产评估专业人员的操作能力和条件作为判断标准。

9.【答案】ACE

【解析】资产评估专业人员选择评估方法的要求，主要包括：①评估方法应当与评估目的和评估价值类型相适应；②评估方法的选取应当与评估对象的类型和现实状态相适应；③评估方法的选取应当与资料收集情况相适应。

10.【答案】ABE

【解析】运用市场法评估资产时应尽可能选择多个参照物，是为了避免某个参照物个别交易中的特殊因素和偶然因素对成交价及评估值的影响，并不是确定收费标准的重要依据，选项 C 错误；分析测算评估对象预期收益持续的时间是收益法的操作步骤之一，选项 D 错误。

11.【答案】AB

【解析】直接比较法直观简洁、便于操作，但通常对参照物与评估对象之间的可比性要求较高。市价折扣法一般只适用于评估对象与参照物之间仅存在交易条件方面差异的情形。

12.【答案】ACDE

【解析】市场法作为目前资产评估的重要方法之一，有其重要的意义和优势。它是相对来说具有客观性的方法，也比较容易被交易双方所理解和接受。因而，如果不存在资产的成本和效用以及市场对其价值的认知严重偏离的情形下，市场法通常是资产评估三种方法中较为有效、可理解、客观的方法。

13.【答案】ABCD

【解析】可比参照物与可比标准的确定：①分析可比参照物是否可比时，需要考虑企业生产的产品或提供的服务是否相同、相似，或者企业的产品或服务是否都受相同的经济因素影响。②被评估企业与可比企业的规模和获利能力是否相似。在这里，并不一定要求两者完全相同，但是，由于企业规模与生产能力之间并非呈现完美的线性关系，通常存在"规模效应"，所以如果企业规模差异太大，其获利能力可能失去可比性。因此，应当选取规模较为相似的企业进行比较。③未来成长性相同或相似。从本质上来说，企业当前的价值来源于其未来的获利能力。成长性差异较大的公司，通常所处的生命周期不同，对于当前时点的可比性就存在较大差异。因而，评估专业人员在选取可比公司时将这一点纳入考虑范围之内，有助于提升其可比性。④资本结构相同或相似。当采用股权口径指标进行对比分析时，通常会要求参照物的资本结构要相同或相似，否则被评估企业与参照物之间的股权口径指标可能会不可比。

14.【答案】ACDE

【解析】计算公式"$P=A/(r-s)$"成立的条件是：①净收益按等比级数递增；②净收益逐年递增比率为 s；③收益年期无限；④r 大于 0；⑤$r>s>0$。

15.【答案】CE

【解析】全投资口径的现金流指标包括：税前企业现金流和税后企业现金流。

16.【答案】ADE

【解析】目前评估界常用的估算折现率的方法有加和法、资本资产定价模型、加权平均资本成本法等。

17.【答案】BE

【解析】经济性贬值是指由于外部条件的变化引起资产收益、资产利用率发生持续减少、下降或者闲置等而造成的资产价值损失。主要有市场竞争性因素引起的经济性贬值和政策因素引起的经济性贬值。

18.【答案】CDE

【解析】价值比率法中的价值比率种类非常多，按照指标参数的性质分类可以分为盈利价值比率、收入价值比率和资产价值比率。

三、综合题

1.【答案及解析】

（1）成本法的适用条件包括：评估对象能正常使用或者在用；评估对象能够通过重置途径获得；估算评估对象重置成本及相关贬值的信息能够获取；评估对象的价值主要体现为资产的实物形态或有形部分的价值，而不是难以用成本路径反映的无形部分的价值。题中的资产在用，可以重置，有重置成本、使用年限等资料，其价值主要是有形资产部分的价值，满足成本法的适用条件，可以采用成本法评估其价值。

（2）常用的资产实体性贬值的估算方法有：①观察法。观察法是指由具有专业知识和丰富经验的工程技术人员，对评估对象的实体各主要部位进行现场勘查，并综合分析资产的设计、制造、使用、磨损、维护、修理、大修理、改造情形和物理寿命等因素，将评估对象与其全新状态相比较，考察由于使用磨损和自然损耗对资产的功能、使用效率带来的影响，判断评估对象的成新率，从而估算资产的实体性贬值。②使用年限法（或称年限法）。使用年限法是利用评估对象的实际已使用年限与其总使用年限的比值来判断其实体贬值率（程度），进而估测资产的实体性贬值。③修复费用法。修复费用法是利用恢复资产功能所支出的费用金额来直接估算资产实体性贬值的一种方法。所谓修复费用包括资产主要零部件的更换或者修复、改造、停工损失等费用支出。如果资产可以通过修复恢复到其全新状态，可以认为资产的实体性损耗等于其修复费用。

（3）成新率的估算。

①估测不可修复部分的重置成本。用加工炉的重置成本扣减可修复的实体性损耗得：160 − 22 = 138（万元）；

②计算不可修复部分的损耗率和损耗额。

损耗率 = 8 ÷（8 + 15）= 34.78%；

损耗额 = 138 × 34.78% = 48（万元）；

③计算实体性贬值及成新率：

实体性贬值 = 22 + 48 = 70（万元）；

成新率 = 1 − 70/160 = 56.25%。

（4）该加工炉的评估值 = 重置成本 × 成新率 = 160 × 56.25% = 90（万元）。

2.【答案及解析】

（1）市场法的可比因素也称为比较因素或价值影响因素，一般要考虑交易市场、交易时间、交易条件、交易方式、交易背景及动机、交易批量以及与评估对象所对应的资产类型相关的某类特定资产价值影响因素。

（2）如果资产存在公开的市场，存在活跃的交易，有关交易的必要信息可以获得，应采用市场法进行评估。评估对象与参照资产的差异主要体现在新旧程度这一指标上，可通过对成新率指标的调整来估算评估对象的市场价值。

评估对象的成新率 = 评估对象尚可使用年限/（评估对象已使用年限 + 评估对象尚可使用年限）× 100% = 13 ÷（7.5 + 13）× 100% = 63%；

参照资产的成新率 = 15 ÷（8 + 15）× 100% = 65%；

评估对象的评估值 = 参照资产的成交价格 ×（评估对象成新率/参照资产的成新率）= 12 400 000 ×（63% ÷ 65%）≈ 12 018 461（元）。

3.【答案及解析】

（1）该贬值属于经济性贬值。资产的经济性贬值是指由于外部条件变化引起资产闲置、收益下降等造成的资产价值损失。本题中的机器设备是由于市场需求结构发生变化导致产量减少，应该属于经济性贬值。

（2）经济性贬值率 = $\{1-[(30\ 000-6\ 000)/30\ 000]^{0.4}\}\times 100\% = (1-0.91)\times 100\% = 9\%$。

（3）经济性贬值额 =（6 000 × 20）×（1 − 25%）×（P/A，10%，3）= 120 000 × 2.4869 = 298 428（元）。

4.【答案及解析】

（1）计算企业 2023 年的正常净利润：

正常净利润 = 260 +（82 − 72）×（1 − 25%）= 267.5（万元）。

（2）计算 2024—2028 年各年净利润：

①2024 年净利润：267.5 ×（1 + 5%）= 280.875（万元）；

②2025 年净利润：280.875 ×（1 + 5%）= 294.919（万元）；

③2026 年净利润：294.919 ×（1 + 5%）= 309.665（万元）；

④2027 年净利润：309.665 ×（1 + 5%）= 325.148（万元）；

⑤2028 年净利润：325.148 ×（1 + 5%）= 341.405（万元）。

（3）题中所述涉及净利润、折现率、收益年限等资料，适合采用收益法评估。运用收益法进行评估涉及许多经济技术参数，其中最主要的参数有三个：收益额、折现率和收益期限。

（4）2023 年 12 月 31 日该企业股东全部权益价值评估值 = $280.875/(1+12\%) + 294.919/(1+12\%)^2 + 309.665/(1+12\%)^3 + 325.148/(1+12\%)^4 + 341.405/(1+12\%)^5 + 341.405\times(P/A,\ 12\%,\ 5)\times(P/F,\ 12\%,\ 5) + 750/(1+12\%)^{10} = 2\ 046.47$（万元）。

5.【答案及解析】

（1）根据题中条件，应采用资本资产定价模型求得折现率。根据资本资产定价模型，$R = R_f + \beta(R_m - R_f) + R_S = 5.25\% + 1.5\times(11.75\% - 5.25\%) + 0 = 15\%$，即折现率为 15%。

（2）该评估应当采用收益法，其基本步骤是：①搜集或验证与评估对象未来预期收益有关的数据资料，包括资产配置、生产能力、资金条件、经营前景、产品结构、销售状况、历史和未来的财务状况、市场形势与产品竞争、行业水平、所在地区收益状况以及经营风险等；②分析测算评估对象的未来预期收益；③分析测算评估对象预期收益持续的时间；④分析测算折现率或资本化率；⑤用折现率或资本化率将评估对象的未来预期收益折算成现值；⑥分析确定评估结果。

（3）在持续经营假设下，该项评估的评估思路是：根据收益法评估的基本步骤，需要将预计的未来收益现值年金化，用折现率或资本化率将评估对象的未来预期年金化收益折算成现值，确定评估结果。

（4）计算该公司股东全部权益价值的评估值：

①预计的未来收益现值 $=340\times(1-25\%)\times(1+15\%)^{-1}+350\times(1-25\%)\times(1+15)^{-2}+340\times(1-25\%)\times(1+15\%)^{-3}+350\times(1-25\%)\times(1+15\%)^{-4}+360\times(1-25\%)\times(1+15\%)^{-5}=221.75+198.48+167.66+150.10+134.24=872.23$（万元）；

②资本回收系数 $=(A/P, 15\%, 5)=1/(P/A, 15\%, 5)=1/3.3522=0.2983$；

③预计的未来收益现值年金化金额 $=872.23\times0.2983=260.19$（万元）；

④该公司股东全部权益价值的评估值 $=A/r=260.19/15\%=1\ 734.6$（万元）。

第七章　资产评估报告与档案

考试大纲

第七章	考试目的	考查考生对资产评估报告和档案的基本内容，国有资产评估报告的特殊编写要求，资产评估档案的编制、归集与管理等相关内容的掌握情况，以及编制资产评估报告及资产评估档案的能力。
资产评估报告与档案	考试内容及要求	
	掌握的内容（★★★）	1. 资产评估报告的基本要求。
		2. 资产评估报告的基本内容。
		3. 工作底稿的编制要求。
		4. 资产评估档案的归集和管理。
	熟悉的内容（★★）	1. 资产评估报告的分类。
		2. 国有资产评估报告的特殊要求。
		3. 评估档案及作用。
		4. 工作底稿的分类、内容。
	了解的内容（★）	1. 资产评估报告及规范要求
		2. 评估档案的保密与查阅。

考情分析

本章主要介绍资产评估报告的分类、基本要求和基本内容，国有资产评估报告的特殊内容，工作底稿的编制要求，资产评估档案的归集、管理、保密与查阅等内容。考试目的中有考查编制资产评估报告及资产评估档案能力的要求，考生应该通过系统学习，掌握资产评估报告和资产评估档案的编制要求与编制方法，对工作底稿予以重点关注。

本章考试题型多以单项选择题、多项选择题等客观题为主，但也经常结合其他章节的内容在综合题中考查本章的重要知识点，特别是评估报告和工作底稿，是常见的、重要的考查内容。考生应全面掌握知识点，着重把握重点内容，提高资产评估报告与档案的编制能力，熟悉国有资产评估报告的特殊要求。

教材主要变化

本章考试大纲无变化，教材仅在个别地方有修订和完善，但无实质性变化。

考点精讲及典型例题解析

【知识点1】资产评估报告及规范要求（★）

（一）资产评估报告的概念

资产评估报告是指资产评估机构及其资产评估专业人员遵守法律、行政法规和资产评估准则，根据委托履行必要的评估程序后，由资产评估机构对评估对象在评估基准日特定目的下的价值出具的专业报告。

【提示】资产评估专业人员应当根据评估业务的具体情况，提供能够满足委托人和其他评估报告使用人合理需求的评估报告，并在评估报告中提供必要信息，使评估报告使用人能够正确理解和使用评估结论。资产评估报告应当按照一定格式和内容进行编写，反映评估目的、假设、程序、标准、依据、方法、结果及适用条件等基本信息。

（二）资产评估报告的规范要求

我国的资产评估行政监管部门一直重视对

资产评估报告的规范。20世纪90年代，资产评估主要服务于国有企业的改革和对外开放，对资产评估报告的规范最初也由国有资产管理部门制定。

1998年，国资局被撤销后，财政部行使国有资产评估管理和资产评估行业管理职能，对原有的资产评估报告制度做了进一步的修改完善。

2003年，国务院设立国有资产监督管理委员会，从财政部接手了国有资产管理的部分职能，报告的标准仍然沿用财政部发布的《资产评估报告基本内容与格式的暂行规定》（该规定于2011年2月被废止）。

2007年，中国资产评估协会发布了《资产评估准则——评估报告》，该准则是我国资产评估行业规范各类资产评估报告编制和出具行为的执业准则。

2008年、2010年中国资产评估协会先后制定和发布了专门规范不同类型企业的国有资产评估报告编制和出具的执业准则。

《资产评估法》出台后，中国资产评估协会于2017年依据《资产评估法》对《资产评估执业准则——资产评估报告》《企业国有资产评估报告指南》和《金融企业国有资产评估报告指南》进行了修订；并于2018年对《资产评估执业准则——资产评估报告》的部分内容进行了修订。

【提示】《资产评估执业准则——资产评估报告》主要是从基本遵循、报告内容、出具要求等方面对评估报告进行规范；《企业国有资产评估报告指南》和《金融企业国有资产评估报告指南》是从国有资产评估报告的基本内容与格式方面，对评估报告的标题、文号、目录、声明、摘要、正文、附件、评估明细表和评估说明，以及出具与装订等进行规范。

【例7-1】（单项选择题）下列选项中，从基本遵循、报告内容、出具要求等方面对评估报告进行规范的是（　　）。

A.《资产评估执业准则——资产评估报告》

B.《中华人民共和国资产评估法》

C.《企业国有资产评估报告指南》

D.《金融企业国有资产评估报告指南》

【答案】A

【解析】《资产评估执业准则——资产评估报告》主要是从基本遵循、报告内容、出具要求等方面对评估报告进行规范。

【知识点2】资产评估报告的分类（★★）

参见图7-1。

【提示1】涉及国有资产的评估业务不一定都属于法定评估业务，例如以财务报告为目的的资产评估就不属于法定评估业务。《公司法》规定，对作为出资的非货币财产应当评估作价。该类资产评估业务也属于法定评估业务。因此，涉及国有资产或者公共利益等事项，法律、行政法规规定需要评估的法定评估业务，所出具的评估报告为法定评估业务评估报告，比如按照国有资产评估管理的相关规定出具的国有资产评估报告。除此以外开展的评估业务所出具的评估报告均属于非法定评估业务评估报告。

【提示2】尽管整体资产评估报告和单项资产评估报告的基本格式相同，但因二者在具体业务上存在一些差别，两者在报告的内容上也必然会存在一些差别。一般情况下，整体资产评估报告的报告内容不仅包括资产，也包括负债和股东权益（所有者权益），而单项资产评估报告一般不考虑负债。

【提示3】我国资产评估准则明确规定资产评估报告的详略程度可以根据评估对象的复杂程度、委托人的合理要求确定，但没有规定资产评估报告按繁简程度划分的具体类型。

【例7-2】（单项选择题）下列关于评估报告的分类的表述，错误的是（　　）。

A. 按资产评估对象，资产评估报告可分为整体资产评估报告和单项资产评估报告

B. 评估报告、限制型评估报告的区别在于所提供内容和信息的详细程度不同

C. 一般情况下，整体资产评估报告的报告内容包括全部资产，一般不考虑负债

D. 目前，我国资产评估准则没有规定资产评估报告按繁简程度划分的具体类型

【答案】C

【解析】一般情况下，整体资产评估报告的报告内容不仅包括资产，也包括负债和股东权益（所有者权益）。而单项资产评估报告一般不考虑负债。

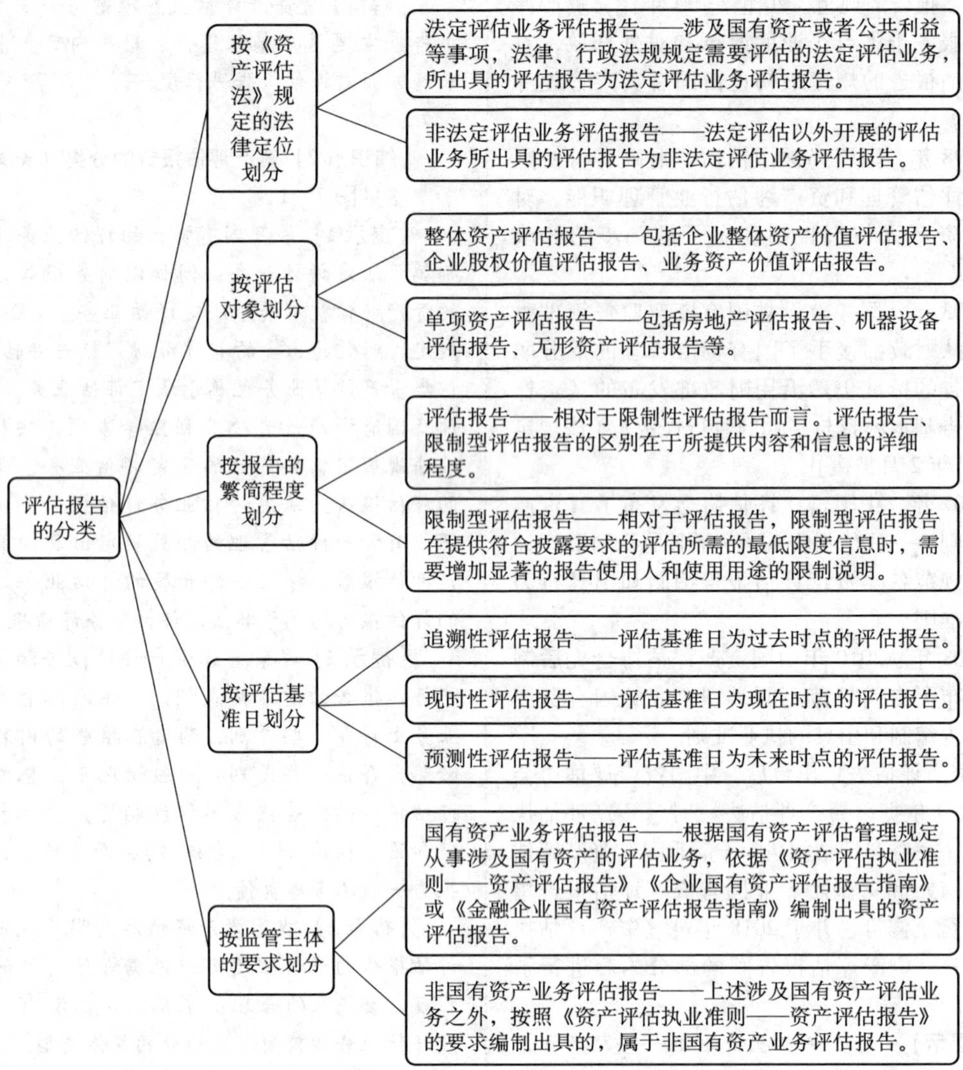

图7－1 评估报告的分类

【例7－3】（多项选择题）国有资产业务评估报告，其编制出具的依据包括（　　）。

A.《中华人民共和国资产评估法》

B.《资产评估执业准则——资产评估报告》

C.《关于资产评估报告书的规范意见》

D.《企业国有资产评估报告指南》

E.《金融企业国有资产评估报告指南》

【答案】BDE

【解析】国有资产业务评估报告是指根据国有资产评估管理规定从事涉及国有资产的评估业务，依据《资产评估执业准则——资产评估报告》《企业国有资产评估报告指南》或《金融企业国有资产评估报告指南》编制出具的资产评估报告。

【知识点3】资产评估报告的基本要求（★★★）

参见图7－2。

【提示1】如果评估程序受限对评估结论产生重大影响或者无法判断其影响程度的，不应出具资产评估报告。

【提示2】对于现时性资产评估业务，通常只有当评估基准日与经济行为实现日相距不超过一年时，才可以使用资产评估报告。当然，有时评估基准日至经济行为发生日不到一年，但市场条件或资产状况发生重大变化，评估报告的结论就不能反映经济行为实现日的价值，这时也应该重新评估。

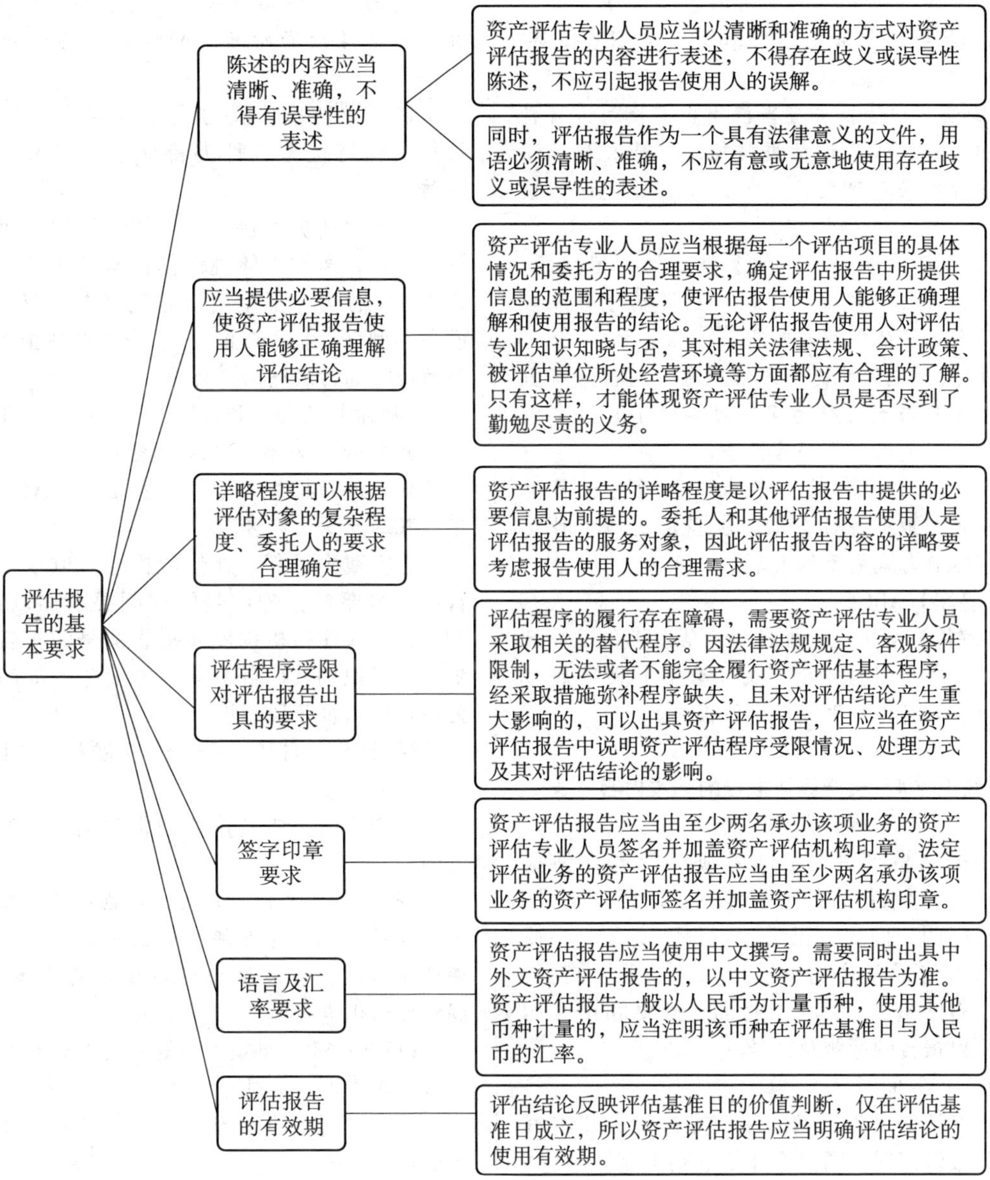

图7－2　资产评估报告的基本要求

【例7－4】（单项选择题）下列关于评估报告的基本要求的表述，错误的是（　　）。

A. 评估报告使用人在阅读评估报告后能否对评估结论有正确的理解，是判定一份评估报告是否提供了必要信息的重要标准

B. 资产评估专业人员只能对本人参与过的评估项目签署评估报告，不得代他人签署，亦不得允许他人以本人名义签字

C. 资产评估报告的详略程度应当根据评估对象的复杂程度、委托人的合理需求来确定，与评估报告单纯为国有企业和国有资产管理部门服务的状况有较大区别

D. 如果程序受限对评估结论产生重大影响或者无法判断其影响程度的，可以出具带情况说明的评估报告

【答案】D

【解析】如果程序受限对评估结论产生重大影响或者无法判断其影响程度的，不应出具资产评估报告。

【例7－5】（多项选择题）下列关于评估报告基本要求的表述，正确的有（　　）。

A. 在资产评估机构履行内部审核程序后，

资产评估报告应当由至少两名承办该项业务的资产评估专业人员签名并加盖资产评估机构印章

B. 资产评估报告应当使用中文撰写，需要同时出具外文资产评估报告的，中外文资产评估报告存在不一致的，应当以中文资产评估报告为准

C. 评估结论反映评估基准日的价值判断，仅在评估基准日成立，所以资产评估报告应当明确评估结论的使用有效期

D. 对于现时性资产评估业务，通常只有当评估基准日与经济行为实现日相距不超过半年时，才可以使用资产评估报告

E. 资产评估报告一般以人民币为计量币种，使用其他币种计量的，应当注明该币种在评估基准日与人民币的汇率

【答案】 ABCE

【解析】 对于现时性资产评估业务，通常只有当评估基准日与经济行为实现日相距不超过一年时，才可以使用资产评估报告。

【知识点4】资产评估报告的基本内容（★★★）

根据《资产评估执业准则—资产评估报告》，资产评估报告的内容包括：标题及文号、目录、声明、摘要、正文、附件。实务中，资产评估报告通常由封面、目录、声明、摘要、正文、附件组成。其中，封面、摘要和正文均要求列出报告的标题及文号。

（一）封面

资产评估报告封面的左上方标示有“本资产评估报告依据中国资产评估准则编制”，在其下方的中部书写评估报告的标题、文号、册数（包括装订总册数、装订册序号）、在封面的底部书写评估机构名称和资产评估报告日。

（二）标题、文号、目录、声明、摘要

1. 标题、文号、目录。

只有符合资产评估报告定义的评估报告，才能以“评估报告”标题出具。资产评估报告的标题格式一般为：“企业名称＋经济行为关键词＋评估对象＋资产评估报告”。

【提示】 A公司委托资产评估机构对其拟用于出资的机器设备进行评估，为该委托事项出具的资产评估报告的标题相应表述为“A公司拟对外投资所涉及的机器设备资产评估报告”。

资产评估报告文号的格式要求包括资产评估机构特征字、种类特征字、年份、报告序号。

资产评估机构特征字用于识别出具报告的评估机构，通常以体现评估机构名称特征的简称表述；种类特征字用于体现报告对应的专业服务类型（评估、咨询等），资产评估报告的种类特征字通常表述为“评报字”。

【提示】 上海ABC资产评估有限公司2024年出具的顺序为第100号的资产评估报告，对应的资产评估报告文号可以表述为“ABC评报字（2024）第100号”。

在实践中，资产评估机构还可以根据内部管理的需要对报告序号的编制要求加以细化。例如，一些评估机构就在报告文号的报告序号中增加了识别其内部具体承办业务的部门（分公司）的特征字段。

目录应当包括每一部分的标题和相应页码。

2. 声明。

资产评估报告的声明通常包括的内容，参见图7－3。

【提示】 需要注意的是，准则的要求仅是一般性声明内容，资产评估专业人员在执行具体评估业务时，还应根据评估项目的具体情况，调整或细化声明内容。

【例7－6】（单项选择题）资产评估报告的标题格式要求，一般为（　　）的形式。

A. 企业名称＋评估对象＋经济行为关键词＋资产评估报告

B. 企业名称＋经济行为关键词＋评估对象＋资产评估报告

C. 经济行为关键词＋评估对象＋企业名称＋资产评估报告

D. 企业名称＋资产评估报告＋经济行为关键词＋评估对象

【答案】 B

【解析】 资产评估报告的标题格式要求：“企业名称＋经济行为关键词＋评估对象＋资产评估报告”。

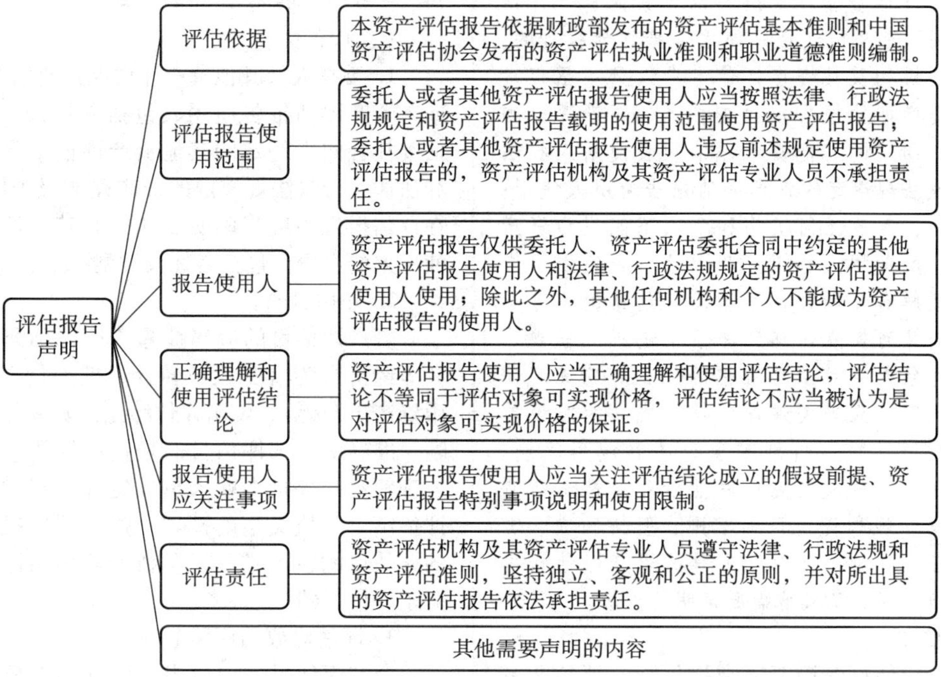

图7－3　评估报告声明包含的内容

【例7－7】（多项选择题）下列关于资产报告声明内容的表述，正确的有（　　）。

A. 委托人或者其他资产评估报告使用人应当按照法律、行政法规规定和资产评估报告载明的使用范围使用资产评估报告

B. 委托人或者其他资产评估报告使用人违反法律法规或合同约定使用资产评估报告的，将减轻或免除资产评估机构及其资产评估专业人员的责任

C. 资产评估报告仅供委托人、资产评估委托合同中约定的其他资产评估报告使用人和法律、行政法规规定的资产评估报告使用人使用

D. 资产评估报告使用人应当正确理解评估结论，评估结论不等同于评估对象可实现价格，评估结论不应当被认为是对评估对象可实现价格的保证

E. 资产评估机构及其资产评估专业人员遵守法律、行政法规和资产评估准则，坚持独立、客观和公正的原则，并对所出具的资产评估报告依法承担责任

【答案】 ACDE

【解析】 委托人或者其他资产评估报告使用人违反规定使用资产评估报告的，资产评估机构及其资产评估专业人员不承担责任。

【例7－8】（多项选择题）资产评估报告声明部分的内容，通常包括（　　）。

A. 资产评估报告依据财政部发布的资产评估基本准则和中国资产评估协会发布的资产评估执业准则和职业道德准则编制

B. 资产评估报告使用人应当正确理解和使用资产评估结论，评估结论不等同于评估对象可实现价格

C. 委托人或者其他资产评估报告使用人应当按照法律、行政法规规定和资产评估报告载明的使用范围使用资产评估报告

D. 委托人或者其他资产评估报告使用人应当知悉资产评估报告所使用的评估方法和价值类型符合相关资产评估执业准则的要求

E. 资产评估报告使用人应当关注评估结论成立的假设前提、资产评估报告特别事项说明和使用限制

【答案】 ABCE

【解析】 资产评估报告的声明通常包括以下内容：①本资产评估报告依据财政部发布的资产评估基本准则和中国资产评估协会发布的资产评估执业准则和职业道德准则编制。②委托人或者其他资产评估报告使用人应当按照法律、行政法规规定和资产评估报告载明的使用范围

使用资产评估报告；委托人或者其他资产评估报告使用人违反前述规定使用资产评估报告的，资产评估机构及其资产评估专业人员不承担责任。③资产评估报告仅供委托人、资产评估委托合同中约定的其他资产评估报告使用人和法律、行政法规规定的资产评估报告使用人使用；除此之外，其他任何机构和个人不能成为资产评估报告的使用人。④资产评估报告使用人应当正确理解和使用评估结论，评估结论不等同于评估对象可实现价格，评估结论不应当被认为是对评估对象可实现价格的保证。⑤资产评估报告使用人应当关注评估结论成立的假设前提、资产评估报告特别事项说明和使用限制。⑥资产评估机构及其资产评估专业人员遵守法律、行政法规和资产评估准则，坚持独立、客观和公正的原则，并对所出具的资产评估报告依法承担责任。⑦其他需要声明的内容。

3. 摘要。

资产评估报告摘要通常提供资产评估业务的主要信息及评估结论。但《资产评估执业准则——资产评估报告》没有对这些主要信息的披露提出具体的要求，实务中通常参考企业国有资产评估报告对“评估报告摘要”的披露要求撰写。

【提示1】 资产评估专业人员可以根据评估业务的性质、评估对象的复杂程度、委托人要求等，合理确定摘要中需要披露的其他信息。

【提示2】 摘要应当与评估报告揭示的相关内容一致，不得有误导性内容。

（三）正文

1. 委托人及其他资产评估报告使用人。

资产评估报告使用人包括委托人、资产评估委托合同中约定的其他资产评估报告使用人和法律、行政法规规定的资产评估报告使用人。在评估报告中应当阐明委托人和其他评估报告使用人的身份，包括名称或类型。

2. 评估目的。

资产评估目的应当披露资产评估所服务的具体经济行为（如股权转让、抵押贷款、非货币资产出资等），说明评估结论的具体用途。清晰、准确地揭示评估目的是资产评估报告使用人理解资产评估专业人员界定评估对象、选择评估结论价值类型的基础。资产评估报告载明的评估目的应当唯一，有利于评估结论有效服务于评估目的。

3. 评估对象和评估范围。

资产评估报告中应当载明评估对象和评估范围，并描述评估对象的基本情况。对于企业价值评估，评估对象可以分为两类，即企业整体价值和股东权益价值（全部或部分），与此对应的评估范围是评估对象涉及的资产及负债。将股东全部权益价值或股东部分权益价值作为评估对象，被股东投资企业的法人资产及负债并不是股东权益价值评估项目的评估对象，而是项目的评估范围。对于单项资产评估，各具体准则中均对评估对象进行了规范。参见表7－1。

表7－1　单项资产评估中评估对象的规范

评估准则	具体规范
《金融不良资产评估指导意见》第十三条	金融不良资产评估业务中，根据项目具体情况和委托人的要求，评估对象可能是债权资产，也可能是用以实现债权清偿权利的实物类资产、股权类资产和其他资产。
《文化企业无形资产评估指导意见》第十五条	文化企业无形资产评估对象，是指文化企业无形资产的财产权益，或者特定无形资产组合的财产权益。文化企业无形资产通常包括著作权、专利权、专有技术、商标专用权、销售网络、客户关系、特许经营权、合同权益、域名和商誉等。
《资产评估执业准则——机器设备》第六条	机器设备的评估对象分为单台机器设备和机器设备组合对应的全部或者部分权益。单台机器设备是指以独立形态存在、可以单独发挥作用或者以单台的形式进行销售的机器设备。机器设备组合是指为了实现特定功能，由若干机器设备组成的有机整体。
《实物期权评估指导意见》第十一条	执行涉及实物期权评估的业务中涉及的实物期权主要包括增长期权和退出期权等。
《体育无形资产评估指导意见》第十条	体育无形资产评估对象，是指体育无形资产的财产权益，或者特定体育无形资产组合的财产权益；体育无形资产不局限于无形资产会计科目核算的资产；符合资产评估准则关于体育无形资产定义的，均可以作为体育无形资产评估对象。

【例7－9】（多项选择题）金融不良资产评估业务中，根据项目具体情况和委托人的要求，评估对象可能是债权资产，也可能是用以实现债权清偿权利的（　　）和其他资产。

A. 投资类资产　　B. 实物类资产

C. 股权类资产　　D. 无形类资产

E. 货币类资产

【答案】 BC

【解析】 金融不良资产评估业务中，根据项目具体情况和委托人的要求，评估对象可能是债权资产，也可能是用以实现债权清偿权利的实物类资产、股权类资产和其他资产。

4. 价值类型。

资产评估报告应当说明选择价值类型的理由，并明确其定义。一般情况下可供选择的价值类型包括市场价值和市场价值以外的价值类型，其中，市场价值以外的价值类型包括投资价值、在用价值、清算价值和残余价值等。

5. 评估基准日。

资产评估报告应当明确披露评估基准日。与追溯性、现时性、预测性业务相对应，评估基准日分别是过去、现在或者未来的时点。评估基准日一般应以具体的日期（××××年××月××日）体现。资产评估报告载明的评估基准日应当与资产评估委托合同约定的评估基准日保持一致。

6. 评估依据。

资产评估报告应当说明资产评估采用的法律依据、准则依据、权属依据及取价依据等。但《资产评估执业准则——资产评估报告》并没有规范这些“依据”需要披露的具体内容，实务中通常结合评估项目的具体情况，参考企业国有资产评估报告对法律法规依据、评估准则依据、权属依据、取价依据的披露要求进行撰写。

7. 评估方法。

资产评估报告应当说明所选用的评估方法名称、定义及选择理由。根据《资产评估执业准则——资产评估方法》，确定资产价值的评估方法主要包括市场法、收益法和成本法三种基本方法及其衍生方法。资产评估专业人员在选择评估方法时应当充分考虑影响评估方法选择的因素。这些因素包括：评估目的和价值类型、评估对象、评估方法的适用条件、评估方法应用所依据数据的质量和数量等。在披露评估方法的选择理由时需要注意以下影响评估方法选用的因素：①评估方法的选择与评估目的、评估时的市场条件、被评估对象的具体状况，以及由此所决定的资产评估价值类型的适应性。②各种评估方法运用所需的数据资料和主要经济技术参数的收集条件对选择评估方法的制约。③评估方法运用的条件和程序要求对选择评估方法的约束。在披露资产评估方法的运用情况时，需要在说明总体思路和主要评估方法的基础上，按照评估对象和所涉及的资产（负债）类型说明所选用的具体评估方法及其应用情况。参见图7－4。

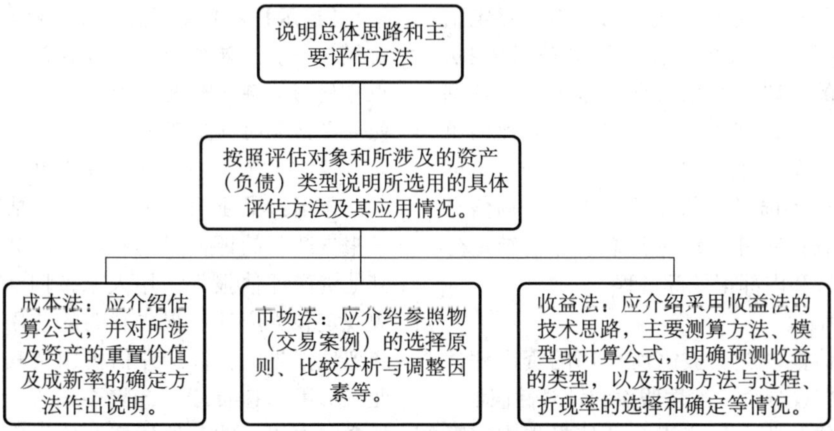

图7－4　披露资产评估方法的应用时需要说明的事项

【提示】 采用多种评估方法时，不仅要确保满足各种方法使用的条件要求和程序要求，还应当对各种评估方法得到的评估结果进行比较，分析可能存在的问题并作相应的调整，确定最终评估结论。

【例7-10】（多项选择题）资产评估报告应当说明所选用的评估方法名称、定义及选择理由。资产评估专业人员在披露评估方法的选择理由时需要注意的影响评估方法选用的因素包括（　　）。

A. 评估方法的选择与评估目的、评估时的市场条件、被评估对象的具体状况，以及由此所决定的资产评估价值类型的适应性

B. 各种评估方法运用所需的数据资料及主要经济技术参数的收集条件对选择评估方法的制约

C. 评估方法运用的条件和程序要求对选择评估方法的约束

D. 在选择评估方法时，应充分考虑委托人对评估结果的要求

E. 在选择评估方法时，应充分考虑资产评估专业人员的从业经验与专长

【答案】ABC

【解析】在披露评估方法的选择理由时需要注意以下影响评估方法选用的因素：①评估方法的选择与评估目的、评估时的市场条件、被评估对象的具体状况，以及由此所决定的资产评估价值类型的适应性。②各种评估方法运用所需的数据资料及主要经济技术参数的收集条件对选择评估方法的制约。③评估方法运用的条件和程序要求对选择评估方法的约束。

8. 评估程序实施过程和情况。

资产评估报告应当说明资产评估程序实施过程中现场调查、收集整理评估资料、评定估算等主要内容，一般包括：①接受项目委托，确定评估目的、评估对象与评估范围、评估基准日，拟定评估计划等过程；②指导被评估单位清查资产、准备评估资料，核实资产与验证资料等过程；③选择评估方法、收集市场信息和估算等过程；④评估结论汇总、评估结论分析、撰写报告和内部审核等过程。

9. 评估假设。

资产评估报告应当披露所使用的资产评估假设。评估假设分为一般性假设和针对性假设。

资产评估专业人员应当在评估报告中清晰说明评估项目中所采用的反映交易及市场条件、评估对象存续或使用状态、国家宏观环境条件、行业及地区环境条件、评估对象特点的各项评估假设的具体内容。合理体现在具体的评估项目使用的评估假设，与资产评估目的及其对评估市场条件的限定情况、评估对象自身的功能和在评估时点的使用方式与状态、产权变动后评估对象的可能用途及利用方式和利用效果等条件的联系和匹配性，使评估结论建立在合理的基础之上。资产评估专业人员还应当在评估报告中明确提示如果评估报告所披露的评估假设不成立，将对评估结论产生重大影响。

10. 评估结论。

《资产评估执业准则——资产评估报告》规定，资产评估报告应当以文字和数字形式表述评估结论，并明确评估结论的使用有效期。评估结论通常是确定的数值。经与委托人沟通，评估结论可以是区间值或者其他形式的专业意见。在评估准则中引入区间值或者其他形式的专业意见表达形式是为了顺应对评估业务发展的多元化服务需求。

11. 特别事项说明。

资产评估报告中应当对特别事项进行说明，并重点提示评估报告使用人对其予以关注。资产评估报告的特别事项说明通常包括：①权属等主要资料不完整或者存在瑕疵的情形。②委托人未提供的其他关键资料情况。③未决事项、法律纠纷等不确定因素。④重要的利用专家工作及相关报告情况。⑤重大期后事项。⑥评估程序受限的有关情况、评估机构采取的弥补措施及对评估结论影响的情况。⑦其他需要说明的事项。

【提示】特别事项是指在已确定评估结论的前提下，资产评估专业人员在评估过程中已发现可能影响评估结论，但非执业水平和能力所能评定估算的有关事项。

12. 资产评估报告使用限制说明。

包括：①使用范围。资产评估报告只能用于报告载明的评估目的和用途。②委托人或者其他资产评估报告使用人未按照法律、行政法规规定和资产评估报告载明的使用范围使用资产评估报告的，资产评估机构及其资产评估专业人员不承担责任。③除委托人、资产评估委托合同中约定的其他资产评估报告使用人和法律、行政法规规定的资产评估报告使用人之外，其他任何机构和个人不能成为资产评估报告的使用人。④资产评估报告使用人应当正确理解

和使用评估结论。评估结论不等同于评估对象可实现价格，评估结论不应当被认为是对评估对象可实现价格的保证。

【提示】在实践中，如果未征得资产评估机构同意审阅相关内容，资产评估报告的全部或者部分内容不得被摘抄、引用或披露于公开媒体；法律、法规规定以及相关当事方另有约定的除外。

13. 资产评估报告日。

资产评估专业人员应当在评估报告中说明资产评估报告日。资产评估报告载明的资产评估报告日通常为评估结论形成的日期，这一日期可以不同于资产评估报告的签署日。资产评估报告日应当以具体的日期（××××年××月××日）体现。

14. 资产评估专业人员签名和资产评估机构印章。

资产评估报告至少应由两名承办该业务的资产评估专业人员签名，并加盖资产评估机构的印章。对于国有资产评估等法定业务资产评估报告，资产评估报告正文应当由至少两名承办该业务的资产评估师签名，并加盖资产评估机构印章。

（四）评估报告附件

1. 评估对象所涉及的主要权属证明资料。

房地产权证、无形资产权利（权属）证明、交通运输设备的行驶证及相关权属证明、重大机器设备的购置发票等。

2. 委托人和其他相关当事人的承诺函。

通常情况下，委托人和被评估单位应当承诺如下内容：①资产评估所对应的经济行为符合国家规定；②我方所提供的财务会计及其他资料真实、准确、完整、合规，有关重大事项如实地充分揭示；③我方所提供的企业生产经营管理资料客观、真实、完整、合理；④纳入资产评估范围的资产与经济行为涉及的资产范围一致，不重复、不遗漏；⑤纳入资产评估范围的资产权属明确，出具的资产权属证明文件合法、有效；⑥纳入资产评估范围的资产在评估基准日期后发生影响评估行为及结果的事项，对其披露及时、完整；⑦不干预评估机构和评估人员独立、客观、公正地执业。

3. 资产评估机构及签名资产评估专业人员的备案文件或者资格证明文件。

评估报告应当将评估机构的从事资产评估业务备案公告复印件、从事证券服务的机构备案名单复印件（开展相关资产评估业务时适用），资产评估师的职业资格证书登记卡复印件作为评估报告附件进行装订。

4. 资产评估汇总表或明细表。

为使委托人和其他评估报告使用人能够更好地了解委托被评估资产的构成及具体情况，资产评估专业人员应当以报告附件的形式提供资产评估汇总表或明细表。

在实际工作中可以根据被纳入评估的资产数量及繁简情况，将评估明细表与评估报告合并装订，或者单独装订。

【提示】《资产评估执业准则——资产评估报告》并未对资产评估汇总表或明细表的编制提出具体要求，实践中由资产评估机构通过内部业务标准自行规范。资产评估机构通常参考国有资产评估业务的要求提出具体的参考式样。

5. 资产账面价值与评估结论存在较大差异的说明。

实务中，通常还会将委托人和被评估单位或产权持有人的法人营业执照、评估机构的营业执照复印件也作为评估报告的附件。

【例7-11】（多项选择题）通常情况下，委托人和其他相关当事人的承诺函应当承诺的内容有（　　）。

A. 资产评估所对应的经济行为符合国家规定

B. 资产评估目的符合有关法律、行政法规的要求

C. 不干预评估机构和评估人员独立、客观、公正的执业

D. 按照资产评估业务委托合同的约定及时支付评估费用

E. 纳入资产评估范围的资产与经济行为涉及的资产范围一致，不重复、不遗漏

【答案】ACE

【解析】通常情况下，委托人和被评估单位应当承诺如下内容：①资产评估所对应的经济行为符合国家规定；②我方所提供的财务会计及其他资料真实、准确、完整、合规，有关重大事项如实地充分揭示；③我方所提供的企业生产经营管理资料客观、真实、完整、合理；④纳入资产评估范围的资产与经济行为涉及的资产范围一致，不重复、不遗漏；⑤纳入资产

评估范围的资产权属明确，出具的资产权属证明文件合法、有效；⑥纳入资产评估范围的资产在评估基准日期后发生影响评估行为及结果的事项，对其披露及时、完整；⑦不干预评估机构和评估人员独立、客观、公正地执业。

【知识点5】国有资产评估报告的特殊要求（★★）

（一）国有资产评估报告的构成

国有资产评估报告主要包括企业国有资产评估报告、金融企业国有资产评估报告、文化企业国有资产评估报告、行政事业单位国有资产评估报告等。

（二）国有资产评估报告的特殊要求

1. 评估报告声明。

根据《企业国有资产评估报告指南》和《金融企业国有资产评估报告指南》，国有资产评估报告的声明通常可以表述如下：

（1）本资产评估报告依据财政部发布的资产评估基本准则和中国资产评估协会发布的资产评估执业准则和职业道德准则编制。

（2）委托人或者其他资产评估报告使用人应当按照法律、行政法规规定及资产评估报告载明的使用范围使用资产评估报告；委托人或者其他资产评估报告使用人违反前述规定使用资产评估报告的，资产评估机构及其资产评估师不承担责任。

（3）资产评估报告仅供委托人、资产评估委托合同中约定的其他资产评估报告使用人和法律、行政法规规定的资产评估报告使用人使用；除此之外，其他任何机构和个人不能成为资产评估报告的使用人。

（4）资产评估报告使用人应当正确理解评估结论，评估结论不等同于评估对象可实现价格，评估结论不应当被认为是对评估对象可实现价格的保证。

（5）资产评估机构及其资产评估师遵守法律、行政法规和资产评估准则，坚持独立、客观和公正的原则，并对所出具的资产评估报告依法承担责任。

（6）资产评估报告使用人应当关注评估结论成立的假设前提、资产评估报告特别事项说明和使用限制。

（7）其他需要声明的内容。《企业国有资产评估报告指南》和《金融企业国有资产评估报告指南》所附的“声明”编写指引还列出以下供参考的声明事项：①评估对象涉及的资产、负债清单由委托人、被评估单位申报并经其采用签名、盖章或法律允许的其他方式确认；委托人和其他相关当事人依法对其提供资料的真实性、完整性、合法性负责。②资产评估机构及资产评估师与资产评估报告中的评估对象没有现存或者预期的利益关系；与相关当事人没有现存或者预期的利益关系，对相关当事人不存在偏见。③资产评估师已经（或者未）对资产评估报告中的评估对象及其所涉及资产进行现场调查；已经对评估对象及其所涉及资产的法律权属状况给予必要的关注，对评估对象及其所涉及资产的法律权属资料进行了查验，对已经发现的问题进行了如实披露，并且已提请委托人及其他相关当事人完善产权以满足出具资产评估报告的要求。④资产评估机构出具的资产评估报告中的分析、判断和结果受资产评估报告中假设和限制条件的限制，资产评估报告使用人应当充分考虑资产评估报告中载明的假设、限制条件、特别事项说明及其对评估结论的影响。

2. 评估报告摘要。

资产评估报告摘要应当简明扼要地反映经济行为、评估目的、评估对象和评估范围、价值类型、评估基准日、评估方法、评估结论及其使用有效期、对评估结论产生影响的特别事项等关键内容。

对影响评估结论的特别事项，无须将评估报告正文的“特殊事项说明”的内容全部反映在评估报告摘要中，而应主要反映在已确定评估结论的前提下，所发现的可能影响评估结论但非资产评估师执业水平和能力所能评定估算的有关重大事项。

对评估结论影响重大、可能直接导致评估结论使用时不确定的“评估基准日期后重大事项”，资产评估师也应在摘要中提醒报告使用人注意，评估结论未反映该期后事项的影响。

3. 评估报告正文。

（1）“绪言”的内容。

国有资产业务资产评估报告正文的“绪言”一般采用包含下列内容的表述格式：

×××（委托人全称）：

×××（资产评估机构全称）接受贵单位

（公司）的委托，按照法律、行政法规和资产评估准则的规定，坚持独立、客观和公正的原则，采用×××评估方法（评估方法名称），按照必要的评估程序，对×××（委托人全称）拟实施×××行为（事宜）涉及的×××（资产—单项资产或者资产组合、企业整体价值、股东全部权益、股东部分权益）在××××年××月××日的××价值（价值类型）进行了评估。现将资产评估情况报告如下。

（2）委托人、被评估单位和资产评估委托合同约定的其他资产评估报告使用人的概况。

委托人和资产评估委托合同约定的其他评估报告使用人概况介绍的内容要求比较简单，一般包括名称、法定住所及经营场所、法定代表人、注册资本及主要经营范围等。对被评估单位（或者产权持有单位）的概况，区分企业价值评估和单项资产或者资产组合评估两种不同的业务，提出了不同的要求。委托人与被评估单位为同一企业，按对被评估单位的要求编写。

（3）评估对象和评估范围。

国有资产评估业务，要求资产评估报告应当对评估对象进行具体描述，以文字、表格的方式说明评估范围。

【提示】委托评估对象和评估范围与经济行为涉及的评估对象和评估范围的一致性，一般不应由资产评估师来确认，而是由委托人和相关当事人根据其经批准拟实施的经济行为确认并提供给评估机构。资产评估师一般应要求委托人和相关当事人在申报表或申报材料上，以签名盖章等符合法律规定的方式确认评估对象和评估范围。

（4）评估基准日。

在满足《资产评估执业准则—资产评估报告》在资产评估报告中说明评估基准日要求的基础上，国有资产评估业务还规定在评估报告中说明确定评估基准日所考虑的主要因素，披露信息包括下列主要内容：①本项目评估基准日是××××年××月××日。②确定评估基准日所考虑的主要因素（如经济行为的实现、会计期末、利率和汇率变化等）。

（5）评估依据的内容。

与非国有资产评估业务不同，国有资产评估业务要求在评估报告的“评估依据”部分披露本次评估业务所对应的经济行为依据。对于法律法规、评估准则、权属、取价等依据，《企业国有资产评估报告指南》不仅对需要披露的具体内容提出了要求，还规定应包括与国有资产评估有关的法律法规等针对性评估依据（见表7－2）。

表7－2　评估依据的内容

评估依据分类		评估依据的内容
经济行为依据	有效批复文件	包括国务院、各级人民政府、国务院国有资产监督管理机构、地方国有资产监督管理机构、中央与地方国有企业及其各级子企业等按照规定权限签发的经济行为批准文件。
	其他文件资料	是可以说明经济行为及其所涉及的评估对象与评估范围的其他文件资料。例如： （1）国有企业在诉讼过程中或民事强制执行中，由人民法院委托资产评估机构评估涉诉国有资产价值的情形，人民法院出具的委托函； （2）国有企业涉及经济行为决策的党组会议纪要； （3）国有独资公司董事会决议，国有资本控股公司、国有资本参股公司股东会、股东大会或者董事会决议； （4）资产转让、置换合同协议； （5）人民法院破产公告； （6）可以说明经济行为及其所涉及的评估对象与评估范围的其他文件资料。
法律法规依据	法律、行政法规	《资产评估法》《公司法》《证券法》《拍卖法》《国有资产评估管理办法》《资产评估行业财政监督管理办法》
	部门规章和政府规范性文件	财政部、国务院国有资产监督管理委员会和地方政府国有资产监督部门发布的涉及国有资产及评估的有关规定等。

续表

评估依据分类		评估依据的内容
评估准则依据	资产评估准则和相关规范	主要包括财政部发布的《资产评估基本准则》，以及中国资产评估协会发布的《资产评估职业道德准则》《资产评估执业准则——资产评估报告》《资产评估执业准则——资产评估程序》《资产评估执业准则——资产评估委托合同》等一系列程序性准则和《资产评估执业准则——企业价值》《资产评估执业准则——无形资产》等一系列实体性准则、指南和指导意见。
权属依据	与评估项目相关的权属依据	《企业国有资产评估报告指南》和《金融企业国有资产评估报告指南》规定的权属依据通常包括：国有资产产权登记证书、基准日股份持有证明、出资证明、信贷合同、保险合同、委托理财合同、国有土地使用证（或者国有土地使用权出让合同）、房屋所有权证、房地产权证（或者不动产权证书）、采矿许可证、勘查许可证、林权证、专利证书（发明专利证书、实用新型专利证书、外观设计专利证书）、商标注册证、著作权（版权）相关权属证明、船舶所有权登记证书、船舶国籍证书、机动车行驶证、有关产权转让合同、抵债合同、抵押登记资料、其他权属证明文件等。
取价依据		《企业国有资产评估报告指南》规定的取价依据通常包括企业提供的财务会计、经营方面的资料，国家有关部门发布的统计资料、技术标准资料和政策文件，以及评估机构收集的有关询价资料、参数资料等。

（6）评估结论。

国有资产监督管理机构下达的资产评估项目核准文件和经国有资产监督管理机构或所出资企业备案的资产评估项目备案表，是企业办理产权登记、股权设置和产权转让等相关手续的必备文件。《企业国有资产评估管理暂行办法》规定，“企业进行与资产评估相应的经济行为时，应当以经核准或备案的资产评估结论为作价依据，当交易价格低于评估结论的90%时，应当暂停交易，在获得原经济行为批准机关同意后方可继续交易”。

企业国有资产评估要求评估结论通常是确定的数值。考虑到一些特定评估业务的需求，在与经济行为相匹配的前提下，评估结论可以用区间值表示，同时给出确定数值评估结论的建议。

（7）特别事项说明。

国有资产评估业务，要求资产评估报告应当说明评估程序受到的限制、评估特殊处理、评估结论瑕疵等特别事项，以及期后事项。

对国有资产评估报告特别提出的特别事项披露内容包括：①引用其他机构出具报告的结论；②关于担保、租赁及其或有负债（或有资产）事项；③关于经济行为本身对评估结论的影响；④资产评估对特别事项的处理方式对评估结论的影响。

（8）资产评估师签名和资产评估机构印章。

国有资产评估业务的资产评估报告正文，应当由至少两名承办该评估业务的资产评估师签名，并加盖资产评估机构印章。声明、摘要和评估明细表上通常不需要另行签名盖章。

4. 评估报告附件的要求。

（1）与评估目的相对应的经济行为文件。

（2）被评估单位的专项审计报告。

（3）委托人和被评估单位产权登记证。

（4）签名资产评估师的承诺函。

（5）资产评估机构法人营业执照副本。

（6）资产评估委托合同。

（7）关于引用其他机构报告的批准（备案）文件。

（8）其他重要文件。

【例7-12】（单项选择题）根据《企业国有资产评估管理暂行办法》的有关规定，需要进行资产评估的经济行为应当以经核准或备案的资产评估结论为作价依据，未获得原经济行为批准机关的同意，交易价格不得低于评估结论的（　　）。

A. 85%　　B. 50%

C. 75%　　D. 90%

【答案】 D

【解析】《企业国有资产评估管理暂行办法》规定，“企业进行与资产评估相应的经济行为时，应当以经核准或备案的资产评估结论为作价依据，当交易价格低于评估结论的90%时，应当暂停交易，在获得原经济行为批准机关同意后方可继续交易”。

【例7-13】（多项选择题）对国有资产评估报告特别提出的特别事项披露内容包括（ ）。

A. 引用其他机构出具报告的结论

B. 关于担保、租赁及其或有负债（或有资产）事项

C. 评估基准日后重大期后事项对评估结论的影响

D. 关于经济行为本身对评估结论的影响

E. 资产评估对特别事项的处理方式对评估结论的影响

【答案】ABDE

【解析】对国有资产评估报告特别提出的特别事项披露内容说明如下：①引用其他机构出具报告的结论。②关于担保、租赁及其或有负债（或有资产）事项。③关于经济行为本身对评估结论的影响。④资产评估对特别事项的处理方式对评估结论的影响。

【例7-14】（多项选择题）下列选项中，作为国有资产评估报告附件的是（ ）。

A. 资产评估报告使用人的概况

B. 与评估目的相对应的经济行为文件

C. 签名资产评估师的承诺函

D. 资产评估委托合同

E. 资产专业人员编制的评估计划

【答案】BCD

【解析】国有资产评估报告附件的要求：①与评估目的相对应的经济行为文件。②被评估单位的专项审计报告。③委托人和被评估单位产权登记证。④签名资产评估师的承诺函。⑤资产评估机构法人营业执照副本。⑥资产评估委托合同。⑦关于引用其他机构报告的批准（备案）文件。⑧其他重要文件。

【例7-15】（多项选择题）下列选项中，属于国有资产评估业务要求披露的与本次评估业务所对应的经济行为依据是（ ）。

A. 资产转让、置换合同协议

B. 实用新型专利证书

C. 人民法院破产公告

D. 国有企业涉及经济行为决策的党组会议纪要

E. 国有资产监督部门发布的涉及国有资产及评估的有关规定

【答案】ACD

【解析】选项B属于权属依据；选项E属于法律法规依据；其他选项均属于经济行为依据。

【例7-16】（单项选择题）根据《企业国有资产评估报告指南》和《金融企业国有资产评估报告指南》，国有资产评估报告应声明（ ）。

A. 本资产评估报告依据财政部发布的资产评估法和中国资产评估协会发布的资产评估基本准则和职业道德准则编制

B. 本资产评估报告依据财政部发布的资产评估基本准则和中国资产评估协会发布的资产评估具体准则和职业道德准则编制

C. 本资产评估报告依据财政部发布的资产评估基本准则和中国资产评估协会发布的资产评估执业准则和职业道德准则编制

D. 本资产评估报告依据财政部发布的资产评估执业准则和中国资产评估协会发布的资产评估基本准则和职业道德准则编制

【答案】C

【解析】根据《企业国有资产评估报告指南》和《金融企业国有资产评估报告指南》，国有资产评估报告应声明：本资产评估报告依据财政部发布的资产评估基本准则和中国资产评估协会发布的资产评估执业准则和职业道德准则编制。

（三）国有资产评估报告所附评估明细表的内容及格式要求

1. 单项资产或者资产组合评估以及采用资产基础法进行企业价值评估时，评估明细表包括按会计科目设置的资产、负债评估明细表和各级汇总表。

2. 采用收益法进行企业价值评估，可以根据收益法评估参数和盈利预测项目的构成等具体情况设计评估明细表的格式和内容。

3. 采用市场法进行企业价值评估，可以根据评估技术说明的详略程度决定是否单独编制符合市场法特点的评估明细表。

【提示】被评估单位为两家以上时，评估明细表应当按被评估单位分别归集，自成体系。

（四）国有资产评估报告的评估说明要求

1. 评估说明使用范围声明。

关于评估说明使用范围的声明，应当写明评估说明使用单位或部位的范围及限制条款。

2. 企业关于进行资产评估有关事项的说明。

委托人和被评估单位可以共同编写或者分别编写《企业关于进行资产评估有关事项的说

明》，委托人单位负责人和被评估单位负责人应当对所编写的说明签名，加盖相应单位公章并签署日期。《企业关于进行资产评估有关事项的说明》通常包括：委托人、被评估单位概况；关于经济行为的说明；关于评估对象与评估范围的说明；关于评估基准日的说明；可能影响评估工作的重大事项说明；资产负债清查情况、未来经营和收益状况预测的说明；资料清单。

3. 资产评估说明。

《资产评估说明》是对评估对象进行核实、评定估算的详细说明，应当包括以下四个内容：评估对象与评估范围说明、资产核实总体情况说明、评估技术说明、评估结论及分析。根据《企业国有资产评估报告指南》中的《资产评估说明》编写指引，一般要求如下：

（1）评估对象与评估范围说明。

对于评估对象与评估范围说明，资产评估专业人员应当根据企业价值评估、单项资产或者资产组合评估的不同情况确定内容的详略程度。

（2）资产核实总体情况说明。

资产核实总体情况说明通常包括人员组织、实施时间、核实过程、影响事项及处理方法、核实结论等。包括：①资产核实人员组织、实施时间和过程。②影响资产核实的事项及处理方法。③核实结论。

核实结论这部分内容应当说明以下内容：①资产核实结果是否与账面记录存在差异及其程度。②权属资料不完善等权属不清晰的资产。③企业申报的账外资产的核实结论。④资产核实结论。

（3）评估技术说明。

对于评估技术说明，资产评估专业人员应当考虑不同经济行为和不同评估方法的特点，介绍评定估算的思路及过程。

【提示】 采用收益法或者市场法评估企业价值，评估技术说明通常包括：相应方法的定义、原理以及应用前提；影响企业经营的宏观、区域经济因素；所在行业现状与发展前景；企业的业务情况；企业的资产、财务分析和调整情况；评估方法的运用过程。

（4）评估结论及分析。

①评估结论。采用两种或两种以上方法进行企业价值评估时，应当说明不同评估方法结论的差异及其原因和最终确定评估结论的理由。评估结论应含有“评估结论根据以上评估工作得出”的字样。对于存在多家被评估单位的情况，应当分别说明其评估价值。对于不纳入评估汇总表的评估结论，应当单独列示。②评估价值与账面价值比较变动情况及说明。在评估价值与账面价值比较变动情况及说明部分，应当说明评估价值与账面价值比较变动情况，包括绝对变动额和相对变动率，并分析评估价值与账面价值比较变动的原因。③折价或者溢价情况。企业价值评估如果考虑了控股权和少数股权等因素产生的溢价或折价，应当说明溢价与折价测算的方法，并对其合理性作出判断。

（五）国有资产评估报告的制作要求

参见图 7－5。

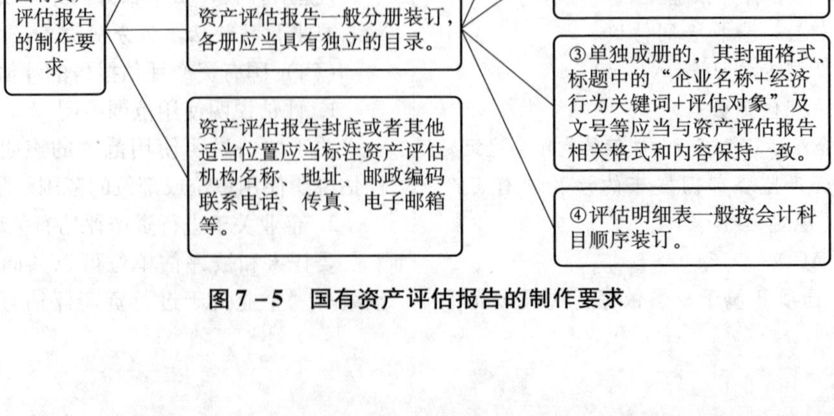

图 7－5　国有资产评估报告的制作要求

【例7-17】（多项选择题）关于国有资产评估报告的制作要求，下列表述中，错误的是（　　）。

A. 资产评估报告标题及文号一般在封面上方居中位置

B. 评估说明和评估明细表一般分别独立成册

C. 资产评估报告一般分册装订，各册应当统一编制目录

D. 资产评估报告封底或者其他适当位置应当标注资产评估机构名称等

E. 评估明细表一般按评估对象重要程度顺序装订

【答案】CE

【解析】资产评估报告一般分册装订，各册应当具有独立的目录，选项C错误；评估明细表一般按会计科目顺序装订，选项E错误。

【例7-18】（单项选择题）关于国有资产评估报告的评估说明要求，下列选项中，表述正确的是（　　）。

A. 关于评估说明使用范围的声明，应当写明评估说明使用单位或部门的范围及限制条款

B. 资产评估机构及其专业人员编写《企业关于进行资产评估有关事项的说明》

C. 评估对象与评估范围说明应当根据现场调查的不同情况确定内容的详略程度

D. 对于不能采用现场调查方式直接核实的资产，应当说明委托人的具体承诺

【答案】A

【解析】委托人和被评估单位可以共同编写或者分别编写《企业关于进行资产评估有关事项的说明》，选项B错误；评估对象与评估范围说明应当根据企业价值评估、单项资产或者资产组合评估的不同情况确定内容的详略程度，选项C错误；对于不能采用现场调查方式直接核实的资产，应当说明原因、涉及范围及处理方法，选项D错误。

【知识点6】评估档案及作用（★★）

资产评估档案，是指资产评估机构开展资产评估业务形成的，反映资产评估程序实施情况、支持评估结论的工作底稿、资产评估报告及其他相关资料。

纳入资产评估档案的资产评估报告应当包括初步资产评估报告和正式资产评估报告。

工作底稿是资产评估专业人员在执行评估业务过程中形成的，反映评估程序实施情况、支持评估结论的工作记录和相关资料。

工作底稿是判断一个评估项目是否执行了这些基本程序的主要依据，应反映资产评估专业人员实施现场调查、评定估算等执行程序，支持评估结论。

【例7-19】（单项选择题）关于资产评估档案及作用，下列表述中，错误的是（　　）。

A. 资产评估档案包括工作底稿、资产评估报告及其他相关资料

B. 工作底稿要反映资产评估专业人员评估程序实施情况

C. 纳入资产评估档案的资产评估报告应当是正式资产评估报告

D. 工作底稿是判断一个评估项目是否执行了评估基本程序的主要依据

【答案】C

【解析】纳入资产评估档案的资产评估报告应当包括初步资产评估报告和正式资产评估报告，选项C错误。

【知识点7】工作底稿的分类、内容（★★）

（一）工作底稿的分类

1. 按工作底稿的载体分类。

按照工作底稿的载体，可以分为纸质文档、电子文档或者其他介质形式的文档。

资产评估机构及其资产评估专业人员应当根据资产评估业务具体情况和工作底稿介质的理化特性，谨慎选择工作底稿的介质形式，并在评估项目归档目录中按照评估准则要求注明文档的介质形式。

2. 按工作底稿的内容分类（见表7-3）。

表7-3　按工作底稿的内容分类

类别	概念
管理类工作底稿	在执行资产评估业务过程中，为受理、计划、控制和管理资产评估业务所形成的工作记录及相关资料。
操作类工作底稿	在履行现场调查、收集评估资料和评定估算程序时所形成的工作记录及相关资料。

【例 7－20】（多项选择题）下列关于资产评估档案的类型的表述，正确的是（　　）。

A. 按照工作底稿的内容，可以分为管理类工作底稿和操作类工作底稿

B. 操作类工作底稿是指在执行资产评估业务过程中，为受理、计划、控制和管理资产评估业务所形成的工作记录及相关资料

C. 管理类工作底稿是指在履行现场调查、收集评估资料和评定估算程序时所形成的工作记录及相关资料

D. 按照工作底稿的载体，可以分为纸质文档、电子文档或者其他介质形式的文档

E. 同时以纸质和其他介质形式保存的文档，其内容应当相互匹配，不一致的以纸质文档为准

【答案】ADE

【解析】管理类工作底稿是指在执行资产评估业务过程中，为受理、计划、控制和管理资产评估业务所形成的工作记录及相关资料；操作类工作底稿是指在履行现场调查、收集评估资料和评定估算程序时所形成的工作记录及相关资料，选项 B、选项 C 错误。

（二）工作底稿的内容

1. 管理类工作底稿（见图 7－6）。

以企业价值评估为例，上述五项内容可以细化。参见表 7－4。

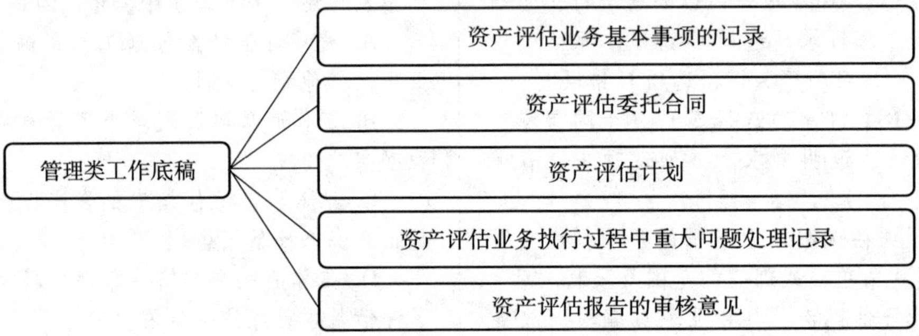

图 7－6　管理类工作底稿的内容

表 7－4　企业价值评估中的管理类工作底稿

分类	内容
1. 资产评估业务基本事项的记录	（1）评估项目的洽谈人，委托人名称、联系人，其他相关当事人（主要是被评估单位）名称、地址、法定代表人、企业性质、注册资金、经营期限、经营范围、联系人等基本情况。
	（2）其他相关当事人和委托人的关系。
	（3）评估报告使用人及其与委托人、被评估单位等其他相关当事人的关系。
	（4）相关经济行为的背景情况及评估目的。
	（5）评估对象和评估范围。
	（6）评估范围内的资产状况。
	（7）价值类型。
	（8）评估基准日。
	（9）评估假设、限制条件。
	（10）评估报告提交期限和方式。
	（11）评估服务费总额或者支付标准、支付时间及支付方式。
2. 资产评估项目风险评价	（1）项目洽谈人通过对委托人和其他相关当事人的要求、评估目的、资产状况等基本情况的了解，对评估项目是否存在风险作出的判断。
	（2）风险可控情况，化解风险、防范风险的主要措施。
	（3）评估机构按规定流程通过对评估项目基本情况了解、评估项目风险调查分析，对是否承接项目作出的决定或签署的意见。

续表

分类	内容
3. 资产评估委托合同	评估委托合同的工作底稿应反映评估委托合同签订以及评估目的、评估对象和范围、评估基准日、价值类型、评估服务费、评估报告类型、评估报告提交期限和方式发生变更等的过程。
4. 资产评估计划	（1）对实施资产评估业务的主要过程及时间进度、人员等的安排。
	（2）在评估过程中根据情况变化作出的调整记录。
	（3）评估机构对评估计划的审核、批准情况。
5. 聘请专家的主要情况	评估项目聘用专家有关情况的工作底稿应反映聘请专家个人解决的问题，拟聘请专家个人的简况、专业或专长。
6. 资产评估过程中重大问题处理记录	评估过程中重大问题处理记录工作底稿应反映在评估项目实施过程中，包括资产评估专业人员遇到重大问题时逐级请示以及根据批示意见处理的记录。
7. 资产评估报告审核情况	审核工作底稿应反映评估机构内部各级审核情况，明确列示审核意见。此外，委托人提供的反馈意见、管理部门提出的评审意见，以及资产评估专业人员对相关意见的处理信息等也属于报告审核情况的工作底稿。

【例7－21】（多项选择题）下列选项中，属于管理类工作底稿内容的是（　　）。

A. 资产评估计划

B. 现场调查记录与相关资料

C. 评定估算过程记录

D. 资产评估业务执行过程中重大问题处理记录

E. 资产评估报告的审核意见

【答案】 ADE

【解析】 管理类工作底稿通常包括以下内容：①资产评估业务基本事项的记录；②资产评估委托合同；③资产评估计划；④资产评估业务执行过程中重大问题处理记录；⑤资产评估报告的审核意见。选项B、选项C属于操作类工作底稿的内容。

2. 操作类工作底稿。

（1）操作类工作底稿的内容。操作类工作底稿产生于评估工作的全过程，由资产评估专业人员及其助理人员编制，反映资产评估专业人员在执行具体评估程序时所形成的工作成果。参见表7－5。

表7－5　操作类工作底稿的内容

操作类工作底稿	工作底稿的内容
现场调查记录与相关资料	（1）委托人或者其他相关当事人提供的资料，如：资产评估明细表，评估对象的权属证明资料，与评估业务相关的历史、预测、财务、审计等资料，以及相关说明、证明和承诺等；资产评估项目所涉及的经济行为需要批准的经济行为批准文件。
	（2）现场勘查记录、书面询问记录、函证记录等。
	（3）其他相关资料。
收集的评估资料	（1）市场调查及数据分析资料。
	（2）询价记录。
	（3）其他专家鉴定及专业人士报告。
	（4）其他相关资料。
评定估算过程记录	（1）重要参数的选取和形成过程记录。
	（2）价值分析、计算、判断过程记录。
	（3）评估结论形成过程记录。
	（4）与委托人或者其他相关当事人的沟通记录。
	（5）其他相关资料。

【提示】不同评估方法下的现场调查工作底稿内容不同，资产评估专业人员应根据评估目的和资产状况，合理确定资产（含负债）的调查量，并编制相应的工作底稿。例如，调查实物资产时，采用成本法与采用收益法、市场法对实物资产的调查重点不同：对机器设备的评估，采用成本法需了解机器设备的生产厂家、规格型号、主要参数，为重置价值提供依据，需了解机器设备的使用年限、使用情况、维修保养情况、产品质量情况，为判断成新率提供依据；采用收益法时，主要了解机器设备在企业中的地位、作用，了解主要机器设备的生产能力，与企业生产规模是否相适应，为预测企业的未来收益做准备；采用市场法时，主要了解相同或相似资产的交易信息。

（2）不同评估方法对操作类工作底稿的侧重点。按照评估方法划分，操作类工作底稿一般可分为成本法工作底稿、收益法工作底稿和市场法工作底稿。不同评估方法对操作类工作底稿的侧重点，参见表7-6。

表7-6　不同评估方法对操作类工作底稿的侧重点

评估方法	对操作类工作底稿的侧重点
市场法	（1）资产评估专业人员在采用市场法评估企业整体价值时，应在工作底稿中反映收集的参考企业、市场交易案例的资料，反映所选择的参考企业、市场交易案例与被评估企业具有可比性的资料。
	（2）资产评估专业人员应对被评估企业与参考企业、市场交易案例之间的相似性和差异性进行比较、分析、调整的过程，以及对所选价值乘数计算的过程编制相应的工作底稿。
	（3）在评估股东部分权益价值时，应在工作底稿中反映资产评估专业人员对流动性和控制权对评估对象价值影响的处理情况。
收益法	（1）资产评估专业人员进行现场调查后，应汇集资产的账面值、调查值形成工作底稿。
	（2）工作底稿应完整地反映对企业资产、负债、盈利状况进行调整的原因，调整的内容、过程和结果，企业财务报表数据调整前后的变化。
	（3）资产评估专业人员应在工作底稿中反映对企业财务指标进行分析的过程等内容。
	（4）在采用收益法对企业整体价值进行分析和评估时，企业如存在非经营性资产、负债和溢余资产，资产评估专业人员应当编制相应的非经营性资产、负债和溢余资产现场调查和评定估算的工作底稿。
成本法（或资产基础法）	资产评估专业人员运用资产基础法对企业进行整体价值评估时，应在工作底稿中反映被评估企业拥有的有形资产、无形资产以及应当承担的负债，记录根据其具体情况分别选用市场法、收益法、成本法的现场调查和评定估算过程。

【例7-22】（单项选择题）在收益法工作底稿中，下列不属于资产评估专业人员应在工作底稿中反映内容的是（　　）。

A. 对企业财务指标进行分析的过程

B. 合理确定资本化率或折现率的过程

C. 资产评估专业人员对流动性和控制权对评估对象价值影响的处理情况

D. 对企业未来经营状况和收益状况进行的分析、判断和调整过程

【答案】C

【解析】在市场法工作底稿中，在评估股东部分权益价值时，应在工作底稿中反映资产评估专业人员对流动性和控制权对评估对象价值影响的处理情况。

【知识点8】工作底稿的编制要求（★★★）

（一）应当遵守法律、行政法规和资产评估准则

（1）应当遵守工作底稿编制和管理涉及的法律、行政法规，如《档案法》《资产评估法》《国有资产评估管理办法》《国有资产评估管理若干问题的规定》等。

（2）应当遵守相关资产评估准则对编制和管理工作底稿的规范要求，如《资产评估基本准则》《资产评估执业准则——资产评估程序》《资产评估执业准则——资产评估档案》的相关

规定等。

（二）应当反映资产评估程序实施情况，支持评估结论

根据《资产评估基本准则》工作底稿应当真实完整、重点突出、记录清晰，能够反映资产评估程序实施情况、支持评估结论。

1. 工作底稿必须如实反映和记录评估全过程。

在评估程序实施的各个阶段，如订立评估业务委托合同，编制资产评估计划，进行评估现场调查，收集整理评估资料，评定估算形成结论，编制出具评估报告等各个阶段，都应当将工作过程如实记录和反映在工作底稿中。

2. 工作底稿必须支持评估结论。

工作底稿是用来反映评估过程有关资料、数据内容的记录，是为最终完成评估业务服务的，其目的是支持评估结论。与评估报告有关或支持评估结论的所有资料均应当形成相应的工作底稿。

（三）应当真实完整、重点突出、记录清晰

1. 工作底稿应当真实完整。

（1）工作底稿反映的内容和情况应当是实际存在和发生的，强调评估委托事项、评估对象、评估程序实施过程的真实性。

（2）工作底稿所反映的评估内容是完整的。这不仅要求工作底稿内容真实，而且要求全面反映评估程序实施过程，不能遗漏。例如，对评估对象的现场调查和评定估算等都应有真实完整的记录。

2. 工作底稿应当重点突出。

工作底稿应当真实完整，并不是说非重点资产的现场调查、评定估算不可以简略。重点突出是要求对工作底稿中支持评估结论的资料要突出，凡对评估结论有重大影响的文件资料和现场调查、评定估算的过程，都应当形成工作底稿。

3. 工作底稿应当记录清晰。

（1）记录内容要清晰，使审核人员、工作底稿使用者通过查阅对评估过程的描述，可以对评估过程有清晰的认识。

（2）记录字迹要清晰。

记录清晰包括两方面含义：一是记录内容要清晰，使审核人员、工作底稿使用者通过查阅对评估过程的描述，对评估过程有清晰的认识。二是记录字迹要清晰。现场调查的工作底稿一般在现场撰写，如果评估专业人员进行现场调查后，所作记录文字不清晰，则会给审核工作带来较大困难，也难以作为支撑评估结论的依据。所以，手写的工作底稿一定要字迹清楚，不能模糊难识。

【提示】资产评估机构及其资产评估专业人员可以根据资产评估业务具体情况，合理确定工作底稿的繁简程度。

（四）委托人和其他相关当事人提供的档案应由提供方确认

资产评估专业人员收集委托人和相关当事人提供的重要资料作为工作底稿，应当由提供方对相关资料进行确认，确认方式包括但不限于签字、盖章、法律允许的其他方式。

【提示】确认方式包括签字、盖章或者法律允许的其他方式。对所提供资料确认实际上是责任划分问题，提供资料的一方，原则上应当对资料的真实性、完整性、合法性负责。

（五）工作底稿中应当反映内部审核过程

工作底稿应当反映审核情况，还应反映评估机构内部各级以及评估机构外部专家对资产评估报告的审核情况，包括审核意见以及资产评估专业人员对相关意见的处理信息。

（六）编制目录和索引号

细化的工作底稿种类繁多，不编制索引号和页码将很难查找，利用交叉索引和备注说明等形式能完整地反映工作底稿间的勾稽关系并避免重复。资产评估专业人员应当根据评估业务特点和工作底稿类别，编制工作底稿目录，建立必要的索引号，以反映工作底稿间的勾稽关系。

【提示】以评估项目中的汇率为例，在评估基准日 1 美元可以兑换 7.2 元人民币，评估过程中，现金、银行存款、应收账款、应付账款等多个科目对此都需要引用，那么在编制工作底稿时，可以在现金的工作底稿中保存汇率的询价依据，其他科目的评估中只要注明交叉索引就能够很方便地找到依据。

【例 7－23】（多项选择题）下列关于工作底稿编制要求的表述，正确的是（　　）。

A. 工作底稿编制应当遵守工作底稿编制和管理涉及的法律、行政法规，应当遵守相关资产评估准则对编制和管理工作底稿的规范要求

B. 资产评估专业人员收集委托人和相关当事人提供的重要资料作为工作底稿，应当由评估专业人员对相关资料进行确认

C. 在工作底稿的编制过程中，需要经过必要的审核程序，包括对文字、数字、计算过程等内容的审核

D. 资产评估专业人员应当根据评估业务特点和工作底稿类别，编制工作底稿目录，建立必要的索引号，以反映工作底稿间的勾稽关系

E. 工作底稿应当真实完整、重点突出、记录清晰，能够反映资产评估准则制定情况、支持评估结论

【答案】 ACD

【解析】 资产评估专业人员收集委托人和相关当事人提供的重要资料作为工作底稿，应当由提供方对相关资料进行确认，确认方式包括但不限于签字、盖章、法律允许的其他方式，选项B错误；工作底稿应当真实完整、重点突出、记录清晰，能够反映资产评估程序实施情况、支持评估结论，选项E错误。

【知识点9】资产评估档案的归集和管理（★★★）

（一）资产评估档案的归集期限

资产评估专业人员通常应当在资产评估报告日后90日内将工作底稿、资产评估报告及其他相关资料归集形成资产评估档案，并在归档目录中注明文档介质形式。重大或者特殊项目的归档时限不晚于评估结论使用有效期届满后30日，并由所在资产评估机构按照国家有关法律、行政法规和相关资产评估准则的规定妥善管理。

（二）资产评估档案的保管期限

资产评估档案自资产评估报告日起保存期限不少于15年；属于法定资产评估业务的，不少于30年。资产评估机构应当在法定保存期限内妥善保存资产评估档案，以保证资产评估档案的安全和持续使用。资产评估档案应当由资产评估机构集中统一管理，不得由原制作人单独分散保存。资产评估机构不得对在法定保存期内的资产评估档案非法删除或者销毁。

【例7－24】（单项选择题）关于资产评估报告的归集和管理，下列表述中，错误的是（　　）。

A. 法定资产评估业务的评估档案保管期限不少于30年

B. 评估档案的保存期限，自资产评估报告日起算

C. 资产评估档案应当由原制作人保存，一年后交由资产评估机构管理

D. 《资产评估法》与《资产评估执业准则——资产评估档案》对评估档案的保存期限有相同的规定

【答案】 C

【解析】 资产评估档案应当由资产评估机构集中统一管理，不得由原制作人单独分散保存。

【知识点10】评估档案的保密与查阅（★）

资产评估档案涉及客户的商业秘密，评估机构、资产评估专业人员有责任为客户保密。资产评估档案的管理应当严格执行保密制度。

除下列情形外，资产评估档案不得对外提供：①国家机关依法调阅的；②资产评估协会依法依规调阅的；③其他依法依规查阅的。

【提示】 本机构评估人员需要查阅评估档案，应按规定办理借阅手续。

【例7－25】（多项选择题）下列选项中，属于可以调阅（查阅）资产评估档案情形的是（　　）。

A. 国家机关依法调阅的

B. 资产评估协会依法依规调阅的

C. 本机构评估人员需要查阅的

D. 委托方或被评估单位需要查阅的

E. 有合作关系的评估机构需要查阅的

【答案】 ABC

【解析】 除下列情形外，资产评估档案不得对外提供：①国家机关依法调阅的；②资产评估协会依法依规调阅的；③其他依法依规查阅的。本机构评估人员需要查阅评估档案，应按规定办理借阅手续。

精选练习题

一、单项选择题

1. 下列关于评估报告的分类的表述，错误的是（　　）。

A. 按照国有资产监管要求出具的国有资产评估报告属于法定评估业务评估报告，以财务报告为目的的资产评估报告不属于法定评估业务评估报告

B. 国外将资产评估报告分为资产评估报告

和限制型资产评估报告，资产评估报告、限制型资产评估报告的区别在于资产评估报告的用途不同

C. 国有资产业务评估报告和非国有资产业务评估报告并非简单按照评估对象的产权归属是否为国有而进行划分

D. 一般情况下，整体资产评估报告的报告内容不仅包括资产，也包括负债和股东权益（所有者权益），而单项资产评估报告一般不考虑负债

2. 一般情况下，只有当评估基准日与经济行为实现日相距不超过（　　）时，才可以使用资产评估报告。

A. 一年　　B. 二年

C. 三年　　D. 半年

3. 资产评估报告摘要通常提供资产评估业务的主要信息及评估结论。下列不属于资产评估报告摘要披露内容的是（　　）。

A. 评估目的　　B. 价值类型

C. 评估结论　　D. 评估假设

4. 以下不属于资产评估报告文号格式要求的是（　　）。

A. 报告序号

B. 文号说明

C. 评估机构特征字

D. 种类特征字

5. 下列关于资产评估报告的表述，错误的是（　　）。

A. 资产评估报告应当按照一定格式和内容进行编写，反映评估目的、假设、程序、标准、依据、方法、结果及适用条件等基本信息

B. 资产评估报告应当使用中文撰写，需要同时出具外文资产评估报告的，以中文资产评估报告为准

C. 评估结论反映评估基准日的价值判断，仅在评估基准日成立，所以资产评估报告应当明确评估结论的使用有效期

D. 资产评估专业人员应当在评估报告中说明资产评估报告日，资产评估报告载明的资产评估报告日通常是签署资产评估报告的日期

6. 国有资产评估中，下列属于经济行为依据中有效批复文件的是（　　）。

A. 人民法院主管领导批准发布的破产公告

B. 国有资产监督管理机构签发的经济行为批准文件

C. 董事会批准的资产转让、置换合同协议

D. 国有企业涉及经济行为决策的党组会议纪要

7. 下列关于国有资产评估报告评估说明的表述中，错误的是（　　）。

A. 关于评估说明使用范围的声明，应当写明评估说明使用单位或部门的范围及限制条款

B. 评估对象与评估范围说明应当根据企业价值评估、单项资产或者资产组合评估的不同情况确定内容的详略程度

C. 按照规定，《企业关于进行资产评估有关事项的说明》应当由委托人独立编写

D. 资产核实总体情况说明通常包括人员组织、实施时间、核实过程、影响事项及处理方法、核实结论

8. 下列关于资产评估档案的表述，错误的是（　　）。

A. 按照工作底稿的内容分类，可以分为纸质文档、电子文档或者其他介质形式的文档

B. 资产评估档案，是指资产评估机构开展资产评估业务形成的，反映资产评估程序实施情况、支持评估结论的工作底稿、资产评估报告及其他相关资料

C. 管理类工作底稿是指在执行资产评估业务过程中，为受理、计划、控制和管理资产评估业务所形成的工作记录及相关资料

D. 操作类工作底稿是指在履行现场调查、收集评估资料和评定估算程序时所形成的工作记录及相关资料

9. 在编制工作底稿的过程中，下列不属于应当遵守工作底稿编制和管理涉及的法律、行政法规的是（　　）。

A.《资产评估基本准则》

B.《国有资产评估管理若干问题的规定》

C.《国有资产评估管理办法》

D.《资产评估法》

10. 在市场法工作底稿中，资产评估专业人员应在工作底稿中反映的内容是（　　）。

A. 反映对企业财务指标进行分析的过程

B. 反映市场交易案例与被评估企业具有可比性的资料

C. 反映被评估企业拥有的有形资产、无形资产以及应当承担的负债

D. 反映合理确定资本化率或折现率的过程

11. 在资产评估档案归集时，重大或者特殊项目的归档时限不晚于评估结论使用有效期届满后（　　）日。

A. 90　　B. 60

C. 30　　D. 120

12. 下列选项中，不属于工作底稿编制要求的是（　　）。

A. 应当遵守法律、行政法规和资产评估准则

B. 应当真实完整、重点突出、记录清晰

C. 应当采用纸质文档，逐页编码，装订成册

D. 委托人和其他相关当事人提供的档案应由提供方确认

13. 根据《企业国有资产评估报告指南》，下列关于评估结论的表述，错误的是（　　）。

A. 评估结论采用区间值的，应当在区间之内确定一个最大可能值，并说明确定依据

B. 采用两种以上方法进行企业价值评估的，除单独说明评估价值和增减变动幅度外，应当说明两种以上评估方法结果的差异及其原因和最终确定评估结论的理由

C. 境外企业国有资产评估报告的评估结论不可以用区间值表达，评估结论应是确定的数值

D. 单项资产或者资产组合评估，应当以文字形式说明账面价值、评估价值及其增减幅度

14. 关于资产评估报告正文中的特别事项及其说明，下列表述中，错误的是（　　）。

A. 资产评估报告中应当对特别事项进行说明，并重点提示评估报告使用人对其予以关注

B. 资产评估专业人员在评估过程中发现评估对象存在产权瑕疵，应当说明法律权属瑕疵的事实及对评估结论合理性可能的影响

C. 应当说明评估程序受限的有关情况、评估机构采取的弥补措施及对评估结论影响的情况

D. 特别事项是指在未确定评估结论的前提下，资产评估专业人员在评估过程中已发现可能影响评估结论，但非执业水平和能力所能评定估算的有关事项

15. 某资产评估基准日为2023年12月31日，资产评估现场调查完成日为2024年1月11日，资产评估报告日为2024年2月12日。假设发生的下列事项中，应当在资产评估报告中作为期后事项披露的是（　　）。

A. 2024年2月18日中央银行调整存贷款利率政策

B. 2023年12月15日被评估单位处置大笔应收账款

C. 2024年2月8日因“甲流”影响被评估单位大批食品存货变质

D. 2024年3月1日所享受的所得税优惠政策发生变化

二、多项选择题

1. 工作底稿应当记录清晰。下列选项中，能够反映记录清晰要求的是（　　）。

A. 记录思路要清晰　　B. 记录条理要清晰

C. 记录内容要清晰　　D. 记录字迹要清晰

E. 记录重点要清晰

2. 资产评估报告的声明通常包括（　　）。

A. 委托人或者其他资产评估报告使用人违反规定使用资产评估报告的，资产评估机构及其资产评估师仅承担有限责任

B. 本资产评估报告依据财政部发布的资产评估基本准则和中国资产评估协会发布的资产评估执业准则和职业道德准则编制

C. 委托人或者其他资产评估报告使用人应当按照法律、行政法规规定及资产评估报告载明的使用范围使用资产评估报告

D. 资产评估报告使用人应当正确理解评估结论，评估结论不等同于评估对象可实现价格

E. 资产评估机构及其资产评估师遵守法律、行政法规和资产评估准则，坚持独立、客观和公正的原则

3. 资产评估工作底稿一般分为（　　）。

A. 管理类工作底稿　　B. 会计类工作底稿

C. 咨询类工作底稿　　D. 审计类工作底稿

E. 操作类工作底稿

4. 下列关于资产评估报告的语句表述，符合评估报告基本要求的有（　　）。

A. 评估对象股票的评估值在10元/股—10.5元/股之间

B. 评估对象机器设备的评估值大约为10万元

C. 本资产评估报告仅供委托人、资产评估委托合同中约定的其他资产评估报告使用人和

委托人认可的资产评估报告使用人使用

D. 委托人和其他相关当事人依法对其提供资料的真实性、完整性、合法性负责

E. 本评估报告只能由委托人使用，评估报告的使用权归委托人所有

5. 关于资产评估报告的基本内容，下列表述中，正确的是（　　）。

A. 资产评估报告封面的左上方标示有“本资产评估报告依据中国资产评估准则编制”

B. 评估报告目录应当包括每一部分的标题和相应页码

C. 对不同方法的评估结果只能采用算术平均或加权平均等数学方法综合得出评估结论

D. 资产评估报告应当披露所使用的资产评估假设

E. 在国有资产评估报告中，声明、摘要和评估明细表上通常不需要另行签名盖章

三、综合题

1. 资料：以下资料来源于某资产评估机构出具的资产评估报告摘要：

大地路桥股份有限公司拟转让股权

资产评估报告

瑞智评报字〔2025〕第 123 号

摘要

瑞智资产评估有限公司接受大地路桥股份有限公司的委托，就大地路桥股份有限公司拟转让其持有的广东省大地路桥第一工程有限公司股权之经济行为，对所涉及的广东省大地路桥第一工程有限公司股东全部权益在评估基准日的市场价值进行了评估。

评估对象为广东省大地路桥第一工程有限公司股东全部权益，评估范围是广东省大地路桥第一工程有限公司的全部资产。

评估基准日为 2024 年 12 月 31 日。

本次评估的价值类型为市场价值。

本次评估以持续使用和公开市场为前提，结合委估对象的实际情况，综合考虑各种影响因素及评估方法的适用前提和满足评估目的，采用收益法及资产基础法两种方法对广东省大地路桥第一工程有限公司进行整体评估，然后加以校核比较。考虑评估方法的适用前提和满足评估目的，本次选用收益法评估结果作为最终评估结论。

经实施清查核实、实地查勘、市场调查和询证、评定估算等评估程序，得出广东省大地路桥第一工程有限公司股东全部权益在 2025 年 1 月 1 日的评估结论如下：

净资产账面价值 32 475.87 万元，评估后股东全部权益价值 35 678.69 万元，评估增值 2 355.26 万元，增值率 7.34%。

根据国有资产评估管理的相关规定，资产评估报告须经备案后使用，评估结果使用有效期半年。

在使用本评估结论时，特别提请报告使用者使用本报告时注意报告中所载明的特殊事项以及期后重大事项。

以上内容摘自资产评估报告正文，欲了解本评估项目的详细情况和合理理解评估结论，应当阅读资产评估报告全文。

要求：请根据上述资料，指出该资产评估报告摘要中的不恰当之处，并说明理由。

2. 2024 年 5 月 1 日，清旭资产评估公司接受丽天公司资产评估的委托，按照《资产评估法》、其他法律法规和评估准则的规定选用恰当的评估方法，按必要的评估程序，对凯华酒店在 2024 年 4 月 23 日的价值进行了评估。

其资产评估报告的部分内容摘录如下：

（1）委托方及被评估单位：委托方为丽天公司，被评估单位为凯华酒店；

（2）评估目的：为丽天公司拟收购凯华酒店资产的市场价值提供参考依据；

（3）评估范围：凯华酒店的收益；

（4）评估方法：采用市场法进行评估。

按照《资产评估法》和国家其他有关部门的法规与条例，本着独立、公正、客观的原则及既定的评估程序，根据酒店近几年的财务报表进行资产评估。根据以上评估工作，在 2024 年 5 月 10 日得出如下评估结论：凯华酒店 2024 年 5 月 1 日的企业评估价值为 1 566 万元。本评估报告书所列示的结论仅对评估目的有效，有效期限为一年，2024 年 5 月 1 日至 2025 年 4 月 30 日。

资产评估师：李明

请根据上述资料，回答下列问题：

（1）请找出评估报告书中的不当之处，并说明理由。

（2）按《资产评估法》中规定的法律定位划分，资产评估报告有哪些类型？本报告属于

哪一种？

3. 以下内容是摘自滨港公司资产评估报告附件的部分内容：

（1）流动资产评估：

①货币资金账面价值421 588元，其中现金21 325元，银行存款400 263元，考虑到货币资金即为现值不需折现，经总账明细账与日记账核实一致并对现金盘点无误后，按账面值确认；

②应收账款账面价值5 481 272元，经与明细账核对，确认评估值为5 083 252元；

③存货账面价值为11072460元，抽查比例为60%，在质量检测与抽查核实的基础上，确认评估值为10 852 500元；

④其他流动资产（略）；

流动资产账面价值18 845 502元，评估值为17 401 832元。

（2）长期投资评估（略）。

（3）固定资产评估

固定资产账面价值20 248 470元，依据被评估单位提供的明细账，经与明细账核对，确认评估值为23 542 510元。

（4）其他资产评估（略）。

（5）负债审核确认（略）。

资产评估评估结果汇总表（简略格式）

项目	账面价值（元）	评估值（元）	增减值（元）	增减率（%）
流动资产	18 845 502	17 451 832	-1 393 670	-7.4
固定资产	20 248 470	23 542 510	3 294 040	16.27
长期投资	500 000	510 000	10 000	2
资产合计	39 593 972	41 504 342	1 910 370	4.82
流动负债	14 450 000	14 250 000	-200 000	-1.38
长期负债	8 862 000	8 462 000	-400 000	-4.51
负债合计	23 312 000	22 722 000	-60 000	-2.57
净资产	16 281 972	18 782 342	2 510 370	15.42

请根据上述资料，回答下列问题：

（1）指出该资产评估报告附件中的错误。

（2）资产评估报告中，作为评估报告附件的资料应包括哪些？

4. 美华资产评估有限责任公司接受委托，对大华有限责任公司（国有独资）拟与旺旺公司联营为目的的全部资产进行了评估，其资产评估报告部分内容摘录如下：

大华有限责任公司：

我公司接受贵公司委托，根据国家有关资产评估的规定和其他法律法规规定，对贵公司拟与旺旺公司联营为目的的全部资产进行了评估。评估中结合贵公司的具体情况，实施了包括财产清查在内的我们认为必要的评估程序，现将评估结果报告如下：

（1）资产评估机构（略）；

（2）委托方和资产占有方（略）；

（3）评估目的：为贵公司与旺旺公司联营之目的，评估贵公司净资产现行价值；

（4）评估范围和对象：本次评估范围和评估对象为大华公司的全部股东权益价值；

（5）评估依据：

①Y省国有资产管理局《关于同意大华公司与旺旺公司联营的批复》；

②委托方提供的资产清单及其他资料；

③有关资产的产权证明及相关资料；

④委托方提供的有关会计凭证、会计报表及其他会计资料；

⑤与委托方资产取得、销售业务相关的各项合同及其他资料。

（6）评估基准日：2024年9月30日；

（7）评估价值类型：清算价值类型；

（8）评估方法：根据委托方评估目的和评估对象，此次评估方法为收益法；

（9）评估报告使用范围：委托人或者其他资产评估报告使用人应当按照法律、行政法规规定和资产评估报告载明的使用范围使用资产评估报告；委托人或者其他资产评估报告使用人违反前述规定使用资产评估报告的，资产评估机构及其资产评估专业人员不承担责任；

（10）评估过程（略）；

（11）评估结果：在实施了上述评估程序和评估方法后，贵公司截至评估基准日净资产价值为 2 568 万元；

（12）评估结果有效期：根据国家有关规定，本报告有效期一年。自报告提交日 2024 年 12 月 20 日起至 2025 年 12 月 19 日止；

（13）其他事项说明（略）；

（14）评估结果有效的其他条件；

（15）评估时间：本次评估工作自 2024 年 10 月 8 日起至 2024 年 12 月 20 日止，本报告提交日期为 2024 年 12 月 20 日。

资产评估师：大伟

美华资产评估有限责任公司（盖章）

2024 年 12 月 20 日

请根据上述资料，回答下列问题：

（1）简述企业价值评估的对象及范围。

（2）国有资产评估业务的评估依据有哪些？

（3）分析案例，指出评估报告书的不当之处并说明理由。

精选练习题参考答案及解析

一、单项选择题

1.【答案】B

【解析】评估报告、限制型评估报告的区别在于所提供内容和信息的详细程度。

2.【答案】A

【解析】通常，只有当评估基准日与经济行为实现日相距不超过一年时，才可以使用资产评估报告。

3.【答案】D

【解析】《资产评估执业准则——资产评估报告》规定，资产评估报告摘要通常提供资产评估业务的主要信息及评估结论。但该准则没有对这些主要信息的披露提出具体的要求，实务中通常参考企业国有资产评估报告对“评估报告摘要”的披露要求撰写。企业国有资产评估报告摘要应当简明扼要地反映经济行为、评估目的、评估对象和评估范围、价值类型、评估基准日、评估方法、评估结论及其使用有效期、对评估结论产生影响的特别事项等关键内容。

4.【答案】B

【解析】资产评估报告文号的格式要求，包括评估机构特征字、种类特征字、年份、报告序号。

5.【答案】D

【解析】资产评估报告载明的资产评估报告日通常为评估结论形成的日期，可以不同于资产评估报告的签署日。

6.【答案】B

【解析】有效批复文件包括国务院、各级人民政府、国务院国有资产监督管理机构、地方国有资产监督管理机构、中央与地方国有企业及其各级子企业等按照规定权限签发的经济行为批准文件。

7.【答案】C

【解析】委托人和被评估单位可以共同编写或者分别编写《企业关于进行资产评估有关事项的说明》。

8.【答案】A

【解析】按照工作底稿的内容，可以分为管理类工作底稿和操作类工作底稿。按照工作底稿的载体，可以分为纸质文档、电子文档或者其他介质形式的文档。

9.【答案】A

【解析】《资产评估基本准则》属于应当遵守相关资产评估准则对编制和管理工作底稿的规范要求。

10.【答案】B

【解析】资产评估专业人员在采用市场法评估企业整体价值时，应在工作底稿中反映收集的参考企业、市场交易案例的资料，反映所选择的参考企业、市场交易案例与被评估企业具有可比性的资料。

11.【答案】C

【解析】重大或者特殊项目的归档时限为评估结论使用有效期届满后 30 日内，并由所在资产评估机构按照国家有关法律、行政法规和相关资产评估准则的规定妥善管理。

12.【答案】C

【解析】资产评估委托合同、资产评估报告应当形成纸质文档。评估明细表、评估说明可以是纸质文档、电子文档或者其他介质形式的文档。

13.【答案】C

【解析】考虑到一些特定评估业务的需求，《企业国有资产评估报告指南》规定，境外企业国有资产评估报告的评估结论可以用区间值表达。

14. 【答案】D

【解析】特别事项是指在已确定评估结论的前提下，资产评估专业人员在评估过程中已发现可能影响评估结论，但非执业水平和能力所能评定估算的有关事项。

15. 【答案】C

【解析】资产评估中的期后事项，通常是指评估基准日至评估报告日之间发生的、可能对评估结论产生影响的事项，应当在资产评估报告中作为期后事项披露，说明评估基准日之后发生的重大期后事项，特别提示评估基准日的期后事项对评估结论的影响。选项C为重大期后事项，应当在资产评估报告中作为期后事项披露。

二、多项选择题

1. 【答案】CD

【解析】记录清晰有两方面含义：一是记录内容要清晰，使审核人员、工作底稿使用者通过查阅对评估过程的描述，对评估过程有清晰的认识。二是记录字迹要清晰。

2. 【答案】BCDE

【解析】委托人或者其他资产评估报告使用人违反规定使用资产评估报告的，资产评估机构及其资产评估师不承担责任。

3. 【答案】AE

【解析】资产评估工作底稿一般分为管理类工作底稿和操作类工作底稿。

4. 【答案】AD

【解析】资产评估专业人员应当以清楚和准确的方式进行表述，而不致引起报告使用人的误解，评估报告不得存在歧义或误导性陈述，选项B不符合要求；资产评估报告使用人包括委托人、资产评估委托合同中约定的其他资产评估报告使用人和法律、行政法规规定的资产评估报告使用人，选项C错误；评估报告只能由评估报告载明的评估报告使用者使用，评估报告的使用权归委托人所有，未经委托人许可，本评估机构不会随意向他人公开，选项E错误。

5. 【答案】ABDE

【解析】对不同方法的评估结果采用算术平均、加权平均、求取中位数等数学方法综合得出评估结论。

三、综合题

1. 【答案及解析】

（1）标题格式不恰当。标题格式应为："企业名称 + 经济行为关键词 + 评估对象 + 资产评估报告"，即大地路桥股份有限公司拟转让其持有的广东省大地路桥第一工程有限公司股权项目资产评估报告。

（2）评估对象和评估范围表述不恰当。评估对象为广东省大地路桥第一工程有限公司股东全部权益，评估范围应当是"广东省大地路桥第一工程有限公司的全部资产及负债，包括流动资产和非流动资产等资产及相应负债"。

（3）评估基准日为2024年12月31日，评估结论应体现评估基准日的价值，应表述为"广东省大地路桥第一工程有限公司股东全部权益在评估基准日2024年12月31日的评估结论如下"。

（4）评估结论计算错误。净资产账面价值32 475.87万元，评估后股东全部权益价值35 678.69万元，评估增值3 202.82万元，增值率9.86%。

（5）评估结果有效期表述不恰当。根据国有资产评估管理的相关规定，资产评估报告须经备案后使用，评估结果使用有效期一年，即自2024年12月31日至2025年12月30日使用有效。

2. 【答案及解析】

（1）该评估报告中的不当之处包括：①评估方法使用错误。酒店是收益型企业，而且摘要中明确指示是对酒店收益的评估，所以应该用收益法。市场法通常被用于评估具有活跃公开市场、存在可比成交案例，且有关交易信息可以获得的资产。②明细资料缺失。在出具评估结果前，评估机构只根据酒店账面资料获得了该酒店近几年的实际收益，而没有去搜集附近可比实例的客观收益，从而导致以偏概全，影响评估价值的准确性。③评估基准日错误。该项目评估的基准日是2024年4月23日。而不是丽天公司委托评估机构进行资产评估的日期，没有做到真实反映评估基准日的价值。④有效期间错误。评估报告书的有效期间应该是自评估基准日后的一年之内，而该报告所表明有效期间的起点是从丽天公司委托评估机构进行评估的日期，不符合规定。⑤签章缺少。根据规定，资产评估报告应当由至少两名承办该项业务的资产评估专业人员签名并加盖资产评估机构印章。法定评估业务的资产评估报告应当由至少两名承办该项业务的资产评估师签名并加盖资产评估机构印章。该报告上只有一名评估师，不符合规定。

（2）按《资产评估法》中规定的法律定位划分，评估报告分为法定评估业务评估报告和非法定评估业务评估报告。涉及国有资产或者公共利益等事项，法律、行政法规规定需要评估的法定评估业务，所出具的评估报告为法定评估业务评估报告，比如按照国有资产评估管理的相关规定出具的国有资产评估报告，除此以外开展的评估业务所出具的评估报告均属于非法定评估业务评估报告。本评估未说明是涉及国有资产或者公共利益等事项，法律、行政法规规定需要评估的法定评估业务，所以该评估报告为非法定评估业务评估报告。

3.【答案及解析】

（1）该资产评估报告附件中的错误包括：①货币资金评估缺银行对账单核实或函证。采用函证方式对银行存款、异地存货、往来账款、交易性金融资产等涉及的各类资料进行核查的，对利用第三方机构询证函结果的，应当记录取得第三方机构函证结果的过程、分析该函证行为的目的、核实函证基准日、了解第三方机构对函证的控制措施等。无法获取上述信息的，应当实施替代程序并获取相关证据，对该函证结果的可靠性进行分析判断。②资产评估报告附件应当提供评估对象所涉及的主要权属证明资料。评估对象所涉及的主要权属证明资料包括：房地产权证、无形资产权利（权属）证明、交通运输设备的行驶证及相关权属证明、重大机器设备的购置发票等。另外，资产评估专业人员应当收集委托人和被评估单位或产权持有人的营业执照并装订在评估报告的附件中。③固定资产评估增值16.27%，差异较大，应作说明。④文中流动资产评估值为17 401 832元，与表中流动资产评估价值不等；⑤表中评估值栏负债合计及净资产计算有误。

（2）资产评估报告中，作为评估报告附件的资料应包括：①评估对象所涉及的主要权属证明资料；②委托人和其他相关当事人的承诺函；③资产评估机构及签名资产评估专业人员的备案文件或者资格证明文件；④资产评估汇总表或明细表；⑤资产账面价值与评估结论存在较大差异的说明。

4.【答案及解析】

（1）对于企业价值评估，评估对象可以分为两类，即企业整体价值和股东权益价值（全部或部分），与此对应的评估范围是评估对象涉及的资产及负债。将股东全部权益价值或股东部分权益价值作为评估对象，股东全部权益或股东部分权益对应的法人资产和负债属于评估范围，本身并不是评估对象。

（2）国有资产评估报告应当说明资产评估采用的经济行为依据、法律法规依据、评估准则依据、权属依据及取价依据等。

（3）该评估报告中的不当之处包括：①评估范围错误。评估对象本身并不是评估范围，评估范围指的是评估对象所对应的资产、负债。②评估依据不充分，缺乏法律法规依据和评估准则依据。③签章缺少。国有资产评估所出具的评估报告，必须有两名承办业务的资产评估师签章才有效，而该报告只用了一名资产评估师的签章，不符合规定。④评估价值类型错误。一般情况下可供选择的价值类型包括市场价值和市场价值以外的价值，如投资价值、在用价值、清算价值和残余价值等。处于被迫出售、强制变现等非正常市场条件下的价值评估，可以采用清算价值类型。⑤评估报告有效期间错误。评估报告书的有效期间应该是自评估基准日后的一年之内，而该报告所表明有效期间的起点是评估机构提交评估报告日算起，不符合规定。

第八章 资产评估的职业道德与法律责任

考试大纲

<table>
<tr><td>第八章</td><td>考试目的</td><td>考查考生对我国资产评估职业道德准则所规范的主要内容和主要职业道德要求、我国资产评估法律责任体系，特别是相关法律有关资产评估行政责任、民事责任和刑事责任规定的掌握情况，以及运用资产评估职业道德和法律责任相关知识，指导和规范资产评估从业行为的能力。</td></tr>
<tr><td rowspan="17">资产评估的职业道德与法律责任</td><td colspan="2">考试内容及要求</td></tr>
<tr><td rowspan="6">掌握的内容（★★★）</td><td>1. 职业道德素质的内容及我国职业道德准则规范的主要内容。</td></tr>
<tr><td>2. 资产评估职业道德的基本要求。</td></tr>
<tr><td>3. 对签署评估报告的禁止性要求。</td></tr>
<tr><td>4. 资产评估行政责任的相关法律规定。</td></tr>
<tr><td>5. 资产评估民事责任的相关法律规定。</td></tr>
<tr><td>6. 资产评估刑事责任的相关法律规定。</td></tr>
<tr><td rowspan="6">熟悉的内容（★★）</td><td>1. 专业能力要求。</td></tr>
<tr><td>2. 与委托人和其他相关当事人关系的要求。</td></tr>
<tr><td>3. 与其他资产评估机构及资产评估专业人员关系的要求。</td></tr>
<tr><td>4. 禁止不正当竞争的要求。</td></tr>
<tr><td>5. 保密原则。</td></tr>
<tr><td>6. 禁止谋取不当利益的要求。</td></tr>
<tr><td rowspan="4">了解的内容（★）</td><td>1. 行政处罚的种类、原则和追究时效。</td></tr>
<tr><td>2. 民事责任的构成要件、诉讼时效。</td></tr>
<tr><td>3. 刑事责任的追诉时效。</td></tr>
<tr><td>4. 法律责任的免除。</td></tr>
</table>

考情分析

本章主要考查我国资产评估职业道德规范、有关资产评估机构和资产评估专业人员法律责任的法律法规等内容，内容较多而且知识点分散。在往年的考试中，本章内容曾多次出现过单项选择题和多项选择题等客观题，且多次结合其他章节内容在综合题中出现一些知识点，考查考生对资产评估职业道德和法律责任的理解和应用能力。本章考查形式和内容灵活，要求考生把握脉络，特别是要理解教材中的相关案例，准确理解资产评估职业道德的基本要求和法律责任的相关法律法规和相关准则规定，能够熟练地对具体案例中涉及的职业道德与法律责任问题进行分析并按规定处理。

教材主要变化

本章考试大纲无变化，教材仅在极个别地方有修改，内容无实质性变化。

考点精讲及典型例题解析

【知识点1】职业道德素质的内容及我国职业道德准则规范的主要内容（★★★）

（一）职业道德素质的内容

资产评估机构及其资产评估专业人员的职业道德素质主要是由其职业理想、职业态度、职业责任、职业胜任能力、职业良知、职业荣誉和职业纪律等要素综合反映出来的道德品质。

（二）资产评估职业道德准则规范的主要内容

资产评估职业道德准则对资产评估机构及其资产评估专业人员职业道德方面的基本遵循、专业能力、独立性、资产评估专业人员与委托人和其他相关当事人的关系、资产评估专业人员与其他资产评估专业人员的关系等进行了规范。

【例8-1】（多项选择题）以下选项中，属于资产评估机构及其资产评估专业人员职业道德素质要素的是（　　）。

A. 职业理想　　B. 职业态度
C. 职业追求　　D. 职业责任
E. 职业纪律

【答案】 ABDE

【解析】 资产评估机构及其资产评估专业人员的职业道德素质主要是由其职业理想、职业态度、职业责任、职业胜任能力、职业良知、职业荣誉和职业纪律等要素综合反映出来的道德品质。选项C错误，其他选项均正确。

【例8-2】（单项选择题）以下选项中，不属于资产评估的职业道德素质主要内容的是（　　）。

A. 职业荣誉　　B. 职业良知
C. 职业判断　　D. 职业胜任能力

【答案】 C

【解析】 资产评估机构及其资产评估专业人员的职业道德素质主要是由其职业理想、职业态度、职业责任、职业胜任能力、职业良知、职业荣誉和职业纪律等要素综合反映出来的道德品质。职业判断不属于资产评估职业道德素质的主要内容。

【知识点2】资产评估职业道德的基本要求（★★★）

参见表8-1。

表8-1　资产评估职业道德的基本要求

职业道德		基本要求
从业要求	诚实守信	资产评估机构及其资产评估专业人员在开展资产评估业务中应当将诚实守信放在首位，诚实履行职业责任，提供诚信可靠的专业服务。这也是专业服务行业立法和职业道德建设通常会提出的要求。
	勤勉尽责	资产评估机构及其资产评估专业人员在执业过程中应当维护当事人的合法权益和公共利益，努力维护资产评估的客观性和公正性。 （1）在执业过程中必须严格执行资产评估准则，不得随意背离。 （2）在具体执业行为中，根据评估项目的具体情况进行必要的专业判断。应当以追求评估结论的客观性和公正性为工作目标，规范自己的执业行为，做到勤勉尽责。 （3）不可以使用敷衍的手段规避应尽的努力。包括：①在报告中滥用免责声明；②不当利用第三方的工作，或相关当事人的保证书、承诺函等；③使用不合理的假设；④滥用专业判断。
	谨慎从业	需要资产评估机构及其资产评估专业人员在提供资产评估专业服务时，应当保持必要的职业谨慎态度和专业精神，重视风险辨识及防范，审慎作出专业判断，预防和减轻因评估执业过失引致的质量风险。
基本工作原则	独立性	坚持独立性是资产评估的核心原则。资产评估机构、资产评估人员及外聘专家认为其独立性受到损害时，应当对由此可能产生的影响和能够采取的措施进行分析判断，如果相关损害会影响其得出公正的评估结论，则应当拒绝进行评估活动、拒绝发表评估意见。
	客观性	客观性要求资产评估机构及资产评估专业人员，应当以事实为依据，客观地发表评估意见。

续表

职业道德		基本要求
基本工作原则	公正性	公正性要求资产评估机构和资产评估专业人员，在从事资产评估业务过程中，遵照国家有关法律、法规及行业准则，独立、客观执业，保持应有的职业中立态度，公平地对待有关利益各方，公正地发表资产评估意见，不得损害委托人、其他当事人的合法权益和公共利益。

【提示1】资产评估独立性的具体要求：①资产评估机构应当是依法设立的独立法人或非法人组织，符合规定的设立条件。②资产评估机构及其资产评估专业人员应当严格按照国家有关法律法规和资产评估准则，独立开展评估业务，并独立地向委托人提供资产评估意见。③资产评估机构、资产评估专业人员从事资产评估活动不受任何部门、社会团体、企业、个人等对资产评估行为和评估结论的非法干预。④资产评估专业人员依据国家法律法规及资产评估准则进行资产评估活动以及发表评估意见时不受所在资产评估机构的非法干预。⑤资产评估机构、资产评估专业人员应与资产评估的委托人、被评估对象产权持有人及其他当事人无利害关系。

【提示2】可能影响独立性的三种关联关系包括：①经济利益关联，是指资产评估机构及其资产评估专业人员或者其亲属拥有委托人或者其他相关当事人的股权、债权、有价证券、债务，或者存在担保等可能影响独立性的经济利益关系。②人员关联，是指资产评估专业人员或者其亲属担任委托人或者其他相关当事人的董事、监事、高级管理人员或者其他可能对评估结论施加重大影响的特定职务（根据《民法典》规定，亲属包括配偶、血亲和姻亲；近亲属包括配偶、父母、子女、兄弟姐妹、祖父母、外祖父母、孙子女、外孙子女。根据《资产评估职业道德准则》的规定，亲属是指配偶、父母、子女及其配偶，这是一个比较狭义的界定）。③业务关联，是指资产评估机构从事的不同业务之间可能存在利益输送或者利益冲突关系。

消除不利影响的措施，通常包括人员回避、业务回避、消除关联关系、第三方审核等。当所采取措施不能消除对独立性的不利影响时，资产评估机构和资产评估专业人员不得承接该评估业务，或者应当终止该评估业务。

【提示3】资产评估客观性的具体要求：①作为资产评估活动的重要主体，应当公正无私，摒除偏见，不为“偏见”“谬误”所蒙蔽。②对资产评估活动中涉及的事项应当坚持科学的方法和谨慎的态度，实事求是。③在资产评估过程中，应当完整、客观地收集信息、数据；保障赖以形成评估结论信息的完整性、客观性、有效性、合法性。不得使用缺乏依据的信息、数据。④对于实物性资产，进行必要的现场勘查是保证客观性的要求，应该通过勘查确定资产的客观存在，并取得评估所必需的客观信息，勘查的程度应满足获得作出客观评估所需要的基本信息。如因各种原因，无法通过勘查获得评估所需信息而必须通过其他第三方取得，应当采取必要措施关注这些信息的客观性和合理性，并进行必要披露。⑤对非实物性资产，应当根据资产的特征，通过有效的方法确定资产的客观存在，并取得评估所必需的客观信息。如因各种原因，必须通过其他第三方取得评估所需信息，应当采取必要措施关注这些信息的客观性和合理性，并予以必要披露。⑥有责任核查所获得信息的客观性，对于从其他第三方获得的信息，应当关注其客观性。⑦应当尽量避免专业判断过程中主观因素的不利影响。在进行评估分析、预测、判断过程中，应当使用科学合理的方法，不得以主观经验代替科学分析。⑧应当依据所收集的信息、数据，遵守法律法规、资产评估准则等相关规定，通过合理履行资产评估程序客观作出评估结论、发表专业意见。⑨应对执业能力作出客观评价，对于无法胜任的业务，应当放弃承接或通过寻求有效支持手段满足胜任要求。⑩对机构内部或不同评估机构所持有的不同评估观点不应抱有任何偏见。资产评估报告应当客观完整、描述适当，不得使用夸大或容易引起异议或歧义的文字语言。

【例8-3】（单项选择题）资产评估机构及

其资产评估专业人员在执业过程中，必须以（　　）为中心。

A. 维护当事人的合法权益和公共利益

B. 遵守职业道德，提高专业胜任能力

C. 独立、客观、公正地实施评估程序

D. 处理好与其他资产评估专业人员的关系

【答案】 A

【解析】 资产评估机构及其资产评估专业人员在执业过程中必须以维护当事人的合法权益和公共利益为中心，努力维护资产评估的客观性和公正性。只有这样才能赢得社会的信任与尊敬，树立应有的社会地位。

【例8-4】（多项选择题）以下属于资产评估职业道德中有关客观性要求的是（　　）。

A. 对机构内部或不同评估机构所持有的不同评估观点不应抱有任何偏见

B. 应当尽量避免专业判断过程中主观因素的不利影响

C. 不应当偏袒、迁就委托人的不当诉求，故意出具对其他当事人，甚至社会公众不利的评估报告

D. 资产评估专业人员在进行评估分析、预测、判断过程中，应当使用科学合理的方法，不得以主观经验代替科学分析

E. 资产评估专业人员依法进行资产评估活动以及发表评估意见时不受所在资产评估机构的非法干预

【答案】 ABD

【解析】 选项C为公正性要求，选项E为独立性要求。

【例8-5】（多项选择题）关于谨慎从业，下列表述中，正确的是（　　）。

A. 谨慎从业是在合同或其他经济活动中遵循民法基本原理的必然要求，已越来越广泛地成为各行业普遍性的职业道德规范，并被直接写入资产评估法中

B. 在洽谈资产评估业务前，在受理资产评估业务后，在业务实施环节，在信息披露方面均需要遵循谨慎从业的要求

C. 保持必要的职业谨慎态度和专业怀疑精神，重视风险辨识及防范，审慎作出专业判断，预防和减小因评估执业过失引致的质量风险

D. 谨慎从业，是对资产评估机构及其资产评估专业人员提出的要求

E. 资产评估机构及其资产评估专业人员在执业过程中必须严格执行资产评估准则，不得随意背离

【答案】 BCD

【解析】 诚实守信是在合同或其他经济活动中遵循民法基本原理的必然要求，已越来越广泛地成为各行业普遍性的职业道德规范，并被直接写入资产评估法中，选项A错误；资产评估机构及其资产评估专业人员在执业过程中必须严格执行资产评估准则，不得随意背离，这是对资产评估机构及其资产评估专业人员履行勤勉尽责义务的基本要求，选项E错误。

【例8-6】（单项选择题）关于勤勉尽责，下列选项中，错误的是（　　）。

A. 资产评估专业人员在具体执业行为中，根据评估项目的具体情况进行必要的专业判断

B. 资产评估专业人员在执业过程中，不得单纯以工作量或工作的难易程度作为确定工作范围及工作程度的标准

C. 资产评估机构及其资产评估专业人员利用第三方的工作，属于使用敷衍的手段规避应尽的努力

D. 执业过程中，在获取必要信息的基础上可以依照经验和专业知识作出独立判断，不可以滥用专业判断

【答案】 C

【解析】 资产评估机构及其资产评估专业人员可以利用第三方的工作，如注册会计师出具的审计报告、律师出具的法律意见书等，也可以要求相关当事人提供保证书或承诺函等文件。但在利用专家工作时必须保持必要的职业谨慎，不可以丧失独立性，选项C错误。

【例8-7】（单项选择题）下列情况中，一般认为不影响独立性的是（　　）。

A. 资产评估专业人员的外祖母在委托方担任监事

B. 资产评估专业人员持有客户0.1%的公开流通股票

C. 资产评估专业人员与客户的负责人或委托事项的当事人有借款关系

D. 承接该项目的评估专业人员在客户的董事长设立的公司中参股5%

【答案】 A

【解析】 可能影响独立性的情形通常包括资

产评估机构及其资产评估专业人员或者其亲属与委托人或者其他相关当事人之间存在经济利益关联、人员关联或者业务关联。人员关联是指资产评估专业人员或者其亲属担任委托人或者其他相关当事人的董事、监事、高级管理人员或者其他可能对评估结论施加重大影响的特定职务。根据《资产评估职业道德准则》的规定，亲属是指配偶、父母、子女及其配偶。选项A不属于人员关联，其他选项属于经济利益关联，可能影响独立性。

【知识点3】专业能力要求（★★）

（一）资产评估专业人员应当具备相应的评估专业知识和经验

资产评估专业人员除了应具备一定的专业知识和专业技能，也应具备一定的专业经验。

取得资产评估师职业资格，需要通过资产评估师资格全国统一考试。能够承办非法定资产评估业务的其他资产评估专业人员，也必须具有一定的评估专业知识和实践经验。

（二）资产评估专业人员必须具有胜任所执行评估业务的能力

资产评估专业人员在接受评估业务或资产评估机构在签署评估委托合同之前，应当了解执行该评估项目所必备的专业知识、专业技能及经验，并对自己的能力作出客观判断。

资产评估机构、资产评估专业人员对所承接的资产评估项目，必须确信具有相应的专业知识和经验，能够胜任该项业务，不得接受其能力无法完成的资产评估项目，除非采取其他有效措施保证能够有效地完成该项评估业务。

评估机构和资产评估专业人员也必须在评估报告中披露专业知识、经验的缺乏，并披露所有为完成评估业务所采取的措施。

【提示】我国资产评估准则要求，资产评估机构及其资产评估专业人员，应当如实声明其具有的专业能力和执业经验，不得对其专业能力和执业经验进行夸张、虚假和误导性宣传。

（三）资产评估专业人员应当保持和提高专业能力

接受资产评估的专业教育及训练、通过资产评估师的职业资格统一考试、在资产评估机构从事业务实践等，都是获得胜任资产评估工作所需知识和经验的有效途径。

通过职业资格统一考试，取得资产评估师职业资格，只说明具备了从事资产评估工作的基本技能。资产评估专业人员要在执业生涯中保持并提高自己的执业能力，不断地接受必要的继续教育培训是切实可行的必要措施。

【例8-8】（单项选择题）对于靠自身能力无法完成的资产评估项目，评估机构和资产评估专业人员可以采取有效的措施确保评估业务的完成，不包括（　　）。

A. 与具有相关专业知识和经验的评估机构或评估专业人员联合进行评估

B. 聘用具有所需专业知识或经验的专业人士

C. 资产评估专业人员通过学习达到要求

D. 委托其他有能力的评估机构代为完成

【答案】D

【解析】资产评估机构、资产评估专业人员对所承接的资产评估项目，必须确信具有相应的专业知识和经验，能够胜任该项业务，不得接受其能力无法完成的资产评估项目，除非采取其他有效措施保证能够有效地完成该项评估业务，包括：①与具有相关专业知识和经验的资产评估机构或资产评估专业人员联合进行评估；②聘用具有所需专业知识或经验的专业人士；③资产评估专业人员通过学习达到要求等。

【例8-9】（单项选择题）资产评估专业人员要在执业生涯中保持并提高自己的执业能力，不断接受必要的（　　）培训是切实可行的必要措施。

A. 岗前教育　　　　B. 专业教育

C. 考前教育　　　　D. 继续教育

【答案】D

【解析】资产评估专业人员要在执业生涯中保持并提高自己的执业能力，不断接受必要的继续教育培训是切实可行的必要措施。

【知识点4】与委托人和其他相关当事人关系的要求（★★）

（一）资产评估专业人员与委托人、其他相关当事人和评估对象有利害关系的，应当回避

利害关系，是利益与损害关系的简称，包括两个方面，一是利益一致关系，二是利益对立关系。

【提示】利害关系的存在，很可能会影响资产评估专业人员在执行业务时所处的立场，也极可能妨碍资产评估专业人员作出客观的专业

判断。在评估中，资产评估专业人员与委托人或其他相关当事人之间存在利害关系时，应当向其所在评估机构提出声明，并实行回避（见图8－1）。

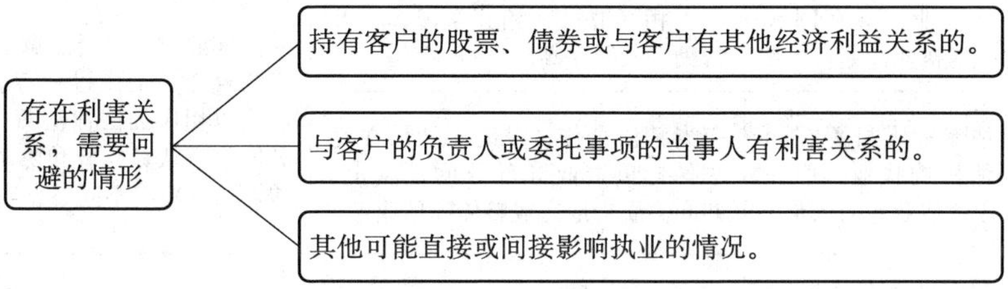

图8－1　因存在利害关系而需要回避的情形

（二）资产评估机构、资产评估专业人员应当履行评估委托合同中规定的义务

资产评估机构、资产评估专业人员应当履行评估委托合同中规定的义务，坦诚、公正地对待客户，在不违背国家利益、公共利益以及不伤害其他相关当事人利益的前提下，在保持廉洁、公正的基础上，努力为委托人提供高质量的专业服务。在客户提供了必要资料的前提下，在规定的时间内，按资产评估专业标准的要求，在保证质量的情况下完成委托评估业务。

（三）资产评估机构及其资产评估专业人员不得向委托人或其他相关当事人索取约定服务费之外的不正当利益

资产评估是一种有偿的社会中介服务，资产评估机构及其资产评估专业人员在完成委托评估业务后，向委托人出具资产评估报告并收取合理的评估服务费属正当的行为，但是不能收取评估费以外的费用。

【提示】服务费用以外的不正当利益，主要是指约定服务费用以外的其他酬金，如佣金、回扣、好处费、介绍费等。不正当利益包括各种不正当的经济利益和不正当的非经济利益。

【例8－10】（多项选择题）下列情形中，属于不违反独立性、资产评估专业人员不需要回避的是（　　）。

A. 资产评估专业人员的父亲担任委托人全资子公司的董事

B. 资产评估专业人员在评估基准日前半年在被评估企业担任营销主管

C. 资产评估专业人员的表妹在被评估企业担任研发部经理

D. 资产评估专业人员的前妻持有被评估公司1万股股票

E. 资产评估专业人员按照市场价格租赁被评估企业出租的房屋

【答案】BCDE

【解析】选项A中资产评估专业人员的父亲担任委托人全资子公司的董事，属于存在人员上的关联，违反独立性，需要回避。

【例8－11】（单项选择题）资产评估专业人员与委托人或其他相关当事人之间存在利害关系时，应当向其所在评估机构提出声明，并实行回避。这些利害关系不包括（　　）。

A. 资产评估专业人员持有客户公开流通的普通股股票1万股，至今仍然持有

B. 资产评估专业人员曾向客户的负责人借款10万元，至今尚未归还

C. 资产评估专业人员曾在委托单位担任高级管理人员，离任后至今未满五年

D. 资产评估专业人员曾因借款委托被评估单位的负责人提供担保，该借款至今尚未到期

【答案】C

【解析】在评估中，资产评估专业人员与委托人或相关当事人之间存在以下利害关系时，应当向其所在评估机构提出声明，并实行回避。①持有客户的股票、债券或与客户有其他经济利益关系的；②与客户的负责人或委托事项的当事人有利害关系的；③其他可能直接或间接影响执业的情况。

【知识点5】与其他资产评估机构及资产评估专业人员关系的要求（★★）

（一）资产评估机构及其资产评估专业人员在开展资产评估业务过程中，应当与其他资产评估专业人员保持良好的工作关系

参见表8－2。

表8-2　与其他资产评估机构及资产评估专业人员关系的要求

<table>
<tr><th>序号</th><th>其他评估人员类型</th><th colspan="2">关系要求</th></tr>
<tr><td>1</td><td>与资产评估专业人员在同一资产评估机构执业的人员</td><td>应当相互尊敬、相互学习、相互帮助、共同提高。</td><td rowspan="2">共同作业时，应当注意加强彼此间的分工与合作；工作过程存在不同意见时，应当以相应的法律法规和制度为依据，共同进行认真分析和协调，对确实无法协调的，应将不同意见同时披露。</td></tr>
<tr><td>2</td><td>与资产评估专业人员不在同一资产评估机构执业，但一起执行联合评估业务的人员</td><td>应当精诚合作，及时沟通。在完成各自负责业务部分的基础上，共同高质量地完成整体评估业务。</td></tr>
<tr><td>3</td><td>与资产评估专业人员不在同一资产评估机构执业，由于知识结构、专业技能、职业资格、所在区域等不同，在执业过程中应约向其提供（或接受对方提供）相关技术支持的人员</td><td colspan="2">资产评估专业人员应当在专业技术范围内，虚心向其他资产评估专业人员请教，或真诚地向其他资产评估专业人员提供帮助。</td></tr>
<tr><td>4</td><td>对资产评估专业人员所执行评估业务中的评估对象在不同时间发表过专业意见的人员</td><td colspan="2">资产评估专业人员仍应独立形成专业意见。在形成专业意见过程中，资产评估专业人员可以了解“其他资产评估专业人员”的专业意见，或就评估对象的状况向“其他资产评估专业人员”进行咨询。资产评估专业人员向“其他资产评估专业人员”了解或咨询，应尊重委托关系，遵守保密原则。</td></tr>
<tr><td>5</td><td>曾经或正在执行与资产评估专业人员所执行评估业务相关的评估业务的人员</td><td colspan="2">如果资产评估专业人员与“其他资产评估专业人员”需要进行业务沟通，应当经委托方同意。如果委托方要求向“其他资产评估专业人员”提供相关情况，资产评估专业人员应当在职业道德框架内配合“其他资产评估专业人员”工作。</td></tr>
</table>

（二）资产评估机构及其资产评估专业人员不得贬损或者诋毁其他资产评估机构及资产评估专业人员

资产评估机构及其资产评估专业人员在开展资产评估业务中，应当与其他资产评估机构及资产评估专业人员保持良好的工作关系。

资产评估机构及其资产评估专业人员不得以任何理由、任何方式对其他资产评估机构及其资产评估专业人员进行公开或非公开的贬损或诋毁。评估行业应提倡同行相睦，反对同行相轻。

【提示】上述“其他资产评估机构及其资产评估专业人员”还包括在拓展业务过程中潜在的竞争对手。资产评估机构及其资产评估专业人员不得为争揽业务而贬损或诋毁竞争对手。

【例8-12】（多项选择题）资产评估机构及其资产评估专业人员在开展资产评估业务过程中，应当与其他资产评估专业人员保持良好的工作关系。下列选项中，属于“其他资产评估专业人员”的是（　　）。

A. 与资产评估专业人员在同一资产评估机构执业的资产评估师

B. 与资产评估专业人员不在同一资产评估机构执业，但一起执行联合评估业务

C. 与资产评估专业人员不在同一资产评估机构执业，但由于知识结构等原因，在执业过程中应约向其提供相关技术支持

D. 曾经执行与资产评估专业人员所执行评估业务相关的评估业务的资产评估师

E. 对资产评估专业人员所执行评估业务中的评估对象在不同时间发表过审计专业意见

【答案】ABCD

【解析】对资产评估专业人员所执行评估业务中的评估对象在不同时间发表过专业意见，这里的“专业意见”应当是评估意见。发表审计专业意见的是注册会计师，不属于题目中的其他资产评估专业人员。

【例8-13】（多项选择题）资产评估机构及其资产评估专业人员不得贬损或者诋毁其他资产评估机构及资产评估专业人员。下列选项中，属于违背这一要求的是（　　）。

A. 资产评估专业人员对在同一资产评估机构执业的资产评估专业人员生厌，私下散播其无职业能力的言论

B. 资产评估机构为参与资产评估项目招投标，宣称其他资产评估机构曾有执业违规行为

C. 资产评估专业人员对正在执行与其所执行评估业务相关的评估业务的资产评估师，公开宣称其评估质量低下

D. 资产评估专业人员对其所执行评估业务中的评估对象在不同时间发表过专业意见的资产评估师不信任，拟不参考他们出具的评估报告

E. 资产评估专业人员与其他资产评估机构及资产评估专业人员经常保持工作交流，但观点有较大的差异，互不信服

【答案】 ABC

【解析】 资产评估机构及其资产评估专业人员不得贬损或者诋毁其他资产评估机构及资产评估专业人员，这里的"其他资产评估机构及其资产评估专业人员"包括在拓展业务过程中潜在的竞争对手。选项 D、选项 E 尚不构成贬损或者诋毁，其他选项有违资产评估职业道德。

【知识点6】禁止不正当竞争的要求（★★）

（一）资产评估机构及其资产评估专业人员不得采用欺诈、利诱、胁迫等不正当手段招揽业务

参见表 8－3。

表 8－3　采取不正当手段招揽业务的表现形式

不正当手段	含义	具体行为
欺诈	采用欺骗、误导等手段向客户招揽业务的行为	（1）超越自身专业能力范围招揽业务。 （2）编造与客户的上级主管部门或利害相关单位有密切关系，可以帮助客户解决难题，招揽业务。 （3）编造自己从未完成过的评估项目的工作经验，骗取业务等。 （4）采取虚假和引人误解的宣传骗取客户信任、招揽业务。
利诱	利用财物、权势等利益引诱手段向客户招揽业务的行为	（1）承诺提供满足客户预期结果的评估结果，引诱客户，招揽业务。 （2）以答应帮助客户解决具体困难为条件，招揽业务等。 （3）以帮助客户获取权势、名位等诱惑客户，招揽业务。 （4）采用给客户赠送财物、支付回扣等手段招揽业务。
胁迫	通过向客户施加压力、迫使其接受委托业务的行为	（1）借助行政、司法等力量，通过行业垄断、地区垄断等形式强行抢拉业务。 （2）动用各种关系施压，强行抢拉业务。 （3）利用客户的弱点威胁强迫，抢拉业务。

（二）资产评估机构及其资产评估专业人员不得以恶性压价等不正当的手段与其他资产评估机构及资产评估专业人员争揽业务

1. 资产评估机构及其资产评估专业人员应当维护行业竞争秩序，合理参与竞争。

在招揽业务方面，资产评估机构和资产评估专业人员应当表现出较高的素质，以良好的信誉、优质的服务质量确立自己的竞争优势。以恶性压价等不正当手段与其他资产评估机构及资产评估专业人员争揽业务，是一种不道德行为。规范的竞争秩序符合行业整体利益，也符合行业内每个参与竞争的主体的利益。

【提示】 恶性压价以远低于行业平均价格甚至低于成本的价格提供评估服务，不仅恶意排挤了竞争对手，而且由于评估质量得不到保证也损害了委托人的利益。评估机构自身最终也将难以为继，从而破坏了评估行业的正常经营秩序。

2. 恶性压价是当前主要的不正当竞争手段之一。

在拓展业务过程中，恶性压价已经成为当前评估行业争揽业务和恶性竞争的主要方式和手段。

【提示】 关于服务费的收取，应当注意以下几个方面：

（1）在确定服务费收取标准时，应当考虑以下因素，合理确定收费标准：①执行评估业务所需的技能和知识；②需配备的评估人员的水平和经验；③完成评估业务所需要的时间；④评估业务的风险和需承担的责任。

(2) 在拓展业务过程中，资产评估机构及其资产评估专业人员应当以优良的执业质量获得委托人的信任，而不应通过降低服务费的方式获得业务。

(3) 在项目竞争中，资产评估机构及其资产评估专业人员可以根据项目的具体情况，如复杂程度等在一定范围内合理降低服务费，但应当保持应有的职业谨慎，确保服务费降低不会影响获取评估业务后的执业质量，并遵守执业准则和质量控制程序。

(4) 不考虑评估业务性质、专业能力、服务质量，仅仅通过降低服务费收取标准获取业务，属恶意降低服务费。

(5) 长期业务关系中，单项业务服务费的收取应当合理。以某一单项业务服务费弥补另一单项业务服务费不足的做法，应当禁止。

【例8-14】（多项选择题）下列选项中，属于资产评估职业道德准则禁止的不正当竞争的有（　　）。

A. 超越自身职业胜任能力范围招揽业务

B. 以答应帮助客户解决具体困难为条件，招揽业务

C. 利用客户的弱点威胁强迫，抢拉业务

D. 利用自身网站进行招揽业务的宣传，招揽业务

E. 采用给客户赠送财物等手段，招揽业务

【答案】 ABCE

【解析】 选项D属于正当竞争，正常的业务宣传不在禁止之列。

【例8-15】（单项选择题）下列各项行为中，不属于欺诈的是（　　）。

A. 编造自己从未完成过的评估项目的工作经验，骗取业务

B. 编造与客户的上级主管部门或利害相关单位有密切关系，可以帮助客户解决难题招揽业务

C. 以答应帮助客户解决具体困难为条件，招揽资产评估业务

D. 超越自身专业胜任能力范围，招揽自身无力完成的评估业务

【答案】 C

【解析】 欺诈，指采用欺骗、误导等手段向客户招揽业务的行为。选项C属于利诱，不是欺诈。

【知识点7】保密原则（★★）

保密原则是指对评估活动中知悉的国家秘密、商业秘密和个人隐私予以保密。

（一）保密的重要性

资产评估机构、资产评估专业人员的职业性质决定其能够掌握客户的大量信息和资料。其中，有些属于客户的商业秘密，如客户的重大经营决策、企业财务安排、生产经营技术、供货和销售渠道和即将进行的并购整合行为等。这些商业秘密和有关业务资料一旦外泄或被利用，可能会给客户造成经济损失。因此，保守商业秘密和有关业务资料是资产评估机构、资产评估专业人员应尽的义务和应具备的职业道德。

由于对客户或委托人保密的重要性，当今世界上，所有已发布的资产评估职业道德准则或资产评估执业准则都有对客户或委托人保密的具体要求。

【提示】 保密要求是资产评估机构及其资产评估专业人员独立、客观、公正从事业务的必然要求，也是遵守保守国家秘密法、反不正当竞争法等的必然要求。《资产评估法》也将此作为资产评估专业人员应当履行的义务进行了规范。

（二）保密的要求

(1) 资产评估机构应当制定业务保密制度，承担国家涉密业务的还应具备规定的组织、人员和设施条件，加强对从业人员的保密教育和保密事项的监督管理，不得泄露相关的国家秘密和商业秘密。

(2) 资产评估专业人员在评估机构及外勤工作时不得在规定的工作场所之外谈论客户的业务情况、评估目的等可能涉及客户机密的情况。同样，在公共场所应尽量不提客户的单位名称，未经客户允许不得对外发布有关客户的信息资料等。

(3) 资产评估专业人员除本人不得泄露客户商业秘密外，还应约束协助工作的助理人员保守秘密。

(4) 除委托人具体授权，或经过法律程序正式授权的执法机构以及为了配合评估监管之外，资产评估机构及其资产评估专业人员不得将所知悉的客户商业秘密和业务资料或为委托人编制的评估报告披露给任何其他人。

【例8-16】（单项选择题）以下关于资产

评估专业人员保密的要求，错误的是（　　）。

A. 资产评估机构应当制定业务保密制度，加强对从业人员的保密教育和保密事项的监督管理

B. 资产评估专业人员在评估机构及外勤工作时，为保证公正，在公共场合下，谈论客户的业务情况、评估目的是必要的

C. 资产评估专业人员除本人不得泄露客户商业秘密外，还应约束协助工作的助理人员保守秘密

D. 除特殊情况外，资产评估专业人员不得将所知悉的客户商业秘密和业务资料或为委托人编制的评估报告披露给任何其他人

【答案】 B

【解析】 资产评估专业人员在评估机构及外勤工作时，不得在规定的工作场所之外谈论客户的业务情况、评估目的等可能涉及客户的机密情况。同样，在公共场所应尽量不提客户的单位名称，未经客户允许不得对外发布有关客户的信息资料等。

【知识点8】禁止谋取不当利益的要求（★★）

（一）禁止谋取不当利益是资产评估职业的法定义务

资产评估机构及其资产评估专业人员不得利用开展业务之便为自己或他人谋取不正当的利益。

不论是什么人，也不论其从事何种职业，只要是利用其职务之便为自己或他人谋取不正当利益都是不遵守职业道德的行为。这种行为严重者甚至会违法犯罪。所以在许多禁止性的法律条款中都有类似的规定。

（二）不得谋取不当利益是资产评估职业不得突破的道德防线

资产评估是专业服务行业，要求执业者必须恪守独立、客观、公正的职业道德原则，一旦突破了不得利用执业机会为自己或他人谋取不正当利益的道德防线，其职业行为不仅与“坚持独立，客观、公正”原则相冲突，也会与“应当遵守相关法律、行政法规和资产评估准则”的要求相矛盾，还会与“应当维护职业形象，不得从事损害职业形象的活动”的规定相违背，进而对资产评估行业的形象和公信力产生恶劣影响。所以，这条规定实质上是从利益角度与相关职业道德要求相呼应，进一步巩固和充实相关职业道德的规定。

【例8-17】（多项选择题）资产评估机构及其资产评估专业人员利用开展业务之便为自己或他人谋取不正当的利益，将导致（　　）。

A. 责令停止从业6个月以上

B. 违背资产评估职业道德

C. 判处1年以上5年以下有期徒刑

D. 行为严重者甚至会违法犯罪

E. 1倍以上5倍以下罚款

【答案】 BD

【解析】 承担法律责任，需要视行为的严重程度，选项B、选项D是正确的，选项A、选项C、选项E不准确。

【知识点9】对签署评估报告的禁止性要求（★★★）

（一）资产评估专业人员不得签署本人未承办业务的资产评估报告，资产评估机构和资产评估专业人员也不得允许他人以自身名义开展资产评估业务，或者冒用他人名义从事资产评估业务

资产评估报告必须由实际承办该项目的资产评估专业人员签名，并加盖评估机构印章。资产评估专业人员要对评估报告的内容负责，同时要承担法律责任。

资产评估专业人员在资产评估报告上签名，既是资产评估专业人员在从事资产评估业务中的一项权利，也是一项义务，它表明资产评估专业人员对该项资产评估发表了专业意见，同时意味着该资产评估专业人员要对该项评估承担相应的责任。

资产评估专业人员在自己未承办业务的评估报告上签名，不仅严重违背独立、客观、公正的职业道德规范，也给自己带来了巨大的责任风险。

因此，《资产评估法》规定资产评估专业人员既不得签署本人未承办业务的资产评估报告，也不得允许他人以本人名义从事资产评估业务。

资产评估机构和资产评估专业人员应当抵制利益诱惑，守住“诚实守信”底线，防止不符合条件的资产评估机构通过弄虚作假违法承揽业务。

（二）资产评估机构及其资产评估专业人员不得出具或签署虚假评估报告或者有重大遗漏的资产评估报告

资产评估报告作为评估行为的最终成果，是发挥评估功能的重要载体。

虚假评估报告，是指资产评估专业人员或评估机构故意签署、出具的不实评估报告。

有重大遗漏的评估报告，是指因资产评估专业人员或评估机构的过失而签署、出具对应当考虑或者披露的重要事项有遗漏的评估报告。

签署虚假评估报告或者有重大遗漏的评估报告，违反了基本的诚实守信和勤勉尽责义务，是严重违反职业道德的行为，更为法律所禁止。因此《资产评估法》也相应规定了禁止性条款以及违反相关规定应承担的法律责任。

【例8-18】（多项选择题）资产评估专业人员的下列行为中，不恰当的是（　　）。

A. 签署评估报告而自己因故并未参与该评估项目

B. 以自己个人的名义在自己实际承办业务的评估报告上签名盖章

C. 借用他人的资产评估师名鉴执行非法定评估业务

D. 资产评估专业人员在评估报告上签名即明示其对报告内容负责

E. 在资产评估报告封面声明：评估报告依据《资产评估法》编制

【答案】 ACE

【解析】 资产评估专业人员不得签署本人未承办项目的评估报告，不得允许他人以本人名义签署评估报告。资产评估机构和资产评估专业人员也不得允许他人以自身名义开展业务，不得冒用他人名义从事业务。所以选项A、选项C做法错误。资产评估专业人员如果在报告上签名，就表示该资产评估专业人员已经承办了相关评估工作。因此，资产评估专业人员要对评估报告的内容负责，同时要承担法律责任，所以选项B、选项D做法正确。在资产评估报告封面应声明：本资产评估报告依据财政部发布的资产评估基本准则和中国资产评估协会发布的资产评估执业准则和职业道德准则编制，选项E错误。

【例8-19】（多项选择题）下列选项中，属于有重大遗漏的评估报告的是（　　）。

A. 评估报告中未披露评估基准日

B. 评估报告中未披露评估目的

C. 评估报告中未披露评估假设

D. 评估报告中未披露利用专家工作的情况

E. 评估报告中未披露被评估单位的法律纠纷

【答案】 ABC

【解析】 有重大遗漏的评估报告，是指因资产评估专业人员或评估机构的过失而对应当考虑或者披露的重要事项有遗漏的评估报告。评估报告中应披露重要的利用专家工作及相关报告情况，应披露对评估结论有重要影响的法律纠纷等不确定因素，选项D、选项E表述不准确。

【知识点10】行政责任的种类、原则和追究时效（★）

（一）行政责任的概念及种类

行政责任是行政法律责任的简称，是指存在违反有关行政管理的法律法规规定，但尚未构成犯罪的行为依法所应承担的法律后果。

承担行政责任的制裁形式包括政务处分和行政处罚（见图8-2）。

（二）行政处罚原则

参见图8-3。

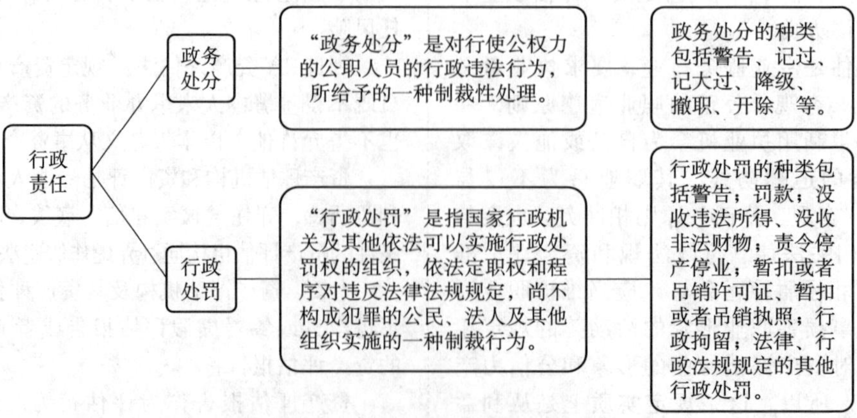

图8-2　承担行政责任的制裁形式

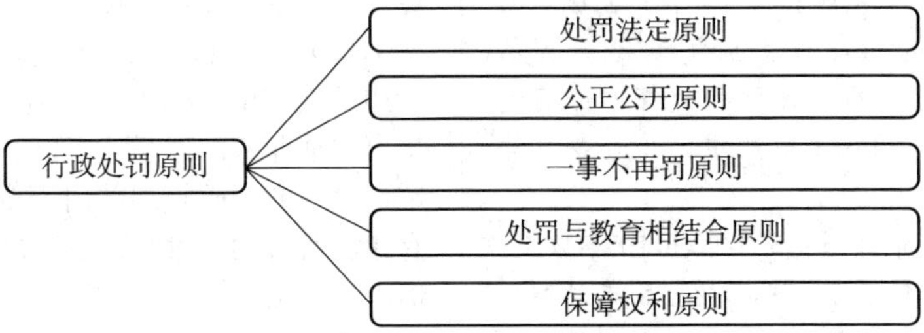

图 8－3　行政处罚的原则

（三）行政处罚的追究时效

行政处罚追究时效，是指在违法行为发生后，对该违法行为有处罚权的行政机关在法律规定的期限内未发现这一违反行政管理秩序行为的事实，超出法律规定的期限才发现的，对当时的违法行为人不再给予处罚。

《行政处罚法》第三十六条第一款规定，违法行为在二年内未被发现的，不再给予行政处罚；涉及公民生命健康安全、金融安全且有危害后果的，上述期限延长至五年。法律另有规定的除外。第二款规定，前款规定的期限，从违法行为发生之日起计算；违法行为有连续或者继续状态的，从行为终了之日起计算。

【提示】 理解《行政处罚法》关于行政处罚追究时效的规定，应注意把握以下要点：①这里的“发现时间”是指行政机关的立案时间，不是行政机关作出行政处罚的时间。②行政处罚追究时效的期限是违法行为发生之日起计算。“违法行为发生之日”是指违法行为完成或者停止日。如托运违禁物品，在运输途中花了 20 天时间，应当从最后一天将违禁物品运送到目的地起开始计算。对于违法行为有连续或者继续状态的，从违法行为终了之日起计算。如某人非法占有他人财物，其行为的行政处罚追究时效应当从某人交还他人财物，停止非法占有之日起计算。③行政机关在行政处罚追究时效期限内发现违法行为，但最后作出行政处罚决定时超过行政处罚追究期限的，对这种情况法院不以超出行政处罚追究时效处理。

【例 8－20】（多项选择题）下列处理中，属于政务处分的是（　　）。

A. 对某评估机构处以警告

B. 对某资产评估专业人员处以记大过

C. 对某国家工作人员处以降级

D. 对某由国家机关委派到企业事业单位任职的人员处以撤职

E. 对某资产评估协会处以记过

【答案】 CD

【解析】“政务处分”是对行使公权力的公职人员的行政违法行为，所给予的一种制裁性处理。政务处分的种类包括警告、记过、记大过、降级、撤职、开除等。

【例 8－21】（多项选择题）下列选项中，属于行政处罚种类的是（　　）。

A. 记大过　　　　B. 警告

C. 开除　　　　　D. 罚款

E. 没收违法所得

【答案】 BDE

【解析】 行政处罚的种类包括警告；罚款；没收违法所得、没收非法财物；责令停产停业；暂扣或者吊销许可证、暂扣或者吊销执照；行政拘留；法律、行政法规规定的其他行政处罚。

【知识点 11】资产评估行政责任的相关法律规定（★★★）

（一）《资产评估法》的相关规定

1. 资产评估机构、资产评估专业人员的责任规定。

（1）签署、出具虚假评估报告的责任。对评估专业人员违反规定，签署虚假评估报告的，《资产评估法》第四十五条规定：由有关评估行政管理部门责令其停止从业 2 年以上 5 年以下；有违法所得的，没收违法所得；情节严重的，责令其停止从业 5 年以上 10 年以下；构成犯罪的，依法追究其刑事责任，终身不得从事评估业务。对评估机构违反规定，出具虚假评估报告的，《资产评估法》第四十八条规定：由有关评估行政管理部门责令其停业 6 个月以上 1 年以下；有违法所得的，没收违法所得，并处违法所得 1 倍以上 5 倍以下罚款；情节严重的，由工商行政管理部门吊销其营业执照；构成犯罪的，依法追究其刑事责任。

【例 8－22】（单项选择题）对评估专业人员违反规定，签署虚假评估报告的，《资产评估法》第 45 条规定：由有关评估行政管理部门责令其停止从业（　　）；情节严重的，责令其停止从业（　　）。

A. 1 年以上 5 年以下；5 年以上 10 年以下

B. 1 年以上 3 年以下；3 年以上 5 年以下

C. 2 年以上 5 年以下；5 年以上 10 年以下

D. 2 年以上 3 年以下；3 年以上 5 年以下

【答案】 C

【解析】 对评估专业人员违反规定，签署虚假评估报告的，《资产评估法》第四十五条规定：由有关评估行政管理部门责令其停止从业 2 年以上 5 年以下；有违法所得的，没收违法所得；情节严重的，责令其停止从业 5 年以上 10 年以下；构成犯罪的，依法追究其刑事责任，终身不得从事评估业务。

（2）评估机构未经工商登记从业的责任。对违反规定的，未经工商登记以评估机构名义从事评估业务的，《资产评估法》第四十六条规定：由工商行政管理部门责令其停止违法活动；有违法所得的，没收违法所得，并处违法所得 1 倍以上 5 倍以下罚款。

（3）评估专业人员违反其他禁止性规定的责任。《资产评估法》第四十四条规定：评估专业人员违反规定，有图 8－4 中情形之一的，由有关评估行政管理部门予以警告，可以责令停止从业 6 个月以上 1 年以下；有违法所得的，没收违法所得；情节严重的，责令停止从业 1 年以上 5 年以下；构成犯罪的，依法追究其刑事责任。

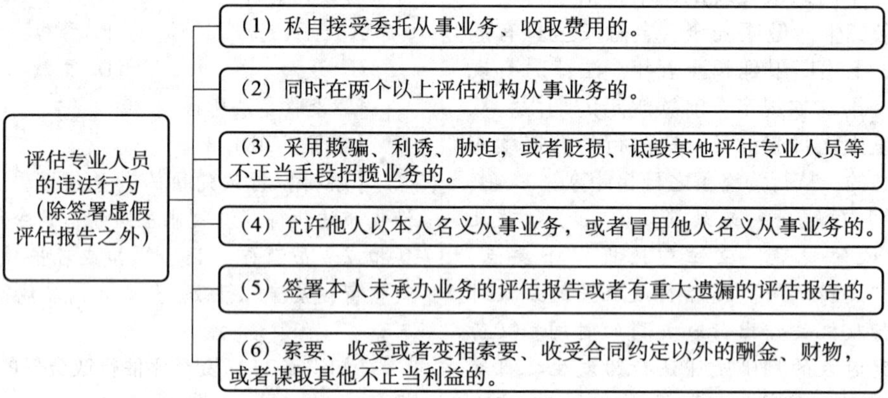

图 8－4　评估专业人员的违法行为

【例 8－23】（多项选择题）以下所列评估专业人员的行为中，违反《资产评估法》规定的有（　　）。

A. 以个人名义接受委托从事业务

B. 允许他人以本人名义从事业务

C. 同时在两个以上评估机构从事业务

D. 禁止他人以本人名义从事业务

E. 收受委托人支付的感谢费

【答案】 ABCE

【解析】 评估专业人员违反《资产评估法》第四十四条规定，有下列情形之一的，由有关评估行政管理部门予以警告，可以责令停止从业六个月以上一年以下；有违法所得的，没收违法所得；情节严重的，责令停止从业一年以上五年以下；构成犯罪的，依法追究其刑事责任：①私自接受委托从事业务、收取费用的；②同时在两个以上评估机构从事业务的；③采用欺骗、利诱、胁迫，或者贬损、诋毁其他评估专业人员等不正当手段招揽业务的；④允许他人以本人名义从事业务，或者冒用他人名义从事业务的；⑤签署本人未承办业务的评估报告或者有重大遗漏的评估报告的；⑥索要、收受或者变相索要、收受合同约定以外的酬金、财物，或者谋取其他不正当利益的。

（4）评估机构违反其他规定的责任。《资产评估法》规定，评估机构违反规定，有下列情形之一的，由有关评估行政管理部门予以警告，可以责令其停业 1 个月以上 6 个月以下；有违法所得的，没收违法所得，并处违法所得 1 倍以上 5 倍以下罚款；情节严重的，由工商行政管理部门吊销其营业执照；构成犯罪的，依法追究其刑事责任（见图 8－5）。

【提示】评估机构未按《资产评估法》要求备案或者不符合规定的设立条件，由有关评估行政管理部门责令改正；拒不改正的，责令停业，可以并处1万元以上5万元以下罚款。

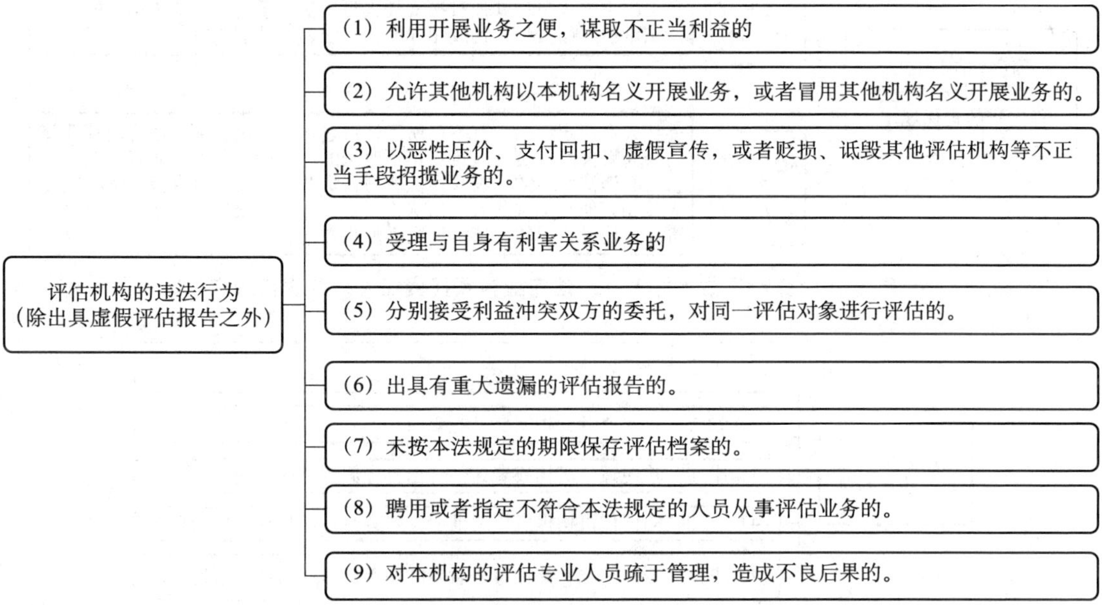

图8－5　评估机构的违法行为

【例8－24】（多项选择题）以下所列评估机构的行为中，属于违反《资产评估法》规定的有（　　）。

A. 资产评估机构受理关联方委托的非法定资产评估业务

B. 资产评估机构聘用尚未取得资产评估师资格的专业人员从事法定评估业务

C. 资产评估机构允许长期合作的兄弟评估机构以本机构名义开展资产评估业务

D. 原被告双方对投资资产价值争议巨大，评估机构分别接受双方委托对该投资资产进行评估

E. 资产评估机构通过广告宣传扩大社会知名度，提高社会影响力，以利于承揽业务

【答案】ABCD

【解析】《资产评估法》规定，评估机构违反规定，有下列情形之一的，由有关评估行政管理部门予以警告，可以责令其停业一个月以上六个月以下；有违法所得的，没收违法所得，并处违法所得一倍以上五倍以下罚款；情节严重的，由工商行政管理部门吊销其营业执照；构成犯罪的，依法追究其刑事责任：①利用开展业务之便，谋取不正当利益的；②允许其他机构以本机构名义开展业务，或者冒用其他机构名义开展业务的；③以恶性压价、支付回扣、虚假宣传，或者贬损、诋毁其他评估机构等不正当手段招揽业务的；④受理与自身有利害关系业务的；⑤分别接受利益冲突双方的委托，对同一评估对象进行评估的；⑥出具有重大遗漏的评估报告的；⑦未按本法规定的期限保存评估档案的；⑧聘用或者指定不符合本法规定的人员从事评估业务的；⑨对本机构的评估专业人员疏于管理，造成不良后果的。

（5）对屡次违法增加处罚的规定。《资产评估法》第四十九条是针对资产评估机构、资产评估专业人员屡次违法的增加处罚规定。该条规定“评估机构、评估专业人员在1年内累计3次因违反本法规定受到责令停业、责令停止从业以外处罚的，有关评估行政管理部门可以责令其停业或者停止从业1年以上5年以下”。

2. 资产评估委托人（或法定业务委托责任人）的责任规定（见图8－6）。

【提示】非法定评估业务是否选择资产评估机构属于自愿行为，一旦确立评估委托，将会通过资产评估委托合同约定各自的权利和义务。因此，《资产评估法》第五十二条规定，法定评估之外评估活动的委托人“违反本法规定，给他人造成损失的，依法承担赔偿责任”（见图8－7）。

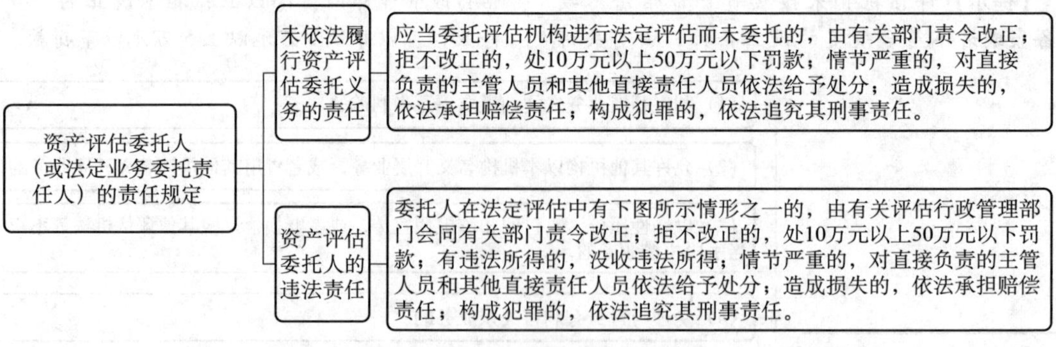

图 8-6　资产评估委托人（或法定业务委托责任人）的责任规定

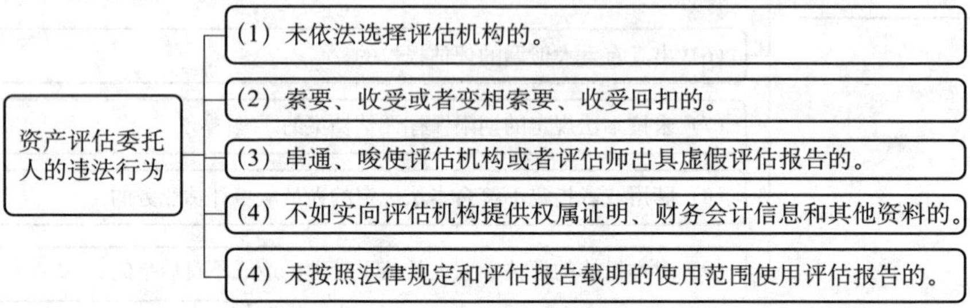

图 8-7　资产评估委托人的违法行为

【例 8-25】（单项选择题）资产评估委托人（或法定业务委托责任人）违反《资产评估法》规定，应当委托评估机构进行法定评估而未委托的，由有关部门责令改正；拒不改正的（　　）。

A. 处 1 万元以上 5 万元以下罚款

B. 处 5 万元以上 10 万元以下罚款

C. 处 10 万元以上 30 万元以下罚款

D. 处 10 万元以上 50 万元以下罚款

【答案】 D

【解析】 资产评估委托人（或法定业务委托责任人）应当委托评估机构进行法定评估而未委托的，由有关部门责令改正；拒不改正的，处 10 万元以上 50 万元以下罚款。

【例 8-26】（单项选择题）法定评估之外评估活动的委托人违反《资产评估法》规定，给他人造成损失的，依法（　　）。

A. 承担赔偿责任

B. 行政处分

C. 罚款 1 倍以上 3 倍以下

D. 追究刑事责任

【答案】 A

【解析】《资产评估法》第五十二条规定，法定评估之外评估活动的委托人"违反本法规定，给他人造成损失的，依法承担赔偿责任"。

3. 资产评估行业协会及其工作人员、国家机关工作人员的责任规定。

评估行业协会违反《资产评估法》的，由有关评估行政管理部门给予警告，责令改正；拒不改正的，可以通报登记管理机关，由其依法给予处罚。

有关行政管理部门、评估行业协会工作人员违反《资产评估法》规定，滥用职权、玩忽职守或者徇私舞弊的，依法给予处分；构成犯罪的，依法追究刑事责任。

【例 8-27】（单项选择题）有关行政管理部门、评估行业协会工作人员违反《资产评估法》规定，滥用职权、玩忽职守或者徇私舞弊的，依法（　　）。

A. 罚款 1 万元以上 3 万元以下

B. 给予处分

C. 承担赔偿责任

D. 追究刑事责任

【答案】 B

【解析】 有关行政管理部门、评估行业协会工作人员违反《资产评估法》规定，滥用职权、玩忽职守或者徇私舞弊的，依法给予处分；构成犯罪的，依法追究刑事责任。

（二）《企业国有资产法》涉及资产评估的相关规定

参见表8－4。

表8－4　《企业国有资产法》涉及资产评估的相关规定

责任主体	违法行为	法律责任
国家出资企业的董事、监事、高级管理人员	（1）利用职权收受贿赂或者取得其他非法收入和不当利益。 （2）侵占、挪用企业资产。 （3）在企业改制、财产转让等过程中，违反法律、行政法规和公平交易规则，将企业财产低价转让、低价折股。 （4）违反本法规定与本企业进行交易。 （5）不如实向资产评估机构、会计师事务所提供有关情况和资料，或者与资产评估机构、会计师事务所串通出具虚假资产评估报告、审计报告。 （6）违反法律、行政法规和企业章程规定的决策程序，决定企业重大事项。 （7）有其他违反法律、行政法规和企业章程执行职务行为。	（1）国家出资企业的董事、监事、高级管理人员有上述行为之一，造成国有资产损失的，依法承担赔偿责任；属于国家工作人员的，并依法给予处分。 （2）对于国家出资企业的董事、监事、高级管理人员因上述违法行为取得的收入，该条要求依法予以追缴或者归国家出资企业所有。 （3）如果履行出资人职责的机构任命或者建议任命的董事、监事、高级管理人员出现上述任何一项违法行为，造成国有资产重大损失的，则由履行出资人职责的机构依法予以免职或者提出免职建议。
相关资产评估机构、会计师事务所	出具虚假资产评估报告或者审计报告的。	依照有关法律、行政法规的规定追究法律责任。

【例8－28】（单项选择题）国家出资企业的董事、监事、高级管理人员，违反《企业国有资产法》第七十一条规定，利用职权收受贿赂或者取得的其他非法收入和不当利益，依法（　　）。

A. 予以退还或者赔偿损失

B. 予以追缴或者归国家所有

C. 予以追缴或者归国家出资企业所有

D. 予以追缴或者追究刑事责任

【答案】C

【解析】对于国家出资企业的董事、监事、高级管理人员因违反《企业国有资产法》第七十一条规定，违法行为取得的收入，该条要求依法予以追缴或者归国家出资企业所有。

（三）《公司法》涉及资产评估的相关规定

参见表8－5。

表8－5　《公司法》涉及资产评估的相关规定

责任主体	违法行为	法律责任
承担资产评估、验资或者验证的机构	提供虚假材料的	由公司登记机关没收违法所得，处以违法所得1倍以上5倍以下的罚款，并可以由有关主管部门依法责令该机构停业、吊销直接责任人员的资格证书，吊销营业执照。
	因过失提供有重大遗漏的报告的	由公司登记机关责令改正，情节较重的，处以所得收入1倍以上5倍以下的罚款，并可以由有关主管部门依法责令该机构停业、吊销直接责任人员的资格证书，吊销营业执照。

【例8－29】（单项选择题）对于承担资产评估、验资或者验证的机构因过失提供有重大遗漏报告的，《公司法》规定：由（　　）责令改正，情节较重的，处以所得收入1倍以上5倍以下的罚款。

A. 资产评估协会

B. 省级财政部门

C. 司法机关

D. 公司登记机关

【答案】D

【解析】对于承担资产评估、验资或者验证的机构因过失提供有重大遗漏报告的，《公司法》第二百五十七条规定：由公司登记机关责令改正，情节较重的，处以所得收入1倍以上5

倍以下的罚款，并可以由有关主管部门依法责令该机构停业、吊销直接责任人员的资格证书，吊销营业执照。

（四）《证券法》涉及资产评估的相关规定

参见表8－6—表8－10。

表8－6　《证券法》涉及资产评估的相关规定（1）

相关规定	责任主体	违法行为	法律责任
擅自从事证券服务业务的责任规定	会计师事务所、律师事务所以及从事资产评估、资信评级、财务顾问、信息技术系统服务的机构	从事证券服务业务未报备案的。	责令改正，可以处20万元以下的罚款。

表8－7　《证券法》涉及资产评估的相关规定（2）

相关规定	责任主体	应当行为	法律责任
违规买卖股票、违规使用或泄露内幕信息的责任规定	为证券发行出具审计报告或者法律意见书等文件的证券服务机构和人员	在该证券承销期内和期满后6个月内，不得买卖该证券。	证券服务机构及其从业人员，违反上述规定买卖证券的，责令依法处理非法持有的证券，没收违法所得，并处以买卖证券等值以下的罚款。
	为发行人及其控股股东、实际控制人，或者收购人、重大资产交易方出具审计报告或者法律意见书等文件的证券服务机构和人员	自接受委托之日起至上述文件公开后五日内，不得买卖该证券。实际开展上述有关工作之日早于接受委托之日的，自实际开展上述有关工作之日起至上述文件公开后五日内，不得买卖该证券。	
	资产评估机构及其相关人员	在内幕信息公开前，不得买卖该公司的证券，或者泄露该信息，或者建议他人买卖该证券。	证券交易内幕信息的知情人或者非法获取内幕信息的人违法从事内幕交易的，责令依法处理非法持有的证券，没收违法所得，并处以违法所得1倍以上10倍以下的罚款；没有违法所得或者违法所得不足50万元的，处以50万元以上500万元以下的罚款。单位从事内幕交易的，还应当对直接负责的主管人员和其他直接责任人员给予警告，并处以20万元以上200万元以下的罚款。国务院证券监督管理机构工作人员从事内幕交易的，从重处罚。

表8－8　《证券法》涉及资产评估的相关规定（3）

相关规定	责任主体	应当行为	法律责任
信息披露存在虚假、误导或重大遗漏的责任规定	证券服务机构	证券服务机构为证券的发行、上市、交易等证券业务活动制作、出具审计报告及其他鉴证报告、资产评估报告、财务顾问报告、资信评级报告或者法律意见书等文件，应当勤勉尽责，对所依据的文件资料内容的真实性、准确性、完整性进行核查和验证。其制作、出具的文件有虚假记载、误导性陈述或者重大遗漏，给他人造成损失的，应当与委托人承担连带赔偿责任，但是能够证明自己没有过错的除外。	证券服务机构违法，未勤勉尽责，所制作、出具的文件有虚假记载、误导性陈述或者重大遗漏的，责令改正，没收业务收入，并处以业务收入1倍以上10倍以下的罚款，没有业务收入或者业务收入不足50万元的，处以50万元以上500万元以下的罚款；情节严重的，并处暂停或者禁止从事证券服务业务。对直接负责的主管人员和其他直接责任人员给予警告，并处以20万元以上200万元以下的罚款。

表 8－9　《证券法》涉及资产评估的相关规定（4）

相关规定	责任主体	应当行为	法律责任
违反对有关文件和资料要求的责任规定	证券服务机构	应当妥善保存客户委托文件、核查和验证资料、工作底稿以及与质量控制、内部管理、业务经营有关的信息和资料，任何人不得泄露、隐匿、伪造、篡改或者毁损。上述信息和资料的保存期限不得少于十年，自业务委托结束之日起算。	发行人、证券登记结算机构、证券公司、证券服务机构未按照规定保存有关文件和资料的，责令改正，给予警告，并处以10万元以上100万元以下的罚款；泄露、隐匿、伪造、篡改或者毁损有关文件和资料的，给予警告，并处以20万元以上200万元以下的罚款；情节严重的，处以50万元以上500万元以下的罚款，并处暂停、撤销相关业务许可或者禁止从事相关业务。对直接负责的主管人员和其他直接责任人员给予警告，并处以10万元以上100万元以下的罚款。

表 8－10　《证券法》涉及资产评估的相关规定（5）

相关规定	责任主体	证券市场禁入	法律责任
有关证券市场禁入处罚的规定	严重违法的相关个人（“证券市场禁入”是对严重违法的相关个人所设立的严厉的“资格罚”措施）	证券市场禁入，是指在一定期限内直至终身不得从事证券业务、证券服务业务，不得担任证券发行人的董事、监事、高级管理人员，或者一定期限内不得在证券交易所、国务院批准的其他全国性证券交易场所交易证券的制度。	违反法律、行政法规或者国务院证券监督管理机构的有关规定，情节严重的，国务院证券监督管理机构可以对有关责任人员采取证券市场禁入的措施。

【例 8－30】（单项选择题）《证券法》第四十二条规定：为证券发行出具审计报告或者法律意见书等文件的证券服务机构和人员，在该证券承销期内和期满后（　　）内，不得买卖该证券。

A. 3 个月　　B. 5 个月

C. 6 个月　　D. 12 个月

【答案】 C

【解析】《证券法》第四十二条规定：为证券发行出具审计报告或者法律意见书等文件的证券服务机构和人员，在该证券承销期内和期满后六个月内，不得买卖该证券。

【例 8－31】（单项选择题）以下有关《证券法》涉及资产评估的相关规定的表述中，错误的是（　　）。

A. 从事资产评估的机构违反《证券法》的规定，从事证券服务业务未报备案的，责令改正，可以处 20 万元以下的罚款

B. 证券服务机构未勤勉尽责，所制作、出具的文件有虚假记载、误导性陈述或者重大遗漏的，对直接负责的主管人员和其他直接责任人员给予警告，并暂停其从业资格 5 年

C. 证券交易内幕信息的知情人和非法获取内幕信息的人，在内幕信息公开前，不得买卖该公司的证券，或者泄露该信息，或者建议他人买卖该证券

D. 违反法律、行政法规或者国务院证券监督管理机构的有关规定，情节严重的，国务院证券监督管理机构可以对有关责任人员采取证券市场禁入的措施

【答案】 B

【解析】 证券服务机构违法，未勤勉尽责，所制作、出具的文件有虚假记载、误导性陈述或者重大遗漏的，责令改正，没收业务收入，并处以业务收入 1 倍以上 10 倍以下的罚款，没有业务收入或者业务收入不足 50 万元的，处以 50 万元以上 500 万元以下的罚款；情节严重的，并处暂停或者禁止从事证券服务业务。对直接负责的主管人员和其他直接责任人员给予警告，并处以 20 万元以上 200 万元以下的罚款。

（五）财政部颁布的《资产评估行业财政监督管理办法》的相关规定

参见表 8－11—表 8－12。

表 8－11　《资产评估行业财政监督管理办法》的相关规定（1）

违法行为	法律责任
资产评估专业人员同时在两个以上资产评估机构从事业务的、签署本人未承办业务的资产评估报告或者有重大遗漏的资产评估报告的。	由有关省级财政部门予以警告，可以责令停止从业 6 个月以上 1 年以下；有违法所得的，没收违法所得；情节严重的，责令停止从业 1 年以上 5 年以下；构成犯罪的，移送司法机关处理。
对于未取得资产评估师资格的人员签署法定资产评估业务资产评估报告的、承办并出具法定资产评估业务资产评估报告的资产评估师人数不符合法律规定的，以及受理与其合伙人或者股东存在利害关系业务的。	由对其备案的省级财政部门对资产评估机构予以警告，可以责令停业 1 个月以上 6 个月以下；有违法所得的，没收违法所得，并处违法所得 1 倍以上 5 倍以下罚款；情节严重的，通知工商行政管理部门依法处理；构成犯罪的，移送司法机关处理。
资产评估机构违反“分支机构应当在资产评估机构授权范围内，依法从事资产评估业务，并以资产评估机构的名义出具资产评估报告”规定，造成不良后果的。	由其分支机构所在地的省级财政部门责令改正，对资产评估机构及其法定代表人或执行合伙事务的合伙人分别予以警告；没有违法所得的，可以并处资产评估机构 1 万元以下罚款；有违法所得的，可以并处资产评估机构违法所得 1 倍以上 3 倍以下、最高不超过 3 万元的罚款；同时通知资产评估机构所在地省级财政部门。
资产评估机构未按规定备案或者备案后不符合《资产评估法》所规定的设立条件的。	由资产评估机构所在地省级财政部门责令改正；拒不改正的，责令停业，可以并处 1 万元以上 5 万元以下罚款，并通报工商行政管理部门。
资产评估机构未按规定办理分支机构备案的。	由其分支机构所在地的省级财政部门责令改正，并对资产评估机构及其法定代表人或者执行合伙事务的合伙人分别予以警告，同时通知资产评估机构所在地的省级财政部门。

表 8－12　《资产评估行业财政监督管理办法》的相关规定（2）

违法行为	法律责任
（1）未按规定建立健全质量控制制度和内部管理制度。	资产评估机构存在上述事项，由资产评估机构所在地省级财政部门责令改正，并予以警告。
（2）未按规定指定 1 名取得资产评估师资格的本机构合伙人或者股东专门负责执业质量控制。	
（3）未建立职业风险基金或者购买职业责任保险。	
（4）集团化的资产评估机构未对分支机构在质量控制、内部管理、客户服务、企业形象、信息化等方面实行统一管理。	
（5）机构名称、执行合伙事务的合伙人或者法定代表人、合伙人或者股东、分支机构的名称或者负责人发生变更以及发生机构分立、合并、转制、撤销等重大事项未按规定向有关财政、工商等部门办理变更手续的。	
（6）机构跨省级行政区划迁移经营场所未按规定书面告知迁出地省级财政部门以及未按规定向迁入地省级财政部门办理迁入备案手续。	

【例 8－32】（单项选择题）资产评估机构违反“分支机构应当在资产评估机构授权范围内，依法从事资产评估业务，并以资产评估机构的名义出具资产评估报告”规定造成不良后果的，由（　　）责令改正。

A. 财政部

B. 分支机构所在地的省级财政部门

C. 机构总部所在地省级财政部门

D. 资产评估协会

【答案】 B

【解析】资产评估机构违反"分支机构应当在资产评估机构授权范围内，依法从事资产评估业务，并以资产评估机构的名义出具资产评估报告"规定造成不良后果的，由其分支机构所在地的省级财政部门责令改正，对资产评估机构及其法定代表人或执行合伙事务的合伙人分别予以警告；没有违法所得的，可以并处资产评估机构一万元以下罚款；有违法所得的，可以并处资产评估机构违法所得1倍以上3倍以下、最高不超过3万元的罚款；同时通知资产评估机构所在地省级财政部门。

【知识点12】民事责任的构成要件、诉讼时效（★）

（一）民事责任的概念

民事责任是对民事法律责任的简称，是指民事主体在民事活动中，因违反民事义务或者侵犯他人的民事权利所应承担的民事法律后果。

民事义务包括法定义务和约定义务，也包括积极义务和消极义务、作为义务和不作为义务。

【提示1】《民法典》第一千一百六十五条规定，行为人因过错侵害他人民事权益，造成损害的，应当承担侵权责任。

【提示2】《民法典》第三条规定，民事主体的人身权利、财产权利以及其他合法权益受法律保护，任何组织或者个人不得侵犯。财产权利包括物权和债权。物包括不动产和动产。物权包括所有权、用益物权和担保物权。债权是按照合同约定或者依照法律的规定，在当事人之间产生的特定的权利和义务关系。在债权关系中，享有权利的人为债权人，负有义务的人为债务人。债权人享有的权利为债权，债务人承担的义务为债务。债权就是在债的关系中，债权人请求债务人为一定行为或者不为一定行为的权利。债权通常包括金钱债权和非金钱债权，金钱债权是最常见的债权，例如因贷款、租赁、加工等行为引起，要求债务人支付金钱来清偿的债权。

【提示3】《民法典》第一百七十九条规定，承担民事责任的方式主要有：①停止侵害；②排除妨碍；③消除危险；④返还财产；⑤恢复原状；⑥修理、重作、更换；⑦继续履行；⑧赔偿损失；⑨支付违约金；⑩消除影响、恢复名誉；⑪赔礼道歉。

（二）民事责任的种类

参见图8－8。

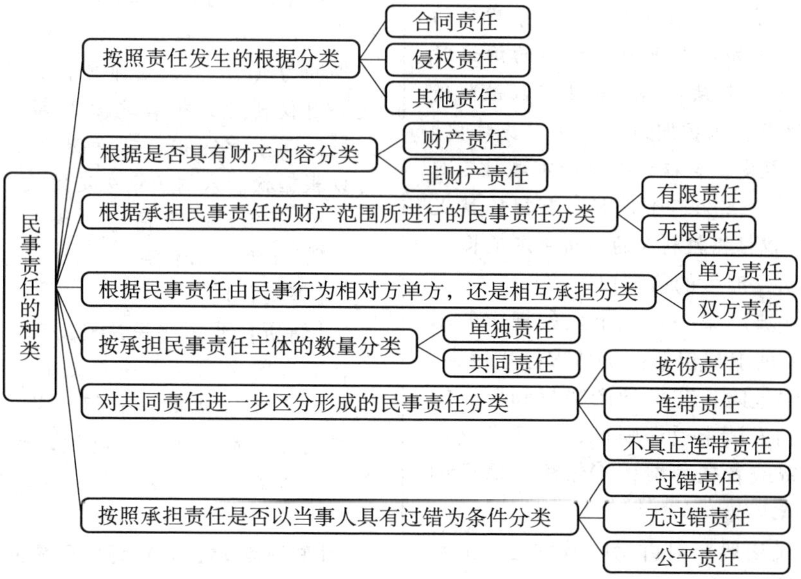

图8－8　民事责任的种类

（三）民事责任的构成要件

（1）存在民事违法行为。包括作为的违法行为和不作为的违法行为。

（2）存在损害事实。可以是财产方面的损害，也可以是非财产方面的损害。

（3）损害事实与民事违法行为存在因果

关系。

(4) 行为人应有过错。

(四) 民事主体承担多种法律责任

《民法典》第一百八十七条规定：民事主体因同一行为应当承担民事责任、行政责任和刑事责任的，承担行政责任或者刑事责任不影响承担民事责任；民事主体的财产不足以支付的，优先用于承担民事责任。

(五) 民事责任的诉讼时效

1. 一般诉讼时效。

一般诉讼时效指在一般情况下普遍适用的时效，这类时效不是针对某一特殊情况规定的，而是普遍适用的。

我国《民法典》第一百八十八条规定，向人民法院请求保护民事权利的诉讼时效期间为3年，法律另有规定的，依照其规定。该条还规定，诉讼时效期间自权利人知道或者应当知道权利受到损害以及义务人之日起计算，法律另有规定的，依照其规定。

2. 特殊诉讼时效。

特殊诉讼时效指针对某些特定的民事法律关系而制定的诉讼时效。特殊时效优于普通时效。

特殊诉讼时效包括短于普通时效的短期诉讼时效和长于普通时效的长期诉讼时效。

【提示】《民法典》第五百九十四条规定的国际货物买卖合同和技术进出口合同的诉讼时效为4年，《产品质量法》规定的因产品缺陷造成损害的请求权最长保护期为10年。《民法典》第一百八十八条规定，自权利受到损害之日起超过二十年的，人民法院不予保护。有特殊情况的，人民法院可以根据权利人的申请决定延长。

3. 不适用诉讼时效的请求权。

我国《民法典》第一百九十六条规定的不适用诉讼时效的请求权包括：①请求停止侵害、排除妨碍、消除危险；②不动产物权和登记的动产物权的权利人请求返还财产；③请求支付抚养费、赡养费或者扶养费；④依法不适用诉讼时效的其他请求权。

4. 我国《民法典》对诉讼时效约定、抗辩及主动适用的规定。

(1) 诉讼时效遵从法定。《民法典》第一百九十七条明确规定，诉讼时效的期间、计算方法以及中止、中断的事由由法律规定，当事人约定无效。该条同时规定，当事人对诉讼时效利益的预先放弃无效。

(2) 当事人的抗辩权。《民法典》第一百九十二条明确，诉讼时效期间届满的，义务人可以提出不履行义务的抗辩。该条同时还规定，诉讼时效期间届满后，义务人同意履行的，不得以诉讼时效期间届满为由抗辩；义务人已自愿履行的，不得请求返还。

(3) 法院不得主动适用诉讼时效的规定。《民法典》第一百九十三条规定，人民法院不得主动适用诉讼时效。这项规定，体现了民法的意思自治和自由处分原则，也符合法院居中裁判的中立地位。

【例8-33】（单项选择题）小明乘坐的出租车与货车发生交通事故，导致小明受伤，交警认定货车负全责。此时，出租方和货车方应承担的责任是（　）。

A. 双方责任　　B. 按份责任

C. 补充连带责任　　D. 不真正连带责任

【答案】 D

【解析】 这时小明既可依合同关系要求出租车方承担违约责任，也可根据事故责任认定要求货车方承担侵权损害责任，二者只要履行其一，受害人的损害就可以依法得到救济。此时，出租方和货车方承担的是不真正连带责任。

【例8-34】（单项选择题）我国《民法典》规定，向人民法院请求保护民事权利的诉讼时效期间为（　），法律另有规定的，依照其规定。自权利受到损害之日起超过（　）的，人民法院不予保护。有特殊情况的，人民法院可以根据权利人的申请决定延长。

A. 五年；十五年　　B. 三年；十五年

C. 五年；二十年　　D. 三年；二十年

【答案】 D

【解析】 我国《民法典》第一百八十八条规定，向人民法院请求保护民事权利的诉讼时效期间为三年，法律另有规定的，依照其规定。自权利受到损害之日起超过二十年的，人民法院不予保护。

【知识点13】资产评估民事责任的相关法律规定（★★★）

(一)《资产评估法》的相关规定

参见表8-13。

(二)《企业国有资产法》的相关规定

参见表8-14。

表 8－13 《资产评估法》的相关规定

相关规定	责任主体	法律责任
对资产评估机构、资产评估专业人员的规定	资产评估机构、资产评估专业人员	评估专业人员违反本法规定，给委托人或者其他相关当事人造成损失的，由其所在的评估机构依法承担赔偿责任。评估机构履行赔偿责任后，可以向有故意或者重大过失行为的评估专业人员追偿。
对资产评估委托人或法定业务委托责任人的规定	资产评估委托人或法定业务委托责任人	法定资产评估业务的委托责任人“应当委托评估机构进行法定评估而未委托”“造成损失的，依法承担赔偿责任”；委托人在法定评估中存在违反该法规定的行为“造成损失的，依法承担赔偿责任”；非法定业务委托人违反该法规定“给他人造成损失的，依法承担赔偿责任”。

表 8－14 《企业国有资产法》的相关规定

相关规定	责任主体	法律责任
对国家出资企业的董事、监事、高级管理人员违法行为应承担的民事责任的规定	国家出资企业的董事、监事、高级管理人员	国家出资企业的董事、监事、高级管理人员出现该法规定的违法行为造成国有资产损失的，“依法承担赔偿责任”。该条所列举的违法行为包括“不如实向资产评估机构、会计师事务所提供有关情况和资料，或者与资产评估机构、会计师事务所串通出具虚假资产评估报告、审计报告”。

（三）《公司法》的相关规定

参见表 8－15。

（四）《证券法》的相关规定

参见表 8－16。

表 8－15 《公司法》的相关规定

相关规定	责任主体	法律责任
对承担资产评估、验资或者验证的机构应承担的民事责任的规定	承担资产评估、验资或者验证的机构	承担资产评估、验资或者验证的机构因其出具的评估结果、验资或者验证证明不实，给公司债权人造成损失的，除能够证明自己没有过错的外，在其评估或者证明不实的金额范围内承担赔偿责任。

表 8－16 《证券法》的相关规定

相关规定	责任主体	法律责任
涉及证券内幕交易的规定	内幕交易行为人	《证券法》第五十三条第三款规定，内幕交易行为给投资者造成损失的，行为人应当依法承担赔偿责任。第五十四条第二款还规定，利用未公开信息进行交易给投资者造成损失的，应当依法承担赔偿责任。
涉及证券服务机构制作、出具有虚假记载、误导性陈述或者重大遗漏文件的规定	证券服务机构	《证券法》第一百六十三条规定，证券服务机构“制作、出具的文件有虚假记载、误导性陈述或者重大遗漏，给他人造成损失的，应当与委托人承担连带赔偿责任，但是能够证明自己没有过错的除外”。关于此处的“过错”，最高人民法院法释〔2022〕2 号第三条规定了两种情形：1）行为人故意制作、出具存在虚假陈述的信息披露文件，或者明知信息披露文件存在虚假陈述而不予指明、予以发布；2）行为人严重违反注意义务，对信息披露文件中虚假陈述的形成或者发布存在过失。

（五）《最高人民法院关于审理证券市场虚假陈述侵权民事赔偿案件的若干规定》（法释〔2022〕2 号）的相关规定

关于“虚假陈述”的含义，该司法解释第四条规定：

信息披露义务人违反法律、行政法规、监管部门制定的规章和规范性文件关于信息披露的规定，在披露的信息中存在虚假记载、误导性陈述或者重大遗漏的，人民法院应当认定为虚假陈述。参见表8－17。

表8－17 《最高人民法院关于审理证券市场虚假陈述侵权民事赔偿案件的若干规定》(法释〔2022〕2号) 关于“虚假陈述”的含义的相关规定

人民法院应当认定为虚假陈述的种类	“法释〔2022〕2号”规定的含义
虚假记载	是指信息披露义务人披露的信息中对相关财务数据进行重大不实记载，或者对其他重要信息作出与真实情况不符的描述。
误导性陈述	是指信息披露义务人披露的信息隐瞒了与之相关的部分重要事实，或者未及时披露相关更正、确认信息，致使已经披露的信息因不完整、不准确而具有误导性。
重大遗漏	是指信息披露义务人违反关于信息披露的规定，对重大事件或者重要事项等应当披露的信息未予披露。

对于虚假陈述的内容具有“重大性”的判断，第十条要求应存在下列情形之一。参见表8－18。

表8－18 《最高人民法院关于审理证券市场虚假陈述侵权民事赔偿案件的若干规定》(法释〔2022〕2号) 关于“重大性虚假陈述”的判断情形

	“重大性”的判断情形
虚假陈述	(1) 虚假陈述的内容属于证券法第八十条第二款、第八十一条第二款规定的重大事件；
	(2) 虚假陈述的内容属于监管部门制定的规章和规范性文件中要求披露的重大事件或者重要事项；
	(3) 虚假陈述的实施、揭露或者更正导致相关证券的交易价格或者交易量产生明显的变化。
如果被告提交证据足以证明 (1)、(2) 所涉及的虚假陈述并未导致相关证券交易价格或者交易量明显变化的，人民法院应当认定虚假陈述的内容不具有重大性。第十条还进一步规定：被告能够证明虚假陈述不具有重大性，并以此抗辩不应当承担民事责任的，人民法院应当予以支持。	

法释〔2022〕2号第十八条规定了会计师事务所、律师事务所、资信评级机构、资产评估机构、财务顾问等证券服务机构制作、出具的文件存在虚假陈述时的“过错”认定问题。首先，要求人民法院应当按照法律、行政法规、监管部门制定的规章和规范性文件，参考行业执业规范规定的工作范围和程序要求等内容，结合其核查、验证工作底稿等相关证据，认定其是否存在过错。其次，规定证券服务机构的责任限于其工作范围和专业领域。证券服务机构依赖保荐机构或者其他证券服务机构的基础工作或者专业意见致使其出具的专业意见存在虚假陈述，能够证明其对所依赖的基础工作或者专业意见经过审慎核查和必要的调查、复核，排除了职业怀疑并形成合理信赖的，人民法院应当认定其没有过错。

法释〔2022〕2号第十九条进一步明确了人民法院认定会计师事务所没有过错的以下情形：①按照执业准则、规则确定的工作程序和核查手段并保持必要的职业谨慎，仍未发现被审计的会计资料存在错误的；②审计业务必须依赖的金融机构、发行人的供应商、客户等相关单位提供不实证明文件，会计师事务所保持了必要的职业谨慎仍未发现的；③已对发行人的舞弊迹象提出警告并在审计业务报告中发表了审慎审计意见的；④能够证明没有过错的其他情形。

【例8－35】（单项选择题）根据《最高人民法院关于审理证券市场虚假陈述侵权民事赔偿案件的若干规定》(法释〔2022〕2号) 关于“虚假陈述”的含义的规定，下列表述中，错误的是（　　）。

A. “虚假陈述”是指信息披露义务人违反规定，在披露的信息中存在虚假记载、误导性陈述或者重大遗漏

B. 虚假记载是指信息披露义务人披露的信息中对评估过程进行重大不实记载，或者对其他重要信息作出与真实情况不符的描述

C. 误导性陈述是指信息披露义务人披露的信息隐瞒了与之相关的部分重要事实，或者未及时披露相关更正、确认信息，致使已经披露的信息因不完整、不准确而具有误导性

D. 重大遗漏是指信息披露义务人违反关于信息披露的规定，对重大事件或者重要事项等应当披露的信息未予披露

【答案】 B

【解析】 虚假记载，是指信息披露义务人披露的信息中对相关财务数据进行重大不实记载，或者对其他重要信息作出与真实情况不符的描述。

【例 8－36】（单项选择题）《最高人民法院关于审理证券市场虚假陈述侵权民事赔偿案件的若干规定》（法释〔2022〕2号）第十九条进一步明确了人民法院认定会计师事务所没有过错的情形，不包括（　　）。

A. 执行审计准则，对发现的财务报告错漏提请被审计单位关注后发表标准无保留审计意见的

B. 按照执业准则、规则确定的工作程序和核查手段并保持必要的职业谨慎，仍未发现被审计的会计资料存在错误的

C. 审计业务必须依赖的金融机构、发行人的供应商、客户等相关单位提供不实证明文件，会计师事务所保持了必要的职业谨慎仍未发现的

D. 已对发行人的舞弊迹象提出警告并在审计业务报告中发表了审慎审计意见的

【答案】 A

【解析】《最高人民法院关于审理证券市场虚假陈述侵权民事赔偿案件的若干规定》（法释〔2022〕2号）第十九条进一步明确了人民法院认定会计师事务所没有过错的以下情形：①按照执业准则、规则确定的工作程序和核查手段并保持必要的职业谨慎，仍未发现被审计的会计资料存在错误的；②审计业务必须依赖的金融机构、发行人的供应商、客户等相关单位提供不实证明文件，会计师事务所保持了必要的职业谨慎仍未发现的；③已对发行人的舞弊迹象提出警告并在审计业务报告中发表了审慎审计意见的；④能够证明没有过错的其他情形。选项A不属于人民法院认定会计师事务所没有过错的情形。

（六）对专业服务活动民事侵权纠纷的司法理解

【提示】 目前我国尚未出台处理资产评估民事侵权案件的司法规定。

2007年6月11日我国最高人民法院发布了《最高人民法院关于审理涉及会计师事务所在审计业务活动中民事侵权赔偿案件的若干规定》（法释〔2007〕12号），表明了我国司法部门对专业服务活动民事侵权案件相关责任认定的意见、倾向。

1. 推定过错的举证证据。

相关的执业准则、规则及工作底稿等有可能成为司法部门认可的界定专业服务机构及其从业人员法律责任的证据。

2. 因故意导致的侵权责任认定。

法释〔2007〕12号第五条规定：注册会计师在审计业务活动中存在下列情形之一，出具不实报告并给利害关系人造成损失的，应当认定会计师事务所与被审计单位承担连带赔偿责任。参见图8－9。

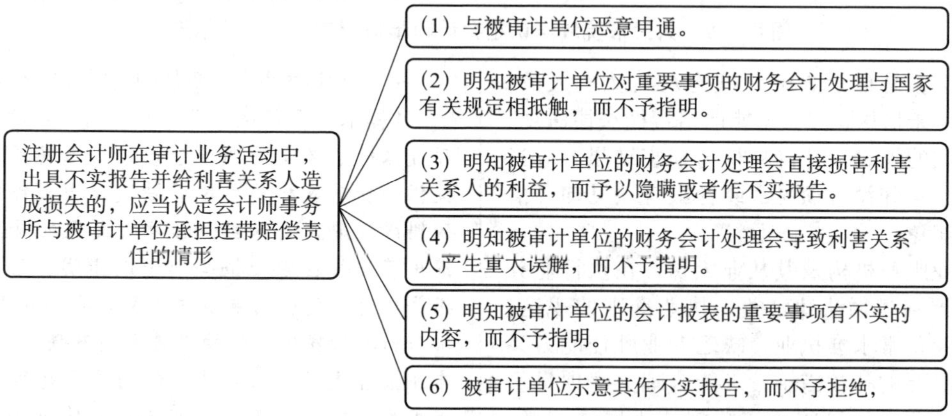

图8－9　应当认定会计师事务所与被审计单位承担连带赔偿责任的情形

【提示】对被审计单位有前款第（2）至（5）项所列行为，注册会计师按照执业准则、规则应当知道的，人民法院应认定其明知。

故意，是指专业服务机构及其从业人员，明知自己的行为违反法律法规、执业准则（规则），并会对委托人或利害关系人造成损害后果，仍然希望或者放任这种后果的发生。作为专业服务机构或者执业人员，应当知道而不知道执业准则（规则）的规定，由此所产生的违规、过错，会被推定为具有故意。

专业服务机构及其从业人员与委托人或其他相关当事人恶意串通；对从业中发现或知悉的与国家相关规定相抵触、直接损害利害关系人利益或导致其产生重大误解、具有重要不实内容的事项或行为予以隐瞒、不予指明、作出不实报告；对示意其作出不实报告不予拒绝。上述情形会被司法部门认定为具有故意。

3. 因过失导致的侵权责任认定。

法释〔2007〕12 号第六条规定：会计师事务所在审计业务活动中因过失出具不实报告，并给利害关系人造成损失的，人民法院应当根据其过失大小确定其赔偿责任。

注册会计师在审计过程中未保持必要的职业谨慎，存在下列情形之一，并导致报告不实的，人民法院应当认定会计师事务所存在过失。参见图 8－10。

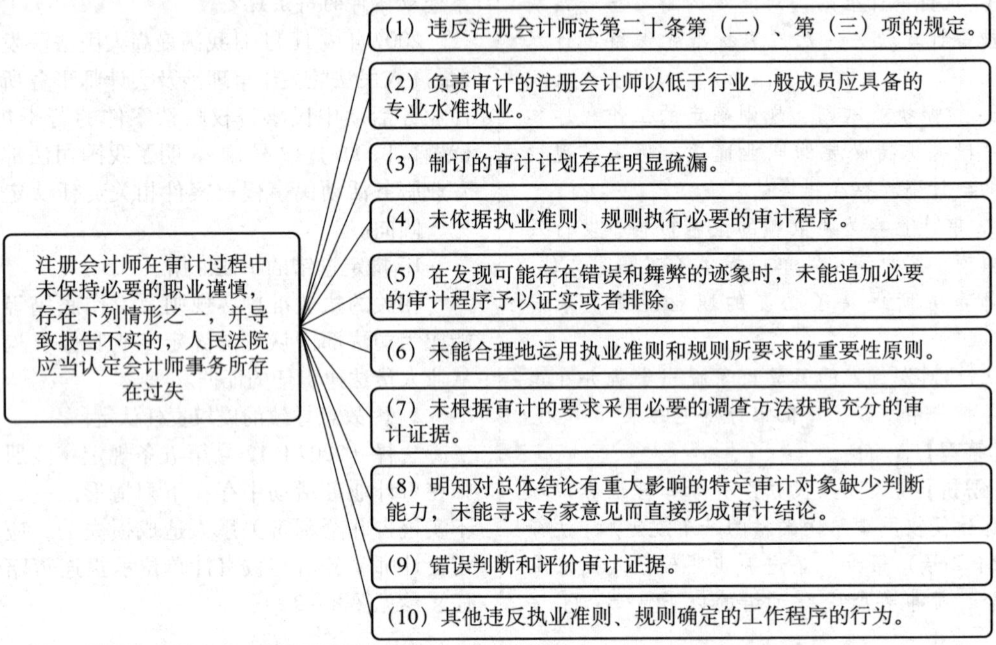

图 8－10　人民法院应当认定会计师事务所存在过失的情形

过失，是指专业中介机构及其从业人员，执行业务未恪尽职守，未能严格遵循法律法规、执业准则的规定，对自身行为损害结果，应当或能够预见却没有预见，或者虽有预见却轻信其能够避免。

专业服务机构及其从业人员，在执行业务中未能严格遵循法律法规、执业准则的规定，低于行业正常水准执业，缺乏专业胜任能力又不采取必要的补救措施，未能合理关注项目重大事项，存在明显的工作疏漏或程序缺陷等，会被司法部门认定存在过失。

4. 不承担民事赔偿责任的情形（见图 8－11）。

【提示】已经遵守了执业准则规定的工作程序并保持了必要的职业谨慎，仍未发现当事人提供的资料或相关单位提供的证明文件所存在的错误、虚假或不实；已对所发现的舞弊现象提出警告并在专业报告中予以指明；已在专业报告中对重要影响事项作出了必要和真实披露；报告出具后发生了影响报告真实及使用的事项；专业报告使用人未按载明的用途和范围合理使用报告等。上述情形很可能会支持司法部门认定专业服务机构及其从业人员不承担民事赔偿责任。

会计师事务所能够证明存在以下情形之一的，不承担民事赔偿责任：

- （1）已经遵守执业准则、规则确定的工作程序并保持必要的职业谨慎，但仍未能发现被审计的会计资料错误。
- （2）审计业务所必须依赖的金融机构等单位提供虚假或者不实的证明文件，会计师事务所在保持必要的职业谨慎下仍未能发现其虚假或者不实。
- （3）已对被审计单位的舞弊迹象提出警告并在审计业务报告中予以指明。
- （4）已经遵照验资程序进行审核并出具报告，但被验资单位在注册登记后抽逃资金。
- （5）为登记时未出资或者未足额出资的出资人出具不实报告，但出资人在登记后已补足出资。

图 8－11　不承担民事赔偿责任的情形

【例 8－37】（多项选择题）《企业国有资产法》规定：国家出资企业的（　　）出现该法规定的违法行为造成国有资产损失的，“依法承担赔偿责任”。该条所列举的违法行为包括“不如实向资产评估机构、会计师事务所提供有关情况和资料，或者与资产评估机构、会计师事务所串通出具虚假资产评估报告、审计报告”。

A. 国家出资企业的会计人员

B. 国家出资企业的董事

C. 国家出资企业的监事

D. 国家出资企业的秘书

E. 国家出资企业的高级管理人员

【答案】 BCE

【解析】《企业国有资产法》仅对国家出资企业的董事、监事、高级管理人员违法行为应承担的民事责任作出了明确规定。该法第七十一条规定，国家出资企业的董事、监事、高级管理人员出现该法规定的违法行为造成国有资产损失的，“依法承担赔偿责任”。

【例 8－38】（多项选择题）注册会计师在审计业务活动中存在的下列情形中，会被推定为具有故意，应当认定会计师事务所与被审计单位承担连带赔偿责任的是（　　）。

A. 明知被审计单位的财务会计处理会导致利害关系人产生重大误解，而不予指明

B. 明知被审计单位的会计报表的重要事项有不实的内容，而不予指明

C. 明知对总体结论有重大影响的特定审计对象缺少判断能力，未能寻求专家意见而直接形成审计结论

D. 错误判断和评价审计证据

E. 未依据执业准则、规则执行必要的审计程序

【答案】 AB

【解析】 选项 C、选项 D、选项 E 应当被认定为过失。

【例 8－39】（多项选择题）很可能会支持司法部门认定专业服务机构及其从业人员不承担民事赔偿责任的情形，包括（　　）。

A. 已对所发现的舞弊现象提出警告并在专业报告中予以指明

B. 已在专业报告中对重要影响事项作出了必要和真实披露

C. 已对影响评估结论的现场调查受限事项出具了委托人的承诺

D. 报告出具后发生了影响报告真实及使用的事项

E. 专业报告使用人未按载明的用途和范围合理使用报告

【答案】 ABDE

【解析】 下列情形很可能会支持司法部门认定专业服务机构及其从业人员不承担民事赔偿责任：①已经遵守了执业准则规定的工作程序并保持了必要的职业谨慎，仍未发现当事人提供的资料或相关单位提供的证明文件所存在的错误、虚假或不实；②已对所发现的舞弊现象提出警告并在专业报告中予以指明；③已在专业报告中对重要影响事项作出了必要和真实披露；④报告出具后发生了影响报告真实及使用的事项；⑤专业报告使用人未按载明的用途和范围合理使用报告等。

（七）民事责任的案例分析

【提示】 BZ 案例启示：

（1）资产评估机构对资产价值的评估应有

充分的依据和必要的信息披露，否则一旦使用资产评估报告的利益相关人产生损失，资产评估机构就可能面临侵权诉讼。资产评估机构及其资产评估专业人员应关注资产评估业务的法律责任风险。

（2）要规避法律责任风险，资产评估机构及其资产评估专业人员应当在执行资产评估业务时勤勉尽责，尽到所规定的注意义务，严格按照法律法规和评估准则要求执业，对于评估中存在的争议或受到的限制应在资产评估报告中合理披露，对涉及评估对象权属和评估结论的证明及资料应履行必要的查验程序，谨慎采用。

建议考生仔细研读案例，熟悉案例的内容，明确案例中有关资产评估民事责任的界定，关注资产评估业务的法律风险，加深对资产评估民事责任的理解，该案例能提供较大的帮助。

【知识点14】刑事责任的追诉时效（★）

（一）刑事责任的概念和种类

刑事责任是由司法机关依据国家刑事法律规定，对犯罪分子依照刑事法律的规定追究的法律责任。我国刑法规定，故意犯罪，应当负刑事责任；过失犯罪，法律有规定的才负刑事责任。

承担刑事责任是行为人实施刑事法律禁止的行为所承受的法律后果。接受刑法处罚是刑事责任与民事责任、行政责任和道德责任的根本区别。

刑罚的分类如图8－12所示。

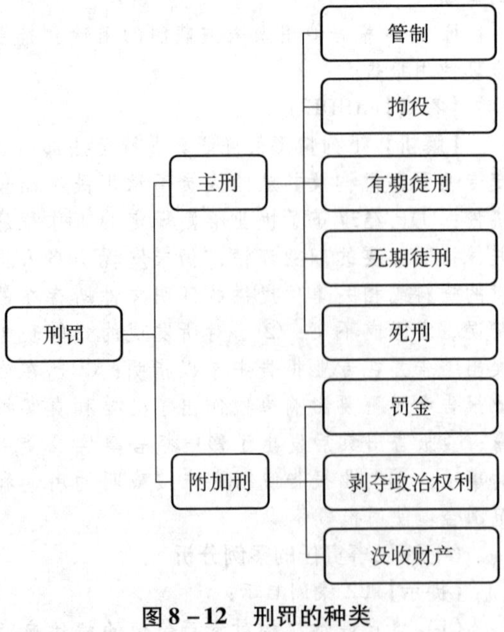

图8－12　刑罚的种类

（二）刑事责任的追诉时效

《刑法》第八十七条规定，犯罪经过下列期限不再追诉：

（1）法定最高刑为不满5年有期徒刑的，经过5年。

（2）法定最高刑为5年以上不满10年有期徒刑的，经过10年。

（3）法定最高刑为10年以上有期徒刑的，经过15年。

（4）法定最高刑为无期徒刑、死刑的，经过20年。如果20年以后认为必须追诉的，须报请最高人民检察院核准。

追诉期限的延长。根据《刑法》第八十八条规定，在人民检察院、公安机关、国家安全机关立案侦查或者在人民法院受理案件以后，逃避侦查或者审判的，不受追诉期限的限制。被害人在追诉期限内提出控告，人民法院、人民检察院、公安机关应当立案而不予立案的，不受追诉期限的限制。

追诉期限的计算与中断。根据《刑法》第八十九条规定，追诉期限从犯罪之日起计算；犯罪行为有连续或者继续状态的，从犯罪行为终了之日起计算。在追诉期限以内又犯罪的，前罪追诉的期限从犯后罪之日起计算。

根据《刑法》第二百二十九条的规定，与资产评估相关的提供虚假证明文件罪、出具证明文件重大失实罪的追诉时效一般为5年；犯提供虚假证明文件罪，情节特别严重的，追诉时效为10年。

【例8－40】（单项选择题）根据《刑法》的规定，与资产评估相关的提供虚假证明文件罪、出具证明文件重大失实罪的追诉时效一般为5年；犯提供虚假证明文件罪的人员索取他人财物或者非法收受他人财物的追诉时效为（　　）。

A. 15年　　B. 20年

C. 5年　　D. 10年

【答案】D

【解析】根据《刑法》第二百二十九条的规定，与资产评估相关的提供虚假证明文件罪、出具证明文件重大失实罪的追诉时效一般为5年；犯提供虚假证明文件罪，情节特别严重的，追诉时效为10年。

【知识点15】资产评估刑事责任的相关法律规定（★★★）

（一）提供虚假证明文件罪、出具证明文件重大失实罪

1. 法律规定条款。

关于提供虚假证明文件罪的法律规定。根据2020年12月26日通过的《中华人民共和国刑法修正案（十一）》，修正后的《刑法》第二百二十九条规定：承担资产评估、验资、验证、会计、审计、法律服务、保荐、安全评价、环境影响评价、环境监测等职责的中介组织的人员故意提供虚假证明文件，情节严重的，处五年以下有期徒刑或者拘役，并处罚金；有下列情形之一的，处5年以上10年以下有期徒刑，并处罚金：①提供与证券发行相关的虚假的资产评估、会计、审计、法律服务、保荐等证明文件，情节特别严重的；②提供与重大资产交易相关的虚假的资产评估、会计、审计等证明文件，情节特别严重的；③在涉及公共安全的重大工程、项目中提供虚假的安全评价、环境影响评价等证明文件，致使公共财产、国家和人民利益遭受特别重大损失的。

有前款行为，同时索取他人财物或者非法收受他人财物，构成犯罪的，依照处罚较重的规定定罪处罚。

关于出具证明文件重大失实罪的法律规定。《刑法》第二百二十九条第一款规定的人员（即承担资产评估、验资、验证、会计、审计、法律服务、保荐、安全评价、环境影响评价、环境监测等职责的中介组织的人员），严重不负责任，出具的证明文件有重大失实，造成严重后果的，处三年以下有期徒刑或者拘役，并处或者单处罚金。

2. "提供虚假证明罪"的构成特征。

（1）特定的主体。按照《刑法》第二百二十九条的规定，本罪犯罪主体是"中介组织"的人员。这里所说的中介组织是指承办相关业务的资产评估、会计审计、保荐、法律、验证、安全评价、环境影响评价和环境监测等事项专业服务的法人或非法人组织。其中，承担保荐、安全评价、环境影响评价、环境监测职责的中介组织人员是《刑法修正案（十一）》新增的。另据《刑法》第二百三十一条，本罪的犯罪主体还包括上述中介机构及其直接负责的主管人员和其他直接责任人员。所不同的是对中介机构本身的处罚适用第二百三十一条。

（2）行为人实施了故意提供虚假证明文件的行为。虚假证明文件主要是承接资产评估、验资、验证、会计、审计、法律服务等业务出具的证明文件。虚假证明文件既包括伪造的证明文件，也包括内容虚假的证明文件。符合本罪条件的犯罪行为人提供虚假证明文件必须属于主观故意行为，即明知所提供的证明文件存在虚假仍决定提供。

（3）情节严重。情节严重是就违法犯罪行为及过程的性质、影响的范围与后果、造成的危害程度而言的。比如犯罪手段恶劣、造假次数多或程度严重、给国家或相关当事人利益造成严重损害等。《刑法修正案（十一）》还规定，对出现下列情形之一的犯罪行为应当适用更高一档的刑期：①提供与证券发行相关的虚假的资产评估、会计、审计、法律服务、保荐等证明文件，情节特别严重的；②提供与重大资产交易相关的虚假的资产评估、会计、审计等证明文件，情节特别严重的；③在涉及公共安全的重大工程、项目中提供虚假的安全评价、环境影响评价等证明文件，致使公共财产、国家和人民利益遭受特别重大损失的。判处5年以上10年以下有期徒刑，并处罚金。

（4）侵犯的客体。本罪侵犯的客体是国家对中介组织的监督管理制度和市场中介组织的正常活动。

3. "出具证明文件重大失实罪"的构成。

（1）特征。特定的主体。与"提供虚假证明文件罪"相同。

（2）相同点。行为人提供的证明文件存在重大失实。本罪所指的证明文件也与"提供虚假证明罪"相同。"重大失实"指的是出具的证明文件存在重大的不符合实际的内容。

（3）内容。行为人严重不负责任。这是本罪与"提供虚假证明罪"的主要区别。"提供虚假证明罪"是行为人存在犯罪的故意，本罪的行为人主观不存在犯罪故意，但存在严重不负责任的过失。

（4）造成严重后果。提供的重大失实证明文件的后果是，给国家或相关当事人造成严重损失或者产生了特别恶劣的影响等。

（5）侵犯的客体。本罪侵犯的客体也与"提供虚假证明文件罪"相同。

（二）单位犯扰乱市场秩序罪

对于单位犯扰乱市场秩序罪应承担的刑事责任，《刑法》第二百三十一条规定：单位犯本节第二百二十一条至第二百三十条规定之罪的，对单位判处罚金，并对其直接负责的主管人员和其他直接责任人员，依照本节各条的规定处罚。

根据《刑法》第三十条的规定，本罪所指的单位是指公司、企业、事业单位、机关、团体。第二百二十一条至第二百三十条规定之罪包括：损害商业信誉、商品声誉，虚假广告，串通投标，合同诈骗，组织、领导传销活动，非法经营，强迫交易，伪造、倒卖伪造的有价票证，倒卖车票、船票，非法转让、倒卖土地使用权，提供虚假证明文件，出具证明文件重大失实，逃避商检罪。

对单位犯罪规定了双罚制，既依法对单位处以罚金，又规定按照相应条款的规定依法处罚导致单位犯罪的单位直接负责的主管人员和其他直接责任人员。

【例 8－41】（单项选择题）对评估专业人员违反规定，签署虚假评估报告，情节严重，并造成严重后果，构成犯罪的，要负（　　）。

A. 行政责任　　　B. 民事责任

C. 刑事责任　　　D. 赔偿责任

【答案】C

【解析】根据 2020 年 12 月 26 日通过的《中华人民共和国刑法修正案（十一）》，修正后的《刑法》第二百二十九条规定：承担资产评估、验资、验证、会计、审计、法律服务、保荐、安全评价、环境影响评价、环境监测等职责的中介组织的人员故意提供虚假证明文件，情节严重的，处 5 年以下有期徒刑或者拘役，并处罚金。

（三）刑事责任案例

【提示】T 公司案例对于我们的启示：

1. 合理界定对专业证据的职业关注程度。

案例中，企业所提供的《减免进口货物解除监管证明》是由海关出具的，但是内容是假的，法院认为评估机构没有进行必要的核实。这就涉及资产评估专业人员对所取得资料履行核查程序的问题，也引起了资产评估行业对资产评估专业人员关注评估对象权属问题的思考，要求合理界定资产评估专业人员对评估对象权属的职业关注的程度。

一方面，界定和确认评估对象的权属是一个既专业又复杂的法律问题。评估对象的权属既存在通过登记发证确认的情形，也包括通过其他手段加以界定的情况；资产评估专业人员既要关注、查验和恰当披露评估对象的权属，又不应超出专业界限明示或暗示具有对评估对象法律权属确认或发表意见的能力，不应对评估对象的法律权属提供保证。

另一方面，资产评估专业人员应加强职业谨慎，对容易出现舞弊的领域增加关注程度，向相关权利人收集评估对象的权属文件及证明资料，按照规定履行核查和验证程序，不因程序和工作疏失导致评估失误。

2. 重视工作底稿的证据作用。

案例中，一审控方以资产评估机构参加券商主持的上市协调会，会上提出了上市公司的目标，认为资产评估公司构成造假的故意；同时将资产评估机构调增进口设备成新率作为其故意造假的佐证。应该说，客户对资产的价值有预期是资产评估专业人员无法左右的，出现评估结论与客户预期一致的情况也并不必然反映资产评估存在造假。这个案件很重要的一个事实是资产评估专业人员对评估结果进行了调整，而调整后的评估值又恰好满足了客户的预期，这就构成一个重要的争议点。虽然在合理范围内依据专业判断对资产成新率等参数作出适当调整并非不可接受，但本案中成新率的调整在底稿中没有注明理由及依据，未能体现调整的合理性，而且这种调整又发生在评估的初步结果形成之后，这就成为不利于被告的证据。

评估档案中的工作底稿是反映评估过程、支持评估结论的重要依据，也是发生资产评估纠纷时监管部门和公检法查证和界定资产评估责任的重要证据。资产评估机构及其资产评估专业人员应当重视对工作底稿的编制和整理，防止因工作底稿差错或缺失引发资产评估法律风险。

【知识点 16】法律责任的免除（★）

（一）含义

法律责任的免除是指当出现法定条件时，法律责任被部分或全部免除。

（二）我国法律规定的免责条件

不可抗力、正当防卫和紧急避险等是法律

所认可的免责条件。除此之外的免责情形，参见表8－19。

表8－19　　不可抗力、正当防卫和紧急避险之外的免责情形

免责情形	相关含义
时效免责	依照法律规定，在违法行为发生一定期限后（超过规定的诉讼（追诉）时效），违法行为人不再承担强制性、惩罚性的法律责任。
不诉及协议免责	如果受害人或有关当事人不向法院起诉要求追究行为人的法律责任，行为人的法律责任就实际上被免除，或者受害人与加害人在法律允许的范围内协商同意免责。
自首、立功免责	刑法规定犯罪者在犯罪后有自首、立功表现的，可以减轻或免除处罚。这是一种将功抵过的免责形式。
人道主义免责	在财产责任中，责任人确实没有能力履行或没有能力全部履行的情况下，有关的国家机关免除或部分免除其责任。
有效补救免责	在国家机关归责之前对于实施违法行为所造成的损害，采取及时补救措施，得以免除其部分或全部责任。

【例8－42】（多项选择题）下列选项中，属于法律责任免除情形的是（　　）。

A. 有效补救　　B. 人道主义

C. 正当防卫　　D. 紧急避险

E. 司法调解

【答案】ABCD

【解析】不可抗力、正当防卫和紧急避险等是法律所认可的免责条件。除此之外的免责情形还包括：时效免责，不诉及协议免责，自首、立功免责，人道主义免责，有效补救免责。

精选练习题

一、单项选择题

1. 以下选项中，不属于资产评估职业道德准则规范内容的是（　　）。

A. 基本遵循　　B. 专业能力

C. 独立性　　D. 职业理想

2. 下列选项中，属于采用欺诈手段向客户招揽业务行为的是（　　）。

A. 以答应帮助客户解决具体困难为条件招揽业务

B. 动用各种关系施压，强行抢拉业务

C. 承诺提供满足客户预期结果的评估结果，引诱客户，招揽业务

D. 超越自身专业能力范围招揽业务

3. 下列关于资产评估职业道德的表述中，违反诚实守信、勤勉尽责、谨慎从业要求的是（　　）。

A. 资产评估机构及其资产评估专业人员在执业过程中利用第三方的工作，如会计师出具的审计报告、律师出具的法律意见书等

B. 在具体执业行为中，资产评估机构需要根据评估项目的具体情况进行必要的专业判断，可以工作量或工作的难易程度作为确定工作范围及工作程度的标准

C. 在执业过程中，由于情况的复杂和客观条件的限制，存在一些无法查清的事项，在判断上述事项的重要性的基础上，可在评估报告中予以声明

D. 在洽谈资产评估业务前，资产评估机构及其资产评估专业人员对自身专业能力进行评价，对客户的诚信和财务状况、评估业务的风险水平进行判断

4. 资产评估机构、资产评估专业人员或者亲属应与资产评估的委托人、被评估对象产权持有人及其他当事人无经济利益关联。根据《资产评估职业道德准则》的规定，这里的“亲属”不包括（　　）。

A. 父母　　B. 子女

C. 祖父母　　D. 子女的配偶

5. 资产评估机构及其资产评估专业人员应该遵守基本的工作原则。以下选项中，不属于该要求的是（　　）。

A. 独立性　　B. 客观性

C. 专业性　　D. 公正性

6. 以下选项中，属于承担民事责任方式的是（　　）。

A. 罚款　　B. 罚金

C. 没收违法所得　　D. 支付违约金

7. 以下选项中，违反资产评估职业道德基本要求的是（　　）。

A. 使用评估假设　　B. 依赖专家工作

C. 收取评估费用　　D. 运用专业判断

8. 以下选项中，不属于资产评估职业道德准则对资产评估专业人员的要求的是（　　）。

A. 基本要求　　B. 专业胜任能力

C. 独立性　　D. 行政责任

9. 以下选项中，坚持（　　）是资产评估的核心原则。

A. 独立性　　B. 客观性

C. 诚实守信　　D. 谨慎从业

10. 我国法律规定的免责条件不包括（　　）。

A. 时效免责　　B. 不诉及协议免责

C. 态度良好免责　　D. 有效补救免责

11. “提供虚假证明文件罪”与“出具证明文件重大失实罪”的主要区别是（　　）。

A. 特定的主体　　B. 评估依据

C. 主观犯罪故意　　D. 侵犯的客体

12. 恶性压价是当前主要的不正当竞争手段之一。下列做法中，不属于恶性压价的是（　　）。

A. 不考虑评估业务性质、专业能力、服务质量，仅仅通过降低服务费收取标准获取业务

B. 长期业务关系中，以某一单项业务服务费弥补另一单项业务服务费不足

C. 在项目竞争中，评估机构及其专业人员可以根据项目的具体情况在一定范围内合理降低服务费

D. 在拓展业务过程中，资产评估机构及其资产评估专业人员通过降低服务费的方式获得业务

13. 根据《公司法》的规定，承担资产评估、验资或者验证的机构因其出具的评估结果、验资或者验证证明不实，给公司债权人造成损失的，除能够证明自己没有过错的外，在（　　）范围内承担赔偿责任。

A. 委托合同约定的金额

B. 经人民法院判决的金额

C. 债权人实际损失的金额

D. 其评估或者证明不实的金额

14. 根据证券法的规定，证券服务机构“制作、出具的文件有虚假记载、误导性陈述或者重大遗漏，给他人造成损失的，应当（　　），但是能够证明自己没有过错的除外”。

A. 依法承担赔偿责任

B. 与委托人承担共同赔偿责任

C. 与委托人承担连带赔偿责任

D. 与委托人承担按份赔偿责任

15. 根据《最高人民法院关于审理证券市场虚假陈述侵权民事赔偿案件的若干规定》（法释〔2022〕2 号）的相关规定，“虚假陈述”不包括（　　）。

A. 信息披露义务人披露的信息中对相关财务数据进行重大不实记载，或者对其他重要信息作出与真实情况不符的描述

B. 信息披露义务人披露的信息隐瞒了与之相关的部分重要事实，或者未及时披露相关更正、确认信息，致使已经披露的信息因不完整、不准确

C. 信息披露义务人违反关于信息披露的规定，对重大事件或者重要事项等应当披露的信息未予披露

D. 不如实向资产评估机构、会计师事务所提供有关情况和资料，或者与资产评估机构、会计师事务所串通出具虚假资产评估报告、审计报告

二、多项选择题

1. 对违反规定，未经工商登记以评估机构名义从事评估业务的，应承担相应的行政责任，《资产评估法》对此的规定包括（　　）。

A. 由工商行政管理部门责令其停止违法活动

B. 有违法所得的，没收违法所得

C. 处违法所得 1 倍以上 5 倍以下罚款

D. 责令其停业一个月以上六个月以下

E. 赔偿委托人的经济损失

2. 资产评估师的下列行为，不符合相关的法律、法规和准则要求的有（　　）。

A. 同时在两家资产评估机构执业

B. 为了加强竞争，降低收费承揽业务

C. 拒绝了别人要求其以个人名义承揽业务

D. 满足委托方要求，对其资产进行评估时简化评估步骤

E. 允许其他人以本人的名义在资产评估报告上签字

3. 关于资产评估专业人员与委托方和相关当事方的关系中对独立性的要求，下列表述中，

错误的有（　　）。

A. 承办评估业务的资产评估师三年前曾在委托单位任职，应主动回避

B. 承办评估业务的资产评估师与客户的负责人有利害关系，客户已知情，可以不回避

C. 承办评估业务的资产评估师持有客户少量股票，本人已声明，可以不回避

D. 介绍评估业务的资产评估机构员工一年前曾是委托单位的普通职员，资产评估机构可以受理该业务

E. 承办评估业务的资产评估专业人员的配偶在委托单位担任董事会秘书，应主动回避

4. 证券服务机构存在过错，制作、出具的文件有虚假记载、误导性陈述或者重大遗漏，给他人造成损失的，应当与委托人承担连带赔偿责任。关于此处的“过错”，最高人民法院法释〔2022〕2号第三条规定的情形包括（　　）。

A. 按照执业准则、规则确定的工作程序和核查手段并保持必要的职业谨慎，仍未发现被审计的会计资料存在错误的

B. 审计业务必须依赖的金融机构、发行人的供应商、客户等相关单位提供不实证明文件，会计师事务所保持了必要的职业谨慎仍未发现的

C. 已对发行人的舞弊迹象提出警告并在审计业务报告中发表了审慎审计意见的

D. 行为人故意制作、出具存在虚假陈述的信息披露文件，或者明知信息披露文件存在虚假陈述而不予指明、予以发布

E. 行为人严重违反注意义务，对信息披露文件中虚假陈述的形成或者发布存在过失

5. 资产评估专业人员获得胜任资产评估工作所需知识和经验的有效途径包括（　　）。

A. 考取全日制硕士研究生

B. 开办合伙制资产评估专业机构

C. 接受资产评估的专业教育及训练

D. 通过资产评估师职业资格统一考试

E. 在资产评估机构从事业务实践

6. 资产评估机构及其资产评估专业人员使用敷衍的手段，规避应尽的努力，常见的情形包括（　　）。

A. 在报告中滥用免责声明

B. 不当利用第三方的工作，或相关当事人的保证书、承诺函等

C. 选用不合理的评估方法

D. 使用不合理的假设

E. 滥用专业判断

7. 小青与小白为好友。某日，小青急得重症需用钱，小白便送去8 000元，并对小青说：“这些钱你先用着，以后再说”。小青深受感动，予以接收。3年后二人因琐事断绝往来，小白要求小青还款8 000元。依据《民法典》，下列表述中，正确的是（　　）。

A. 小青拒绝，认为已经超过了诉讼时效期间

B. 小白认为，欠债还钱适用一般诉讼时效

C. 小白认为，应当从小青拒绝还钱时开始计算诉讼时效

D. 小青认为，钱是小白主动送去的，自己可以不还

E. 小白认为，即使超过20年，自己也可以要求小青还钱

8. 在执业过程中发现影响独立性的事项并可能导致不利影响时，应当及时采取相应措施消除可能的不利影响，并就该事项与委托人进行沟通。消除不利影响的措施通常包括（　　）。

A. 人员回避　　B. 利用专家工作

C. 业务回避　　D. 消除关联关系

E. 第三方审核

9. 根据《资产评估法》的规定：评估专业人员违反本法规定，给委托人或者其他相关当事人造成损失的，应当（　　）。

A. 由评估专业人员依法承担赔偿责任

B. 评估专业人员履行赔偿责任后，可以向其所在的评估机构追偿

C. 由其所在的评估机构依法承担赔偿责任

D. 评估机构履行赔偿责任后，可以向有故意或者重大过失行为的评估专业人员追偿

E. 由评估机构和评估专业人员按照约定比例承担赔偿责任

10. 免责是法律责任的免除。下列选项中，属于人道主义免责的是（　　）。

A. 小王因正当防卫而伤人

B. 小李因紧急避险而损坏他人财物

C. 小赵因家境贫寒无力偿还债务

D. 小米因疫情停业不能支付房租而被诉

E. 小康因突发重病无力支付货款

三、综合题

S公司为A股上市公司，拟通过定向增发

的方式收购T公司全部股权。S公司及T公司的股东共同授权T公司委托Z资产评估机构进行资产评估。资产评估委托合同中就评估方法使用、盈利预测责任和评估付费等事项作出如下约定：

（1）资产评估机构及其资产评估专业人员应采用收益法对委托资产进行评估；

（2）委托方应向资产评估机构提供企业未来盈利预测资料。鉴于盈利预测的可实现性和真实性将对评估结果产生的影响，由委托方负责资料的真实性与可实现性；

（3）资产评估开始现场工作后7日内支付评估费合同总款的30%，完成现场评估工作后7日内支付40%，提交正式评估报告后7日内支付30%。评估结果满足委托方的要求，实现委托方的预期目标后另奖励20万元。

在项目执行的过程中，资产评估专业人员直接使用委托方提供的盈利预测数据，认为盈利预测数据的真实性与可实现性应由委托方负责而未履行任何核查验证程序。后有关部门发现该盈利预测造假，导致大幅度虚增评估值，并决定对该项目进行立案调查。

要求：

（1）资产评估委托合同中对评估方法的约定是否恰当？请说明理由。

（2）该项目的资产评估专业人员使用企业所提供的盈利预测资料的行为是否恰当？请说明理由。

（3）资产评估委托合同中付款条款约定是否存在违反规定的问题？请说明理由。

（4）假如有关部门对该评估项目进行立案调查后，认定资产评估机构签署、出具虚假评估报告，依据《资产评估法》的规定，资产评估机构及其评估专业人员应承担的法律责任是什么？

精选练习题参考答案及解析

一、单项选择题

1.【答案】D

【解析】职业理想属于资产评估机构及其资产评估专业人员的职业道德素质，不属于资产评估职业道德准则规范的内容。

2.【答案】D

【解析】欺诈，指采用欺骗、误导等手段向客户招揽业务的行为。选项A，属于利诱；选项B，属于胁迫；选项C，属于利诱；选项D，属于欺诈。

3.【答案】B

【解析】由于客观条件的限制，资产评估专业人员在执业过程中，对评估对象调查或勘察的程度，所获得信息的真实性、完整性等都会受到不同程度的影响。资产评估专业人员应当判断这些因素对评估结论的影响程度，并根据上述影响程度和评估目的要求合理确定其工作范围及工作程度，不得单纯以工作量或工作的难易程度作为确定工作范围及工作程度的标准。

4.【答案】C

【解析】根据《资产评估职业道德准则》的规定，这里的“亲属”是指配偶、父母、子女及其配偶，是一个比较狭义的界定，与《民法典》的规定不同。

5.【答案】C

【解析】独立、客观、公正是资产评估的基础，是资产评估机构及其资产评估专业人员应该遵守的基本工作原则，选项C错误。

6.【答案】D

【解析】罚款和没收违法所得属于承担行政责任的方式，罚金属于承担刑事责任的方式，支付违约金属于承担民事责任的方式。

7.【答案】B

【解析】资产评估机构及其资产评估专业人员可以利用第三方的工作，如会计师出具的审计报告、律师出具的法律意见书等，也可以要求相关当事人提供保证书或承诺函等文件。但在利用专家工作时必须保持必要的职业谨慎，不可以丧失独立性。

8.【答案】D

【解析】行政责任属于法律规定的范围，不属于职业道德准则所能规范的内容。

9.【答案】A

【解析】独立、客观、公正是资产评估的基础，是资产评估机构及其资产评估专业人员应该遵守的基本工作原则。其中，坚持独立性是资产评估的核心原则。

10.【答案】C

【解析】不可抗力、正当防卫和紧急避险等是法律所认可的免责条件。除此之外的免责情形还包括：时效免责、不诉及协议免责、自首、立功免责、人道主义免责、有效补救免责。

11.【答案】C

【解析】行为人严重不负责任是“出具证明文件重大失实罪”与“提供虚假证明文件罪”的主要区别。“提供虚假证明文件罪”是行为人存在犯罪的故意，“出具证明文件重大失实罪”的行为人主观不存在犯罪故意，但存在严重不负责任的过失。

12.【答案】C

【解析】不考虑评估业务性质、专业能力、服务质量，仅仅通过降低服务费收取标准获取业务，属恶意降低服务费，选项A属于恶性压价，应当禁止。长期业务关系中，单项业务服务费的收取应当合理。以某一单项业务服务费弥补另一单项业务服务费不足的做法，应当禁止，选项B属于应当禁止的行为。在项目竞争中，资产评估机构及其资产评估专业人员可以根据项目的具体情况，如复杂程度等在一定范围内合理降低服务费，但应当保持应有的职业谨慎，确保服务费降低不会影响获取评估业务后的执业质量，并遵守执业准则和质量控制程序，选项C不属于恶性压价。在拓展业务过程中，资产评估机构及其资产评估专业人员应当以优良的执业质量获得委托人的信任，而不应通过降低服务费的方式获得业务，选项D为应当禁止的恶性压价行为。

13.【答案】D

【解析】《公司法》第二百五十七条规定，承担资产评估、验资或者验证的机构因其出具的评估结果、验资或者验证证明不实，给公司债权人造成损失的，除能够证明自己没有过错的外，在其评估或者证明不实的金额范围内承担赔偿责任。

14.【答案】C

【解析】《证券法》第一百六十三条规定，证券服务机构“制作、出具的文件有虚假记载、误导性陈述或者重大遗漏，给他人造成损失的，应当与委托人承担连带赔偿责任，但是能够证明自己没有过错的除外”。

15.【答案】D

【解析】关于“虚假陈述”的含义，法释〔2022〕2号第四条规定：信息披露义务人违反法律、行政法规、监管部门制定的规章和规范性文件关于信息披露的规定，在披露的信息中存在虚假记载、误导性陈述或者重大遗漏的，人民法院应当认定为虚假陈述。选项A是虚假记载；选项B是误导性陈述；选项C是重大遗漏；《企业国有资产法》第七十一条规定，国家出资企业的董事、监事、高级管理人员出现该法规定的违法行为造成国有资产损失的，“依法承担赔偿责任”。该条所列举的违法行为包括“不如实向资产评估机构、会计师事务所提供有关情况和资料，或者与资产评估机构、会计师事务所串通出具虚假资产评估报告、审计报告”。选项D属于《企业国有资产法》规定的情况。

二、多项选择题

1.【答案】ABC

【解析】对违反规定，未经工商登记以评估机构名义从事评估业务的，《资产评估法》第四十六条规定：由工商行政管理部门责令其停止违法活动；有违法所得的，没收违法所得，并处违法所得1倍以上5倍以下罚款。

2.【答案】ABDE

【解析】《资产评估法》第五条规定，评估专业人员从事评估业务，应当加入评估机构，并且只能在一个评估机构从事业务，选项A违反规定。为了加强竞争，降低收费承揽业务，属于恶性压价的不正当竞争行为，应予禁止，选项B不符合规定。资产评估准则规定资产评估机构及其资产评估专业人员可以根据评估业务的具体情况及重要性原则确定履行基本程序的繁简程度，但不得随意减少资产评估基本程序，选项D违反规定。资产评估专业人员不得签署本人未承办业务的资产评估报告，资产评估机构和资产评估专业人员也不得允许他人以自身名义开展资产评估业务，或者冒用他人名义从事资产评估业务，选项E违反规定。选项C符合相关的法律、法规和准则要求。

3.【答案】ABC

【解析】可能影响独立性的情形通常包括资产评估机构及其资产评估专业人员或者其亲属与委托人或者其他相关当事人之间存在经济利益关联、人员关联或者业务关联。在评估中，资产评估专业人员与委托人或其他相关当事人之间存在以下利害关系时，应当向其所在评估机构提出声明，并实行回避：①持有客户的股票、债券或与客户有其他经济利益关系的；

②与客户的负责人或委托事项的当事人有利害关系的；③其他可能直接或间接影响执业的情况。选项 A 不属于存在关联关系或利害关系，可以不回避。选项 B、选项 C 属于存在利害关系，应当回避。选项 D 不影响独立性。选项 E 属于人员关联，应当回避。

4.【答案】DE

【解析】《证券法》第一百六十三条规定，证券服务机构“制作、出具的文件有虚假记载、误导性陈述或者重大遗漏，给他人造成损失的，应当与委托人承担连带赔偿责任，但是能够证明自己没有过错的除外”。关于此处的“过错”，最高人民法院法释〔2022〕2 号第三条规定了两种情形：①行为人故意制作、出具存在虚假陈述的信息披露文件，或者明知信息披露文件存在虚假陈述而不予指明、予以发布；②行为人严重违反注意义务，对信息披露文件中虚假陈述的形成或者发布存在过失。选项 D、选项 E 正确。其他选项属于人民法院认定会计师事务所没有过错的情形。

5.【答案】CDE

【解析】资产评估是一项专业性很强的、跨学科的工作，涉及工程技术、经济、管理、会计等多个专业，仅仅具有某方面的知识无法满足资产评估对专业知识的要求。接受资产评估的专业教育及训练、通过资产评估师的职业资格统一考试、在资产评估机构从事业务实践等，都是获得胜任资产评估工作所需知识和经验的有效途径。

6.【答案】ABDE

【解析】资产评估机构及其资产评估专业人员不可以使用敷衍的手段，规避应尽的努力。包括：①在报告中滥用免责声明；②不当利用第三方的工作，或相关当事人的保证书、承诺函等；③使用不合理的假设；④滥用专业判断。

7.【答案】BC

【解析】我国《民法典》第一百八十八条规定，向人民法院请求保护民事权利的诉讼时效期间为 3 年，法律另有规定的，依照其规定。该条还规定，诉讼时效期间自权利人知道或者应当知道权利受到损害以及义务人之日起计算，法律另有规定的，依照其规定。《民法典》第一百八十八条还规定，自权利受到损害之日起超过 20 年的，人民法院不予保护。小青与小白之间没有约定还款日期，是不定期借款关系，小白应当在知道小青拒绝还款之日起 3 年内主张债权。

8.【答案】ACDE

【解析】可能影响独立性的情形通常包括资产评估机构及其资产评估专业人员或者其亲属与委托人或者其他相关当事人之间存在经济利益关联、人员关联或者业务关联。消除不利影响的措施通常包括人员回避、业务回避、消除关联关系、第三方审核等。当所采取措施不能消除对独立性的不利影响时，资产评估机构和资产评估专业人员不得承接该评估业务，或者应当终止该评估业务。

9.【答案】CD

【解析】评估专业人员违反本法规定，给委托人或者其他相关当事人造成损失的，由其所在的评估机构依法承担赔偿责任。评估机构履行赔偿责任后，可以向有故意或者重大过失行为的评估专业人员追偿。

10.【答案】CE

【解析】人道主义免责是指，在财产责任中，责任人确实没有能力履行或没有能力全部履行的情况下，有关的国家机关免除或部分免除其责任。选项 A 属于正当防卫免责，选项 B 属于紧急避险免责，选项 C、选项 E 属于人道主义免责，选项 D 属于不可抗力免责。

三、综合题

【答案及解析】

（1）资产评估委托合同中对评估方法的约定不恰当。理由是：资产评估机构及其资产评估专业人员应当严格按照国家有关法律、行政法规、资产评估准则，独立开展评估业务，并独立地向委托人提供资产评估意见。通过合同指定评估方法，取代了评估专业人员在履行程序后依据专业判断选取适用评估方法的权利和责任，也有悖于资产评估机构及其专业人员的独立性。况且，因为评估目的是股权转让，评估对象就应该是企业的股权，涉及的资产评估范围是企业的全部资产和负债。价值类型应需要根据交易双方的实际情况选择市场价值或投资价值等，因此适宜的评估方法应选择市场法。

（2）该项目的资产评估专业人员直接使用委托方所提供的盈利预测资料的行为不恰当。理由是：这种做法有违客观性，违反法律和资产评估准则的要求。

独立、客观、公正是资产评估的基础，是资产评估机构及其资产评估专业人员应该遵守的基本工作原则。其中，客观性要求资产评估机构及资产评估专业人员，应当以事实为依据，客观地发表评估意见。评估专业人员对收集的评估资料进行核查验证，既是法律和评估准则的要求，也是合理得出评估结论的需要。

《资产评估法》第二十五条要求评估人员应当“收集权属证明、财务会计信息和其他资料并进行核查验证”，第十三条规定的评估人员应当履行的义务中包括“对评估活动中使用的有关文件、证明和资料的真实性、准确性、完整性进行核查和验证”。《证券法》第一百六十三条也要求“证券服务机构为证券的发行、上市、交易等证券业务活动制作、出具审计报告及其他鉴证报告、资产评估报告、财务顾问报告、资信评级报告或者法律意见书等文件，应当勤勉尽责，对所依据的文件资料内容的真实性、准确性、完整性进行核查和验证”。

在资产评估过程中，资产评估专业人员应当完整、客观地收集信息、数据；必须保证赖以形成评估结论信息的完整性、客观性、有效性、合法性；不得使用缺乏依据的信息、数据。资产评估专业人员有责任核查所获得信息的客观性，对于从其他第三方获得的信息，也应当关注其客观性。资产评估专业人员，应当依据所收集的信息、数据，遵守法律法规、资产评估准则等相关规定，通过合理履行资产评估程序客观作出评估结论、发表专业意见。

（3）资产评估委托合同中付款条款约定存在违反规定的问题。理由是：由于资产评估机构及评估专业人员无法左右委托人经济行为的进程，也没有承担保证委托人经济行为实现的义务，因此评估服务费的支付不应当与委托人经济行为是否完成相联系。资产评估机构、资产评估专业人员不得向委托方或相关当事方索取约定服务费之外的不正当利益。“实现委托方的预期目标后另行奖励 20 万元”，属于不正当利益，违反资产评估职业道德和相关法规的要求。

（4）假如有关部门对该评估项目进行立案调查后，认定资产评估机构签署、出具虚假评估报告，应承担相应的法律责任。《资产评估法》第四十五条、第四十八条分别针对评估专业人员和评估机构作出了规定。

对评估专业人员违反规定，签署虚假评估报告的，第四十五条规定：由有关评估行政管理部门责令其停止从业两年以上五年以下；有违法所得的，没收违法所得；情节严重的，责令其停止从业五年以上十年以下；构成犯罪的，依法追究其刑事责任，终身不得从事评估业务。

对评估机构违反规定，出具虚假评估报告的，第四十八条规定：由有关评估行政管理部门责令其停业六个月以上一年以下；有违法所得的，没收违法所得，并处违法所得一倍以上五倍以下罚款；情节严重的，由工商行政管理部门吊销其营业执照；构成犯罪的，依法追究其刑事责任。

第九章　国际和国外评估准则

考试大纲

<table>
<tr><td>第九章</td><td>考试目的</td><td>考查考生对国际评估准则的主要内容、专业评估执业统一准则中的主要内容、RICS 评估准则的主要内容的学习了解情况。</td></tr>
<tr><td rowspan="6">国际和国外评估准则</td><td colspan="2">考试内容及要求</td></tr>
<tr><td>掌握的内容（★★★）</td><td>—</td></tr>
<tr><td>熟悉的内容（★★）</td><td>1.《国际评估准则》的基本准则和资产准则。</td></tr>
<tr><td rowspan="3">了解的内容（★）</td><td>1.《国际评估准则》的体系、术语表及框架。</td></tr>
<tr><td>2.《专业评估执业统一准则》的结构体系。</td></tr>
<tr><td>3.《RICS 评估准则》的结构体系。</td></tr>
</table>

考情分析

本章介绍的国际和国外评估准则主要包括国际评估准则和国外（美、英）评估准则，考查考生对国际评估准则的主要内容、专业评估执业统一准则中的主要内容、RICS 评估准则的主要内容的学习了解情况。本章没有安排掌握的内容，需要熟悉《国际评估准则》的基本准则和资产准则，了解《国际评估准则》的体系、术语表及框架，了解《专业评估执业统一准则》《RICS 评估准则》的结构体系。本章内容较多，而且与中国的资产评估准则有较大的差异，内容表述不一定符合中文的表达习惯，考生理解有一定的难度。考试题型主要为单项选择题和多项选择题，分值不会大。建议考生对本章内容熟悉、了解即可。

教材主要变化

考试大纲没有变化，教材大部分内容都有修改，特别是《国际评估准则 2025》于 2024 年 1 月发布，2025 年 1 月 31 日正式生效，教材内容有大幅度变化。

考点精讲及典型例题解析

【知识点 1】国际评估准则的产生与发展

国际评估准则理事会（The International Valuation Standards Council，IVSC）前身为国际评估准则委员会，是 20 世纪 80 年代初在世界各国资产评估专业团体的推动下，逐步发展起来的重要国际性评估专业组织，目前在国际评估界发挥着主导作用。

【提示】 国际评估准则理事会的主要宗旨是：提高全球评估实践的质量和可信度，并通过以下方式实现这一目标：一是制定健全的国际评估准则（IVS），确保评估的一致性、透明度和可比性；二是通过全球的评估专业组织（VPOs）推广采用 IVS，促进评估专业化发展。

【知识点 2】国际评估准则的体系、术语表及框架（★）

（一）国际评估准则的体系

自国际评估准则委员会于 1985 年发布第一版《国际评估准则》以来，国际评估准则目前已经发展成为包含不动产、企业价值、无形资产和机器设备等评估业务在内的比较完善的综合准则体系。国际评估准则由基本准则和资产准则组成，基本准则适用于所有业务，资产准则是与特定资产类型相关的评估规范。附录是《国际评估准则》的一部分，为明确某些概念提供补充信息。提供遵循 IVS 的评估服务，必须遵守 IVS 的基本准则、资产准则和附录。

1. 国际评估准则基本准则。

基本准则适用于所有资产和负债，是所有评估的基础。

2. 国际评估准则资产准则。

资产准则对特定类型的资产和负债在基本准则的基础上提出了额外要求。遵循 IVS 包括遵守基本准则、适用的资产准则和附录。资产准则包括企业和企业权益、无形资产、非金融负债、存货、厂房和设备和基础设施、不动产权益、开发性不动产、金融工具等。

（二）国际评估准则术语表

1. 资产或资产组。

获取经济利益的权利。

2. 自动评估模型（AVM）。

自动评估模型是一种使用算法或其他计算技术对特定日期的特定资产进行自动估值的模型。该模型不包括评估师对评价、选择输入或审查输出等程序的专业判断。

3. 价值类型。

报告中的价值所依据或将依据的基本前提。

4. 客户。

客户是指委托评估师进行特定评估事项的人。“客户”可以是内部客户（即为雇主进行的评估），也可以是外部客户（即评估师接受第三方委托）。

5. 成本（名词）。

取得或建造一项资产所需的对价或支出。

6. 数据。

评估师可获得的定量或定性的信息。

7. 折现率。

折现率用于将未来应付或应收的货币金额转换为现值的回报率。

8. 环境、社会和公司治理（ESG）。

三者共同构成用于评估可持续性和道德实践、公司财务业绩或运营、资产或负债影响的框架标准。ESG 包括三大支柱：环境、社会和公司治理，这些支柱可能共同影响业绩、更广泛的市场和社会。

9. 公平价值。

在已确定的、知情的和自愿的各方之间，转让资产或负债的估计价格，反映了各方利益。

10. 输入。

根据专业判断，评估师确定并评价或选择用于评估的相关数据、假设和修正。

11. 无形资产。

一种可识别的、无实物形态的非货币资产。

12. 预期用途。

在工作范围中描述的进行评估的原因。也称之为预期目的。

13. 预期使用者。

客户和评估师在工作范围中确定的评估服务使用者。

14. 投资价值。

在单项投资或运营目标下，资产对于其所有者或潜在所有者的价值。这也可被称为“物有所值”。

15. 司法管辖区。

实施评估的法律和监管环境。

16. 负债。

导致经济利益流出的现时义务。负债具有以下两个基本特征：①一个现时义务；②该义务要求主体向他人转移或以其他方式提供经济利益。

17. 清算价值。

卖方被迫在某一特定日期出售一项资产或一组资产可实现的总金额。清算价值可根据两种不同的价值前提进行确定：①典型营销期内的有序交易；②缩短营销期内的强制交易。

18. 市场价值。

自愿的买方和卖方在公平交易中，经过适当的营销，并且各方都在知情、理性和不受强迫的情况下，在评估基准日正常交易的资产或负债的估计金额。

19. 必须。

强制性的行动或程序。

20. 可观测数据。

市场参与者可随时获得的用于确定资产和/或负债价值的实际事件或交易信息。

21. 价格（名词）。

为获取资产或转移负债而要求、提供或支付的货币或其他对价。价格与价值可能不同。

22. 专业判断。

利用积累的知识和经验以及批判性推理作

出有依据的决定。

23. 职业怀疑。

职业怀疑是一种态度，包括质疑精神和对评估证据的批判性评价。

24. 服务机构。

提供信息、报告或意见的主体（或主体的一部分），包括但不限于提供支持评估的市场数据、信用评级或其他服务。

25. 应该。

期望评估师遵守此类要求，除非评估师能证明替代行动已经足够。

26. 重要/重大/显著的。

根据评估师的专业判断，对评估结果产生重大影响的任何方面。

27. 专家。

拥有执行或协助评估工作或审查和质疑评估过程所需的技能、经验和知识的个人或个人组成的团体。专家可以是内部聘用的，也可以是外部聘请的。

28. 协同价值。

两个或两个以上资产或权益合并的结果，其合并价值高于单独价值之和。如果协同效应只适用于一个特定的买方，那么协同价值将不同于市场价值，因为协同价值将反映资产的特定属性，而这些属性仅对特定的买方有价值。高于各自权益总和的附加值通常被称为结合价值。

29. 有形资产。

可实物计量的资产，包括但不限于不动产、厂房和设备。

30. 评估。

遵循 IVS，对评估基准日的价值形成结论的行为或过程。

31. 评估途径。

对应用成本途径、收益途径和市场途径的总称。

32. 评估基准日。

评估的价值所对应的时间点。

33. 评估方法。

评估途径中得到价值的某种具体方法。

34. 评估模型。

对全部或部分将输入转化为输出的方法实施量化，用于发现价值。

35. 评估过程复核。

评估师为评价在评估基准日是否遵循 IVS 或 IVS 中的适用部分进行的分析。这并不包括对价值的意见。

36. 评估复核。

评估复核可以是评估过程复核或价值复核，或两者兼有。

37. 评估风险。

价值不适用于预期用途的可能性。

38. 价值（名词）。

在特定评估基准日，评估师完全遵循 IVS 要求实施评估过程所得出的定量结论。

39. 评估师。

具备以客观、公正、道德和胜任的方式进行评估的资格、能力和经验的个人、多人或组织内的个人，无论是受雇（内部）还是受聘（签约/外部）。在某些司法管辖区，担任评估师之前需要获得许可。

40. 价值复核。

评估师使用 IVS 对其他评估师工作形成的价值进行审核并提供意见的分析。不包括对评估过程的意见。

41. 权重/加权。

在得出评估结论时对指示性价值的依赖程度。

（三）国际评估准则的框架

参见图 9－1。

【例 9－1】（多项选择题）国际评估准则定义的术语包括（　　）。

A. 资产或资产组　　B. 价值类型
C. 评估假设　　D. 自动评估模型
E. 可观测数据

【答案】 ABDE

【解析】 国际评估准则的术语表不定义评估、会计或金融行业中的基本术语，因为这里假定评估师已经理解了这些术语。

【例 9－2】（单项选择题）根据国际评估准则定义的术语，下列表述中，错误的是（　　）。

A. 评估师是指拥有必要的学历、经历、能力和经验，且能客观公正地胜任评估业务的个人

B. 专业判断是指利用积累的知识和经验以及批判性推理作出有依据的决定

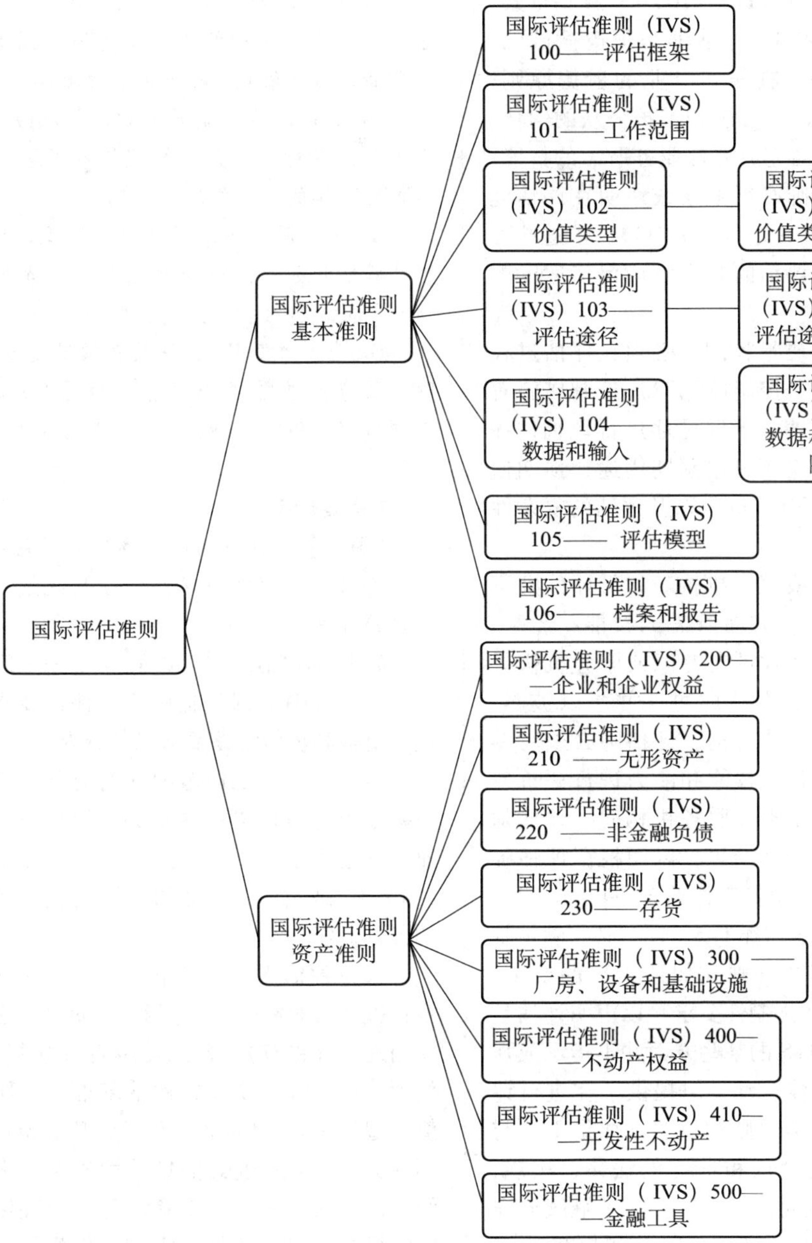

图9－1　国际评估准则的框架

C. 预期使用者是指客户和评估师在工作范围中确定的评估服务使用者

D. 成本（名词）是指取得或建造一项资产所需的对价或支出

【答案】 A

【解析】 根据国际评估准则定义的术语，“评估师”是指具备以客观、公正、道德和胜任的方式进行评估的资格、能力和经验的个人、多人或组织内的个人，无论是受雇（内部）还是受聘（签约/外部）。在某些司法管辖区，担任评估师之前需要获得许可。

【知识点3】《国际评估准则》的基本准则和资产准则（★★）

（一）基本准则

基本准则适用于所有资产和负债，包括评估框架、工作范围、价值类型、评估途径、数据和输入、评估模型、档案和报告。

1. 国际评估准则（IVS）100——评估框架。

（1）评估师原则。评估师必须遵循诚信、客观、公正、保密、胜任和专业的道德原则，提供无偏见的评估，并促进和维护公众的信任。评估师必须具备适当完成评估业务所需的技能、知识和经验。评估师必须披露或声明在评估业务中使用了IVS，并在进行评估时遵循了这些准则。评估师必须在评估的各个阶段保持适度的职业怀疑。

（2）评估过程质量控制。必须在评估过程中实施质量控制（“控制措施”）。控制措施有助于确保客观、透明、无偏见地进行评估，并符合IVS的要求。应该根据预期用途、预期使用者、评估的资产和/或负债以及评估的复杂性确定控制范围。

（3）利用专家或服务机构。如果评估师不具备执行评估业务各方面所需的技能、经验、数据或知识，则评估师可向专家或服务机构寻求协助，但前提是就此达成协议并予以披露。在利用专家或服务机构之前，评估师必须对专家或服务机构的知识、技能和能力进行评价并记录归档。在利用专家或服务机构时，评估师必须了解其工作过程和结果，以便根据评估师的专业判断，建立依赖其工作的合理基础。

（4）遵循。为了遵循IVS，评估必须满足基本准则、附录及资产准则（如适用）的要求。IVS包括必须遵守的强制性要求，以声明评估是遵循IVS进行的。IVS的某些方面并不指示或强制要求采取任何具体行动，但提供了在进行评估时应该考虑的基本原则和概念。如果IVS与评估目的和司法管辖区相适应的法律、法规、监管和/或其他权威要求有冲突，为了继续遵守IVS，应该优先考虑、解释、记录和报告这些要求。

（5）生效日期。本版IVS发布于2024年1月31日，生效于2025年1月31日，适用于生效之日或之后进行的评估。IVS允许自发布之日起提前采用。在进行具有追溯性或历史性评估基准日的评估或评估复核时，评估师应该记录IVS版本。

【例9-3】（单项选择题）下列有关《国际评估准则（IVS）100——评估框架》的表述，错误的是（　）。

A. 在利用专家或服务机构时，评估师必须了解其工作过程和结果，以便根据评估师的专业判断，建立依赖其工作的合理基础

B. 如果评估师能够应对评估风险，就必须引入第三方对评估师的合规性和控制政策及程序执行严格的监控程序

C. 评估师必须遵循诚信、客观、公正、保密、胜任和专业的道德原则，提供无偏见的评估，并促进和维护公众的信任

D. 为了遵循IVS，评估必须满足基本准则、附录及资产准则（如适用）的要求，IVS包括必须遵守的强制性要求，以声明评估是遵循IVS进行的

【答案】B

【解析】如果评估师能够应对评估风险，他们就可以对自身的合规性和控制政策及程序执行监控程序。

2. 国际评估准则（IVS）101——工作范围。

工作范围准则包括引言、评估要求、评估过程复核和价值复核要求三部分内容。

（1）引言。工作范围（有时称为业务约定条款或约定书）描述的是关于评估或评估复核业务的基本条款，包括但不限于被评估的资产（组）和/或负债、评估的预期用途和涉及评估的各方责任。

（2）评估要求。工作范围必须明确以下内容：被评估的资产（组）和/或负债，客户，预期用途（如果有），预期使用者（如果有），评估师，评估计量货币，评估基准日，使用的价值类型（组），评估师工作的性质和范围以及限制性，评估师所依赖信息的性质和来源，特殊假设，专家，社会、环境和公司治理因素，编制的报告或其他文件的类型，报告使用、分发和出版的限制。

工作范围必须在完成评估报告之前由客户和评估师以书面形式确定并达成一致。在评估完成之前对工作范围的任何更改必须以书面形式沟通并达成一致。如果在评估工作过程中，工作范围明显无法得到遵循IVS的价值，该评估则未遵循IVS。

（3）评估过程复核和价值复核要求。评估复核不是评估。工作范围必须说明评估复核是评估过程复核、价值复核还是两者都是。评估

过程复核针对 IVS 的遵循。价值复核针对价值的合理性。无论是评估过程复核、价值复核，还是两者兼有的委托，工作范围必须至少包括以下内容：执行的复核类型；双方同意的复核范围，即是评估过程复核、价值复核还是两者兼有；复核的资产（组）和/或负债；评估复核人的身份；客户的身份；预期用途；预期使用者，如有；与要复核的评估相关的重大或特殊假设和/或限制条件；作为评估复核的一部分，专家或其他专业服务提供方的使用情况和作用（如涉及）；要执行的程序和要复核的文件。

【例 9-4】（单项选择题）下列关于《国际评估准则（IVS）101——工作范围》的表述，错误的是（　　）。

A. 工作范围描述的是关于评估或评估复核业务的基本条款，包括但不限于被评估的资产（组）和/或负债、评估的预期用途和涉及评估的各方责任

B. 工作范围必须在完成评估报告之后由客户和评估师以书面形式确定并达成一致，在评估完成之后对工作范围的任何更改必须以书面形式沟通并达成一致

C. 如果根据评估师的专业判断，工作范围受到过度限制，那么可能导致无法进行遵循 IVS 的评估

D. 工作范围必须说明评估复核是评估过程复核、价值复核还是两者都是，评估过程复核针对 IVS 的遵循，价值复核针对价值的合理性

【答案】 B

【解析】 工作范围必须在完成评估报告之前由客户和评估师以书面形式确定并达成一致。在评估完成之前对工作范围的任何更改必须以书面形式沟通并达成一致。如果在评估工作过程中，工作范围明显无法得到遵循 IVS 的价值，该评估则未遵循 IVS。

【例 9-5】（多项选择题）《国际评估准则（IVS）101——工作范围》评估要求中要求必须明确的内容，包括（　　）。

A. 评估计量货币　　B. 价值类型

C. 报告使用　　D. 评估基准日

E. 评估方法

【答案】 ABCD

【解析】 工作范围必须明确以下内容：被评估的资产（组）和/或负债，客户，预期用途（如果有），预期使用者（如果有），评估师，评估计量货币，评估基准日，使用的价值类型（组），评估师工作的性质和范围以及限制性，评估师所依赖信息的性质和来源，特殊假设，专家，社会、环境和公司治理因素，编制的报告或其他文件的类型，报告使用、分发和出版的限制。

3. 国际评估准则（IVS）102——价值类型。

该准则主要规定国际评估准则定义的价值类型和其他准则定义的价值类型，包括概述、价值类型、实体特有因素、协同、假设、特殊假设、交易成本、价值分摊、附录等。该准则是强制性的，要求评估师选择适合的一项（或多项）价值类型，并遵循与该价值类型相关的要求，无论这些要求是该准则的一部分（对于 IVS 定义的价值类型），还是该准则未加说明的（对于非 IVS 定义的价值类型）。

（1）概述。价值类型描述了报告中价值所依据的基础假设或要求。价值类型（或多项价值类型）与评估约定条款和预期用途相符是非常重要的，因为价值类型可能影响或决定评估师对于方法、输入和假设的选择，及最终价值。在评估中可以使用不同的价值类型。评估师可能被要求使用法规、监管规则、私人合同或其他框架定义的价值类型。

（2）价值类型。除 IVS 定义的价值类型外，其他非 IVS 定义的价值类型由个别司法管辖区的法律、地方监管机构、适用准则或国际协议认可和采纳的标准规定。IVS 定义的价值类型：市场价值、市场租金、公平价值、投资价值/物有所值、协同价值、清算价值。其他价值类型（不完全列示）：公允价值（国际财务报告准则）、公允市场价值（经济合作与发展组织）、公允市场价值（美国国税局）、公允价值（法律/监管）。

（3）实体特有因素。就多数价值类型而言，基于市场的评估使用的输入一般不包括市场参与者不适用的、仅面向特定买方或卖方的因素。市场参与者可能不适用的实体特有因素包括但不限于：相似资产相组合产生的附加价值或价值减损；标的资产与实体拥有的其他资产产生的特有协同效应；实体特有的法律权利或限制；实体特有的税收优惠或负担；实体特有的开发一项资产的能力。

(4) 协同效应。协同效应是指合并资产和/或负债收益。当存在协同效应时，一组资产和/或负债的价值大于这些资产和负债单独价值之和。协同效应通常涉及成本的下降，和/或收益的提高，和/或风险的降低。评估中是否应该考虑协同效应，视价值类型而定。其他市场参与者通常能获得的协同效应将被纳入本准则多数价值类型的考虑范围。

(5) 假设。除说明价值类型外，通常还需要作出一项或多项假设：假设交易中的资产状况，或假设交易资产和/或负债的情形。这些假设会对价值产生重要影响。

(6) 特殊假设。当作出的假设与评估基准日现有状况不同时，则该假设称为“特殊假设”。特殊假设通常用于描述资产状况的可能变化对其价值产生的影响。被指定为“特别”是为了提示报告使用者，评估是基于现有状况的一种或有变化，或反映了市场参与者在评估基准日通常不会持有的观点。这类假设包括但不限于：不动产永久保有并空置的假设；拟建建筑物在评估基准日已经建成的假设；评估基准日存在特定合约，但实际没有履行的假设；采用与一般参与者不同的收益曲线对一项金融工具进行估算的假设。为提供遵循 IVS 的评估，所有重要特殊假设必须在特定情况下是合理的，是有证据支持的，是与评估所需预期用途相关的。

(7) 交易成本。多数价值类型下估算的资产价格不考虑卖方的销售成本或买方的购买成本，不对双方由于交易直接产生的应付税款进行价值调整。

(8) 价值分摊。价值分摊是以单独或组成部分为基础对一项资产的价值进行单独分配。在分摊价值时，分配方法必须与整体评估前提/基础一致，评估师必须：遵循所有适用的法律或监管要求；对分摊的预期用途作出明确的描述；考虑事实和情况，如被分配的（或多个）项目的相关（或多个）特征；视情况采取适当的方法（或多个方法）。

4. 国际评估准则（IVS）102——价值类型：附录。

(1) 市场价值。市场价值是指公平交易中，自愿买方和自愿卖方经过适当市场营销，且当事方在充分知情、审慎行事且未受强迫的情况下，在评估基准日进行某项资产和/或负债交换应该收取的估计金额。

市场价值的定义必须根据下述概念框架进行应用：

“估计的数额”是指资产在公平市场交易以应付货币表示的价格。市场价值是评估基准日市场上能够合理地取得的符合市场价值定义的最可能价格。该价格既是卖方能够合理获取的最好售价，也是买方能够合理取得的最有利价格。该估计特别扣除了被特殊条款或情形抬高或降低的估计价格，例如：非典型融资、售后租回安排、相关销售人员给予的特殊考虑或优惠，或仅对特殊拥有者或买方可行的价值因素。

“某项资产或负债应该交换”是指资产或负债价值是一个估计金额，而不是事先确定的金额或实际销售的价格。它是在评估基准日符合市场价值定义的所有要素的一个交易价格。

“在评估基准日”要求该估值仅限于一个规定的具体时间。由于市场和市场条件可能会发生变化，评估值在另一个时点可能就会变成错误的或不适当的。估值金额反映的是有效评估基准日市场的状态和情形，而不是其他时点。

“自愿买方”是指有动机而非被迫的买方。该买方既不是过于急切购买，也不是决心以任何价格购买。该买方还要根据当前市场现实和当前市场预期进行购买的买方，而不是根据无法证明或预期存在的想象或假设市场进行购买的买方。假设的买方不会高于市场要求去支付。当前资产拥有者包含在构成“市场”的参与者当中。

“自愿卖方”是指既不过于急切，也未受强迫以任何价格出售的卖方，更不是准备坚持一个在当前市场上被认为不合理的价格的卖方。自愿卖方有动机在适当市场营销后，在公开市场上根据市场条款以可获得的最佳价格出售资产，不论该价格结果如何。实际资产拥有者的真实情形不是这里要考虑的，因为这个自愿卖方是一个假设的拥有者。

“公平交易”是指交易方之间没有特定的或特殊的关系，例如：母公司与子公司，或出租方与承租方，这些特殊关系可能使价格水平反映非典型的市场特征，或者由于特殊价值因素被抬高。以市场价值的交易假设是不相关联的双方的独立行为。

“正常的市场营销”是指，根据市场价值定义，该项资产以最适当的方式在市场上展示且能合理取得最佳价格。其销售方法被认为是卖方所在市场上得到最佳价格的最适当的方法。市场上展示的时间长度不是一个固定期间，而会因资产类型和市场条件的不同而发生变化。唯一的标准是，必须有充分的时间去吸引足够多的市场参与者关注该资产。展示期间发生在评估基准日之前。

“当事方充分知情、审慎行事”是指，假设自愿买方与自愿卖方能够合理地知晓在评估基准日该项资产的性质和特征、真实的和潜在的使用状况，以及市场状况，还进一步假设各方会使用掌握的知识，寻求对自身交易地位最有利的价格。审慎性是根据评估基准日的市场状况衡量的，而不是其后某时点事后的利益评定。例如：在一个价格下跌的市场，卖方以低于之前市场价格水平的价格出售资产未必是不审慎的。在这种情形下，像市场中改变价格的其他交易方一样，理性的买方或卖方将根据当时可得的最佳市场信息去行事。

“未受强迫”是指各方都有动机去从事该项交易，任何一方都不是被迫地或被过分强制地完成该项交易。

市场价值的概念假定价格是在参与者行为自由的公开竞争市场上谈判达成的。一项资产的交易市场可以是国际市场，也可以是本地市场。市场可能包括大量的买方和卖方，也可以是一个以市场参与者数量有限为特征的市场。为出售资产展示的市场是理论上该资产通常被交换的市场。

资产的市场价值将反映其最高最佳用途。最高最佳用途是指资产潜力的最大化的使用，该用途在技术上可能、法律上被许可、财务上可行。最高最佳使用可能是资产现有用途的延续或某些其他用途，它是由市场参与者在确定报价意向价格时可能考虑的资产用途决定的。

市场价值不是反映资产对于特殊所有者或特殊买方可行，而对市场上其他买方不可行的价值属性，这种优势可能与资产的物理性、地理性、经济性或法律性特征相关。市场价值要求忽略这类价值要素，因为在特定时点，仅仅假设存在一个自愿买方，而不是一个特定的自愿买方。

（2）市场租金。市场租金是指公平交易中，自愿出租方和自愿承租方经过适当市场营销，且当事方在充分知情、审慎行事且未受强迫的情况下，在评估基准日按照适当的租约条款出租不动产权益应该收取的租金的估计金额。市场租金可以作为评估租约或租约权益时的价值类型，在这种情况下，有必要考虑合同租金和市场租金的异同。

（3）公平价值。公平价值是在已确认的、了解情形的并有自愿交易的愿望的交易双方中转移一项资产或负债时估计的价格，相关方的利益分别得到体现。公平价值需要根据特定交易方各自从交易中获取的优势和劣势，评价交易价格对交易双方的公允性。相反，市场价值一般不考虑一般市场参与者自身有利或不利因素对交易价格的影响。

（4）投资价值/物有所值。投资价值是一项资产对于特定所有者或预期的所有者针对个人投资或运营目标的价值。投资价值是一个针对特定实体的价值类型。尽管一项资产对其所有者的价值可能与出售给另一方实现的金额相同，但该价值类型不以交换为前提，仅反映了某一个实体持有该资产可获得的经济利益。投资价值体现了评估时实体面对的环境和财务目标，通常用于衡量投资业绩。

（5）协同价值。协同价值是两项或多项资产或利益合并的结果，该价值通常大于单项资产和权益的价值之和。如果协同仅适用于某一特定买方，则协同价值将不同于市场价值，因为协同价值反映该资产的特定属性。该属性仅对某一个特定买方具有价值。在某些司法管辖区，高于各自权益总和的附加值通常被称为“结合价值”。

（6）清算价值。清算价值是指在某一特定日期，卖方被迫在清算销售中出售一项资产或一组资产实现的金额。清算价值可以在两种不同的使用假设下确定：在正常的营销期内的有序交易；在缩短的营销期后的强制交易。

评估师必须披露假设的价值前提。

（7）公允价值（国际财务报告准则，IFRS）。《国际财务报告准则第 13 号》（IFRS13）将公允价值定义为，市场参与者在计量日进行有序交易时，出售一项资产收到的或转移一项负债支付的价格。对于以财务报告为目的而言，超过130个国家和地区要求或认可使用国际会计准则理事会发布的《国际会计准则》。同时，美国财务会计准则委员会（FASB）在其发布的Topic 820中采用相同的公允价值定义。

（8）不同司法管辖区中的公允价值（法律/法定）。许多国家、州和地方机关使用公允价值作为价值类型，由法庭的过往判例为基础建立。

（9）最高最佳使用。最高最佳使用是从参与者角度，资产可以产生最高价值的用途。最高最佳用途概念最常用于非金融资产。因为许多金融资产没有替代用途，可能在一些情形下，需要考虑金融资产的最高最佳用途。最高最佳用途必须是技术上可能（如适用）、财务上可行、法律上允许，并能产生最高价值。如果和现状用途不同，转换资产至其最高最佳用途的成本将影响价值。当资产最优使用时，其最高最佳用途可能是其现有或现状用途。一项资产单独的最高最佳用途可能与其作为资产组部分使用的最高最佳用途不同，后者必须考虑其对于资产组整体价值的贡献最高最佳用途的确定需要考虑以下因素：①确定该使用是否是技术上可能，必须从参与者的角度理性地分析；②反映法律上许可的要求，需要考虑各种对资产使用的法律限制以及这些限制将来的变化，如城镇规划、分区标识，以及这些限制发生变化的可能性；③分析该用途在财务上可行，应该考虑是否有一种技术上可能、法律上允许的替代用途，在考虑转换替代使用的成本后，能否为典型参与者带来高于和超出现有用途的足够回报。

（10）现状使用/现有用途。现状使用/现有用途是一项资产、负债、资产组和/或负债组现有的使用方式，现状使用可以是，但并不必须是最高最佳使用。

（11）有序清算。有序清算是指在合理期限内去寻找一个（或多个）买方，且在卖方被迫按现状出售的情况下，一组资产在清算销售中可能实现的价值。寻找一个（或多个）买方的合理期限可能因资产类型和市场状况而异。

（12）强制出售。强制出售经常用于卖方被迫出售的情形，所谓被迫出售是指没有适当的营销时间，且买方可能无法进行充分的尽职调查。这种状况下可能得到的价格将取决于卖方承受压力的性质和不能进行适当营销的原因，也可能反映卖方未能在可行时间内出售的后果。除非约束卖方的性质和原因已知，否则强制出售得到的价格无法真实估计。卖方在强制出售中接受的价格，反映了特定环境状况而非市场价值定义中假设的自愿卖方接受的价格。“强制出售”是交换发生状况的描述，不是价值类型的区别。

如果需要获得强制出售状况下的价格指示，有必要辨识制约卖方的原因，包括在设定适当假设后，特定时间段内出售失败的后果。如果这些环境状况在评估基准日不存在，必须清晰地确定为特殊假设。

强制出售反映了在所有下列条件下，特定财产最可能的价格：①短期内完成出售；②资产受评估基准日或假设交易完成期间内的市场状况制约；③买方和卖方都是谨慎的、知情的；④卖方被迫出售；⑤买方将只获得其他人可获得的利益，而不会从其他市场参与者无法参与的交易中获得任何实质性利益；⑥双方行为考虑各自最大利益；⑦因展示时间短暂不可能进行正常的营销。

在市场不活跃或市场下跌的情况下进行的销售出售，不能自动归于“强制出售”，因为如果条件改善，卖方会寻求更好的价格。除非卖方在最后期限前被迫出售，导致无法进行适当营销，否则卖方将是市场价值中定义的自愿卖方。

如果评估采用价值类型的是市场价值，则应排除“强制出售”情形，但是，很难核实市场上的公平交易是否属于强制出售。

【例9-6】（单项选择题）下列关于《国际评估准则（IVS）102——价值类型》和《国际评估准则（IVS）102——价值类型：附录》的表述，错误的是（ ）。

A. 价值类型（或多项价值类型）与评估约定条款和预期用途相符是非常重要的，因为价值类型可能影响或决定评估师对于方法、输入和假设的选择，及最终价值

B. 如果评估采用的价值类型是市场价值，则应考虑“强制出售”情形，因为，很难核实市场上的公平交易是否属于强制出售

C. 评估师应该意识到绝大多数的价值类型都禁止考虑参与者通过正常尽职调查在计量日/评估基准日无法获知或不可能获知的信息或市

场观点

D. 多数价值类型下估算的资产价格不考虑卖方的销售成本或买方的购买成本，不对双方由于交易直接产生的应付税款进行价值调整

【答案】B

【解析】如果评估采用的价值类型是市场价值，则应排除“强制出售”情形，但是，很难核实市场上的公平交易是否属于强制出售。

5. 国际评估准则（IVS）103——评估途径。

在国际评估准则中，评估基本途径包括市场途径、收益途径、成本途径。评估途径要求评估师根据被评估的资产和/或负债的预期用途，考虑并选择最相关和适当的评估途径。

（1）引言。（评估业务）必须仔细考虑通过相关且恰当的评估途径。为了符合价值类型得出评估结论，可以使用一种或多种评估途径。它们基于价格均衡、预期收益或替代的经济学原理。主要的评估途径是：市场途径、收益途径、成本途径。

（2）市场途径。市场途径通过将标的资产和/或负债与可获取价格信息的相同或可比（即相似）资产和/或负债进行比较，提供一种指示性价值。市场途径应该始终考虑交易量、交易频率、观察到的价格范围以及与评估基准日的接近程度。以下情形应该运用市场途径并设定重要权重：①标的资产近期已在一项适合按价值类型进行对价的交易中出售；②标的资产或实质类似的资产有活跃的公开交易；③实质类似的资产有频繁的和/或近期被观测到的交易。

（3）收益途径。收益途径通过把未来现金流转换为一个现值提供一种指示性价值。在收益途径中，资产的价值参照资产产生的相关收益、现金流或节约成本的价值来决定。以下情形应该运用收益途径并设定重要权重：从参与者角度看，标的资产的盈利能力是影响价值的关键因素；标的资产未来的收益从时间和数量上能够合理预期，且没有相关和可靠的市场可比案例。

（4）成本途径。成本途径使用经济学原理提供了一种指示性价值，即除非存在时机不当、不便、风险或其他因素，买方为一项资产支付的费用不会高于通过购买或建造获取等效资产的成本。该途径通过计算资产的现行更新重置或复原重置成本，并扣除所有相关形式的贬值，提供一个指示性价值。以下情形应该运用成本途径并设定重要权重：①参与者能够在不受监管或法律限制的情形下，重新创造与标的资产具有相似效用的资产，而且这项资产可以被足够快速地复制，以至于参与者不愿意为立刻使用标的资产而付出重大溢价；②资产不能直接产生收益，且资产的独特性质使得通过收益途径和市场途径评估不可行；③使用的价值类型从根本上基于重置成本；④该资产是最近创建或发行并销售给市场参与者的，所以在成本途径中所使用的假设具有高度的可靠性。

6. 国际评估准则（IVS）103——评估途径：附录。

（1）市场途径的方法。①交易案例比较法。交易案例比较法，也称指引交易法，使用涉及与标的资产相同或相似资产的相关交易案例信息获得指示性价值。②公开交易比较法。公开交易比较法利用与标的资产相似的公开交易可比信息得出指示性价值。该方法只有当标的资产和公开交易可比案例充分相似以至于能够作出有意义的比较时才应该被应用。③其他的市场途径考量。某些特殊考量可能属于市场途径评估的一部分，如：传闻或“经验法则”的评估基准有时也被认为属于市场途径。

（2）收益途径的方法。虽然收益途径有许多实施方法，但收益途径中的具体方法实际上都是基于将未来现金流折现为现值，都是现金流折现（DCF）法的变化形式。

（3）成本途径的方法。成本途径大体上有三种具有代表性的方法：①更新重置成本法：通过计算提供同等效用的相似资产的成本得出指示性价值的方法；②复原重置成本法：通过计算重新创造资产的复制品的成本得出指示性价值的方法；③资产加和法：通过计算将资产的组成部分的独立价值加总得出资产价值的方法。

【例9-7】（单项选择题）下列关于《国际评估准则（IVS）103——评估途径》和《国际评估准则（IVS）103——评估途径：附录》的表述，错误的是（　　）。

A. 在国际评估准则中，评估基本途径包括市场途径、收益途径、成本途径，要求评估师根据被评估的资产和/或负债的预期用途，考虑并选择最相关和适当的评估途径

B. 为每个评估业务选择恰当的评估方法是评估师的责任，遵循 IVS 准则也可能需要评估师适用到 IVS 没有定义或提到的评估方法

C. 如果根据评估师的专业判断，对评估师选择评估途径、评估方法和评估程序的限制过度，则可能无法得出遵循 IVS 的评估

D. 当有外部因素对企业中个别资产或所有资产产生影响时，可能不会出现经济性贬值，应当在考虑了实体性贬值和功能性贬值后得出评估结论

【答案】 D

【解析】 当有外部因素对企业中个别资产或所有资产产生影响时，可能会出现经济性贬值，应当在考虑了实体性贬值和功能性贬值后被扣除。

【例 9-8】（多项选择题）下列关于《国际评估准则（IVS）103——评估途径》的表述中，正确的是（　　）。

A. 成本途径通过计算资产的现行市场价格，并扣除所有相关形式的贬值，提供一个指示性价值 B. 当不同途径和/或方法得出的指示性价值结果有很大分歧时，评估师应该执行程序以理解指示性价值为何存在差异

C. 没有一种途径或方法适用于所有情况，从活跃市场中获得的价格信息通常被认为是价值的最有力依据

D. 市场途径应该始终考虑交易量、交易频率、观察到的价格范围以及与评估基准日的接近程度 E. 在收益途径中，资产的价值参照资产产生的相关收益、现金流或节约成本的价值来决定

【答案】 BCDE

【解析】 成本途径通过计算资产的现行更新重置或复原重置成本，并扣除所有相关形式的贬值，提供一个指示性价值。

7. 国际评估准则（IVS）104——数据和输入。

数据和输入涉及评估过程中作为输入的数据的选取和使用。评估的目标是尽可能最大限度地利用相关和可观测数据。

（1）引言。在对各类资产和负债的价值进行评估时，都要使用数据和输入。输入来源于数据，并结合假设和调整，用于量化得出价值结论。

（2）利用专家或服务机构。如果评估师不具备开展全面评估所需的全部必要数据，则评估师聘用专家或服务机构是可以接受的。在利用专家或服务机构之前，评估师必须确保其能力可以满足预期用途的需求，并且必须记录其能力。

（3）相关数据的特性。评估师必须确定数据具有相关性，就 IVS 104 数据和输入而言，是指数据在被评估资产和/或负债、工作范围、评估方法和评估模型等方面具有"适用性"。为选取用于评估的输入，评估师必须通过专业判断斟酌相关数据的特性。相关数据的特性如下：①准确性：数据没有错误和偏差，反映了其旨在测量的特征；②完整性：数据集合足以反映资产或负债的属性；③及时性：数据反映了评估基准日的市场状况；④透明性：数据来源可追溯。

（4）输入选取。输入必须视被评估资产或负债、工作范围、评估方法和评估模型的情况，从相关数据中选取。

（5）数据和输入档案。重要数据和输入的来源、选取和使用必须进行解释说明、论证和记录归档。

8. 国际评估准则（IVS）104——数据和输入：附录。

评估师应该了解与影响评估的环境、社会和公司治理因素相关的法律和框架。

在确定公司、资产或负债的价值时，应该考虑重要 ESG 因素的影响。ESG 因素可能从定性和定量角度影响评估，并形成应该考虑的风险与机会。

【例 9-9】（多项选择题）下列关于《国际评估准则（IVS）104——数据和输入》和《国际评估准则（IVS）104——数据和输入：附录》的表述中，正确的是（　　）。

A. 在评估中，评估师应有专业判断和职业怀疑，评估委托人对评价和选择作为评估输入的数据、假设和调整负责

B. 评估师可以聘用专家或服务机构，但在利用专家或服务机构之前，评估师必须确保其能力可以满足预期用途的需求，并且必须记录其能力

C. 评估师必须基于专业判断对数据进行评价，并总结数据与按照工作范围和评估方法对

资产和/或负债进行评估的相关性

D. 在评估中，输入必须视被评估资产或负债、工作范围、评估方法和评估模型的情况，从相关数据中选取

E. 在评估中应该考虑 ESG 因素和 ESG 监管环境，前提是这些因素是可衡量的，并且评估师通过专业判断认为其是合理的

【答案】BCDE

【解析】评估中，通过专业判断和职业怀疑，评估师对评价和选择作为评估输入的数据、假设和调整负责。选项 A 错误，其他选项均正确。

9. 国际评估准则（IVS）105——评估模型。

评估模型主要描述在评估过程中评估模型的选取和使用。任何未经评估师进行专业判断的模型，例如自动评估模型（AVM），都无法产生一个遵循 IVS 的评估。

（1）引言。评估模型是用于量化实施全部或部分评估方法的工具。评估模型将输入转化为用于发现价值的输出，而评估方法是一种发现价值的特定技术。评估模型必须适用于评估的预期用途，并与输入匹配。

（2）利用专家或服务机构。如果评估师不拥有开展全面评估所需的全部评估模型，评估师委托专家或服务机构提供评估模型是可以接受的。在利用专家或服务机构之前，评估师必须评价和记录其能力。

（3）适用评估模型的特性。评估师必须确定评估模型是适用的，就 IVS 105 评估模型而言，指在被评估资产或负债、工作范围、评估方法等方面具有“目的适用”的性质。评估师必须进行专业判断来斟酌评估模型的特性，从而选择最适用的评估模型。适用的评估模型特性如下：①准确性：评估模型没有错误，其运作方式与评估的目标一致；②完整性：评估模型反映资产和/或负债的全部特性，从而确定价值；③及时性：评估模型反映的是评估基准日的市场状况；④透明性：所有准备和依赖评估模型的人员必须了解评估模型的运作方式和其固有的局限性。

（4）评估模型的选取和使用。应该根据预期用途、价值类型和被评估资产和/或负债的情况选取评估模型。为确定评估模型适用于其预期用途，无论是内部开发还是外部获取的评估模型，评估师必须对评估模型进行评价。评估师必须了解评估模型的运作方式。应该对评估模型进行功能性测试，必须分析输出的准确性。应该识别任何重大的限制以及任何潜在的重大的调整。应该对长期使用的评估模型进行维护、监测、评价及调整，确保其保持合理、准确、完整。如果发现重大的限制或需要调整的情况，则必须对此进行解释、论证以及记录归档。如果重大的限制或调整不能被充分论证，则该评估未遵循 IVS。

（5）评估模型档案。适用的评估模型应该包含以下档案信息：选取或创建评估模型的依据；输入和输出的描述；重要的输入；限制；质量控制程序和结果。

【例 9－10】（单项选择题）下列关于《国际评估准则（IVS）105——评估模型》的表述中，错误的是（　　）。

A. 评估模型将输入转化为用于发现价值的输出，必须适用于评估的预期用途，并与输入匹配

B. 为确定评估模型适用于其预期用途，对于内部开发的评估模型，评估师不必对评估模型进行评价

C. 在所有情况下，评估师在选取、使用评估模型及应用评估模型使用的输入时，必须进行专业判断和职业怀疑

D. 应该根据预期用途、价值类型和被评估资产和/或负债的情况选取评估模型

【答案】B

【解析】为确定评估模型适用于其预期用途，无论是内部开发还是外部获取的评估模型，评估师必须对评估模型进行评价。选项 B 错误，其他选项均正确。

10. 国际评估准则（IVS）106——档案和报告。

评估报告和档案是 IVS 的关键和鲜明特征，共同协助建立评估的一致性、专业性、透明性、可比性及公信力，为公共利益服务。

（1）引言。一项遵循 IVS 的评估必须拥有充分的档案和报告，对评估途径、评估方法、输入、评估模型、专业判断和得出的价值进行描述，并为预期使用者提供透明度。评估或评估复核的成果必须以书面形式记录归档和报告，可能包括纸质、电子文档或其他形式的记录

媒介。

（2）档案。档案是评估和评估复核的书面记录，可能包含与客户的沟通、工作底稿或两者皆有，用于支撑遵循 IVS 和得出结论。必须保留档案来描述评估或评估复核，同时必须充分描述评估师得出的结论。档案必须充分，以允许评估师运用专业判断了解评估范围、执行的工作和得出的结论。

（3）评估报告。评估报告必须充分详细、清晰、有条理地描述得出价值结论的基础。评估报告可以参考其他文件。这些文件可能包含但不限于工作范围、内部政策和程序。评估报告应该包含所有必要信息，从而向客户清晰地描述工作范围、工作内容、专业判断和得出结论的基础。评估报告的格式可以是综合的叙述性报告，也可以是简短的摘要报告。频繁、重复的连续性评估业务可以在商定的工作范围前提下，对现有遵循 IVS 的报告进行更新。评估报告必须至少传达以下内容：商定的工作范围；被评估资产和/或负债；评估师的身份；客户；预期用途；预期使用者，如果适用；使用的评估货币；评估基准日；选用的价值类型；选用的评估途径；采用的评估方法或评估模型；重要数据的来源和选取以及使用的输入；使用和考虑的重要的环境、社会和公司治理因素；重要或特殊假设和/或限制条件；专家或服务机构的调查结果；价值和评估的理论依据；遵循 IVS 的声明；报告日期（可能与评估基准日不同）。在所有情况下，评估报告必须充分描述所得出的结论，并被评估师通过专业判断认为是合理的。如果评估师得出某项限制或约束会影响遵循 IVS 的结论，评估师必须不能声称报告遵循 IVS。

（4）评估复核报告。评估复核不是评估。评估复核必须声明该复核是评估过程复核或价值复核，或两者皆有：评估过程复核针对遵循 IVS；价值复核针对价值的合理性。如果价值复核提供了一个价值，那么就是一项评估。评估复核必须至少传达以下内容：商定的评估复核范围；复核的资产和/或负债；评估复核人的身份；客户的身份；预期用途；预期使用者，如果适用；复核评估涉及的重要或特殊假设和/或限制条件；利用专家或服务机构（如果利用）作为评估复核的部分；采取的程序和复核的档案；评估复核人对复核工作的结论，包括支撑原因；复核对象；评估复核报告日期；适用于复核的 IVS 版本。所有情况下，评估复核报告必须充分描述得出的结论，并被评估师通过专业判断认为是合理的。

【例 9－11】（单项选择题）下列关于《国际评估准则（IVS）106——档案和报告》的表述中，错误的是（　　）。

A. 评估报告和档案是 IVS 的关键和鲜明特征，共同协助建立评估的一致性、专业性、透明性、可比性及公信力，为公共利益服务

B. 一项遵循 IVS 的评估必须拥有充分的档案和报告，对评估途径、评估方法、输入、评估模型、专业判断和得出的价值进行描述，并为预期使用者提供透明度

C. 档案和报告的要求适用于由客户雇用的评估，而且在整个评估工作中，必须保留档案，并且必须描述评估工作和得出结论的基础

D. 在所有情况下，评估报告必须充分描述所得出的结论，并被评估师通过专业判断认为是合理的，否则评估师不能声称报告遵循 IVS

【答案】 C

【解析】 评估师无论是由客户雇佣或是由客户外部聘用，档案和报告的要求均适用。在整个评估工作中，必须保留档案，并且必须描述评估工作和得出结论的基础。选项 C 错误，其他选项均正确。

（二）资产准则

资产准则包括对特定类型资产的相关要求，当评估特定类型的资产时，必须同时遵循基本准则和资产准则的要求。资产准则包括对价值有影响的各类资产特征的某些背景信息，也包括使用通用评估途径和方法时，与特定资产相关的附加要求。

1. 国际评估准则（IVS）200——企业和企业权益。

企业和企业权益评估准则主要包括：概述、引言、价值类型、评估途径和方法、市场途径、收益途径、成本途径、企业和企业权益的特殊考量、所有者权益、企业信息、经济和行业考量、经营性和非经营性资产、资本结构考量等方面。

（1）概述。基本准则中的各项原则适用于企业和企业权益评估，该准则包含了应用于企

业和企业权益评估的附加要求。

（2）引言。根据不同评估的预期用途，企业构成的定义可能不同，但是通常涉及从事商业、工业、服务或投资活动的组织或资产和/或负债的综合集合。一般来说，一个企业将包括一项以上的资产（或单项资产和/或负债的价值依赖于使用额外的资产和/或负债）共同进行的经济活动，与单项资产和/或负债独立产生产出的经济活动不同。单项无形资产或一组无形资产可能不构成企业，但如果这些资产产生的经济活动有别于单项资产本身产生的产出，则仍属于该准则的范围。

（3）价值类型。价值类型准则规定，当评估企业或企业权益的价值时，评估师必须选择一种或多种合适的价值类型。企业价值评估经常采用的价值类型是其他组织发布的，而不是国际评估准则理事会定义的价值类型，评估师有责任了解并遵守与这些价值类型有关在评估基准日有效的法律、法规、判例法和/或其他解释性指引。

（4）评估途径和方法。IVS 103 评估途径中描述的三种主要评估途径可用于企业和企业权益的评估。在选择评估途径和评估方法时，除满足本准则要求外，评估师必须遵循 IVS 103 评估途径的要求。

（5）市场途径。市场途径经常应用于企业和企业权益的评估。应用市场途径评估企业和企业权益时，评估师应该遵循 IVS 103 评估途径。采用市场途径对企业和企业权益进行评估时，最常作为输入使用的三类数据来源是：相似企业所有权权益交易的公开市场；整体企业或企业控制性权益买卖的收购市场；标的企业所有权的历史交易或报价。

（6）收益途径。收益途径经常应用于企业和企业权益的评估。应用收益途径时，评估师应该遵循 IVS 103 评估途径。企业或企业权益的收入和现金流可通过多种方法计量，可以基于税前或税后进行确定。使用的资本化率或折现率必须与采用的收入或现金流的类型相匹配。

（7）成本途径。成本途径鲜少适用于企业和企业权益的评估。成本途径有时适用于企业价值评估，特别是：企业处于早期阶段或初创企业，不能可靠确认利润和/或现金流，市场途径下与其他企业比较不可行或不可靠；企业是投资性或控股企业，在这种情况下，采用 IVS 103 评估途径，附录中描述的资产加和法；和/或企业不能持续经营和/或其资产和/或负债在清算中的价值可能超过企业的持续经营价值。

（8）企业和企业权益的特殊考量。在企业和企业权益价值评估中，还需要考量其他的特别因素。特别因素包括但不限于：所有者权益、企业信息、经济和行业考量、经营性和非经营性资产、资本结构考量。

（9）所有者权益。在评估中，需要考虑企业类型（独资企业、法人制企业或合伙制企业）赋予所有权权益附带的权利、特权或条件。所有者权益通常由一个司法管辖区下的法律文件来定义，如协会章程、商业备忘录条款、公司章程、合伙约定和股东条约等。这些文件统称为“公司文件”。

（10）企业信息。企业实体或权益的评估经常要求依赖从管理层、管理层代表或其他专家处所获取的信息。评估师必须评价从管理层、管理层代表或其他专家处所获取的信息的合理性，以及评价依赖这些信息进行评估是否合适。例如，管理层提供的财务预测信息可能反映的是与评估要求不一致的特有协同效应。

（11）经济和行业考量。关注相关经济发展以及特定的行业趋势对于所有评估都是至关重要的。这些事项包括但不限于政治展望、政府政策、汇率、通货膨胀、利率和市场活动等事件，可能对不同地方和/或经济部门的资产和/或负债产生截然不同的影响。

（12）经营性和非经营性资产。企业的所有权权益的评估，仅与企业在某一时点的财务状况环境相关。评估师应该确定在评估基准日，哪些资产是企业运营所需的，哪些资产对企业而言是冗余或“过量”的。

（13）资本结构考量。企业通常通过债务和权益组合的方式融资，评估师可能被要求只对权益，或特定类型的权益，或其他形式的所有者权益进行评估。权益或特定类型的权益有时可以直接评估。但通常是先确定企业整体价值，然后将其在各类债务和权益之间分配价值。对于资本结构复杂的企业，即包括普通股以外股权形式，评估师可以采用任何合理的方法确定股权或特定类型股权的价值。在这种情况下，通常要先确定企业的企业价值，然后在各类债务和股权之间分配该价值。该节讨论了在这种情况下评估师可以采用的三种方法，包括：现行价值法（CVM）、期权定价法（OPM）、概率加权期望收益法（PWERM）。

【例 9-12】（单项选择题）下列关于《国际评估准则（IVS）200——企业和企业权益》的表述中，错误的是（ ）。

A. 根据不同评估的预期用途，企业构成的定义可能不同，但是通常涉及从事商业、工业、服务或投资活动的组织或资产和/或负债的综合集合

B. 企业价值评估可能也需要作为其他评估的输入或中间步骤，如股票期权、特定类型股票或债务的评估

C. 企业价值评估经常采用的价值类型是国际评估准则理事会定义的价值类型，评估师有责任了解并遵守与这些价值类型有关规定

D. 成本途径鲜少适用于企业和企业权益的评估，但对于企业处于早期阶段或初创企业评估，采用成本途径评估也是可以接受的

【答案】C

【解析】企业价值评估经常采用的价值类型是其他组织发布的，而不是国际评估准则理事会定义的价值类型，评估师有责任了解并遵守与这些价值类型有关在评估基准日有效的法律、法规、判例法和/或其他解释性指引。选项 C 错误，其他选项均正确。

2. 国际评估准则（IVS）210——无形资产。

无形资产评估准则主要包括概述、引言、价值类型、评估途径和方法、市场途径、收益途径、成本途径、无形资产的特殊考量、无形资产的折现率/回报率、无形资产的经济寿命、税收摊销收益（TAB）。

（1）概述。基本准则包含的原则适用于无形资产评估和含无形资产的资产组的评估。该准则包含适用于无形资产评估的附加要求。

（2）引言。无形资产是指，一种能通过其经济属性表现出来的非货币性资产。其不具备实物形态，但能赋予所有者权利和/或带来经济利益。特定的无形资产按其所有权、功能、市场定位、形象和法律保护等特征进行定义和描述。这些特征使无形资产相互区分。

无形资产有许多类型，但通常属于以下一种或多种分类，或属于商誉：营销相关类、客户相关类、艺术相关类、合同相关类和技术相关类。

无形资产评估针对不同的预期用途。评估师有责任了解一项评估的预期用途，评估师也有责任了解无形资产是否应该单独评估还是和其他资产合并评估。需要进行无形资产评估的情况包括但不限于：以财务报告为目的，以税务报告为目的，诉讼案件，其他法定或法律事项，综合咨询、抵押借贷、交易支持约定和破产清算。

（3）价值类型。遵循 IVS 102 价值类型，评估师必须在评估无形资产时选择适当的价值类型。无形资产评估通常采用的价值类型由 IVSC 以外的实体/组织定义。评估师必须了解和遵守与这些价值类型有关在评估基准日有效的法律、法规、判例法和其他解释性指引。

（4）评估途径和方法。IVS 103 评估途径中所描述的三种评估途径均可用于无形资产的评估。选择途径和方法时，除该准则要求外，评估师必须遵循 IVS 103 评估途径的要求。

（5）市场途径。在市场途径下，一项无形资产的价值由参照的市场活动（例如：相同或相似资产的交易情形）决定。评估师在确定是否应用市场途径评估无形资产时，必须遵循 IVS 103 评估途径中相关要求。同时，只有以下两项标准同时满足，评估师才应该采用市场途径评估无形资产：在评估基准日或附近时点，涉及相同或相似无形资产的公平交易信息可用；有充分信息允许评估师对标的无形资产和交易所涉无形资产之间的所有重大差异进行调整。

（6）收益途径。在收益途径下，无形资产的价值是通过参照该项无形资产在其经济寿命期间产生的收益、现金流或成本节约的现值确定的。收益途径是最常用的评估无形资产的方法，经常采用收益途径评估的无形资产包括：技术；客户相关类无形资产（如在手订单、合同、关系）；商号/商标/品牌；经营许可（如特许经营协议、游戏许可证、广播频段）；非竞争协议。

收益途径有许多方法，该准则对以下方法进行了详细讨论：超额收益法、许可费节省法、增量收益法或有无对比法、绿地法、分销商法、成本节约法。

（7）成本途径。成本途径下，无形资产的

价值是基于一项相似资产或能够提供相似服务潜能或效用的资产的（更新）重置成本来确定。成本途径通常被运用于对下列无形资产进行评估：购买的第三方软件；内部开发和内部使用的，非出售的软件；组合劳动力。成本途径下有两种主要方法：更新重置成本和复原重置成本。

（8）无形资产的特殊考量。无形资产评估的特殊考量包括但不限于：无形资产折现率/回报率、无形资产的经济寿命，以及税收摊销收益。

（9）无形资产的折旧率/回报率。由于无形资产折现率的可观察市场证据极少，使得无形资产折现率的选择可能具有挑战性。为无形资产选择折现率通常需要重大专业判断。为无形资产选择折现率时，评估师应该评价标的无形资产的相关风险，并考虑以可观察到的折现率作为比较基准。

（10）无形资产的经济寿命。评估无形资产需要考虑的一个重要因素是该资产的经济寿命，特别是在收益途径下。在法律、技术、功能或经济因素的限制下，其寿命可能是有限的。其他资产的寿命也可能是无限的。在评估中的无形资产的经济寿命与会计或税务目的下的剩余使用寿命是不同的概念。

（11）税收摊销收益（TAB）。在许多税收司法管辖区，无形资产和某些情况下的商誉可以针对税务目的进行摊销。根据评估的预期用途和使用的评估方法，将 TAB 的价值列入无形资产和/或商誉的价值可能是适当的。

【例 9－13】（单项选择题）下列关于《国际评估准则（IVS）210——无形资产》的表述中，错误的是（　　）。

A. 由于无形资产折现率的可观察市场证据较多，使得评估师对无形资产折现率的选择可能相对容易，通常不需要重大专业判断

B. 评估师有责任了解一项评估的预期用途，评估师也有责任了解无形资产是否应该单独评估还是和其他资产合并评估

C. 收益途径是最常用的评估无形资产的方法，其价值是通过参照该项无形资产在其经济寿命期间产生的收益、现金流或成本节约的现值确定的

D. 许多无形资产不具有可被复制的实物形态，因此，在评估无形资产时通常采用更新重置成本而非复原重置成本

【答案】 A

【解析】 由于无形资产折现率的可观察市场证据极少，使得无形资产折现率的选择可能具有挑战性。为无形资产选择折现率通常需要重大专业判断。为无形资产选择折现率时，评估师应该评价标的无形资产的相关风险，并考虑以可观察到的折现率作为比较基准。选项 A 错误，其他选项均正确。

3. 国际评估准则（IVS）220——非金融负债。

非金融负债评估准则主要内容包含概述、引言、价值类型、评估途径和方法、市场途径、收益途径、成本途径，非金融负债的特殊考量、折现率、预计现金流及风险边际、转让限制、税。

（1）概述。基本准则中包含的原则适用于非金融负债的评估和含有非金融负债成分的评估。本准则包含适用于非金融负债评估的附加要求。关于折现率和风险边际的确定，在 IVS 103 评估途径与 IVS 220 非金融负债存在冲突的情况下，评估师必须采用本准则中关于非金融负债的折现率和预计现金流及风险边际两节的原则对非金融负债进行评估。

（2）引言。引言中指出，非金融负债被定义为需要用非现金履行偿付义务而提供货物或服务的负债。可能部分或全部需要非现金履行并受 IVS 220 非金融负债约束的负债包括但不限于：递延收入或合同负债、担保、环境负债、资产弃置义务、某些或有对价义务、忠诚计划、某些诉讼准备金和或有事项，以及某些赔偿和保证。

（3）价值类型。根据 IVS 102 价值类型，评估师在评估非金融负债时必须选择适当的价值类型。非金融负债评估通常采用 IVSC 以外的实体/组织定义的价值类型。评估师必须了解并遵守与这些价值类型有关在评估基准日有效的法律、法规、判例法和其他解释性指引。

（4）评估途径和方法。IVS 103 评估途径中描述的三种评估途径（市场途径、收益途径和成本途径）的要素均可以应用于非金融负债的评估。

（5）市场途径。价值的市场指标包括但不

限于：第三方提供的与标的非金融负债（如递延收入）相同或相似产品的定价；第三方为相同或相似义务发布的保修政策的定价；参与者就特定忠诚奖励义务公布的规定货币兑换金额；与标的非金融负债（如或有对价）相似的或有价值权（CVRs）的交易价格；投资于非金融负债（如诉讼融资）的投资基金的观察回报率。在市场途径下评估非金融负债的方法通常被称为自上而下法。根据自上而下的方法，对非金融负债进行评估的前提是，履行义务具有可靠的基于市场的定价指标。评估师在应用自上而下法时应该执行的步骤包括但不限于：明确非现金履约的市场价格；确定转让方已经发生的成本和使用的资产；确定已发生成本的合理利润率；从市场价格中扣除成本和利润。

（6）收益途径。在收益途径下，非金融负债的价值通常是参照履行债务成本的现值加上承担负债所需的利润率进行确定。在收益途径下评估非金融负债的主要方法通常被称为自下而上法。根据自下而上法，非金融负债是以履行偿付债务义务所需的成本加上这些成本的合理加成，折为现值来计量。这些成本可能包括也可能不包括某些间接费用。评估师在应用自下而上法时应该执行的步骤包括但不限于：确定偿付债务义务所需的成本；确定履约完成工作的合理加成；确定履行时间并折现为现值；当履约成本通过收入的百分比得出时，评估师应考虑履约成本是否已经隐含地包括了折现的影响。

（7）成本途径。由于参与者通常期望从履约完成工作中获得回报，成本途径对非金融负债的应用有限。

（8）非金融负债的特殊考量。非金融负债评估的特殊考量包括但不限于：非金融负债的折现率，预计现金流及风险边际，转让限制，以及税。

（9）非金融负债的折现率。折现率应当考虑货币的时间价值和违约风险。违约风险通常是交易对方的运营风险（即有义务履行负债的实体的信用风险）。

（10）预计现金流及风险边际。预测现金流时要考虑的因素包含制定和纳入明确的假设。此类假设包括但不限于：第三方履行履约义务所必需的任务时产生的成本；第三方在确定转让价格时可能包含的其他金额；第三方的成本金额或其成本发生的时间在不同未来情景下的变化程度以及这些情景的相对概率；第三方因承担负债固有的不确定因素和不可预见的情况所要求和可能期望获得的价格。在估算风险边际时，评估师必须：记录用于估算风险边际的方法，包括其使用依据；为风险边际的计算提供依据，包括重要输入的识别及其推导或来源的依据。现金流风险边际应该是一方在履行有许多可能结果的负债与产生固定现金流出的负债之间保持平衡时所要求的补偿。

（11）转让限制。在依赖市场证据时，评估师应该考虑实体转移此类非金融负债的能力，以及是否应该包括反映这些限制的调整。当使用收益途径时，通过履约途径对非金融负债价值进行估计，评估师应该确定愿意接手该负债的一方是否需要额外的风险边际来考虑转让限制。

（12）税。评估师应该使用税前现金流和税前折现率对非金融负债进行评估。某些情况下，使用税后现金流和税后折现率进行分析可能是合适的。在这种情况下，评估师必须解释使用税后输入的理由，或特别注明要求使用税后输入的法律、法规、判例法或其他解释性指引。

【例 9 - 14】（单项选择题）下列关于《国际评估准则（IVS）220——非金融负债》的表述中，错误的是（　　）。

A. 在准则引言中，非金融负债被定义为需要用非现金履行偿付义务而提供货物或服务的负债，如递延收入或合同负债等

B. 根据《国际评估准则（IVS）102——价值类型》的规定，评估师在评估非金融负债时必须选择适当的价值类型

C. 在市场途径下评估非金融负债的方法通常被称为自上而下法，其前提是履行义务具有可靠的基于市场的定价指标

D. 在收益途径下，非金融负债的价值通常是参照履行债务成本的终值加上承担负债所需的利润率进行确定

【答案】 D

【解析】 在收益途径下，非金融负债的价值通常是参照履行债务成本的现值加上承担负债所需的利润率进行确定。选项 D 错误，其他选项均正确。

4. 国际评估准则（IVS）230——存货。

存货评估准则主要内容包含概述、引言、价值类型、评估途径和方法、市场途径、收益途径、成本途径、存货的特殊考量、增值过程的确认和无形资产的回报、与其他获得资产的关系、存货减值准备、记账单位。

（1）概述。基本准则中包含的原则适用于存货的评估和含有存货成分的评估。本准则包含对存货评估的额外要求。

（2）引言。存货广义上包括将来生产过程中使用的货物（即原材料、零件、耗材）、生产过程中使用的货物（即在制品）和待售货物（即成品）。该准则侧重于非不动产的实物存货的评估。

（3）价值类型。在评估存货时，评估师必须选择恰当的价值类型。存货评估通常采用国际评估准则理事会以外的实体/组织定义的价值类型。评估师必须了解并遵守与这些价值类型有关在评估基准日有效的法律、法规、判例法和其他解释性指引。

（4）评估途径和方法。评估途径中描述的三种评估途径可用于存货的评估。该准则描述的方法同时包括成本途径、市场途径和收益途径的要素。

（5）市场途径。市场途径，即参考涉及相同或类似商品的市场活动，在存货评估方面只有狭义的直接应用。这种应用通常包括：商品化产品的存货；在生产过程的一个中间阶段存在市场的存货。虽然市场途径在大多数情形下并不直接适用，但评估师应该考虑基于市场的指标来确定销售价格，作为其他方法的输入。

（6）收益途径。采用收益途径对存货进行评估，需要将评估日期前贡献的利润（价值）与评估基准日后的预期贡献的利润（价值）进行分配。该节对评估师在采用自上而下法、自下而上法评估存货时应该执行的一系列步骤等进行了说明。

（7）成本途径。重置成本法是原材料存货评估的主要方法。如果批发或零售业务中的存货（例如，原材料存货）可以随时更换，现行更新重置成本法（CRCM）可以很好地体现市场价值。

（8）存货的特殊考量。对存货评估的特殊考量包括但不限于：增值过程的确认和无形资产的回报，与其他被收购资产的关系，存货减值准备，以及记账单位。

（9）增值过程的确认和无形资产的回报。存货的评估涉及在基准日前后赚取的利润之间的分配。评估师不应简单地按照处置和制造成本的比例分配利润，应该区分增值成本和非增值成本，确定技术、商标和客户关系对制造和分销过程的支持程度，以及回报是否适用于整个收入基础等。

（10）与其他获得资产的关系。评估师应该在存货评估所采用的假设与其他资产和/或负债评估所采用的假设之间保持适当的一致性。

（11）存货减值准备。存货减值准备应该应用于适用的存货，而不是与整个存货余额相抵。通常情况下，按存货减值准备调整的过时存货不会被评估，因为其已被调整为其可变现净值。然而，如果存货的市场价值低于可变现净值，评估师可能需要考虑进一步调减。

（12）记账单位。为了进行存货评估，通常可以假定存货是一组同质的资产。然而，利润率、风险和无形资产贡献可能因产品或产品组而异。如果利润率、风险和无形资产的贡献因产品或产品组而异，且被评估存货的相对组合与用于制定评估假设的销售组合不匹配，则评估师应该分别评估不同的存货组。

【例9-15】（单项选择题）下列关于《国际评估准则（IVS）230——存货》的表述中，错误的是（　　）。

A. 存货广义上包括将来生产过程中使用的货物（即原材料、零件、耗材）、生产过程中使用的货物（即在制品）和待售货物（即成品）

B. 在评估存货时，评估师必须选择恰当的价值类型，通常采用国际评估准则理事会以外的实体/组织定义的价值类型

C. 评估途径中描述的三种评估途径可用于存货的评估，准则描述的方法同时包括成本途径、市场途径和收益途径的要素

D. 存货减值准备应该应用于存货，可与整个存货余额相抵，通常情况下，按存货减值准备调整的过时存货不会被评估

【答案】 D

【解析】 存货减值准备应该应用于适用的存货，而不是与整个存货余额相抵。通常情况下，按存货减值准备调整的过时存货不会被评估，

因为其已被调整为其可变现净值。选项D错误，其他选项均正确。

5. 国际评估准则（IVS）300——厂房、设备和基础设施。

厂房和设备评估准则主要内容包含概述、引言、评估框架、工作范围、价值类型、评估途径、市场途径、收益途径、成本途径、数据和输入、评估模型、档案和报告、厂房和设备的特殊考量。

（1）概述。基本准则的原则适用于厂房、设备和基础设施（PEI）的评估。该准则包括关于基本准则如何应用于适用本准则的评估的调整、附加要求或具体示例。PEI的评估也必须遵循相应类型资产和/或负债的适用准则。

（2）引言。PEI的相关资产（有时可归类为动产的一种）通常是实体持有的有形资产，预期在一段时间内用于制造/生产或提供产品或服务，对外租赁或用于管理目的。PEI也可能包括基础设施资产，这些资产通常是专用系统、网络或辅助性资产组的一部分。

（3）评估框架。根据IVS 100评估框架，评估师必须遵循评估师原则。

（4）工作范围。为遵循IVS 101工作范围关于评估要求一节中确定被评估的资产和/或负债的要求，在影响价值的程度上，必须考虑标的资产与其他资产的附属或组合情况。

（5）价值类型。根据IVS 102价值类型，在对PEI进行评估时，评估师必须选择适当的价值类型。使用适当的价值类型和相关的价值前提对PEI的评估特别重要，因为单项厂房和设备是基于"在用"前提、有序清算或是强制清算进行评估，得到的价值差异非常显著。绝大多数PEI的价值对于不同的价值前提非常敏感。

（6）评估途径。IVS 103评估途径描述的三种主要评估途径均可能应用于PEI资产和/或负债的评估，具体取决于资产的性质、可获取的信息和与评估相关的实际情形和环境。

（7）市场途径。对于同类型的厂房和设备，通常采用市场途径，如起重机、建筑设备、机动车辆（小型及重型）和土方设备，因为市场上有足够数量的相似资产的近期销售数据。但是，还有很多类型的厂房和设备是比较特殊的，如可用的市场数据很缺乏或不存在时，在这些情况下使用市场途径进行评估必须谨慎。在这种情形下，采用收益途径或成本途径进行评估可能比较合适。

（8）收益途径。当一项资产或一组辅助性资产的特定现金流能够被识别时，可以采用收益途径对PEI进行评估，例如，组成加工厂的一组资产被用来生产一种适销产品/服务或可以通过租赁得到收益。

（9）成本途径。对于PEI的评估经常采用成本途径，尤其是一些专用或有特殊用途的单项资产。第一步是参考复原重置成本和更新重置成本的较低者，估算市场参与者重置标的资产的成本。重置成本是获得一项同等效用资产的成本，其可以是一个提供同等功能的现时等效资产的成本，也可以是重新完全复制标的资产的成本。在得出重置成本后，应该对价值进行调整以反映实体性、功能性、技术性和经济性贬值对价值的影响。在任何情形下，对任何特定重置成本的调整应该从产出和效用角度出发，得出与现时等效资产相同的制造成本。

（10）数据和输入。必须对输入的选取、来源和使用进行解释、论证和记录。与资产价值相关的重要ESG因素应该作为数据和输入选取过程的一部分予以考虑。

（11）评估模型。评估模型必须适用于评估的预期用途，并与合适的输入保持一致。

（12）档案和报告。除IVS 106档案和报告中的要求外，必须为评估出具评估报告，且评估报告必须包括所确定工作范围涉及的所有事项。报告中还必须包含排除在实际或假设的交易情景之外的、各种相关的有形资产和无形资产对报告价值影响的说明。此外，必须为评估复核出具评估复核报告，且评估复核报告必须说明该复核是评估过程复核还是价值复核。

（13）厂房和设备的特殊考量。如果一组资产作为投资组合的一部分进行评估，但在单独的基础上进行价值分配，评估师必须明确说明该情形，并提供分配方法的逻辑依据。

【例9-16】（单项选择题）下列关于《国际评估准则（IVS）300——厂房、设备和基础设施》的表述中，错误的是（　　）。

A. 如果一组资产作为投资组合的一部分进行评估，但在单独的基础上进行价值分配，评估师必须明确说明该情形，并提供分配方法的逻辑依据，这是厂房和设备的特殊考量

B. 对于厂房、设备和基础设施的评估经常采用成本途径，尤其是一些专用或有特殊用途的单项资产，在得出重置成本后，应该对价值进行调整以反映贬值因素对价值的影响

C. 使用适当的价值类型和相关的价值前提对厂房、设备和基础设施的评估特别重要，单项厂房和设备是基于“交易”前提进行评估，得到的价值差异非常显著

D. 对于同类型的厂房和设备，通常采用市场途径，如起重机、建筑设备、机动车辆（小型及重型）和土方设备，因为市场上有足够数量的相似资产的近期销售数据

【答案】C

【解析】根据IVS 102价值类型，在对厂房、设备和基础设施进行评估时，评估师必须选择适当的价值类型。使用适当的价值类型和相关的价值前提对厂房、设备和基础设施的评估特别重要，因为单项厂房和设备是基于“在用”前提、有序清算或是强制清算进行评估，得到的价值差异非常显著。绝大多数厂房、设备和基础设施的价值对于不同的价值前提非常敏感。选项C错误，其他选项均正确。

6. 国际评估准则（IVS）400——不动产权益。

不动产权益评估准则主要包括概述、引言、评估框架、工作范围、价值类型、评估途径，市场途径、收益途径、成本途径、数据和输入、评估模型、档案和报告、不动产权益的特殊考量、权益的等级、租金等方面。

（1）概述。基本准则中所包含的原则适用于不动产权益的评估。本准则包括关于基本准则如何应用于适用本准则评估的调整、附加要求或具体示例。不动产权益评估还必须遵循相应类型资产和/或负债的适用准则。

（2）引言。不动产权益是指，对土地和建筑物的一种拥有、控制、使用或占用的权利。不动产权益存在三种基本类型：①任何特定土地区域的“优先权益”。这类权益的所有者对土地及地上建筑物拥有永久占有和控制的绝对权利，仅受任何次级权益和任何法定或其他可依法强制执行的约束；②“次级权益”，通常赋予持有者在指定期间内对特定土地区域或建筑物的独家占有和控制的权利，如根据租赁合同条款；③“使用权益”，即能够使用但不是独家占有或控制土地或建筑物的权利，例如：一项土地通行权利或用于特定活动的权利。

（3）评估框架。根据IVS 100评估框架，评估师必须遵循评估师原则。

（4）工作范围。为遵循IVS 101工作范围的评估要求一节中关于识别被评估资产和/或负债的要求，必须考虑以下事项：关于被评估不动产权益的描述；识别影响被评估不动产权益的任何“优先权益”或“次级权益”或“使用权益”。

（5）价值类型。依据IVS 102价值类型的要求，评估师在对不动产权益进行评估时，必须根据预期用途选择适当的价值类型。在大多数价值类型中，评估师必须考虑不动产在最高最佳用途下的价值，这可能与不动产的当前用途有所区别。这种评价对不动产权益从一种用途变为另一种用途或者有考虑开发潜力来说特别重要。

（6）评估途径。IVS 103评估途径中描述的三种评估途径均可用于不动产权益评估。在选择途径和方法时，除本准则的要求外，评估师必须遵循IVS 103评估途径的要求。

（7）市场途径。不动产权益通常具有异质性（即具有不同特性）。即使相关土地和建筑物与市场上交易的其他土地和建筑物具有相同的物理特征，其地理位置也会不同。尽管存在这些差异，不动产权益的评估仍然普遍采用市场途径。

（8）收益途径。在收益途径范畴中，有多种方法用于指示价值，其共同特征是：价值是基于权益拥有者实际或可能产生的实际或预计的收益进行确定的。对于一项投资性不动产，其收益形式可能是租金；对于所有者自用的建筑物，其收益形式可能是根据业主租赁同样空间所需成本而假设的租金（或节约的租金）。

（9）成本途径。在不动产权益评估中使用的成本途径具体方法通常是折余重置成本法（Depreciated Replacement Cost）。当没有相似不动产交易价格的依据，或没有可识别的、归属于相关权益的实际或名义收益流时，成本途径可以被用作主要途径。

（10）数据和输入。必须对输入的选取、来源和使用进行解释、论证和记录。与资产价值相关的重要ESG因素应该作为数据和输入选取过程中的一部分予以考虑。

（11）评估模型。根据 IVS 105 评估模型，评估师必须尽可能最大限度地利用适用评估模型的特征。评估模型必须适用于评估的预期用途，并与合适的输入保持一致。

（12）档案和报告。除 IVS 106 档案和报告的要求外，必须为评估出具评估报告，且评估报告必须包括所确定工作范围涉及的所有事项。报告中还必须包含排除在实际或假设的交易情景之外的、各种相关的有形资产和无形资产对报告价值影响的说明。此外，除 IVS 106 档案和报告的要求外，必须为评估复核出具评估复核报告，且评估复核报告必须说明该复核是评估过程复核还是价值复核。

（13）不动产权益的特殊考量。对不动产权益评估的特殊考量主要是权益等级以及租金。

（14）权益的等级。不同类型的不动产权益之间并非相互排斥。当评估一项不动产权益时，有必要识别归属于该项权益持有者的权利性质，并由同一不动产中存在的其他权益所带来的任何约束条件或产权负担。同一不动产中各项不同权益的价值加总，往往不等同于无限制的“优先权益”的价值。

（15）租金。当对一项受租约限制的“优先权益”或一项由租约产生的权益进行评估时，评估师必须考虑其合同租金和市场租金，两种租金在某些情形下是不同的。合同租金是根据一个实际租赁合约条款约定的应付租金。在租赁期间，租金可以是固定的，也可以是变动的。租金变化的频率和其计算基础将在租约中规定，且必须被双方理解并认可，以便计算出租方应得的总收益和承租方承担的总负债。

【例 9-17】（单项选择题）下列关于《国际评估准则（IVS）400——不动产权益》的表述中，错误的是（　）。

A. 当没有相似不动产交易价格的依据，或没有可识别的、归属于相关权益的实际或名义收益流时，成本途径可以被用作主要途径

B. 不同类型的不动产权益之间是相互排斥的，当评估一项不动产权益时，有必要识别归属于该项权益持有者的权利性质

C. 对于一项投资性不动产，其收益形式可能是租金，对于所有者自用的建筑物，其收益形式可能是根据业主租赁同样空间所需成本而假设的租金（或节约的租金）

D. 在大多数价值类型中，评估师必须考虑不动产在最高最佳用途下的价值，这可能与不动产的当前用途有所区别，进而影响评估结论

【答案】B

【解析】不同类型的不动产权益之间并非相互排斥。当评估一项不动产权益时，有必要识别归属于该项权益持有者的权利性质，并由同一不动产中存在的其他权益所带来的任何约束条件或产权负担。同一不动产中各项不同权益的价值加总，往往不等同于无限制的“优先权益”的价值。选项 B 错误，其他选项均正确。

7. 国际评估准则（IVS）410——开发性不动产。

开发性不动产评估准则主要包括概述、引言、评估框架、工作范围、价值类型、评估途径和方法，市场途径、收益途径、成本途径、剩余法、现存资产、数据和输入、评估模型、档案和报告、担保贷款的特殊考量等方面。

（1）概述。基本准则中包含的原则适用于开发性不动产的评估。本准则包括关于基本准则如何应用于适用本准则评估的调整、附加要求或具体示例。开发性不动产的评估还必须遵循相应类型资产和/或负债的适用准则。

（2）引言。开发性不动产是指在评估基准日，需要开发达到最高最佳用途的权益，或正在考虑或正在进行改进的权益，包括建筑物的建造；正在配备基础设施的未开发土地；已开发土地的再开发；现有建筑物或构筑物进行的改善或改建；法定规划中或经有关部门许可，分配用于开发的土地；法定规划中或经有关部门许可，分配作为更高价值用途或更高密度开发的土地。

（3）评估框架。根据 IVS 100 评估框架，评估师必须遵循评估师原则。

（4）工作范围。除 IVS 101 工作范围的要求外，评估过程中的调查必须适用于评估的预期用途和价值类型。在评估复核时，在工作范围中必须说明该复核是评估过程复核还是价值复核。

（5）价值类型。依据 IVS 102 价值类型的要求，评估师在对开发性不动产进行评估时，必须根据预期用途选择恰当的价值类型。

（6）评估途径和方法。对于开发性不动产评估，有三种主要评估途径和一种主要评估方

法，分别是：市场途径；收入途径；成本途径；剩余法，由市场途径、收益途径和成本途径混合而成。

（7）市场途径。某些类型的开发性不动产可能具有充分的同质性，并在市场中频繁交易，因此在需要评估时，会有充分的近期销售数据可以直接用作可比交易案例。在多数市场中，对于更大规模或更复杂的开发性不动产，或拟议改进具有异质性的小型不动产，使用市场途径可能具有局限性。这是因为不同不动产之间变量的数量和范围有所差异，尽管经过正确调整的市场依据可以作为评估中部分变量的基础，直接将所有变量进行比较也是不适用的。

（8）收益途径。在某些市场中，确定开发性不动产的剩余价值可能需要使用现金流模型。

（9）成本途径。确定开发成本是剩余法的关键组成部分。成本途径也可能专门用于指示开发性不动产的价值，例如拟议开发的建筑物或其他构筑物和基础设施，但其在完工时没有活跃的市场。

（10）剩余法。剩余法通常是市场途径、收益途径和成本途径的结合。市场途径和/或收益途径，作为剩余法所需的输入之一，可能适用于估算不动产的总开发价值。剩余法是指在考虑了与项目完工相关的风险后，从项目完工的预测价值中扣除完成开发所需的全部已知或预测成本后，得出剩余金额的方法。该剩余金额称为剩余价值。剩余价值对于预测现金流中的微小变化都可能高度敏感，从业人员应该对每一个重要因素进行单独的敏感性分析。

（11）现存资产。在对开发性不动产进行评估时，有必要确定相关不动产是否适合拟议的开发。有些事项可能在评估师的知识和经验范围内，但有些事项可能需要从其他专家获取信息或报告。在开发项目启动前对开发性不动产进行评估时，通常需要考虑进行的具体调查事项包括：拟议的开发项目是否有市场；拟议的开发项目在当前市场上是否是该不动产的最高最佳用途；是否需要考虑其他的非财务类义务（政治的、环境的或社会的标准）；法律许可或规划，包括开发许可的条件或限制；由私人合约对相关权益施加的限制、产权负担或条件；通向公共道路或其他公共领域的权利；地质条件，包括受到污染的可能性或其他环境风险；提供或改进的必要服务的可用性和要求，例如供水、排水、污水处理和电力供给；任何场外基础设施改进的需求和承担该工作要求的权利；任何考古限制或考古调查的需要；可持续性和客户对绿色建筑的要求；开发期间的经济状况和趋势及其对成本和收入的潜在影响；未来拟议用途的当前和预计供需情况；融资的可用性及其成本；处理开工前准备事项的预期时间、完工的预期时间，以及出租或售出不动产的预期时间（如果适用）；任何与拟议开发相关的其他风险。

（12）数据和输入。必须对输入的选取、来源和使用进行解释、论证和记录。与资产价值相关的重要 ESG 因素应该作为数据和输入选取过程中的一部分予以考虑。

（13）评估模型。根据 IVS 105 评估模型，评估师必须尽可能最大限度地利用适用评估模型的特征。评估模型必须适用于评估的预期用途，并与合适的输入保持一致。

（14）档案和报告。除 IVS 106 档案和报告的最低要求外，开发性不动产的评估报告内容必须包括所确定工作范围涉及的所有事项的适当考量。报告中还必须包含排除在实际或假设的交易情景之外的、各种相关的有形资产和无形资产对报告价值影响的说明。此外，除 IVS 106 档案和报告的要求外，必须为评估复核出具评估复核报告，且评估复核报告必须说明该复核是评估过程复核还是价值复核。

（15）担保贷款的特殊考量。担保贷款的适当价值类型通常是市场价值。然而，在考虑开发性不动产的价值时，应该考虑到任何现有合同（如建筑合同或已完工项目的出售或租赁合同）在合同任何一方正式破产时变成无效或可被申请无效的可能性。还应该进一步关注任何可能对市场价值产生重大影响的合同义务。因此，在借款人违约的情况下，适当的做法应该是向出借人强调风险，即不动产的潜在买方无法从现有建筑合同和/或预先租约、预售合同及任何相关担保和保证中获得利益的风险。

【例 9－18】（单项选择题）下列关于《国际评估准则（IVS）410——开发性不动产》的表述中，错误的是（　　）。

A. 法定规划中或经有关部门许可，分配作为更高价值用途或更高密度开发的土地属于开

发性不动产

B. 对于开发性不动产评估，剩余法是一种主要评估方法，其是由收益途径和成本途径混合而成的

C. 在多数市场中，对于更大规模或更复杂的开发性不动产，或拟议改进具有异质性的小型不动产，使用市场途径可能具有局限性

D. 在对开发性不动产进行评估时，有必要确定相关不动产是否适合拟议的开发，有些事项可能需要从其他专家获取信息或报告

【答案】B

【解析】对于开发性不动产评估，有三种主要评估途径和一种主要评估方法，分别是：市场途径；收入途径；成本途径；剩余法，由市场途径、收益途径和成本途径混合而成。选项B错误，其他选项均正确。

8. 国际评估准则（IVS）500——金融工具。

金融工具准则主要包括目标、范围、金融工具评估、数据和输入概述、金融工具数据和输入的特征、输入选取、数据和输入使用、数据和输入档案、评估模型概述、适当评估模型的特征、评估模型选取、评估模型测试、评估模型档案、质量控制概述、适用质量控制的特征、质量控制应用、复核和质疑、评估控制框架、评估模型使用、档案等方面。

（1）目标。基本准则中包含的原则适用于金融工具的评估。该准则包括关于基本准则如何在数据和输入、评估方法和评估模型、质量控制方面应用于金融工具评估的附加要求或具体示例。

（2）范围。该资产准则必须用于（包括但不限于）以财务、税务或监管报告为目的的所有金融工具评估。

（3）金融工具评估。评估金融工具有多种途径。在某些情况下，金融工具的价值是可观测的，并且基于已公开发布的确切证券交易可随时获得。在其他情况下，价值则根据输入和调整的不同观测程度使用行业标准模型进行确定。对于较为复杂或流动性较差的产品，可能需要定制模型或使用内部开发的输入或假设对价值进行确定。在确定价值时，可能需要在数据和输入、评估模型及质量控制等方面进行专业判断。根据被评估金融工具的性质及评估的频率和复杂程度，评估师可以实施一系列使用系统映射和数据馈送的高度自动化流程，也可以实施其他高度依赖人工和主观判断的流程。

（4）数据和输入概述。该节是对IVS 104数据和输入作出的补充，增加了与金融工具有关的更多细节。在设定用于金融工具评估的输入时，使用了广泛的数据、假设和调整。确定价值的输入源自数据以及假设和调整。数据、假设和调整应该基于可获得的事实信息。评估应该使用可观测数据，如公开价格和收益率，但也可能需要使用假设和调整。

（5）金融工具数据和输入的特征。对相关数据和输入的识别和选取及其恰当应用是评估中的重要环节，以确保获得与工作范围和预期用途相匹配的价值。为选取用于评估的输入，评估师必须运用专业判断平衡以下相关数据的特征，相关数据的特征如下：①准确性：数据不存在错误和偏差，能反映其用于衡量的特征；②完整性：数据集合足以反映资产和/或负债的属性；③及时性：数据能反映评估基准日的市场状况；④透明性：数据来源可追溯。

（6）输入选取。在实施评估和确定价值结论时，评估师有责任对用于形成输入的数据、假设和调整进行评价。评估师必须熟悉市场惯例，以便能够确定在评估基准日用于形成输入的数据、假设和调整的适当性。必须熟悉如报价、价差或收益率、浮动值或基点值等市场常用信息及各种现金流假设，并且将其恰当地纳入评估。

（7）数据和输入使用。评估师必须确定在评估基准日的数据、假设、调整和输入符合预期用途。因此，评估师必须对用于评估的数据、假设、调整和输入实施质量控制程序。这些程序必须考虑任何与数据和质量控制相关的重大评估风险。一系列程序可能包括但不限于通过与权威数据来源比较进行定量测试、对数据来源或输入来源、数据缺口进行定性或定量测试、识别异常因素或执行找出数据变化与评估结果变化对应关系的因素归因分析。

（8）数据和输入档案。评估师必须对评估中使用的重要的数据、假设、调整和输入的整体质量的结论依据进行记录归档。该档案必须包括信息来源、应用步骤及评估师决定使用这些数据、假设、调整和输入的原因。此外，档案应该包括任何相关质量控制实施情况的描述。

对于经常性评估，评估师必须对所使用的重要的数据、假设、调整和输入的依据进行解释和记录归档，包括发生的重大变化及其适用的原因。

（9）评估模型概述。该节是对IVS 105评估模型作出的补充，增加了与金融工具有关的更多细节。评估模型是将全部或部分的方法进行量化实施，从而将输入转化为用于确定价值的输出。

（10）适当评估模型的特征。为使评估产生的价值符合预期用途，评估必须使用适合金融工具评估途径的评估模型。评估师必须根据专业判断平衡以下评估模型的特征：①准确性：评估模型无错误，且其功能与评估目标相符；②完整性：用于确定价值的评估模型考虑了资产和/或负债的所有特征；③及时性：评估模型反映了评估基准日的市场状况；④透明性：所有设计和使用评估模型的人员必须理解评估模型的工作原理和其固有局限性。

（11）评估模型选取。为预期用途选择评估模型的过程涉及专业判断。评估模型存在出现错误的可能性，因此有必要围绕评估模型的建立制定完善和全面的流程：①选择适用的评估模型应该包括以下流程：设计、建立和实施：确定适当的评估途径和技术；根据市场状况（即近期的交易或报价）进行测试和校准：确保其实施符合预期用途；记录归档：对整个模型研发过程所采取的政策和程序进行记录归档，并确保与评估预期用途和任何限制或调整保持一致。②当依赖专家或服务机构开发的评估模型时，应该建立相应流程，对这些模型进行与内部开发模型相似的评价。

（12）评估模型测试。评估模型在使用前必须进行测试。对评估模型进行测试，是确定其各组成部分及其整体功能是否按照预期运行的不可或缺环节，测试必须包括：是否符合预期用途；评估模型使用的输入是否适当；计算的准确性；运行的准确性（即数据链接等）；稳定性（模型输出对各类输入的反馈是否适当，是否存在任何限制）。

（13）评估模型档案。档案应该足以提供评估记录，并包括对得出的评估结论进行描述的充分信息，以便评估师运用专业判断能够了解和复核评估。应该对评估模型的重要输入记录归档，包括模型设计、建立，实施和测试的细节。

（14）质量控制概述。该质量控制章节是对IVS 100评估框架中利用专家或服务机构一节的补充，增加了与金融工具有关的更多细节。质量控制是确保评估符合IVS的程序。质量控制流程的内容和范围取决于预期用途、预期使用者、被评估资产和/或负债的特性和评估的复杂程度。质量控制可能是自动和/或手动，可能包括但不限于数据复核、评估模型验证、独立重新计算、回溯测试，以及事实核查。

（15）适用质量控制的特征。在选择和实施质量控制流程时，必须关注以下内容：①完整性：评估得出的价值足以反映被评估资产和/或负债的特性；②有效性：成功得出遵循IVS的价值；③透明性：提供评估工作记录，并包括所得出评估结论的足够描述信息，使评估师运用专业判断能够理解和复核评估。

（16）质量控制应用。必须设计和实施质量控制，确保评估以遵循IVS的方式开展评估。为实现该目标，质量控制应该确保在评估基准日以下内容得到控制：①被评估的金融工具数量的完整性；②被评估的金融工具的准确性，及进行评估所需的充分细节描述；③质量控制的实施过程覆盖：数据、假设、调整和输入；用于确定价值的模型的选择；既定流程的人工或其他干预；关于评估过程和价值结论的沟通和记录归档。

（17）复核和质疑。复核和质疑是对评估或价值的独立评价，与评估师无关。在进行评估时，应该开展复核和质疑，以评价评估师在整个评估过程中所作决策的合理性，并确保其遵循IVS。

（18）评估控制框架。对于更复杂或涉及多人或多个流程的评估，必须对职责分工进行记录归档，以确保通过制定评估控制框架，明确执行评估所有组成部分的责任。评估控制框架应该包括以下内容：①明确各方在评估中的作用和责任；②明确责任方，包括质量控制、复核和质疑，并确认责任方具备正确和足够的能力和资源履行其职责；③评估的评价、提升和补救程序；④评估相关的评估风险类型和程度；⑤对于每种金融工具，直接识别或定义以下各项的属性：数据和输入；评估模型；评估全过程档案的要求；评估的时间表和频率。

（19）评估执行。必须建立一个流程，以确保通过正确使用输入和评估模型得到符合预期用途的价值。正确使用应该包括理解建立、使用输入和评估模型的过程，及伴随产生的任何限制、不确定性或误差。

（20）档案。评估档案必须能充分地描述所实施的质量控制，包括复核和质疑（如有）。档案必须包括足够的细节，以便评估师运用专业判断认为质量控制是合理的。对于经常性评估，必须定期复核和更新档案，以确保其能持续符合目标。此外，在金融工具或其环境发生重大变化时必须进行复核。

【例9－19】（单项选择题）下列关于《国际评估准则（IVS）500——金融工具》的表述中，错误的是（　　）。

A.《国际评估准则（IVS）500——金融工具》必须用于（包括但不限于）以财务、税务或监管报告为目的所有金融工具评估

B. 金融工具评估中，当依赖专家或服务机构开发的评估模型时，应该建立相应流程，保证评估师对这些评估模型的充分信赖

C. 在某些情况下，金融工具的价值是可观测的，并且基于已公开发布的确切证券交易可随时获得

D. 对相关数据和输入的识别和选取及其恰当应用是金融工具评估中的重要环节，以确保获得与工作范围和预期用途相匹配的价值

【答案】 B

【解析】 金融工具评估中，当依赖专家或服务机构开发的评估模型时，应该建立相应流程，对这些模型进行与内部开发模型相似的评价。选项B错误，其他选项均正确。

【知识点4】国外资产评估准则引言

目前除国际评估准则（IVS）外，在业界具有较大影响的评估准则主要有：①美国评估促进会（AF）制定的《专业评估执业统一准则》（USPAP）；②英国皇家特许测量师学会（RICS）制定的评估准则（RICS红皮书）。

【知识点5】美国评估准则的产生与发展

美国资产评估准则的具体演进过程：①发散阶段；②协调统一阶段；③与国际评估准则趋同阶段。

《专业评估执业统一准则》（USPAP2024）是目前最新版本的美国评估准则。

【知识点6】《专业评估执业统一准则》（USPAP2024）的结构体系（★）

（一）定义

定义部分介绍了美国评估准则中相关的主要术语的含义、注释和说明。

（二）引言

引言部分介绍了美国评估准则的宗旨、目的、意义、作用、要求以及准则和评估准则说明之间的关系。

（三）职业规则

职业规则包括职业道德、专业胜任能力、工作范围，档案保管和管辖除外规则。

（四）准则

10个准则确定了评估、评估复核与评估咨询服务的要求及其各项结果表达的方式。这10个准则是USPAP的主要构成部分，包括：

（1）准则1　不动产评估；
（2）准则2　不动产评估报告；
（3）准则3　评估复核；
（4）准则4　评估复核报告；
（5）准则5　批量评估；
（6）准则6　批量评估报告；
（7）准则7　个人财产评估（不含不动产外）；
（8）准则8　个人财产评估报告（不含不动产）；
（9）准则9　企业价值评估；
（10）准则10　企业价值评估报告。

【例9－20】（单项选择题）以下不属于《专业评估执业统一准则》（USPAP2024）职业规则的是（　　）。

A. 职业道德　　B. 独立性
C. 专业胜任能力　　D. 工作范围

【答案】 B

【解析】《专业评估执业统一准则》(USPAP2024)职业规则包括职业道德、专业胜任能力、工作范围、档案保管和管辖除外规则。

【知识点7】《专业评估执业统一准则》（USPAP2024）关于评估报告的内容要求

USPAP规定每份书面或口头企业价值或无形资产评估报告必须做到：第一，清晰、准确

地反映评估事项，不得误导；第二，包含足够的信息，使评估报告预期使用者能够正确理解评估报告；第三，清晰、明确地披露评估项目所采用的所有假设、特定假设、逆向假设与限定条件。

USPAP 规定企业价值或无形资产评估书面报告都应当根据开放型评估报告、限制型评估报告中的一种类型进行编制，并且必须在评估报告中明确所采用的报告类型。

USPAP 中关于报告内容和信息水平的要求是两种报告类型的最低标准。

评估报告的内容应当符合评估结果的预定用途的需要，并至少包括以下内容：①以名称或者类型明确委托方和预期使用者的身份。限制型评估报告还需明确说明委托方和预期使用者对报告的使用限制，并应提示报告可能不包含所有意见和结论的支持理由。②明确说明评估结果的预期用途。③明确并用充分的信息资料描述被评估的企业权益或无形资产。④列示被评估权益所具备的控股条件的状况，包括决定控股的依据。⑤列示被评估权益缺乏市场性/流动性的状况及其依据。⑥明确说明价值类型和定义以及价值的前提，并说明价值定义的出处。⑦明确说明评估基准日和报告日。⑧简要说明执行评估业务所履行的工作范围。⑨如果工作的任何部分涉及重大企业价值或无形资产的评估帮助，概述帮助的程度。⑩提供足够的信息，以表明评估师总结了所遵循的评估程序，说明了排除市场法、基于资产（成本）法或收益法的原因（如果有的话），陈述了价值意见和结论，并且概述了分析的信息和支持分析、意见、结论的理由，包括对数据和方法的调和。明确说明所有特定假设和逆向假设，并阐述其使用后可能对评估项目结果产生的影响。包含经签署的证明。

【知识点8】英国评估准则的产生与发展

英国最具影响力的评估准则是 RICS 评估准则，也被称为红皮书（The Red Book）（以下简称 RICS 红皮书）。英国皇家特许测量师学会（The Royal Institution of Chartered Surveyors, RICS）于 1976 年发布评估准则，之后又经过了多次修订和不断完善。RICS 红皮书最初主要适用于以财务报告为目的的评估，自 20 世纪 90 年代中期以后，随着评估准则内容的不断丰富，其适用范围已经扩展到几乎所有的评估业务领域，成为世界范围内 100 多个国家的所有 RICS 会员从事各种评估目的的评估业务的执业标准参考。2024 年 12 月发布了最新版的红皮书，自 2025 年 1 月 31 日起生效。

【知识点9】2025 年版英国皇家特许测量师学会（RICS）评估准则（全球版）的结构体系（★）

参见表 9－1。

表 9－1 2025 年版英国皇家特许测量师学会（RICS）评估准则（全球版）的结构体系

组成部分	主要内容
简介	本部分主要介绍了该准则的制定背景、与国际标准的关系、准则的编排、准则的主要目的、遵守本准则、生效日期、修订和补充等内容。
术语表	本部分主要对评估、资产、市场价值、特殊价值等概念进行了解释和规范。
职业规范	RICS 红皮书的职业规范部分包括对评估师遵守准则和操作声明作出规定，对评估师职业道德、胜任能力、客观性和披露提出要求。
评估技术和操作准则	本部分对评估业务的基本程序作出规定。包括业务约定书的基本内容，价值类型、假设和特殊假设、勘察、调查和记录要求、评估模型以及评估报告内容要求等方面的规定。
评估应用指南	本部分根据资产类型和评估目的，对相应评估业务提供指导。包括财务报表、抵押借款、企业价值、交易相关资产、机器设备、无形资产、动产（艺术品和股东）、不动产、资产组合、评估不确定性、评估师与审计师的关系等方面的规定。
国际评估准则	本部分直接引用《国际评估准则》2025 版的全篇内容。

【例 9－21】（单项选择题）下列选项中，不属于 RICS 评估准则结构体系的是（ ）。

A. 评估技术和操作准则

B. 评估应用指南

C. 评估准则说明

D. 国际评估准则

【答案】C

【解析】RICS评估准则包括简介、术语表、职业规范、评估技术和操作准则、评估应用指南、国际评估准则。评估准则说明属于《专业评估执业统一准则》的内容。

【知识点10】评估应用指南关于评估报告的内容要求

参见表9-2。

表9-2　评估应用指南关于评估报告的内容要求

项目	内容要求	
评估报告的基本要求	评估报告必须明确、准确地说明评估的结论，评估结论不得含糊或误导，不得产生错误印象。报告应清晰表述评估师的意见，并且报告中的措辞应当清晰易懂，以便对目标资产预先并不了解的人员也能够阅读和理解评估报告。评估结论须以书面形式记录并提交客户，提交的形式可以是纸质文档、电子文档或者其他介质形式的文档。报告的格式和细节将由评估师与客户在聘用条款中约定，报告描述不符合规定条款的，必须明确解决这些问题，以便根据专业标准与评估实务声明的规定进行评估。	
评估报告的内容	（1）评估师的身份和地位	若有必要，应当在评估报告中声明评估师的地位。评估是评估专业人员个人的责任，RICS不允许使用所在“评估机构”来发表评估意见。评估师应当说明是作为内部评估师还是外部评估师开展评估工作的。签字人具备相关的专业资质，评估师应当声明对特定的评估市场充分了解，并具备胜任评估的专业技能和理解能力。
	（2）客户与任何其他目标用户的身份	报告必须邮寄给客户或者其报告使用者，如果有与收件人不符的情况，需要说明报告的提交方式及客户的身份信息，并说明已知的其他报告使用者。
	（3）评估目的	评估目的必须清楚无歧义，如果没有披露评估目的，则必须说明适当的理由。
	（4）明确评估对象	必须声明各项资产或负债的法定权益，资产位于多个国家或州的应当分国家或州列出资产清单。
	（5）价值类型	必须说明价值类型，且必须提供完整的定义。
	（6）评估基准日	评估师必须说明评估基准日，必须说明评估基准日不同于出具评估报告的日期或调查开展完成的日期，评估报告中应区分这些日期。
	（7）调查范围	评估报告中必须记录有关资产调查的日期和范围，包括参考的不可能获取的资产部分。
	（8）所依据的信息的性质和来源	包括关键数据以及输入来源。评估师必须清楚，如果已经作出了评估值，却没有搜集到通常可用的信息，则应在评估报告中说明是否需要对评估所依据的任何信息和假设进行验证，或者是否存在重要的信息材料尚未提供的情况。
	（9）假设和特殊假设	评估报告必须指出所有的假设以及任何可能需要保留的意见。
	（10）使用、外传或公开限制	在正式发布的评估报告中，有必要包括一个声明对评估报告的使用、外传和公开作出限制。
	（11）根据IVS或RICS红皮书（全球版）规定的声明书	在适用RICS红皮书（全球版）的情况下，必须包括附带的说明和对任何偏离RICS红皮书（全球版）的解释。如果偏离导致误导性的估值，则没有正当理由。
	（12）评估方法与实施过程	评估值需要根据评估报告的上下文来理解，评估报告必须说明所采用的评估方法、使用的关键评估数据和得出评估结论的主要理由。
	（13）一项或多项评估结论的金额	在评估报告中，评估结论要求既要有文字又要有数字。评估值包括了一定数量的不同类别的资产，将其相加形成了一个总的整体价值的做法通常是不恰当的。
	（14）评估报告日期	评估报告日期应当包括出具报告的日期，与评估基准日有所区别。

续表

项目	内容要求	
评估报告的内容	（15）对重大的评估不确定性的说明	对重大的不确定性的说明，目的在于帮助评估报告使用人清晰理解评估结论。
	（16）对执业责任的特别说明。	对执业责任的特别说明主要与风险、责任、保险等事项紧密相关。
	（17）使用和考虑的重要环境、社会和治理（ESG）因素	评估师须识别、披露和记录对评估结论或者评估依据有重要影响的ESG因素。当ESG因素对评估产生一定影响时，评估师应合理关注ESG框架以及相关法律规定。当ESG因素存在机遇或者风险，可能需要进行定性或者定量的披露。当ESG因素超出业务约定书的约定范围，或者评估师经合理专业判断认为不重要，则不需要披露。

精选练习题

一、单项选择题

1. 下列关于《国际评估准则（IVS）101——工作范围》的表述，错误的是（　　）。

A. 所有评估和评估复核都要求确定工作范围，无论这些价值是用于内部还是外部用途

B. 客户和评估师必须就工作范围达成一致，并确保评估或评估复核的范围尽量简化

C. 工作范围必须说明评估复核是评估过程复核、价值复核还是两者都是

D. 评估复核的工作范围描述了包括被复核的评估或价值的组成部分等基本条款

2. 下列关于《国际评估准则（IVS）102——价值类型》和《国际评估准则（IVS）102——价值类型：附录》的表述，错误的是（　　）。

A. 不同的价值类型可能要求一个特定的价值前提或允许考虑多种价值前提

B. 基于价值类型发布者的不同，相同的词汇可能有不同的定义或需要不同的评估途径

C. 在一个价格下跌的市场，卖方以低于之前市场价格水平的价格出售资产是不审慎的

D. 从参与者角度，当资产最优使用时，其最高最佳用途可能是其现有或现状用途

3. 下列关于《国际评估准则（IVS）103——评估途径》和《国际评估准则（IVS）103——评估途径：附录》的表述，错误的是（　　）。

A. 交易案例比较法，也称指引交易法，使用涉及与标的资产相同或相似资产的相关交易案例信息获得指示性价值

B. 公开交易比较法只有当标的资产和公开交易可比案例充分相似以至于能够作出有意义的比较时才应该被应用

C. 当采用一种以上的评估途径和评估方法，或一种途径中的多种方法时，评估师应该采用平均值作为评估结果

D. 国际评估准则（IVS）要求，当预计资产在明确预测期后是持续运营时，评估师必须估计资产在预测期结束时的价值

4. 下列关于《国际评估准则（IVS）106——档案和报告》的表述中，错误的是（　　）。

A. 评估报告和档案是IVS的关键和鲜明特征，共同协助建立评估的一致性、专业性、透明性、可比性及公信力，为公共利益服务

B. 根据《国际评估准则（IVS）106——档案和报告》，评估报告的格式可以是综合的叙述性报告，也可以是简短的摘要报告

C. 评估或评估复核的成果必须以多种形式记录归档和报告，可能包括纸质、电子文档或其他形式的记录媒介以及非书面形式

D. 如果评估师得出某项限制或约束会影响遵循国际评估准则的结论，评估师必须不能声称报告遵循国际评估准则

5. 下列关于《国际评估准则（IVS）230——存货》的表述中，错误的是（　　）。

A. 为了进行存货评估，通常可以假定存货是一组同质的资产，然而，利润率、风险和无形资产贡献可能因产品或产品组而异

B. 市场途径在大多数情形下并不适用存货评估，评估师不应考虑基于市场的指标来确定销售价格，作为其他方法的输入

C. 评估途径中描述的三种评估途径可用于存货的评估，该准则描述的方法同时包括成本途径、市场途径和收益途径的要素

D. 如果利润率、风险和无形资产的贡献因产品或产品组而异，且被评估存货的相对组合与用于制定评估假设的销售组合不匹配，则评估师应该分别评估不同的存货组

6. 下列关于《国际评估准则（IVS）300——厂房、设备和基础设施》的表述中，错误的是（　　）。

A. 厂房、设备和基础设施评估通常需要考虑与资产自身情况，以及其实体性、功能性和经济性的潜能等相关的一系列因素，但对所处的环境不需考虑

B. 当一项资产或一组辅助性资产的特定现金流能够被识别时，可以采用收益途径对厂房、设备和基础设施进行评估

C. 厂房、设备和基础设施评估中，与资产价值相关的重要 ESG 因素应该作为数据和输入选取过程的一部分予以考虑

D. 厂房、设备和基础设施的重置成本是获得一项同等效用资产的成本，其可以是一个提供同等功能的现时等效资产的成本，也可以是重新完全复制标的资产的成本

二、多项选择题

1. 下列有关《国际评估准则（IVS）100——评估框架》的表述，正确的是（　　）。

A. 评估师必须遵循诚信、客观、公正、保密、胜任和专业的道德原则，提供无偏见的评估，并促进和维护公众的信任

B. 评估师必须具备适当完成评估业务所需的技能、知识和经验。评估师必须披露或声明在评估业务中使用了 IVS，并在进行评估时遵循了这些准则

C. 鉴于委托方提供资料的重要性，评估师必须在评估的收集资料阶段保持适度的职业怀疑是必要的，在其他阶段并无明确要求

D. 评估师应该根据预期用途、预期使用者、所评估资产或负债的特点以及评估的复杂性，得出在控制措施到位的情况下评估风险水平是适当的结论

E. 在利用专家或服务机构时，评估师必须了解其工作过程和结果，以便根据评估师的专业判断，建立依赖其工作的合理基础

2. 根据国际评估准则术语表，下列表述中，错误的是（　　）。

A. 可观测数据是指评估师可随时获得的用于确定资产和/或负债价值的实际事件或交易信息

B. 价值复核是指评估师使用 IVS 对其他评估师工作形成的价值进行审核并提供意见的分析，包括对评估过程的意见

C. 投资价值是指两个或两个以上资产或权益合并的结果，其合并价值高于单独价值之和，这也可被称为“物有所值”

D. 评估师是指具备以客观、公正、道德和胜任的方式进行评估的资格、能力和经验的个人、多人或组织内的个人，无论是受雇还是受聘

E. 职业怀疑是一种态度，包括质疑精神和对评估证据的批判性评价，评估师保持适度的职业怀疑是十分必要的

3. 下列关于《国际评估准则（IVS）104——数据和输入》和《国际评估准则（IVS）104——数据和输入：附录》的表述中，错误的是（　　）。

A. 数据和输入涉及评估过程中作为输入的数据的选取和使用，评估的目标是尽可能最大限度地利用历史数据

B. 评估师对资产和/或负债进行评估时，必须基于专业判断选取充分适用于评估模型的输入

C. 如果评估师不具备开展全面评估所需的全部必要数据，则评估师聘用专家或服务机构是可以接受的

D. 在确定公司、资产或负债的价值时，应该考虑重要 ESG 因素的影响，ESG 因素很可能从定性角度影响评估结果

E. 数据和输入应该基于事实信息，但获得评估所采用的输入，通常需要一定的推理和分析

4. 下列关于《国际评估准则（IVS）220——非金融负债》的表述中，错误的是（　　）。

A. 递延收入或合同负债、担保、环境负债、资产弃置义务、某些或有对价义务、忠诚计划、某些诉讼准备金和或有事项，以及某些赔偿和保证均属于非金融负债

B. 评估师在评估非金融负债时必须选择适当的价值类型，但评估师评估非金融负债时不得采用 IVSC 以外的实体/组织定义的价值类型

C. IVS 103 评估途径中描述的三种评估途径

（市场途径、收益途径和成本途径）中，成本途径不得应用于非金融负债的评估

D. 非金融负债的折现率应当考虑货币的时间价值和违约风险，违约风险通常是交易对方的运营风险（即有义务履行负债的实体的信用风险）

E. 当使用收益途径时，通过履约途径对非金融负债价值进行估计，评估师应该确定愿意接手该负债的一方是否需要额外的风险边际来考虑转让限制

5. 下列关于《国际评估准则（IVS）410——开发性不动产》的表述中，正确的是（　　）。

A. 开发性不动产是指在评估基准日，需要开发达到最高最佳用途的权益，或正在考虑或正在进行改进的权益，包括建筑物的建造、正在配备基础设施的未开发土地等

B. 某些类型的开发性不动产可能具有充分的同质性，并在市场中频繁交易，因此在需要评估时，会有充分的近期销售数据可以直接用作可比交易案例

C. 确定开发成本是剩余法的关键组成部分，成本途径也可能专门用于指示开发性不动产的价值，例如拟议开发的建筑物，但其在完工时没有活跃的市场

D. 在对开发性不动产进行评估时，有必要确定相关不动产是否适合拟议的开发，有些事项可能在评估师的知识和经验范围内，但有些事项可能需要从其他专家获取信息或报告

E. 担保贷款的适当价值类型通常是市场价值，所以，在考虑开发性不动产的价值时，不应该考虑到任何现有合同在合同任何一方正式破产时变成无效或可被申请无效的可能性

6. 下列关于《国际评估准则（IVS）500——金融工具》的表述中，正确的是（　　）。

A. 在确定金融工具的价值时，可能需要在数据和输入、评估模型及质量控制等方面进行专业判断

B. 在实施金融工具评估和确定金融工具价值结论时，委托人有责任对用于形成输入的数据、假设和调整进行评价

C. 根据被评估金融工具的性质及评估的频率和复杂程度，评估师可以实施一系列使用系统映射和数据馈送的高度自动化流程，也可以实施其他高度依赖人工和主观判断的流程

D. 对于经常性评估，评估师必须对所使用的重要的数据、假设、调整和输入的依据进行解释和记录归档，包括发生的重大变化及其适用的原因

E. 正确使用输入和评估模型应该包括理解建立、使用输入和评估模型的过程，及伴随产生的任何限制、不确定性或误差

精选练习题参考答案及解析

一、单项选择题

1. **【答案】**B

【解析】客户和评估师必须就工作范围达成一致，并确保评估或评估复核的范围与预期用途相匹配。

2. **【答案】**C

【解析】“当事方充分知情、审慎行事”是指，假设自愿买方与自愿卖方能够合理地知晓在评估基准日该项资产的性质和特征、真实的和潜在的使用状况，以及市场状况，还进一步假设各方会使用掌握的知识，寻求对自身交易地位最有利的价格。审慎性是根据评估基准日的市场状况衡量的，而不是其后某时点事后的利益评定。例如：在一个价格下跌的市场，卖方以低于之前市场价格水平的价格出售资产未必是不审慎的。在这种情形下，像市场中改变价格的其他交易方一样，理性的买方或卖方将根据当时可得的最佳市场信息去行事。

3. **【答案】**C

【解析】当采用一种以上的评估途径和评估方法，或一种途径中的多种方法时，基于多种途径和/或方法得出的价值应该是合理的，评估师应该在报告中说明通过分析和校验不同价值得出单一结论的过程，而不是简单进行平均化处理。

4. **【答案】**C

【解析】评估或评估复核的成果必须以书面形式记录归档和报告，可能包括纸质、电子文档或其他形式的记录媒介，选项 C 错误；其他选项均正确。

5. **【答案】**B

【解析】虽然市场途径在大多数情形下并不直接适用，但评估师应该考虑基于市场的指标来确定销售价格，作为其他方法的输入，选项 B 错误；其他选项均正确。

6.【答案】A

【解析】厂房、设备和基础设施评估通常需要考虑与资产自身情况、所处环境，以及其实体性、功能性和经济性的潜能等相关的一系列因素，选项 A 错误；其他选项均正确。

二、多项选择题

1.【答案】ABCE

【解析】评估师必须在评估的各个阶段保持适度的职业怀疑。选项 C 错误，其他选项均正确。

2.【答案】ABC

【解析】可观测数据是指市场参与者可随时获得的用于确定资产和/或负债价值的实际事件或交易信息，选项 A 错误；价值复核是指评估师使用 IVS 对其他评估师工作形成的价值进行审核并提供意见的分析，这并不包括对评估过程的意见，选项 B 错误；协同价值是指两个或两个以上资产或权益合并的结果，其合并价值高于单独价值之和；投资价值是指在单项投资或运营目标下，资产对于其所有者或潜在所有者的价值，这也可被称为“物有所值”；选项 C 错误；其他选项均正确。

3.【答案】AD

【解析】数据和输入涉及评估过程中作为输入的数据的选取和使用。评估的目标是尽可能最大限度地利用相关和可观测数据，选项 A 错误；在确定公司、资产或负债的价值时，应该考虑重要 ESG 因素的影响，ESG 因素可能从定性和定量角度影响评估，并形成应该考虑的风险与机会，选项 D 错误；其他选项均正确。

4.【答案】BC

【解析】评估师在评估非金融负债时必须选择适当的价值类型，非金融负债评估通常采用 IVSC 以外的实体/组织定义的价值类型，选项 B 错误；IVS 103 评估途径中描述的三种评估途径（市场途径、收益途径和成本途径）的要素均可以应用于非金融负债的评估，选项 C 错误；其他选项均正确。

5.【答案】ABCD

【解析】担保贷款的适当价值类型通常是市场价值。然而，在考虑开发性不动产的价值时，应该考虑到任何现有合同（如建筑合同或已完工项目的出售或租赁合同）在合同任何一方正式破产时变成无效或可被申请无效的可能性。选项 E 错误，其他选项均正确。

6.【答案】ACDE

【解析】在实施金融工具评估和确定其价值结论时，评估师有责任对用于形成输入的数据、假设和调整进行评价。选项 B 错误，其他选项均正确。

2025年资产评估师职业资格全国统一考试《资产评估基础》全真模拟试题（一）

一、单项选择题（共30题，每题1分，共30分。每题的备选项中，只有一个最符合题意）

1. 正常情况下，一栋写字楼在某一时点的市场价值不会高于此时点重新开发一栋同等效用写字楼的成本。这体现了资产评估的（　　）。

A. 客观原则　　B. 贡献原则　　C. 预期原则　　D. 替代原则

2. 鉴证性是资产评估的特点之一。下列表述中，错误的是（　　）。

A. 资产评估是伴随市场经济发展而产生的经济鉴证类专业服务

B. 资产评估从事的既是价值鉴证专业服务，也是权属鉴证专业服务

C. 鉴证活动会成为资产评估为当事人各方进行决策提供的参考依据

D. 资产评估是由评估机构及其专业人员对资产的价值进行鉴别和举证的活动

3. 法院、国务院行政管理部门、资产评估行业协会等在对评估机构和评估专业人员应承担的法律责任进行认定时，一个重要的方面是看其（　　）。

A. 是否明确了评估业务基本事项并做必要的分析

B. 是否与委托人进行了充分沟通并形成必要的记录

C. 是否履行以及是否恰当履行了必要的评估程序

D. 是否按照《民法典》的要求订立评估委托合同

4. 评估业务委托人与评估对象的产权持有人不是同一主体时，了解其间的关系就非常必要，这通常关系到（　　）。

A. 评估业务委托人与评估对象的产权持有人对有关资料收集与现场调查等工作的配合程度

B. 对评估报告的内容、形式、结论和披露是否存在特殊要求，以及委托人是否要求将评估收费与评估目的的实现挂钩等情况

C. 判断资产评估可能的工作量、复杂程度和评估机构及人员的胜任能力，综合考虑，决定是否受理评估业务

D. 基于那些可能存在的各种明显或隐含的假设及前提，为在订立资产评估委托合同时界定项目适用的价值类型做好铺垫

5. 关于价值类型，下列表述中，错误的是（　　）。

A. 价值类型是指资产评估结果的价值属性及其表现形式

B. 清算价值是一个资产拥有者需要变现资产的价值，是一个退出价，不是购买资产的进入价

C. 投资价值与市场价值相比，最为重要的差异在于，投资价值会受到特定交易者的投资偏好或所追求协同因素的影响

D. 如果交易当事人拥有特定的身份，比如股权的受让方为该企业股东，则要求在评估时选择投资价值

6. 以下选项中，不属于资产评估职业道德要求中具体描述客观性的是（　　）。

A. 资产评估专业人员对资产评估活动中涉及的事项应当坚持科学的方法和态度，实事求是

B. 应对执业能力作出客观评价，对于无法胜任的业务，应当放弃承接或通过寻求有效支持手段满足胜任要求

C. 资产评估专业人员依据国家法律及资产评估准则进行资产评估活动以及发表评估意见时不受所在资产评估机构的非法干预

D. 资产评估机构和资产评估专业人员对机构内部或不同评估机构所持有的不同评估观点不应抱有任何偏见

7. 根据《资产评估行业财政监督管理办法》的规定，对资产评估专业人员监督管理的主要内容，下列表述中，错误的是（　　）。

A. 资产评估专业人员从事资产评估业务，应当加入资产评估机构，并且只能在一个资产评估机构从事业务

B. 资产评估专业人员应当与资产评估机构签订劳动合同，建立社会保险缴纳关系，按照国家有关规定办理人事档案存放手续

C. 未取得资产评估师资格的人员，不得签署法定资产评估业务资产评估报告，其签署的法定资产评估业务资产评估报告无效

D. 加入资产评估协会但未加入特定机构执业的资产评估专业人员，无须履行章程规定的义务，无须与资产评估机构签订劳动合同

8. 下列关于资产评估机构职业风险防范机制的表述中，正确的是（　　）。

A. 资产评估机构的董事会有权决定是否建立职业风险防范机制

B. 资产评估机构的股东大会有权决定是否建立职业风险防范机制

C. 资产评估机构应建立职业风险基金并购买职业责任保险

D. 资产评估机构应建立职业风险基金或自愿办理职业责任保险

9. 关于市场结构理论在资产评估中的应用，下列表述中，错误的是（　　）。

A. 市场结构理论可以帮助评估专业人员理解被评估的企业所在市场的竞争环境，包括市场中的企业数量、市场份额、产品差异化的程度等

B. 在垄断竞争市场中，市场占有率很可能会发生重大变化，企业想通过一些措施帮助其在竞争中获得优势，提高市场份额是很困难的

C. 市场结构影响企业的定价能力和市场占有率，这些因素直接关系到企业的未来收益，是资产评估的重要依据

D. 市场结构理论有助于评估专业人员分析被评估企业所在市场的发展潜力和成长空间，这对企业价值评估尤为重要

10. 在新冠病毒疫情早期，口罩等卫生防护用品价格大涨，而且很难买到，出现抢购现象。对此，下列解释中，比较合理的是（　　）。

A. 口罩是“吉芬商品”　　B. 凡勃伦效应的影响

C. 蔬菜等商品的价格也上涨了　　D. 消费者预期口罩的价格还会上涨

11. 下列关于《国际评估准则（IVS）105——评估模型》的表述中，错误的是（　　）。

A. 任何未经评估师进行专业判断的模型，例如自动评估模型（AVM），都无法产生一个遵循IVS的评估

B. 在资产评估中，评估师必须进行专业判断来斟酌评估模型的特性，从而选择最适用的评估模型

C. 评估师应该对长期使用的评估模型进行维护、监测、评价及调整，确保其保持合理、准确、完整

D. 资产评估完成后，评估师在评估报告中应该充分描述评估师通过专业判断选取和考虑评估模型的原因

12. 下列选项中，与普通年金终值系数互为倒数的是（　　）。

A. 预付年金现值系数　　B. 普通年金现值系数

C. 资本回收系数　　D. 偿债基金系数

13. 关于资产评估委托合同，下列表述中，错误的是（　　）。

A. 资产评估机构与委托人协商一致，可以解除资产评估委托合同

B. 采用合同书形式订立合同，在签字或者盖章之前，该合同不成立

C. 合同应当由资产评估机构的法定代表人（或执行合伙事务合伙人）签字并加盖资产评估机构印章

D. 资产评估委托合同的内容，应当符合国家法律、法规和资产评估行业的管理规定

14. 关于评估结论的使用有效期，下列表述中，错误的是（　　）。

A. 评估结论反映评估基准日的价值判断，仅在评估基准日成立，所以资产评估报告应当明确评估结论的使用有效期

B. 资产评估报告应当明确评估结论的使用有效期，超过有效期限，评估基准日的评估结论不能反映经济行为发生日的评估结论

C. 对于现时性资产评估业务，通常只有当评估基准日与经济行为实现日相距不超过一年时，才可以使用资产评估报告

D. 有时评估基准日至经济行为发生日不到一年，但市场条件或资产状况发生了重大变化，评估报告的结论不能反映经济行为实现日价值，这时也应该重新评估

15. 在某项资产评估中，评估师了解到被评估单位所有者权益为 3 000 万元，付息债务为 7 000 万元，权益资本成本为 12%，债务资本利率为 6%，所得税税率为 25%，企业特定风险调整系数为 1.3，β 系数为 1.2。评估师拟采用加权平均资本成本法确定折现率，则该折现率为（　　）。

A. 7.42%　　B. 6.75%　　C. 8.04%　　D. 6.24%

16. 下列关于运用市场法评估资产价值的表述中，错误的是（　　）。

A. 应用市场法评估，须考虑市场有效层级的影响，如在弱式有效市场中，价格可能只反映了历史价格信息，而不包括其他信息，这可能导致评估结果未能反映最新的市场条件或公司的真实价值

B. 在市场有效性较低的情况下，技术分析、市场情绪和随机事件可能导致资产价格暂时偏离基本价值，应当关注投机行为等因素对资产价格可能产生的影响，判断市场法评估条件的适用性

C. 资产的交易价格与交易批量相关，批量交易与单项交易的交易价格往往是不同的，资产评估专业人员在选取市场参照物时应注意对交易批量可能对价值交易价格产生的影响并进行修正

D. 评估实践中，评估专业人员通常是在众多与评估对象相似的交易实例中选择具有可比性的交易实例作为比较、测算的参照物，目前，资产评估执业准则规定参照物的数量一般不少于五个

17. 市场结构理论有助于评估专业人员分析被评估企业所在市场的发展潜力和成长空间，这对企业价值评估尤为重要。下列表述中，错误的是（　　）

A. 完全竞争市场上，企业必须接受市场决定的价格，不能单独设定价格，企业必须专注于成本控制和提高效率，以实现在给定价格条件下的利润最大化

B. 垄断竞争市场中的企业具有较强的定价能力，产品的差异化可以使企业提高价格，选择价格弹性低的产品，扩大市场份额，实现企业利润最大化

C. 市场结构理论对评估专业人员进行企业收入预测和评估企业价值非常有帮助，为评估专业人员进行收入预测提供了一个分析框架，可以更准确地把握企业的未来表现

D. 寡头垄断市场，企业的风险主要来源于激烈的市场竞争和策略互动，风险水平较高，而完全垄断市场，企业的风险主要来自政策和技术变革，风险水平相对较低

18. 关于资产评估的职业道德对签署评估报告的禁止性要求，下列表述中，错误的是（　　）。

A. 资产评估专业人员如果在报告上签名，就表示该资产评估专业人员已经承办了相关评估工作，要承担相应的责任

B. 资产评估专业人员不得签署本人未承办业务的资产评估报告，否则会给自己带来巨大的经济利益

C. 签署虚假评估报告或者有重大遗漏的评估报告，违反了基本的诚实守信和勤勉尽责义务，是严重违反职业道德的行为，更为法律所禁止

D. 资产评估机构和资产评估专业人员也不得允许他人以自身名义开展资产评估业务，或者冒用他人名义从事资产评估业务

19. A有限责任公司经法定程序，决定整体改制为股份有限公司。下列关于该经济行为涉及的资产评估目的的表述中，错误的是（　　）。

A. 该经济行为涉及的资产评估是以公司设立、改制、增资为目的的

B. 资产评估目的需要在评估委托合同明确约定

C. 这类资产评估目的是最常见的一类资产评估目的

D. 该经济行为涉及的资产评估目的直接或间接决定和制约资产评估价值类型的选择

20. 小明与开发商谈判买房，分期付款条件为：年利率为10%，分6次还清，从第5年至第10年每年末偿还本息20万元。如果小明想知道当前一次性付款的价格，下列计算中，正确的是（　　）。

A. $20\times(P/A,\ 10\%,\ 6)\times(P/F,\ 10\%,\ 4)$　B. $20\times(P/A,\ 10\%,\ 6)\times(P/F,\ 10\%,\ 3)$

C. $20\times(P/A,\ 10\%,\ 9)\times(P/F,\ 10\%,\ 3)$　D. $20\times(P/A,\ 10\%,\ 10)\times(P/F,\ 10\%,\ 4)$

21. 根据《资产评估法》，下列有关资产评估业务类型的表述中，错误的是（　　）。

A. 涉及国有资产或者公共利益等事项，法律、行政法规规定需要评估的，此类评估属于法定评估

B. 除法律法规另有规定，自然人、法人或者其他组织如果需要确定评估对象价值的，可以自愿委托评估机构评估

C. 自愿进行的评估可以直接委托评估师或其他具有评估专业知识及实践经验的评估专业人员进行评估

D. 法定资产评估由至少两名相应专业类别的评估师承办业务，并且评估报告必须由至少两名评估师签署

22. 关于评估程序受限对评估报告出具的影响，下列表述中，错误的是（　　）。

A. 现实工作中，由于资产的特殊性、客观条件限制等原因，使得评估程序的履行可能存在障碍，需要资产评估专业人员采取相关的替代程序

B. 因法律法规规定、客观条件限制，无法或者不能完全履行资产评估基本程序，经采取措施弥补程序缺失，可以出具资产评估报告

C. 应当在资产评估报告中说明资产评估程序受限情况、处理方式及其对评估结论的影响

D. 如果程序受限对评估结论产生重大影响或者无法判断其影响程度的，不应出具资产评估报告

23. 下列关于需求理论的表述中，错误的是（　　）。

A. 商品的需求量与其替代品价格呈现同方向变动

B. 政府的消费政策也会影响人们对商品的需求

C. 需求曲线向右下方倾斜，是由于边际效应递减规律的作用

D. 低档商品的需求曲线是向右上方倾斜的

24. 下列关于资产评估委托人的表述中，错误的是（　　）。

A. 委托人作为签订委托合同的民事主体，不一定是法人，也可以是自然人

B. 涉及国有资产的评估，评估委托人一般应该是产权持有单位

C. 评估委托人有权自主选择符合资产评估法规定的评估机构

D. 评估委托人有权使用资产评估报告，因此造成损失的，可以要求评估机构赔偿

25. 下列关于资产评估方法的选项中，表述错误的是（　　）。

A. 市价折扣法是评估专业人员以参照物成交价格为基础，考虑到评估对象销售条件等方面的差

异，设定一个价格折扣率来估值的方法，一般只适用于评估对象与参照物仅有时间差异的情形

B. 应用收益法评估资产价值，资产的收益期限应当是明确的，无论是有限期还是无限期，如果收益期限不确定，需要合理估计，分析测算评估对象预期收益持续的时间是收益法评估的重要步骤

C. 成本法不适用于那些无法复制或重建的资产，如历史建筑、艺术品等资产，一般也很少用于商誉、专利、商标等无形资产的评估，资产价值与成本的弱对应关系导致成本法适用范围有限

D. 有效市场假说认为，市场价格反映了所有可用的信息，因此市场价格是资产价值的最佳估计，市场法评估资产价值时，一般要假设市场是有效的，并且价格反映了所有相关的市场信息

26. 下列关于评估资料的收集、核查验证、分析、归纳整理的表述中，错误的是（　　）。

A. 如果计划采用的核查验证实施方式无法执行，资产评估专业人员应当终止评估工作

B. 对超出资产评估专业人员胜任能力的核查验证事项，资产评估机构可以委托或者要求委托人委托相关专业机构出具专业意见

C. 资产评估专业人员采用书面审查的方式核查不动产权属证明资料的，应当查阅并核对评估对象的不动产权属原件、复印件是否一致

D. 将核查验证后的评估资料按照可用性原则可以划分为可用性评估资料、有参考价值的评估资料、不可用评估资料

27. 下列关于我国国有资产评估项目管理核准制和备案制的表述中，不正确的是（　　）。

A. 评估项目核准文件和备案表的主要作用是作为企业办理产权登记、股权设置和产权转让等相关手续的必备文件

B. 备案制体现了国有资产的分级管理制度，也体现了资产占有单位作为独立的法人，应当承担的国有资产经营管理责任

C. 企业进行涉及资产评估相应的经济行为时，应当以经核准或备案的资产评估结果为作价参考依据

D.《企业国有资产交易监督管理办法》规定，产权转让项目首次正式信息披露的转让底价，不得低于经核准或备案的转让标的评估结果的90%

28. Y公司是一个有限责任公司，该公司包括三个长期投资L公司、M公司和N公司，现需要对Y公司进行转让目的的评估，则其评估对象就是Y公司的（　　）。

A. 所有者权益　　B. 债权　　C. 股权　　D. 单项资产

29. 下列关于国有资产评估报告声明内容的表述中，错误的有（　　）。

A. 本资产评估报告依据财政部发布的资产评估基本准则和中国资产评估协会发布的资产评估执业准则和职业道德准则编制

B. 资产评估报告使用人应当正确理解评估结论，评估结论等同于评估对象可实现价格，评估结论可以被认为是对评估对象可实现价格的保证

C. 资产评估机构及资产评估师与资产评估报告中的评估对象没有现存或者预期的利益关系；与相关当事人没有现存或者预期的利益关系，对相关当事人不存在偏见

D. 资产评估机构及其资产评估师遵守法律、行政法规和资产评估准则，坚持独立、客观和公正的原则，并对所出具的资产评估报告依法承担责任

30. 关于资产评估计划，下列表述中，错误的是（　　）。

A. 资产评估计划是评估机构和评估专业人员为执行资产评估业务所拟定的资产评估工作思路和实施方案

B. 资产评估专业人员在编制资产评估计划的过程中，应当同被评估单位就相关问题进行沟通，以保证资产评估计划的可操作性

C. 资产评估计划通常包括评估业务实施的主要过程及时间进度、人员安排等内容

D. 资产评估专业人员应当根据资产评估业务具体情况编制资产评估计划，并合理确定资产评估计划的繁简程度

二、多项选择题（共15题，每题2分，共30分。每题的备选项中，有2个或2个以上符合题意，至少有1个错项。错选，本题不得分；少选，所选的每个选项得0.5分）

1. 关于效用价值论在资产评估中的应用，下列表述中，正确的是（　　）。

A. 效用价值论强调市场需求和消费者偏好，因此评估时需要考虑资产的市场需求状况，以及消费者的偏好变化

B. 效用价值论支持使用收益法进行资产评估，即通过预测资产未来能够带来的收益，并折现到当前价值来评估资产

C. 劳动价值论和效用价值论不涉及对未来收益和市场状况的预测，因此评估时是否考虑不确定性和风险可酌情处理

D. 边际效用递减可能导致资产的风险递减，在确定资产的折现率时，评估专业人员可能会考虑这一风险因素，从而调整折现率以反映未来收益的不确定性

E. 在评估资产时，考虑边际效用递减可以帮助分析资产的价格弹性，如果资产的需求对价格变化敏感，那么边际效用的变化可能会对资产价值产生较大影响

2. 关于国有资产评估业务要求在评估报告中披露的评估依据，下列表述中，正确的是（　　）。

A. 经济行为依据包括两个方面：一是有效批复文件，包括国务院等按照规定权限签发的经济行为批准文件；二是其他文件资料，是可以说明经济行为及其所涉及的评估对象与评估范围的其他文件资料

B. 资产评估专业人员应当根据与评估项目相关的原则，在评估报告中说明执行资产评估业务所采用的具体法律法规依据

C. 评估准则依据包括评估业务中依据的相关资产评估基本准则和执业准则，如《资产评估基本准则》《资产评估职业道德准则》《资产评估执业准则——资产评估报告》等

D. 国有资产产权登记证书、基准日股份持有证明、出资证明、国有土地使用证（或者国有土地使用权出让合同）、不动产权证书等是常见的权属依据

E. 《企业国有资产评估报告指南》规定的取价依据通常包括企业提供的财务会计、经营方面的资料，国家有关部门发布的统计资料、技术标准资料和政策文件，以及评估机构收集的有关询价资料、参数资料等

3. 下列关于资产评估委托合同的表述中，正确的是（　　）。

A. 订立评估委托合同时尚未明确的内容，评估委托合同签约方可以采取签订补充合同或法律允许的其他形式做出后续约定

B. 资产评估委托合同签订后，发现相关事项存在遗漏、约定不明确，或者合同履行中约定内容发生变化的，资产评估机构可以要求与委托人签订补充委托合同或者重新签订委托合同

C. 委托人要求出具虚假资产评估报告或者有其他非法干预评估结论情形的，资产评估机构有权单方解除合同

D. 若资产评估机构提前终止或单方面解除资产评估委托合同，则委托人不应该向评估机构支付评估服务费

E. 资产评估委托合同只能由资产评估机构的法定代表人（或者执行合伙事务合伙人）订立

4. 在运用资本定价模型确定折现率时，需要应用公式 $R = R_f + \beta (R_m - R_f) + R_s$，对此公式的理解，错误的是（　　）。

A. β表示风险系数

B. $(R_m - R_f)$ 表示市场平均报酬率

C. R_f表示市场风险报酬率

D. R_m表示无风险报酬率

E. R_s表示企业特有风险调整系数

5. 下列关于《国际评估准则（IVS）210——无形资产》的表述中，错误的是（　　）。

A. 无形资产评估针对不同的预期用途，了解一项评估的预期用途，了解无形资产是否应该单独

评估还是和其他资产合并评估并非评估师的责任

B. 以财务报告为目的，以税务报告为目的，诉讼案件，其他法定或法律事项，综合咨询、抵押借贷、交易支持约定和破产清算都是需要进行无形资产评估的情况

C. 在收益途径下，资产的经济寿命是一个十分重要的概念，在评估中的无形资产的经济寿命与会计或税务目的下的剩余使用寿命是不同的

D. 评估师在确定是否应用市场途径评估无形资产时，必须遵循《国际评估准则（IVS）103——评估途径》中的相关要求

E. 在许多税收司法管辖区，无形资产可以针对税务目的进行摊销，但商誉在任何情况下都不可以针对税务目的进行摊销

6. 关于资产评估报告标题、文号、目录、声明、摘要，下列表述中，正确的是（　　）。

A. 资产评估报告的标题格式要求：“企业名称 + 经济行为关键词 + 评估对象 + 资产评估报告”

B. 资产评估报告文号的格式要求包括评估机构特征字、种类特征字、年份、报告序号，如联华评报字（2025）25号

C. 一些评估机构在报告文号的报告序号中增加了识别其内部具体承办业务的部门（分公司）的特征字段，也是可以的

D. 准则的要求仅是一般性声明内容，执行具体评估业务时，还应根据评估项目的具体情况，增加或细化声明内容

E.《资产评估执业准则——资产评估报告》规定，资产评估报告摘要通常提供资产评估业务的主要信息及评估结论，该准则对这些主要信息的披露提出了具体的要求

7. 运用成本法进行资产评估，下列表述中，正确的是（　　）。

A. 成本法运用于企业价值评估中，是将各项可以确认的资产、负债的现实价值逐项评估出来，最终确定企业价值

B. 重置成本是一个价格范畴，包含了取得资产所耗费的合理必要费用及合理必要的资金成本和利润

C. 重置成本又分为复原重置成本和更新重置成本两种，技术进步较快的资产应选取更新重置成本

D. 更新重置成本和复原重置成本都是以现时价格水平重新购建，并且更新重置成本通常低于其复原重置成本

E. 复原重置成本是指采用与评估对象并不完全相同的材料、现代建筑或制造标准、设计、规格和技术

8. 关于资产评估基准日后的期后事项及其处理原则，下列表述中，正确的是（　　）。

A. 资产评估基准日后的期后事项是指评估专业人员撤离评估现场后至评估报告日之间，被评估资产所发生的相关事项以及市场条件发生的变化

B. 评估结论是评估基准日的时点价值，期后事项是评估基准日之后发生的，不影响评估基准日的评估结论，评估人员没有披露义务

C. 评估专业人员应当对期后事项进行了解，并分析判断该事项和变化的重要性，对于较重大的事项应该在评估报告中进行披露，并提醒报告使用人注意该期后事项对评估结论可能产生的影响

D. 对于财务报告目的评估报告的期后事项处理，应当遵循会计准则的相关规定，《企业会计准则第29号——资产负债表日后事项》对期后事项进行了分类，不同类的期后事项的处理方式不同

E. 如果期后发生的事项非常重大，足以对评估结论产生颠覆性影响，评估机构应当要求评估委托人更改评估基准日重新评估

9. 评估机构及其评估专业人员在执业过程中应遵循独立、客观、公正的工作原则，其原因是（　　）。

A. 资产评估是由资产评估机构及其评估专业人员对资产的价值进行鉴别和举证的活动，是有偿

服务，应当满足委托人的要求

B. 资产评估机构及其资产评估专业人员以专业知识和技能为社会提供资产评估服务，需要从专业和职业道德角度规范其从业行为，保障委托人的合法权益、保护公共利益

C. 资产评估结论是为资产业务提供专业化估价意见，该意见有强制执行的效力，遵循独立、客观、公正的工作原则才能保证公平

D. 从事资产评估的机构应由一定数量和不同类型的专家及专业人员组成，遵循独立、客观、公正的工作原则才能使评估工作协调高效

E. 坚持独立、客观、公正原则，有利于资产评估机构及其资产评估专业人员维护专业形象，赢得社会信任，促进资产评估行业健康可持续发展

10. 根据《最高人民法院关于审理证券市场虚假陈述侵权民事赔偿案件的若干规定》（法释〔2022〕2号）的相关规定，下列选项中，不属于证券市场“虚假陈述”行为的是（　　）。

A. 信息披露义务人披露的信息中对相关财务数据进行重大不实记载，或者对其他重要信息作出与真实情况不符的描述

B. 信息披露义务人披露的信息隐瞒了与之相关的部分重要事实，或者未及时披露相关更正、确认信息，致使已经披露的信息因不完整、不准确

C. 评估专业人员与委托人或其他相关当事人恶意串通，对从业中发现或知悉的直接损害利害关系人利益的事项或行为予以隐瞒、不予指明、作出不实报告

D. 专业中介机构及其从业人员，执行业务未恪尽职守，未能严格遵循法律法规、执业准则的规定，对自身行为损害结果，应当或能够预见却没有预见

E. 信息披露义务人违反关于信息披露的规定，对重大事件或者重要事项等应当披露的信息未予披露

11. 在评估资料的核查验证受到限制时，应采取的正确做法有（　　）。

A. 如果计划采用的核查验证实施方式无法执行，资产评估专业人员应当对该具体事项进行说明

B. 对超出资产评估专业人员胜任能力的核查验证事项，资产评估机构可以委托或者要求委托人委托相关专业机构出具专业意见

C. 对于因法律法规规定、客观条件限制无法实施核查和验证的事项，资产评估专业人员应当在工作底稿中予以说明

D. 相关专业机构出具的专业意见，评估专业人员经过核查验证后可以在评估中使用并披露引用专家意见情况

E. 如果无法核查验证事项对评估结论产生重大影响或者无法判断其影响程度，评估机构不得出具资产评估报告

12. 关于价值类型的理解，下列表述中，正确的有（　　）。

A. 某火电厂需要关停，发电机组不能异地使用，评估时可选择清算价值类型

B. 在用价值实际上并不是一种资产在市场上实际交易的价值，而是计量交易价值的一个方面

C. 某海滨酒店收购临近的海滨浴场，考虑协同效应，评估时应当选择投资价值

D. 某国有企业计划收购一家韩国上市公司，评估时应当选择韩国证券交易市场的市场价值

E. 当选择清算价值时，评估对象一般都是处于有序清算过程中

13. 在资产评估中，供求关系理论可以帮助评估专业人员理解资产的价值，尤其是当涉及市场价值评估时。下列表述中，正确的是（　　）。

A. 收入弹性分析可以帮助评估专业人员合理预测产品需求的变化，辨识具有更好增长前景的资产，了解经济周期波动对资产价值的影响，评估不同资产的风险和回报

B. 需求弹性可以帮助评估专业人员了解需求量对价格变动的敏感程度，如果待评估资产需求弹性高，价格的小幅变动不会导致需求量的较大变动，有助于评估专业人员的职业判断

C. 评估师可以利用需求曲线分析企业所生产的产品价格变动对资产价值的影响，特别是在市场

条件发生变化时，从而有利于评估专业人员对资产评估价值的准确判断

D. 在供求理论下，使用成本法或收益法所得到的资产价值，如果与市场均衡价格有较大差异，评估专业人员应当审视评估采用的相关假设是否合适

E. 需求曲线显示出在不同价格水平下，市场对某项资产的需求量，需求曲线是向右上方倾斜的，意味着价格上升时需求量上升，这对评估专业人员了解价格与销量的关系非常重要

14. 资产评估师的下列行为中，不符合资产评估相关的法律法规和准则要求的是（　　）。

A. 在一家资产评估机构执业，业余时间在另一家资产评估机构兼职从事评估业务

B. 为了加强竞争，适当降低收费标准承揽业务，在从业时增收节支，保持评估机构可持续发展的潜力

C. 守住“诚实信用”的底线，拒绝别人以本人名义承揽业务的要求，不签署本人未承办业务的评估报告

D. 对于为了招揽业务，答应帮助客户解决具体困难的承诺，本着诚实信用原则履行承诺，维持与客户的良好关系

E. 不受理与自身有利害关系的业务，与委托人或者其他相关当事人及评估对象有利害关系的，主动回避

15. 关于价值规律的含义及其发挥作用的形式，下列表述中，正确的是（　　）。

A. 价值规律是商品生产和交换的基本规律

B. 商品总量的价值量是由生产该商品总量的耗费决定的

C. 商品必须按价值量相等的原则进行交换

D. 所有商品生产者必须遵循价值规律

E. 价格围绕价值上下波动是价值规律发挥作用的形式

三、综合题（共3题，第1题10分，第2题和第3题各15分，共40分）

1. 近几年来，D企业的业务发展迅猛，与D企业业务可形成经济协同效应的C企业经过内部会议，决定收购D企业25%的股权。现C企业委托M评估机构对D企业的股权进行评估。资产评估委托合同中约定，以2025年2月1日为价值评估时点，由委托方向评估机构提供企业相关资料。资产评估机构于2025年3月5日完成评估工作，形成评估结论，于2025年3月10日提交资产评估报告。

要求：

（1）请说明该评估业务的评估基准日以及评估报告日。(2分)

（2）资产评估机构专业人员应选择何种价值类型？请说明理由。(3分)

（3）根据相关法律法规和准则，该评估的委托人C企业有何义务？(3分)

（4）不考虑其他因素，资产评估机构应使用何种评估方法？(2分)

2. 某企业有一套自制生产设备，于2019年1月1日投入使用，原值500万元，其中：材料费400万元，安装费35万元，其他费用65万元。该设备设计生产能力为年产某类产品1 000吨。该套设备到2025年1月1日已使用6年，预计尚可使用9年。

2019—2025年，材料费环比价格变动指数分别为4%、5%、3%、5%，2%、4%，安装费和其他费用环比价格变动指数分别为10%、7%、5%、4%、6%、5%。

另据调查，随着技术创新，致使相同设备生产的产品成本更低，预计每年可节约人工成本40万元。同时，由于企业面临的行业不景气，正常开工率为90%，规模经济效益指数取0.6。企业所得税税率为25%。折现率取10%。

要求：评估该套设备2025年1月1日的市场价值（结果可取整数）。(15分)

3. 新星公司系国有独资公司，拟进行增资扩股，该公司的股东委托W资产评估机构对新星公司进行价值评估。新星公司的主要资产是其所持有的M上市公司的38%股权，M上市公司经审计的最近会计年度每股净资产为9.9元。W资产评估机构在对新星公司进行资产评估时，拟采用市场法估

算新星公司所持有的M上市公司38%股权的价值。

资产评估专业人员收集了M上市公司股票在评估基准日前30个交易日的交易数据，计算得到每日股票交易加权平均价格的算术平均值为每股11.8元，并拟以每股11.8元乘以新星公司持有M上市公司的股票数量作为新星公司所持有M上市公司38%股权的价值。对此，委托人认为，M上市公司存在尚未公开的利好内幕消息，可能对股票价格产生影响，因此，其所持有M上市公司38%股权的价值可能被低估。

要求：

（1）简述应用市场法的前提条件，并结合该前提条件分析在确定新星公司所持有的M上市公司38%股权的价值时选用市场法的适用性。（7分）

（2）根据有效市场理论，证券市场可以分为哪几种形态？在什么市场形态中，委托人将增资时机选择在内幕消息公开后更为有利？为什么？（8分）

2025 年资产评估师职业资格全国统一考试《资产评估基础》全真模拟试题（一）参考答案及解析

一、单项选择题

1.【答案】D

【解析】替代原则是指价格最低的同质商品对其他同质商品具有替代性，即相同效能的资产，最低价格的资产需求最大。在替代原则下，任何理性的投资者对具有相同效用的物品，必定选择价格较低的；在价格相同时，必定选择效用最大的。

2.【答案】B

【解析】资产评估从事的是价值鉴证，而不是权属鉴证，选项 B 错误，其他选项均正确。

3.【答案】C

【解析】法院、国务院行政管理部门、资产评估行业协会等在对评估机构和评估专业人员应承担的法律责任进行认定时，是否履行以及是否恰当履行了必要的评估程序是这些部门关注的重要方面。

4.【答案】A

【解析】评估业务委托人与评估对象的产权持有人不是同一主体时，了解其间的关系就非常必要，这通常关系到评估业务有关资料收集与现场调查等工作的配合程度。

5.【答案】D

【解析】投资价值与市场价值相比，除受到交易标的因素和交易市场因素的影响差异外，其最为重要的差异还在于，投资价值会受到特定交易者的投资偏好或所追求协同因素的影响。此外，如果交易当事人仅仅拥有特定的身份，比如股权的受让方为该企业股东，则并不必然要求在评估时选择投资价值。

6.【答案】C

【解析】客观性要求资产评估机构及资产评估专业人员，应当以事实为依据，客观地发表评估意见。具体要求有 11 项。选项 C 不属于客观性，是对独立性的具体描述。

7.【答案】D

【解析】加入资产评估协会的资产评估专业人员，平等享有章程规定的权利，履行章程规定的义务。选项 D 错误，其他选项均正确。

8.【答案】D

【解析】根据《资产评估行业财政监督管理办法》的相关规定，资产评估机构根据业务需要建立职业风险基金管理制度，或者自愿办理职业责任保险，完善职业风险防范机制。资产评估机构建立职业风险基金管理制度的，按照财政部的具体规定提取、管理和使用职业风险基金。选项 D 正确，其他选项均错误。

9.【答案】B

【解析】在垄断竞争市场中，市场占有率一般不会发生突变，企业可以通过一些措施帮助其在竞争中获得优势，逐步提高市场份额。选项 B 错误，其他选项均正确。

10. 【答案】D

【解析】消费者预期某种商品价格会下降，会降低当期购买的欲望，造成该商品需求量减少；反之，如果预期商品价格会上升，会增加当期购买的意愿，导致该商品需求量增加，需求量的增加会进一步提高商品的价格。

11. 【答案】D

【解析】档案应该充分描述评估师通过专业判断选取和考虑评估模型的原因，选项 D 错误；其他选项均正确。

12. 【答案】D

【解析】$\frac{(1+r)^n-1}{r}$称为普通年金终值系数，$\frac{r}{(1+r)^n-1}$称为偿债基金系数，二者互为倒数；$\frac{1-(1+r)^{-n}}{r}$称为普通年金现值系数，$\frac{r}{1-(1+r)^{-n}}$称为资本回收系数，二者互为倒数。选项 D 正确。

13. 【答案】B

【解析】新颁布的《民法典》明确规定，采用合同书形式订立的合同，当事人的签名和盖章是合同成立的必要条件。《民法典》对于合同订立之前当事人一方已经提供事实服务，且为对方接受，视为合同成立。

14. 【答案】B

【解析】超过有效期限，评估基准日的评估结论很可能不能反映经济行为发生日的评估结论。

15. 【答案】B

【解析】折现率 = 加权平均资本成本 $=30\% \times 12\% + 70\% \times 6\% \times (1-25\%) = 6.75\%$。

16. 【答案】D

【解析】评估实践中，评估专业人员通常是在众多与评估对象相似的交易实例中选择具有可比性的交易实例作为比较、测算的参照物，目前，资产评估执业准则没有对市场参照物的选取数量做出具体规定，实务中参照物的数量一般不少于三个。选项 D 错误，其他选项均正确。

17. 【答案】B

【解析】垄断竞争市场中的企业具有一定的定价能力，产品的差异化允许企业在一定程度上提高价格，差异化的程度取决于产品的品牌、质量、特性、服务或设计。由于市场上存在许多相似但不完全相同的产品，产品的替代性也限制了企业的定价能力。垄断竞争市场产品的价格弹性通常较高，这意味着如果企业提高价格过多可能导致销量大幅度下降。选项 B 错误，其他选项均正确。

18. 【答案】B

【解析】资产评估专业人员在自己未承办业务的评估报告上签名，不仅严重违背独立、客观、公正的职业道德规范，也给自己带来了巨大的责任风险。选项 B 错误，其他选项均正确。

19. 【答案】C

【解析】转让评估目的是最常见的评估目的，而题干中经济行为涉及的资产评估目的是以公司设立、改制、增资为目的的，并非以转让为目的，所以，选项 C 错误，其他选项均正确。

20. 【答案】A

【解析】本题本质上是求递延年金现值，用的公式是：$P=A\times(P/A, r, n)\times(P/F, r, m)$。题中年金是从第 5 年年末到第 10 年年末发生，递延期是 4 期，年金期数是 6 期，年金 A 是 20 万元。即 $A=20$ 万元，$r=10\%$，$n=6$，$m=4$。选项 A 正确。

21. 【答案】C

【解析】自愿进行的评估的特点包括：①委托人自愿委托；②评估业务由评估机构承接；③评估报告可以由评估师和其他评估专业人员签署。同时，《资产评估法》第四十四条规定，评估专业人员私自接受委托从事业务、收取费用的，由有关评估行政管理部门予以警告，可以责令停止从业 6 个月以上 1 年以下；有违法所得的，没收违法所得；情节严重的，责令停止从业 1 年以上 5 年以下；构成犯罪的，依法追究其刑事责任。选项 C 错误，其他选项均正确。

22. 【答案】B

【解析】因法律法规规定、客观条件限制，无法或者不能完全履行资产评估基本程序，经采取措施弥补程序缺失，且未对评估结论产生重大影响的，可以出具资产评估报告。

23. 【答案】D

【解析】对于低档商品来说，替代效应与价格变动方向相反，收入效应与价格变动方向相同。多数情况下，低档商品替代效应作用大于收入效应作用，所以低档商品的需求曲线应该是向右下方倾斜的。选项 D 错误，其他选项均正确。

24. 【答案】D

【解析】评估委托人应当按照法律规定和评估报告载明的使用范围使用评估报告，不得滥用评估报告及评估结论，委托人或者其他资产评估报告使用人违反规定使用资产评估报告的，资产评估机构及其资产评估专业人员不承担责任。选项 D 错误。

25. 【答案】A

【解析】市价折扣法一般只适用于评估对象与参照物之间仅存在交易条件方面差异的情形。价格指数法一般只运用于评估对象与参照物之间仅有时间因素存在差异的情形，且时间差异不能过长。

26. 【答案】A

【解析】如果计划采用的核查验证实施方式无法执行，资产评估专业人员应当对该具体事项进行评判，确定是否需要采取其他替代措施完成核查验证工作。

27. 【答案】D

【解析】《企业国有资产交易监督管理办法》（国资委、财政部令第 32 号）规定，产权转让项目首次正式信息披露的转让底价，不得低于经核准或备案的转让标的评估结果。选项 D 错误，其他选项均正确。

28. 【答案】C

【解析】将企业作为一个整体进行评估，其评估对象一般为企业的股权，选项 C 正确，其他选项均错误。

29. 【答案】B

【解析】资产评估报告使用人应当正确理解评估结论，评估结论不等同于评估对象可实现价格，评估结论不应当被认为是对评估对象可实现价格的保证。

30. 【答案】B

【解析】资产评估专业人员在编制资产评估计划的过程中，应当同委托人及相关当事人就相关问题进行沟通，以保证资产评估计划的可操作性。

二、多项选择题

1. 【答案】ABE

【解析】劳动价值论和效用价值论都涉及对未来收益和市场状况的预测，因此评估时要充分考虑不确定性和风险，选项 C 错误；边际效用递减可能导致资产的风险增加，因为市场需求的不确定性增大，在确定资产的折现率时，评估专业人员可能会考虑这一风险因素，从而调整折现率以反映未来收益的不确定性，选项 D 错误；其他选项均正确。

2. 【答案】ABDE

【解析】评估准则依据包括评估业务中依据的相关资产评估准则和相关规范，包括基本准则、职业道德准则、执业准则、评估指南和指导意见。因此，选项 C 不正确，其他选项均正确。

3. 【答案】ABC

【解析】对因法定情由提前终止和解除资产评估委托合同的情形，以及其他非资产评估机构及其评估专业人员原因导致资产评估委托合同解除的情形，资产评估机构可以依据法律规定和相关资产评估准则要求，在洽商、订立资产评估委托合同时与委托人约定：相关法定或特定的资产评估委托合同提前终止、解除的情形发生时，由委托人按照已经开展资产评估业务的时间、进度，或者已经完成的工作量支付相应的评估服务费，选项 D 错误；在评估实务中，评估机构可以授权内部人员和分支机构签署委托合同的情形，通过内部管理制度加以规范，选项 E 错误。

4. 【答案】BCD

【解析】β 表示风险系数；R_m表示市场平均收益率；R_f表示无风险报酬率；（$R_m - R_f$）表示市场平均风险报酬率，又称为系统性市场风险报酬率；R_s表示企业特有风险调整系数。

5. 【答案】AE

【解析】无形资产评估针对不同的预期用途，评估师有责任了解一项评估的预期用途，评估师也有责任了解无形资产是否应该单独评估还是和其他资产合并评估，选项 A 错误；在许多税收司法管辖区，无形资产和某些情况下的商誉可以针对税务目的进行摊销，选项 E 错误；其他选项均正确。

6. 【答案】ABCD

【解析】《资产评估执业准则——资产评估报告》规定，资产评估报告摘要通常提供资产评估业务的主要信息及评估结论。但该准则没有对这些主要信息的披露提出具体的要求，实务中通常参考企业国有资产评估报告对“评估报告摘要”的披露要求撰写。因此，选项 E 不正确，其他选项均正确。

7. 【答案】ABCD

【解析】复原重置成本，是指采用与评估对象相同的材料、建筑或制造标准、设计、规格及技术等，以现时价格水平重新购建与评估对象相同的全新资产所发生的费用。更新重置成本，是指采用与评估对象并不完全相同的材料、现代建筑或制造标准、设计、规格和技术等，以现行价格水平购建与评估对象具有同等功能的全新资产所需的费用。

8. 【答案】ACDE

【解析】评估机构和评估专业人员需要采用适当的方式，对评估专业人员撤离评估现场后至评估报告日之间，被评估资产所发生的相关事项以及市场条件发生的变化进行了解，并分析判断该事项和变化的重要性，对于较重大的事项应该在评估报告中进行披露，并提醒报告使用者注意该期后事项对评估结论可能产生的影响；如果期后发生的事项非常重大，足以对评估结论产生颠覆性影响，评估机构应当要求评估委托人更改评估基准日重新评估。选项 B 错误，其他选项均正确。

9. 【答案】BE

【解析】遵循独立、客观、公正的工作原则是由资产评估工作的性质决定的。一方面，资产评估机构及其资产评估专业人员以专业知识和技能为社会提供资产评估服务，需要从专业和职业道德角度规范其从业行为，保障委托人的合法权益、保护公共利益。另一方面，坚持独立、客观、公正原则，有利于资产评估机构及其资产评估专业人员维护专业形象，赢得社会信任，促进资产评估行业健康可持续发展。

10. 【答案】CD

【解析】《最高人民法院关于审理证券市场虚假陈述侵权民事赔偿案件的若干规定》（法释〔2022〕2 号）对“虚假陈述”进行规定。选项 A 属于虚假记载，选项 B 属于误导性陈述，选项 E 属于重大遗漏，均属于“虚假陈述”。选项 C 属于故意导致的侵权责任，选项 D 属于过失导致的侵权责任，均不属于证券市场“虚假陈述”行为。

11. 【答案】BCDE

【解析】如果计划采用的核查验证实施方式无法执行，资产评估专业人员应当对该具体事项进行评判，确定是否需要采取其他替代措施完成核查验证工作，选项 A 错误。

12. 【答案】BCD

【解析】该火电机组不能续用，需要整体报废，但是部分部件还有使用价值，在这种情况下，可以选择残余价值类型，选项 A 错误；清算价值作为一种价值类型是以评估对象被强制变现或被强制出售为前提条件的，只有评估对象是在强制变现或强制出售的前提条件下评估，其评估结论的价值类型才可以选择清算估价值，选项 E 不正确。

13. 【答案】ACD

【解析】需求弹性可以帮助评估专业人员了解需求量对价格变动的敏感程度；如果资产需求弹性高，价格的小幅变动会导致需求量的较大变动；计算需求的价格弹性，可以了解产品是价格敏感（弹性需求）还是价格不敏感（非弹性需求）；选项 B 错误；需求曲线显示出在不同价格水平下，市场对某项资产的需求量，这对评估专业人员了解价格与销量的关系非常重要；通常情况下，需求曲线是向右下方倾斜的，意味着价格上升时需求量下降，价格下降时需求量上升；根据这个原理评估专业人员可以收集有关资产的历史销售数据、市场趋势、替代资产的价格和需求情况等信息，并根据收集到的数据，绘制需求曲线，在曲线上标记出不同价格水平下的预期需求量；选项 E 错误；其他选项均正确。

14. 【答案】ABD

【解析】《资产评估法》第五条规定，评估专业人员从事评估业务，应当加入评估机构，并且只能在一个评估机构从事业务，选项 A 违反规定；选项 B、选项 D 属于采用不正当手段招揽业务，违反规定。选项 C、选项 E 符合规定。

15. 【答案】ACDE

【解析】价值规律是商品生产和交换的基本经济规律，是人类从事一切经济活动都必须遵守的客观规律。价值规律的基本要求是：商品的价值量由生产商品的社会必要劳动时间决定，以此为基础进行商品等价交换。价值规律既是价值量如何决定的规律，也是价值量如何实现的规律。价值规律对市场经济中的个别劳动耗费和社会劳动的使用都具有制约作用：单个商品的价值量是由生产该商品的社会必要劳动时间决定的。某种商品总量的价值量是由生产该商品总量的社会必要劳动时间决定的。价值规律发挥作用的形式是价格围绕价值波动。选项 B 错误，其他选项均正确。

三、综合题

1. 【答案及解析】

（1）该评估业务的评估基准日为 2025 年 2 月 1 日，评估报告日为 2025 年 3 月 5 日。

（2）选择投资价值类型。由于 C 企业与 D 企业的业务可形成经济协同效应，因此，C 企业收购 D 企业存在协同效应，并且这种协同属于经营协同。因此对于这种明显存在协同效应的评估，资产评估机构专业人员可以在与委托人商议后，选择投资价值作为价值类型。

（3）根据《资产评估法》，该评估的委托人 C 企业应承担如下义务：①评估委托人不得对评估行为和评估结果进行非法干预，不得串通、唆使评估机构或者评估专业人员出具虚假评估报告；②评估委托人应当按照合同约定向评估机构支付费用，不得索要、收受或者变相索要、收受回扣；③评估委托人应当对其提供的权属证明、财务会计信息和其他资料的真实性、完整性和合法性负责；④评估委托人应当按照法律规定和评估报告载明的使用范围使用评估报告，不得滥用评估报告及评估结论。另外，《资产评估执业准则——资产评估委托合同》第十三条规定：资产评估委托合同应当约定，委托人应当为资产评估机构及其资产评估专业人员开展资产评估业务提供必要的工作条件和协助；委托人应当根据资产评估业务需要，负责资产评估机构及其资产评估专业人员与其他相关当事人之间的协调。

（4）该评估业务的评估目的是股权转让，价值类型是根据交易双方的实际情况确定的投资价值，因此，评估方法首选市场法，在无法使用市场法的前提下，选用收益法，但是通常不适用成本法。

2. 【答案及解析】

（1）估算重置成本：

材料费重置成本 $=400\times(1+4\%)\times(1+5\%)\times(1+3\%)\times(1+5\%)\times(1+2\%)\times(1+4\%)=501$（万元）；（2 分）

安装费和其他费用重置成本 $=(35+65)\times(1+10\%)\times(1+7\%)\times(1+5\%)\times(1+$

4%）×（1+6%）×（1+5%）=143（万元）；（2分）

重置成本=501+143=644（万元）。（1分）

（2）估算实体性贬值：

实体性贬值率=6÷（6+9）=40%；

实体性贬值=644×40%=257.6（万元）。（3分）

（3）估算功能性贬值：

年人工成本净超额支出=40×（1-25%）=30（万元）；

$$功能性贬值=\frac{30}{10\%}\times\left[1-\frac{1}{(1+10\%)^9}\right]=30\times5.7590=172.77（万元）。（3分）$$

（4）估算经济性贬值：

正常开工的生产能力=1 000×90%=900（吨），设计生产能力为1 000吨；

经济性贬值率=$[1-(900/1\ 000)^{0.6}]\times100\%=6\%$；

经济性贬值=644×6%=38.64（万元）。（3分）

（5）计算被评估设备评估值：

被评估设备评估值=644-257.6-172.77-38.64=174.99≈175（万元）。（1分）

3.【答案及解析】

（1）市场法的应用前提包括：第一，参照物市场应当符合公开市场条件；第二，参照物市场应当为有效市场；第三，可比参照物的交易信息可以获得；第四，市场法依赖于对影响资产价值关键因素的理解和识别，这些因素应当是可以识别和明确的，并且在参照物和评估对象之间，这些因素能够被合理地量化和调整；第五，在某些情况下，市场法的使用可能不符合法律法规的规定，如禁止交易的文物。在使用市场法评估某种特定情形的资产时，应当确保该评估行为符合相关法律法规的要求。

新星公司所持有的M上市公司38%股权为上市公司股票，评估对象存在公开市场且交易活跃，能够获得M上市公司股票在评估基准日前30个交易日的合法交易数据，满足采用市场法评估的应用前提，适宜采用市场法评估。值得注意的是，虽然收集了M上市公司股票在评估基准日前30个交易日的交易数据，计算得到每日股票交易加权平均价格的算术平均数为每股11.8元，有助于消除市场价格的异常波动，使得价格更具有代表性、合理性，但是由于存在尚未公开的利好内幕消息，可能对股票价格产生影响，因此直接采用每股11.8元为基础进行评估可能是不合理的，还需要进一步考虑这种利好内幕消息对M上市公司股票价格可能产生的影响并进行适当调整。如果无法调整该内幕消息对M上市公司股票价格的影响，则不宜采用市场法。

（2）根据有效市场理论，依据证券价格对市场信息的反映程度，有效市场划分为弱式有效市场、半强式有效市场和强式有效市场三种形态。

在市场强势有效的情况下，股票的市场价值一般不需要使用传统方法进行评估，应该接受股票的市场价格作为股票价值的代表。在市场没达到强式有效时，委托人将增资时机选在内幕消息公开后更为有利。因为如果市场是半强式有效，则股票的市值通常被认为在一定程度上反映了其内在价值，但并不完全准确，市场未能完全反映所有非公开或内部信息，如公司管理层的战略规划、研发项目的进展等，这些信息可能对公司的真实价值有重要影响。如果市场弱式有效，则股票的市值可能不会很好地反映其真实价值，不能利用股票的历史价格来预测股票的未来价格变动；对历史交易价格的技术分析，如趋势线、图表模式、移动平均线等，无法提供对未来价格走势的可靠预测；由于市场效率较低，价格可能更容易受到市场操纵、投资者情绪或非理性交易行为的影响；股票的市场价格与真实价值可能存在较大的偏差，要确定股票的市场价值需要在基本面分析的基础上，使用合理的价值评估模型，如DCF模型、价值比率模型等。所以，如果市场没有达到强式有效，有利于委托人的内幕消息不能充分体现在交易价格中，会使股票的交易价格偏低。利好内幕消息公布后，股票价格将上涨，增发相同数量的股票将会筹集到更多的资金。

2025年资产评估师职业资格全国统一考试《资产评估基础》全真模拟试题（二）

一、单项选择题（共30题，每题1分，共30分。每题的备选项中，只有一个最符合题意）

1. 劳动价值论作为资产评估的基础理论之一，在资产评估中有广泛的应用。下列表述中，错误的是（　　）。

A. 劳动价值论中的价值规律指出，商品应当等价交换，这会指导评估专业人员在评估资产时寻找市场参照物，以市场交易价格为依据

B. 马克思指出，在资本主义体系中，交换价值受到市场供求关系、生产成本、商品稀缺性、消费者偏好、市场竞争状况等多种因素的影响，与其劳动价值总是有偏离的

C. 资产评估中的市场价值，是指资产在公开市场、自由活跃的交易中所体现的价值，是资产评估中的一个核心概念，必须考虑资产在市场上的供求关系等因素

D. 劳动价值论强调的是在正常的工作条件和劳动强度下所需的劳动时间，资产评估的重置成本一般不考虑赶工、加班等因素，这与劳动价值论的概念是一致的

2. 政府希望通过收取消费税来减少木制一次性筷子的使用，利用的是（　　）。

A. 供给理论　　B. 凡勃伦效应　　C. 需求理论　　D. 市场结构理论

3. 下列关于《国际评估准则（IVS）400——不动产权益》的表述中，错误的是（　　）。

A. 任何特定土地区域的“优先权益”，是所有者对土地及地上建筑物拥有永久占有和控制的绝对权利，仅受任何次级权益和任何法定或其他可依法强制执行的约束

B. 识别影响被评估不动产权益的任何“优先权益”或“次级权益”或“使用权益”，是不动产权益评估时需要考虑的重要工作范围

C. 不动产权益通常具有异质性（即具有不同特性），特别是其地理位置不同，价值差异会很大，不动产权益的评估通常不适合采用市场途径

D. 不动产权益评估中，评估师必须尽可能最大限度地利用适用评估模型的特征，评估模型必须适用于评估的预期用途，并与合适的输入保持一致

4. 关于资产评估报告的基本要求，下列表述中，错误的是（　　）。

A. 在评估基准日后两年内的某个时期经济行为发生时，市场环境未发生较大变化，评估结论在此期间有效

B. 有时评估基准日至经济行为发生日不到一年，但市场条件或资产状况发生了重大变化，评估报告的结论失效，这时也应该重新评估

C. 如果程序受限对评估结论产生重大影响或者无法判断其影响程度的，不应出具资产评估报告

D. 法定评估业务的资产评估报告应当由至少两名承办该项业务的资产评估师签名并加盖资产评估机构印章

5. 下列关于资产评估假设的表述中，正确的是（　　）。

A. 为了发挥资产评估在资产实际交易之前为委托人提供资产价值参考的专业支持作用，同时又

能够使资产评估得以进行，需要利用有序清算假设

B. 通常，现状利用假设是采用收益法评估企业等经营主体价值的基础，要求对企业等经营主体按照其目前的经营状态进行价值评估

C. 移地使用假设是指一项资产在法律上允许、技术上可能、经济上可行，经过充分合理的论证，能使该项资产实现其最高价值的使用

D. 原地使用是指一项资产在原来的安装地继续被使用，其使用方式和目的可能不变，也可能会改变

6.《史记·货殖列传》云："论其有余不足，则知贵贱。贵上极则反贱，贱下极则反贵。贵出如粪土，贱取如珠玉。"其中，"贵上极则反贱，贱下极则反贵"，从经济学角度看，其反映的是（　　）。

A. 计划机制作用的结果　　　　B. 价值规律的表现形式

C. 供求关系对价值的影响　　　　D. 劳动决定价值的体现

7. 下列选项中，不属于评估委托合同通常包括的内容的是（　　）。

A. 主持项目的资产评估师的执业资格

B. 合同当事人签字或者盖章的地点

C. 资产评估报告使用范围

D. 资产评估报告提交期限和方式

8. 关于货币时间价值系数，下列表述中正确的是（　　）。

A. 复利终值系数与复利现值系数互为倒数

B. 普通年金终值系数与普通年金现值系数互为倒数

C. 预付年金终值系数与预付年金现值系数互为倒数

D. 递延年金终值系数与递延年金现值系数互为倒数

9. 下列关于资产评估方法的表述中，错误的是（　　）。

A. 从被评估资产重建或重置的角度确定其价值是成本法的基本思路，除计算按照全新状态重新购建资产的全部支出及合理的利润外，还应一并计算资产损耗造成的价值损失

B. 由于收益法是通过将资产未来某个时点的收益折算为现值来估算资产的价值，用净现金流量来表示收益进行折现得到的结果更准确，更能体现资金时间价值的影响

C. 无风险报酬率是指没有投资限制和障碍，任何投资者都可以投资并能够获得的投资报酬率，通常采用政府债券收益率，实务中一般采用中长期国债的到期收益率

D. 市场法是以理想市场为前提的，但理想市场在现实社会中极为罕见，资产评估专业人员在实际操作中，使用市场法时需要做一定的假设或调整

10. 关于资产评估专业人员与委托方和其他相关当事人的关系中，是否应当回避，下列表述正确的是（　　）。

A. 承办评估业务的资产评估师三年前曾在委托单位任职，应主动回避

B. 承办评估业务的资产评估师与客户的员工有利害关系，客户已知情，应当回避

C. 承办评估业务的资产评估专业人员的大学同学正在委托单位从事审计业务，应主动回避

D. 承办评估业务的资产评估专业人员的配偶在委托单位担任高级管理人员，应主动回避

11. 我国资产评估行业的管理一直伴随资产评估行业发展的全过程，管理体制机制随着我国市场经济和行业发展的各个发展阶段呈现出不同的特点。下列表述中，错误的是（　　）。

A. 在资产评估行业创立之初，行业管理重在行政管理，管理主体单一，即政府是行业管理的唯一主体

B. 随着市场经济的深入发展和政府职能的不断转变，资产评估行业管理的管理主体发展到政府部门与行业协会

C. 资产评估行业行政管理侧重具体运行以及队伍的日常管理，自律管理侧重方向性指导以及机

构资质管理

D. 评估机构及其专业人员根据委托，对单项资产等进行评定、估算，并出具评估报告的专业服务行为属于财政部门的监管范围

12. 关于供求理论在资产评估中的应用，下列表述中，错误的是（　　）。

A. 在资产评估中，供求关系理论可以帮助评估专业人员理解资产的价值，尤其是当涉及市场价值评估时

B. 通常情况下，需求曲线是向右上方倾斜的，这意味着资产价格上升时需求量下降，资产价格下降时需求量上升

C. 需求弹性可以帮助评估专业人员了解需求量对价格变动的敏感程度，资产需求弹性高意味着价格的小幅变动会导致需求量的较大变动

D. 使用成本法或收益法所得到的资产价值，如果与市场均衡价格有较大差异，评估专业人员应当审视评估采用的相关假设是否合适

13. 某债券的面值为1 000元，每半年发放利息40元。下列表述中，错误的有（　　）。

A. 半年的利率为4%　　　　B. 实际年利率为8.16%

C. 真实年利率为8%　　　　D. 名义年利率为8%

14. 关于资产的功能性贬值，下列表述中，错误的是（　　）。

A. 资产的功能性贬值是指由于外部条件的变化引起资产闲置、收益下降等而造成的资产价值损失

B. 功能性贬值可能体现在由于采用新工艺、新材料和新技术等，而使被评估资产在原有方式下的建造成本超过现行建造成本

C. 在采用重置成本法评估资产市场价值时是否需要考虑功能性贬值应该主要看重置成本的确定中是否已经包含功能性贬值的因素

D. 估算功能性贬值时主要根据资产的效用、生产加工能力、工耗、物耗、能耗水平等功能方面的差异造成的成本增加或效益降低，相应确定功能性贬值额

15. 下列关于资产评估档案的表述错误的是（　　）。

A. 对电子或者其他介质形式的资产评估档案，资产评估机构应当在法定保存期限内妥善保存

B. 资产评估档案涉及客户的商业秘密，评估机构、资产评估专业人员有责任为客户保密

C. 本资产评估机构资产评估专业人员需要查阅评估档案，应按规定办理借阅手续

D. 资产评估专业人员通常应当在资产评估报告日后30日内将工作底稿、资产评估报告及其他相关资料归集形成资产评估档案

16. 根据《资产评估法》，下列关于资产评估的表述中，错误的是（　　）。

A. 资产评估的主体是指资产评估业务的委托人

B. 资产评估专业服务的成果是资产评估报告

C. 资产评估的客体是指资产评估的对象

D. 资产评估是受资产评估委托合同约束的专业服务

17. 下列关于资产评估范围的表述中，错误的是（　　）。

A. 资产评估范围是资产评估专业人员根据评估目的界定的对象资产边界

B. 业务资产组权益的评估范围是组成该业务资产组的全部资产

C. 资产评估范围的具体内容应由委托人负责提供

D. 资产评估范围应当在资产评估委托合同中明确界定

18. 根据《资产评估法》，下列有关资产评估程序的表述中，错误的是（　　）。

A. 订立资产评估委托合同，约定双方的权利和义务是开展评估业务的起点

B. 委托人有权按照自己的意愿选择评估机构开展评估业务，实际上是一项民事活动

C. 资产评估委托合同约定双方的权利和义务一般应采取书面的形式

D. 除依据评估准则只能选择一种评估方法外，应选择两种以上评估方法

19. 下列关于我国资产评估准则体系框架的表述中，错误的是（　　）。

A. 我国资产评估具体准则分为程序性准则和实体性准则两个部分，《资产评估执业准则——资产评估报告》属于程序性准则

B. 资产评估基本准则是财政部依法制定的资产评估机构及其评估专业人员执行各种资产评估业务应当共同遵循的基本规范

C. 资产评估职业道德准则包括具体准则、评估指南和指导意见，另外还有资产评估专家指引以及资产评估准则术语

D. 资产评估执业准则是中国资产评估协会依据资产评估基本准则制定的资产评估机构及其资产评估专业人员在执行资产评估业务过程中应当遵循的程序规范和技术规范

20. 下列关于资产评估报告使用人的表述中，错误的是（　　）。

A. 评估报告使用人有权按照法律法规规定、资产评估委托合同约定和资产评估报告载明的使用范围和方式使用评估报告或评估结论

B. 评估报告使用人未按照法律法规或资产评估报告载明的使用范围和方式使用评估报告的，评估机构和评估专业人员需承担相应的责任

C. 评估机构和评估人员不承担非评估报告使用人使用评估报告的任何后果和责任

D. 评估报告使用人是指法律、行政法规明确规定的，或者评估委托合同中约定的有权使用资产评估报告或评估结论的当事人

21. 关于评定估算形成评估结论，下列表述中，错误的是（　　）。

A. 由于评估对象的再取得成本的有关数据和信息来源较广泛，并且资产的重置成本与资产的现行市价及收益现值也存在着内在联系和替代关系，因而，成本法是一种被广泛应用的评估方法

B. 采用市场法应当合理选择评估机构，分析评估对象和市场交易案例的相关资料和价值影响因素，通过可比因素的差异调整，得出评估对象的价值

C. 收益法主要适用于持续使用前提下的资产评估，并且评估对象具有预期获利能力，通过合理预测未来收益，并合理确定收益期和与收益口径一致的折现率，通过折现计算，得出评估值

D. 当采用两种以上评估方法时，资产评估专业人员应当对采用各种方法评估形成的初步结论进行分析比较，通过综合分析形成评估结论，编制评估报告

22. 根据《资产评估行业财政监督管理办法》，下列表述中，错误的是（　　）。

A. 财政部门对资产评估行业监督管理实行行政监管、行业自律与机构自主管理相结合的原则

B. 资产评估专业人员应当与资产评估机构签订劳动合同，建立社会保险缴纳关系，按照国家有关规定办理人事档案存放手续

C. 资产评估机构设立分支机构的，由资产评估机构提交资产评估机构设立分支机构备案表等材料，向其机构所在地工商部门备案

D. 财政部门受理投诉、举报，应当采用书面审查的方式及时进行处理，必要时可以成立由本部门两名以上执法人员和聘用的专家组成的调查组，进行调查取证

23. 下列关于出具资产评估报告之前的一系列工作，表述错误的是（　　）。

A. 资产评估专业人员一般应当选择两种以上评估方法进行评估

B. 现场调查受限不一定会导致评估专业人员终止执行评估程序

C. 在评估实务中可以授权内部人员或分支机构签署资产评估委托合同

D. 为保证独立性，在出具资产评估报告前，评估机构不得与委托方沟通

24. 下列有关资产评估计划的表述中，正确的是（　　）。

A. 同类资产评估项目，其评估计划应该是一致的，要保证资产评估计划的可操作性

B. 资产评估项目的执行是一个严肃的过程，资产评估计划一经确定就不得改动

C. 评估时间进度在具体实施资产评估时会随时调整，所以资产评估计划中不包括时间进度

D. 调整计划要兼顾评估效率和工作质量，充分利用已有的工作成果，将评估计划调整导致的成本降低到最低水平

25. 资产评估程序包括：①编制出具评估报告；②收集整理评估资料；③订立业务委托合同；④进行评估现场调查；⑤明确业务基本事项；⑥编制资产评估计划；⑦评定估算形成结论；⑧整理归集评估档案。其正确的排序是（　　）。

A. ⑤①②⑥⑦⑧③④　　B. ③④⑤②①⑥⑦⑧

C. ⑤③⑥④②⑦①⑧　　D. ②⑥⑤⑦③④⑧①

26. 下列关于资产评估委托合同的订立、补充或变更、提前终止及解除的表述中，错误的是（　　）。

A. 资产评估委托合同应当由资产评估机构的法定代表人（或执行合伙事务合伙人）签字并加盖资产评估机构印章

B. 订立资产评估委托合同后，发现相关事项存在遗漏，资产评估专业人员可以和委托人口头补充

C. 评估机构可以与委托人提前约定，若委托人提前终止评估业务，委托人应该按照已经开展资产评估业务的时间、进度，或者已经完成的工作量支付相应的评估服务费

D. 委托人要求出具虚假资产评估报告或者有其他非法干预评估结论情形的，资产评估机构有权单方解除合同

27. 关于货币时间价值，下列表述中，错误的是（　　）。

A. 货币时间价值是指一定量货币资本在不同时点上的价值量差额

B. 货币的时间价值来源于货币进入社会再生产过程后的价值增值

C. 通常情况下货币时间价值是指没有风险情况下的社会平均资金利润率

D. 根据货币时间价值理论，可以将某一时点的货币价值金额折算为其他时点的价值金额

28. 下列关于资产评估目的的表述中，错误的是（　　）。

A. 资产评估目的直接或间接地决定和制约着资产评估价值类型的选择

B. 资产评估目的是明确委托人对资产评估结论的具体用途

C. 资产评估目的可以分为法定评估目的和非法定评估目的

D. 资产评估目的需要委托人与评估机构及其专业人员协商确定

29. 下列关于资产评估价值类型的表述中，错误的是（　　）。

A. 主要价值类型包括市场价值、投资价值、在用价值、清算价值和残余价值等

B. 价值类型是指资产评估结果的价值属性及其表现形式，是影响和决定资产评估价值的重要因素

C. 不同的价值类型所代表的资产评估价值在性质和数量上存在着较大差异

D. 残余价值指在评估对象处于被迫出售、快速变现等非正常市场条件下的价值估计数额

30. 资产评估机构违反“分支机构应当在资产评估机构授权范围内，依法从事资产评估业务，并以资产评估机构的名义出具资产评估报告”规定造成不良后果的，由（　　）责令改正。

A. 分支机构所在地的资产评估协会

B. 评估机构所在地的市级财政部门

C. 分支机构所在地的市级财政部门

D. 分支机构所在地的省级财政部门

二、多项选择题（共 15 题，每题 2 分，共 30 分。每题的备选项中，有 2 个或 2 个以上符合题意，至少有 1 个错项。错选，本题不得分；少选，所选的每个选项得 0.5 分）

1. 下列底稿资料中，属于管理类工作底稿的有（　　）。

A. 设备询价记录等现场调查记录与相关资料

B. 承接资产评估项目后编制的资产评估计划

C. 作为质量控制程序重要组成部分的评估报告审核意见

D. 载明评估目的等资产评估业务基本事项的记录

E. 资产评估业务执行过程中重大问题处理记录

2. 下列关于法定评估业务的表述中，正确的是（　　）。

A. 法定评估业务应当依据《资产评估法》及有关法律法规和规章的规定，选择符合法定条件的评估机构评估

B. 法定评估业务评估报告必须由两名承办评估业务的评估专业人员签署，其中至少应有一名资产评估师

C. 法定评估业务评估档案应当及时向档案管理人员移交，并由所在评估机构按法定期限保存，期限为不少于 15 年

D. 按照《证券法》规定需要进行资产评估的，应当依法委托评估机构评估，不能直接委托评估专业人员进行评估

E. 涉及国有资产或者公共利益等事项，法律、行政法规规定需要评估的，至少应有两名相应专业类别的评估师承办业务

3. 下列关于经济性贬值的表述中，错误的是（　　）。

A. 直接计算法主要测算的是因资产利用率下降所导致的经济性贬值，间接计算法主要测算的是因收益额减少所导致的经济性贬值

B. 经济性贬值额的计算应以评估对象的重置成本或重置成本减去实体性贬值和功能性贬值后的结果为基数，按确定的经济性贬值率估测

C. 资产的经济性贬值，是指由于外部条件的变化引起资产闲置、收益下降等而造成的资产价值损失

D. 资产的经济性贬值有两种，一是资产利用率下降，甚至闲置等，二是资产的运营收益减少

E. 经济性贬值额的计算应以评估对象的历史成本或历史成本减去实体性贬值和功能性贬值后的结果为基数，按确定的经济性贬值率估测

4. 下列关于《国际评估准则（IVS）200——企业和企业权益》的表述中，错误的是（　　）。

A. 基本准则中的各项原则适用于企业和企业权益评估，该准则包含了应用于企业和企业权益评估的附加要求

B. 评估师必须确定评估的是否为整个实体或企业、股份或实体中的股权，以及是否为控制性权益或非控制性权益，还是实体的一项特定业务活动

C. 企业的商业、工业、服务或投资活动产生的经济活动（即价值）通常不会大于这些资产和/或负债单独产生的经济活动

D. 评估师必须评价从管理层、管理层代表或其他专家处所获取的信息的合理性，以及评价依赖这些信息进行评估是否合适

E. 对于资本结构复杂的企业，即包括普通股以外股权形式，评估师采用的确定股权或特定类型股权价值的任何方法都是不合理的

5. 关于现状利用假设，下列表述中，正确的是（　　）。

A. 现状利用假设要求对一项资产按照其目前的利用状态及利用方式进行价值评估

B. 现状利用方式应当是最高最佳使用方式，也就是能实现资产最大价值的利用方式

C. 现状利用假设一般在资产只能按照其现实使用状态评估时选用

D. 土地使用权评估中，若土地权利人无权改变土地用途，则只能按照现状利用假设评估

E. 由于资产评估结论是在假设基础上做出的，评估报告使用人已经了解，评估专业人员不必另作披露

6. 下列关于资产评估基准日的表述正确的是（　　）。

A. 如果评估基准日选择的是现时日期，则评估结论采用的价格依据和标准是近期有效的，这样的评估就是现时性评估

B. 资产评估结果的评估对象价值是一个时点价值，这个时点就是资产评估基准日

C. 资产评估是为特定的经济行为服务的，这个特定的经济行为是存在时效性的

D. 我国《企业国有资产评估管理暂行办法》明确规定“经核准或备案的资产评估结果使用有效期为自评估基准日起 1 年”

E. 资产评估基准日后，评估机构不再负有对被评估资产重大变化进行了解和披露的义务

7. 下列选项中不属于对资产评估独立性要求的是（　　）。

A. 在资产评估过程中，资产评估专业人员应当完整、客观地收集信息、数据

B. 资产评估机构、资产评估专业人员从事资产评估活动不受任何部门、社会团体、企业、个人等对资产评估行为和评估结论的非法干预

C. 资产评估机构及其资产评估专业人员不应当故意以牺牲一方的利益使另外的当事方受益

D. 资产评估机构及资产评估专业人员应当公正无私，摒除偏见，不为“偏见”“谬误”所蒙蔽

E. 对非实物性资产，资产评估专业人员应当根据资产的特征，通过有效的方法确定资产的客观存在，并取得评估所必需的客观信息

8. 将劳动价值论应用于资产评估，下列表述中，正确的是（　　）。

A. 劳动价值论认为，商品的价值是由生产该商品所需的社会必要劳动时间决定的，在此框架下，商品的交换价值与其有用性（使用价值）相关，但并不直接由有用性决定

B. 劳动价值论中的价值规律指出，商品应当等价交换，这会指导评估专业人员在评估资产价值时寻找市场参照物，以市场交易价格为评估值是合理的

C. 劳动价值理论中的商品价值是凝结在商品中的无差别的人类劳动，这个价值是内在的、客观的，并且一旦商品被生产出来，其劳动价值就固定不变

D. 资产评估时，资产重置成本的计算中，人工成本通常按照社会平均水平来确定，这与劳动者生产该商品所需花费的社会必要劳动时间的概念是一致的

E. 劳动价值理论强调的是商品的内在价值，而市场价值则是这种内在价值在市场上的表现形式，在实际市场中，商品的市场价值可能会高于或低于其劳动价值

9. 评估方法的选取应当与评估对象的类型和现实状态相适应。下列表述中，正确的是（　　）。

A. 不同的评估方法有不同的条件要求和程序要求，应当避免在评估对象不具备合理条件的情况下滥用评估方法

B. 资产评估专业人员充分分析评估对象的类型和现实状态，考虑各种评估方法的适用性和局限性

C. 收益法主要适用于持续使用前提下的资产评估，并且评估对象具有实际获利能力，在市场上具有可比性

D. 市场法要求在公开市场上有可比的交易案例，并且评估对象与案例的价值影响因素差异可以合理比较和量化

E. 成本法适用于资产的功能作用具有可替代性、资产重置没有法律和技术障碍、重置资产所需要的物化劳动易于计量的评估对象

10. 关于资产评估公正性的特点，下列表述中正确的是（　　）。

A. 资产评估须按照法定的准则进行，具有公允的行为规范和业务规范，这是公正性的技术保证

B. 执业的资产评估机构及其评估专业人员应当是与资产业务及相关当事人没有利害关系的独立第三方，这是公正性的组织保证

C. 资产评估是由评估专业人员执行的专业服务活动，具有专业特长，这是公正性的人员保证

D. 资产评估开展广泛的国际合作与交流，与国际接轨，这是公正性的外部保证

E. 资产评估是由资产评估委托合同约束的专业活动，履行合同义务，这是公正性的法律保证

11. 评估实践中存在特殊委托业务。下列表述中正确的是（　　）。

A. 司法鉴定或其他特殊业务建立评估委托关系所采用的文书并不一定使用资产评估委托合同的形式

B. 对于司法执行中确定财产处置参考价的评估业务，其委托关系的凭证即为人民法院的评估委托书，而无须签订资产评估委托合同

C. 人民法院通过询价评估系统向所确定的评估机构发送评估委托书，评估机构收到该评估委托书，双方即建立司法评估委托关系

D. 针对实践中存在的特殊业务，特殊委托业务通常为法定评估业务，资产评估委托合同准则规定，以其他形式建立委托关系的应符合法律要求

E. 针对实践中存在的这些特殊业务，资产评估委托合同准则规定，以其他形式建立委托关系的应符合法律要求

12. 下列关于资产评估报告的基本要求的描述正确的有（　　）。

A. 陈述的内容应当清晰、准确，不得有误导性的表述

B. 详略程度可以根据评估对象的复杂程度、委托人的要求合理确定

C. 评估结论反映评估基准日的价值判断，仅在评估基准日成立，所以资产评估报告应当明确评估结论的使用有效期

D. 资产评估报告一般以人民币为计量币种，使用其他币种计量的，应当注明该币种在评估基准日与人民币的汇率

E. 资产评估报告应当使用中文撰写，需要同时出具外文资产评估报告的，以外文资产评估报告为准

13. 下列关于劳动价值论的论述中，错误的是（　　）。

A. 商品的价值量同生产该商品的劳动生产率成反比

B. 价值是凝结在商品中的无差别的人类劳动，是商品的社会属性

C. 商品价值量由生产这种商品的个别劳动时间决定，按照等价原则交换

D. 商品是用于交换的劳动产品，包含使用价值和价值两个因素

E. 抽象劳动构成了商品的使用价值，具体劳动则形成了商品的价值

14. 从资产评估的业务风险来看，来自评估对象的风险主要有（　　）。

A. 委托人提供的与评估对象相关的资料存在虚假、遗漏

B. 委托人将抵押目的的评估报告用于资产转让

C. 评估对象的特殊性导致无法按要求履行核查程序

D. 评估对象的产权界定不明晰

E. 评估对象对应的评估范围不确定

15. 在运用收益法进行资产评估时，下列选项中，表述正确的是（　　）。

A. 在具体实践中，通常将政府债券收益率当作没有风险的报酬率，无风险报酬率可以参照同期政府债券收益率

B. β 系数是股票与大盘之间的联动性的体现，如果某只股票的 β 系数为 1.1，则说明市场整体上涨 10% 时，该只股票上涨 9.09%

C. 加权平均资本成本法是以企业的各种资本在企业全部资本中所占的比重为权数，对各种长期资金的资本成本加权平均计算出来的资本总成本

D. 收益期限是指资产具有获利能力并产生资产净收益的持续时间，如果资产的收益期限受到法律、合同等规定的限制，则应以法律或合同规定的年限作为收益期

E. 收益法在整体资产评估中的应用通常是对企业价值进行评估，亦可用于非上市交易的股票、具有收益性的房地产等单项资产的评估

三、综合题（共 3 题，第 1 题 10 分，第 2 题和第 3 题各 15 分，共 40 分）

1. 甲公司拟收购乙公司部分股权，委托丙资产评估公司对乙公司 2024 年 12 月 31 日的全部股权的市场价值进行评估，为其收购决策提供依据。丙资产评估公司评估专业人员经过深入细致的调查、分析，取得如下数据资料：未来 5 年（2025—2029 年）归属于股东的净收益分别为：1 000 万元、1 060 万元、1 120 万元、1 160 万元、1 200 万元，从第六年开始，每年净收益比上年增加 3%。折现率和资本化率相同。假设 2024 年 12 月 31 日中长期国债利率为 3%，乙公司面临的主要风险为行业风险、经营风险和财务风险，相应的风险报酬率分别为 2%、2% 和 3%。

要求：

（1）依据题中资料，不考虑其他因素，该评估应该采用什么方法？该方法的应用前提是什么？（5 分）

（2）估算乙公司于 2024 年 12 月 31 日的股东全部权益价值（以“万元”为单位，计算结果保留两位小数）。（5 分）

2. Z 公司是一家大型游戏上市公司，拟收购 B 公司 60% 的股权，现委托 M 资产评估机构对 B 公司 60% 股权的价值进行评估，评估基准日为 2025 年 1 月 31 日。

M 资产评估机构安排资产评估师 N 担任该项目负责人。资产评估师 N 对游戏企业有专门研究，承办过好几家游戏企业并购的资产评估业务，并长期关注资本市场相关上市公司的市场表现和收购案例。目前持有 Z 公司 5 万股股票，并打算长期持有。资产评估师 N 在对该项目进行调查后，决定承接该资产评估业务，N 与 Z 公司相关负责人订立了资产评估委托合同。

由于资产评估师 N 承接过若干次游戏公司的资产评估业务，对此领域比较熟悉，于是在具体执行资产评估程序时，出于节约时间、成本的考虑，没有编制资产评估计划。

后来，Z 公司出现经营危机，Z 公司相关负责人决定提前终止资产评估业务，M 资产评估机构向其收取评估服务费时，Z 公司以 M 资产评估机构未执行完评估项目为由拒绝支付评估服务费，M 资产评估机构遂将其告上法庭。

要求：

（1）在上述资料中，M 资产评估机构和 Z 公司的行为存在什么不合理之处？（5 分）

（2）请简述资产评估程序的基本内容。（5 分）

（3）如何对资产评估机构及评估专业人员的独立性进行分析与评价？（5 分）

3. 国内 A 企业计划收购总部在香港的 B 公司，B 公司有一家下属的全资子公司 C 公司，C 公司注册地在美国。X 资产评估机构接受委托对 B 公司进行企业价值评估。在资产评估合同中，约定资产评估机构采用持续使用假设，运用收益法进行评估。评估时涉及评估 C 公司的股权价值，由委托方向评估机构提供 C 公司的历史经营数据预测未来盈利。

要求：

（1）确定本评估业务的评估对象和评估范围。（3 分）

（2）委托合同中对评估方法的约定是否恰当？请说明理由。（3 分）

（3）涉及评估 C 公司的股权价值，可否采用持续使用假设？请说明理由。（3 分）

（4）涉及评估 C 公司的股权价值，应选择何种价值类型？请说明理由。（3 分）

（5）X 资产评估机构应使用何种评估方法？（3 分）

2025 年资产评估师职业资格全国统一考试
《资产评估基础》全真模拟试题（二）
参考答案及解析

一、单项选择题

1.【答案】B

【解析】在马克思的理论中，交换价值（在货币经济中表现为价格）是劳动价值在市场上的表现形式。它是通过市场上商品的交换比率体现，即商品与货币的交换比率。马克思在其经济学理论中指出，在资本主义体系中，劳动价值与交换价值通常不会相等。交换价值受到市场供求关系、生产成本、商品稀缺性、消费者偏好、市场竞争状况等多种因素的影响。在短期内，供求关系、市场垄断力量、投机行为等因素都可能导致交换价值偏离劳动价值。但马克思认为，这种偏离是暂时的，商品的交换价值围绕着劳动价值波动，长期来看，商品的交换价值会趋向于与其劳动价值相一致。选项 B 错误，其他选项均正确。

2.【答案】C

【解析】需求理论认为，一种商品的需求量是由多种影响因素共同决定的。主要的因素有：商品的价格、消费者的收入水平、相关商品的价格、消费者的选择偏好和消费者对该商品价格变动的预期等。此外，影响商品需求的因素还包括人口的数量、结构和年龄，政府的消费政策，社会文化习俗等。一种商品的价格越高，该商品的需求量就会越小。相反，价格越低，需求量就会越大。消费税属于价内税，收取消费税将提高木制一次性筷子的价格，能够在一定程度上降低消费者对木制一次性筷子的需求量。同时，寓禁于征，体现政府不鼓励木制一次性筷子消费的政策，也可以减少消费量，进而降低需求量。

3.【答案】C

【解析】不动产权益通常具有异质性（即具有不同特性），即使相关土地和建筑物与市场上交易的其他土地和建筑物具有相同的物理特征，其地理位置也会不同，尽管存在这些差异，不动产权益的评估仍然普遍采用市场途径，选项 C 错误；其他选项均正确。

4.【答案】A

【解析】在基准日后的某个时期经济行为发生时，市场环境未发现较大变化，评估结论在此期间有效。对于现时性资产评估业务，通常只有当评估基准日与经济行为实现日相距不超过一年时，才可以使用资产评估报告。

5.【答案】D

【解析】为了发挥资产评估在资产实际交易之前为委托人提供资产价值参考的专业支持作用，同时又能够使资产评估得以进行，需要利用交易假设，选项 A 错误；通常，持续经营假设是采用收益法评估企业等经营主体价值的基础，选项 B 错误；最高最佳使用，是指一项资产在法律上允许、技术上可能、经济上可行的前提下，经过充分合理的论证，实现其最高价值的使用，选项 C 错误；原地使用是指一项资产在原来的安装地继续被使用，其使用方式和目的可能不变，也可能会改变，选项D正确。

6.【答案】B

【解析】这句话的意思是：物价贵到极点，就一定会下跌；物价贱到极点，就一定会上涨。这说明古人已经意识到价格由价值决定，并受供求关系影响，价格围绕价值上下波动，这正是价值规律的表现形式，选项B正确；选项A，题目中没有提及；题目中涉及的是供求关系对价格的影响，而不是供求关系对价值的影响，选项C观点不符合题意；商品的价值是由社会必要劳动时间决定的，而不是由劳动决定的，选项D错误。

7.【答案】A

【解析】评估委托合同通常包括下列内容：①资产评估机构和委托人的名称、住所、联系人及联系方式；②评估目的；③评估对象和评估范围；④评估基准日；⑤资产评估报告使用范围；⑥资产评估报告提交期限和方式；⑦评估服务费总额或支付标准、支付时间及支付方式；⑧资产评估机构和委托人的其他权利和义务；⑨违约责任和争议解决；⑩合同当事人签字或者盖章的时间；⑪合同当事人签字或者盖章的地点。

8.【答案】A

【解析】$(1+r)^n$为复利终值系数，$\frac{1}{(1+r)^n}$为复利现值系数，二者互为倒数。

9.【答案】C

【解析】无风险报酬率通常采用政府债券收益率。实务中一般采用与评估对象的预期收益期间相匹配的政府债券的到期收益率。对于长期经营的企业，无风险报酬率一般采用中长期国债的到期收益率；对于经营期限比较短的项目公司，无风险报酬率则采用与其经营期限相匹配的国债的到期收益率。选项C错误，其他选项均正确。

10.【答案】D

【解析】在评估中，资产评估专业人员与委托人或其他相关当事人之间存在以下利害关系时，应当向其所在评估机构提出声明，并实行回避：①持有客户的股票、债券或与客户有其他经济利益关系的；②与客户的负责人或委托事项的当事人有利害关系的；③其他可能直接或间接影响执业的情况。另外，可能影响独立性的情形通常包括资产评估机构及其资产评估专业人员或者其亲属与委托人或者其他相关当事人之间存在经济利益关联、人员关联或者业务关联。根据《民法典》规定，亲属包括配偶、血亲和姻亲；近亲属包括配偶、父母、子女、兄弟姐妹、祖父母、外祖父母、孙子女、外孙子女。根据《资产评估职业道德准则》的规定，亲属是指配偶、父母、子女及其配偶，这是一个比较狭义的界定。综上，承办评估业务的资产评估专业人员的配偶在委托单位担任高级管理人员，应主动回避，选项D正确，其他选项均错误。

11.【答案】C

【解析】资产评估行业行政管理侧重方向性指导以及机构资质管理，自律管理侧重具体运行以及队伍的日常管理，选项C错误。

12.【答案】B

【解析】通常情况下，需求曲线是向右下方倾斜的，意味着价格上升时需求量下降，价格下降时需求量上升。选项B错误，其他选项均正确。

13.【答案】C

【解析】面值为1 000元，每半年发放利息40元，所以半年的利率为（40/1 000）×100% = 4%，票面年利率 = 4% × 2 = 8%，实际年利率 = $(1+4\%)^2-1=8.16\%$。票面年利率就是名义年利率。

14.【答案】A

【解析】资产的功能性贬值是指由于技术进步引起的资产功能相对落后造成的资产价值损失。选项A错误，其他选项均正确。

15.【答案】D

【解析】资产评估专业人员通常应当在资产评估报告日后 90 日内将工作底稿、资产评估报告及其他相关资料归集形成资产评估档案。

16. 【答案】A

【解析】《资产评估法》规定，资产评估的主体是资产评估机构及其评估专业人员。选项 A 错误，其他选项均正确。

17. 【答案】B

【解析】当业务资产组的评估对象是资产组的权益时，评估范围就是组成该业务资产组的全部资产与负债，选项 B 表述错误。

18. 【答案】A

【解析】根据《资产评估法》，委托人选择评估机构是开展评估业务的起点。选项 A 错误，其他选项均正确。

19. 【答案】C

【解析】资产评估执业准则包括具体准则、评估指南和指导意见；除资产评估准则体系外，为指导资产评估机构及其资产评估专业人员执行特定业务，履行特定程序，中国资产评估协会归纳总结评估实践中科学合理的做法，制定资产评估专家指引；为进一步解释资产评估准则中使用的术语的内涵，为资产评估执业者、监管部门和评估报告使用人理解和使用准则提供基础支撑，中国资产评估协会制定资产评估准则术语，术语不属于资产评估准则。选项 C 错误，其他选项均正确。

20. 【答案】B

【解析】评估报告使用人未按照法律、法规或资产评估报告载明的使用范围和方式使用评估报告的，评估机构和评估专业人员将不承担责任，选项 B 表述错误，其他选项均正确。

21. 【答案】B

【解析】采用市场法，应当合理选择可比案例，分析评估对象和可比参照物的相关资料和价值影响因素，通过可比因素的差异调整，得出评估对象的价值。

22. 【答案】C

【解析】资产评估机构设立分支机构的，由资产评估机构向其分支机构所在地省级财政部门备案。选项 C 错误，其他选项均正确。

23. 【答案】D

【解析】资产评估机构及评估专业人员提交正式评估报告前，可以在不影响对最终评估结论进行独立判断的前提下，与委托人或者委托人许可的相关当事人就评估报告的有关内容进行必要沟通。

24. 【答案】D

【解析】不同资产评估业务具体情况不同，资产评估人员应该编制的评估计划也不同，选项 A 错误；资产评估项目的执行是一个复杂、动态的过程，如果原编制的评估计划不能适应项目要求，资产评估机构应当对评估计划进行必要的调整，选项 B 错误；资产评估人员编制计划时，应当结合评估报告提交期限、评估业务实施的主要过程的具体步骤、业务实施的重点和难点等来制定评估业务实施的进度安排，选项 C 错误。

25. 【答案】C

【解析】依据《资产评估法》，财政部制定发布了《资产评估基本准则》，明确规定资产评估机构及其资产评估专业人员开展资产评估业务，需要履行八大基本评估程序，即明确业务基本事项、订立业务委托合同、编制资产评估计划、进行评估现场调查、收集整理评估资料、评定估算形成结论、编制出具评估报告、整理归集评估档案。

26. 【答案】B

【解析】资产评估委托合同签订后，发现相关事项存在遗漏、约定不明确，或者合同履行中约定内容发生变化的，如评估目的、评估对象、评估基准日发生变化等，资产评估机构与委托人可以协议订立补充委托合同或者重新订立评估委托合同，或者协商一致以法律允许的其他方式，如传真、电子邮件等形式，对评估委托合同的相关条款进行变更。

27. 【答案】C

【解析】通常情况下，货币时间价值是指没有风险也没有通货膨胀情况下的社会平均资金利润率，是利润平均化规律发生作用的结果。

28. 【答案】D

【解析】确定评估目的是委托人的责任，选项 D 错误。

29. 【答案】D

【解析】残余价值指机器设备、房屋建筑物或者其他有形资产等的拆零变现价值估计数额，选项 D 表述的不是残余价值的概念，而是清算价值的概念，选项 D 错误。

30. 【答案】D

【解析】财政部颁布的《资产评估行业财政监督管理办法》规定，资产评估机构违反“分支机构应当在资产评估机构授权范围内，依法从事资产评估业务，并以资产评估机构的名义出具资产评估报告”规定造成不良后果的，由其分支机构所在地的省级财政部门责令改正，对资产评估机构及其法定代表人或执行合伙事务的合伙人分别予以警告；没有违法所得的，可以并处资产评估机构一万元以下罚款；有违法所得的，可以并处资产评估机构违法所得一倍以上三倍以下、最高不超过三万元的罚款；同时通知资产评估机构所在地省级财政部门。

二、多项选择题

1. 【答案】BCDE

【解析】管理类工作底稿是指在执行资产评估业务过程中，为受理、计划、控制和管理资产评估业务所形成的工作记录及相关资料。管理类工作底稿通常包括以下内容：①资产评估业务基本事项的记录；②资产评估委托合同；③资产评估计划；④资产评估业务执行过程中重大问题处理记录；⑤资产评估报告的审核意见。

2. 【答案】ADE

【解析】法定评估业务的特点：①涉及国有资产或者公共利益等事项；②法律法规规定需要评估，如《证券法》《企业国有资产法》等都有这方面的规定；③应当依法选择评估机构评估；④至少两名相应专业类别的评估师承办业务，并且评估报告必须由至少两名评估师签署；⑤法定评估档案保存期限为不少于 30 年，其他非法定评估档案保存期限为不少于 15 年。选项 B、选项 C 错误，其他选项均正确。

3. 【答案】AE

【解析】直接计算法主要测算的是因收益额减少所导致的经济性贬值，间接计算法主要测算的是因资产利用率下降所导致的经济性贬值，选项 A 错误。经济性贬值额的计算应以评估对象的重置成本或重置成本减去实体性贬值和功能性贬值后的结果为基数，按确定的经济性贬值率估测，选项 E 错误。其他选项均正确。

4. 【答案】CE

【解析】企业的商业、工业、服务或投资活动产生的经济活动（即价值）可能会大于这些资产和/或负债单独产生的经济活动，超出的价值通常被称为商誉，选项 C 错误；对于资本结构复杂的企业，即包括普通股以外股权形式，评估师可以采用任何合理的方法确定股权或特定类型股权的价值，选项 E 错误；其他选项均正确。

5. 【答案】ACD

【解析】现状利用假设要求对一项资产按照其目前的利用状态及利用方式进行价值评估，现状利用方式可能不是最高最佳使用方式，选项 A 正确，选项 B 错误；针对资产状态的假设一般会对被评估资产的价值产生影响，因此，评估专业人员需要在评估报告中对所采用的假设进行必要的披露，选项 E 错误。其他选项均正确。

6. 【答案】ABCD

【解析】根据目前评估准则的规定以及社会对评估报告的认识惯例，评估报告日的法律意义是，在评估基准日到评估报告日之间，如果被评估资产发生重大变化，评估机构负有了解和披露这些变化及其可能对评估结论产生影响的义务。评估报告日后，评估机构不再负有对被评估资产重大变化进行了解和披露的义务。选项 E 错误，其他选项均正确。

7. 【答案】ACDE

【解析】选项 A、选项 D、选项 E 为客观性要求，选项 B 属于独立性，选项 C 属于公正性。

8. 【答案】ACDE

【解析】劳动价值论中的价值规律指出，商品应当等价交换，这会指导评估专业人员在评估资产时寻找市场参照物，以市场交易价格为依据。选项 B 错误，其他选项均正确。

9. 【答案】ABDE

【解析】收益法主要适用于持续使用前提下的资产评估，并且评估对象具有预期获利能力，选项 C 错误，其他选项均正确。

10. 【答案】AB

【解析】资产评估的公正性表现在两个方面：一是资产评估须按照法定的准则进行，具有公允的行为规范和业务规范，这是公正性的技术保证；二是执业的资产评估机构及其评估专业人员应当与资产业务及相关当事人没有利害关系，是相对独立的第三方，这是公正性的组织保证。

11. 【答案】ABE

【解析】人民法院通过询价评估系统向所确定的评估机构发送评估委托书，评估机构收到人民法院通过询价评估系统发出的评估委托书，如果存在不能评估的法定情形，则应在三个工作日提出不承接委托评估申请，向人民法院说明情况；如果未在规定期限内提出上述申请的，视为接受委托，双方建立司法评估委托关系，选项 C 错误；选项 D 没有依据，特殊委托业务也可以为非法定评估业务。

12. 【答案】ABCD

【解析】资产评估报告应当使用中文撰写，需要同时出具外文资产评估报告的，以中文资产评估报告为准。

13. 【答案】CE

【解析】商品价值量由生产这种商品的社会必要劳动时间决定，商品按照价值量相等的原则进行交换，选项 C 错误；生产商品的劳动二重性决定了商品的二因素，具体劳动构成了商品的使用价值，抽象劳动则形成了商品的价值，选项 E 错误。其他选项均正确。

14. 【答案】CDE

【解析】选项 A 为来自委托人与产权持有人的风险；选项 B 为来自资产评估报告使用的风险。

15. 【答案】ACDE

【解析】如果某只股票的 β 系数为 1.1，则说明市场整体上涨 10% 时，该只股票上涨 11%。选项 B 错误，其他选项均正确。

三、综合题

1. 【答案及解析】

（1）依据题中资料，不考虑其他因素，该评估应该采用收益法评估。

收益法的应用前提是：①评估对象的未来收益可以合理预期并用货币计量；②预期收益所对应的风险能够度量；③收益期限能够确定或者合理预期；④资产的价值主要取决于其收益能力；⑤资产的经济寿命较长。

（2）估算乙公司于 2024 年 12 月 31 日的股东全部权益价值

①计算折现率：

折现率（资本化率）= 无风险报酬率 + 风险报酬率 = 3% +（2% +2% +3%）= 10%；

②计算评估值：

$$P = \sum_{t=1}^{n} \frac{R_t}{(1+r)^t} + \frac{R_n \times (1+s)}{r-s} \times \frac{1}{(1+r)^n}$$

公式中：$n=5$，$r=10\%$，$s=3\%$。

评估值 = [1 000 × (1 +10%) −1 +1 060 × (1 +10%) −2 +1 120 × (1 +10%) −3 +1 160 × (1 +10%) −4 +1 200 × (1 +10%) −5] +1 200 × (1 +3%) ÷ (10% −3%) × (1 +10%) −5 = 15 127.22（万元）。

2. **【答案及解析】**

（1）①M 资产评估机构不应该选 N 担任该项目负责人。因为资产评估师 N 持有 Z 公司 5 万股股票，并打算长期持有，与 Z 公司存在利益关系，可能影响其专业判断。为了保持评估的独立性，资产评估师 N 应当回避，M 资产评估机构应该选择与 Z 公司没有关联关系的资产评估师担任评估项目负责人。②M 资产评估机构应该编制资产评估计划，不得随意减少资产评估程序。相关资产评估准则明确规定，资产评估机构及其资产评估专业人员应该执行必要的资产评估程序，不得出于节约成本等原因随意减少资产评估基本程序。③不应该由资产评估师 N 与 Z 公司订立资产评估委托合同。评估机构是订立评估委托合同的法律主体之一。根据我国资产评估行业的现行规定，评估专业人员承办资产评估业务，应当由其所在的资产评估机构统一受理，并由评估机构与委托人订立书面评估委托合同。④Z 公司不应该拒绝支付 M 资产评估机构的评估服务费。对因法定情由提前终止和解除资产评估委托合同的情形以及其他非资产评估机构及其评估专业人员原因导致资产评估委托合同解除的情形，资产评估机构可以依据法律规定和相关资产评估准则要求，在洽商、订立资产评估委托合同时与委托人约定：相关法定或特定的资产评估委托合同提前终止、解除的情形发生时，由委托人按照已经开展资产评估业务的时间、进度，或者已经完成的工作量支付相应的评估服务费。

（2）资产评估准则要求的八大基本评估程序包括：①明确业务基本事项；②订立业务委托合同；③编制资产评估计划；④进行评估现场调查；⑤收集整理评估资料；⑥评定估算形成结论；⑦编制出具评估报告；⑧整理归集评估档案。

（3）资产评估机构和评估专业人员主要通过关联关系筛查、申报、核查等方式，了解可能影响独立性的情形，判断是否存在明显或潜在的利益冲突、现实或潜在的利益关系。关联关系筛查、申报、核查包括：①对评估机构和评估专业人员已执行的业务进行筛查；②评估机构通过安排评估专业人员填写项目独立性调查表等方式，使评估专业人员对是否存在经济利益关联、人员关联、业务关联等情况向评估机构进行申报；③评估机构对评估专业人员申报的关联情况进行适当核查。

3. **【答案及解析】**

（1）对 B 公司进行企业价值评估，评估对象为 B 公司的股权，评估范围为 B 公司的全部资产和负债，包括可辨识的资产和不可辨识的资产，如商誉等。

（2）委托合同中对评估方法的约定不恰当。各种评估方法有其适用条件。评估专业人员开展评估业务，应当根据评估对象、价值类型、评估资料收集情况等相关条件，分析市场法、收益法和成本法等评估方法的适用性，恰当选择评估方法，除依据评估准则只能选择一种评估方法外，应选择两种以上评估方法。在委托合同中不宜约定具体的评估方法。

（3）涉及评估 C 公司的股权价值，C 公司作为 B 公司的一个全资子公司，其历史经营中很可能与 B 公司之间存在某些关联交易，或者是 B 公司为了追求协同效应而有意安排的一些经营业务。但是一旦该 B 公司被收购，这些关联交易或者有意安排的业务都将不能持续。因此，此时完全按照现状持续经营假设参考标的企业的历史数据预测未来，是不符合未来实际情况的，依据也是不充分的。

（4）涉及评估 C 公司的股权价值，虽然其母公司 B 公司是香港的公司，但是这并不一定代表评估其全资子公司 C 公司的市场价值时也一定是香港的市场价值。因为 C 公司是在美国注册的公司，从理论上说，可以在美国市场上转让该公司股权，也可以在香港市场上转让其股权，并且这两种转让方式都有可能。因此，在选择 C 公司的市场价值时，应该选择 C 公司在美国市场和香港市场上最有利市场的市场价值。

（5）该评估业务的评估目的是股权转让，价值类型应需要根据交易双方的实际情况选择市场价值，因此评估方法首选市场法，在无法使用市场法的前提下，选用收益法，但是通常不适用成本法。